中国情境人力资源管理理论与实务系列

HUMAN RESOURCE MANAGEMENT

人力资源管理

（第3版）

主　编 ◎ 颜爱民　方勤敏

北京大学出版社
PEKING UNIVERSITY PRESS

内 容 简 介

本书共分3篇14章，系统讲述人力资源管理的相关内容，内容涵盖人力资源管理概述、人力资源相关经济理论、组织与人力资源管理、文化与人力资源管理、人力资源规划、工作分析、员工招聘、绩效管理、薪酬、人才资源开发与培训、激励、劳动关系、战略人力资源管理以及国际人力资源管理。本书具备大量实际应用案例，注重学生实际应用能力的培养，可作为普通高等学校管理类专业教材，也可供企业管理人员参考阅读及作为社会培训教材。

图书在版编目(CIP)数据

人力资源管理 / 颜爱民，方勤敏主编. —3版. —北京：北京大学出版社，2017.12
（中国情境人力资源管理理论与实务系列）
ISBN 978-7-301-27791-1

Ⅰ.①人… Ⅱ.①颜… ②方… Ⅲ.①人力资源管理—高等学校—教材 Ⅳ.①F241

中国版本图书馆CIP数据核字(2016)第282781号

书　　　名	人力资源管理（第3版） Renli Ziyuan Guanli
著作责任者	颜爱民　方勤敏　主编
责 任 编 辑	王显超　刘　丽
数 字 编 辑	陈颖颖
标 准 书 号	ISBN 978-7-301-27791-1
出 版 发 行	北京大学出版社
地　　　址	北京市海淀区成府路205号　100871
网　　　址	http://www.pup.cn　　新浪微博：@北京大学出版社
电 子 信 箱	pup_6@163.com
电　　　话	邮购部 62752015　发行部 62750672　编辑部 62750667
印 刷 者	三河市北燕印装有限公司
经 销 者	新华书店
	787毫米×1092毫米　16开本　31印张　745千字 2007年8月第1版　2011年7月第2版 2017年12月第3版　2019年7月第2次印刷
定　　　价	68.00元

未经许可，不得以任何方式复制或抄袭本书之部分或全部内容。
版权所有，侵权必究
举报电话：010-62752024　电子信箱：fd@pup.pku.edu.cn
图书如有印装质量问题，请与出版部联系，电话：010-62756370

编委名单

主　编　颜爱民（中南大学教授，博士生导师）
　　　　　　方勤敏（中南林业科技大学教授，博士生导师）
副主编　帅建华（东莞理工学院教授，博士）
　　　　　　陈明淑（中南大学副教授，博士）
　　　　　　李小娟（湖南财政经济学院副教授、博士后）
　　　　　　刘保平（南华大学副教授、博士）
参　编　（按姓氏笔画排列）
　　　　　　刘晓艳（中南林业科技大学副教授）
　　　　　　刘黔川（桂林理工大学副教授）
　　　　　　扶缚龙（长沙理工大学讲师，博士）
　　　　　　张卫枚（湖南城市学院副教授）
　　　　　　胡　宁（长沙理工大学教授，博士）
　　　　　　龚志周（东莞理工学院副教授，博士）
　　　　　　彭文辉（中南大学副教授，博士）
　　　　　　廖化化（长沙学院讲师，博士）

第3版前言
Preface

本书第1版自2007年8月出版以来,被国内众多高校选定为人力资源管理专业本科生专业课教材,也有部分著名高校将其定为经济管理类研究生和MBA、EMBA指定教材或教学参考书,使本书快速进入国内众多同行专家和学生的视野,同时也有幸得到国内同行对本书的大量支持鼓励和批评指正。有些高校同行专门给我发电子邮件探讨本书在教学过程中的使用心得,并提出了改进意见,令人感动。虽然使用本书的高校越来越多,赞美和鼓励不少,源于信任的责任和压力也越大。我们从本书第1版就开始收集来自教学一线的教师和学生的各种反馈意见,综合起来主要是:篇幅过长、内容太多、理论偏深、操作性案例尚待加强、版式不够美观、存在错别字和印刷错误等。感谢出版社再次提出第3次修订改版的要求,使我们有机会进一步弥补遗憾,感恩高校同行和同学们的关爱和信任。

本书第3版修订酝酿始于2014年4月,第一次正式修订会议于2015年7月15日在中南大学举行,会议研究分析了原书的优势和存在的问题,确立了继续保留了第2版"教学导向、学术支持、团队协作、责任保障、本土特色"的修订原则,明确了写作范式和分工,制订了修订的工作流程和计划。我们经过了主编会议确定修订意见、作者自我修改、交叉审阅、副主编审改、主编审定共五个环节,按照严格的控制流程完成了对本书每个章节的修订,其间主编、副主编多次碰头协商研讨,力图将原书稿的问题发掘得最多,将新书稿的问题减到最少。

为了压缩篇幅、补充新的知识点、增加阅读材料、加强实用性案例,本次修订对原稿进行了仔细的删改。修订部分章节增加了阅读小材料,补充并更新了部分应用案例,增加了知识链接,修订、更新了部分案例研讨题和复习思考题,全书每个章节的知识内容都做了较大的更新,压缩了理论部分,强化了应用指导内容。

全书的写作分工如下：

第 1 章　颜爱民（中南大学）、方勤敏（中南林业科技大学）

第 2 章　陈明淑（中南大学）

第 3 章　颜爱民（中南大学）、廖化化（长沙学院）

第 4 章　颜爱民（中南大学）、帅建华（东莞理工学院）

第 5 章　方勤敏（中南林业科技大学）

第 6 章　刘保平（南华大学）

第 7 章　刘晓艳（中南林业科技大学）

第 8 章　李小娟（湖南财政经济学院）

第 9 章　彭文辉（中南大学）

第 10 章　刘黔川（桂林理工大学）

第 11 章　颜爱民（中南大学）

第 12 章　扶缚龙（长沙理工大学）、胡宁（长沙理工大学）

第 13 章　方勤敏（中南林业科技大学）、张卫枚（湖南城市学院）

第 14 章　帅建华（东莞理工学院）、龚志周（东莞理工学院）

本次的秘书工作由我的博士研究生肖遗规和方勤敏教授的硕士研究生刘香同学担任，修订过程的大量组织、文字校订和排版工作均由这两位同学完成，辛劳甚多。教材的修订完善总是一个动态优化的过程，恳请各位同仁和读者对教材提供宝贵意见，以利于进一步完善。

颜爱民

2017 年 5 月 4 日

于长沙岳麓山中南大学工作室

资源索引

目录 Contents

第1篇　人力资源管理原理篇

第1章　人力资源管理概述 ... 003
- 1.1　人力资源管理的渊源和演变 ... 005
- 1.2　人力资源管理的内涵及特征 ... 010
- 1.3　人力资源管理研究的发展趋势 ... 017
- 1.4　中国人力资源管理的主要特征与发展趋势 ... 021
- 1.5　本书框架体系、主要特色和应用指南 ... 028
- 本章小结 ... 033
- 关键术语 ... 033
- 习题 ... 033
- 知识链接 ... 035

第2章　人力资源相关经济理论 ... 036
- 2.1　劳动经济学理论 ... 037
- 2.2　人力资本理论 ... 046
- 2.3　委托—代理理论 ... 057
- 本章小结 ... 063
- 关键术语 ... 063
- 习题 ... 063
- 知识链接 ... 067

第3章　组织与人力资源管理 ... 068
- 3.1　人性理论与人力资源管理 ... 069
- 3.2　个体与人力资源管理 ... 073
- 3.3　群体与人力资源管理 ... 084
- 3.4　组织模式与人力资源管理 ... 088
- 本章小结 ... 095

关键术语 ... 095
习题 ... 095
知识链接 ... 097

第 4 章　文化与人力资源管理 ... 099

4.1　文化内涵、结构和重要特征 ... 101
4.2　文化对人的作用机理 ... 104
4.3　儒家文化蕴含的人力资源管理思想精要 ... 107
4.4　道家文化蕴含的人力资源管理思想精要 ... 110
4.5　法家文化中蕴含的人力资源管理思想精要 ... 112
4.6　兵家文化中蕴含的人力资源管理思想精要 ... 113
4.7　中国转型时期的文化特殊性 ... 115
本章小结 ... 120
关键术语 ... 120
习题 ... 120
知识链接 ... 122

第 2 篇　人力资源管理实务篇

第 5 章　人力资源规划 ... 125

5.1　人力资源规划的战略作用 ... 126
5.2　人力资源规划概述 ... 129
5.3　人力资源需求预测 ... 133
5.4　人力资源供给预测 ... 138
5.5　人力资源供需平衡 ... 144
5.6　人力资源规划的编制 ... 147
5.7　人力资源规划的控制与评估 ... 151
5.8　人力资源管理信息系统 ... 153
本章小结 ... 156
关键术语 ... 157
习题 ... 157
知识链接 ... 159

第 6 章　工作分析 ... 160

6.1　工作分析概述 ... 161
6.2　工作分析方法 ... 170
6.3　工作说明书 ... 180
6.4　工作设计 ... 185
6.5　工作分析的效果评估 ... 192
6.6　工作分析的发展趋势 ... 193
本章小结 ... 196
关键术语 ... 196

习题 197
知识链接 198

第 7 章　员工招聘 199

7.1　员工招聘概述 201
7.2　员工招聘的主要操作环节 206
7.3　招聘注意事项 221
7.4　选拔录用 223

本章小结 233
关键术语 233
习题 234
知识链接 236

第 8 章　绩效管理 237

8.1　绩效管理概述 238
8.2　绩效管理的过程 243
8.3　绩效评价体系 249

本章小结 267
关键术语 267
习题 267
知识链接 271

第 9 章　薪酬 272

9.1　薪酬概述 274
9.2　战略性薪酬 285
9.3　薪酬设计 290
9.4　可变薪酬设计 305
9.5　福利 310

本章小结 318
关键术语 318
习题 318
知识链接 321

第 10 章　人力资源开发与培训 322

10.1　人力资源开发 323
10.2　人力资源培训 333

本章小结 347
关键术语 348
习题 348
知识链接 351

第 11 章　激励 352

11.1　激励概述 354
11.2　激励理论 358

11.3　激励体系　366
　　11.4　股权激励　371
　　11.5　激励压力—动力机制　375
　　本章小结　380
　　关键术语　381
　　习题　381
　　知识链接　388

第12章　劳动关系　389

　　12.1　劳动关系概述　390
　　12.2　西方劳动关系相关理论　398
　　12.3　劳动关系调整　403
　　12.4　中国劳动关系发展趋势　416
　　本章小结　417
　　关键术语　417
　　习题　418
　　知识链接　419

第3篇　人力资源管理动态篇

第13章　战略人力资源管理　423

　　13.1　战略人力资源管理概述　425
　　13.2　企业战略与战略人力资源管理　428
　　13.3　人力资源战略　434
　　13.4　战略人力资源管理思想的应用　442
　　本章小结　447
　　关键术语　447
　　习题　447
　　知识链接　450

第14章　国际人力资源管理　451

　　14.1　国际人力资源管理概述　453
　　14.2　国际人力资源选聘　458
　　14.3　国际人力资源培训与开发　463
　　14.4　国际人力资源绩效考核　466
　　14.5　国际人力资源薪酬与激励　469
　　本章小结　474
　　关键术语　474
　　习题　474
　　知识链接　478

参考文献　479

第1篇

人力资源管理原理篇

第1章

人力资源管理概述

教学目标

- 了解人力资源管理的渊源、演变过程与相关理论
- 掌握人力资源管理的特征及内涵
- 基本把握中外人力资源管理的发展趋势

教学要求

- 简述中西方人力资源管理的渊源和演变过程
- 掌握人力资源管理的定义、内涵、特征等基础知识
- 掌握中国人力资源管理的基本特征及基本发展趋势
- 根据中外人力资源管理的基本发展趋势分析一个组织所处的人力资源管理阶段

"难招"和"难找"

在儒商俱乐部的一次座谈会上,众多企业家感叹人才难找,人才难留;而在MBA的案例研讨会上,众多青年才俊感叹找不到识人的伯乐,找不到合适的舞台。在中国,到处都是企业、组织单位人才济济,但内耗非常严重。在很多民营企业里,人才奇缺,企业发展严重受制。如何解决这些问题?

Y教授认为人员的配置应当以人力资源市场信号为指导,在较为规范的市场环境下,人力资源的供应者可以通过众多的市场中介和其他信息通道获取需求信息。企业也可通过市场机制在较大的范围内遴选自己需要的人才。市场的价格机制、竞争机制都是比较有效的,市场要素能便捷地流动,人力资源的供求双方通过博弈实现合理配置,这样人才的闲置浪费损失小,企业也能及时找到所需的人才。

目前,中国人力资源市场发展远远滞后于其他要素市场,一方面,市场主体自身有缺损,未能真正市场化,全民、集体等职工身份、单位、行业、地区壁垒、户口等非市场因素严重阻碍着人力资源市场化的进程。另一方面,人力资源市场的制度、法律体系刚刚起步,市场机制尚处在初创时期,人力资源的优化配置机制尚需一段时间才能完全建立。从供应方看,人不能尽其才,不能实现自我价值,抱憾者甚众。从需求方看,不得其才,贻误事业、丧失机会者不少。我们只有通过共同的努力,来建设良好的中国人力资源市场体系,从根本上解决"难招"和"难找"这一难题,这是中国市场经济发展的重要课题。

我国人力资源市场机制刚刚起步,尚未健全,导致市场的配置功能不到位,从而使得求职者找不到识人的伯乐,而企业也不能找到合适的千里马。因此,要想彻底摆脱人员难招、工作难找的困境,最重要的是要健全人力资源市场机制。

(资料来源:颜爱民,等.人力资源管理理论与实务[M].长沙:中南大学出版社,2004.)

在管理学众多的领域中,人力资源管理最具文化亲缘性,同时也最具创新难度。我国的人力资源管理从引进到融合创新,变成适合中国文化背景、中国经济特征的实用型操作技术,是一个漫长而艰苦的再创造过程。国内众多的学者、企业家为此做出了艰巨的努力,取得了显著的成就。但是,真正中国化的人力资源管理理论和技术大厦的竣工尚需时日。

工业经济自身发展过程中蕴藏的效率高增长机制,使得物力资本的主导稀缺地位快速下降,人力资本正日益上升为主导稀缺资源,成为竞争要素的焦点。以物力资本为核心的管理理论和技术体系,正由于其对象角色的变化而面临严峻的挑战。人力资源管理的研究,是对整个管理学科的研究和发展,将产生越来越重要的影响。

1.1 人力资源管理的渊源和演变

人力资源管理作为全新的管理理论和实践在西方始于 20 世纪 60 年代的美国，而在我国则是 20 世纪 80 年代才兴起，但其理论渊源则可追溯到近代乃至整个古代文明发展史。随着多年来的不断发展，人力资源管理理论与实践也处在不断的演变过程中。

1.1.1 人力资源管理的渊源

1. 西方人力资源管理渊源

1) 泰勒科学管理中的人力资源管理萌芽

1911 年，泰勒(Taylor)的《科学管理原理》问世，标志着现代管理科学的诞生。"设置一个制定定额的部门"，可以认为是最早设置的人力资源管理职能部门；实行"差别计件工资制"，这是工作分析和劳动定额的雏形；建立"管理日工工人制度——对每个人在准时上班、出勤率、诚实、快捷、技能及准确程度方面作出系统和细致的记录，根据这些记录不断地调整他的工资"，可认为是早期的绩效考核制度。

2) 霍桑实验引发对人的认知突破

霍桑实验第一阶段从 1924 年 11 月至 1927 年 4 月，当时的实验假设是"提高照明度有助于减少疲劳，使生产效率提高"。可是经过两年多实验发现，照明度的改变对生产效率并无影响。从 1927 年至 1932 年，以梅奥教授为首的一批哈佛大学心理学工作者将实验工作接管下来，继续进行。通过"福利实验""访谈实验""群体实验"等一系列实验，得出了突破性的实验成果。

福利实验中并没发现福利待遇与生产效率提升的持续稳定关系，反而发现导致生产效率上升的主要原因是：参加实验的光荣感及成员之间良好的相互关系。访谈实验意外发现：访谈本身成为提高生产效率的重要途径。工人们长期以来对工厂的各项管理制度和方法存在许多不满，无处发泄，访谈计划的实行恰恰为他们提供了发泄的机会，发泄过后心情舒畅，士气高涨，使产量也得到了提高。群体实验导致了非正式群体的发现：认为在正式的组织中存在着自发形成的非正式群体，这种群体有自己的特殊的行为规范，对人的行为起着调节和控制作用。

同时相关重要理论发现：如"社会人理论"——经济因素只是第二位的东西，社会交往、他人认可、归属某一社会群体等社会心理因素才是决定人工作积极性第一位的因素。"士气理论"——工人的满意感等心理需要的满足才是提高工作效率的基础，工作方法、工作条件之类的物理因素只占第二位。"非正式群体理论"——在正式工作群体之中还存在着自发产生的非正式群体，非正式群体有着自己的规范和维持规范的方法，对成员的影响远比正式群体大，管理者不能只关注正式群体而无视或轻视非正式群体及其作用。"人际关系型领导者理论"——领导者应该理解工人各种逻辑的和非逻辑的行为，善于倾听意见和进行交流，培养一种在正式群体的经济需要和非正式群体的社会需要之间维持平衡的能力，使工人愿意为达到组织目标而协作和贡献力量。

霍桑实验是管理学对"人"本质认知的一次重要趋近，是人力资源管理从萌生到诞生的一次重要理论突破。

3) 工业心理学开辟了心理学和社会学研究成果在人力资源管理应用的广阔空间

1912年，孟斯特伯格(Munsterberg)出版了《心理学与工业效率》(Psychology and Industrial Efficiency)一书，首次将心理学的理论和技术系统地导入人力资源管理研究领域，开创了"工业心理学"研究领域，为随后行为科学理论的产生和发展奠定了基础。

孟斯特伯格指出："我们绝不要忘记，通过将来的心理上的适应和通过改善心理条件来提高工作效率，不仅符合厂主的利益，而且更符合职工的利益，他们的劳动时间可以缩短，工资可以增加，生活水平可以提高。"可以用心理测验来选拔雇员，用学习理论来评价培训方法的开发，对人类行为进行研究以便搞清什么方法对于激励工人是最有效的。他还指出科学管理与工业心理学二者都是通过科学的工作分析，以及通过使个人技能和能力更好地适合各种工作的要求，以提高生产率。上述研究对于我们今天的甄选技术、员工培训、工作设计和激励仍有重要的影响。

4) 激励理论开始窥探人的思想和行为内在机理

20世纪50年代到70年代，激励理论得以蓬勃发展。激励(motivating)，就是为了特定目的而去影响人们的内在需要或动机，从而强化、引导或改变人们行为的反复过程。应从如下四个方面把握该定义：① 激励是有目的性的；② 激励通过影响人们的需要或动机来强化、引导或改变人们的行为；③ 激励是一个持续反复的过程；④ 激励方式的多样性。

20世纪50年代是激励理论发展卓有成效的阶段，这一时期形成的三大激励理论都对人事管理理论和实践产生了重要影响。这3大理论分别是马斯洛(Maslow)的需要层次理论、麦克里格(McGregor)的X理论和Y理论，以及赫茨伯格(Herzberg)的激励 - 保健双因素理论。

5) 人力资源的提出

"人力资源"最早、最系统地提出与界定者是当代著名的管理学家彼得·德鲁克

彼得·德鲁克

(Peter F.Drucker)，他于1946年在《公司的概念》一书中提出了"人力资源"一词；于1954年在《管理的实践》这部学术著作里提出了管理的3个更广泛的职能：管理企业、管理经理人员以及管理员工和他们的工作。他认为"人力资源和其他所有资源相比较而言，唯一的区别就是他是人，并且是经理们必须考虑的具有'特殊资产'的资源"，"传统的人事管理正在成为过去，一场新的以人力资源开发为主调的人事革命正在到来。"

6) 人力资源管理的形成

1960年，西奥多·舒尔茨(Theodore Schultz)教授发表了《论人力资本投资》(Investment in human capital)一文，标志着人力资本理论的诞生，他指出，完整的资本概念应该包括物力资本和人力资本两方面，人力资本和物力资本在投资收益率上是有差别的，人力资本的收益率高于后者；教育是人力资本形成的主要来源。

2. 中国人力资源管理渊源

中国悠久的"人治"历史积累了深厚的"治人"之道。由于中国文化"重理轻法"的特征和当时社会经济与生产生活水平，决定了中国传统人力资源管理思想博大精深，而方法技术言简意赅，甚至无"法"可依的特点。《四书》《五经》《资治通鉴》等，都可视为深邃的人力资源管理经典，"半部《论语》治天下"，然而真正能读懂《论语》的人却不多；《老子》五千言囊括了所有治国安邦之理，但真正参透却颇为不易。中国的古代经典可谓字字珠玉，中国文化的传承讲究体悟，不拘"名相"，不拘文字，强调参悟。而参悟实质上是主、客体的互动过程，对学习者自身的知识和历练依赖极强，"皓首穷经"揭示了这一过程的渐进性和艰难性。这些特点决定了学习中国古代人力资源管理必须遵循"学习→体会→实践→再学习"的路径，参照古人提倡的"格物致知"之理，循序渐进才能日有所得，终有所成。

中国儒家文化早就提出了"为政在人""为政之要，唯在得人""明政无大小，以得人为本""历代治乱不同，皆系用人之得失"等积极主张。孟子最先在孔子"仁爱"思想的基础上，提出了"仁政"的治国理念，这是最早的"人本主义"思想。孔子的"非礼勿视，非礼勿听，非礼勿言，非礼勿动"（《论语》）思想，实质上规定了人们的等级和序列规则，可视为人力资源制度管理的源头，道家的"不言之教""无为而无不为"的思想揭示了管理者和被管理者之间的深刻内在关联规律，"我自无欲而民自正"为历代明君贤臣奉为治理天下之圭旨。

《孙子兵法》中的三条著名的用人原则："修道保法""求之于势，不责于人""令之以文，齐之以武"。孔明《将苑》中提出的将领道德修养、君主与将领的关系、将领的用人之道、将领的军事素质、严明军纪等问题，都蕴含着深邃的人力资源思想。

1.1.2　人力资源管理的演变过程

1. 迈尔斯的人力资源模式理论

在 1965 年，雷蒙德·迈尔斯（Raymond E. Miles）在《哈佛商业评论》中提出了"人力资源"的概念。迈尔斯关于管理态度的调查显示大多数经理在对下属的管理中倾向于使用人事关系的管理模式，而且还倾向于要求他们的主管使用迈尔斯所提出的人力资源模式来对他们进行管理。他还建议在管理中用人力资源来代替员工的概念。

人力资源模式理论，指导管理人员如何充分满足员工的经济需求。该理论认为，管理人员应把员工作为单个的人，要关心员工的福利和幸福。简单地讲，就是通过沟通，使员工确信对组织来说他们是非常重要的；另外，迈尔斯的这一理论是对麦克里格、李科特（Likert）等人理论的综合，他也认为员工的经验和知识对组织具有很大的价值。员工参与和人力资源的充分利用，都能达到改进决策和自我控制的目的，从而实现提高员工生产力和工作满意度的目标。

2. 20 世纪七八十年代的人力资源管理理论

作为经理培训组织的美国管理协会（AMA）于 1972 年出版了由达萨特尼（R.L.Desatnik）编著的《改革人力资源管理》一书。在书中，达萨特尼克强调了员工的需求、兴趣、期望与组织目标之间的一致性，以及"在组织中，人是最重要的资源"的观点。美国管理协会也变成了人事经理协会，它开始致力于提高人事经理的作用和重要性。在 20 世纪 70 年代中后期至 80 年代早期，由于有效的人力资源管理活动对组织的重要性日益增加和组织心理学、组织行为学的发展，人力资源管理再次引起了人们的高度关注。这一时期的人力资源管理理论主要集中在讨论如何实施有效的人力资源管理活动，以及通过对员工行为和心理的分析来确定其对生产力和工作满意度的影响，从而使人力资源管理更加关注员工的安全与健康。

20 世纪 70 年代中期，人力资源管理的定义发生了变化，"人力资源管理"一词已为企业所熟知，在大多数教科书里，人力资源管理的定义变得与人事管理所做的工作非常接近。相当一部分作者 (通常是传统的人事管理或人际关系学者) 在教科书中把人力资源管理和人事管理等同起来。

彼得森 (Peterson) 和翠西 (Tracy) 在 1979 年的《人力资源系统管理》一书中对此理论做了进一步的阐述。他们认为人力资源管理或人际和工业关系在一个确定的企业都包含这样一些活动：招聘、甄选、绩效评估、薪酬和员工 (含管理人员) 开发以及劳资谈判。然而，关于这一学科究竟应该称为人事管理还是人力资源管理的问题，他们没有给出明确的答案。随后，海勒曼 (Henneman)、施瓦伯 (Schwab)、弗塞姆 (Fossum) 和戴尔 (Dyer) 等人用"人事/人力资源管理"这一名称解决了这个问题。人力资源管理等同于人事管理，人事部的传统职能已经变成人力资源管理的重要特征之一。在被调查的很多教科书中，人力资源管理被定义为："人力资源管理也称人事管理，主要是研究管理人员尤其是人力资源管理人员所从事的工作或应该承担的工作。"

1992 年，斯托瑞 (Storey) 通过对人力资源管理的内在特征分析了人事管理与人力资源管理的差异。本书对人事管理和人力资源管理之间的不同点做出如下归纳，详见表 1-1。

表 1-1　人事管理与人力资源管理的区别

	传统的人事管理	现代人力资源管理
管理内容	以事为中心，主要工作为管理档案、人员调配、职务职称变动、工资调整等	以人为中心，将人作为一种重要资源加以开发、利用和管理，重点是开发人的潜能、激发人的活力，使员工能积极主动、创造性地开展工作
管理形式	静态管理：员工进厂，培训上岗，被动性工作，自然发展	动态管理：强调整体开发。根据组织目标和个人状况，为其做好职业生涯设计；不断培训，不断进行横向及纵向岗位或职位调整，量才使用，人尽其才
管理方式	采取制度控制和物质刺激手段	注重人性化管理。考虑人的情感、自尊与价值，以人为本。多激励，少惩罚；多表扬，少批评；多授予，少命令。发挥个人特长，体现个人价值
管理策略	就事论事。侧重近期、当前	注重人力资源整体开发、预测与规划。根据组织长远目标制定人力资源的开发战略措施。实现战术与战略性结合
管理技术	照章办事，机械呆板	追求管理的科学性和艺术性。采取新技术和方法，完善考核系统、测评系统等科学手段

(续)

	传统的人事管理	现代人力资源管理
管理体制	被动型：按部就班，强调按领导意图办事	主动开发型：根据组织现状、未来，有计划、有目标地开展工作
管理手段	人工为主，手段单一	应用软件系统，由计算机生成信息检索、报表制作、核算、测评、招聘等结果，准确地提供决策依据
管理参与者	人事专职干部	人事干部和直线干部的共同参与
管理着眼点	为企业服务，以提高生产率为宗旨	既服务于企业又服务于员工，谋求组织和个人的共同发展
管理地位	执行为主，很少参与决策	处于决策层，直接参与企业的计划与决策

20世纪80年代初，彼得·德鲁克和巴克关于人力资源管理的特征被重新提了出来。在这一时期，经过认真的思考，许多学者试图提出一种人力资源管理的一般理论来解释、预测和指导实际工作者和研究人员的人力资源管理活动，并以此来解决以前在员工关系方面所忽视的一些问题。为了建立这种一般理论，他们提出把人力资源管理和组织的战略计划作为一个整体来加以考虑，这个战略计划的目的是提高组织的绩效，人力资源管理则成为这一计划中的一个重要组成部分。

1982年，逖凯（Tichy）、弗布鲁姆（Fombrum）和戴瓦纳（Devanna）等人按照该思想最早提出了战略人力资源管理理论。随后，贝尔德（Baird）、麦休拉姆（Meshoulam）和戴盖乌（Degive）于1983年，布兰克（Bu-rack）于1985年，戴尔（Dyer）于1984年和1993年都相继提出了这一理论的基本思路。他们认为战略人力资源管理和人事管理的根本区别在于人力资源管理活动计划的制订必须和组织的总体战略计划相联系。

最有影响的战略人力资源管理理论源于比尔（Beer）等人于1984年出版的《管理人力资本》，他们认为，应在组织中统一管理个体的不同方面，人力资源管理综合了组织行为学、劳工关系以及人事行政管理等学科的特点。他们指出人力资源管理的研究领域已经扩展为对影响组织和员工之间关系的所有管理决策和活动的研究。因而，人力资源管理的应用领域也更为广泛。同时他们也把工作系统设计作为人力资源管理的一个重要领域而加以讨论。比尔等人认为，在决定人力资源管理政策时应从4个方面加以选择：①员工影响；②人力资源流动，包括组织内和组织外的流动；③报酬制度；④工作系统。

在比尔等人的理论中，主要强调了组织在战略计划中的员工投入和一致性，以及加强不同政策之间的联系，从而形成一个紧密团结的整体。与传统的人事管理特征相比较，比尔等人的理论更注重成本效应和竞争力，甚至将它们看成是人力资源管理仅有的几个产出。

3. 20世纪90年代以来的人力资源管理理论

在20世纪的最后10年中，人力资源管理最重要的变化就是把人力资源看成组织的战略贡献者。人力资源管理已经从行政管理、事务管理向战略管理方向发展，它在组织战略管理中的作用正在取代原有的行政性和事务性管理的作用。人力资源管理已经逐步变成为战略人力资源管理。

随着全球竞争性、不确定性和不稳定性的加剧，许多企业开始参与全球性的竞争。

面临这种巨大的挑战和机遇，跨国公司如何才能有效地参与这种竞争呢？战略国际人力资源管理的研究应运而生，它是指跨国公司的战略活动所产生的人力资源管理的问题、作用、政策和实践，以及他们对这些公司国际战略目标的影响。根据亨那特 (Hennart) 和法塔克 (Phatak) 的理论，跨国公司的战略组成中有两个主要的部分对战略人力资源管理具有影响，这就是内部单位的联系和内部运作。

经济全球化和管理国际化也同样使众多管理学者将研究方向从人力资源管理战术研究转向人力资源管理战略研究，国内和地区的人力资源管理研究转向国际人力资源管理研究。在国际环境下的人力资源管理，尤其是在跨国组织中的人力资源管理问题已经引起了研究人员越来越大的兴趣。近10年来，国际人力资源管理理论和实践的研究有了很大的发展。在这些研究和实践中，研究人员和实际工作者在"趋同"和"趋异"的研究方法中徘徊良久。许多学者认为，在国际人力资源管理中主要是采取"趋同"的方法，如把那些在美国取得成功的理论应用到国际环境中去。这种想法正在被"趋异"的方法所代替，即承认各个地区、国家在人力资源管理问题上的差异性，认识到在国际环境的人力资源管理中，巨大的文化差异所造成的影响以及由不同文化所引起的不同看法和需求。瑞克斯 (Ricks)、托勒 (Toyne) 和马丁奈兹 (Martinez) 等人在1990年就指出，在国际人力资源管理中必须考虑和国内人力资源管理不同的方面，包括不同文化形式和社会价值之间的相互作用，从一种文化到另一种文化的管理适应性问题，现存的法律和经济差异以及由于社会文化差异产生的不同的学习风格和应变方式。

Bowen 和 Ostroff (2004) 提出"人力资源管理强度"的概念，认为企业在重视人力资源管理措施的同时，还应该重视各项措施的实施过程。也就是说，要想提高人力资源管理活动的质量，仅仅关注人力资源管理的内容选择是不够的，还应该通过有效的人力资源管理过程保证人力资源管理措施的高效执行。事实上，人力资源管理措施能否有效地被员工感知和认可，并在员工内部形成共同的信念和认同感，是人力资源管理能否最终取得成功的重要标志。

近年来，人力资源管理理论研究的发展和关注重点的变化，正是对高度动态不确定性环境的积极反应。人力资源管理理论研究的主要新进展主要集中在管理者职业化胜任素质研究、员工敬业度研究、工作－家庭冲突研究、雇佣关系研究和跨文化管理研究五个方面。理论发展的目的是更好地指导实践，人力资源管理理论的发展也始终是为了应对和满足变化着的人力源管理实践的需要，理论的发展只有与实践的需要良好匹配，才能够更好地促进经济社会和企业管理的发展。

1.2　人力资源管理的内涵及特征

1.2.1　人力资源管理的特征

1. 人力资源的主要特征

人力资源作为国民经济资源中的一个特殊种类，既有质、量、时、空的属性，也有自然的生理特征。

1) 生物性

人首先是一种生物，是有生命的"活"资源，与人的自然生理特征相联系。人力资源潜藏在一个个有生命力的个体中。人类社会全部人力资源只不过是个体人力资源的集合。人的最基本的生理需要带有某些生物性的特征。在管理中，首先要了解人的自然属性，根据人的自然属性与生理特征进行符合人性的管理。松下幸之助也认为"应以人性为出发点，因此而建立的经营理念及管理方法，必然正确且强而有力"。

2) 再生性

人口再生产是人口不断更新，人类自身得以延续和发展的过程。人力资源的再生性不同于一般生物资源的再生性。除了遵守一般生物学规律之外，还受到人类意识的支配和人类活动的影响。

3) 能动性

人区别于自然界其他生物的根本标志之一是因为人具有能动性，能够积极主动地、有目的地、有意识地认识世界和改造世界。在改造世界的过程中，人能通过意识对所采取的行为、手段及结果进行分析、判断和预测。由于人具有能动性，所以说人是生产力中最活跃的因素。

4) 两重性

人力资源具有角色两重性：既是投资的主体，又是投资的目标；一切活动源于人，又归于人，既是生产者，又是消费者。两重性使得一切针对人的管理活动既要体现手段性，又要体现目标性，如要求我们既要重视对人口数量的控制，更要重视人力资源的开发和培养。这一点很容易出错，尤其容易忘记目的性，应特别注意。

5) 社会性

马克思认为"人的本质不是单个人所固有的抽象物，在其现实性上，它是一切社会关系的总和。"从人类社会经济活动的角度来看，人类劳动是群体性劳动，不同的劳动者一般都分别处于各个劳动集体之中，构成了人力资源社会性的微观基础。从宏观上看，人力资源总是与一定的社会环境相联系的，它的形成、配置、开发和使用都是一种社会活动。从本质上讲，人力资源是一种社会资源，应当归整个社会所有，而不仅仅归属于某一个具体的社会经济单位。

2. 人力资源管理的特征

1) 系统性

人力资源管理属于组织整个管理系统的职能，而非组织中单一的模块职能，它融合于组织所有管理体系中，依托全体管理者共同完成，人力资源管理的第一责任人是整个组织管理系统的最高控制者，只有它才能调动整个组织系统，履行最高人力资源管理职能。

2) 时代性

人力资源管理具有时代性，正所谓"时势造英雄"。农业经济崇尚体力英雄，而在现代工业经济乃至知识经济时代，人力资源管理与开发对人们的心智提出了更高的要求，学习能力和创新能力成为人的核心能力，同时保持良好的心态，跟进时代大发展也是心智模式中必不可缺的要素。

3) 联动性

经济的发展离不开两类资源：一类是物质资源；另一类是人力资源。在生产要素中，资本、技术、信息等固然重要，但只有人才能将上述要素结合起来转化为生产力，而且人是这些要素的最终来源或利用者。对人的有效管理就成为企业成功经营的前提条件，现代企业管理更加注重以人为本的管理，更加重视发挥人的主动精神，激发人的积极性、创造性、不断挖掘人的潜在能力。一旦在人的因素上出了差错，其他任何生产资料效用的有效发挥将成为空谈。

4) 二重性

管理本身具有科学和艺术二重性，它既强调理论又强调实践。人力资源管理沿袭了这一特征，由于对人的管理比对物的管理更灵活，更讲究因时因地制宜，其艺术性和实践性的特征更突出。

5) 文化亲缘性

人力资源管理的重点是人。人的思想、感情深深地影响着人的行动，而人的思想是受到文化传统制约的。文化是人类全部物质与精神文明的结晶，包括知识、信仰、艺术、道德、法律和习俗等。文化有地域性、历史性等重要特征，不同的地区，不同的历史文化背景，文化的差异是非常大的，而文化又在深层次上支配和影响人们的行为，所以以人为对象的人力资源管理最具文化亲缘性。如果不顾民族文化特点，盲目地照搬其他国家的经验只会适得其反。

6) 创新性

人力资源管理的发展历程是一个不断趋向科学性和艺术性的过程，它的理论基础在不断完善，它的管理技术和方法在不断创新；人力资源管理的实践经历了雇员管理、人事管理、人本型人力资源管理和战略型人力资源管理等阶段。其科学基础经历了从单一的经济学到心理学和管理学的演变和融合的过程，这些都充分体现出人力资源管理是一个不断创新的过程。

 案例

世界银行的人力资源制度

世界银行关于人力资源制度的规定相当繁复，其中既有它作为国际多边机构的特点，也体现了西方管理理念。

全球人力资源：人力资源全球化和多元化是世界银行人力资源的一个显著特点。世界银行认为，多元化的员工队伍有利于广泛招揽人才，反映全球成员的代表性，吸纳各种关于减贫和发展的观点。按照2009年公布的统计数据，世界银行现有员工约1.4万人，分别来自165个国家，其中，在华盛顿总部工作的员工占63%，在全球各地工作的员工占37%；来自发展中国家的员工占世界银行员工总数的62%，在管理层和高级技术岗位中所占的比例为47%。

简单化的员工等级制度：世界银行现行员工等级制度从最基层到常务副行长共分为11级，分别用 GA 到 GK 表示，其中 GA 到 GD 为辅助人员（约 21%），GE 到 GG 为非管理层专业技术人员（约 49.2%），GH 和 GI 为中层（约 2.9%）和基层管理人员及高级专业技术人员（约 17.1%），GJ 和 GK 为高级管理层。行长不受这个制度的管理。从各级别人员的比例看，世界银行的员工结构呈现"两头小、中间大"的枣核形，不同岗位工作内容上的差别实际上很难划分得很细，简化等级结构，有利于减少组织的层级、实现组织结构的扁平化。差别明显的薪酬待遇：世界银行的员工薪酬根据工作地点的平均收入水平和生活成本确定，各个国别有较大差别，同一国别的本土雇员和非本土雇员也略有差别。员工的薪酬和福利待遇与其员等级挂钩，但可根据员工的资历和工作表现在一定范围内浮动。福利待遇包括退休金计划年缴付额，有薪年假（世界银行一般员工的最低每年享有 208 小时有薪假期，按每个工作日 8 小时计算，相当于 26 个工作日），医疗、人寿和伤残保险，免费技能培训等。非工资福利占全部薪酬福利的比例较高，接近 32%；各级别员工之间的薪酬待遇差别明显，相邻的两个级别之间最少相差 16%，最多相差 38%，高级管理层（GK）与最基层员工（GA）的收入差距达 10 倍；GE 到 GI 各级之间的级差（28% ~ 38%）明显大于 GA 到 GD 各级之间的级差（16% ~ 26%）等。世界银行薪酬福利级别差别较大，体现了对员工能力差别的尊重，可以起到激励员工进步的作用，较高比例的非工资福利则有利于稳定员工队伍。

体现区别的选拔聘用程序：世界银行将其内部的各种工作岗位细分为 18 个系列（Job Family），针对每个系列不同等级的岗位，都详细制定了有针对性的岗位任职标准。在制度设计方面，选拔聘用程序体现了因事设岗、因岗择人、区别对待的原则，注重选拔聘用程序及配聘用人员的能力与岗位职责和特点相匹配。

灵活多样的用工制度：从聘用合同的期限讲，世界银行的员工大体有三种情况：长期合同（Open-ended Term）、可延期合同（Extended Term 或 Renewable Term）和短期合同（Short Term）。近年来，为了起到激励员工的作用，世界银行的长期合同逐渐减少，可延期合同越来越多。还有初级职业计划（Junior Professional Association，JPA），目的是为 28 岁以下大学毕业生提供职业培训，期限两年，期满须离开世界银行两年以后才能再次被世界银行聘用；见习培训计划（Secondment Program），主要面向成员国政府提供见习培训的机会；短期实习生（Internship Program），主要面向在校本科生和研究生提供暑期实习的机会。通过这样的安排，世界银行保持了相对稳定的主体员工队伍，同时又有一定的流动和交流，既可以对外提供人力资源培训、输出知识和影响，又可以利用相对廉价的劳动力。

资料来源：中国人力资源开发网，2010.

1.2.2 人力资源管理的定义与内涵

关于人力资源管理定义及内涵的界定，学术界存在着不同的认识。从人力资源管理理论发展历程来看，西方国家有关人力资源管理的内涵可以概括为两类。

第一类是由彼得·德鲁克提出，巴克（Bakke）、比尔（Beer）、莱文（Lewin）和舒勒（R.S.Schuler）等人所发展的人力资源管理概念。按照德鲁克的观点，当时的人事管理已经不能适应组织对员工有效管理的要求，它必须具有所需的专门知识，要意识到什么是正确的方法并要加以应用。

在彼得·德鲁克提出"人力资源"的概念以后，巴克、比尔、莱文和舒勒等人对人力资源管理内涵做了进一步阐释。他们认为，人力资源管理是管理人员所具有的一种广泛意义的普通管理职能，其目的是对工作场所的个体进行适当的管理，具体包括理解、维持、开发、利用和协调一致。人力资源管理的这一内涵是建立在企业中的每个个体都是有价值的资源这一理念基础之上。根据这种人本主义的观点，舒勒在《管理人力资源》一书中做了如下的定义："人力资源管理是采用一系列管理活动来保证对人力资源进行有效的管理，其目的是为了实现个人、社会和企业的利益。"

第二类是由英国管理主义学派的代表者斯托瑞(Storey)等人在20世纪80年代末提出的。作为员工至上学说的信奉者和多元主义的拥护者，斯托瑞等人认为，人力资源管理从本质上讲是为了躲避工会和掩饰管理控制方法的一种复杂的管理方式，人力资源管理是用来显示管理人合法性的一种方法，而不是作为工具或手段的人力资源管理。

关于人力资源管理的定义和内涵，我国学术界也从不同的研究视角提出了各自观点。

1. 开发管理角度的观点

赵曙明认为，人力资源管理是对人力这一特殊资源进行有效开发、合理利用和科学管理。从开发角度看，它既包括人力资源的智力开发，又包括人的思想文化素质和道德觉悟的提高；既包括人的现有能力的充分发挥，也包括人的潜力的有效挖掘。从利用角度看，它包括对人力资源的发现、鉴别、选择、分配和合理使用。从管理角度看，它既包括人力资源的预测与规划，也包括人力资源的组织和培训。

余凯成认为，人力资源开发与管理指的是为实现组织的战略目标，组织利用现代科学技术和管理理论，通过不断地获得人力资源，对所获得的人力资源的整合、控制及开发，并给予报偿而有效地开发和利用的过程。

2. 资源角度的观点

张德认为，人力资源管理应从两方面去理解：① 对人力资源量的管理，即在生产过程中要保持人力与物力在价值量上的最佳比例和有机结合，使人和物都能充分发挥最佳效应；② 对人力资源质的管理，即对人的思想、心理和行为的有效管理，充分发挥人的主观能动性，以达到组织目标。人力资源管理的目标和任务是实现人的最大使用价值、发挥其最大主观能动性和培养其全面发展。

3. 职能角度的观点

张一弛认为，人力资源管理主要研究组织管理职能(规划、组织、任用、领导和控制)中的任用职能，即人力资源管理是涉及正确处理组织中的"人"和"与人有关的事"所需要的观念、理论和技术。强调人力资源管理绝不是一组人事管理活动的简单集合，而是要协调地管理组织的人力资源，配合其他资源的利用来实现组织效率和公平的整体目标。

郑晓明认为，所谓人力资源管理，是指运用科学方法协调人与事的关系、处理人与人的矛盾，充分发挥人的潜能，使人尽其才，事得其人，人事相宜，从而实现组织目标的过程。简而言之，是指人力资源的获取、整合、激励及控制调整的过程，包括人力资源规划、人员招聘、绩效考核、员工培训、工资福利政策等。

廖泉文将人力资源管理定义为：各种社会组织对员工的招募、录取、培训、使用、升迁、调动直至退休的一系列管理活动的总称。他认为人力资源管理的主要目的在于科学、合理地使用人才，充分发挥人的作用，推动社会和组织的迅速发展。

在众人研究的基础上，结合对人力资源项目实践操作的体悟，我们在本书中的定义为：人力资源管理 (Human Resource Management, HRM) 就是组织为了实现其目标而获取、配置、开发和使用人力资源的各项活动。

1.2.3 人力资源管理的层次性

企业人力资源管理是一个系统性的管理职能，具有显著的层次性特征：企业家是人力资源管理的主帅，也是企业人力资源管理成败优劣的关键所在。企业各层次、各岗位管理者依据其岗位内容分别承担相应的人力资源管理职能，人力资源部（室）作为企业的专门职能部门，只能承担企业人力资源管理的参谋、组织、协调和具体实施职能，切不可将企业的人力资源管理职能全部寄希望于人力资源部，而应将其视为一个管理系统，由企业家挂帅，人力资源职能部门归口管理，全体管理者共同完成的组织系统功能。

1. 企业家是企业人力资源管理的核心

一家企业的人力资源管理工作开展得是否有效，对于企业的经营是否产生了积极的促进作用，在很大程度上取决于企业最高经营管理者本人对人力资源管理的理解及在其本人的日常工作活动中是否切实履行了自己作为企业中的"人力资源管理第一人"的角色。

1) 企业家是企业核心团队的统领

企业家作为核心团队的领袖，要依靠自己正确的理念和有效方法，能够正确地选才、用才、留才，打造优秀高绩效的核心工作团队。

2) 企业家是企业的导师和教练

企业家应当是全体管理者乃至员工的导师和教练。一个企业的发展和强大一定是靠一个凝聚力强、各有所长且通力合作的管理团队来支撑的。企业家只有通过选拔、培养、评价、激励等手段，培养起一支认同公司的文化和战略以及具有战斗力的管理者和员工团队，企业的战略目标才能得到实现。因此，企业家的重要职责就是做好导师和教练，带好队伍。

3) 企业家是企业激励主体

激励是激励主体与激励客体两者之间互动的过程。从本质上说，激励主体是企业，而直接履行激励职责的主体则是企业家。中国现阶段的大多数民营企业，如何激励员工很大程度上取决于企业家（即老板）自身，因此，企业家作为激励的主体自然左右着企业激励制度的设计，从根本上决定了企业对员工的激励。

4) 企业家是企业文化的主体

企业文化是企业组织共同价值观念的集合，为组织高度持有、广泛认同。企业家本人在一个企业的文化塑造过程中所起的作用是不言而喻的，甚至可以说，一家企业的文化在某种意义上就是企业家的文化。企业家本人在企业文化的建设中是要花一定的时间和精力，并要运用多种不同技巧，尽可能利用各种可能的时间和机会来实现与员工的沟通与交流，传递公司的价值观和理念。

2. 各级管理者是企业人力资源管理的具体责任人

多数人经常错误地认为，人力资源管理是人力资源管理部门及其专职管理人员的职责，这好比将企业经营成本和效益职责归于财务部门一样，人力资源管理作为组织一项系统性职能，从企业家到企业各级管理者都是广义的人力资源管理者。甚至，人力资源管理的具体职责更多地落在直线管理者肩上。人力资源职能部门及其人员则以承担专业性参谋、技术性支持与服务为主。

3. 人力资源部是企业人力资源管理的职能主体

真正意义上的现代人力资源管理并不是一个人力资源管理部门的事情，它是企业中的全体管理人员都应当承担的责任，是一个综合的人力资源系统。人力资源部门只是职能机构，它为企业的战略和整体经营目标的实现提供人力资源的保障和支持。

美国人力资源管理协会(The Society for Human Resource Management，SHRM)确定了人力资源管理的6种主要职能，构成了人力资源职能部门的主要职能。

1) 人力资源规划、招募和选择
(1) 进行工作分析以确定组织内特定工作的具体要求。
(2) 预测组织为实现其目标对所需人力资源的要求。
(3) 制订和实施满足这些要求的计划。
(4) 招募组织为实现其目标所需要的人力资源。
(5) 选择和雇用填补组织内具体职位的人力资源。

2) 人力资源开发
(1) 员工上岗引导和培训。
(2) 设计和实施管理及组织成长的方案。
(3) 在组织内部建立有效的工作团队。
(4) 设计员工个人绩效评估系统。
(5) 帮助员工制定职业生涯规划。

3) 报酬和福利
(1) 设计和实施针对所有员工的报酬和福利制度。
(2) 确保报酬和福利公正、一致。

4) 劳动关系
(1) 在组织和工会之间起到调解人的作用。
(2) 设计惩罚和抱怨处理系统。

5) 安全和健康
(1) 设计和实施确保员工安全和健康的方案。
(2) 对自身存在影响工作绩效问题的员工提供帮助。

6) 人力资源研究
(1) 建立人力资源信息库。
(2) 设计和实施员工沟通系统。

1.3 人力资源管理研究的发展趋势

一个世纪以来,人们对于人力资源管理的研究从无到有,从简单到复杂,从理论到实践,随着社会经济的发展而不断地向前发展。进入21世纪后,随着互联网和信息化的飞速发展,人力资源管理与许多其他学科一样,其研究也将不断拓展。

1.3.1 人力资源管理的职能层次进一步提升

长期以来,人力资源管理理论所采用的最重要的视角是职能视角。人力资源管理实践活动也是从这些不同管理职能的角度进行的。

进入新世纪十几年来,人力资源管理的研究与实践已经超越了员工招聘与选拔、培训与开发、工作分析、业绩考核、薪酬设计等传统内容,完成了从人事管理到人力资源管理,再到战略人力资源管理的发展过程。在此过程中,人力资源管理的一个关键在于如何整合人力资源管理中零散而孤立的职能、职责与活动,通过对人力资源的运作,来创造企业的竞争优势。为此,人力资源管理研究工作将从以下两个方面展开。

一方面,由于人力资源管理工作已经不再是与企业的战略计划没有任何联系的,仅仅运用于操作层面的职能性工作,因此必须把人力资源管理作为一个系统来进行分析,其主要目的在于帮助人力资源管理扮演新的战略角色。战略性人力资源管理在人力资源管理中扮演了战略决策、战略职能、行政管理等几种职能角色。人力资源在承担新的职能角色的同时,也形成了新的管理职能,实现了人力资源管理角色与职能的双重转换。

另一方面,在当今竞争日益激烈的市场中,为了提高对快速变化的环境的适应能力,企业必须对传统的层级结构的组织形式进行重大调整,形成反应速度更快的扁平式、网络式等组织结构。随着组织中管理层次的逐步减少,员工的横向发展成为主要激励途径,员工被授予更多的权利,所担任的角色也从单纯的职能角色开始向战略角色转变。

1.3.2 人力资源管理的范围进一步拓展

随着人力资源管理实践和理论的不断向前推进,人力资源管理的范围也相应地发生了变化,逐步呈现从内部到外部、从区域化到全球化的趋势。

1. 从内部到外部

现在多数企业的人力资源管理还只停留在企业内部的员工和经营管理者身上,并认为只有他们是企业利润与市场价值的创造者,而忽略了企业外部的客户、合作伙伴和社会等利益相关者。目前,人力资源管理的相关研究大多数也还是集中在企业内部。然而,当企业逐渐变得更像各种商业联盟和关系的联合体时,人力资源管理就需要满足不同利益群体的要求而展开相关工作，这使得企业边界开始变得模糊，企业的合法界线将越来越难以限制跨界线开展人力资源管理工作。这就需要通过研究，使人力资源管理工作在平衡多个利益群体的需求中，对企业内部和企业外部都产生影响，如企业之间的合作研发、外包业务、兼并重组过程中的外部资源利用以及社会责任等。

2. 从区域化到全球化

面对经济全球化趋势，未来的企业将更加重视国际竞争机会。市场的不断变化以及国内市场的国际化，使得国际经营对于任何一个企业来说都变得越来越重要。相应地，众多人力资源管理学者将研究方向从国内和地区的人力资源管理转向国际人力资源管理，其目的是通过调整人力资源管理使其既能满足本地区企业的需求，也能适应国际化和全球化的趋势。

企业适应全球化趋势的一个关键，是要形成一个整合的人力资源管理战略，使人力资源管理所发挥的作用与企业的国际化目标相一致。这就要求企业树立一套全球化的观念体系；将参与全球性竞争的新要求同人力资源管理过程和方法的核心内容相结合，同时兼顾当地的实际情况和要求；增强内部人力资源的全球化素质和能力，使之成为能在全球范围内快速地寻求到商机的企业。

由于不同的企业、行业与国家对人力资源管理的要求都会有所不同，走向全球化的人力资源管理并没有一成不变的模式。企业在全球化的过程中，必须了解众多不同因素对人力资源管理的影响。如果要形成整合战略，就有必要对人力资源管理模式进行比较研究。例如，日本和美国的人力资源管理模式就是不同阶段、不同文化背景下的典型代表。毋庸置疑，美国模式是社会化大规模生产的典范，而日本模式则可以认为是灵活生产的典范。他们的人力资源管理模式截然不同，而随着时代的发展，这两种模式也正在逐步交融。

1.3.3 从重视个人到重视团队与组织

随着企业中管理层次的逐步减少，员工被授予更多的权利，授权的扩大使人力资源管理人员能和员工一起承担企业的职责，以实现企业的目标。然而，仅靠个人能力提高及其绩效增加还无法使企业获得持续的竞争优势。为了进一步提高整体竞争力和组织绩效，企业需要改变以个人为中心的人力资源管理模式，逐步转向重视和加强团队与组织管理。为了适应团队与组织的发展，薪酬等人力资源子系统的设立也更多地从强调员工个体到强调工作团队的绩效，人力资源开发和培训更趋于通用性和灵活性，人力资源信息也为工作团队与组织所共享。

以团队为基础的组织结构认为，团队能够获得的产出数量，比相同数目的团队成员，由他们独自完成特定的工作任务能够获得的单个产品的总和要多。这是企业获得高绩效的一种新型管理模式。目前有许多关于从个人转向团队和组织的研究，如建立功能团队以超越传统的职能部门群体等。为了适应快速变化的环境，自我管理的团队(Self-managed Team)与虚拟团队(Virtual Team)也开始成为研究的新方向。

彼得·圣吉(Peter M. Senge)将团队学习看作是发展团队成员整体搭配能力来实现共

同目标的过程。换句话说，团队学习是以创造团队成员希望得到的结果为动力来发展其整体搭配能力的过程。它并不是个人学习的简单相加，而是包含了学习的条件、协作过程与方法等多方面的内容。

沃纳菲尔特 (Wernerfelt，1984) 认为，资源异质禀赋说明能力是经由资源禀赋累积而来的。为了达到 1+1 > 2 的目的，组织开始重视组织能力的开发 (个人能力、团队能力、战略能力)，并力求各种能力作用的最大化。

寻找如何才能有效地管理团队并提高组织绩效的方法，有效地管理这种新型的开放型组织，培养有利于组织知识创造、整合和利用的团队是未来人力资源管理发展的方向。

1.3.4 重心向知识型员工管理、人才管理等方面偏移

随着知识经济时代的临近，为了更好地适应企业发展的需要并赢得竞争优势，人力资源管理的重心开始呈现出在类型上向知识型员工偏移、在层次上向人才管理偏移等特点。

1. 知识型员工管理方面

目前，知识型员工逐步成为企业人力资源的一个重要组成部分。一般认为，知识型员工是指那些在财富创造过程中主要依靠脑力劳动，运用掌握的知识和智慧给产品带来附加值的员工。与其他类型的员工相比，知识型员工更重视有助于他们发展的、有挑战性的工作。他们要求给予自主权，并且能够以自己认为有效的方式进行工作。与之相对应，企业也必须履行自己对知识型员工的承诺，以保证完成组织交给他们的任务。企业和知识型员工之间这种新的关系的出现，使得今后的人力资源管理必须有别于传统的人力资源管理，对知识型员工的管理不能停留在一种表面的约束上，而是要重视企业与他们之间的一种本质上的关系，这可以看成是一种从书面契约到心理契约的转变。知识型员工心理契约管理的过程是一个充分发挥知识型员工的积极性、创造性与智能的过程，是提高知识型员工的努力程度和工作绩效的过程，也是构建组织成员的"生命共同体"的过程。加强知识型员工心理契约管理对提高组织的竞争能力具有十分重要的意义，而对知识型员工心理契约管理的研究也开始成为一个热点。

2. 人才管理方面

自从 1997 年麦肯锡咨询公司提出"人才战争"后，从业者和学者就对人才管理产生了极大的兴趣。目前关于人才管理的定义颇为冗杂，大致是指满足组织的人才需求，涉及从招聘到甄选的整个过程。由于人才尤其是核心人才不仅具有较高的当前价值或潜在价值，而且还会对企业的成败产生关键影响，因而加强人才管理对于企业来说显得日趋重要。人才管理会涉及很多传统的人力资源管理职能，但人才自身的特点决定其管理不能等同于一般性人力资源的管理。人才管理的关注点主要还是关键人才的吸引、保留及其使用。目前，人才管理方面的理论研究尚有欠缺，未来还需要进一步探讨。

1.3.5 人力资源管理的信息化

随着信息技术的迅猛发展和广泛应用，经济和社会赖以发展的战略资源发生了根本变化，人力资源已成为经济和社会发展的重要资源。计算机和网络的出现与迅速发展，给全世界带来了翻天覆地的变化，信息流突破了部门的限制延伸到企业内外的各个角落，使人力资源管理的业务流程再造成为可能。网络经济下的人力资源管理，强调短期内快速解决问题的能力和长期人力资源政策制度的建立完善二者并重，由此，人力资源管理的信息化便应运而生，并成为人力资本管理科技变革浪潮推进的重点。在信息技术应用的影响下，人力资源管理的信息化经历了从人力资源信息系统到人力资源管理系统，再到电子化人力资源管理3个阶段。目前，越来越多的人力资源管理工作能够通过在线使用的各模块系统来实现，这使得人力资源管理更加科学化、制度化和条理化，人力资源管理手段也由过去经验式的人事管理，步入科学化、专业化技术化、信息化的人力资源管理时代。

此外，伴随着全球经济一体化、文化多元化的冲击，传统意义上局限于一国确立管理体制和机制的局面必将打破，企业人力资源管理担负着融合不同政治体制、法律规范、风俗习惯和文化背景的员工凝聚力的重任，因此人力资源的信息化管理已经得到许多跨国公司的充分重视和利用，各国企业之间也有了多种的合作。通过科学化、信息化的人力资源管理，可以使企业具有适应全球竞争的独特能力和技巧，把企业经营管理水平提升到一个全新的更高的境界。

1.3.6 与其他学科的融合

随着人力资源管理研究内容的不断丰富和研究范围的不断扩大，人力资源管理开始与更多的学科相结合，并逐渐形成人力资源会计、人力资源生态系统等概念及理论雏形，这表明人力资源管理与其他学科的融合趋势越来越明显。

以基于人力资源会计的成本——收益分析为例，尽管人们已经认识到了人力资源管理活动对增加企业利润的潜在作用，但是，对于如何衡量这些成本和收益，人们知道的还很少，这已成为制约企业高管层进行人力资源投资的一大障碍。随着人力资源会计的出现与计量经济学在人力资本方面研究的深入，人力资源管理活动正在变成可以衡量的活动。当然，要让人力资源管理者像其他管理者那样用数据来说话，还需要进一步的理论研究与实践。如果从整体上来看人力资源管理，它应该具有显著的系统特征性。然而，单纯地使用传统的方法进行研究，总感觉不足。因此，引进生态系统研究的方法、构架人力资源生态系统，对于改进人力资源管理具有重大的学术价值和现实意义。从系统运行的角度来看，人力资源生态系统的运行是一个动态调适的过程，它有其内在的机理和规律。人力资源生态系统的研究，将为企业成长性研究、发展战略研究等方面开拓新的视野，并提供新的研究方法。

综上所述，人力资源管理学科与其他学科的融合，必将成为人力资源管理发展的一大趋势。

1.4 中国人力资源管理的主要特征与发展趋势

中国处在特殊的转型并快速发展时期，基于中国现实社会文化背景的中国人力资源管理有其特殊性，准确把握当今中国人力资源管理的主要特征和基本发展趋势具有重要的现实意义。

1.4.1 政府主导仍然是中国人力资源市场化发展过程的重要特点

中国的政治体制和社会背景决定着中国改革开放和市场经济发展一直都有政府主导的特征，消费品、生产要素和资本市场的发展无一不是在政府主导的背景下进行的，实践证明，这种推进是非常高效和成功的。由于政府主导自身的特征也导致了中国市场经济发展的严重不均衡。由于中国稳健、渐进的改革思路，生产要素先行，产权市场跟进，人力资源市场最落后。因为人力资源市场化触及的社会矛盾多、涉及面广，其市场化过程带来的社会震荡较大，因而市场化起步最晚，进程最慢。至今，中国这种市场发展失衡问题已日益凸显，人力资源市场发展滞后已成为中国经济持续发展的重要障碍。政府已感觉到人力资源市场化的重要性并已显示出强力推进其进程的决心，2000年江泽民同志提出了"人才资源是第一资源"的思想，把人才问题提到社会经济发展的战略高度；2002年中央制定了《2002—2005年全国人才队伍建设规划纲要》，对人才队伍建设进行了全面、详细的论述；2003年5月，中央政治局常委会议和政治局会议，明确提出了坚持党管人才原则和大力实施人才强国战略；2007年胡锦涛同志在党的十七大报告中提出要"建设人力资源强国"，为全面建设小康社会、实现中华民族的伟大复兴提供强有力的人才和人力资源保证。人力资源强国思想的提出，显示出国家将人力资源问题定位在国家建设的层面。2010年，习近平总书记强调实现科学发展，关键在科技，根本在人才。要以更大力度推进"千人计划"，更好地发挥海外高层次引进人才的作用，加快建设人才强国，提升我国的自主创新能力，建设创新型国家。这一决定必将推动中国人力资源市场化进程的快速发展。

1.4.2 人力资源市场体系将亟待强力推进和完善

相对于其他市场模块而言，中国的人力资源市场发育最慢，体系最不完善，存在着明显的二元分割市场问题。市场主体和要素的有效流动、平等竞争是市场经济发育的基本前提，在中国人力资源市场上，迄今为止仍然大量存在着国有职工、集体职工、合同工、农民工等众多身份标签，存在着部门所有、企业所有、地区分割和行业壁垒等障碍，人员的市场流动成本高、流动性差，离市场机制下要素有效流动实现资源优化配置的目标相距甚远，中国人力资源市场化的基础环境亟待改善。

要想培育健康的中国人力资源市场，必须首先塑造完全意义上的市场主体，构建基本的市场流动机制。必须彻底脱去员工的各种身份外壳，使他们能完全平等地进入市场，参与竞争与流动。这一过程实施起来并不容易，因为它必须解决中国长期计划经济形成的相关历史遗留问题：计划经济采取的是低工资、高福利和社会保障，员工的市场收入大部分转为政府利润，这种分配机制隐含的心理契约是为员工提供终身的保障和福利，一旦将员工推向市场，一方面员工无力适应市场的基本生活和竞争，另一方面心理契约的解除必定带来强烈的对抗。政府必须付出相应的改革成本才能完成员工走向市场、成为市场真正主体的过程。在改革开放最初十几年，国家在国有企业推行关闭破产和解除劳动关系的改革已在这方面取得很大的成功，积累了丰富的经验，创造了大量真正意义上的人力资源市场主体，但这一改革过程在近二十年出现了徘徊，国有企业市场化改革进展缓慢，政府及其他非营利性组织更是远离人力资源市场体系。

人力资源市场有别于其他市场的重要特点是：它必须依靠完整的社会保障体系，支持市场体系的健康发展。市场经济的发展终究是要为社会的全体成员提供更好的生存、生活条件。人力资源市场竞争受众多主客观乃至先天、后天因素的影响，失败者和弱者也需要生存。公平和效率是市场经济永恒的主题，在强调市场竞争和效率的同时，必须保持社会的稳定，必须为竞争失败者、弱势群体包括社会的病残人群提供基本的生活保障。我们在推进人力资源市场化过程中必须快速完善社会保障体系，建立良好的人力资源市场的"安全网"，才能使市场持续、健康地推进和发育。近十几年，中国在社会保障体系的建设和完善方面成绩斐然，尤其是中国广大的农村市场，其社会保障体系已基本建立并在快速完善之中。

近十几年来也是中国人力资源市场法律体系建设成就突出的时期，尤其是新的《劳动合同法》于2008年正式颁布实施后，中国相关人力资源市场立法在数量和质量上都有更大的突破，并且对我国的人力资源管理产生重大影响。具体表现在：①人力资源管理是所有管理者的使命将成为现实；②人员招聘和解雇工作的重要性凸显；③增强企业对人才的吸引力成为留人的关键；④主动管理将成为企业人力资源管理的发展方向；⑤工作方式要因时因事加以调整。

中国的人力资源市场建设存在着一个重要难题就是工会问题。在西方市场经济国家中，工会作为人力资源市场的重要第三方力量，在市场的博弈过程中起到重要的调控作用，它所构建的法律体系由于工会的存在能得以有效实施，维护市场秩序。在我国，如果简单照搬西方的人力资源市场法律模式，由于法律的社会基础不同，其有效性必定不足。如何根据中国特色构建中国人力资源法律体系，既能实现市场的健康发展，又能维护社会的稳定和谐，已成为中国人力资源市场发展过程中必须解决的重大现实问题。

1.4.3 制度管理在较长时期内占重要地位，柔性管理将逐步成为人力资源管理的主旋律

西方国家已进入人性化管理阶段，但我国还未完成制度化管理的历练过程。我们认为，制度管理在较长时期内占重要地位，柔性管理将逐步成为人力资源管理的主旋律。我们可以从3个方面阐述。

第一，中国农业自然经济背景深厚，尽管由于空间或行业发展的不均衡，有些地区

或行业已经进入工业经济甚至跨入知识经济阶段，但中国目前主体上仍处于农业自然经济向工业经济过渡的时期。农业自然经济的生产、生活模式所沉淀的文化特征决定了人们自由、散漫、粗糙、缺乏组织纪律性、精细性、协作意识的特点。所以在农业自然经济向工业经济过渡时期，由于两种经济背景的文化差异，加上文化的运行惯性，导致了在过渡时期必须依靠严格的制度管理，才能使在农业自然经济背景下走向工业经济的人，能够快速地适应工业经济纪律性、协作性和精细性的工作模式，而不能完全依靠西方比较推崇的人性化管理。

第二，中国经济是一种赶超式经济，呈现出发展速度快但不精细的特点，许多管理都处在一个"形似而神不似"的状态中。尤其是在人力资源管理方面，不精细带来了很多制度方面的问题，如工作分析、考核体系的基础不规范，薪酬模式的不严谨等。在这种背景下，中国需要很长一段时间来打造制度管理，使中国的人力资源管理达到一个比较高的水平，为进入人性化管理阶段奠定坚实的基础。

第三，中国儒家"礼"文化的深度影响，使传统中国过分依赖"礼"而忽视"法"，导致现代社会过分重视人际关系，依靠"人治"，轻视制度管理。过分重视礼仪常常给企业人力资源管理带来负面影响，如注重名分、等级、职权，追求官本位等，使人才分布和配置偏离组织和岗位需求。人际关系和"人治"还会驱使领导在用人上偏离组织目标和岗位需求，如提拔跟自己关系好而不一定合格的员工等，挫伤技术精、能力强、绩效高员工的士气，影响企业晋升和激励机制的有效性。员工所犯错误给企业造成损失，也能通过与领导拉拢关系以减少或免除处罚，必将弱化奖惩制度的激励和约束功能；"人治"还会导致员工必须注重领导的看法而不敢充分表达意见，员工参与度不够、满意度偏低。基于以上分析，制度建设在较长时期内还是中国企业人力资源管理的主要问题。

然而，在制度管理下，随着知识经济的到来，科技革命和技术变革层出不穷，消费者的需求形式也日新月异。传统的人力资源管理只有当企业的外部环境非常稳定，企业战略目标长期不变的情况下才能够成功实施，否则这种问题可能使企业适应变化的能力降低，从而难以生存。

柔性化的人力资源管理所扮演的角色是组织变革的推动者，其目的是增强企业适应环境的能力，提高赢利能力，从而增加企业的竞争力。为了适应快速变化的外部环境，企业的组织结构趋向于扁平化，人力资源管理部门拥有更大的权力可以参与企业战略的决策工作，并且能够与相关部门一起执行企业的战略。人力资源部门经理需要和有关项目负责人共同制定人员管理的决策，并且通过员工分类管理、团队管理以及各种人力资源外包工作增加企业的人员柔性。柔性化的人力资源管理的理念是与员工建立合作的伙伴关系，主张建立互利互惠的关系来共同迎接环境的变化，并分享合作的成果。

柔性化的人力资源管理能够避免传统人力资源管理带来的种种问题：首先，企业采用灵活的组织形式，员工的工作积极性高，能够增强企业的跨职能合作；其次，企业培养的是创新的企业文化，鼓励变革，并且采用灵活的薪酬方式可以极大地提高员工的创新动力，使企业变革得以迅速进行；最后，人力资源管理部门的地位得到提高，人才可以在企业整体范围内流动，企业可以实施以人力资源为中心的资源优化配置。

柔性化的人力资源管理可以推进企业组织变革，帮助企业形成鼓励创新的组织文化，从而增强企业适应外部环境变化的能力，提高企业的竞争力。

1.4.4 基于"能力"将逐步替代基于"工作"的人力资源管理思想

人与职位之间的动态匹配是人力资源管理的核心问题，由此衍生出了传统的基于"工作"与新兴的基于"能力"的人力资源管理两条思路。基于"工作"的人力资源管理思想起源于泰勒的科学管理，奉行物本管理思想，它是以任务为中心、以工作为导向的人力资源管理体系。随着科学管理的兴起，基于工作的人力资源管理逐步演变成一个完整的体系：以工作分析为基础，以绩效考核为支撑，形成配套的薪酬激励和人力资源培训开发系统。可以说，传统的人力资源管理每个模块都打上了基于"工作"的思想烙印。然而，传统体系最大的局限性在于，以"工作"作为人力资源的基本管理构件，适用于处于稳定环境中的组织，只有在组织任务和目标比较稳定的前提下，才能满足人和组织的有效匹配。1973 年美国哈佛大学心理学教授 McClelland 最先挑战"以工作为中心"的评价思想，导入了基于能力的评价方法，随后学者们开始从能力角度研究人力资源管理有关模块的问题，取得了理论和实证研究的一系列成果，基于能力的人力资源管理研究至今在世界上方兴未艾。我们认为，之所以基于的评价及与之相应的人力资源管理研究在 20 世纪后期能引起广泛关注，是因为世界经济特别是知识经济快速发展使以人为本和社会高动态性特色日益凸显，基于工作的人力资源管理思想及相应的管理体系已难以适应发生剧变后的社会环境。中国正处在快速发展的转型时期，高动态性特征尤为突出，中国人力资源结构性短缺与严重供过于求并存，更需要以人为本的管理理念和技术，基于能力的管理思想特别符合中国社会的现实环境和内在需求，我们认为中国企业会很快直接接收基于能力的人力资源管理思想，构建相应的人力资源管理体系。

基于"能力"的思想对整个人力资源管理从工作分析、招聘、薪酬、考核评价、培训的整个体系产生全面影响。基于能力的人力资源管理模式要求在工作分析中针对特定职位的优异表现要求来明确岗位胜任特征。基于能力的人员选拔依据的是工作岗位的优异表现，以及能取得此优异表现的人所具备的能力特征和行为。薪酬设计中的能力模型根据岗位所需要的能力或是员工所具有的能力来设计，建立以人为基础的薪酬体系。对员工实施绩效计划、指导、反馈和评估全过程的管理，关注员工对组织做贡献能力的提高，实现能力与报酬匹配。在培训开发中，重点对员工进行特定职位所需关键能力的培养。在整个人力资源管理过程中，强调结合组织战略将个体能力整合成组织能力以形成组织的核心能力，进而赢得组织竞争优势。

1.4.5 培训开发还是中国企业人力资源管理的热点

社会发展的宏观环境和形势需要组织不断进行培训开发。中国目前正处在自然经济向工业经济转型、部分领域直接跨入知识经济的特殊时期，在这种高动态的快速发展的背景下，中国企业必须不断学习、变革和创新才能与社会环境的变化相适应，实现可持续发展。组织学习和应变能力成为组织可持续发展的重要机制保障。由于文化的惯性特征，在转型时期，尽管工业经济和知识经济文化强烈冲击和影响着现实社会和企业组织，但中国大多数企业仍保持很深的农业经济文化思想烙印，员工的思维和行为观念与经济发展和社会进步的要求存在着较大的差距。为此，中国企业必须从理念上不断进行更新，依靠培训抵消文化的惯性作用，消除其负面影响，培育新兴理念，推动企业适应新的环境，维持其生存和持续发展。

组织及其成员自身的素质和能力缺陷引发强烈的内在培训需求。在计划经济时期，我国市场发展不规范、不均衡，很多企业的成功并不是规范竞争的结果，而是存在一定的偶然性。随着市场经济的到来，市场发展逐步规范化，学习渐渐成为企业生存的需求。由于高层人员在组织中具有特殊重要的作用，往往决定着企业的发展方向与前途，对企业的生存发展有决定性的影响，因此，学习常常是从企业的高层人员开始，受到高层人员的重视，进而逐步成为企业内部深层的需要。

培训是保持企业组织学习能力的基本方法，是一种有效的人力资本投资手段。彼得·圣吉在《第五项修炼——学习型组织的艺术与实务》中指出：未来真正出色的企业将是能够设法使各阶层人员全心投入并有能力不断学习的组织。培训无疑是企业成为学习型组织的重要手段，是企业适应不断变化的环境，实现可持续发展战略的重要工具。也是一种有效的激励沟通手段。培训对团队建设、企业文化培养有着不可替代的作用，几乎可以说管理的每个环节都离不开培训工具的使用。2013年12月，人力资源和社会保障部副部长胡晓义在国新办举行的关于健全促进就业创业体制机制等相关情况的新闻发布会上，依据2012我国劳动力资源总量首次下降的情况，明确指出加强培训是从人口大国变为人力资源强国最重要一个战略性举措。处于赶超状态的中国企业要想适应发展、参与国际竞争，就必须大力实施培训开发战略，将培训作为企业重要的战略工具，持之以恒，做实做透，才能快速提升组织的综合素质和核心竞争能力。

1.4.6　文化与人力资源管理协同运作成为重要趋势

目前中国的人力资源管理已有了显著的发展，但与发达国家相比，不论是在理论上还是在实践上都存在着相当大的差距，因此，很多学者和企业从国外直接引进了许多先进的人力资源管理理论和方法并运用于实践，但效果甚微。究其原因，中西文化差异是导致国外先进人力资源管理技术在我国应用失灵的主要根源。西方国家的人力资源管理技术产生于西方的文化背景，而我国的人力资源管理受中国传统文化与现实经济发展特征文化影响，具有浓厚的中国特色，两者直接结合必将产生冲突。文化与企业管理的关系越来越受到企业界和学术界的重视，文化对企业人力资源管理的影响尤为突出。

目前我国主体上正处于农业自然经济向工业经济的转型时期，社会经济模式的转型造成生活模式的转变，进而引起文化体系的改变。我国文化体系处在动态变化之中，自然经济文化、工业经济文化和知识经济文化激烈冲突和融合，文化的紊乱导致企业人资源管理缺乏优秀、稳定的基础性条件，任何成功的人力资源管理方法在缺乏良好的文化背景下都将失效。因此，研究我国人力资源管理不能脱离我国的文化背景，企业必须针对我国的现实情况，将文化与人力资源管理结合起来，用来解决我国人力资源管理中的现实问题，构建具有特色的、切实可行的中国式人力资源管理体系。

1.4.7 人力资源生态系统研究将日益显示其优势

随着社会经济环境的变化，组织赖以生存的外部环境和竞争方式也发生了重大的变革，现有的人力资源管理理论与研究方法已日渐凸现其局限性。客观世界的系统及其系统的复杂性已经促使学科融合的趋向正在兴起。国家人力资源管理、地方政府人力资源管理诸多问题常常难以在局部视角下予以有效解决。企业发展到一定规模后，其人力资源管理系统性特征也越来越突出，人力资源生态系统作为一种崭新的整体性研究方法，具有诸多优势。

和谐共生替代零和博弈，能满足组织持续的高水平发展之需。受研究思想和技术路径的影响，传统人力资源管理理论在研究功能类似的人力资源的相互影响作用时，偏重于探讨他们的替代性和竞争性。这样往往会引发人力资源之间零和博弈结果，难以满足现代众多尖端优秀人才聚集和协作运转的高水平组织的要求。在现代生态系统研究中，同一等级链的生物也存在着大量共同进化的现象，尤其是生态位理论对生物的和谐共生、协同进化做出了很好的评估，我们认为运用生态系统和生态位理论研究人力资源管理，将在思想方法和技术路径上形成突破，有利于突破零和博弈的障碍，建立人力资源和谐共生体系。这种优势将随着经济发展和知识经济特征进一步凸显而日益显著。

系统和动态研究，能更全面、更准确地把握人力资源管理运行特征。以整体论与系统观对人力资源管理中所要考量的各种因素进行全面、系统的思考，发掘各要素之间的关系，就能有效把握和解决组织人力资源管理在宏观与微观上的失误，运用有效的工具综合评价其发展和运行状况并能做出相应的调控。运用系统动力学的方法和工具可以比较准确地分析系统的运行机理，预测系统的运行走势，进而实施对人力资源管理系统进行科学的调控和管理。

1.4.8 循证人力资源管理将越来越流行

循证研究方法首先源于医学。1996年医学家戴维·萨基特(David-Sackett)以"慎重、明确和明智地以当前的最佳实践为依据来确定患者的治疗方案"为循证医学。强调将最佳证据运用到政策制定的过程当中去而不是像传统公共政策制定那样基于权威意见或利益集团的诉求，因此，循证政策也很快受到关注。

Rousseau于2006年将循证思想引入管理学研究，他认为："循证管理(Evidence-Based Management)是指将建立在最佳科学证据之上的科学管理原理转化为组织行为。通过循证管理，管理者成为专家，他们做出的组织决策是建立在充分的社会科学和组织行为研究成果基础之上的，这将是一个划时代的思潮。"循证管理的核心就是要把管理决策和管理活动建立在科学依据之上，通过搜集、总结、分析和应用最佳、最合适的科学证据来进行管理，对组织结构、资源分配、运作流程、质量体系和成本运营等做出决策，不断提高管理效率。

Dessler 于 2009 年开始了循证人力资源管理研究，即"运用数据、事实、分析方法、科学手段、有针对性的评价及准确的案例研究，来对人力资源管理方面的建议、决策、实践以及结论提供支持"。可见，循证人力资源管理就是审慎地将最佳证据运用到人力资源管理实践的过程。一个明显问题是，很多企业的人力资源管理决策都依靠管理者的直觉和经验行事，这不仅难以保证人力资源决策本身的科学合理，同时也无法证明人力资源管理活动对于组织的战略和经营目标实现所做出的实际贡献，结果就导致人力资源管理在很多企业中处于一种比较尴尬的境地。Noe(2009) 年认为："循证人力资源管理的目的之一就是要证明人力资源管理部门的实践对于组织的收益或者是其他利益相关者（员工、客户、社区、股东）所产生的积极影响。"例如，循证人力资源管理通过搜集相关的事实和数据回答诸如这样一些问题："哪一种招募渠道能够给公司带来更多有效的求职者？""在新实施的培训计划下，员工的生产率能够提高多少？"等。从本质上说，循证人力资源管理代表的是一种管理哲学，即用可获得的最佳证据来代替个人经验和盲目的模仿，摒弃"拍脑袋决策"的直觉式思维，使人力资源决策牢固地建立在实实在在的证据之上。我们认为，循证人力资源管理很是契合中国人力资源管理现实之需，必须日益显示其重要性。

1.4.9 案例研究方法将更受关注

Konnikova 认为如果像对待自然科学一样使用严格的数理统计方法对待社会科学，把人的因素编码成数字那么就必定有所缺失。而质性研究的优点在于可以寻求管理研究中由于人的参与所带来的意义和目的。Eisenhardt 和 Yin 等学者认为案例研究是建立和改进管理学理论的重要研究方法之一，适合于探索复杂情境中的动态过程。

虽然理论界对案例研究一直存在一些质疑，但案例研究仍然在管理研究中呈现出强大的生命力。Eisenhardt 认为，与其他类型的研究方法相比，案例研究具备 3 个方面的优点。

(1) 具有产生新颖理论的潜质。在案例研究过程中，研究者需要努力调解来自跨案例、各种数据和不同研究者的证据，以及案例与已有文献的对比，不断比较出现的各种矛盾事实会"解冻"思想，这一过程可以增加新理论在教学产生创新性框架的可能性。

(2) 形成的理论较可能是可检验的，其构念可直接测量而其假设可被证伪。与此相反，那些不是由直接证据产生的理论可能会出现能否被验证的问题。

(3) 结论可能更具有现实有效性。因为案例结论直接来自经验证据，因此，更有可能是对现实的客观反映。为此，Eisenhard 总结道：在研究的初始阶段，当我们对所研究问题知之甚少或试图从一个全新角度切入时，案例研究将非常有用。

我国著名的管理学者成思危先生呼吁中国学者在把握国际最新研究成果和研究重点的同时，能够深入中国的企业，脚踏实地进行实证研究和案例分析。无独有偶的是，著名华裔学者徐淑英也指出，中国的政治、文化、历史、社会情境是如此独特，中国的管理实践中必然存在许多独特的现象，蕴含深刻的理论意义，我国学者不应该对这些独特现象视而不见，而应深入地进行案例分析、质性研究，构建基于中国情境的管理理论。由于中国人力资源管理的情景性特征更为明显，案例研究尤为实用。更是重要，我们认为，案例研究方法将成为下一个阶段中国人力资源管理研究的重要工具。

1.4.10 "互联网+"将推动人力资源管理的全面革新

"互联网+"就是将互联网作为当前信息化发展的核心特征提取出来，并与传统行业的全面融合。实际上，"互联网+"就是"互联网+各个传统行业"，也就是利用信息通信技术以及互联网平台，让互联网与传统行业进行深度融合，创造新的发展生态。除了电子商务外，人力资源管理是互联网在企业应用的主要领域，而当"互联网+各个传统行业"时，一方面，"互联网+"是"互联网+各个传统行业"，在各传统行业内部因为融合了"互联网+"，行业内部的人力资源管理发生了变化；另一方面，"互联网+"的产生也引发了很多新兴的产业，而这些新行业的人力资源管理也将趋向于完全的数据化。

"互联网+"与传统行业的结合促使企业在学习、信息交流、共享等方面进行变革，在企业内部形成一个沟通的平台，使上下级、同级之间交流更方便、快捷，也促使员工更积极主动地去学习、有针对性地去学习，与此同时，员工也能够及时地得到别人对他的反馈信息，包括工作方面的改进、对员工工作的激励等，信息的对称性提高。而在企业与外部客户之间，"互联网+"形成的交流平台使每个员工都能高度自治、自主经营，它能改变人与组织的关系，员工借助平台能够提升个人的力量，员工就能在自己的岗位上发挥其关键作用，也就是组织的去中心化。

在"互联网+"时代，企业内部的每个人都能够参与人力资源的管理，充分体现了以人为本。通过各种形式，企业内的各个员工都可以自由发表自己对人力资源管理方面的意见，由企业员工参与人力资源管理各方面制度的制定以及对人力资源管理部门的监督，这样更能促使人力资源管理部门的制度在企业内顺利实施。而企业外部的客户也可以将他们的意见反馈给企业的人力资源部门，例如为企业的招聘、人力资源计划等提供反馈意见，以方便企业下次招聘活动、计划的改进。

1.5 本书框架体系、主要特色和应用指南

21世纪的竞争是人力资源的竞争，人力资源作为生产力中最活跃的关键资源已经开始成为现代企业、政府以及其他各类经济组织兴衰的决定因素。中国政府已经正式提出并实施人才强国战略，将人力资源问题定位到了国家战略的层面，人力资源管理不仅是中国企业管理水平和核心竞争力提升的重要问题，而且成为关系国家宏观经济战略发展目标实现的重要组成部分，作为支持国家战略实施重要支柱的高等教育，人力资源管

理在整个教育体系中的地位无疑将会有大幅度提升。从经济学、管理学和行政学几大学科领域人才培养目标的角度来看，学生对人力资源管理理论的掌握和技术的运用能力必须大大提高，以满足国家人才强国战略和社会竞争的需求。然而，有关人力资源管理的教育和培养在我国高等学校尚处于起步和探索阶段，主要还是引进和介绍西方的人力资源管理理论和技术，与中国社会的现实需求相距甚远。因此，必须根据我国社会发展现实的需要，秉着开放和创新的思想，在全方位引进西方先进的人力资源管理理论和技术的同时，结合中国民族文化特点和转型经济时期社会特征的需求，加以创造性地融合和吸收，逐步构筑中国特色的人力资源管理体系，这是摆在我们面前的历史性的课题。本书尝试着朝着这一宏大目标努力，试图按着这一目标要求构建教学体系，组织教学内容，期望能在构建中国化人力资源管理理论和技术大厦的宏大工程中添砖加瓦，尽绵薄之力。

1.5.1 本书框架体系

本书的内容主要分为3大部分，分别为人力资源管理原理篇、人力资源管理实务篇、人力资源管理动态篇。

第1部分为理论基础，主要包括人力资源管理的渊源、发展和动态，劳动经济理论、人力资本理论、委托—代理理论，组织和人力资源管理、文化和人力资源管理，旨在为学生学习人力资源管理确立正确视角、奠定必要的理论基础。各章内容要点如下。

第1章，"人力资源管理概述"：本章从人力资源管理的发展渊源和历史沿革系统的阐述了人力资源管理的定义和内涵，探讨了人力资源的主要特征，阐述了人力资源管学科定位及其与其他学科的关联性，最后分析了人力资源管理发展的动态和前景。

第2章，"人力资源相关经济理论"：本章主要介绍了劳动经济学理论、人力资本理论以及委托—代理理论，该章旨在为全书奠定必要的经济学理论基础。

第3章，"组织与人力资源管理"：不同的人性假设会导致不同的人力资源管理思想。世界上没有两个完全相同的人，其个体的差异对人力资源管理的影响也是不同的。同时，组织是由不同的群体构成，其特征影响组织的人力资源管理，并且不同结构的组织，对应着不同的人力资源管理方式。本章旨在为读者解析如何分析和处理组织视角下的人力资源管理问题。

第4章，"文化与人力资源管理"：本章系统地阐述了文化对人力资源管理的基础性支持功能，并从中国传统文化和中国现代文化这两个角度论述了中国文化对人力资源管理现状与发展的影响，该章是本书的重要创新性内容之一。

第2部分是人力资源管理的实务操作部分，主要根据人力资源管理的各项管理职能分别进行阐述，这一部分各章具体内容如下。

第5章，"人力资源规划"：人力资源规划是人力资源管理的统率。它既是人力资源管理活动的初始步骤，也是人力资源管理的一项重要职能，并为整个人力资源管理活动制定目标、原则和方法。本章系统地阐述了人力资源规划的相关内容，在分析人力资源需求预测、供给预测和供需平衡的基础上，进行人力资源规划的编制，并对其实施过程与结果进行控制与评估，最后构建一套比较完整的人力资源管理信息系统。

第 6 章，"工作分析"：作为人力资源管理的基础，工作分析已经发展成为人力资源管理中的一项重要的常规技术，它是薪资、考核、激励等人力资源管理技术有效应用的基础和前提。工作分析是研究职位工作的内容、性质、职能并确定完成工作所需技能、责任和知识的系统过程，工作描述和工作说明书则是这一工作成果的集中体现。本章主要介绍了工作分析、工作设计两大内容。

第 7 章，"员工招聘"：员工招聘是组织根据人力资源管理规划和工作分析的要求，从组织内部和外部吸收人力资源的过程，是人力资源管理的基础性工作。本章在介绍员工招聘基本知识的基础上，有计划、分层次地阐述了员工招聘渠道的选择、招聘计划的制定、求职申请表的设计、招聘评估、选拔录用的程序和方法等内容。

第 8 章，"绩效管理"：绩效管理是关于人力资源应用中的评价问题。它是对企业现有人员的工作表现加以衡量，以期不断提升员工绩效和公司绩效。本章主要论述了绩效管理的过程和绩效评价体系的构成，并介绍了 360 度评价、关键绩效指标（KPI）、平衡记分卡（BSC）等绩效评价工具。

第 9 章，"薪酬"：薪酬是人力资源价值分配的形式之一。薪酬不仅是企业对其员工进行的价值补偿，更是对企业员工自身价值的一种肯定。这方面本章内容主要涉及到薪酬管理体系的构建、薪酬水平的设计以及福利的设计，并分析了我国养老、医疗和失业等社会保险体系的建立。

第 10 章，"人力资源开发与培训"：所有成功的企业都会有一套成功的人员开发和培训机制来加以支撑。人力资源的开发与培训旨在使得企业内部的力资本增值及优化企业文化，是一种有效的沟通和激励手段。本章在人力资源开发理论中先后引入了员工职业生涯规划、职业性向、职业锚等概念，而在人力资源培训理论中则介绍了 ISO10015 国际培训标准与实施指南，其主要目的一方面是使学生所掌握的知识与信息能够与国际接轨，另一方面是为了提高学生对于培训的认识与水平。

第 11 章，"激励"：激励旨在依据考核结果对现有人员进行奖惩，以此来激发出员工的工作热忱，提高工作效率和经营业绩。本章在激励方面对激励动力机制及运作机理进行阐述，对如何制定切实可行的激励方法和操作方案加以说明。

第 12 章，"劳动关系"：劳动关系是人力资源管理的保障。它是指劳动者与其所在单位之间在劳动过程中发生的关系。本章阐述了劳动关系的相关经济理论，并论述了劳动关系在各个方面的调整，最后介绍了中国劳动关系的发展趋势。

第 3 部分是人力资源研究动态，主要是紧跟现阶段学术界的研究热潮，如战略人力资源管理、人力资源市场、国际人力资源管理等。通过对最新研究成果的阐述，使读者能够在学习人力资源管理传统理论内容的基础上更真切地感受时代的脉搏，第一时间掌握该领域的研究动向。其具体章节内容如下。

第 13 章，"战略人力资源管理"：目前关于战略人力资源管理有许多理论基础，本章重点阐述了目前两大主要理论阵营的人力资源管理，即基于环境的战略人力资源管理和基于资源的战略人力资源管理，两大看似矛盾的阵营实际上是一种相互补充。为了启发读者在实践中摸索战略人力资源管理的规律及其如何与企业战略相结合，本章最后介绍了战略人力资源管理思想在企业中的应用。

第 14 章，"国际人力资源管理"：经济全球化必然伴随人才全球化，本章在阐述国际人力资源的特征与模式的基础上分析欧、美、日企业人力资源管理的模式，进而阐述国际人力资源的选聘、培训、绩效考核以及薪酬与激励。

1.5.2　本书主要特色

1. 拓宽适用面

本书借鉴人力资源管理"宽带薪酬"的概念，进行"宽带"定位：将读者目标群体定位为经济学、管理学和行政学等相关专业本科生、研究生为主，兼顾 MBA、EMBA 和企业家、职业经理人及相关管理者。根据多年的本科生教学、研究生培养、企业培训和人力资源管理项目开发设计实务经验，我们认为管理类理论偏高偏深一点对理解上不会构成太多的障碍，关键是通过实务案例通俗演绎理论运用过程，充分展现管理的艺术性，这对读者至关重要，为此，本书对人力资源管理的理论定位偏高，强调理论的深刻和系统性，有利于理论基础好、悟性高的读者快速领悟人力资源管理思想精髓，站在一定的高度来思考问题。而在实务内容上，尽量用最平实的语言介绍中国本土的实务操作案例，将深奥的管理理论变成通俗而亲切的工作实例，达到雅俗共赏的效果，便于各种层次的读者阅读和理解。

2. 强调学术性

根据本书的定位，我们力求将人力资源管理前沿性的研究成果和动态介绍给读者。原理篇中，定位在对人力资源管理整体把握的高度上展开论述。在概述一章，先界定有关概念内涵等内容，重点对人力资源管理研究的前沿动态和趋势以及中国人力资源管理的特征与趋势进行了阐述，期望读者在第 1 章就能直接接触研究前沿动态，站在中国人力资源管理特征的现实基础上来审视整个人力资源管理体系。接着在介绍与人力资源管理相关的经济理论基础上，系统分析了组织和人力资源管理的关系，希望读者首先站在组织高度，全面理解组织中的个体、群体特征以及组织权利、组织模式等因素对人力资源管理的作用和相互影响，从总体上体会一个组织面临的方方面面的人力资源管理问题，形成对组织人力资源管理的系统性把握。原理篇的最后一章，试图从文化的高度剖析人力资源管理问题，在分析文化对人类行为影响特征的基础上，分别分析了中国儒家、道家、法家、兵家等传统文化中蕴含的人力资源管理思想及其现实影响，分析了自然经济、工业经济、知识经济 3 种经济模式的文化沉淀特征及其对人力资源管理的影响，并剖析了中国现阶段的转型经济模式和对应的社会文化特征，本章的定位较高，有一定难度，试图在有限的篇章中描述出清晰的中国式人力资源管理的经济和文化背景，为从根本上扫除西方人力资源管理理论在中国本土化的障碍创造条件。原理篇的定位就是从文化背景、组织层面及宏观和发展趋势上把握人力资源管理，为具体的人力资源管理的理论和技术学习奠定基础。该篇强调学术性和高度，以适用其目标定位之需。

本书第 2 篇主要按照经典的人力资源管理经典模块布局。根据我们的理解，将人力资源规划和战略分成二部分，将规划部分视为人力资源管理的重要职能模块，列在本篇，而将战略问题列到下篇，作为战略人力资源管理的内容来阐述。本篇我们还根据我国的实际情况适当加重了劳动关系的份量。本篇的案例份量较重，主要强调实务性和操作性。

本书第 3 篇旨在介绍人力资源管理研究的前沿动态，以强调学术性和前瞻性为主要特征，第 13 章针对上个世纪末出现的新型的战略人力资源管理思想，分析了该思想产生的历史渊源和发展趋势，对该研究领域的基于环境和基于资源的两大战略人力资源管理理论和特点进行了分析和评述，提出了战略人力资源管理的整合思想和技术路径。第 14 章在阐述国际人力资源的特征与模式的基础上，比较分析了欧美日企业人力资源管理的模式，分析了国际人力资源的选聘、培训、绩效考核与薪酬激励特征。

3. 注重操作性

人力资源管理是一门理论和实践结合极紧密的应用型课程，根据本书的目标和定位，读者群中有大量的企业实务工作者和 MBA、EMBA 学员，同时经管类的大学生和研究生培养也十分强调实用性，实际应用能力既是他们的弱项，也是教育培养过程中需重点加强的部分。本书同样力求增强实用性，注重读者操作能力的培养。几十个操作性案例贯通全书，希望通过案例帮助读者解读和演绎各章节的有关理论和技术方法，其中有不少案例源自作者现实的人力资源管理开发与设计项目，具有较强的操作性。

1.5.3 本书应用指南

本书是按照先从理论高度和整体层面入手，接着解决组织企业人力资源管理现实问题，最后介绍研究动态的逻辑思路布局的，教师在组织教学过程中可根据教学对象设计教学体系，选择教学内容：对研究生、MBA、EMBA 和企业家及高层管理者，可对第 1 篇原理部分进行重点讲授，对第 3 篇动态部分作为比较重点的介绍，因为这两篇是从文化、环境和组织层面的角度论述人力资源管理问题的，又有一定的理论高度，适合于学术要求高的教学及决策型管理者学习，针对该群体的第 2 篇内容教学可侧重在总体的思路和方法层面，对具体操作细节可以适度简化；对本科生、企业中层管理者和人力资源职能管理人员而言，第二篇必须做详尽的讲解，建议对第一篇内容也尽可能讲深讲透，第 3 篇则可略讲，因为原理部分和操作部分关联性是十分密切的，原理篇的学习有助于管理者充分理解领导意图，从整体和宏观层面准确把握人力资源管理的具体操作技术，只有这样，中层管理者和人力资源职能人员才能达到优秀和卓越。

在本书的学习中，请注意翻阅每章所附的参考文献，扩展阅读范围，增大信息量，以弥补教科书编撰过程中篇章限制所形成的局限，同时注意充分利用书后所附的练习题和思考题，建议教师针对每章的案例有选择性地开展案例研讨，以有效达到理论和实务融合的目标。部分章节后所附的专业术语的中英文对照供学习者参阅英文文献和查阅有关资料使用，知识链接则供有兴趣的读者进行学习和阅读之用。

本章小结

本章通过对人力资源管理发展渊源、含义和特征等基础知识的介绍，帮助读者建立对人力资源管理基本概念和体系的初步认识，分析了中国人力资源管理基本特征和发展趋势，介绍了本书的框架体系和主要特色，为使用和学习本书提供了原则性的指导意见。

关键术语

人力资本	Human Capital
人力资源	Human Resource
人力资源管理	Human Resource Management
知识型员工	Knowledge Workers
循证人力资源管理	Evidence-based Human Resource Management
人力资源生态系统	Human Resource Ecosystem
人力资源市场	Human Resource Market
柔性管理	Flexible Management

习 题

1. 通过对本章内容的学习，分析并列示出导入案例中隐含的人力资源管理问题，讨论并设计解决方案（将自己的思路和方案保存下来，在以后的学习过程中逐步检验其合理性）。

2. 什么是人力资源管理？其主要特征是什么？

3. 如何理解人力资源管理的层次性？

4. 选读本章所附的部分参考文献，分析并讨论人力资源管理研究的发展趋势。

5. 分析中国人力资源管理特征，组织同学分组讨论（辩论）其发展趋势。

6. 请阅读 2002 年第 3 期《南京大学学报》赵曙明的文章《新经济时代的人力资源管理》，讨论新经济时代的人力资源管理有什么特点？与以往有何变化？

7. 请阅读 2015 年第四期《华东经济管理》刘昕和江文的文章《循证人力资源管理：研究及启示》，谈谈你对循证人力资源管理的看法。

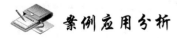
案例应用分析

星巴克运用人力资源管理实践重新聚焦调制饮料

总部位于西雅图的星巴克咖啡公司在过去几年实现了速度惊人的增长：平均每天有 4 个以上的连锁店开业，每天新增员工 200 人左右。然而即便如此，星巴克仍然不得不改变战略并对自己的品牌进行重新定位，以应对由于当前经济衰退导致消费者消费能力下降这样一种现实。以前，为了实现公司的增长目标，星巴克在新店选址方面并不慎重，同时还在店里杂乱地摆了各种商品，反而把作为主打产品的咖啡给淹没了。2008年，霍华德·舒尔茨重新回到星巴克首席执行官的位置上来。他通过逐步取消早餐三明治和减少新店开张数量，使公司的业务重点重新回到咖啡上来。尽管公司尽力保留作为组织文化一部分的"重新并善待员工"的价值观，但还是不得不改变其人力资源政策，更为强调某些方面的人力管理管理实践。公司的六大指导原则之一就是"为员工提供一个优良的工作环境，并且尊重和礼貌地对待每一个人"。

面对销售额的剧烈下滑，星巴克在人力资源管理方面采取了几项比较激烈的措施。由于公司2008年的业绩不佳，霍华德和几位高层管理人员都没有领到奖金。舒尔茨让董事会将自己的120万美元底薪降为1美元。薪酬委员会同意将他每月的基本薪酬降到4美元以下，不过，他仍然可以得到股票薪酬。薪酬委员会还卖掉了公司的新喷气式飞机。此外，公司还不得不关闭了近300家业绩较差的店面，解雇了6 700多名员工。星巴克还宣布不再为员工的401(k)退休计划提供需要公司缴纳的费用。不过，星巴克还会继续为员工提供比其他零售业公司更为优厚的综合性健康福利。同时，尽管星巴克有85%的员工都是兼职人员，但如果他们在一个季度中能工作240小时以上，就可以享受全职员工才能享受的福利。在美国，只有不到30%的兼职员工可以享受到健康保险、带薪休假，或者是有资格得到奖金或股权。星巴克还对所有员工以及他们的同性或异性配偶提供优厚的健康福利，其中包括医疗福利、牙科福利、视力保健福利等，此外还有学费报销、股权以及休假等。

面对经济危机，为了省钱，星巴克最忠实的那些客户也减少了每月来店里消费的次数。为了让客户们感到愉快，同时确保咖啡店提供的咖啡是高标准的，星巴克的大部分门店都在2008年2月采取了停业3个半小时的措施，以专门挤出一天时间对员工进行培训。对于星巴克来说，要想在当前这种经济不景气、客户消费水平下降的情况下成功赢得竞争，培训就是必不可少的。这次培训课程被命名为"调制完美特浓咖啡的艺术"，其目的就是帮助咖啡师调制出高质量的特浓咖啡。在这个培训计划中有一个活动是让咖啡师调制出一小杯特浓的咖啡，然后让大家对其制作过程和产品进行评价（正确的颜色应该是什么样子的？调制时间是否过长或者过短？）。在每一家星巴克，店员们都要讨论培训活动怎样才能使客户获益。员工被告知要跟熟客打招呼，要叫他们的名字，并且，如果牛奶已经热过一次了，就不要再重复加热。为了打破人们已经形成的关于"星巴克是4美元咖啡之家"的印象，公司对员工进行了培训，要他们告诉客户，星巴克饮料的平均价格不足3美元，90%的星巴克饮料价格不到4美元。公司还鼓励咖啡师向客户们推荐售价仅为3.93美元的新的咖啡与早餐组合。

舒尔茨认为公司存在的最严重的问题之一在于，已经取得的成功让公司变得过于谨慎。造成这种状况的部分原因在于他本人被视为公司的灵魂，这导致员工在做决定之前总要考虑一下"霍华德会怎么想"。他一方面为公司带来了激情，但同时也带来了紧张感。舒尔茨正在努力改变自己的这一形象，同时也正在努力让星巴克变得更加具有创新性。当加利福尼亚的一位星巴克店员提出，他能绘制出比店里墙上挂的那些画更好的艺术品时，舒尔茨就鼓励他把自己的画挂上去，并且说："不要问别人是否允许你挂，要争取获得他们对你的理解和支持。"

（资料来源：[美]雷蒙德·A. 诺伊. 人力资源管理：赢得竞争优势（英文版）[M]. 7版. 北京：中国人民大学出版社，2013.）

思考题：

(1) 星巴克在实现快速发展后在人力资源管理方面采取了哪些措施来应对经济危机？

(2) 舒尔茨认为星巴克变得过于谨慎的部分原因在于他本人被视为公司的灵魂，请结合实际谈谈你的看法。

(3) 如果你是星巴克的高层管理者，你认为应该如何通过人力资源管理实践使星巴克变得更加具有创新性？

知识链接

[1] http://v.163.com/special/cuvocw/zhongguorenliziyuan.html 颜爱民国家精品视频课程《中国情境下的人力资源管理实务》第一讲、第二讲。

[2] http://www.chinahrd.net 中国人力资源开发网。

[3] http://www.icxo.com 世界经理人。

第 2 章

人力资源相关经济理论

教学目标

- 解释劳动力市场的均衡机制
- 分析企业人力资本投资决策过程
- 掌握企业长期激励的经济学理论依据

教学要求

- 掌握劳动力供给、劳动力需求、工资、人力资本等基本概念
- 能够运用相关的经济理论解释诸如员工激励、工资和报酬的决定机制等

他们为什么都离开

吉姆·史密斯(Jim Smith)是宇航公司系统开发部的经理,他在这家公司工作的15年间,训练了许多管理人员,他鼓励他们成长发展。但他看到的是,大多数人获得高级学位之后离开了公司。该公司实行一种开明的教育补偿政策(公司负担75%的学费和书费),工程师中大约50%的人有技术方面的硕士学位,他们中的很多人得益于这种教育政策。

一位叫琼·哈里斯(Joan Harris)的电气工程师来见她的上司吉姆·史密斯,史密斯祝贺她通过公司教育计划的资助获得了工商管理硕士学位。令史密斯吃惊的是,哈里斯女士说她要离开公司到这家公司的竞争对手那里去工作,因为她在宇航公司内看不到任何升职的机会。史密斯先生大为恼火,因为这种事以前已经发生过好几次。他立即去见主管的副总经理,对公司的教育补偿和缺乏系统的人事管理方法表示不满。

(资料来源:圣才学习网,2010年.)

人力资源管理的发展与经济学有着很深的渊源,一些经济学理论对人力资源管理的原理、方法和实践提供了有力的支撑,成为现代人力资源管理的理论基础,其中劳动经济学理论、人力资本理论以及委托-代理理论与人力资源管理的关系最为密切。

2.1 劳动经济学理论

劳动经济学作为经济学的一门重要的独立分支,因其研究对象——劳动力以及劳动力市场的运行而与人力资源管理具有天然的联系。劳动经济学的研究视野经历了从宏观到微观、从企业外部到企业内部、从一般的劳动力的运行到较高级劳动力即人力资本的形成和获取等,其发展历程和关注重点对人力资源管理的实践起到了重要的借鉴作用。

2.1.1 劳动经济学的发展历程

劳动经济理论的研究源于经济学家对劳资关系、工资问题、劳工运动等劳动问题的关注。在学术界,这一研究始于1886年查德·T.埃里的《美国的劳工运动》一书的出版,可以说,埃里是劳动经济理论的奠基人。19世纪末20世纪初,劳动问题的研究形成热潮。1900—1905年间,美国的康奈尔大学、哈佛大学、芝加哥大学相继开设劳动问题课程,并确立了芝加哥大学、威斯康星大学劳动问题研究中心的地位。1905年托马斯·S.亚当斯和海伦·L.萨姆纳的《劳动问题》著作问世,这是劳动学界第一本和影响时间最长的教科书,它长期被奉为经典著作,大大影响了后来劳动经济理论的发展。

20世纪20年代，劳动经济学发展为一门独立学科，以《劳动经济学》为名的第一部教科书由所罗门·布卢姆写作完成，开始系统地涉及劳动力市场上的就业、工资、劳资关系、劳工运动等内容。

劳动经济理论后期发展更为迅速。20世纪三四十年代，劳动经济理论成为主流经济学的重要研究内容之一。然而，这一领域的发展主要侧重于历史和制度性的视角，与经济学的理论主流尚有一定距离。到了20世纪60年代，劳动经济理论开始复活，许多新的理论使得这一领域与其微观经济重心更加靠近。自20世纪60年代末开始，不断增加的微观经济数据与改进的理论共同使得经济学家对劳动者、家庭和企业行为的深入分析成为可能。20世纪70年代以来，劳动经济理论在技术方法上有过不少重大突破，其中许多贡献已经被吸纳到主流经济学的教材中，从而使劳动经济理论的地位获得了前所未有的认可。

2.1.2 劳动经济学的基本内容与主要流派

劳动经济学主要以劳动关系及其运行规律、劳动力市场运行和结果、劳动力资源投入与产出以及与劳动相关的问题作为研究对象，研究内容主要集中在以下3个方面。

(1) 以个体经济单位为考察对象，研究企业、劳动者的劳动行为、劳动的需求与供给及其劳动力市场活动、经济效率、收入分配活动等。

(2) 以总体经济单位作为考察对象，研究整个社会范围内的劳动运行状况，例如社会劳动力总量的供给与需求、劳动力总量的配置及结构、社会的就业与失业、工资、收入分配、社会福利和社会保障等。

(3) 劳动经济政策和公共目标，包括劳动经济政策和公共目标的基本理论、原则、客观依据及其形成过程，一系列具体劳动政策，如社会就业政策、社会保障政策、收入分配调节政策、劳动关系调节政策等，劳动经济政策预期效用和实际效用、劳动经济发展战略等。概括地讲，劳动经济理论就是以劳动力市场现象及劳动力市场运行规律为主要研究内容。

劳动经济学从思想萌芽到形成和发展，大致出现了以下几个流派。

1. 古典学派

这一学派以亚当·斯密和大卫·李嘉图为主要代表。亚当·斯密从劳动分工对劳动生产率增长的影响、工资性质及决定工资差别的因素、劳动力供给与需求和工资率运动状况等方面的论述，初步奠定了劳动经济学的基本理论框架。此后，大卫·李嘉图通过对工资性质和工资决定问题的研究，提出了著名的工资理论，成为劳动经济学关于工资运动的规律以及劳动力供给决定工资观点的直接基础。

2. 制度学派

19世纪70年代，美国资本主义迅速发展，劳资矛盾极为尖锐，工会成为劳动力市场上一支重要的力量，对劳动力资源的配置价格进行干预。在这种背景下，制度学派以劳资关系、劳动力市场的竞争和制度结构为对象，撰写了大量论著，其中，查德·T.埃里在《美国的劳工运动》一书中，考察了工会运动的发展，分析了工会在劳动力市场、劳动条件的决定方面的地位与作用等问题，开创了系统地对劳动力市场现象进行制度与组织分析的先河。制度学派一般不涉及模型或对劳动力市场的数量分析，主要侧重于对劳工运动的历史研究以及对当时劳工问题的调查研究。市场的力量被软化、限制，甚至被社会及其他非经济因素所替代，制度学派以制度性因素和社会性因素来解释市场运行。

3. 凯恩斯学派

凯恩斯在其经典巨著《就业、利息和货币通论》中，用"有效需求不足"对资本主义国家所面临的经济萧条进行了解释，并进一步提出通过国家干预的方式，可以实现充分就业。凯恩斯的劳动经济理论主张国家干预经济，通过宏观政策的调控实现充分就业，从而将劳动经济学的研究扩展到政策层面。

4. 新古典学派

在当代劳动经济学领域中，新古典学派是公认的主流学派，其劳动经济思想的发展大致可以分为3个阶段：第一阶段是19世纪末，以马歇尔为典型代表，将劳动问题的研究纳入了竞争的市场供求框架，强调了市场型供求的竞争作用是形成劳动力市场运行结果的主要因素。第二阶段是20世纪30年代，以庇古、希克斯和保尔·道格拉斯为代表。庇古的贡献在于他的著作促进了劳动问题与经济原则的更加系统的结合，并对劳动力质量问题进行了深入的研究，强调教育和培训对提高劳动生产率的贡献；希克斯则在其著述《工资理论》中创立了一系列关于劳动力需求和供给的关键性理论概念，并对集体谈判条件下的工资决定体制进行了纯理论的分析；道格拉斯的贡献在于把经济理论与计量方法相结合，以统计结果来验证边际生产率理论。第三阶段是20世纪50年代中期以后，以刘易斯为代表，对于工会究竟在何种程度上影响劳动力市场的运行结果的研究，为后来的工资集体谈判奠定了理论基础。

5. 新制度学派

相对于早期的制度主义者，新制度学派侧重于研究劳动力市场实际运行的理论与实践，其劳资关系理论在继承早期制度学派的劳动经济学研究成果的基础上，对推动诸如人事管理、组织行为学等新兴领域的发展起到了积极作用；米歇尔·帕尔勒、皮特·多林格尔和包里·布鲁斯通等人提出了"二元的"或"分割的劳动力市场"理论（简称SLM理论），即著名的二元劳动力市场模型，强调工会和公司政策以及社会性因素对于劳动力市场变化的影响；而在奥利弗·威廉姆森的领导下，将旧制度学派的有限理性和新古典学派的竞争效率最大化的方法融合起来，以解释劳动力市场的制度性特征，例如内部劳动力市场的存在和自由雇佣政策，使得新制度经济学在20世纪90年代获得了迅速的发展，并成为指导企业人力资源管理政策制定的有力武器。

2.1.3 劳动力供给与需求

劳动经济学的传统主题之一是劳动力的供给与需求。劳动力供给所涉及的是个人提供劳动服务的激励因素，而劳动力需求所涉及的是企业使用劳动力的激励因素。衡量这些因素的影响程度，主要通过弹性这一指标。对劳动力需求和供给越具有弹性，则政府或工会干预的效率成本就越大。

1. 劳动力供给

影响个体劳动力供给的因素主要有两个：收入水平和闲暇偏好。受这两个因素的影响，在劳动力供给的弹性方面，主要包括以下4种类型。

(1) 无限弹性的劳动力供给，即在某一工资水平时有无穷的劳动力供给，它主要指的是在发展中国家的传统农业、家务劳动或贸易活动中存在着"就业不充分"，因此城市的现代工业部门提供给一定水平的工资，就能获得"无限的劳动供给"。

(2) 正弹性的劳动力供给，即劳动力供给的数量随工资的增加而增加，随工资的减少而减少；弹性越大，为吸引一定数量的劳动者进入或退出一种行业或职业所必需的工资变动就越小。

(3) 无弹性的劳动力供给，即无论工资如何变动，劳动力供给都不增加也不减少。在较短时期内，人们还来不及调整他们的工作计划或某些职业技能时，就可能出现这种情况，还可能是社会已实现了充分就业。从另一角度看，如果说无限弹性的劳动力供给指的是较为低级技能或无技能的劳动力供给，那么，无弹性的劳动力供给也代表高技能的劳动力的供给，尤其当一个社会高技能人才缺乏的时候。

(4) 逆变弹性的劳动力供给，指的是在一定阶段，劳动力供给随工资的提高而增加，但随着工资率的进一步提高，劳动力供给数量反而减少，即出现一条向后弯曲的劳动力供给曲线。这主要是因为，当工资水平高到总收入在满足物质需要后还有足够剩余时，闲暇效用会增加，收入效用会减少，从而人们选择减少劳动力的供给，即"收入效应"和"替代效应"。

2. 劳动力需求

在劳动力的需求方面，影响因素有企业生产规模、企业的技术水平和管理水平、企业利润量等微观因素和社会生产规模的大小、经济结构状况等宏观因素，而影响其弹性大小的因素有很多，包括最终产品的需求弹性、其他要素的替代性、其他要素的供给弹性、最低工资立法等。新古典经济学认为影响劳动力需求的直接因素主要有3个：边际劳动生产率、实际工资和产品需求。但由于其脱离了企业的实际需要，其分析方法在需求大于供给的市场上也无能为力，并且在企业内部所普遍存在的低效率，使得其观点难以有说服力。如雷思特（Richard Lester）对美国的制造厂商进行了问卷调查，发现工资水平和工资变化对雇佣决策的作用并不明显，而重要的决策依据是产品市场的产品需求。制度经济学派在对新古典劳动需求理论批判的基础上提出了自己的理论，其中的一个中心思想就是企业高级管理人员对于定价、产出和雇佣量都有很大的决策自主权。他们进一步提出产品价格是由企业控制的，工资则是工会与人事部门谈判的结果，并且这种谈判受到公司明确的规章制度的约束。

3. 劳动力的内外市场均衡

按照新古典学派的观点，厂商根据利润最大化原则，按照边际收益产品对可能雇用的、不同数量的劳动力进行定价，供给方则按照效用偏好决定在不同价格供给不同的数量，劳动的供给和需求的均衡决定工资水平，同时达到市场出清。对于市场非均衡的实际状况则归因于工会力量、政府干预等外生因素。而制度学派则认为，在劳动力市场上，供求双方力量存在显著差异，并且信息不对等，劳动力的需求方往往占据有利的地位，从而做出不利于劳动力供给方的雇佣决策。因此，政府应该介入，采取劳动立法手段以实现最低工资保障、反对就业歧视等。

2.1.4 分割的二元劳动力市场理论

如前所述，新古典经济学的观点在相当长的时期统治了劳动力市场的一整套理论、方法和政策选择，但到了20世纪60年代，分割的劳动力市场理论的诞生，打破了这一传统，从不同的视角解释劳动力的就业结构及工资决定机制等。不过，分割的劳动力市场理论本身也不是统一的，它主要包括莱斯特·瑟罗 (Thurow L.)、罗伯特·卢卡斯 (Lucas R.) 等人的职位竞争理论；皮特·多林格尔 (Doeringer D.)、米歇尔·帕尔勒 (Piore M.) 等人的二元劳动力市场理论以及米歇尔·雷克 (Reich M.)、大卫·戈登 (Gordon D.) 等人的激进的分割劳动力市场理论等。其中影响最深远的还是二元劳动力市场理论。

1954年克拉克·科尔 (Kerr C.) 发表了《劳动力市场的分割》一文，首次提出了内部劳动力市场和外部劳动力市场概念，但在当时并未引起经济学界的重视。1971年，多林格尔和帕尔勒共同发表了《内部劳动力市场及人力政策》一书，把劳动力市场划分为主要劳动力市场和次要劳动力市场，并进行了详尽分析。该理论认为，劳动力市场远非是竞争和统一的，它被分割成了两大块，即主要劳动力市场和次要劳动力市场，每一块在劳动力配置和工资决定方面都各有其特点。主要市场提供的工作具有如下特征：工资高、工作条件好、就业稳定、职业有保障、权利平等、在工作制度的行政管理上有适当的程序和规则，并有较多的晋升机会。次要市场的工作则往往有工资低、工作条件差、就业变化性大、要求苛刻、随意给予纪律处分以及晋升机会较小等特点。同职位竞争理论相同，主要劳动力市场的工资由职位本身决定，教育也只是一种信号作用，劳动者接受教育也是为了获得进入主要劳动力市场的机会。但在次要劳动力市场，工资是由劳动力的供求决定的，所以它会趋于一个固定的水平。二元劳动力市场理论认为穷人被围于次要劳动力市场之中，要摆脱贫困，他们就得进入主要市场就业。但这是不太可能的，因为二元劳动力市场对工人工作态度、动机、习惯等要求很不一样。这样就形成了两个劳动力市场以迥然不同的市场机制运行，劳动者很难在两个市场之间实现自由流动，并以此来减小因劳动市场不同而带来的劳动报酬差异。这种劳动力市场的二元区隔被概括为二元劳动力市场分割理论。

根据二元劳动力市场理论，在主要劳动力市场，除了在初始雇用时受到外部市场供求关系的影响外，其有关劳动配置、工资决定等活动都是在企业内部通过管理规则或惯例来进行，而与外部市场无关。现实中，有80%的劳动力都是处于这种企业内部的劳动力市场中。内部劳动力市场理论在很大程度上将员工的就业安排与外部市场的竞争隔离开来，一方面对员工的就业和晋升提供保障，另一方面稳定的就业关系有助于雇主降低因劳动者频繁流动而发生的转换成本，以及相关的征募、筛选、培训成本等，可能导致员工与企业双赢的局面，因而对于现代人力资源管理政策的制定提供了一定的理论指导作用。

与西方发达的市场经济相比，我国劳动力市场同样存在主、次劳动力市场之分，在不同企业、行业或职业中被分割为不同的劳动力市场。有学者认为，我国的劳动力市场分割经历了城乡二元分割、体制分割、部门分割和行业分割等不同阶段和过程，在市场转型不断推进的形势下，城乡分割、体制性分割、部门分割在不断弱化，而行业分割越来越成为我国劳动力市场分割的关键形式，并且也成为现阶段我国收入差距产生的主要原因。但同时我们看到，在许多以主要劳动力市场为雇用特征的大型经济部门，尤其在许多国有企业改革的过程中，存在企业内部的分割：主要的、关键性的职位由内部传承或从外部获得的较高人力资本来担任，并且与他们签订正式的雇用合同，他们具有高工资、高福利以及高职业成长性；而一些次要的、非关键性的、临时或辅助性的岗位则从外部劳动力市场按照即时的供求状况来获取，并与之构成非正式的雇用关系。他们可能与正式雇用员工担任同样的工作，但不能享受同等待遇，以及各项劳动保障与职业机会。这种双重的雇用方式实际就是由于体制原因所导致的事实的劳动力分割，并由此诞生了一类新的组织及新的劳务群体——劳务派遣公司和派遣制员工。这些非正式雇用的用工形式为企业节省了人工成本，短期内有益于企业的效益，但从长远来看，非正式雇用关系不利于员工的身份认同，使员工缺乏职业安全感，无法形成建设性的心理契约，从而对于企业而言是有害的。尽管劳动合同法的修订以及人力资源和社会保障部发布的《劳务派遣暂行规定》从法律层面规范了劳务派遣的适用范围，并再次强调了同工同酬等条款，但无法从根本上改变双重雇用方式下的身份认同问题、隐性福利问题以及职业发展等，如何激励非正式雇佣员工即劳务派遣制员工，已成为企业人力资源管理的一个新的挑战。

阅读小材料

最低工资标准

最低工资标准是指劳动者在法定工作时间或依法签订的劳动合同约定的工作时间内提供了正常劳动的前提下，用人单位依法应支付的最低劳动报酬。最低工资标准一般采取月最低工资标准和小时最低工资标准两种形式，月最低工资标准适用于全日制就业劳动者，小时最低工资标准适用于非全日制就业劳动者。

最低工资标准是国家为了保护劳动者的基本生活，在劳动者提供正常劳动的情况下，而强制规定用人单位必须支付给劳动者的最低工资报酬。《劳动法》第四十八条规定，国家实行最低工资保障制度。用人单位支付劳动者的工资不得低于当地最低工资标准。最低工资标准每年会随着生活费用水平、职工平均工资水平、经济发展水平的变化而由当地政府进行调整。《最低工资规定》[中华人民共和国劳动和社会保障部令（第21号）]已于2003年12月30日颁布，2004年3月1日起施行。

2.1.5 工资理论

工资理论是指工资决定的理论，它也是劳动经济学的重点内容之一，是构成现代人力资源管理的重要内容。

1. 早期工资理论

威廉·配第认为,工资是维持工人生活所必需的生活资料的价值,包括为劳动者生存和进行劳动以及生育后代所需的生活资料的价值,这一见解成为英国古典政治经济学工资理论的基本观点。杜尔阁是18世纪法国重农学派的主要代表人物之一,他在承认工资只限于维持工人生活必需的生活资料水平的基础上,提出竞争是决定工资高低的决定因素,由于工人数量过多,工人之间的相互竞争使雇主与工人在工资水平的讨价还价中处于有利地位,从而使工人工资必然只限于维持他的生活所必需的水平。斯密认为,劳动的市场价格以其自然价格为基础,由劳动的供求竞争关系决定;关于工资差别及其原因,他认为同一地区的工资水平应该完全或区域平等,因为从业者可以自由转换职业;而事实上存在工资差异一是因为职业本身的性质不同,二是政策对从业者转换职业的限制。李嘉图试图用劳动力供求关系的变化来解释工资水平的变动,说明工资必然以劳动的自然价格即工人最低限度生活资料的价值为基础,提出了对工资变动规律的见解。穆勒则认为,工资实际上是由劳动的人口数与资本量两个因素决定的,工资水平与用于购买劳动的资本量成正比,与劳动人口的数量成反比。工资的地区差异实际是不同地区资本与人口比例的差异。

2. 克拉克的边际生产力工资理论

克拉克将"资本生产力论"与"边际效用论"相结合提出了"边际生产力论",并以此作为分析工资的理论基础。他认为,劳动的生产力遵循"生产递减"规律,即在资本量不变的条件下,劳动的生产力随劳动者的增加而递减。工资是由劳动的边际生产力决定的,因为边际劳动者处于资本集约利用的边际上,若在此基础上再增加劳动者,则雇主支付的工资将不能从劳动者提供的产品中得到补偿,所以边际劳动者生产的产品产量是决定劳动者工资的自然基础。他还认为,劳动的边际生产力不仅是决定边际劳动者工资的标准,同时也是决定所有劳动者工资的标准,因为他假设劳动者是同质的,相互可以替代。

3. 马歇尔的均衡工资理论

马歇尔认为,工资是由劳动的需求价格和供给价格相均衡时的价格决定的,劳动的需求价格取决于劳动的边际生产力,劳动的供给价格取决于劳动者的生活费用,即劳动者维持自身及其家庭生活所需的最低生活费用。他还对劳动供给价格的影响因素及其变化进行了分析,他认为,在现代复杂的技术条件下,各种劳动客观上存在着较大的差异,每一种劳动的供给价格由培养、训练和保持有效率的劳动的精力所用的成本决定。因此,劳动的供给价格是变动的,由供给和需求共同决定的工资均衡点也就处于动态变化中。

4. 劳资谈判工资理论

劳资谈判工资理论也称为集体交涉理论,对该理论研究有较大贡献的是韦伯、庇古、希克斯等人。其核心观点是,短期工资水平在一定程度上取决于劳动市场上资方与劳动者之间通过集体交涉所达成的条件,工资的变动中存在一种"强制性比较"的效应,即某一行业或企业的工人总是以其他可比较工人的工资作为参照物来判断自己的工资是否公平合理。代表工人利益的工会组织也将以此为由与资方交涉，交涉的结果取决于国家当时的经济状况以及双方力量的对比。经济繁荣时期，消费需求增长，劳动力市场供不应求，谈判的天平向工会倾斜，资方一般会答应工会提高工资，并使工资的增长超过劳动力边际生产力的增长。此时工资较高，而资方往往可以通过产品涨价将增加的工资成本转移到消费者身上。当经济处于萧条时期，消费需求下降，市场疲软，对劳动力的需求减少。一方面，资方担心工资成本的增加会削弱公司的市场竞争力，也不易通过产品涨价把增加的工资费用转移到消费者头上，从而会在劳资谈判中持不妥协的态度；工会组织也担心资方因市场疲软而裁员，不得不放弃提高工资的要求。

5. 效率工资理论

效率工资理论是 20 世纪 70 年代末提出、80 年代发展起来的，自它产生以来，就受到广泛的关注。与传统的边际生产率的工资理论不同，效率工资理论认为，员工的生产率取决于工作效率，工资提高将会导致员工工作效率的提高，故有效劳动的单位成本（工资、福利、培训费用）反而可能下降，生产率会得到提升。效率工资的理论假设有 3 个：① 在没有物质激励的条件下，工人是偷懒的；② 在信息不对称的劳动关系中，对工人的偷懒行为实现有效的监督是需要成本的；③ 工人的劳动生产率取决于工资率。在实践中，效率工资的历史却由来已久。1914 年 1 月 12 日，亨利·福特宣布，福特公司工人每天的工资是 5 美元（当时最低工资是每天 2 美元），工作时间为 8 小时（当时一般企业每天工作 9 小时），著名的 5 美元 1 天的故事在工业史上诞生了，福特公司的劳动生产率大大提高，劳资双方的辞职与解雇现象大量减少，工资上涨的短期效应很强，公司产品的产量大幅度上升，福特公司工人的士气大增。

6. 分享经济理论

1984 年，美国经济学家马丁·L. 威茨曼在《分享经济——用分享制代替工资制》一书中，提出了分享经济理论。该书问世后，立即在西方经济界和实业界引起了巨大反响。所谓分享经济制度，就是"工人的工资与某种能够恰当反映厂商经营的指数（例如厂商的收入或利润）相联系"的分配制度。

该理论认为，资本主义经济的根本弊端在于分配问题，主要是员工薪酬制度不合理。威茨曼主张将传统的工资制度改为分享制度，其核心是将固定工资转变为与反映企业某些经营状况的指标相联系的收入，这样雇主与雇员所达成的工资协议就不是在劳动力市场上按小时支付工资的合同，而是两者在企业收入中各占多少分享比例的协议。建立"分享基金"作为工人工资的来源，与利润挂钩。利润增加，分享基金增加；反之，利润减少，分享基金减少，工资随利润增减而变动。我国一些国有企业在实行股份制的过程中推行职工持股计划，正是这一理论的运用。从某种程度上可以说，分享经济理论与劳资谈判工资理论是截然相反的两种学说。

2.1.6 劳动经济学对人力资源管理的贡献

劳动经济理论研究劳动力市场的运行和结果，研究雇主和雇员对于工资、价格、利润及雇佣关系的非货币因素的行为反映。工资与就业机会的相互关系，工资、收入和工作决策的相互作用，一般的市场因素对职业选择的影响方式，工资与令人不快的职业特征的关系，教育和培训投资的刺激因素和效果，工会对工资、生产率和流动性的影响等，它们都是从不同的角度来影响劳动力的供求，是劳动经济理论研究的核心内容。然而，在人力资源管理日益受到重视的今天，我们不难发现，它们同时也是人力资源管理的研究内容。所不同的是，人力资源管理对其影响过程不做详细的分析，而是直接把它们应用于实务操作当中。所以可以说，劳动经济理论为人力资源管理提供了强有力的借鉴作用。

1. 劳动经济理论对工资和工作决策的研究，对人力资源管理的借鉴作用

在供给方面，劳动经济理论认为个人的工作决策取决于个人对工作和闲暇的选择，它是从现实生活当中高度抽象出来的，虽然个人除了工作闲暇之外还有其他的需求，但劳动经济理论有关这方面的研究给我们提供一个思考的框架及有效的思维方式，能给人力资源管理带来启发，尤其是在人员的激励方面。根据马斯洛的层次需要理论，不同的人员有不同需求，同一个体在不同时期他的需求也不一样，因此必然要求不同的激励方式。劳动经济理论关于工作决策的研究告诉我们，工资与工作选择、工作热情并不一定成正比，准确地说两者构成一条上凸的曲线。企业在选择人才时，应根据该层次人才的整体素质、整体需求来设置合理的薪酬结构，进行相应的激励，同时劳动经济理论对个体动机的研究表明，在实际的人力资源管理当中必须重视个人因素，对不同工作群体及不同的工作个体，要区别对待。

2. 劳动经济理论对市场因素与职业选择的研究，对人力资源管理的借鉴作用

劳动经济理论能指导个人、企业乃至整个社会进行科学的职业选择。这主要表现在两个方面：一方面，市场供求状况能起到人才配置晴雨表的作用，但由于它的滞后性，且人才的培养需要一定的时间，企业及个人如果完全根据它来采取策略，就会陷入被动的局面，因此最佳的方式是根据市场供求状况，及时地预测未来，并采取超前的可行措施，个人可以重新规划自己的职业道路，企业则可据此对现有人才进行有预见性的职业生涯设计；另一方面，由于人才自身的多样性，社会也需要人才的多样性，我们不能按一个模式来培养人才，而必须根据个人的禀赋、爱好等进行培养、开发及配置使用。不同的人才安排在不同的工作岗位，对于同一企业内已安排的人才，也可进行岗位轮换，找出其工作最佳适合点，进行调整配置，使个人与职业相融合、个人与职位相匹配，这样能充分调动每一个人的积极性，挖掘其工作潜能。

3. 劳动经济理论对教育和培训的关注，对人力资源管理的借鉴作用

在劳动经济理论中，经济学家把员工的培训分为普通培训和特殊培训，并对相关的成本分担、收益分享及风险承担的问题进行深入的研究，认为雇佣双方只有共同分担培训成本、共享培训收益时，才可能建立长期的雇佣关系。培训有助于发现新雇员的学习能力、工作习惯和动机水平。普通培训是企业获取雇员信息的一笔投资，这些信息对企业后期分配工作任务和晋升决策时十分有用。在现代人力资源管理中，培训作为人力资源开发的重要手段，而成为重要研究对象。人力资源管理中，仍然要面对企业的培训体

系构建、相应的薪资安排、晋升通道设计以及其他的激励措施设计，由此产生大量人力资源管理成本，这一成本已经逐渐成为某些知识型企业承担的主要成本，因而产生了专门的人力资源会计学。它对培训的成本收益及其他方面工作的费用效益比的探讨，首先来源于劳动经济理论的量化研究，由此可见，劳动经济理论对人力资源管理的启发和解析作用。

4. 劳动经济理论关于宏观政策及相关组织的研究，对人力资源管理的借鉴作用

这方面的研究包括：劳动经济政策和公共目标的基本理论、原则、客观依据及其形成过程；一系列具体劳动政策，如社会就业政策、社会保障政策、收入分配调节政策、劳动关系调节政策等；劳动经济政策预期效用和实际效用；劳动经济发展战略；劳动组织如工会组织的影响。现代人力资源管理虽然着重于微观层面的研究，但现代企业理论认为，企业存在的必要性源于其生产性和交易性，因而企业的任何一个环节的功能实现不能离开市场而独立进行，企业必须充分考虑来自市场和社会的各项因素的影响。市场监管是企业不可忽视的问题，企业的各项工作应该在此基础上进行，人力资源管理涉及企业最核心的因素及社会最为关心的因素——人力资源、人才，故而随着对人力资源在企业运营中的重要性的认识的逐步加强，其监管也会越来越普遍，越来越完善。由此可见，人力资源对市场监管及法律因素的考虑很大程度上来源于劳动经济理论在此方面的思考和研究。

2.2 人力资本理论

以舒尔茨、贝克尔等人为代表的一批经济学家，在致力于解释现代经济超常规增长原因的研究中提出了关于人力资本的理论。人力资本理论的提出不仅推动了经济学，特别是教育经济学的发展，增强了经济学对社会经济现象的解释力，而且也对当代人力资源管理的理论与实践产生了深刻的影响。

2.2.1 人力资本理论的产生和发展

人力资本理论的发展同多数理论的发展一样，经历了一个从思想萌芽到理论的基本形成再到进一步深化发展的过程，尽管其最终确立是在20世纪50年代，但其思想渊源却可追溯到经济学诞生之初。因此，我们将人力资本理论的发展分为3个阶段：早期的思想萌芽阶段、现代人力资本理论的确立阶段、20世纪80年代以后的发展阶段。

1. 早期的人力资本思想

早在经济学诞生之初，西方学者就对人自身的投资和由此产生的经济价值有所关注。一般认为，最早运用人力资本思想并估计人力资本价值的经济学家是威廉·配第，他用"生产成本法"计算英国人口的货币价值并估算英国的国家实力，以及由战争、瘟疫、人口迁出所造成的经济损失。其后，在现代人力资本理论形成以前，亚当·斯密、

约翰·穆勒（John Mill）和阿弗里德·马歇尔三位经济学家对人力资本思想的萌芽和形成做出过重要贡献。

亚当·斯密在其代表作《国富论》中，明确地将全体国民"后天取得的有用能力"作为固定资本的一部分。要获得这种能力，就要投入一定的费用，这些费用就是人力资本投资。他认为这类投资可由私人出于追求利益的投资行为来完成，而投资方式主要是教育和培训。他将教育分为两类，一类是技术教育或培训。这类教育可提供必需的生产技能，可使未来收益增加，因此投资费用可由家庭来承担；另一类是文化教育，主要是对劳动者的身心健康、生活质量和社会控制等方面产生有利影响，并非必需的生产技能和要求，因此这类教育须由国家来推动、鼓励甚至强制。限于当时的社会背景是工业文明发展之初，尽管斯密认识到劳动力质量对经济增长的意义，但他同时也提出，相对于中世纪手工业中劳动技能与经验对生产的决定性作用，工业革命后劳动生产率提高的主要原因在于企业内部的劳动分工、工作转换时间的节约、新机器发明和体现在部件生产者身上的熟练劳动和体力。他还进一步指出，自由市场经济中竞争的存在会减少培训、降低工人工资以适应较低的行业进入的技能要求，并大大缩小熟练劳动力和一般劳动力之间的工资差异。正是由于斯密关于经济增长过程与人力资本形成关系自相矛盾的论断，对古典经济学家后来的研究起了决定性的影响作用，从而使得人力资本理论的研究在很长一段时间内被人们所忽略。

其后，穆勒继承了斯密关于分工会导致工作内容简单化、培训需求减少的观点，但他仍为人力资本思想的发展做出了自己的贡献：他认为教育支出会带来未来更大的国民财富，技术变革和大企业的内部分工促进了对具有一般水平的工人和管理者的需求。但由于存在自然垄断，消费者对教育的成本收益的无知以及外部性会造成劳动力市场失灵，从而使受教育劳动力的供给必然不足，需要政府政策介入加以解决。

马歇尔有关人力资本思想中最有名的论断是"所有资本中最有价值的是对人本身的投资。"他认为，作为一般规律，受过教育的劳动力与未受教育的劳动力在经济价值上的差异远胜于他们在教育成本上的差异。但由于人力资本投资中投资者（父母、工厂主）与受益者（子女、劳动者）不同而产生的成本和收益承担主体不同的缺陷，可能导致人力资本投资不足。他同穆勒一样，认为教育投资不足的问题无法由市场单独解决，必须依靠政府投入保证教育投资，进而影响经济增长、提高工资水平和促进职业技术结构的转变。

除了上述三位经济学家外，还有 R. 坎梯龙、李斯特、朗菲尔德、西尼尔等人在人力资本投资、人力资本投资成本与收益、人力资本与收入差别关系等方面均有过论述。特别是著名的经济学家费雪（Iving Fisher）在 1906 年发表的《资本的性质和收入》一文中首次提出人力资本的概念，将资本的概念重新定义和扩展，从而为现代人力资本理论的产生奠定了基础。

2. 现代人力资本理论

尽管人力资本思想伴随古典经济学的诞生而诞生，由于前述斯密对经济学理论研究方向的巨大影响和经济发展过程中人力资本问题尚未成为经济发展的主要矛盾，使得人力资本理论未能与经济理论的发展而同步发展。直到第二次世界大战以后，经济学家遇到了许多新的困难和挑战，在经济领域出现了"现代经济增长之谜""库兹涅茨之谜""里昂惕夫之谜""工人收入增长之谜"等这些为世人瞩目的，使得曾经红极一时的凯恩斯者们束手无策的和当时占主流的新古典经济学理论无法解释的现象，迫使人们不得不从另外的视角来求解这些"经济之谜"，几乎被人遗忘的人力资本思想才得以重放异彩，现代人力资本理论应运而生。

现代人力资本理论就其发展脉络来看，有两条主要的研究线索、两个不同的研究层次以及两位均荣获诺贝尔经济学奖的代表人物，即西奥多·舒尔茨 (Theodore W. Schultz) 和 G. S. 贝克尔 (Gray S. Becker)。他们分别从宏观和微观的角度，研究了人力资本与经济增长、人力资本与收入分配的关系，共同完成了现代人力资本理论的构建。

阅读材料 西奥多·舒尔茨

一般认为，舒尔茨在20世纪50年代末60年代初连续发表的几篇重要文章，成为现代人力资本理论的奠基之作。尤其是他在1960年美国经济学会年会上发表的题为《人力资本投资》的演讲，被认为是人力资本理论诞生的标志。在这篇著名的演讲中，舒尔茨指出完整的资本概念应该包括物力资本和人力资本两方面，并且明确地阐述了人力资本的概念与性质、人力资本投资的内容与途径、人力资本在经济增长中的关键作用等方面的思想和观点。舒尔茨在其他的文章中强调，人力资本和物力资本在投资收益率上是有差别的，人力资本的收益率高于后者；教育是人力资本形成的主要来源。他还以美国农业生产的例子说明了这一观点，对农民教育的投资使之掌握生产技能，大大提高了农业的产量。

稍后，美国经济学家 E. 丹尼森 (Edward E. Denison) 对人力资本和经济增长的关系进行了更为具体的实证分析。丹尼森的研究表明，在1927—1957年间，美国的经济增长中有1/5是来自教育。发展经济学家们则从另外的角度对人力资本与经济增长的关系进行了阐述，他们的观点是，人力资本的投资并不直接带来经济的快速增长。他们的观点将人们对人力资本与经济增长关系的研究引向深入。

如果说对人力资本与经济增长关系这一条主线的研究大多处于宏观层面的话，那么人力资本理论研究的另一条主线——人力资本与个人收入分配关系的研究则主要从微观方面着手，将研究的重点放在教育和培训作为决定个人收入和财富的主要因素的作用方面。几乎就在舒尔茨在经济增长领域构建人力资本理论的同时，J. 明塞 (Jacob Mincer) 也在收入分配领域开始了他的人力资本的研究，其主要研究成果有《个人收入分配研究》《人力资本投资与个人收入分配》《在职培训：成本、收益及意义》等文章，系统阐述了人力资本及人力资本投资与个人收入及其变化之间的关系。他所建立的教育模型较为合理地解释了个人收入差别形成的原因。

贝克尔介入人力资本的研究比上述两位学者稍晚一点，但人力资本理论的最终确立却是由他完成的。贝克尔分别于1962年和1964年发表和出版了《人力资本投资：一种理论分析》和《人力资本：特别是关于教育的理论与经验分析》。后者被视为现代人力资本理论最终确立的标志。他的研究重点在人力资本投资问题上，从家庭生产和个人资源（特别是时间）分配角度系统地阐述了人力资本与人力资本投资问题，为人们理解人力资本的性质、人力资本投资行为提供了具有说服力的理论解释。在完成人力资本理论创建工作以后，贝克尔与其他学者一起对这一理论进一步加以深化和完善。他建立了在职培训的微观模型，用以说明人力资本投资形式以及投资成本的分摊，至今仍对企业人力资本投资起着理论指导作用。他的人力资本投资供给与需求模型对影响人力资本投资供给和人力资本投资需求的因素以及人力资本投资水平和人力资本投资收益问题进行了深入的分析，比明塞等人更合理地解释了个人收入差别形成的真实原因。

3. 人力资本理论在 20 世纪 80 年代后的发展

自人力资本理论创建以后，人们对这一问题的研究视角涉及多方面，除了上述在经济增长领域（宏观）和个人收入分配领域（微观）所进行的研究外，另外还有人力资本与技术进步关系的研究、可持续发展研究、贫困问题研究、就业与职业流动研究等。尤其是 20 世纪 80 年代以后，发展经济学家们利用人力资本理论来研究发展中国家的经济发展问题，使人力资本理论跨上了一个新的理论高度，并对实践有了实质上的指导意义。其中最有影响的当数美国经济学家 P. M. 罗莫（Paul M. Romer）和卢卡斯（R. E. Jr. Lucas）。罗莫于 1986 年发表的《收益递增与长期增长》和卢卡斯 1988 年发表的《论经济发展机制》使"内生性经济增长"问题成为西方学者们研究的热点，并在此基础上形成了新发展经济学。在他们的研究中，都把人力资本视为最重要的内生变量，特别强调了人力资本存量和人力资本投资在内生性经济增长和从不发达向发达经济转变过程中的重要作用，从而阐明了人力资本是发展中国家经济发展的必要条件，为发展中国家的经济发展指明了道路。除了罗莫和卢卡斯两人所做的开创性研究外，贝克尔·墨菲和塔玛拉、尼尔森和非利普斯等都做出了杰出的贡献。另外，经济学家们还对人力资本与物质资本的互补性进行了探讨。可以说，这个时期是人力资本理论最为鼎盛的时期，正是这些研究对人力资本理论的贡献，为人类迈向新的经济时代——知识经济时代奠定了理论基石。

2.2.2　人力资本的内涵

自从人力资本理论问世以来，国内外许多著名学者都从不同的角度对人力资本内涵进行了研究，但由于研究的视角与方法不同，人力资本的含义无论从理论上还是实践上都存在着不同的解释与运用。其中大部分学者都能接受的主流观点是舒尔茨的人力资本概念：人力资本与物质资本一样，是体现在劳动者身上，通过对人的投资形成的并由劳动者的健康、体力、知识、经验和技能所构成的资本存量。不同的是，一部分学者从个体角度定义，而另一部分则从群体角度定义。我国学者李建民认为，从技术角度看，个体角度定义和群体角度定义有着显著的差别，这个差别表现在一个国家或地区的人口中，人力资本存量不见得就是该国家或地区每一个人的人力资本存量的简单总和。造成这种差别的原因是在不同个人所具有的人力资本之间存在着替代、互补、互动等多重关系，因此使群体人力资本存量可能大于、等于甚至小于个体人力资本存量之和，故而他对人力资本个体角度和群体角度的人力资本概念进行了区分：从个体角度而言，人力资本是指存于人体之中，后天获得的具有经济价值的知识、技术、能力和健康等质量因素之和。从群体角度而言，人力资本是指存于一个国家或地区人口群体每一个人体之中，后天获得的具有经济价值的知识、技术、能力及健康等质量因素之总和。

根据第二个定义，当从宏观上分析人口群体的人力资本问题时，就必须要考虑个体人力资本之间的替代、互补、互动所形成的整合效应。因为这种整合效应的方向及其程度本身就反映了一个人口群体的生产能力。其实，在微观水平上，就是一个人所拥有的不同形式的人力资本之间，也具有整合效应。

按照上述定义，人力资本具有以下几个方面的重要含义。

(1) 人力资本不是指人本身或人口群体本身，而是指一个人或一个人口群体所拥有的知识、技术、能力和健康等质量因素。

(2) 人力资本是一种具有经济价值的生产能力。

(3) 一个人所拥有的人力资本并非与生俱来，而是靠后天投入一定成本而获得的。虽然，人力资本的形成及其效能的发挥会受到某些先天因素的影响，但是这种差别影响在人力资本概念中，就如同土地及其他自然资源在资本理论中一样，被视为一种级差地租。

2.2.3 人力资本产权特性

通常认为，产权是一个社会所强制实施的选择一种经济品使用的权利。产权经济学家德姆塞茨就说过，产权是一种社会工具，其重要性就在于事实上它们能帮助一个人形成他与其他人进行交易时的合理预期。从经济学角度来分析产权，它不是指一般的物质实体，而是指由人们对物的使用所引起的相互认可的行为关系。它用来规定人们在经济活动中如何受益，如何受损，以及他们之间如何进行补偿的规则。一个产权的基本内容包括行动团体对资源的使用权与转让权，以及收入的享用权。

有关人力资本产权的概念，大致存在两种不同的说法：一种认为人力资本产权即人力资本的所有权，如李建民认为："所谓人力资本产权就是人力资本所有关系、占有关系、支配关系、利得关系及处置关系，即存在于人体之内，具有经济价值的知识、技能乃至健康水平等的所有权"；另一种认为人力资本产权是企业产权的一个组成部分，人力资本所有者根据其所占企业产权份额的大小参与企业的收益分配。我们认为这两种观点都是正确的，不过更为全面的人力资本产权的概念应该是：人力资本产权是市场交易过程中人力资本所有权及其派生的使用权、支配权和收益权等一系列权利的总称，是制约人力行使这些权利的规则。其中人力资本所有权是人力资本产权的基本内容，其他权利受所有权的限制和制约。人力资本的所有权永远归属于人力资本承载者本身，而使用权、支配权、处置权、收益权等在受所有权支配的前提下，可以和人力资本承载主体相分离，这就是人力资本的产权特性。

所谓人力资本的所有权，指的就是人力资本的归属问题。罗森（Rosen，1985）认为，在自由社会里，人力资本的"所有权限于体现它的人"，也即人的健康、体力、经验、生产知识、技能和其他精神存量的所有权只能不可分地属于其载体；这个载体不但必须是人，而且必须是活生生的个人。而赖讷·巴泽尔（Rainer Barzel）对奴隶经济的研究给我们的启示是，即使是在非自由的制度安排下，人力资本所有权只属于个人仍然是正确的。在法权上，奴隶隶属于奴隶主，是其财产的一部分，但由于奴隶是一种"主动的财产"，他可以控制劳动努力的供给即人力资本的使用，使得法权意义上的奴隶主财产可能受到损失。因此，由所有权所派生出的控制权和收益权、使用权等，都受所有权的制约，一旦其他权利受损或不能反映所有权的私有性，即存在德姆塞兹意义上的产权残缺时，人力资本的所有者就会约束其人力资本的付出，使人力资本的利用价值大打折扣。具体来说，由所有权决定的人力资本产权特征主要特征有如下 3 点。

1. 排他性

人力资本天然地归其承载者所有，其他任何主体无法获得人力资本的所有权。即使通过市场交易，企业获取了人力资本的使用权、部分处置权和收益权，但所有权仍只能属于承载者主体。这一特性是与人力资本的存在特点紧密相关的，人力资本始终依附于其载体之中，与其载体不可分离，这样的存在特点使得其他任何人无法将人力资本从他人身上剥夺过来据为己有。人力资本的存在特点还使得排他成本较低，并且排他的能力和条件具有天然的优势。

2. 不可分割性

物质资本的产权是可以分割的，但人力资本不能。有人认为人力资本产权可以通过交易加以转让，这是一种不正确的理解。在市场交易中，人力资本所有者让渡的只是人力资本的使用权，并通过让渡获得收益，其所有权也即人力资本产权的本质部分并未予以让渡也无法让渡，更不用说分割。

3. 所有权对派生的制约性

人力资本所有者通过让渡人力资本的使用权，来实现人力资本的经济价值，并获取产权的收益。也就是说，人力资本所有者通过交易出让人力资本的使用权、支配权、处置权，交易使其实现价值。在交易过后，在人力资本的实际使用过程中，又以契约的形式来对交易双方的权利和义务作出规定。如果契约是不完备的或不公平的，则人力资本所有者会以其特有的方式对这种契约的不完备或不公平做出反应：或者偷懒（在契约未明确规定其责任范围或缺乏有效监督时），或者干脆将人力资本隐藏起来，使其使用价值一落千丈（当契约存在不公平时）。因此，尽管人力资本所有者将使用权、支配权和处置权出让，但他仍然掌握着这些权利的终极控制权。当交易的另一方在使用、支配和处置人力资本时，损害了人力资本所有者的利益，人力资本所有者便将这些权利收回或者做出上述两种反应。如在企业对人力资本进行投资以开发和增加人力资本的使用价值时，如果人力资本所有者不能从投资中获取好处（如投资后工资的提高），他将不配合这种投资，使得投资计划无法实现或者虽实现了但投资效果极差。

人力资本产权的这些特征，决定了在人力资本配置过程中契约的重要性。可以说，契约理论是人力资本配置理论的核心。但正是由于人力资本的产权特性以及人力资本本身所具有的与物质资本截然不同的特点，使得不可能存在一种完善的契约模型，来有效解决偷懒等问题，因此，企业人力资本分享企业剩余索取权即成为一种较为妥当的制度安排，在实践中运用得越来越多的对于经营者的股权激励也以此为理论基础。

2.2.4　人力资本投资理论

人力资本理论的一个重要构成部分就是投资理论。有关人力资本投资的研究框架通常都是构筑于人们通过对自身的投资，来提高其作为生产者和消费者的能力这样一个主题之上，这意味着人的经济才能并非都是与生俱来的，而是通过带有投资性质的活动逐步发展起来的。人力资本投资理论主要集中在投资的形式、投资的成本——收益分析以及投资风险的防范3个方面。

1. 人力资本投资的类型

舒尔茨在《人力资本投资》一书中，把人力资本投资范围和内容归纳为5个方面：①卫生保健设施和服务，概括地说包括影响人的预期寿命和服务、体力和耐力、精力和活动的全部开支；②在职培训，包括由商社组织的旧式学徒制；③正规的初等、中等和高等教育；④不时由商社组织的成人教育计划，特别是农业方面的校外学习计划；⑤个人和家庭进行迁移，以适应不断变化的就业机会。这些人力资本投资形式之间有许多差异。前四项是增加一个人所掌握的人力资本数量，而后一项则涉及最有效的生产率和最能获利地利用一个人的人力资本。

随着经济的发展，经济学家们对人力资本投资的研究不断深化，从而使舒尔茨所提出的人力资本投资的诸项因素具体化、数量化，其内容越来越丰富。一般而言，人力资本投资可以包括以下几种形式：学校正规教育，包括初级、中级和高等正规教育，且是形成人力资本的重要方面；职业与技术培训，指在结束正规教育后，对职业技能和技术的学习；在职训练，即在工作岗位上接受的培训，在干中学或边干边学；医疗、卫生与保健；迁移与流动；信息，特别是与职业、就业机会等有关的信息收集与分析；子女投资(包括生育)；人力资本维护。

实际上，根据投资的性质，还可分为对人的学习能力的投资、对人的技术能力或生产能力的投资、对人的工作效能的投资和对人的能力的空间配置的投资等。

2. 人力资本投资的特点

1) 投资目的特殊性

物质资本投资是单纯为了获取经济财富，而人力资本投资从宏观上讲，是为了实现经济增长与社会发展，从微观来看是为了现在或未来收入的增加和人的自身发展。经济利益是人力资本投资的目的之一，但并非唯一目的。因此，对人力资本投资主体的回报形式也不仅只有经济回报一种。例如父母投资子女的教育，除了有经济方面的目的外，还有获得一定社会地位、"光宗耀祖"等目的。

2) 投资收益外溢性

人力资本投资收益具有很大的外部性，因而可能会导致私人投资的不足。众所周知，教育是一种存在很大正外部性的投资，这也是国家制订义务教育制度的依据。除此以外，还有其他投资形式也有外部性。如迁移，一个人从一个地方迁到另一个地方，对迁出地来讲，他不再占用迁出地的资源，对迁入地来讲，也增加了迁入地的人力资源，而他本人也因为迁移获取了一定的收入。人们在进行人力资本投资时，都会对投资的内在收益和外溢收益进行比较，如果内在收益小于外溢收益，而且成本不菲的话，他可能就会做出不投资的选择。因此，这就需要宏观政策加以调控，增大其内在收益，或者补贴投资成本，以防止人力资本投资的不足。

3) 投资收益的长期性

人力资本投资以后，收益期包括整个生命周期。这一方面决定了人力资本投资的可获利性强于一般物质资本，另一方面也说明人力资本投资具有无限的风险性。人的生命有长有短，一旦生命中止，投资收益也就中止，甚至有投资成本无法收回的可能。这也决定了人力资本的投资收益率从理论上来讲要高于物质资本。

4) 个体特征对投资效果的重大差异性

个体的兴趣、能力等个性特征会对投资效果产生重大影响，一个对某方面的人力投资具有浓厚兴趣或者能力强的人，其投资效果要比对该项投资毫无兴趣或能力弱的人的投资效果好得多。贝克尔在《人力资本和个人收入分配：一种分析的方法》一文中就对这种投资形式做出过详细分析。他指出，即使是在同一投资水平上，能力强的人的收益率也要比能力弱的人的收益率高，因此能力是造成个人收入判别的一个因素。

3. 人力资本投资的成本与收益分析——在职培训模型

同其他所有的投资者一样，人力资本投资者在对人力资本进行投资时，也面临着一个投资决策的问题。人力资本投资决策是基于对人力资本成本与收益的比较分析，对这一方面的研究一直是人力资本理论研究的重要方面。在人力资本投资决策理论中，主要有 3 种投资决策模型：教育模型、在职培训模型和生命周期模型，其中在职培训模型是应用最广、对企业实际指导最强的一种。

人力资本投资的在职培训模型是由著名学者贝克尔首先提出的。他从企业利润最大化的条件（工人的边际产出与工资相等）入手，建立了一套完整的人力资本投资——收益均衡模型，即人力资本投资的成本的当前值等于未来收益的贴现值。他还对一般培训和特殊培训做出了区分。他认为，一般培训不仅提高了企业员工的未来边际生产力，同时也增加了其他企业的边际产品。特殊培训（又称专门培训），即在培训中获得的知识和技能仅仅对目前受雇用的企业有用，但到了别的企业就基本派不上用场了。一般培训形成的是通用型的人力资本，特殊培训形成的是专用型的人力资本。因此，贝克尔的这一区分在人力资本投资理论中具有重要意义。

人力资本投资成本由两部分组成：机会成本和直接成本。人力资本投资成本最小化的条件为机会成本和直接成本达到一定比例。人力资本投资边际成本具有递增的性质，这是因为该性质与人的生命周期变化特征有着紧密的联系。当一个人达到一定年龄之后，其记忆力、精力和体力都会下降，因此，使人力资本生产的效率下降，或者说要生产同一单位数量的人力资本，必须要更多地投入成本。另外，一个人随着年龄的增长，其收入水平也会提高，收入水平越高，人力资本投资的机会成本也就越大。因此，在达到一定年龄之后，人力资本投资就不再具有吸引力，或者说，就不再有人力资本投资需求。同时通过培训可以增加被培训人的人力资本存量，从而增加其收入能力和提高收入水平。被培训者在培训期间的工资 W_0 并不等于其边际产出，而是等于边际产出 MF_0 和培训成本 K_0 的差，$MF_0=W_0-K_0$。换句话说，接受培训的人是通过接受低于其边际生产率的工资水平的形式来承担培训费用的（在没有在职培训的情况下边际产出等于工资收入，即 $MF_t=W_t$）。在其他条件一定的情况下，经过培训的人要比没有经过培训的人具有更多的人力资本，因而具有更强的收入能力，在工作生命周期内获得更多的收入。这种差别可从图 2.1 中看出。

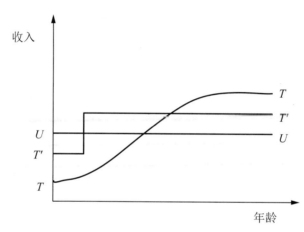

图 2.1　在职培训、年龄与个人收入的关系 (G.S.Becker，1964)

贝克尔人力资本理论的工作生命曲线如图 2.1 所示。图中 UU 为没有经过培训的人的工资水平（假定这段时间工资水平与年龄无关），TT 为接受过培训的人的工资水平变化曲线。在培训期间，接受培训的人的工资水平要低于没有进行培训的人的工资水平，即 $T<U$。但是，一旦培训结束，受训者的工资水平就会很快超过没有受过训练的人。所以受训者工资的变化要经过几个不同阶段，第一阶段低于边际产出，第二阶段等于边际产出，第三阶段超过边际产出。但是，从其整个工作生命的时期来看，其工资的现值等于其边际产出的现值。如果假设一个人在培训后即刻获得与其边际产出相等的工资，则其工资曲线为 $T'T'$。

对于特殊技能的培训而言，由于特殊技能主要对提供培训的企业有利，所以企业要部分或完全承担此类培训的费用。

4. 人力资本投资风险

人力资本投资风险，在微观上表现为：投资者找不到预期所要求的工作，或收入严重低于预期，从而给投资者带来的损失；企业对个人投资后，职工外流或不履约承担企业的工作而造成的投资损失和企业的重大经济损失。在宏观上表现为：大量人才外流，大量专业设置不符合时代要求造成的投资损失；劳动力市场供求失衡造成的投资损失；因人力资本的结构和水平达不到经济发展技术选择的要求、整个国家达不到预期的创新能力等带来的损失。

人力资本投资风险的大小通常依投资主体与投资客体的一致性与否，以及未来不确定性的可控制程度、投资主体的知识、外界环境的完善程度等的不同而相异。人力资本投资不仅需要物质投资，更重要的是需要长时间投资，而时间对人的生命来说是不可逆的，达不到预期目标就会带来损失，且这种损失在一定程度上不可弥补。

目前，对于人力资本投资风险防范的重要性已经为人们所认识，但研究结果不尽如人意。有些零星分析，既不全面，也不规范，因此对于人力资本理论的深入研究，需要根据人力资本投资风险的不同特点来进行。探讨不同类型的人力资本投资风险的识别、评价理论模型，以及不同分散和控制方案，将是人力资本理论研究的难点和重点所在。研究人力资本投资风险的理论意义非常深远，可以开辟理论研究的新领域，探索对人力资本理论研究的新方法，丰富人力资本理论。同时其现实意义则体现在借助人力资本投资风险理论指导人力资本的投资行为，可以最大限度地降低人力资本投资主体在人力资本投资上的损失，提高投资效率，从而增加人力资本不同投资主体的投资积极性。

2.2.5 人力资本理论对人力资源管理的贡献

人力资本理论是开启人力资源管理的一把钥匙，它从理论上、从经济学的角度给人力资源管理提供依据，能较好地指导人力资源的配置、激励、开发等，使我们对人力资源管理的理解落实到较深的层面，真正做到知其然，更知其所以然。

1. 深化了人力资源管理的内涵，将人力资源管理提升到人力资本经营的高度

人力资本理论认为，随着经济增长方式的转变，对人力的投资带来的收益率超过了对一切其他形态的资本的投资收益率。舒尔茨在对第二次世界大战后美国经济增长情况的研究后指出："美国的国民收入，新增加的财富中有80%是由人力资本投资所提供的，只有20%左右来自物质形态"。今天，特别是在发达国家，教育等人力资本投资的回报率大大高于其他投资的回报率，已是不争的事实。这些结论在世界上产生了很大的影响。人们开始认识到，要实现经济的持续发展，必须把对人力资源的管理上升到人力资本经营的高度来认识。较之于人力资源概念，人力资本概念不仅反映了人的劳动能力在量上的规定性，而且更深刻地反映了质上的内容。

2. 促成了人力资源管理中人工成本观点向人力投资观点的转变

按照传统劳动人事管理理论，企业用于人事方面的支出（工资、奖金、培训、福利和医疗保健等）称为人事费用。由于企业把在一定时期内用于从业人员直接和间接的人事费用单纯地看作成本性支出，因此人工成本观点的一个基本原则就是在其他经营条件不变的情况下，企业用于人事方面的费用越少越好。在这样的观念下，企业重物质投入而轻人事投入，一味追求人事费用的降低。人力资本理论的提出使企业家们认识到：企业用于员工发展的费用不是简单的成本性支出，而是实现增值的投资性支出，因此，花

在人身上的钱并不是越少越好，科学合理的人力投资不仅回报率高，而且是实现企业价值扩张的最终源泉。同时，企业对人事投入的重视和加大也促进了员工职业技能和个人价值的提高，强化了企业与员工关系的相互统一，激励了员工的工作热情。

3. 使人力资源管理与人力资源开发结合起来，形成了人力资源开发理论

人力资源开发主要指国家或组织对所涉及范围内的所有人员进行正规教育、智力开发、职业培训和全社会性的启智服务，为社会提供各类人才，具有整体性、综合性和全面性。人力资源管理则主要指对全社会或某个组织的各阶层、各类型的从业人员从招聘、录用、培训、使用、升迁、调动，直至退休的全过程的管理，具有局部性、实务性和微观性。从人力资本理论角度来看，这些开发与管理活动都属于人力资本经营活动。人力资源开发要求不断改善人力资源管理，为人力资源的深度开发创造条件；人力资源管理是实现人力资源开发的一个重要环节，人力资源开发的许多目标要通过人力资源管理来落实、监控和优化。人力资源开发与管理的主要任务就是以人为中心，以人力资本投资为主线，研究人与人、人与组织、人与事的相互关系，充分开发、利用人力资源，充分调动人的主动性和创造性，促使管理效益的提高和管理目标的实现。

4. 为股票期权和员工持股等激励方式提供了理论依据

人力资本理论认为，人力资本区别于物质资本，是劳动者身上所特有的，被"看作是投资的产物"，人力资本由于得到外界的教育、训练和健康等方面的"投资"而形成。而人们之所以会在劳动者身上进行投资，是因为人力资本和物质资本一样，能够带来预期收益，具备增值性。人力资本理论的这些观点使人们开始探讨并认同人力资本持有者在利润分配中的权利。在市场经济发展的早期阶段，人力资本的知识含量相对较低，而产业革命所带来的机器等物质资本的优势给人们造成了一种错觉，即物质资本是财富的创造者，人力资本只是一个附属手段。所以，长期以来，企业只承认物力资本的产权属性，而不承认知识与劳动力的产权属性，由物质资本的所有者独享对剩余价值的索取和控制，而人力资本所有者只能以工资的形式取得回报。随着信息、知识经济的到来，人力资本在社会财富创造中的决定性作用也日益显露出来。人们逐渐意识到，物质资本的增值性归根到底来自于人力资本的增值性。正是人力资本保证了物质资本的增值和扩张。这对于传统观点无疑是一次意义深远的修正。今天，在发达国家，人力资本对经济增长的贡献已经大于物质资本，"如果物力资本所有者仍然独占利润，不仅不合情理，而且最终将导致丧失利润的后果。"在确立了人力资本分享企业利润的内在合理性后，"人力资本介入剩余价值分配"提上日程。股票期权和员工持股等分配和激励方式正是顺应了这一时代要求而产生的。

5. 促进了人力资本市场的建立，为企业人力资源向人力资本的转化提供了条件

在知识经济时代，能否将人力资源转化为人力资本已经成为关系到企业能否培育和提高核心竞争力的一个关键，而资本总是同流动性相联系，开放性和流动性是人力资本的本质属性。因此，规范有效的人力资本市场是实现人力资源向人力资本转化的必要条件，也是人力资本运营的内在要求。随着人力资本理论在实践中的运用，人力资本市场

也逐渐建立和完善。社会和企业开始通过市场机制配置人力资源，引导社会投资者和人力资本自身投资者(所有者)的行为，提供人才的充分竞争，促进了人力资源的流动，这不仅为企业优化人力资源的配置和使用提供了市场化的平台，而且为企业实现人力资源向人力资本的转化提供了条件。在人力资本市场机制的作用下，企业和个人都可以通过人力资本投资、让人才获得与其价值相对称的收益等方式来承认和实现人才的价值，完成人力资源向人力资本的转化。另外，人作为人力资本投资的对象，其自身的特点使得人力投资的风险一般会高于物质投资，这也在很大程度上强化了企业人才管理的风险意识，促进了知识管理等一些新的人力资源管理领域以及相关劳动人事管理制度、法律的建立和完善。

2.3 委托—代理理论

委托-代理理论是对现代企业契约理论的最重要的发展，它包括对委托代理关系、代理问题和代理成本的研究。这一理论极大地丰富了对于现代公司中资本所有者、经营者之间内在联系以及信息不对称条件下市场交易关系的理解。由于其对于经营者激励与约束的行为设计是其研究的主体，使得这一理论与人力资源管理的关系密切。

2.3.1 委托—代理理论的产生

经典的委托代理问题，是由 Adolf Berle 和 Gardiner Means 于 1932 年提出的。他们看到在大公司中所有权和控制权相分离这一事实，于是对传统的股东权益理论提出质疑，并试图探讨这种分离是否存在组织的和公共政策的后果。他们提出的问题，后来被称作"伯利—米恩斯"之谜。现代意义的委托代理的概念最早是由罗斯(Ross S., 1973)提出的："如果当事人双方，其中代理人一方代表委托人一方的利益行使某些决策权，则代理关系就随之产生了。"

在传统的经济学理论中，厂商被看成是一个"黑匣子"，它吸收各种要素投入，并在预算约束下采取利润最大化行为。从20世纪60年代末70年代初开始，很多经济学家认为这种厂商观过于简单，它忽略了企业内部的信息不对称和激励问题。于是一批经济学家从这两方面入手，深入到企业内部的关系中，由此开创了委托—代理理论。由两权分离带来的代理成本问题，即作为委托人的股东怎样才能以最小的代价，使得作为代理人的经营者愿意为委托人的目标和利益而做出努力工作的问题，成为所有委托—代理理论共同研究的中心问题。

Michael Jensen 在他发表在1983年4月号《会计评论》上的《组织理论和方法论》一文中，将代理理论分为两类。一类是正式的规范理论，以 Spency 和 Zeckhauser(1971年)，Ross (1973年) 及 Mirlees(1976年) 提出的状态空间表述式为代表。这类理论追求特定形式的合同设计的数学模式，从效用函数、不确定性信息分布和报酬安排出发，构造风险适当分担的合同关系。另一类是非正式的实证性理论，以 Jensen 和 Meckling 发表在 1976 年 10 月号《财务经济学》杂志上的《企业理论：经理行为、代理成本和所有权结构》一文为最初的代表。实证理论假定上述规范问题已经解决，而着重研究表明委托人和代理人之间关系的均衡合同形式的决定因素和双方面临的激励问题。其侧重点是寻找以最小的代理成本构造可观察的合同关系的办法。这样做，虽然在某种程度上牺牲了分析精度，但为分析复杂的实际组织和财务结构提供了可能性。

哈特 (Oliver Hart) 在他的《合同论》一文中，进一步将代理理论作为合同理论的一个分支和一个子集对待，与劳动合同和不完全合同并列处理。除上述模型外，正式的代理模型还有以 Mirrless(1974 年和 1976 年) 和 Holstrom(1979 年) 的论文为代表的参数分布模型和所谓的一般分布模型。从不对称信息的类别来看，它们又可以分为隐蔽的行为和隐蔽的信息两类，Hart 着重描述了基本的隐蔽行为模型。这些模型都很精致，但也很抽象。它们都在"机制设计"的环境下，研究代理模型背后由某种不对称信息引起的激励问题和风险承担问题。

2.3.2 委托—代理理论的基本内容

委托－代理理论就其实质而言是一种契约理论，其基本内容就是规定某一当事人 (委托人) 聘用另一当事人 (代理人) 完成某项工作时的委托－代理关系的成立，以及代理人为了委托人的利益应采取何种行动，委托人应相应地向代理人支付何种报酬，即通过委托人和代理人共同认可的契约 (聘用合同) 来确定他们各自的权利和责任。其要点就是委托人为实现自己的设计目标，如何通过一套激励机制即报酬与劳动相关的原则，使代理人与委托人的利益尽可能地趋于一致，从而利用代理人的某种优势来弥补委托人的某种不足，促使代理人像为自己工作一样去采取行动，最大限度地增进委托人的利益。

委托－代理理论认为，如果代理人能够完全为委托人的利益行事，则这种代理关系不会产生额外成本，也不存在所谓代理问题。然而代理人与委托人毕竟是不同的个体，他们之间存在着两个方面的不对称：一是利益的不对称。委托人与代理人的利益不完全相同，如公司董事会作为委托人追求的是公司利益的最大化，而公司经理作为代理人追求的则是个人收入最大化以及社会地位的提高、权利的扩大、舒适的工作条件等。同时委托人与代理人又都是追求自身利益最大化的"经济人"，因此，当代理人利用委托人的授权为增加自身利益而侵占或损害委托人的利益时，就出现了代理问题。二是信息的不对称。在代理关系中，委托人能理解的有关代理人的信息是有限的，如代理人的努力程度、代理人的才能等。而代理人则掌握着信息优势，因此，代理人为了自己的利益，会设法在达成契约关系时，利用自己的信息优势，诱致委托人签订于己有利的契约，或在达成契约后利用信息优势不履约或"磨洋工"，损害委托人的利益。由于以上两个方面的原因，委托人为了防止代理人损害自己的利益，就需要严密的契约关系和对代理人的严密监督来限制代理人的行为，但这样就需要付出成本，即代理成本。

因此，委托－代理模型的一个重要任务就是研究在信息不对称的环境下，委托人如何设计一个最优的契约激励代理人。基本的委托-代理模型已经很成熟，它以效用最大化作为委托人和代理人行为的出发点，在"激励相容"和"参与约束条件"两个约束条件下考虑委托人如何选择激励计划，让代理人的行为符合委托人的利益。

2.3.3 委托—代理理论的拓展

基本的委托-代理模型考虑静态的、单一任务、单一对象的委托代理问题，因而应用范围受到限制。在基本的委托-代理模型上，委托-代理理论又有了如下几方面的发展。

1. 委托-代理关系的动态模型

把基本的模型扩展到动态的模型有两个原因：①在静态模型中，委托人为了激励代理人选择委托人所希望的行动，必须根据可观测的结果来奖惩代理人。这样的激励机制称为"显性激励机制"(Explicit Incentive Mechanism)。现在的问题是，多次的委托-代理关系是否能在没有显性激励机制的情况下，用"时间"本身无成本地解决代理问题。②把动态分析引入基本模型，是否可以得出关于委托-代理理论更多的结论。

1) 重复博弈的委托-代理模型

最早研究委托代理动态模型的是伦德纳(Radner，1981)和罗宾斯泰英(Rubbinstein，1979)。他们使用重复博弈模型证明，如果委托人和代理人保持长期的关系，贴现因子足够大(双方有足够的信心)，那么，帕累托一阶最优风险分担和激励是可以实现的。也就是说，在长期的关系中，其一，委托人可以相对准确地从观测到的变量中推断代理人的努力水平，代理人不可能用偷懒的办法提高自己的福利。其二，长期合同部分上向代理人提供了"个人保险"(Self-insurance)，委托人可以免除代理人的风险。即使合同不具法律上的可执行性，出于声誉的考虑，合同双方都会各尽义务。在他们的研究中，以及后来Rogerson(1985)和Lambert(1983)、Roberts(1982)和Townsend(1982)的研究中，都想说明长期的关系可以更有效地处理激励问题，最优长期合同与一系列的短期合同不同。但是，弗得伯格(Fudenberg，1990)证明，如果代理人可以在与委托人同样的利率条件下进入资本市场，长期合同可以被一系列的短期合同所取代。然而，对委托代理人长期的关系的关注和研究，启发人们从其他的角度来分析长期委托代理关系的优势。

2) 代理人市场声誉模型

当代理人的行为很难，甚至无法证实，显性激励机制很难实施时，长期的委托代理关系就有很大的优势，长期关系可以利用"声誉效应"(Reputation Effects)。伦德纳(Radner，1981)和罗宾斯泰英(Rubbinstein，1979)的模型很好地解释了这种情况。但明确提出声誉问题的是法玛(Fama，1980)。法玛认为，激励问题在委托代理文献中被夸大了。在现实中，由于代理人市场对代理人的约束作用，"时间"可以解决问题。他与伦德纳和罗宾斯泰英的解释不同，法玛强调代理人市场对代理人行为的约束作用。他认为，在竞争的市场上，经理的市场价值取决于其过去的经营业绩，从长期来看，经理必须对自己的行为负责。因此，即使没有显性的激励合同，经理也应该积极工作，因为这样做可以改进自己在经理市场上的声誉，从而提高未来的收入。霍姆斯特姆(Holmstrom，

1982)模型强化了法玛的思想。虽然该模型是在一些特殊情况(经理人是风险中性,不存在未来收益贴现)下建立起来的,但他证明了声誉效应在一定程度上可以解决代理人问题。并且,他还说明努力随年龄的增长而递减,因为随年龄的增长,努力的声誉效应越小。这就解释了为什么越是年轻的经理越是努力。声誉模型告诉我们,隐性激励机制可以达到显性激励机制同样的效果。

3) 棘轮效应模型

"棘轮效应"一词最初来源于对苏联式计划经济制度的研究(威茨曼,1980)。在计划体制下,企业的年度生产指标根据上年的实际生产不断调整,好的表现反而因此受到惩罚,于是"聪明"的人用隐瞒生产能力来对付计划当局。在中国,类似的现象被称为"鞭打快牛"。当然,这种现象在西方同样存在。委托人将同一代理人过去的业绩作为标准,因为过去的业绩包含着有用的信息。问题是,过去的业绩与经理人的主观努力相关。代理人越是努力,好的业绩可能性越大,自己给自己的"标准"也越高。当他意识到努力带来的结果是"标准"的提高,代理人努力的积极性就会降低。这种标准业绩上升的倾向被称为"棘轮效应"。霍姆斯特姆和 Ricart-Costa(1986) 研究了相关的问题。在他们的模型里,经理和股东之间风险分担存在着不一致性。原因是经理把投资结果看成是其能力的反映,而股东把投资结果看成是其金融资产的回报。所以股东在高收益时,认为是资本的生产率高,从而在下期提高对经理的要求。当经理认识到自己努力带来的高收益的结果是提高自己的标准时,其努力的积极性就会降低。因此,同样是在长期的过程中,棘轮效应会弱化激励机制。

2. 委托-代理多项任务模型

在简单的委托-代理模型中,我们仅考虑了代理人从事单项工作的情况。在现实生活中,许多情况下代理人被委托的工作不止一项,即使是一项,也有多个维度。因此,同一代理人在不同工作之间分配精力是有冲突的。而委托人对不同工作的监督能力是不同的,有些工作是不容易被监督的。例如,生产线上工人的产品数量是容易监督的,而产品的质量监督有难度。霍姆斯特姆和米尔格罗姆 (Holmstrom and Milgrom, 1991) 证明,当代理人从事多项工作时,从简单的委托-代理模型得出的结论是不适用的。在有些情况下,固定工资合同可能优于根据可观测的变量奖惩代理人的激励合同。霍姆斯特姆和米尔格罗姆模型的基本结论是:当一个代理人从事多项工作时,对任何给定工作的激励不仅取决于该工作本身的可观测性,而且还取决于其他工作的可观测性。需要指出的是,如果委托人期待代理人在某项工作上花费一定的精力,而该项工作又不可观测,那么,激励工资也不应该用于任何其他工作。

3. 委托人与多个代理人的模型

在简单的委托-代理模型当中,我们仅考虑了单个代理人的情况。但是在现实当中代理人一般有多个。阿尔钦、德莫塞茨 (1972)、霍姆斯特姆 (Holmstrom, 1982)、麦克阿斐 (McAfee, 1991)、麦克米伦 (McMillan, 1991) 以及伊藤 (Itoh, 1991) 等经济学家都对多个代理人的情况进行了研究。所谓"团队"是指一组代理人,他们独立地选择努力水平,但创造一个共同的产出,每个代理人对产出的边际贡献依赖于其他代理人的努力,不可独立观测。阿尔钦、德莫塞茨(1972)的观点解释了古典资本主义企业的由来,他们认为,团队工作将导致个人的偷懒行为(Shirking),为了使监督者有积极性进行监督,监督者应该成为剩余的索取者(Residual Claimant)。

1) "打破预算平衡"的模型

霍姆斯特姆(Holmstrom,1982)证明团队工作中的偷懒行为可以通过适当的激励机制来解决。委托人的作用并不是监督团队成员,而是打破预算平衡(Breaking Budget)使得激励机制得以发挥作用。霍姆斯特姆的模型证明,满足预算平衡约束时的努力水平严格小于帕累托最优的努力水平。就是说,只要我们坚持预算平衡约束,帕累托最优是不可能达到的。其原因是我们所熟悉的"搭便车"(Free-rider)的问题。所以,霍姆斯特姆认为要引入索取剩余的委托人,目的是打破预算平衡。模型告诉我们,如果放弃预算平衡,帕累托最优是可以通过纳什均衡达到的。打破预算平衡的目的是使得"团体惩罚(Group Penalties)"或"团体激励(Group Incentive)"足以消除代理人搭便车的行为。因为每个人都害怕受到惩罚,也渴望得到奖金,每个人都不得不选择帕累托最优努力水平。这解释了古典资本主义的雇佣制代替合伙制的缘由。但是,通过纳什均衡达到帕累托最优是有前提条件的,即代理人的初始财富足够大。霍姆斯特姆认为,委托人的监督只有在团队规模很大、代理人和委托人都面临初始财富约束和代理人是风险规避的时候才是重要的。

2) 考虑逆向选择的模型

在麦克阿斐和麦克米伦(McAfee and McMillan,1991)的模型中不仅考虑了团队工作中的道德风险,而且考虑了其中的逆向选择问题。他们证明不论委托人是观测团队产出,还是每个人的贡献,均衡结果都是一样的。个人贡献的不可观测性并不一定会带来搭便车的问题,监督并不是消除偷懒的必要手段。重要的是,他们认为监督的作用是约束委托人自己,而不是代理人。根据建立在总产出上的最优合同,委托人在事前收取代理人一定的保证金。委托人有动机故意破坏生产使代理人只能达到较低的产量,以获取保证金。解决这种委托人道德风险的办法是,让委托人监督代理人,而不是收取代理人的保证金。因为在监督的情况下,代理人的产出越高,委托人的剩余越多。委托人就没有破坏生产的动机。

3) 合作型模型

从团队工作的"优势"方面考虑的经济学家是伊藤(Itoh,1991),在他的模型里,委托人要考虑的问题是,是否应该诱使每个代理人除了在自己的工作上努力外,也花一定的精力来帮助同伴。伊藤证明,如果代理人自己工作的努力和帮助同伴付出的努力在成本函数上是独立的,但在工作上是互补的,用激励机制诱使"团队工作"是最优的。即使代理人对来自别人的帮助的最优反应是减少自己的努力("战略替代性"),如果所导致的努力下降会大大地降低努力水平的效用成本,诱使"团队工作"仍然是最优的。委托人诱使专业化的激励机制是每个人的工资只依赖于自己的工作业绩,诱使高度团队工作的激励机制是每个人的工资主要依赖于团队产出。决定团队工作是否最优的两个主要因素是代理人之间战略的依存(互补还是替代)和他们对工作的态度。

2.3.4 委托—代理理论与我国国有企业经营者报酬改革

在经济学界对于国有企业的研究方面，产权学派注意到不同体制对于企业行为结果的影响，并给出了国有企业效率低于私有部门的论断，但对于如何解释这一问题未能给出有效的答案。代理理论认为，对于国有企业而言，政府为委托人，国有企业为代理人，它们之间的这层关系构成了一种契约。在国有企业的生产函数中，产出的一部分取决于代理人的努力程度；企业的生产函数是确定的并能在政府和企业之间形成共识的，但努力程度却只是企业单方面拥有的信息，这种信息的不对称，就在政府和国有企业经营者之间带来定约前和定约后的逆选择和道德风险的问题，也就是威廉姆森常讲的"事前机会主义"和"事后机会主义"。在这种情况下，政府的最优策略就是将代理人转换为利益共同体。委托-代理理论被广泛应用于企业家及经营者的激励机制设计中，尤其是长期的报酬设计方面。如果说人力资本理论是从人力资本的产权特性方面说明了对于人力资本激励的重要性与必要性，委托-代理理论则从博弈论的角度提出了对企业家及经营者实行长期有效激励的必要性，二者共同构成了现代人力资源管理中激励机制设计的重要理论基础。

在人力资源管理实践中，目前，对企业经营者实行股权激励已经成为这一理论的主要实现形式。通过股权激励，委托人将代理人转变成合伙者，从而使得其利益趋于一致，来有效解决效用函数不一致的问题。

长久以来，我国国有企业经营者激励不足、报酬低下，是国有企业效率低下的一个重要原因，也是困扰其发展的一个难题。而股票期权计划等则曾一度成为国有企业分配机制改革的雷区。2006年国资委相继颁布了《国有控股上市公司(境外)实施股权激励试行办法》和《国有控股上市公司(境内)实施股权激励试行办法》，明确规定了国有控股上市公司股权激励的范围、方式和条件，这一政策的松动极大地刺激了企业经营者的积极性，从而有助于实现所有者与经营者双赢。同时，在国有企业中普遍推行企业经营者年薪制，对于激励国有企业的经营者、推动国有企业改革以及效益提升起到了重要的作用。

但通过几年的运行，也出现了少数企业经营者报酬过高的现象，而掌握核心资源的央企，许多效益被公众认为并非真正意义上的经营红利；有的高管薪酬与其经营业绩不相符，一些国企高管的待遇甚至在企业出现巨亏时不降反升。在这种背景下，中共十八届三中全会《决定》中，提出了改革国企主要负责人的薪酬待遇问题，位于第7项改革"推动国有企业完善现代企业制度"的最后一部分：国有企业要合理增加市场化选聘比例，合理确定并严格规范国有企业管理人员薪酬水平、职务待遇、职务消费、业务消费。在中央全面深化改革领导小组第四次会议上，审议通过了《中央管理企业负责人薪酬制度改革方案》，并于2015年1月1日正式执行。央企负责人薪酬将由过去的基本年薪和绩效年薪两部分构成，调整为由基本年薪、绩效年薪、任期激励收入3部分构成。其最核心内容是明确：央企高管薪酬将采用差异化薪酬管控的办法，综合考虑国企高管当期业绩和中长期持续发展，重点对行政任命的央企高管人员以及部分垄断性的高收入行业的央企负责人薪酬水平实行限高，以此来抑制央企高管获得畸高薪酬，缩小央企内部分配差距，使得央企高管人员薪酬增幅低于企业职工平均工资增幅。而其他国有企业也将参照央企的办法执行。这一改革措施将企业经营者利益与企业及国家利益长期捆绑，并明确出资人作为国有资本的监管者采取任命制，经营负责人则采取选拔制，更好地完善了委托人与代理人之间的契约设计。

本章小结

> 劳动经济学是以劳动力及其市场运动规律作为研究对象的经济学分支学科，其研究范围、研究视野与人力资源管理有着天然的联系，其发展成果为人力资源管理的诸多方面（如工资决定和工作决策、职业转换、劳动关系、教育培训等实践）提供了理论支持；人力资本理论是现代经济学发展的一个重要成果，人力资本概念的提出使得人力资源管理理念由"成本"向"资本"转变，并与人力资本投资理论一起促成了人力资源开发理论的形成，人力资本的产权特征为人力资源激励机制的设计提供了理论依据；委托－代理理论主要解决企业两权分离下委托人与代理人目标不一致、信息不对等、监督成本昂贵等问题，其中的一个重要和广泛的应用是经理人报酬机制的设计。

关键术语

劳动力供给	Labor Supply
劳动力需求	Labor Demand
收入效应	Income Effect
替代效应	Substitute Effect
工资理论	Wage Theory
在职培训	On The Job Training
委托－代理理论	Principal-agent theory

习题

1. 在导入案例中，造成他们离职的原因是什么？结合人力资本投资理论，你认为应该如何避免此类问题的发生？

2. 政府实施最低工资保障制度有何经济学理论根据？

案例应用分析

案例一　"民工荒"与"蚁族"现象并存，症结何在？

自2004年中国首次出现民工荒以来，民工荒现象愈演愈烈。随着2010年全球经济从金融危机的阴霾中逐渐走出来，长三角、珠三角等地纷纷爆出用工紧缺，新一轮的"民工荒"以势不可挡之势再度爆发。且不论此是因市场供需错位导致的"荒"，抑或为"贫二代"们"用脚投票"以示其集体觉悟所导致的"荒",总而言之,"民工荒"即为经济学原理中所指的劳动力市场供不应求的现实表现。

然而,在另一些城市的边缘,却聚集着另外一群受过高等教育的人群,他们每天忙忙碌碌,却从事着一份与自身价值相去甚远的职业,或者说在寻觅一份与预期回报率对等的工作。他们就是学者廉思在2007年提出的"蚁族"。"蚁族"大多为"80"后,是教育产业化后诞生的第一批大学毕业生,他们头顶着"高才生"的光环,却在大都市的边缘过着犹如农民工一般的生活。因为大都市给予他们的机会,远远少于这类庞大人群的数量。从经济学的角度来解读,即为劳动力市场供过于求。

按常理而言,劳动力市场供不应求与供过于求是不可能并存的,但这个悖论为什么会同时出现?

先撇开"蚁族"不谈,我们来看看一些企业如何破解"用工荒"。

1. 利用人才市场的"边角料"

M房地产中介公司在福州市场上做了十多年,终于成为当地的老大。这个老大的位置不仅遥遥领先于老二,而且其年销售收入相当于老二和老三加起来的总和。地位是坚固的,业绩是稳定的;但是,在福州这个小小的市场上,已经没有它的扩张空间,也缺乏充分的人力资源储备。

2006年,M公司的老板发现了北京每年有大量的应届毕业生就业难,于是决定将公司总部迁往北京。到京后,M老板并不急于开展业务,他做的第一件事情就是物色了一名优秀的人力资源总监,用一年的时间进行组织建设、人才储备、梯队建设等"练兵"的工作,并大量招聘没有名校背景、没有工作经验、找工作难的年轻人,然后以半军事化的方式加以严格训练。直到2007年,当人才的储备足以支持在北京大量开店时,M公司才开始进行业务上的规模扩张。

通过充分利用人才市场的"边角料"和区域人才市场的差异化,将人才加工成适合自身的"优良品",M公司业务的蔓延速度令人难以想象。

2. 技术领先是上策

J啤酒公司一直是区域市场上的老大。这个行业受运输半径的影响,第一是在跨区域扩张方面,"地方部队"难以与"中央部队"相抗衡;第二是要在管理的可复制性和标准化动作上有很高的水平,才能够保障品质、营销模式等方面的统一。

终于有那么一天,XH公司这个中央部队的竞争对手打到了这个风景如画的安逸城市。XH来势汹涌、咄咄逼人,第一年就把J公司打得惨不忍睹。J公司决定迅速扩大生产规模,以量的优势夺回市场份额。

啤酒行业是一个典型的劳动密集型的快消品制造业。江浙一带大量的低廉劳动力曾经为J公司提供了源源不断的劳动供给,甚至在每年七八月份的生产旺季,人力资源总监也从未对招聘问题烦恼过。然而,就当2009年企业正值扩大生产、与中央部队抗衡时,却发现"民工荒"的问题出现了。

一边是销售员们火烧火燎的订单催促,一边是生产线上星星点点的工人缺位。怎么办?

人力资源总监组织生产技术等部门进行深入调研后,向总经理提议:大量招聘技术人员,对现有设备进行大规模的技术改造，提高设备的自动化程度，以生产自动化来替代手工劳动。很快，周边各种中专、大专、高职等机械制造专业的学生、甚至没毕业的学生都成为J公司的技术力量。6个月之后，在现有设备条件的基础上，产能提高了30%，工人减少了20%。

3. 重心移动

2009年，S公司感到前所未有的压力：一方面这个在中国气动元器件行业的老大，这一年的订单突然下降了60%；另一方面，由于开工不足所造成的奖金和加班费减少后，流失的都是些技术骨干。

以前，S公司是以制造部门作为企业的火车头。公司有80%的订单来自海外，所以只要能够按时交货，产品是不愁卖的。金融危机下，S公司还必须按照总公司的指示，在危机当头进行人才储备，不能裁员。眼看着优秀的技师源源不断地流向开工相对比较充分的企业里去，留下的都是一批到外面找不到工作的生瓜蛋子占着位置，可把人力资源总监急坏了。

在研究市场形势的时候，管理层意识到在金融危机来临之际，中国政府能够以大手笔来拉动内需、缓解危机。此刻，紧紧抓住中国市场，将客户结构由海外转向本土是最明智的决策。

接下来的问题是，从一个依靠海外订单的OEM企业向一个服务于本土的销售导向型公司转型，首先必须建立和强化营销团队。以前公司的竞争对手是全球的气动元器件制造商，因此，人力资源管理的核心向制造部门倾斜，在成本、品质、交货期方面做文章，人力资源管理此时发挥的作用是提高劳动生产率。而现在的竞争对手变成了中国本土的气动元器件企业，它们在中国的市场份额和销售能力已有多年的基础。这种战略转型要求人力资源管理必须将最好的人才、政策和资源向营销团队倾斜，所以，人力资源管理的整个导向发生了根本性的变化。

由生产拉动转为营销拉动，人力资源管理的重心需要提前发生变化，人才储备的方式也要随之进行调整。首先，公司将招聘这项工作分为两个层面：一是保留现有的、以工人为主的传统招聘；二是以人力资源总监和招聘经理为组织成立人才引进委员会，发动各种资源吸引行业内外的优秀营销人才。这两个层面的并行工作，使得人才储备在组织层面上有所保障，从而大大提供了战略性人才储备的能力。其次，在现有的营销团队职级设置的基础上进行纵向延伸，形成层层递进式的人才梯队；这样就能够保证营销人才结构的丰富性和可持续性发展，并为员工建立了职业生涯的发展通道。同时，在培训方面采用多角度、全方位的人才开发办法，除了传统的培训以外，还通过导师制等多种方式"速成"人才。

S公司仅仅用了半年的时间就建立起一支强大的营销团队。在这种人才战略的推动下，公司迅速成为以制造为基础、以营销为驱动的核心竞争优势。现在，再也没有人说制造业的人力资源管理只是事务性服务这类的话了。

（案例来源：根据中国管理传播网范朝倩《"民工荒"与"蚁族"现象并存，症结何在？》一文和北大纵横吴忧《用工如何不荒？》一文改编）

思考题：

(1) 针对上述现象，你认为出现"民工荒"的根源是什么？影响劳动力供给的因素在现今的背景下是否有变化，有何种变化？

(2)"民工荒"与"蚁族"同时并存,请用相关经济学理论加以解释。

(3)上述案例中三个企业的做法,对于破解"用工荒"给了我们哪些方面的启示?

案例二 企业人力资本投资成本计量

某企业 2009 年 3 月 1 日进入一批新员工,共 30 人,该批员工主要由各大学应届毕业生自荐而来,招聘成本较小,忽略不计。入职后,企业首先对他们进行了为期一个月的岗前培训,旨在提高其职业素养,熟悉企业的工作环境及工作流程;新员工上岗后,为了使他们熟悉岗位情况,迅速提高技能和工作效率,企业委派资深人员对他们进行了为期六个月的岗位培训。5 月 1 日,该企业一名技术人员考上了研究生,并同企业签订了委培合同,企业向其支付了第一年学费和住宿费 6 000 元。6 月 1 日,因企业引进一台进口设备,需派一名员工前去进行为期一个月的脱产培训。3 月 1 日,一员工提出辞职,6 月 1 日,该员工获得批准后离职。期间所发生的人力资本计量如下。

1. 专业定向成本

每个新员工日工资 50 元,每日工作 8 小时,4 小时讲座,4 小时实习,每月按 22 天计算。培训者为企业有经验的员工,工资按 100 元/日计算,培训期间培训者离开自己的工作岗位造成的损失为 400 元/日,本月发生的教育管理费为 3 000 元,资料费平均每人 100 元,教育实施使用费为 2 000 元/月。

2. 岗位培训成本

岗位培训由 10 名高级技术工程师进行指导,每位指导老师负责 3 名学生,平均每天用 2 个小时进行指导,指导老师平均工资为 100 元/天,新员工每人平均工资按 50 元/日计算。老师离岗损失平均为 50 元/日,新员工不熟悉工作引起效率降低,其损失为每人平均 50 元/日,各种管理费用为 1 500 元/月。

3. 脱产培训成本

5 月份支付研究生委培费 6 000 元/年,该员工每月享有基本工资 500 元,学习时间 3 年,员工离岗造成的损失为 500 元/月。6 月份一员工外出培训,培训费为 5 000 元/人,该月享有基本工资 500 元,往返差旅费为 5 000 元,员工离岗造成的损失为 500 元/月。

4. 离职成本

3 月份一高级技术工程师提出辞职,企业经过 3 个月的考虑,6 月份决定同意其请求,3 次讨论由 9 个成员参加,每次持续 1 小时,时间损耗成本为平均每人 50 元/小时。该员工在离职前三个月的时间里,工作效率明显从 50 元/小时下降到 20 元/小时。

思考题:

(1)请分别计算 3 月份的专业定向成本、岗位培训成本、5 月和 6 月份脱产培训成本、离职成本。

(2)请对该企业人力资本投资进行风险分析。

(3)请从企业人力资本投资博弈角度分析该公司的投资情况。

知识链接

[1] http://v.163.com/special/cuvocw/zhongguorenliziyuan.html 颜爱民中南大学公开课《中国情境下的人力资源管理实务》国家精品视频课程第三讲、第四讲。
[2] 曾湘泉. 劳动经济学 [M]. 上海：复旦大学出版社，2003.
[3] 姚开建，梁小民. 西方经济学名著导读 [M]. 北京：中国经济出版社，2005.

第3章

组织与人力资源管理

教学目标

- 了解并认识组织与人力资源管理的关系
- 掌握组织中个体特征对人力资源管理的影响
- 掌握群体特征对人力资源管理的影响
- 掌握不同组织结构模式对人力资源管理的影响

教学要求

- 了解中国和西方主要人性理论的基本观点及其对应的人力资源管理思想
- 掌握员工特征、群体特征和组织特征对人力资源管理的影响
- 掌握团队和谐与效能,以及组织模式与人力资源管理的关系

管理者的不同个性

总经理麦华手下有五个聪明能干、讨人喜欢的经理,他们常常在经理会上形成紧张的对抗。麦华信奉参与式管理,他要求员工在做出决定时意见要达成一致。问题是李凯和张雷很快就能拿定主意,于是便要进行下一个议程。而乔新安则要求进一步讨论,要求有更多的资料,用更多的时间去思考。罗杰和玛丽讲话没有乔新安那样多,但他们支持乔新安。

麦华在日常的工作中细心观察这五个经理的个性,不久,他发现,李凯和张雷行事有时有点鲁莽,乔新安则有点慢吞吞。所以,总经理通常不是迅速决定支持哪一方,因为两方都做出过高质量的决定。做这种决定时所需时间量和资料量的差异,确实反映了个人性格的不同。为了进一步提高管理水平,他经常根据任务的性质和经理的个性综合多方意见后,才拿定主意。

(资料来源:关培兰.组织行为学[M].北京:中国人民大学出版社,2011.)

我们的社会是由各种各样的组织组成,政府机构、学校、医院以及企业都是组织。那么,到底什么是组织呢?诺贝尔经济学奖获得者赫伯特·西蒙认为:"组织指的是一个人类群体当中的信息沟通与相互关系的复杂模式。"管理学大师彼得·德鲁克也指出:"组织是由在共同原则下体现相互合作意念的人所组成的共同体。"而从管理的过程上来说,组织是管理者开展组织行为、组织活动的过程。

组织是人力资源管理的载体和工具。人力资源管理离不开组织,任何组织也必须进行人力资源管理。组织是由人和群体组成的,了解组织以及组织中的个体与群体对于组织中人力资源开发与管理工作具有重要的意义。在本章中,我们首先从组织理论基础——人性理论入手研究不同人性假设对人力资源管理体系的影响,再分别从个体、群体及组织模式三个方面来分析组织与人力资源管理的关系。

3.1 人性理论与人力资源管理

人性假设是对人本性的价值判断,是哲学、管理学、经济学和社会学等许多社会科学领域的研究出发点。它制约着人类的管理实践活动,同样也影响着人力资源管理理论的形成和发展。人性理论是人力资源管理的理论根源以及哲学基础,不同的人性理论将会演化出不同的人力资源管理思想,形成不同的人力资源管理方法,构成不同的人力资源管理体系。因此,人性理论是人力资源管理理论的一个重要组成部分和研究基础。

3.1.1 西方人性理论及其人力资源管理思想

每个时期的管理理论都隐含着一定的人性假设前提。从管理发展的整个历史过程来看，西方人性假设理论的发展大致经历了"经济人""社会人""自动人"和"复杂人"四个阶段，而每种都蕴含了相应的人力资源管理思想。

1. "经济人"假设中蕴含的人力资源管理思想

"经济人"的假设起源于亚当·斯密的关于劳动交换的经济理论。亚当·斯密认为：人的本性是懒惰的，必须加以鞭策；人的行为动机源于经济和权力维持员工的效力和服从。美国工业心理学家麦格雷戈在其著作《企业的人性方面》一书中，从对立的两个极端观点出发，提出了关于人的两种假设，称为"X理论和Y理论"，其中"X理论"就是对"经济人"假设的概括，其主要观点如下。

(1) 一般人天生是不喜欢工作的，只要有可能，他就会逃避工作。

(2) 由于人类不喜欢工作的本性，对于绝大多数人必须加以强迫、控制、指挥，或是以惩罚相威胁，以便使他们为实现组织目标而付出适当的努力。

(3) 一般人宁愿受指挥，希望逃避责任，较少有野心。

(4) 多数人工作都是为了满足基本的生理需要和安全需要，因此，只有金钱和地位才能鼓励他们努力工作。

(5) 人大致可分为两类，多数人都是符合上述假设的人，另一类是能自己鼓励自己，能够克制感情冲动的人，这些人应负起管理的责任。

"经济人"假设的人性观盛行于19世纪末20世纪初。泰罗的科学管理理论体系就是建筑在"经济人"假设之上的，它成为现代管理学科体系发展的重要哲学思想基础之一，对现代管理理论和技术产生了深刻的影响。泰罗把人等同于机器或其他生产工具，经济收入是其唯一关心的事情，金钱是刺激其积极性的唯一有效手段，"计件工资制"、严格奖惩等"胡萝卜加大棒"的管理方法被奉为科学管理的金科玉律，也是最早的人力资源管理激励和约束的有效法宝。

虽然说"泰罗制"是19世纪提出的方法，但在如今的社会依然还具有一定的适用性，利用"经济人"假设来对员工进行管理还有一定的基础和空间。

2. "社会人"假设中蕴含的人力资源管理思想

"社会人"假设是由人际关系学说倡导者梅奥根据霍桑实验首先提出来的。该假设认为人是"社会人"，不仅有经济的需求，而且有社会性需求，物质刺激对于调动人的积极性只有次要意义，满足人的社会需求比满足人的经济需求更能调动人的积极性。"社会人"假设的基本观点如下。

(1) 人类工作的主要动机是社会需要而不是经济需要，人们重视人与人之间的工作关系并从中获得认同感。

(2) 工业革命和工作合理化使得工作变得单调而无意义，因此，人们必须从工作的社会关系中去寻找工作的意义。

(3) 人受"非正式"组织的社会影响比受正式组织的经济诱惑影响更大。

(4) 工作积极性取决于管理者对下属需求的满足程度。

"社会人"假设是人本管理的源头，也是依托于文化的管理理论的基础。现在我们所提倡的以人为本的管理就是以此为依据的，可以说，"社会人"假设是现代人力资源管理的起源，在现代企业管理中起着举足轻重的作用。

阅读材料：行为科学的奠基人：乔治·埃尔顿·梅奥

基于"社会人"假设观点的人力资源管理思想认为：组织在重视任务完成的同时，也要关注人，重视满足人的社会需要；注意员工之间的人际关系，培养和形成职工的归属感和整体观念；重视非正式组织的作用；在实行奖励时，提倡集体奖励制度。

3. "自动人"假设中蕴含的人力资源管理思想

"自动人"又叫"自我实现人"，这种人性假设是20世纪50年代末，由马斯洛、阿吉里斯、麦格雷戈提出来的。"自动人"假设认为：人并无好逸恶劳的天性，人的潜力要充分表现出来，才能充分发挥出来，人才能感受到最大的满足。工作时满足人的需要的最基本的社会活动和手段。而自我实现（即成就需要）是个人潜能的充分发挥，人们才感到最大的满足。"自动人"假设的基本观点如下。

(1) 一般人并不是天生就厌恶工作，对于人们来说，运用脑力和体力从事工作，就如游乐和休息一样，是自然的事情。

(2) 外来控制和惩罚的威胁并不是促使人们为实现组织目标而努力的唯一方法，人们对于自己所参与制订的目标，能够自我指挥和自我控制。

(3) 对目标的参与是同获得成就的报酬直接相关的，这些报酬中最重要的是自我意识和自我实现的需要得到满足。

(4) 一般人在适当的条件下，不但能接受，而且能主动承担责任。逃避责任是经验的结果，而非人的本性。

(5) 多数人都具有高度的创造性、丰富的想象力和足够的智慧以解决组织中的问题。但是，在现代化工业社会的条件下，一般人所蕴藏的巨大潜力只得到了部分的发挥。

在"自动人"假设观点之下的人力资源管理思想认为：组织应使每个人感受到自己的重要性，从而使得归属感以及成就感等情感因素得到满足，激励员工进行自愿的合作；在奖励方式上面，强调只有内在的奖励才能满足人的自尊和自我实现的需要，从而极大地调动人的积极性；管理制度应该要促使劳动者能够充分地展露自己的才能，获得自己所希望的成就。

4. "复杂人"假设中蕴含的人力资源管理思想

"复杂人"假设是在20世纪60年代末70年代初由薛恩等人提出来的人性假设。

薛恩在长期的研究中发现，人是复杂多变的，在不同的情况下，人的需要和潜力的表现形式不同，而且随着年龄、社会环境、生活条件等的不断变化。现实中不可能有纯粹的经济人、社会人，也不存在纯粹的"自动人"，实际存在的只是在各种情况下有不同反应的"复杂人"。"复杂人"假设的基本观点如下。

(1) 人的需要是多种多样的，且随着社会和个体自身的发展不断调整和改变。

(2) 人在同一时间内有各种需要和动机，需要和动机会彼此相互作用，形成复杂的动机模式。

(3) 人在组织中的工作和生活条件是不断变化的，因而会不断产生新的需要和动机，这就是说，在人生活的某一特定时期，动机模式的形成是内部需要和外界环境相互作用的结果。

(4) 一个人在不同单位或同一单位不同部门工作，会产生不同的需要。一个在正式组织中受到冷遇的人，可能会在非正式组织中找到自己的社交需要和自我实现需要的满足。

(5) 人可以根据自己的动机、能力及工作性质对不同的管理方式做出不同的反应，因此，没有一种适合任何时代、任何人的万能管理方式。

在"复杂人"假设观点之下的人力资源管理思想认为：管理者要依据企业所处的内外环境的变化来确定管理的组织形式和领导方式；要善于发现员工需要和动机的差异，依据人的不同情况，灵活采用不同的管理措施；管理策略与措施不能过于简单化和一般化，而是要具体分析，根据情况采取灵活多变的管理方法。

3.1.2 中国人性理论及其人力资源管理思想

诚如张岱年先生所言："自来论人性者，并非专为研究人性而研究人性，而是为讨论修养、教育、政治，不得不讨论人性。应如何施教，应如何为政，需先看人之本来状态是如何，于是便提起性的问题。"同样，中国古代思想家在思考并阐发有关国家管理之道时，无不以他们关于人性的理解为依据，从而对古代中国人力资源管理思想的发展起着重要的引导作用。

1. 性善论中蕴涵的人力资源管理思想

性善论是儒家的主流哲学思想，由孟子最先提出。它包括 3 层意思：首先，人的素质可以为善；其次，仁义礼知为人所固有；最后，求则得之，舍则失之。孟子认为"人性之善也"是人和禽畜的本质区别。人性之所以是善的，是因为人生来就具有天赋之"善端"："恻隐之心，仁之端也；羞恶之心，义之端也；辞让之心，礼之端也；是非之心，智之端也。人之有四端也，犹其有四体也。"（《孟子·公孙丑上》）

正因为人性的善端是固有的，是先天存于人性之内的。所以，人行善是为了扩充人心、人性的善端，是发展人的善性。孟子尤为重视仁义，认为"仁之实，事亲是也；义之实，从兄是也。"孟子的爱亲为仁，"老吾老以及人之老，幼吾幼以及人之幼"（《孟子·梁惠王上》），将仁变成人人可为、操作性极强的普遍行为规则，成为中国古代最经典的基本行为规范。孟子在人性本善、仁义为重的基础上，进一步提出了仁政主张，"人皆有不忍人之心。先王有不忍人之心，斯有不忍人之政矣。以不忍人之心，行不忍人之政，治天下可运之掌上"（《孟子·公孙丑上》）。"仁政"成为中国古代最重要的治国治民思想，实质上就是古代的人本主义管理思想在国家管理上的具体体现。仁政是性善论的必然结果。在现代企业组织中，性善论的思想类似于 Y 理论，由此形成的人力资源管理理念应该是关注员工需要，通过需求满足实施员工激励。

2. 性恶论中蕴涵的人力资源管理思想

性恶论代表人物是荀子，"人之性恶，其善者，伪也"（《荀子·性恶》）。荀子认为人性生来就是恶的，后天教育可以由恶变善。所以"人之性恶"与"化性起伪"就构成了荀子的人性学说。"性者，本始材朴也；伪者，文理隆盛也。无性则伪之无所加，无伪则性不能自美。"（《荀子·礼论》）

人之性恶源于好利多欲，"饥而欲食，寒而欲暖，劳而欲息，好利而恶害，是人之所生而有也，是无待而然也，是禹、桀之所同也"（《荀子·非相》）。人人都有欲望追求，乃性中自有，不待学而有。所以，荀子主张，为了治国安民，就必须教化引导，节制欲求，用礼养欲，积习成善。更需要通过严厉的法治控制人的欲望，反之，过分顺从人的性情要求发展，人就会变成"禽畜"，引起纷争，带来社会混乱。荀子的性恶论是法家法治思想的重要理论依据。

性恶论下的人力资源管理思想与现代管理理论的"X 理论"类似：一般人对工作天生厌恶，趋利避害是其本能，鉴于此，"胡萝卜加大棒"成为有效的管理工具，在管理过程中进行强制、控制以及惩罚性的威胁；严格的制度管理和奖惩模式成为科学管理的基本特征。

3. 可塑论中蕴涵的人力资源管理思想

可塑论在中国传统思想史中若隐若现，追根溯源，孔子的"性相近，习相远也。"（《论语·阳货》)就蕴涵着人性二重并可塑的思想。最先明确提出人性"二重"论的是北宋理学大家张载，他首创"天地之性"与"气质之性"的人性"二重"说，把天理和人欲对立起来，"形而后有气质之性，善反之，则天地之性存焉"（《正蒙·诚明》），在这里张载揭示了人性可塑的特征，并指出了人性塑造的途径。二程、朱熹在此基础上形成了理学人性论的基本观点：人性源于天性，"在天为命，在人为性，论其所主为心，其实只是一个道"（《遗书》卷十八），"人心莫不有知，惟蔽于人欲，则忘天德（理）也"（《遗书》卷十一），提出了"去人欲、存天理"，"胜其气、复其性"（《遗书》卷十九）的可塑人性的基本思想。

我们认为，完全意义上的性恶和性善都难以全面反映人性的特征，性恶论所带来的"胡萝卜加大棒"的管理思想和方法可能比较适用于经济落后且基本需求尚未满足的人们，性善论似乎又高估了人的境界和品性，管理实践应用之中也同样受制。我们更倾向于人性可塑论，比较近似于张载、二程和朱熹的人性理论。

人性可塑论下人力资源管理思想的最大特点就是：管理不仅是对人性的适应过程，而且是对人性的塑造过程。在这种假设下，人性问题不仅是人力资源管理的必要前提，而且是整个管理活动的中心。

3.2 个体与人力资源管理

组织都是由个体组成，人是组织的细胞。实质上，组织的落脚点就是人。古人将"天、地、人"并列为三才，认为"天地之间，以人为尊"。研究组织也必须从人开始。

然而,"一样米养百样人",人性是微妙复杂的,社会中形形色色的个体具有不同的个性特征。每个人的个体特征和后天经验都在一定程度上影响着个体的行为。这些特征和行为会影响人力资源管理的内容、方式和手段,从而影响组织目标实现。下面,我们主要从个体的传记特征、基本心理特征、胜任力、心理契约等方面来阐述个体与人力资源管理的关系。

3.2.1 人口特征对人力资源管理的影响

1. 年龄

员工个体的年龄会对人力资源管理的各个方面产生影响,不同年龄员工的职业心态不同,如年龄偏小的员工往往职业目标不清晰、自我认知不准、易于流动,应强化职业指导和培训。

2. 职业发展期

处于职业发展期的员工,职业目标明确,精力充沛,事业心、成就欲望强烈,应主要提供机会,创造条件,扶持其发展;处于职业中后期阶段的员工,进取心下降,事业心、成就欲减弱,求稳务实,创新和冒险意识弱化,应设法突破职业高原障碍,激励员工不断进取,同时,关爱其心理健康,给予足够的尊重,在使用上应充分发挥其稳健优势和丰富经验。

3. 性别

不少心理学家研究发现:相比较而言,女性更乐于遵从权威,而男性则更具有进取心和较高的成功预期。在工作安排上,大多数人认为,女性适合从事行政文秘等具体事务的工作,但不宜从事对体力要求较高的工作,如野外地质勘探、驻外营销等。另外,由于性别造成的差异,对不同性别的员工的激励内容和方式上也应有所差别。关于性别差异对人力资源薪酬、考核、激励、开发和绩效、离职率、满意度等诸多方面的关系正日益引起研究者的更多关注。

4. 婚姻状况

现有研究一致表明,已婚员工相对未婚员工来说,其缺勤率和流动率更低,对工作也更容易产生满意感。这主要可能是由于婚姻意味着责任感的增加,使得一份稳定的工作显得更为重要、更有价值。另外,婚姻状况也对工作职位的安排有影响,有的职位由于长期要出差外地,因此由未婚人员担任会更合适一些,而有一些职位,由于要求较强的责任感,可能由已婚人士担任效果更好。关于婚姻状况对人力资源管理影响的实证研究也在国内外逐步展开。

5. 社会地位与经济收入

员工的经济收入对社会地位和工作生活质量的影响有边际效应递减的特征,随着经济收入的提高,等量的收入对员工满意度和工作生活质量的影响逐步减小,单纯以经济手段激励员工,成本增加,有效性下降。非经济手段如工作成就感、挑战性等更有激励效果。一般而言,社会地位越低、经济收入越低的员工收入等经济利益激励效果越明显,员工的"经济人"特征越明显。

6. 职业经历

职业经历一般可以反映员工个人的职业目标是否清晰,在以往的职业发展中积累的工作经验和技能是否与组织要求相匹配,过往的薪资结构如何,可以带来何种潜在资源、流动意向等。一般而言,个体拥有丰富的职业经历可以有效增加获得心仪职位的成功率,企业在招聘员工时也会优先考虑有工作经验的人。这是由于工作经历丰富的人会更快地进入工作状态,而相对经验不足或没有工作经验的人还需要耗费组织的资源进行培养。然而,需要注意的一点是,工作经历尽管可以节省组织的一部分费用,但有工作经验的人在工作中可能会表现出保守和不善于学习的一面,增加管理难度。

7. 教育背景

教育背景包括个体的受教育程度、学校、所学专业、学习成绩、所受荣誉奖励等内容。一般而言,个体的受教育程度越高,知识水平越高,在工作中的学习能力越强,更容易适应新的工作环境并创造更高的工作绩效。学校的知名度越高,教育资源相对来说更丰富,学生在校期间接受的教育更全面。个体所受专业若与岗位匹配会更易于适应岗位要求。学习成绩和所受奖励在一定程度上可以反映个体的智力、学习态度、努力程度。一般认为,在学校表现优秀的个体,在工作中也同样表现得优秀。同时,教育背景较优越的个体也使管理面临诸多挑战。他们可能表现出更强烈的个性、骄傲、不服从管理、对工作挑三拣四等,有时采取经济手段的效果并不明显,他们可能要求更具有挑战性的工作、更高的岗位,要求被给予更多的尊重。教育背景一般的员工,在工作中可能更谦恭、努力,更易于管理,在得到肯定和激励之后更易于满足。

8. 任职年限

大量的研究发现,任职年限越长,员工的工作经验越丰富,技术熟练程度越高。任职年限与缺勤率和流动率均呈负相关关系,工龄越长的员工,缺勤率越低,越不容易离开现有的工作岗位,越容易感觉工作满意。这是由于工龄越长的员工会产生更高的组织认同感,他们乐于从事目前熟悉的工作,寻求稳定的心态使其满意现有的工作状态。但是相比工龄短的员工,工龄长的员工可能更趋于保守,成为管理变革的阻力。

3.2.2 个体基本心理特征及其对人力资源管理的影响

1. 知觉对人力资源管理的影响

知觉是人对客观环境和主体状态的感觉和解释过程。这个过程不仅同某一种感觉相联系,而且往往是视觉、听觉、触觉、动觉等协同活动的结果。了解知觉理论对于人力资源管理有很重要的作用,知觉所引起的偏差对人力资源管理产生了很大的影响。

研究表明,在聘用面试过程中,考官受知觉偏差的影响常常做出不正确的判断。而"优秀的候选人"可能更多是因为他没有令人不满意的特点,而不是因为他具有令人赞赏的特点。由于知觉的主观性差异,对于你所认为的优秀候选人,其他人的意见却可能截然相反。事实上聘用决策中的面试是一种很重要的投入方式,因此了解知觉因素对于制定有效的聘用决策是很重要的。并且,这会最终影响到整个组织的人力资源质量。

员工的绩效评估过程也在很大程度上依赖于知觉过程。评估的结果直接影响到员工的未来——加薪、晋升或继续聘用。但是很多时候评估往往由于受到走捷径的知觉影响而具有很大的主观性,从而不能客观真实地反映员工的绩效以及工作表现。

因此,我们在人力资源管理工作中要努力摒除知觉对管理者所造成的主观偏差,保证管理过程中的客观公正性,保证人力资源管理决策的准确性。

阅读小材料 3-1

错 觉

知觉经验虽是因环境中的刺激物所引起,而知觉经验中对客观性刺激物所做的主观性解释,就真实性的标准来看,显然有很大的距离。单以知觉对比的知觉现象为例,凭知觉经验所做的解释显然是失真的,甚至可以说是错误的。对此种完全不符合刺激本身特征的失真的或扭曲事实的知觉经验,称为错觉(Illusion)。人为什么会产生错觉?至今尚不清楚。一般认为:①错觉不是观念问题,而是知觉问题,因为即使知道是错觉也不会改变;②错觉不是发生在视网膜上;③视错觉不是视觉器官的活动所引起的。图3.1是常见的几种错觉现象,从左至右依次为横竖错觉、奥尔比逊错觉、缪勒莱尔错觉、德勃夫错觉和海林错觉。

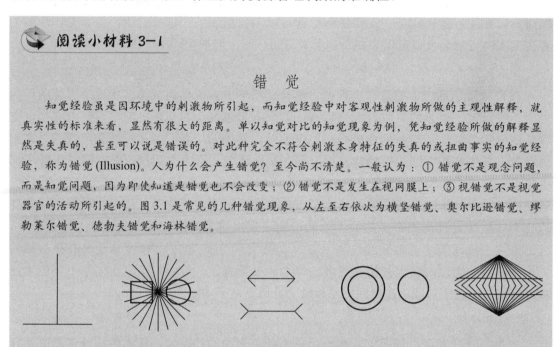

图3.1 引起错觉的经典图形

2. 态度对人力资源管理的影响

态度是个人对特定对象所持有的心理倾向。这种倾向是外界刺激与个人反应之间的中介因素。态度反映了个体对某些事物的感受。例如"我喜欢我的工作"就是表明一种态度。在组织中,员工以及管理者的态度对于整个组织的正常和有效运行都有重要影响。当员工的态度与组织的要求不相符时,很有可能会做出与组织期望相违背的行为,降低组织的工作效率,对于组织管理决策的实施也可能会起到阻碍作用。因此,我们需要改变员工的这种态度,使之对组织运行发挥正向的促进作用。

人们所有的态度都是建立在对自己行为的知觉基础上的。他们对态度的自我知觉,存在一种"内驱力",这种内驱力一旦被唤起,将导致态度的改变。也就是说,可以通过学习新知识、观察新事物来激起认知因素的运动,唤起自我知觉的更新,从而引发行为的变革。

增加接触也是改变态度的有效方法之一。例如某些管理人员有不尊重一线员工的倾向,于是安排其到生产或销售一线体验,与一线员工一起工作、生活一段时间,增加接触。事实证明，管理人员对待一线员工的态度会有很大改善。群体的规章制度同样具有一定的强制力从而迫使个体服从规范改变态度。所以做出一定的制度和规定，凭借组织的强制力量也可以逐步影响和改变个体态度。

3. 观念对人力资源管理的影响

观念是指个体对于客观事物的主观感受与看法，从大的方面讲，有世界观、价值观、人生观等，从小的方面讲，有道德观、创新观、人才观、质量观、市场观等。观念会深刻地影响个体的行为。人们平常关注最多的是价值观，价值观对人的态度和行为有很大的影响。价值观是个体的基本信念，对个体的行为起思想指导作用。它不仅是组织了解员工态度和动机的基础，同时也影响我们的知觉和判断。研究表明：大约40%的工作价值观是通过遗传获得，更多的是通过后天环境影响而决定的。组织惯例对进入组织的员工的观念产生作用，进而影响其行为模式，被认为是支配员工行为的重要因素。组织中的员工，价值观念取决于组织文化。实践中，如在进行员工招聘时，应特别注重对员工价值观的判断，优先录用那些与组织价值观更吻合的人。观念对人力资源管理的影响涉及方方面面，我们将在文化与人力资源管理章中全面论述，也在其他章节中有所涉及。

4. 气质对人力资源管理的影响

通俗地说，气质是指一个人的脾气、性情等。它不同于平常人们理解的"风度"。心理学家认为，气质是高级神经类型在人心理和行为方面稳定的动力特征。气质往往使一个人的心理活动涂上了独特的个人色彩。

很多西方的学者对气质进行深入研究后，从不同的侧面对气质进行了分类。譬如，古希腊医生希波克拉把人的气质分为多血质、黏液质、胆汁质和抑郁质四种。这也是现在最常用的分类方法。而在中国古代也有类似于气质分类的方法。如孔子就曾把人分为"狂""狷""中行"之类。"狂"指狂妄的人；"狷"指拘谨的人；"中行"，指行为合乎中庸的人。还有一种是根据五行学说，把人分为金、木、水、火、土五种类型。在现实生活中，只有少数人是典型地属于某一气质类型，大多数人则是接近于某种气质，而又兼具其他气质的某些特征。

气质本无所谓好坏，任何一种气质在某种情况下可能具有积极意义，而在另一种情况下，可能就会具有消极意义。不同气质类型的人在人力资源管理中发挥的作用也不同，因此，应该采取不同的管理和激励方法。在实践中，要注意根据员工的气质类型，安排他们适当的工作，以便使不同气质的人能够发挥出气质中积极的一面，而抑制消极的一面；在选择和安排一个部门的工作时，要注意不同气质类型人员的适当搭配，这样能使各种不同气质的员工优势互补；从员工的气质类型出发，使用不同的培训和开发手段，采用有针对性的激励方式。

5. 性格对人力资源管理的影响

性格是指个体比较稳定的对现实的态度和习惯化了的行为方式。人的性格不是天生的，它是个体在社会实践活动中，通过与自然环境、社会环境的交互作用，使客观事物的各种影响在个体的经验中保存固定下来，逐渐形成个体对人对事的态度，并且以一定的形式表现在自己的行为之中,构成了个人所特有的态度体系和行为方式。

性格类型是由某些占优势的性格特征结合而成的。按不同的标准,可以划分出多种类型的性格。如按机能分类,可分为理智、情绪、意志3种性格类型;按心理活动倾向性分类,可分为外向型和内向型两种类型;按独立性分类,可分为独立型与顺从型。事实上,在现实生活中,性格的类型远不止这些。我们也不能轻率地判断某人的性格类型,大多数人属于中间型或混合型,只有综合多方面的信息,才能较全面地了解一个人的性格特点。

性格决定着一个人活动的方向,因而对于人力资源管理有着重大的影响。在实际工作中,我们要注意"金无足赤,人无完人",任何人都不可能十全十美,难免有某些性格缺陷。组织在选拔人才时,一定要看主流、看发展,正确对待员工在性格上的某些不足,按是否有利于组织发展的标准去选拔、录用人才;要根据工作需要和员工性格,合理安排工作,如独立型员工喜欢自己拿主意,有创新意识;顺从型的员工组织观念强,喜欢过有规律的生活,管理者可根据员工各自的性格特点来安排合适的工作;也可以按照性格互补原则,搞好员工搭配,发扬群体优势。

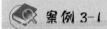

后Y时代(85后和90后):工作中我想获得什么?

蓝天,现年28岁,三年前毕业于一所顶尖商学院。自毕业后她已换了两份工作,而目的就是寻找一个更加"令人兴奋的、舒适而有趣的"工作场所。蓝天如今已是上海一家高科技公司的人力资源部助理经理,她的说法反映了一代人的共鸣:"我们为了生活而工作,不是为了工作而生活。"

显然,后Y时代人正在工作中寻找一些与众不同的东西。

无独有偶,安晏辰,现年27岁,在短短四年内已经换了三个行业,这些行业之间毫无关联。"我在相近的领域内'改行'——从酒店业到通信业,直至现在的化工产业——我知道我每一次改行都不得不从头开始。"这种做法的目的就是让自己充分接触各行各业,从而寻找到最适合自己的行业。他说,"收入早已不再是我这种年轻人工作的唯一原因了。"

如此看来,这些"高效而不安分"的年轻人希望在尝试中找到最适合的工作,而非被某份工作束缚住未来的人生。"我们的冒险能力远远高于我们的前辈,"安晏辰说,如今他已成为世界500强化工公司的产品发展部经理。

尽管公司正在越来越多地雇用年轻员工,怎样管理、雇用和培养这些员工仍旧是一个谜。怡安翰威特人才与组织方面的咨询总监褚萧表示。怡安翰威特近几个月来为此进行了"工作中的后Y时代人"研究,试图理解并揭秘这一代人的择业偏好。该研究运用一个结合了质量与数量的混合模型,对所有大城市中的约3000个年轻员工与行业领袖样本进行了分析。调查使用了电子邮件问卷与面对面交流相结合的方式,范围跨度高达五个行业,其中包括制造业、高科技行业、汽车行业等。

该研究将"后Y时代人"界定为1985年后出生的职场生力军,他们多来自大城市,受过良好的教育,能熟练使用英语,经常接触包括互联网在内的大众媒介。尽管调研的结果支持了蓝天和安晏辰的观点,但同时表明,并非所有20多岁的员工都具有眼界过高、不太安分、急于求成的特点。

最终，怡安翰威特研究得出了后 Y 时代人的需求快照。
(1) 具有清晰的职业发展路线规划，快速、跨界的职位转换。
(2) 富有挑战的工作内容与创新的科技。所做工作有益于宏大的图景。
(3) 我与众不同——我的表现亦然，更倾向于拥有高识别度的工作。
(4) 我需要一个能够与之接触的直接领导，一个作为教练和导师的老板。
(5) 一个关系融洽的办公室；充满活力的人际氛围、清静的物理环境。
(6) 灵活的福利政策，开放自主的企业内部沟通渠道。
(7) 主动承担挑战性任务，用创造力加以解决。
(资料来源：http://www.aon.com/china/human-resources/thought-leadership/china-connect.)

3.2.3 胜任力对人力资源管理的影响

胜任力一词的英文来源是"competency"，对此词的翻译在国内有多种，如翻译为"胜任特征""胜任力""胜任素质""胜任特质""能力""职能""素质""资质""才能""受雇用能力""资格"等，其中前几种翻译用得较多。胜任力有三个层次之分，即组织胜任力、群体胜任力和个体胜任力，本章中所讲的是个体胜任力。Spencer 夫妇认为，胜任力指"能将某一工作 (或组织、文化) 中有卓越成就者与表现平平者区分开来的个人的潜在特征，它可以是动机、特质、自我形象、态度或价值观、某领域知识认知或行为技能——任何可以被可靠测量或计数的并能显著区分优秀与一般绩效的个体特征。"

1. 胜任力的识别方法

胜任力识别通常有两种方法。第一种方法是从人的特征角度出发去识别胜任力，将胜任力视为与人的特征相关的现象，这些特征是独立于情境的，能够适应较广范围内的工作活动，识别胜任力就是找出这些绩效优秀者的特征，这是一种静态驱动的识别方式。第二种方法是从行为的角度对胜任力进行识别。这是一种动态驱动的识别方式，动机、个性、自我形象、价值观、社会角色、知识和技能等胜任力的构成要素共同决定了人的行为，胜任力构成要素之间以潜在的部分 (动机、个性、自我形象、价值观、社会角色)"推动"或"阻碍"表象部分 (知识、技能) 的方式，这是将胜任力看作特定情境下知识、技能、态度、动机等的具体运用的行为表现形式。通过可以观察到的行为指标来反映胜任力，这也意味着胜任力可以通过外在行为来度量，而胜任力识别的结果就体现为胜任力模型。

2. 建立基于胜任力模型的人力资源管理体系

建立基于胜任力模型的组织人力资源管理体系是促进当今战略人力资源管理职能变革的一剂良药。如图 3.2 所示，该模型强调在组织目标和个人目标的基础上，通过行为锚的测定建立符合企业自身特征的胜任力模型。行为锚也称为行为评定指标，该方法在于制定一系列行为标准，以准确度量员工为达到某一工作目标所付出的努力行为。行为锚的操作程序虽然复杂，但是能够比较科学地建立组织内部员工的胜任力模型。而管理者的胜任力在不同维度下存在显著差异，这就要求胜任力模型必须是多层次、多结构的，以便组织能够依照维度下管理者胜任力之间的差异进行人力资源管理各项职能的有效运作。健全的胜任力模型应该包括以下3个层面。

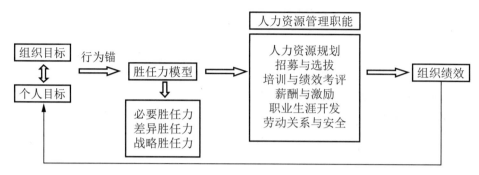

图 3.2　基于胜任力模型的组织人力资源管理体系

(1) 必要胜任力，是指每一位员工都必须具的基本知识和技能，这类胜任力能够通过培训开发出来。

(2) 差异胜任力，用以区别员工的一般绩效和优秀绩效，包括员工的心智模式、特质以及动机等方面。这类胜任力虽然很难开发，但是对员工工作绩效提高有长期的益处。

(3) 战略胜任力，是指那些组织内部最核心的胜任力，有助于提高组织的核心竞争能力和凝聚力，包括创新、高效、学习和专利技术等方面。这种基于多元胜任力模型的绩效评价体系，有助于提高组织的人力资源管理效率和组织的整体绩效。

3.2.4　心理契约对人力资源管理的影响

一个人加入某一个组织，是因为该组织能满足他的需求，而需求的部分内容可以用合同形式明明白白地写下来，但是另一部分内容，即对组织的期望，如良好的工作环境和发挥个人能力的机会等，是无法用契约形式写出来加以规定的。因此一个员工加入这个组织时，实际上签了两份合同，即写在纸上的经济契约和在心里的心理契约。

心理契约是指个体所拥有的全部有关他的权利和义务的相互性的期望。也就是说，组织能清楚每个员工的发展期望，并尽量创造条件给予满足；而每一位员工也会为组织的发展自觉地全力做出贡献，因为他们相信组织能使他们的愿望得以实现。因此，心理契约是存在于组织与员工之间的隐形契约，是联系员工和组织的心理纽带，对人力资源管理的各个方面都产生了深远的影响，下面阐述心理契约在人力资源管理应用中的作用。

1. 心理契约对员工进入组织的影响

招聘是个体与组织初次发生接触的过程，发生什么和如何发生都将影响到他们之间的心理契约。选拔过程向个体传达有关组织情况和今后工作情况的信息，也影响其对组织效率和是否公平的评价。对组织来说，想吸引好的求职者，就不能过分吹嘘工作的好处和价值，否则会使人产生低水平的道德感和较高的离职率。

当员工处于进入正常工作状态的调整过程中，开始进入组织时的兴奋、幻想、热情都会慢慢淡化，此时员工会对与组织之间的心理契约进行一个新的认识和评估。面对这样一个惯常的适应过程和心理契约的危机，组织可以让一个与新员工职位有关的中间层员工参加面试小组，由他和新员工通过谈判、协商形成更为具体的心理契约。有这样一位对新员工负责的中间层员工的加入，可以及时修正和维护心理契约，使形成的心理契约更加明确合理，从而缩短员工的适应阶段，使其尽快进入正常的工作状态。

员工与组织对心理契约的认定都是建立在各自的主观感知上，那么就会发生当组织认为已经兑现了所有的承诺，但员工却觉得组织在某些方面食言的情况。造成这种情况的原因是双方对契约的理解不一致，所以组织应该向员工提供更多的沟通机会。通过双向沟通，一方面管理者可以随时了解和关注员工的期望和组织存在的问题，听取员工的改善意见；另一方面，员工也可以全面了解组织的期望和当前存在的问题。企业根据这些信息，及时有效地提供承诺方案，可使员工在受到尊重、增加自信心的同时，组织的问题也得以解决，有利于双方的相互理解，形成融洽的关系。

2. 心理契约对培训的影响

员工培训可以加强员工成就感和工作满意度以及对组织的忠诚度。从员工期望的心理契约角度分析，高层次的员工希望培训能使其提升内在的素质，增强其人力资源市场竞争力，即提升自身未来的获利能力，同时满足自身的安全感和自我实现的需求。组织应该根据该类员工的期望设计培训方案，维护双方良好的心理契约状态。操作层员工对培训的期望侧重于现实的晋职加薪，关注近期利益，组织应该根据其特征多设计技能性的培训。

3. 心理契约对激励的影响

心理契约与员工激励密切相关。员工通过签订聘用合同，可以获得金钱，用以换取生活必需品。然而，在聘用合同这类正式契约中，很少涉及较高层次需求的有效满足的内容。而只有这些高层次的需求得到满足，员工才会感到最大满足，最大限度地调动其工作积极性。如果对员工的需要、目标、兴趣、职业生涯期望、工作价值观等无动于衷，单纯关注正式聘用合同的契约，而忽略心理契约的作用，激励效果将是十分有限的，激励必定是失败的。

上述几点就是运用动态管理心理契约的思路来达到规避员工流动风险的一般过程。这几点看起来是很简单的，但在现实的管理工作中，很多管理者往往就是因为没有处理好这些貌似简单的环节，而给组织发展带来了许多不便和麻烦，甚至引发组织危机。引进有效的心理契约动态管理机制，有助于减少不必要的员工流失风险。

心理契约动态管理实例分析

3.2.5 工作压力、工作满意度对人力资源管理的影响

工作压力是指人们对外部需求做出的复杂反应，包括情绪反应、生理反应和相关的思维反应。人们对工作所持的态度就叫做工作满意度，即个体对工作的认知、情感和评价性的反应。有关工作压力的研究一直是西方管理学、心理学等学科研究的热点问题之

一，许多学者在这方面做过大量的理论和实证研究。工作满意度作为个体感受到压力后最直接的心理反应，与工作压力存在着紧密关系，工作满意度影响到员工的离职倾向、工作绩效等。下面我们重点分析工作压力和工作满意度对工作绩效、激励和人力资源开发的影响。

1. 工作压力与工作满意度的关系

1979年，Karasek(美国)建立的工作压力的要求——控制模型指出，当工作要求和工作控制处于高水平时，工作动机增强，有利于提高员工的工作绩效和工作满意度。随后，各国专家以医务工作者、高级公务员、学校管理人员等为研究对象进行广泛的实证研究，结果表明，工作压力与工作满意度两者之间具有很强的相关性，通常表现为负相关关系。我们也选择样本做了相关的实证研究，同样得出工作压力与满意度显著负相关，其中角色认知压力、职业发展压力、组织因素和人际关系压力与整体工作满意度显著负相关。因此，企业可以着重从组织因素、角色认知、人际关系和职业发展4个方面来减轻员工的工作压力，通过工作压力的缓解来提高工作满意度。当然，受研究对象的局限，有关结论的推广有效性尚待验证。

2. 工作压力对工作绩效、激励和人力资源开发的影响

我们认为：只有极少数圣贤具有Y理论所述的人性特征，他们能高度自主地抑制内在的欲望，不断超越自我，以造福天下为己任。而绝大多数普通人更接近X理论人性观，追求安逸，逃避压力和辛劳，趋利避害是其本能。努力工作，一则源自内在需求，再则源自外在压力，压力产生动力。

组织行为学研究发现，工作压力与工作绩效之间呈现倒U型曲线关系，如图3.3所示。适度的工作压力可以使员工产生危机意识，激励员工不断地学习并提升自己的知识和技能，充分发掘出自己的潜在能力，形成工作动力，并通过不断克服工作困难增强成就感和自我效能感，起到激励和人力资源开发的效应，同时取得较高的绩效。但是，如果压力持续上升，超过员工所能承受的临界点，就会导致员工情绪焦虑、烦躁易怒，难以集中注意力，伤害员工的自信心和进取心，从而达不到人力资源开发和激励作用，最终导致绩效下降。

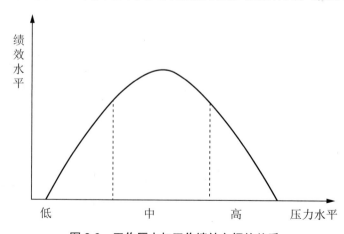

图3.3　工作压力与工作绩效之间的关系

3. 工作满意度对工作绩效、离职的影响

目前，工作满意度与工作绩效的关系仍存在争论，但大多数研究表明，两者的相关程度处在中等偏下水平。工作满意度反映了员工在工作中的积极情感体验，而从积极心理学的角度来看，积极的情感体验不仅是实现期望结果的一种途径（如高工作满意度导致高工作绩效），它本身也是一种目的。从这个意义上讲，除了工作满意度与工作绩效的关系，工作满意度本身也应当是组织关注的问题。此外，高工作满意度的员工一般有较好的体魄，能更快地掌握新的工作技能，在工作中较少出现事故，较少抱怨。因此，工作满意度对建设和谐组织是很重要的。当员工不满意时，就会想方设法来逃避工作，引发员工离职。员工通过逃避工作或是放弃现有的工作来表示对工作的不满，或者逃避一些不愉快的工作环境。员工对工作越是不满意，他们就越有可能缺勤。尤其是在失业率低的时候，人们在原有的工作之外还有很多的工作机会，离职的成本相对较小，由于对工作的不满意而离职的可能性大大提高，满意度与员工离职率之间的关联性大大加强。

 阅读小材料 3-2

明尼苏达满意度诊断

下面你能看到一些关于你目前工作的陈述。仔细阅读这些陈述，确定你对句子中所描述的关于你目前工作的某方面是否满意。然后圈出与你的满意度程度一致的方框。请问一下自己：我对工作这一方面的满意度如何？

5=极度满意 4=很满意 3=满意 2=有点满意 1=不满意

1. 能够一直保持忙碌的状态
2. 独立工作的机会
3. 时不时地能有做一些不同事情的机会
4. 在团体中成为重要角色的机会
5. 我的老板对待下属的方式
6. 我的上司做决策的能力
7. 能够做一些不违背良心的事情
8. 我的工作的稳定性
9. 能够为其他人做些事情的机会
10. 告诉他人该做些什么的机会
11. 能够充分发挥我能力的机会
12. 公司政策实施的方式
13. 我的收入与我的工作量
14. 职位晋升的机会
15. 能自己作出判断的自由
16. 自主决定如何完成工作的机会
17. 工作条件
18. 同事之间相处的方式

19. 工作表现出色时所获得的奖励
20. 我能够从工作中获得的成就感
（资料来源：关培兰.组织行为学 [M].北京：中国人民大学出版社，2011.）

3.3 群体与人力资源管理

在组织中存在着各种各样的群体和团队，每个个体都是某个群体中的一员，要研究组织中的人力资源管理就不可能脱离群体而单独进行。然而，不同的群体在个性特征上有着很大的差异性，要保证组织的人力资源管理工作顺利进行也就决定了对群体研究的必要性。

3.3.1 群体及群体行为特征

1. 群体及其分类

群体 (Group) 是指为了实现某个特定的目标，两个或两个以上相互作用、相互依赖的个体的组合。通常群体中的个体并非只是每个人每个行动的简单加总。一个人独处和加入到群体中去，他的行为表现是不同的。群体是组织的组成部分，因此如何理解群体将有助于我们解释更广泛的组织行为现象，更好地进行人力资源管理。

组织中存在着两种基本的群体类型：正式群体和非正式群体。一般来讲，可以把正式群体细分为命令型群体和任务型群体；把非正式群体分为利益型群体和友谊型群体。

针对不同类型的群体，必须有不同的管理措施。对于正式群体，要让它服从组织的目标，通过制定正式规范，设定权力结构，创造良好的工作环境，建立科学的绩效评估和奖酬体系等来保证其功能的正常发挥。对于非正式团体，要认清其目的与性质，只要是不违背组织的目标与价值观，就鼓励和支持其发展，适当的时候加强教育与指引，使之符合组织发展目标，设法使其成为促进组织发展的动力。

2. 群体行为的特征

群体行为是指群体行为主体在组织内进行的活动。群体行为是有意识、有目的的活动，既受到社会，特别是所从属的组织的制约，又受到群体内成员的个人意识、需要、态度等的影响，因而表现出某些特征，如群体规范、群体凝聚力以及群体一致性等。

群体规范是指群体成员共同享有的标准。规范的形成有可能是文件性的，但更多情况是通过口头与成员沟通的。也就是说，不用正式声明却能被所有的群体成员知晓。群体规范并不能完全被所有成员接受，不同成员对规范的接受程度是不一样的。

不论是正式群体还是非正式群体都具有一定的紧密性或共同的态度、行为和任务，而这种紧密性就成为群体凝聚力。它通常指作用于个体使之保持在群体内的一种力量。

加入一个群体能够使个体具有归属感和士气感，增强组织的凝聚力。

作为群体的成员总是希望被群体所接受，因而很容易遵从群体的规范，特别是认为参加某个群体的重要性为安全需求和社交需求时，会采取跟群体中的大多数人一致的行为。

3.3.2 组织权利与政治对人力资源管理的影响

权力是按预想的方式改变他人态度或行为的能力，也是对他人产生预想的影响效果的能力。孔茨认为：权力是个人或团体劝导和影响别人或其余团体的信念以及行动的能力。权力不依赖于组织的正式结构，可以在组织契约化安排之外发挥作用。在企业中，权力是一种潜在的、无形的力量，无须通过实际来证明其有效性；权力是依赖的函数，组织中个人或部门对另外的人或部门依赖性越强，则在他们的关系中后者的权力越大，其中依赖程度决定于前者感知到的可选择范围，以及对后者控制的这些选择范围的重要性评价。

组织政治 (Organizational Politics) 是指在潜在动机支配下，为了获得和保护个人及相关团体的利益，而对他人或团体施加的影响。组织政治实施者都具有潜在动机，并且为了保证能够取得预期效果，这种动机是不能公开的，这样就将组织政治行为和日常工作行为区分开来。组织政治是一把双刃剑，拥有正负面效应；它是有关讨价还价、磋商的制度设计；它能使事件得以解决，而不论事件本身的性质如何。在日常的人力资源管理活动中，组织政治对管理工作的每个细节施加影响，成为人力资源管理研究无法回避的重要问题。组织权力和组织政治交织在一起，互相影响，难以辨别。在本章我们将它们作为一个整体来讨论其对人力资源管理的影响。

1. 组织权力和政治对招聘的影响

在招聘过程中，当对候选人进行甄选时，招聘决策者往往难以摆脱自身利益机制和权力追求的影响，同时受知觉偏差的作用，倾向于将候选人的人格特征、态度、信念或者价值观与自己相一致作为招聘标准。甄选者在选择时的标准并不仅仅是为组织选到合适的人才，他们有可能是为了雇用到更像他们自己的人，以便形成一个同性质的团体，据此扩大自己的联盟，增强自己在组织中的权力基础。

2. 组织权力和政治对绩效的影响

由于组织政治行为的出发点是达到个人目标，因此，它可能影响员工的公平、正义感以及员工的满意度等。总体上对组织工作绩效的影响一般是负面的，即组织政治行为越多，程度越深，组织绩效就越低。因为一般人会把政治活动视为一种威胁，并以防卫心态对此做出反应，最终绩效必然表现为消极结果。

在绩效评估过程中，被评者通常采用各种策略来获得较好的评估结果，换句话说，被评者与评估者关系密切，就容易得到较好的评估结果；而评估者为了提高自己的权利，可能会有意地歪曲评估结果。有研究表明，管理者提供评估反馈的出发点通常是为了他们自己的利益，而不是给员工提供有用的信息。

3. 组织权力和政治对薪酬的影响

薪酬的增加通常也受到政治因素的驱动。经理们往往会把高的工资发给一些若得不到物质性实惠就有能力施以抱怨和相威胁的人。在组织中，政治权力的角逐大多会在利益分配结果上得到反映，薪酬常常是权力博弈的结果，有时也是权力平衡的筹码。

4. 组织权力和政治对工作压力和满意度的影响

当组织成员遇到组织中的政治行为时，除了政治技巧较高的人会主动视为一种机会外，一般人在心理上会有两种选择：一种是不去理会（即回避），但把这种挑战或威胁藏在了心里；另一种是自己不得不参与其中，被动迎战。可见组织政治会增加员工的压力，有时这种压力是巨大的。部分人在受到组织政治行为的挑战或威胁时，会觉得心里疲惫，因承受不了压力而选择离职。

组织中的政治行为，由于其隐蔽性和与制度的不一致性，使得组织成员在制度保障下的利益得不到保障，造成理应得到的报酬（或收获）与实际应得到的报酬（或收获）之间的差距很大，有时甚至相反。特别是对组织政治行为知觉高的人，往往洞悉了其中的策略，觉得不公平或者气愤，但又毫无办法，从而对某些人员或工作讨厌，甚至憎恨。显然，对组织政治行为的知觉与工作满意度呈负相关关系。

3.3.3 团队和谐与效能

团队(Team)是在工作中相互依赖，为特定的目标共同承担责任的个体的集合体。"团队"与"群体(Group)"概念密切相关，比群体的定义更严格，但是在学术文献中，"团队"和"群体"是两个常可以交换使用的词。当特指某种类型的团队时，常使用团队，如"自我管理团队""项目团队"等。当描述团队的某种特性或过程时，常使用"群体"，如群体凝聚力、群体动力和群体效能感等。因此文中所使用的"团队"和"群体"的概念是通用的。

团队包括有问题解决型团队、自我管理型团队和跨功能团队。问题解决型团队是为了解决组织面临的某个特殊问题而设立的临时性团队。自我管理型团队通常由 10～15 人组成，他们承担着以前自己的上司所承担的一些责任。跨功能团队是由来自不同部门或者工作单位的个体所组成的，共同完成某个任务或项目的团队。

1. 团队和谐

"和也者，天下之达道也。致中和，天地位焉，万物育焉"（《中庸》）。"和"是中国文化中最重要的哲学思想之一，"和气生财""和"是评判事物的基本标准，也是为人处世的基本法则。团队和谐是团队整体效能优化的基本保障，而团队的矛盾、内耗恰恰是团队建设的普遍难题，也是影响组织绩效的重要因素。如何解决团队和谐问题，提高团队效能是团队建设和人力资源管理的重要内容。

构建和谐团队首先要实现团队成员与组织之间的和谐，其重点在于创造一种氛围。在这种氛围下，团队成员对组织产生价值认同，成员的个人奋斗方向与组织决策的方向达成一致，系统内部形成合力，推动组织的进步与发展。同时，也要求实现员工之间的和谐。强调在组织内部构成一个网络，其中每个人的变化都会受到其他人变化的影响，并会引起其他人的变化。人力资源和谐管理的思想关注员工之间的这种相互影响，期望通过营造和谐的人际氛围和良好的内部激励机制引导各员工的作用力，从而实现组织目标。团队和谐还必须通过团队成员与外部环境的和谐来实现。要求人力资源管理者意识到系统与外界大环境的互动将对成员产生影响，带来成员追求和行为上的变化。团队成员需要在与环境的交互和作用过程中不断地学习和积累经验，最终达到与整个外部环境的和谐。

团队中有效的管理信息沟通也是和谐团队建设的必要条件之一。在信息传递中要保证信息传递的迅速、及时，保持其真实性。传递信息要区分不同对象，提高信息传递的针对性，注意信息的适用范围。适当控制信息传递的数量，防止出现信息过分保密或者大面积扩散的倾向。对非正式沟通实施有效的控制，避免其成为散布谣言和小道消息的渠道，产生副作用。在信息加工过程中进行信息反馈，加强信息发送者和接收者之间的心理沟通，提高团队士气，调动员工参与管理的积极性，促进整个团队的和谐。

2. 高效能团队的建设

团队效能是广义的团队绩效评价，美国的 Hackman(1983) 认为团队的效能是团队最终活动的结果，它可以从 3 个方面来评价：①产出结果：指团队生产的产品必须符合或者超出组织所规定的质量和产量标准，包括数量、质量和速度等指标；②成员满意感：指团队的活动结果带来成员之间良好的关系；③继续合作的能力：指团队在完成任务之后，成员之间的人际关系得到进一步的加强，有利于成员继续在一起工作。

建设高效能团队，首要的是增强团队凝聚力。凝聚力是指团队成员之间相互吸引并愿意留在团队中的程度。影响团队凝聚力的因素主要有：团队的目标和前景、利益共同性和价值的认同度、外部威胁、团队成员在一起的时间、加入团队的难度、团队的规模、团队主要领导者的个人素养、以前的成功经验以及畅通的沟通渠道。

高效能团队的建设不能仅依靠成员们自己来创造奇迹，而需要组织和管理层的培养和支持。建设高效能团队的必要条件有如下几个方面。

(1) 工作团队的规模。一般以不多于 12 人为宜。如果一个自然单位较大，而又希望达到团队的效果，那么可以考虑把工作群体分化成几个小的工作团队。

(2) 成员的能力。一个团队要想有效地运作，需要 3 种不同技能的人：有技术专长的人、有解决问题和决策技能的人以及善于人际沟通的人。对具备这些不同技能的人要合理配置。

(3) 角色的分配以及增强多样性。要能够给员工适当地分配不同的角色。使每人都在最合适的位置上，各司其职，相互配合。

(4) 建立具体目标。通过成员的共同讨论、修改和完善一个为大家接受的目的。并且，成功的团队会把他们的共同目标转变成为具体、可衡量的绩效目标。

(5) 领导与结构。通过一种大家认同的方式，决定谁做什么和做到何种程度。另外还要决定如何安排工作日程、如何解决冲突、如何做出和修改决策。

(6) 适当的绩效评估与奖酬体系。改变传统的以个人导向为基础的评估与奖酬体系。更多以整体绩效为标准来进行评估与奖酬，建立利润分享机制。

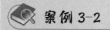案例 3-2

心态是和谐之本

Y教授有两个朋友A和B，都在某大型国企工作，A是副总经理，B是总经理。两人合作多年，无论公事、私交都很和谐。但后来，人事制度改革，两人一起参加了新总经理竞选。结果，A竞选上了总经理，B变成了常务副总。自此，两人之间心存芥蒂，互相觉得对方不顺眼。两人的貌合神离已经影响到了公司的发展。此时，两人都认识到长此以往，于公于私都有损害。

B想与新老总A搞好关系，但往往心里想说好话，出口却成讽言。因为长期以来他习惯了自己是A的上级的角色。A也想与B搞好关系，但由于B的角色没有转化过来，他也不知如何是好，常常出现尴尬局面。

Y教授对此状况大为忧虑。实际上A与B两人互补性很强，应是很好的搭档。A大气、有魄力，但不够精细；B很细心、强于执行。现在两人都有夸大自己的长处，盯着别人的短处的心理，于是互不认可、互不欣赏，这是根源所在。

Y教授与B深谈。规劝B重新定位，学会欣赏上级与同事，心态要调整好。如此才能与A重归和谐。最后以孟子"愚者调身不调心，智者调心不调身"一言相赠。不到两个月，两人关系重归良好，化解了企业一场隐性危机。

Y教授认为：一个管理团队中如果有不和谐之音，团队人员要有良好心态，不能放纵性情，恶性互动。譬如高速行驶的汽车突遇障碍，你得松开油门、紧踩刹车。实际上松开油门就是调好心态，踩刹车就是控制行为。如果油门不松——心态调整不好，即便踩住刹车，也不能解决根本问题。你心里排斥、鄙视甚至怨恨对方，要想在行动上和人家处好关系是很难，也是很不舒畅的。时间久了，要么刹车崩坏，行为失控，过去压抑的矛盾迸发出来，形成激烈的冲突，要么伤害身心，使自己的工作变成一种痛苦。Y教授认为调整行为只是治标之法，提高境界，以包容之心处世，以欣赏的眼光看待合作伙伴，这是团队合作成功的秘诀，也是为人处世的经验之谈。遇到矛盾时，要学会松开油门，调整心态，多多包容，紧踩刹车，止住冲突，调整行为。调心为本，调身为用，化恶性互动为良性互动，这是一种境界，也是一种素养。

（资料来源：颜爱民，等.人力资源管理理论与实务[M].长沙：中南大学出版社，2004.）

3.4 组织模式与人力资源管理

由于组织不同结构与阶段的战略以及文化等的不同，其人力资源管理也必然存在差异。因此可根据组织不同结构、阶段的特点来制定相应的管理措施，使不同时期的组织战略与人力资源管理达到有效匹配，提升人力资源管理水平，实现组织战略目标。

3.4.1 组织结构与人资源管理

1. 组织结构的演变

组织结构就是组织各个部分以及它们之间关系的一种模式，是组织的框架。具体来说，也就是组织各部门、各层次的设置及在它们之间所建立的人与人、人与事的相互关系，是实现组织目标的基石。

组织结构演变的根源在于人力资源的演变。整个社会的人力资源特点决定着整体组织结构的特点。为了达到一加一大于二的效果，人类必须被组织起来，实现社会扩大再生产，推动社会不断地向前发展。在组织中，人的自由无可避免地受到了限制，但人的本性又试图消灭这种限制。就是在这种矛盾对立的运动中，组织结构缓慢而又理性地进行着变革。我们认为组织结构的历史演变大体经历了3个阶段：简单结构阶段、官僚结构(机械结构)阶段和有机结构阶段。

1) 简单结构阶段

真正意义上的现代企业组织是随着近代资本主义的发展而发展起来的。在西方资本主义发展的初期，大量的农民和手工业者由于失去了生产资料成为雇佣工人。这些工人是当时社会最主要的人力资源，他们没有或只有简单的操作能力，没有受教育的机会，对组织有很强的依赖性。这个时候的企业组织规模还比较小，资本家既是所有者，又是直接的管理者。由于工人的这种特点，当时的组织没有明确的工作分工，没有专门的部门；管理比较随意；管理工作与操作工作还没有分离；没有正式的管理制度与规则；资本家拥有一切管理权力。这种简单的组织结构基本适应了当时的人力资源的状况。

2) 官僚结构阶段

随着资本主义的进一步发展，工人开始掌握机器操作的技术，具有了一定的文化知识，逐渐不满足于日复一日进行着的机械而单调的工作。这使得资本家逐渐认识到，原有的简单的组织结构已不再适应新的人力资源的状况。科学管理之父泰勒最早提出了工作标准化和职能制的观点。后来，霍桑实验表明：员工的积极性能够增进激励和提高生产率。在前人研究的基础上，社会学家韦伯正式提出了官僚制组织结构的观点，官僚结构组织的特点是僵化的部门制，高度正规化，有限的信息网络(主要指自上而下的明确的命令链)，员工参与决策的机会较少，集权化程度高。虽然，官僚制结构主要是源于对行政组织的研究，但很快就成为很受欢迎的企业组织结构模式。直到今天，官僚结构还是一种普遍使用的结构。因为它适应了这个时期的人力资源的特点，所以具有很强的生命力。

3) 有机结构阶段

进入20世纪80年代以后，整个世界的社会经济迅速发展，国民受教育的程度也大幅度提升，人的科学文化素质得到了很大的提高。个体的知识与能力开始成为一种新型的资本，个体对传统的资本的依赖性大为减弱，人的技能与能力得到普遍提高，他们不再愿意忍受官僚结构组织对人的个性的压抑。新的人力资源的状况，使原有的传统官僚结构组织的竞争力不断下降。为了加强组织的竞争力，迫使高层管理者设计新的组织结构来组织生产与服务。逐渐出现了团队结构、无边界组织及虚拟组织等一些全新的组织结构模式。这些新型的有机结构组织，结构趋向扁平化；工作中多运用多功能、跨等级的团队来进行；员工参与决策的程度很高；信息自由流通(包括横向、纵向和全方位的沟通)。事实证明，这些新型的有机结构组织实现了协调目标，同时尊重了人的个性，适应了当今人力资源的状况，使组织竞争力得到了极大的提高。

2. 不同组织结构模式的人力资源管理

组织结构和人力资源管理的和谐适应问题是人力资源管理的重要问题。不同的组织结构模式对于人力资源管理的内容、方式与手段都有重要的影响。从简单结构阶段到现在的有机结构阶段，组织结构模式主要分为传统的组织结构模式如直线制、职能制和直线职能制3种，现代组织结构模式如事业部制、矩阵制、控股型模式等以及发展中的新模式如网络结构、虚拟组织、团队结构等。以下分析常见的4种组织结构模式及其人力资源管理的特征。

1) 职能制组织结构模式的人力资源管理

职能制是指按部门分工划分权责的组织结构。管理者设立专门的职能部门和人员，并授予相应的权利和责任以分担主管领导者的部分工作。职能制模式的企业，决策重心在最高层，因而对最高管理者的综合素质要求高。各职能部门的人员则要求专业化程度较高，能够有效地的执行管理者的决策，减轻管理者的负担。职能制结构下的普通员工工作压力、动力不大，素质要求不高。由于职能制结构比较固定，等级分明，强调服从和执行命令，长此以往会抑制组织成员的创新性和个性，导致组织僵化。但职能制结构简单，命令统一，反应迅速，能够使组织充分发挥整体效能，有效实施其战略目标。职能式组织结构适合于管理者个体能力较强，员工素质普遍较低而且组织规模较小、工作目标相对简单的情形。

2) 事业部制组织结构模式的人力资源管理

事业部制是在一个企业内对具有独立产品市场或地区市场并拥有独立利益和责任的部门实行分权化管理的一种组织结构形式。事业部制模式的企业，只有重大决策在总部，各事业部具有充分的自主权力。相对职能制而言，事业部制的企业总部领导者个人压力、责任相对减轻，组织的权责重心下移，给各事业部负责人创造了更多的压力和动力，也对其提出了更高的素质和能力要求。具有更多的吸纳和保留优秀人才的空间和能力，利于组织人力资源的聚集和发展。但是事业部制会增加企业的管控难度，增加组织内部的协调成本。

3) 矩阵制组织结构模式的人力资源管理

矩阵制组织结构是由纵向的职能结构系统和横向的产品或项目系统交叉形成的组织结构。这种结构中的产品（或项目）经理与职能经理在组织中拥有同样的职权，下属要接受他们双重的指挥。由于矩阵式组织结构比单一职权结构复杂得多，因此，它对在组织中的关键人物的管理技能和沟通技能要求高。换句话说，关键人物的状态直接决定着这种组织结构的成败。这些关键人物包括高层领导者、矩阵主管和有双重主管的员工。因而矩阵制组织结构下人力资源管理的重点是要确保这些关键岗位由胜任者来承担，或者要使之达到胜任的要求。

4) 网络组织结构模式的人力资源管理

网络组织结构在构成上是由众多灵活的、多技能、多专业的工作团队组成的联盟，各个工作团队在地位上平等，行政上独立，在经营业务上又紧密联系。我们可以将工作团队之间的关系视为一个网络，在整个组织网络中，每个工作团队则是一个节点。

网络组织工作团队成员有更多交流的机会，个人目标容易与团队目标协调一致，团队成员容易产生认同感，这种认同感会激发团队成员的主人翁责任感和工作热情。同时，团队中的成员保持平等友好关系，更容易集中全体成员的智慧和建议，使决策民主化、管理民主化和自我约束都能成为现实，在实现团队目标的同时，各成员的个人价值也得到体现。对网络组织的管理完全不同于传统的职能型企业组织，它需要成员组织之间的大量沟通，从而建立一种完全的信任关系。人力资源管理要适应这种组织的特点，以沟通、协调为重心，充分尊重员工的个性和价值。

不同的组织结构具有不同的特点，也各有其优点与缺点。所以要使组织能有效运行，提高组织的竞争力，就要进行有针对性的人力资源管理。在表3-1中，我们对几种不同的组织结构的优点与缺点作了一个简单的比较；同时，对于传统组织结构、现代组织结构和发展中的新的结构3种结构模式的人力资源管理的特点也作了一个简单的比较。事实上，这种简单的比较所反映的人力资源管理的特点差异，只是人力资源管理差异体现的一个小部分。更多的差异需要在实践中不断发现与总结。

表 3-1　各种组织结构模式的比较

组织结构模式		优点	缺点	人力资源管理特点
传统模式	直线制	结构简单；命令统一；反应迅速；责任明确	对管理者能力要求较高；横向联系差；缺少弹性	重视等级制度设计；员工参与机会少；重经济手段激励；注重对高管的培养选拔；根据工作需要进行培训；清楚、详细的工作说明
	职能制	专业化管理；减轻管理者负担	多头领导；难协调；责任难明确	
	直线职能制	统一指挥；专业参谋	直线与参谋部门难协调；本位主义	
现代模式	事业部制	责、权、利关系明确；利于培养高管人才；高管摆脱日常事务	机构重叠；费用高；对事业部高管人员要求高；分部之间利益协调不易	运用系统标准选拔人才；工作丰富化；按绩、能、效考评；注重培养综合管理人才；培训强调通用性灵活性；弹性薪酬制度
	矩阵制	灵活机动；适应性强；集思广益；利于学习	稳定性差；双重领导；责任难明确	
	控股制	资本控制；关系清晰	一般不能直接参与子公司(关联企业)的实际经营与管理	
发展中的新模式	网络结构虚拟组织等	灵活精干；巧用外力	有时会失去对组织职能活动的控制	以人为本；鼓励创新；重视员工的成长与需要；概括性的工作说明；个人绩效与团队绩效并重；人性化的管理与考核；全方位绩效评估；信息共享

3.4.2　组织变革与人力资源管理

组织变革是指组织根据外部环境和内部情况的变化，及时地改变自身的内在结构，以适应内外环境不断变化的过程。完全静止的组织很难适应内外部环境的不断变化，只有不断地进行变革，保持动态平衡的组织才能担负起组织的责任，才是有效的组织。变革可以通俗地理解为变革对象的内在变动和革新。组织变革面对的问题是组织的现实状态与目标状态之间存在的差距，组织原有的稳定和平衡状态不能适应环境变化和自身发展的要求，需要通过变革来打破它们，构建能够适应新形势、新需求的，具有足够的革新性、适应性、持续性的新的组织稳定和平衡。

组织变革最重要、最难以完成的就是与之相对应的人力资源管理变革，没有有效的人力资源管理各个模块的成功变革，组织变革就成为一句空话。当然，组织变革也可以改善人力资源管理的有效性，为组织人力资源管理水平的提升创造条件、提供空间。

1. 组织变革的基本趋势是集权走向分权

在集权型的组织结构中，优秀人才自我发展以及实现空间小。在整个组织结构中，足够的组织空间和发展机会只有位于组织结构顶端的少数人才能获得，而其他大多数人都只能长年在组织严格规定的狭小空间内，承担执行性工作。这种组织结构适合于一个英明的领导带领一群平庸的员工。组织变革的主流是集权模式向分权模式转变：随着企业的成长与壮大，企业内部人力资源结构和外部环境变化将共同推进这种变革趋势。在分权型组织结构中，组织中员工的地位更为平等，各自的发展空间也更多，是一种多元空间模式，适合于一个英明的领导与一群精明的员工团体合作。分权趋势也是组织中成员不断参与管理、扩大发展空间的过程。

2. 组织变革必须首先做好岗位调整及职能整合

组织变革首先要审视组织职能和相关业务流程的变化，根据变革后的组织目标和工作内容重新确定调整后的部门岗位和职责，修订工作业务流程和相关岗位的工作说明书，为组织变革的其他人力资源管理工作奠定基础。

3. 薪酬整合是组织变革的难点和重点

薪酬关系到每一个员工的切身利益，任何薪酬的变革和调整都是大事情。组织变革必定带来岗位职责的调整，有时甚至整个组织体系和薪酬理念都将发生重大变化，薪酬的配套变革成为敏感而又关键的问题。薪酬可以通过作用于员工个人、工作团队和组织整体来创造出与变革相适应的内部和外部氛围，从而有效推动组织变革。组织变革中薪酬体系变革的基本原则是：适应组织目标和战略调整的要求；尽可能稳健和谐推进变革；薪酬管理强化员工对于变革的接受性和认可程度；有效激励个人、团队从而使组织总体绩效得到改善。

4. 考核体系的调整和逐步完善是组织变革成功的有效保障

绩效考核是人力资源管理的基础，它为薪酬、激励等提供支持和保障。组织变革必须针对考核体系做出相应的调整，以保障组织人力资源管理体系的顺畅。首先必须分析考核理念是否适用变革后的组织，因为考核具有行为导向功能，不同理念决定着不同的考核思路和方法。组织变革可能会引起组织整体管理思想的调整，由此可能需要对考核理念做出相应的变化。其次，要清理整个考核标准体系，根据变革后的岗位职责和流程对考核标准体系进行相应的修订和补充。最后，要分析整个考核管理和流程体系，做出相应的调整。

5. 培训和开发是推动组织变革和成功的有效工具

变革中对员工的培训和开发是变革中的人力资源管理的一个重要组成部分。面对激烈的市场竞争和变革的新形势，组织早已意识到其财富的创造主要依赖于员工的知识和技能。因此，管理者必须以一种全新的思维方式实施员工培训与开发。要加强对组织管理人员的思想教育，使之明确组织变革的目的、意义、程序和方法。另外，也要时时把握部门内部员工的情绪、工作状态，在主动宣传变革的同时，相应地和员工进行交流、沟通，采取有效手段，激励和领导本部门的变革。要通过教育培训帮助员工转变观念，调整心态，积极面对暂时的困难，勇敢地迎接挑战，尽快使自己心态和技能都能适应新的形势需要；培训员工新的业务技能，加强员工对新的岗位描述、新的绩效考核标准的学习，这是变革成功的基础。

因企业并购重组等产权交易形成的组织变革，其变革概念上完全不同，它是真正意义上的组织革命，涉及不同主体不同模式的人力资源管理整合问题，难度更大，问题更多。应从文化与理念入手，系统考虑，分别从岗位设置、薪酬、考核、激励各模块精细设计，逐步推进，最终融合为一体，此处不赘述。

3.4.3 组织发展与人力资源管理

组织发展是一种基于行为科学研究和理论的、有计划的、系统的组织变革过程。其目的在于通过对组织内各种过程进行干预，以增进组织的有效性，并使之健康发展。组织不同发展时期人力资源管理特征不同，我们拟将组织发展分为创业、团队管理、规范管理和文化管理四个阶段，探讨其各个时期的人力资源管理问题。

1. 创业阶段的人力资源管理

当一个组织产生时，其重点是在市场中求得生存。组织是非规范化和非官僚制的，组织完全由企业主个人掌控。

组织在创业之初的人力资源管理特征主要体现为能人管理——即以创业者个人能力为主导的管理模式，其整个创业过程常常是依赖于个别强者运作完成，效果也取决于创业者的个人能力以及个人特质。企业主不管大小管理事务，都是亲力亲为，没有也无须规范的人力资源管理制度和体系。企业主大可不必搞教条主义，弄出许多人力资源管理理论与制度来。

2. 团队管理阶段的人力资源管理特征

随着组织开始成长，员工数量增加。企业主感到自己不足以应付不断增加的管理事务，开始出现领导危机。为了解决危机，组织必须实现从能人管理向团队管理的转变，组建起一个以企业主为中心的核心管理团队，才能突破瓶颈。在此阶段中，高层开始实现职能的分离，部门也随着权力层级、工作分派及劳动分工而建立，委托代理监控、风险等问题开始出现。

从能人管理转向团队管理，企业家个人和企业都必须完成脱胎换骨的变革。企业家首先要变个人随心所欲的自主决策模式为团队群体式制度化决策；企业家必须突破企业是自己个人的、个人等同于组织的理念，这将带来一系列的变化：企业家再也不能将企业财产等同于个人财产，随便作出财产的处置和投资决策；企业家再也不能在企业内享受随心所欲决策和处置人事的权力，而应尊重组织权责体系和决策程序；企业家必须形成和团队沟通、商讨甚至说服团队成员的意识，尊重团队成员，也尊重组织赋予团队成员的职权，如此才能使团队成员稳定下来，并真正发挥作用。这一系列的变化都是企业家必须超越自我、尊重组织才能完成的。这个阶段的企业性质也已发生深刻的变化，应该成为企业家和团队成员共同的事业平台，企业也应真正成为具有独立社会责任的法人，其行为开始关注社会期望和社会责任。违规违法风险和机会成本大大增加，遵纪守法、规范运作显得日益重要。这个阶段的企业主开始向部分高级管理人员授权。同时，组织制度被逐步设置并且规范起来，组织进入了真正的管理和控制阶段。岗位设置、工作分析、考核、薪酬和培训等人力资源管理体系将逐步建立并完善起来。

3. 规范管理阶段的人力资源管理特征

随着越来越多的员工加入组织中，管理层级也越来越多，低层级的管理者不愿意再忍受"自上而下"领导体制的强大约束，他们在自己的作用范围内变得更为自信并希望有更大的自主权，组织面临新的管理瓶颈。这个阶段中的组织在管理团队带领下逐步发展到一切按规则、流程办事的规范化管理阶段。组织和制度至高无上，成员服从于制度和流程，组织呈现明显的官僚特征。随着工作挑战性的减弱以及自我成功意识的增强，企业开始出现关键人才跳槽现象。

规范化阶段的人力资源管理主要依靠多种内部规章制度，依靠流程与制度。组织按照科学的程序与方法招聘、录用员工，采用格式化的晋升机制，重视员工的福利，各个层次的员工均有可能获得一定的授权。组织实施以利润为基础的激励制度，以保证管理者向着组织好的发展方向努力。

4. 文化管理阶段的人力资源管理特征

进一步发展，规范化阶段的官僚习气将日益严重，组织的活力逐步减弱，组织效率逐步降低，制度管理固有的问题日益凸显。唯一的解决办法就是靠理念和文化来弥补制度管理的不足，从而进入依托于文化的管理阶段。文化管理就是从文化的高度来管理企业，以文化为基础，强调人的能动作用，强调团队精神和情感管理，管理的重点在于人的思想和观念。

该阶段的人力资源管理强调规范化与灵活性相结合，开始尊重员工个性与员工发展。最显著的特征就是进行组织文化的建设，依靠文化的软约束来对组织成员进行管理。文化管理阶段的人力资源管理的主要特点表现在以下几个方面：培育共同价值观；

管理重点从行为管理转向思想管理；领导方式由指挥型向育才型转变；管理重心由物转向人。

本章小结

> 本章介绍了中西方人性理论及其蕴涵的人力资源管理思想。分别从传记特征、基本心理特征、胜任力、心理契约以及工作压力、工作满意度几个方面阐述了个体对人力资源管理的影响。本章分析了组织权力与政治对人力资源管理的影响以及团队和谐和效能。介绍了不同的组织结构模式对应的人力资源管理思想和特征，分析了组织发展不同阶段的人力资源管理特征。最后，介绍了组织变革引起的相应人力资源管理变革特征。

关键术语

经济人	Homo Economicus
社会人	Homo Sociologicus
自我实现的人	Self-actualizing Man
复杂人	Complex Man
胜任力	Competency
心理契约	Psychological Contract
工作压力	Work Pressure
工作满意度	Job Satisfaction
群体	Group
团体	Team
组织政治	Organizational Politics
组织结构	Organizational Structure
组织模式	Organizational Model
组织变革	Organizational Innovation

习题

1. 结合本章学习内容，讨论导入案例中"能人管理"问题，建议分成两组，一组站在领导者角度，一组站在"能人"角度进行辩论。
2. 比较几种主要的中国和西方人性理论，找出其对应关系，分析其差别。
3. 什么是心理契约？它对人力资源管理有什么影响？
4. 什么是组织权力和组织政治？结合个人经验，讨论它们对人力资源管理的影响。
5. 简单说明组织发展不同阶段的人力资源管理特征。

6. 请阅读《组织行为学》，论述如何根据人的个体差异实施有效的管理。

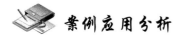 **案例应用分析**

阿里巴巴的HR组织变革

"作为阿里巴巴的HR，我们的挑战在于，在如此快速成长而多变的业务形态下，要如何能够兜底，托得住、稳住整个团队，同时引进人才。"阿里巴巴集团人力资源部资深总监吴航说。

从最初阿里巴巴的B2B业务开始，到现在以无线、数据及云计算为业务重点，阿里巴巴的人力资源管理一直都需要根据业务变化做出迅速的调整，并持续支持业务的突破和创新。

目前阿里巴巴正在进行的HR组织变革正在将更多的管理重心转移到与业务结合紧密的员工个性化管理上来。通过建立薪酬服务中心，以及更全面覆盖招聘、入离职、报销等标准化公共服务的HR运营中心，原本分散在各业务HRBP的事务性工作将会被集中起来统一管理。而从中被解放出来的HR，则能将更多的精力投入到与业务紧密相关的人才盘点、绩效评估、组织文化建设等事务上。

维持创新型的企业文化，并使得人员配置在最大程度上促进这种企业文化的强化是阿里巴巴HR管理一直以来的重心。根据吴航的介绍，目前阿里巴巴的HR团队总人数为443人，他们管理整个阿里巴巴集团2万名左右员工，其中前台HR的配比在1:150～1:120。

保持HR管理的精细度是此次HR组织变革调整中所需要坚持的内容。在当前的配比状况下，阿里的前台HR不仅需要认识业务单元中的所有员工，同时还需要非常清楚地了解团队的整体人才状况，以及每个员工各自的优、劣势。阿里巴巴坚持要求HRBP参与所有的绩效面谈和评估。

随着阿里巴巴的人员规模扩大，HR配比预期将会降低到1:300～1:250之间，但这样的管理精细度也仍然被要求保留。

"在阿里巴巴，人才对最终业务成效的影响很大，尤其是在创业型的业务中，我们需要给人才更多的自主权和更大的想象空间。"吴航说。

在目前一些企业正在进行的人力资源三支柱转型中，HRBP正从原先的事务性工作中解放出来，更多地渗透到业务中，为业务发展提供价值。但怡安翰威特认为，HRBP的转型还可以进一步深入，成为业务驱动伙伴，从人才管理和发展的角度为业务提供更多前瞻性的支持，主动推进业务发展。

HRBP转型成为业务驱动伙伴也有助于将企业的人才管理升级为公司级的核心流程，使得人才评价标准、人才盘点到人才发展的整个人才供应链能够更主动地配合企业战略的实施。业务驱动型的HRBP能够将人才发展的资源更好地体系化，节约企业对员工发展投入的资源，并提升资源的投入产出比，People Manager也是阿里巴巴的人才管理中的重要参与者。"1 over 1+HR(一级管理者、二级管理者+HR)"是阿里巴巴做出所有与人相关决定的决策机制，从员工的入职、晋升、评估到奖惩，业务管理者起主导作用，HR都会参与并起到相对客观独立的判断作用。

在阿里巴巴对高层管理者的考核指标中，业务业绩的指标占到40%，而团队建设和文化推动的指标分别占到30%。这样的机制设置让业务领导者更重视人的管理，并能够主动去推动团队与整体的企业文化及价值观保持鲜明一致。他们与HR在人才管理上的配合，使得阿里巴巴的企业文化能够迅速渗透到所有层级的员工。

而类似"闻味官"的设置也是阿里巴巴维护企业文化不被稀释的手段。在招聘面试的环节，他们会派出一批在阿里巴巴工作超过3年的员工，与候选人进行无主题聊天，以此来判断候选人是否能够在未来融入阿里巴巴的文化。

为了更好地评估阿里巴巴中人的价值，由陆凯薇带领的OD团队开发的eHR系统正在将人才能力的管理变得更为贴近互联网企业的特点。

"互联网的生态自主性非常强，随时跟别人发生关系，组织关系上也是这样的，随时可能换团队去做一份新的工作或者同时与几个团队协作。"在陆凯薇看来，阿里巴巴目前的组织形式还是传统的，员工有明确并且较难迁移的汇报线和考核体系，这与他们灵活自由的转岗之间有很大的矛盾，甚至会因为难以按照实际工作评判绩效而导致士气低落、效率降低。

正在建立的eHR系统就希望能够改变这种传统的组织关系。这个系统类似一个淘宝商品库，每个员工背后都会有一个个人主数据库，实时记录他在所有工作中的表现，比如代码的数量和质量，或者任务完成后，来自其他成员、客户等对其贡献产出、经验能力及人品、合作性的评价。这些数据以网状的形式存在于eHR系统中，成为一个机会资源中心。当新的客户需求产生时，就可以通过系统中的数据分析找到合适的员工，员工也可以反向在系统中找到合适的工作任务。

自2012年开始筹划建立eHR以来，目前这个系统已经建立了自己的绩效体系，并正在并入更多业务线的工作流数据。系统会将每个人在工作中呈现出来的信息和HR系统中沉淀下来的整体数据，进行建模和建立逻辑的处理，最终输出到人才选育用留的关键决定上去。

在这个过程中，HR的角色则会转变为人员数据运营及人员效能的专家，协调在人才与项目之间的关系，以及应用这些数据去做招聘。"作为一家互联网公司，阿里巴巴的特质是要紧跟客户的价值和利益，我们希望的组织模式是召之即来，来之能战，战之必胜的自组织过程。"陆凯薇表示，在新的eHR系统中，能够自然地呈现每个人在组织里的价值、人与人的关系，减少HR人为的判断和管理。

（资料来源：http://www.aon.com/china/human-resources/thought-leadership/china-connect/201407.）

思考题：
(1) 分析阿里巴巴保持HR管理的精细度在组织变革中的作用。
(2) 分析在不断变化的时代中，企业人力资源管理如何应对组织的变革。

知识链接

[1] http://v.163.com/special/cuvocw/zhongguorenliziyuan.html 颜爱民国家精品视频课程《中国情境下的人力资源管理实务》第一讲、第二讲、第三讲、第四讲

[2] 罗宾斯. 组织行为学精要 [M]. 郑晓明，葛春生，译. 北京：电子工业出版社，2005.
[3] http://bbs.hrsalon.org HR 沙龙
[4] http://www.hrm.com 人力资源管理网（英文）
[5] http://www.shrm.org society for human resource management(USA)
[6] http://www.workforce.com 劳动力 (USA)

第4章

文化与人力资源管理

教学目标

- 学习并初步理解文化及中国文化的管理功能
- 了解文化与人力资源管理的关系
- 掌握中国文化背景下人力资源管理的"中国特色"

教学要求

- 了解文化与人力资源管理的关系
- 掌握中国传统文化中蕴涵的主要人力资源管理思想
- 了解中国经济模式的背景及其文化特征
- 掌握转型经济背景下中国人力资源管理的基本特点

看不见的含量

埃及有一种草编画,是把宽草叶子裁薄,编成画布,然后在上面画上图案。不少外国的艺术家都去学习过。然而无论如何也无法达到那个标准,大家都不知道是差在哪里,最后只好放弃。草编画至今还是属于埃及一家的。中国的京剧,外国人来学习的不少,三年五载,学得认认真真,能把老师累死,可顶多也就学个半瓶子醋,真是天下第一大无奈。日本人生产的汽车,程序上与各国的程序没有任何不同,各国为了省钱,向日本人提出由自己来组装。可由各国组装的日本车,却怎么也比不上日本人自己组装得精良。20世纪70年代,大家都说日本人滑头,藏着技术不露。日本人听了喊冤,甚至发表声明,告知天下:日本人什么都教了,绝无一点隐藏。

很多年过去,英国科学家提出了一项见解,那就是看不见的"含量"。看不见的含量,影响着同一事物的不同结果。无论是草编画,还是组装汽车,甚至包括外国人学习中国的京剧,是不同的文化背景,人文素质甚至世界观与潜意识起着决定作用。而在事物的表层,这些因素却是无法洞见的。同样的表象,内含的差距却有着天壤之别,甚至是致命的。

科学发展到今天,世上许多领域都已经无保密可言。然而同样的产品,同样的技术,仍然存在着很大的区别。正像有人提出:东和西,到底有多远一样,其实这是一个文化的问题。文化差多远,东和西就差了多远。故而,人们能看见的因素永远都是有限的。众多看不见的含量,才是决定某类事物的最终因素。

美国人为此做过一项实验,集中20位不同国家的工人,发给同样的模具,打造同样尺寸的铜砖,这项工作不需要任何技术。然而20个人打造出来的结果,还是不一样的,还是有高低之分,还是有不同的审美趋向。差别到底在哪里,在于不同国家工人内心的诸多尺寸的区别。可见,看不见的含量,永远决定着我们生活的质量和做事的差异,而不在那些分毫不差的尺码和死道理上。

(资料来源:根据《北京晚报》2005年5月17日文章改编.)

  文化背景是影响这种看不见含量的主要原因,各民族都有各自的文化特征,这种特征决定着其民族的人文素质甚至世界观及潜意识。

  自从有了真正意义上的人类,便有了文化。人总是文化的人,人的世界在某种意义上就是文化的世界。文化现象在我们的世界无处不在:中国人用筷子、西方人用刀叉进食,任何人都生活在与其周围环境相匹配的文化氛围中,言行举止及思想观念无不受到文化因素的影响与制约,因此有学者称"人是文化的傀儡"。在企业中亦如此,人是企业的根本,人力资源管理是企业建设与发展的核心,企业文化对企业人力资源管理进而对整个企业管理产生着深刻的影响。文化背景的差异造成了不同时代或同一时代不同国家人力资源管理的显著差别,这种差别决定了人力资源管理理论和技术直接移植的困难,决定了任何国家和地区都必须根据自身的文化背景和时代特征重塑其人力资源管理体系,这也是我国人力资源管理面临的重要课题。从改革开放到现在的三十多年时间里,我国不少企业直接引进在国外企业通过实证确认的先进人力资源管理技术后却没有取得预期的成功，这成为企业界和学术界对人力资源管理争论的热点。其根源就在于文化情景性特征对人力资源管理的重大影响。

本章通过分析文化对人的思维、行为特征的影响，从文化传承以及经济模式构成的文化特征对人力资源管理的影响两个维度，研究文化对人力资源管理的作用机理，为创建中国式人力资源管理理论和技术奠定基础。

4.1 文化内涵、结构和重要特征

对于生存中的许多问题或很复杂的东西，人们能够清楚地说明其所以然，而对一些与我们的生存息息相关的东西反倒无法用语言加以描述，熟悉的并非熟知的，文化就是这样一个问题，就是这样一种存在。文化显然是现代人使用频率最高的词语之一，然而，当我们质询一下文化的定义时，却常常会有一种茫然失措、无从下手的感觉。

4.1.1 文化内涵

从字源来看，英文 culture 来源于拉丁文 cultura 一词，它有多种含义：①耕种；②居住；③练习；④留心，注意；⑤敬神。可见，古人界定的文化包括了人类有别于其他动物的各种理性行为。

中国最早出现的"文""化"源于《易经》："文明以止，人文也。关乎天文，以察时变；关乎人文，以化成天下。"《辞源》对文化的解释是"文治和教化"，这和西方广义的文化概念——"人类文明的总和"比较一致。

最早从人类学立场界定文化的是英国的泰勒，他在 1871 年出版的《原始文化》一书中写道："文化 (Culture)，或文明 (Civilization)，就其广泛的民族志意义来说，是包括全部的知识、信仰、艺术、道德、法律、习俗以及作为社会成员的人所掌握和接受的任何其他的才能和习惯的复合体"。上述界定中，泰勒指出了文化的整体性，这一点为多数人类学家所赞同。所以，时至今日，在人类学领域以及其他领域讨论文化概念，人们仍然绕不过泰勒的这个经典的界定。

在泰勒之后，不断有人提出新的文化定义。1952 年美国著名的人类学家克鲁伯 (A. L. Kroeber) 和克罗孔 (Clyde Kluckhohn) 在其合著 *Culture, A Critical Review of Concepts and Definitions* 中罗列了从 1871 年到 1951 年 80 年间欧美国家关于文化的定义，数量达到 160 余种，在对这些定义分析和比较的基础上，他们提出了目前世界上认同度最高、影响最大的文化定义：文化是由外显和内隐行为模式构成，通过象征符号获致和传递的观念及其代表的价值；它代表了人类群体的显著成就，包括它们在人工造物中的体现；文化体系在一方面可以看作是活动的产物，另一方面则是进一步活动的决定因素。

1987 年美国人类学家威廉·A·哈维兰 (W. A. Haviland) 提出：文化是一系列规范

或准则,当社会成员按照它行动时,所产生的行为应限于社会成员认为合适和可接受的变动范围之中。

1998年英国学者泰华赖伦将文化定义为:文化是完全的价值、态度及共享信念的组合,即一个群体的人,他们为了持续被接受和成功地参与这一群体,树立若干组标准行为需求的体现。文化是在传承中与时推移,潜移默化,新进入者向经验丰富的前任人员学习,产生定型化的观念与信仰。

我国学者也对文化进行过许多讨论,著名的如梁启超、梁漱溟、潘光旦、费孝通等人,其中人类学家李亦园的文化观颇值一提。李亦园将文化视为一个民族所传承下来的生活方式,包括可观察的文化和不可观察的文化两大部分。可观察的文化共有物质文化、社群文化、表达文化3类,具体指:①物质文化或技术文化。人类因克服自然并借以获得生存所需而产生,包括衣、食、住、行所需之工具以及现代科技。②社群文化或伦理文化。因社会生活而产生,包括伦理道德、社会规范、典章制度律法等。③精神文化或表达文化。因克服自我心中之困境而产生,包括艺术、音乐、文学、戏剧以及宗教信仰等。

从广义上讲,文化是人类创造的物质文明和精神文明的总和。从狭义上讲,文化是在人类历史发展、文明进步中沉淀、流传下来的,群体成员共同认同和拥有的整套思想理念、信仰、风俗习惯、价值观取向和行为模式。除非特别说明,本书中的文化是指狭义的文化。

4.1.2 结构

文化的结构是指由不同层次、不同种类的文化构成的统一整体。研究的视角不同,形成了不同的文化结构划分模式:有的学者将文化分为物质文化、社会文化和思想文化;有的学者提出了文化的三重结构,即物质文化、制度文化和精神文化;还有学者把文化划分为生活方式和文化遗产两大领域。特别值得关注的是,跨文化交际学的创始人霍尔关于公开文化和隐蔽文化的划分,他在《无声的语言》一书中指出:"文化存在于两个层次中:公开的文化和隐蔽的文化。前者可见并能描述,后者不可见甚至连受过专门训练的观察者都难以察知。"我们认为霍尔关于公开文化和隐蔽文化的论述是迄今为止对文化结构最精确、最科学的描述。这种分类的最大优点是涵盖面大,避免了文化分类上互相重叠的现象,能用简单通俗的话语揭示事物的本质,容易被人们所理解,图4.1是用冰山模型来表达霍尔关于公开和隐蔽文化结构划分。

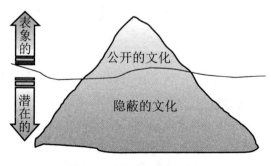

图4.1 文化结构冰山模型

4.1.3 文化的重要特征

为了能准确地把握文化，同时有效地将文化与人力资源管理融为一体、科学运用，本书先从人力资源管理应用角度剖析文化的一些重要特征。

1. 文化的地缘性

"一方山水养育一方人"，不同地域的山水特征等自然和地理环境都必然在文化中沉淀和反映出来，构成文化众多影响因素中的重要部分，文化的地缘性由此而生。从宏观层面看，大陆国家、海洋岛国以及大型草原上生活的不同族群人类由于地域的差异，生活习性的不同，铸成各自性格迥异的人文特质。辽阔草原"天苍苍，野茫茫，风吹草低见牛羊"的空旷地域环境，熏陶出游牧民族粗犷豪放的文化特征；小桥流水、物产丰饶的江南水乡，必将形成了富庶江南特有的"温柔乡里、多愁善感"的文化特征。实际上，地貌、地形等地理环境特征只是一种物理符号，因其构成人们所生存的空间背景和内容就必定会在文化上映射其特征。人是文化的缘起，也是文化的载体，自然环境被人赋予和衍生了文化内涵。古代的风水学实际上就是研究人与自然和谐相处问题的科学，只不过是有些人把它神化了，变成了迷信。文化的地缘性、人与自然的和谐性是一个科学的课题，也是跨文化人力资源管理研究所必须关注的内容，如日本文化特征深刻影响日本的企业管理，其文化特征绝不可忽视。

2. 文化的历史继承性

文化是人的知觉或不知觉的历史沉淀，是历史凝结成的人的活动的产物。历史是一种沉淀，是一种继承，不可能割断，而文化是历史沉淀的结果，这就是文化继承性的内涵。换一个角度看，文化是时间的延续，是时间的积分函数。传统进化理论认为只有基因是代代相传的，而排斥物质和文化对进化结果的特殊作用。20世纪末，进化生态学家开始将生态位构建理论引入人类行为研究中，发现了人类基因——文化协同进化的规律。2001年，Laland、Odling-Smee 和 Feldman 联合阐述的文化生态位构建思想确立了文化在人类进化过程中的重要地位，强调文化继承对基因进化的反馈和在现代人类社会发展中的重大意义。为了便于读者理解，我们运用积分函数的思维模式来描述文化的历史继承性特点，如图 4.2，自变量 $y = \int_0^t f(t)\mathrm{d}t$ 表示文化，它是时间 t 的积分函数。在 t_0 点的积分是从起点到 t_0 的累积面积，而到了 t_1 点，既有新加的部分（t_0 与 t_1 之间的面积），又有原来 t_0 前面的累积，表示新的文化一定是在旧的文化基础上延伸和发展的结果。

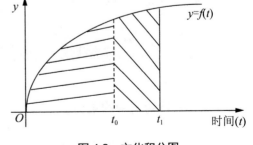

图 4.2 文化积分图

3. 文化的运行惯性

惯性源于历史传承性，也是历史继承性特征的具体表现形式。文化惯性可以这样理解：所有的过去的理念会影响现在，现在的理念又在过去的基础上与过去的理念共同作用影响未来。所有的现实的东西都受到历史文化的影响,这种影响无处不在,而且很深刻。所以,现在代表最先进的、前瞻性的思想就必然会与传统文化理念发生冲突与融合,这种矛盾是永恒的。任何时候,先进的东西都会在传统思想中孕育和成长,又会与传统中的部分理念相冲突,所谓阴中生阳、阳中生阴、阴阳互生同时又阴阳相克,这是历史文化与现实发展的辩证过程。任何时代的人都要学会审时度势,将历史文化中有生命力的、符合社会发展方向的优秀部分加以继承与弘扬,将失去其生存的社会和经济基础、阻碍时代发展需要被淘汰的文化理念和行为规则辨识出来,突破其束缚,毫不留情地予以铲除,这是社会创新和进步之必然,也是每个时代的社会难题。另外,任何变革时代都是充满生机活力的,必定会产生许多新的理念和方法,但新生的东西也不一定都是好的,必须善于及时甄别新生理念中代表先进的、历史运行方向的部分,予以培育和发展,所谓顺势者昌即是此理。顺势关键在于识势,由于惯性,识势并不容易,新生的东西往往鱼龙混杂、真伪难辨,并与传统的交织在一起,需要站在历史的高度,把握住社会的走势,才能有效识别。当然,正如物理学所揭示的惯性规律一样,惯性常常是在急刹车、急拐弯时充分显现出来。文化的惯性也是如此,犹如物理学中的匀速运动,若要改变它就要有外力作用,需要抵消惯性。所有社会或企业的改革也面临文化惯性的作用,只要是新型的具有新的文化内涵的东西,不管是先进还是落后,只要与传统不一致,就会产生冲突,甚至需要付出惨痛的代价。在社会平衡发展时期人们身在其中而常常难以切身感受其影响,只有社会大变革时期,文化的历史继承特征和惯性才会充分体现。

4. 文化对行为影响的非理性

文化内隐的部分从最根本处影响着人的行为。文化有价值评判的影响,但其影响是不清晰的,没有理性思维的过程,而是自然而然地变成人的行为,所以文化的影响往往表现为非理性特征。裹脚就是个典型的例子:本来裹脚是一种极其野蛮、严重残害女性身心的事情,但历史的沉淀使它融合成文化的一部分,成为女性审美情趣、人生价值的内容,具有惯性,所以放脚的时候,很多女性自己很排斥,甚至还有人自杀,"以身殉脚"。可见,文化的影响是深刻的而且非理性的。我们的每一次改革都要触及文化的东西,都会发生冲突,付出代价。企业文化也是如此。

4.2 文化对人的作用机理

4.2.1 人类行为三种约束方式

法律、道德、文化在不同层次、不同层面,以不同方式约束着人的行为,维护着人类社会的秩序,构成人类社会行为的3大规则体系。我们用如下同心圆(图4.3)来分析3大规则对人的行为影响特征。

厉以宁教授在其著作《超越市场与超越政府——论道

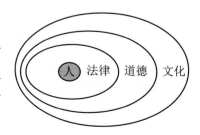

图 4.3 文化超越性影响功能图

德力量在经济中的作用》中指出，在市场尚未形成与政府尚未出现的漫长岁月里，既没有市场调节，也没有政府调节，道德调节是这一漫长时间内唯一起作用的调节方式。不仅远古时期的情况是如此，即使在近代社会，在某些未同外界接触或同外界接触不多的部落中间，在边远的山村、孤岛上，甚至在开拓荒芜地带的移民团体中，市场调节不起作用，政府调节也不起作用，唯有道德调节才是在社会生活中起作用的调节方式。因此，他把道德调节称作超越市场与政府的一种调节。

从广义上讲，道德和法律都归属于文化的范畴，只是法律的约束刚性最强，道德次之，文化约束则是以柔性呈现。根据本书界定的文化定义，道德属于文化的内涵的应有之义，而法律更多的可视为在文化背景支持下的另一种刚性的行为约束规则。政府在现代的人类行为调控中有着不可替代的重要作用，政府除法律以外的调控主要通过市场机制进行，市场机制可视为受文化和法律制度共同影响的第三类人类行为控制模式，成为现代社会的重要社会机制，对人类行为产生不可替代的作用。下面首先简单分析市场机制、政府调控对人行为的影响，揭示文化在市场经济背景下对人类行为特有的影响功能。

4.2.2 市场机制对人的作用方式与特征

市场是经济发展到一定阶段自然产生的一种经济范畴，它是市场系统的各元素和子系统相互联系、相互制约、相互作用而自发形成的一种系统。亚当·斯密关于"看不见的手"的论述认为，市场各要素相互依存、相互作用带来市场的自发秩序。因而市场的运动及市场功能的实现是一种自组织过程。在市场运行演化过程中，一个市场构成要素发生变化后，其他的要素都会跟着发生相应的变化，从而形成新的市场秩序。相对于市场中的个体而言，市场机制引领着每个人在追求自身利益最大化的目标下进行优化决策，支配着各种行为，由于市场的不完全和个人的非理性，这种所谓利益最大化行为模式常常会有所偏离，形成更加复杂、更加丰富多彩的现代人经济性行为模式。市场机制对人的影响从本质上而言是依据人的自利动机，将人视为经济人，而且是纯理性人，这种人性的认识有其客观合理的方面，也有缺损，这就决定了市场机制对人的影响有其重要的作用，也有其局限性。

4.2.3 法律对人的行为作用方式与特征

法律既是客观的，又是主观的；既是规律的反映，又是意志的体现。一般来说，法律是自由度的极限、关节点的反映，因而成为人的行为的合格线。而道德则是自由度的幅度和范围的反映，允许有一个量的伸缩。道德有层次之分，法律中的许多规范可以说是最低层次的道德伦理规范。美国法学家富勒把道德分为愿望的道德(Morality of Aspiration)与义务的道德(Morality of Duty)。富勒认为义务的道德与法律最为相似。它们的区别就在于法律规范在运行机制上被做了技术处理。在现代社会法律成为社会秩序最具刚性的保障体系，它和其他机制交叉互动发挥对人行为的约束和控制职能，市场机制有相当的部分也要通过法律形式予以保障，当然法律也绝不能替代市场机制发挥作用；

由于义务道德对社会公共秩序影响联动性较大，不断地通过一定程序转化为法律条文，变成人们行为约束的刚性规则；又因为社会经济文化的发展，人类相互交往关系日趋复杂，许多传统的相对柔性的道德行为约束将逐步转为法律约束。从趋势上看，法律对人类行为的约束功能在现代社会日趋重要，但它永远不能替代道德的作用。

4.2.4　文化对人的行为作用方式与特征

文化无所不在，它是人类所有知觉或不知觉活动的历史沉淀，现代社会的法律和市场调控等无一不受到文化的背景性的深刻影响，甚至可以说它们本身就是文化的内容。由于法律约束是"有界"约束，它强制性规定什么事不能做，按照中国传统的哲学，"无"的空间是无限的、无界的，"有"总是小于"无"。法律的制定是根据社会发展需要不断进行、不断完善的，法律约束永远不能满足现实社会的全部需要，必然会留下很多空档。道德的约束介于文化与法律之间，具有部分法律的刚性特征，更体现文化的柔性，它是文化对人类行为约束的初级显化形式，有着重要的调控作用。道德约束既体现外在约束的刚性效果，又蕴含着内在需求的人性特征，具有极强的生命力。我们将道德约束视为文化约束的一种偏于显性的有效形式。文化的作用具有"无"的特征，它从心灵上、价值理念上调控人的行为，具有极大的延展性，具有法律约束无法替代的功能；法律受文化全方位的影响，是文化的显化表现形式之一；法律的约束是惩罚性的，是外加性的，不符合人性的特征，在约束的同时会伤害人性的灵光，其作用受到制约。可见，文化对人的影响功能是超越法律的、不可替代的。文化与人的行为发展是紧密相连的，文化如果没有人的行为去实现它就不会存在，但是人没有文化也将是虚无的。正如米夏埃尔·兰德曼所强调看，人是文化的存在。"每个人首先为文化所塑造，只是然后，他或许也成为一个文化的塑造者。"

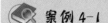

文化对人的行为影响有多深

案例 4-1

玛莎的问题出在哪里？

玛莎在纽约长大，也在纽约读大学，她一直想去加利福尼亚工作。在三年级的春季学期，也是在即将拿到计算机科学学位的时候，玛莎获得到硅谷一家软件开发公司面试的机会。该公司软件开发团队是一个自主管理的工作团体，负责本部门的面试和招聘。团队成员强烈要求，不管谁是受聘者，她（他）都得适合与其他所有成员一起工作。他们有一个很好的办法来判断应聘者是否适合整个团队。这意味着，前去应聘的玛莎将和整个团队共事一天，参加他们的会议，跟着各个成员，和他们共进午餐等。团队成员希望亲眼看到玛莎在各种日常工作情况下怎样行事为人。

玛莎为面试做了细致的准备。她对公司的情况进行了详细了解，知道公司开发的著名软件，对自己的个人材料进行了更新，补充了自己在大学期间完成的项目，并仔细地选择面试的衣服——一套新的海军蓝西服，一双和衣服相配的皮鞋，显得内敛的白色贝壳首饰等。一切准备就绪！

当团队代表乔治在宾馆见到玛莎时，玛莎隐隐感到有些不对劲。乔治头戴旧金山49人橄榄球队球帽、身穿牛仔裤和胸前印有鱼形领带的T恤衫。随后到公司大楼的时候，玛莎注意到所有工作人员的打扮都和乔治差不多——随意、一点儿也不正式。开会之前，团队成员在开始开会之前请玛莎谈一下自己的情况。玛莎稍稍感到放松。毕竟，她是有备而来，准备好了推销自己的。她讲了五分钟左右，乔治就打断她的介绍并提议在开会之前带她在大楼里转一转。他们俩离开后，其他成员开始讨论。阿吉米说："她太关注自己了，是吧？"斯科特则抱怨："她讲话太快，我只听清一半。"蒙塔纳表示赞同："她太紧张了。"团队最后一致认为玛莎很可能不适合他们的文化，因为她看起来就不像团队的一员。在初次见面的半个小时里，他们已决定不聘用玛莎。

（资料来源：[美]格洛丽亚·格莱勒斯，等.高效小团体沟通理论与实战[M].上海：复旦大学出版社，2013.）

4.3　儒家文化蕴含的人力资源管理思想精要

儒家是先秦到秦汉之际形成的以孔子为宗师的学派。《汉书·艺文志》有云："儒家者流……游文于六经之中，留意于仁义之际，祖述尧舜，宪章文武，宗师仲尼，以重其言，于道最为高。"孔子的言行、人格及其学识成了自天子、王侯乃至庶民的榜样。孔子一生，"学而不厌，诲人不倦"，不仅亲自调教了诸多贤能的弟子，同时也提出了一系列学习方法和教育思想，其影响一直持续到今天。孔子关于"教"与"学"的思路和主张，对于当今企业的人力资源管理以及在企业中建设学习型组织，有着十分重要的现实意义。

4.3.1　"仁"为人力资源管理思想基础

"仁"是儒家伦理的核心范畴和理论基石，居"五常"——仁、义、礼、智、信之首和君子"三达德"——知、仁、勇（《中庸》20章）（《论语·子罕》）之核心。《说文》对仁的解释是："仁，亲也，从人从二"，从字面上说明了"仁"乃是表示人与人相互关系的伦理范畴。孔子认为人性的本质表现为"仁"，所以"仁者爱人""爱人能仁"。孟子继承孔子"仁"的思想，提出了"不以仁政，不能平治天下"（《孟子·离娄上》）的人本管理思想，"仁政"成为中国历史上重要的治国理念。在孟子的眼里，"仁政"也是"不忍人之政"，即对统治者和管理者来说，以尊重人和同情人的精神，用宽容同情的态度实行统治和管理，就能平治天下，取得管理工作的成功。相反，如果不行"仁政"，不尊重人、忽视人，就必然导致衰弱败亡，"天子不仁，不保四海；诸侯不仁，不保社稷；卿大夫不仁，不保宗庙；士庶不仁，不保四体"（《孟子·离娄上》）。孔子和孟子关于"仁"的理论和论述可视为中国最早的人本主义思想。

4.3.2　"义"为人力资源管理主要实施路径

"居恶在，仁是也；路恶在，义是也。居仁由义，大人之事备矣"（《中庸》20章）。

"仁"是源头，义成为儒家行"仁"之手段。"义者，宜也""义者，人之正路也"(《孟子·离娄上》)。"义主利从"、重义轻利的管理思想是儒家管理思想的灵魂。儒家主张要"见利思义"(《论语·宪问》)，甚至"不以利为利，以义为利也"(《大学》传十章)。从孔子的言论和行为中分析，孔子的义利观主要包括：第一，承认追求私利是人的本能欲望，提出"富与贵，是人之所欲也……贫与贱，是人之所恶也"(《论语·里仁》);《论语》中多处将"君子"和"小人"对举，在此处却笼统地说富贵是"人之所欲"，可见，孔子认为在追求私利方面，君子和小人是没有差别的。第二，真正甄别君子与小人的标准是追求私利是否以合乎"义"。虽然人人都有富贵的欲望，但孔子强调"不以其道得之，不处也"(《论语·里仁》)。他还说："饭疏食饮水，曲肱而枕之，乐亦在其中矣。不义而富且贵，于我如浮云。"(《论语·述而》) 第三，对合乎"义"的私利还是主张应该去追求，孔子说："富而可求也，虽执鞭之士，吾亦为之。"(《论语·述而》) 这是说，如果能得到富贵，自己宁愿去做低贱的"执鞭之士"，而不以为耻，因为当"执鞭之士"没有什么"不义"之处。第四，君子要用"义"来约束自己的取利行为。君子与小人的差别不在于是否取利，而在于能否明义，即能否用"义"来约束自己的取利行为。他说，"君子义以为质"(《论语·卫灵公》)，应该"见利思义"(《论语·宪问》)，否则"放于利而行，多怨"(《论语·里仁》)。君子要将义作为内在的道德修养，在看到有利可得时应该想一想取之是否合乎义，如果不能用"义"来约束自己，而放任自己的私欲膨胀，就会招来很多抱怨。

4.3.3 "礼"为人力资源管理之制度规范

"礼之用，和为贵。先王之道，斯为美，小大由之。有所不行，知和而和，不以礼节之，亦不可行也"(《论语·学而》)。"礼"是儒家人力资源管理思想的主要表现方式，可理解为儒家人力资源管理的具体制度和规则。"道德仁义，非礼不成。教训正俗，非礼不备。分争辩讼，非礼不决。君臣、上下、父子、兄弟、非礼不定"(《礼记·曲礼上》)，"礼"成为中国最重要的社会秩序规则，是数千年来中国治国平天下的基本制度内容。"礼"是儒家仁学的具体表现，孟子称"礼"为仁义之"节文"。节，指准则、法度、仪则；文，指仪制、条文，"礼"是"仁"的外在规范，是"义"的具体形式。只有遵循以仁义为本的行为规范和行为模式，即遵循礼制，才能正己正人，有效协调人我关系。"兴于诗，立于礼，成于乐"(《论语·泰伯》)，孔子十分崇尚"礼"，主张克己复礼，"一日克己复礼，天下归仁焉"(《论语·颜渊》)，他认为社会之所以出现混乱，就因为"礼崩乐坏"，必须维系礼制，使人各安其位，社会才能和谐有序。中国目前正处在社会深刻变革和转型时期，社会价值体系和制度都处在深度转换和再造当中，如何建立符合时代特征、健康完善的社会主流价值体系和与之匹配的制度体系，对社会和谐发展十分重要。在企业内部逐步形成并有效维护统一的价值体系和与之匹配的制度规则，对于降低协调成本、规范员工行为、提高群体生活质量和工作绩效，保持企业长期持续稳定发展有着深刻的现实意义。

4.3.4 "智"为人力资源管理之能力保障

"知者不惑,仁者不忧,勇者不惧"(《论语·子罕》),"知"即"智",意指"知人",其实质是"知礼"。"知者利仁"(《论语·里仁》),反之,"未知,焉得仁?"(《论语·公冶长》);"知、仁、勇三者,天下之达德也"(《礼记·中庸》)。孟子把"知"规定为"是非之心",即人们意识中的判断是非善恶的能力和观念,也即儒家所说的"德行之知",它是儒家强调的处理人际关系的理性原则。人们在道德行为选择中,不仅要知道哪些事情"可为",还要明了哪些事情"不可为",这样才能更好地自主、自择,做出正确的道德决断。知(智)不是一种独立的德行,它只有与行相结合,即指导自己的行为的选择,才能成为人的现实的道德素质,才能促进人的道德完善。"格物致知""穷理尽性",即通过穷究天地万物之理认识万物的本性,从而认识自己的本性,扩充、完善自己的本性。程朱强调知对行的指导,王守仁坚持行就是真知,王夫之则认为知须贯彻于行,行又可以促进知的深化与提高。只有搞好了主体自身的道德修养,形成正确的意识,才能以此作为处理人际关系的理性原则,才能保证行为的道德价值。否则,智就可能变为奸诈、巧佞、苛刻、阴险,把人的行为导向歧途。

4.3.5 "信"为人力资源管理之环境必需

"子贡问政。子曰:'足食,足兵,民信之矣。'子贡曰:'必不得已而去,于斯三者何先?'曰:'去兵。'子贡曰:'必不得已而去,于斯二者何先?'曰:'去食。自古皆有死,民无信不立'"(《论语·颜渊》)。"信"是中国重要的行为规则和管理思想,儒家所谓"信"不仅只作为真理意义上的"理想""信仰"来解释,更是道德意义上的"诚实""守信"。孔子首先将信视为安身立命的必备德行,认为"人而无信,不知其可"(《论语·为政》),"信则人任焉"(《论语·阳货》),所以"君子信而后劳其民;未信,则以为厉己也;信而后谏,未信则以为谤己也。"。其次,孔子十分看重"信"的管理功效,认为"民无信不立"(《论语·颜渊》)、(《论语·子张》)。只要"言忠信,行笃敬"(《论语·卫灵公》),就算在荒蛮之邦也能政令畅通,卓见成效("虽蛮貊之邦,行矣。")。所以在立国三要件"足食,足兵,民信"(《论语·颜渊》)中留下唯一一个不可或缺的最重要的要素,孔子选择了"去兵""去食"而独宠"民信之",因为无兵无粮,人大不了一死而已,但民信是涉及立国根基的大事"民无信不立"。所以为取得民众的信任,凡贤德者皆须修炼"谨而信"(《论语·学而》)、"敬事而信"(《论语·学而》)之品德,至少做到"言必信,行必果",如此,"上好信,则民莫敢不用情"(《论语·子路》),这种忠信的意识和集体主义价值观在日、韩现代企业管理模式中体现得淋漓尽致,成为其迥异于以个人本位和制度管理为特征的美国科学管理模式的显著特性。诚信可大大减少合作风险、降低社会交易成本,提高社会成员幸福满足感,是社会健康和谐发展基础性保障因素,在当今这种转型和快速发展的社会,诚信显得尤其重要。在企业内部同样面临诚信问题,"信"则群体和

阅读材料

孔子的识人艺术

谐，监控成本减低，效率提升，满意度增加；"不信"则使各种管理制度和体系功能全面弱化，甚至崩溃，员工人际关系弱化，工作效能下降，企业难以持续发展。而诚信之本在企业家自身，企业家必须以诚待人、以信处事，才能营造出企业诚信氛围，构建诚信文化，奠定企业持续健康发展的诚信基础。

4.4 道家文化蕴含的人力资源管理思想精要

黑格尔在《逻辑学》中曾这样说过："一个有文化的民族竟没有形而上学——就像一座庙，其他各方面都装饰得富丽堂皇，却没有至圣的神那样。"作为一个拥有古老文化的中国民族，不仅有富丽堂皇的庙，而且也有至圣的神。中国最具形而上学至圣神的学派当属道家，道家是中国思想史上一个极其重要的学派，它源远流长，内容丰富，对中国传统文化的形成和发展产生过重大的影响，凝聚着中华民族独特的民族性格和民族精神。郭沫若说："道家思想可以说垄断了二千年来的中国学术界。"英国著名的中国科技史专家李约瑟博士也说："中国没有道家，就像大树没有深根一样。"

道家创始人老子所著《道德经》是道家奠基的经典，以其寥寥五千余言，涉及政治、伦理、军事等诸多领域，涵盖了深刻的朴素辩证法思想，构造出一个朴素、自然、豁达的宇宙观、人生观、方法论的宏大框架。道家思想最根本的特征是崇尚自然，认为一切社会和人生现象都是自然的写照和体现，它要求人类按照自然规律行事，从"天人合一"整体和谐的视野来审视并建构人类道德，以顺应"道"为最大之"德"，积极认识大自然和社会万物之生存规律，反映出其博大、深刻、和谐、圆融的精神境界。

4.4.1 无为而治的管理思想

无为思想在道家思想中占有十分突出的地位，它贯穿于道家学说的各个方面。老子在两千多年前提出"道常无为而无不为"（《道德经·三十七章》）。"道"是古代一个十分重要的物质概念，也是理解无为理论的关键。《道德经》开篇就提出"道可道，非常道"，显示出"道"之变化不已，难以把握、难以用语词表达的特征。在第二十五章中的"人法地，地法天，天法道，道法自然"，可以理解"道"是自然运化之总规律，天、地、人的一切活动规律皆由"道"这一母体衍生而成，我们可以表述为："道"是天地万物和人类运化的根本规律。由此观之，无为并非放任自流，无所作为，而是遵循事物的运变规律顺势而为，无为之为就是从根本上、从长远、从整体的角度把握事物变化规律求得真正的最优之有为。从传统意义上讲，无为注重道——天地万物运变的本质规律，有为注重法——具体的应变之法。无为理论的核心在于重"道"，以"道"为本，以"法"为用，这是与西方管理理论的本质区别所在。天地万物和人类社会一切事物的运变规律千千万万，但却由一本质规律即道所统摄，"道生一，一生二，二生三，三生万物"（《道德经·四十二章》），"道"为万物之本。"法"为"三"的境界，为"道"衍生而成，法众道一。据道以行法，则道正法明，而重法轻道则为舍本逐末之途，难免迷惘于万法丛中，失却正法之根本。从微观上分析，如果企业的管理监督人员越来越多，产品交易过程中的谈判费、合同费、公证费、防伪费愈来愈多，交易成本越来越高，即是法中求法，这与经济学的资源优化配置目标背道而驰。正因如此，"科斯定理"沉寂几十年后又成为热点，寻租理论更是方兴未艾。

与中国传统文化有着直接亲缘关系的日本管理科学，可作为无为思想在当代企业管理实践中成功的范例。被喻为经营之神的日本松下公司总裁松下幸之助在回答人们经营秘诀的询问时说：我经营的唯一方法是顺应自然法则去做事。他进一步说明，人类无限生长发展是宇宙自然的法则，人类虽然应该运用智慧去做事，但必须遵照超越人类智慧的伟大自然法则与道理去经营，这才是获得成功的确切保证。可以说，松下先生的回答是无为思想的确切注释。20世纪80年代以后，美国人也开始有意无意地体悟到运用无为的思想和方法，IBM公司的尊重、服务和追求卓越三项宗旨就融合了"无为而为"的思想内涵于其中。公司的前总经理奥·威廉斯说过："我们追求的不是巨大而是伟大，因为巨大是暂时的，而伟大是永恒的。"

对于现代企业的管理而言，现代企业对于哪些事"当为"，哪些事"不当为"，要有一个较深刻的把握，要坚定。所谓"无为"，说到底是要使企业行为归于正道。要按照事物的发展规律，按照社会需求变化的规律，按照生产和运营的规律，从容不迫，沉着稳健，脚踏实地地从事那些利益在社会、利益在公众的正当的事业。也就是说，企业"当为"和"不当为"的依据，应当是社会和公众利益。凡是对社会、公众利益有损害的，即使自己做得到，也是不可为的、不当为的。要做到这一点，企业还需要经常地、自觉地坚持做"无为"的事，做合于正道、合于社会利益的事，不断地检查自身行为中"有为"的苗头和成分，使之回归"无为"，同时要采取"无为"的态度去"为"，"为而不恃"，"为而不争"，脚踏实地，乐于奉献。"无为"的结果恰恰是"有所作为"，就是"无为而治"思想的成功。

4.4.2 清虚自守的领导自我修养

"道常无为而无不为。侯王若能守之，万物将自化"（《老子·三十七章》）。"知其雄，守其雌，为天下溪。……知其白，守其黑，为天下式。……知其荣，守其辱，为天下谷"（《老子·二十八章》），清虚自守是道家的重要思想，也是历史上有作为的贤君名臣大力强调的重要治国理念。

清虚自守的根本点在于管理者自身品格和修养，"吾有三宝，持而保之。一曰慈，二曰俭，三曰不敢为天下先"（《老子·六十七章》），慈、俭、退让是道家修身的三宝，对后世统治者产生了深远的影响。他们或标榜自己慈爱百姓，节俭财用，或对此加以倡导，其中也不乏真正将慈、俭和退让做得好的，范仲淹的"先天下之忧而忧，后天下之乐而乐"就是这种思想的具体体现；魏征的"十思疏"中主要体现了慈、俭、退让等清虚自守的思想，构成了唐太宗君臣行为规范的重要内容，对建立大唐盛世"贞观之治"起了重要的作用。

"知不知，尚矣；不知知，病也。圣人不病，以其病病；夫唯病病，是以不病"（《老子·七十一章》），道家提倡"自知者明，自胜者强"（《老子·三十三章》），强调正己以正人，只要使自己不"病"，则一切均"尚"，要求不居功自傲，"果而勿矜，果而勿伐，果而勿骄"（《老子·三十章》），"天之道，利而不害；人之道，为而不争"（《老子·八十一章》），清虚自守被奉为长生久世之道，是事物可持续发展的基本法则。

4.5 法家文化中蕴含的人力资源管理思想精要

法家思想是由战国时期慎到、申不害、商鞅开其端序，儒家学派的最后一位大师荀子是其先驱者，其弟子韩非是法家思想的集大成者，与儒家大相径庭的是，法家基于当时诸侯割据、乱象丛生的社会现实，不满德治、礼治的软管理效力，认定"儒以文乱法""用之则法乱"，故不务"德"而务"法"，主张"任力而不任德。"（《韩非子·五蠹》）法家坚信"据法处势则治，背法去势则乱"，（《韩非子·难势》）认为道德仁政均不足以治世，必须以法严惩以建立管理者威信和人们对法制的敬畏。而管理者的源自法权而非美德的威严是管理成功不可缺的资本，"势者，胜众之资也。"（《韩非子·八经》）"万乘之主、千乘之君所以制天下而征诸侯者，以其威势也。威势者，人主之筋力也。"（《韩非子·人主》）逻辑地，法家也反对与德治孪生的人治，提出"上法而不上贤。"（《韩非子·忠孝》）理由是"释法术而心治，尧不能正一国。去规矩而妄意度，奚仲不能成一轮。废尺寸而差短长，王尔不能半中。"（《韩非子·用人》）意即无规矩不成方圆，离开一定的规则法度，再圣明的管理者、能工巧匠都无法成事。所以，国欲泰，民欲安，非法术所不能。

4.5.1 荀子思想中的人力资源管理思想

荀子作为我国古代著名思想家、哲学家，有着丰富的管理思想。荀子主张"上下俱富"。他认为："马骇舆，则君子不安舆；庶人骇政，则君子不安位；马骇舆，则莫若静之；庶人骇政，则莫若惠之。"又说："庶人安政，然后君子安治。传曰'君者，舟也，庶人者水也。水则载舟，水则覆舟。'此之谓也。"（《荀子·王制》）他在这里强调君主和老百姓谁也离不开谁，是一个利益共同体。荀子还主张"尚贤使能"的思想。他认为君主要抓大事，把握根本，而把大量的繁杂琐碎的具体事物交由百官下属来承担，因而他们承担工作、任务的好坏直接关系到国家能不能治，君主身体能不能安逸，功绩能不能大，名声能不能美的问题。荀子还认为管理者或者领导要抓大放小，善于分权。"治国之道，人主有职。"（《荀子·王霸》）领导要正人先正己，善于作表率。"君者仪也，民者景也，仪正而景正。君者磐也，民者水也，磐圆而水圆。"（《荀子·君道》）君主像是晷器，官员是其影子；仪器正了，它的影子就正。君主像盛水的盘子，官员百姓像水；盘子是圆的，水在盘子里，民就是圆形的。在这里，荀子指出君主的修身对于官员、百姓的引导、教育作用是十分重要的，"君义信乎人矣，通于四海，则天下应之如讙，是何也？则贵明白而天下愿也。故近者歌讴而乐之，远者竭蹶而趋之，四海之内若一家，通达之属，莫不从服，夫是之谓人师。"(《荀子·儒效》) 此外，对于管理控制，荀子认为要"礼""法"结合，做到"隆礼至法"，即靠"礼"和"法"一软一硬两种手段就能对管理过程进行有效控制。

4.5.2 管子思想中的人力资源管理思想

"仓廪实则知礼节，衣食足则知荣辱"(《管子·牧民篇》)，治国重在富民，管子的这一管理思想至今仍有重要现实意义，"国有四维，一维绝则倾，二维绝则危，三维绝则覆，四维绝则灭。倾可正也，危可安也，覆可起也，灭不可复错也。何谓四维？一曰礼，二曰义，三曰廉，四曰耻。礼不逾节，义不自进，廉不蔽恶，耻不从枉。故不逾节则上位安，不自进则民无巧诈，不蔽恶则行自全，不从枉则邪事不生。"(《管子·牧民篇》)，管子将礼、义、廉、耻视为社会秩序的根本规则，成为治国安邦的四大要素，国家必须维护其根本规则，人民才能安居乐业，社会才能繁荣富强。同样的道理，企业也必须尊重秩序、流程和管理制度，推崇道义、责任心等组织行为规范，才能持续稳定发展。法家的"法治"口号，即所谓"以法治国"，也是最先由《管子》提出的，又称"垂法而治""缘法而治"。在他看来，法是治国的根本，只要以法治国，不需要经过什么考虑研究，只需举手之劳，就能把一切事情办好——"以法治国，则举措而已"(《管子·明法篇》)。法家认为，儒家思想的"德"治、"仁"治是行政效率低下，权钱交易等腐败现象滋生的根源之一，必须加强法制建设，将管理的各个方面、各个环节全部纳入制度化、规范化、法制化的轨道。他们认为，管理者不能随心所欲制定规则，必须遵循自然和社会关系的必然性，充分考察制定规则所涉及的各种客观情况，然后才能立法。同时，法具有客观性，是"尺寸""规矩""绳墨"，是判断是非曲直和规范人们行为的标准。因此，法家提出了六项具有普遍性的立法原则：顺天道、因民情、随时变、遵事理、量可能、务明易。在执行法规方面，法家认为必须做到"任法""从法"。管理者要把法作为察言、观行、考功、任事的标准，要带头遵守"公法"。管理者应该"重信""信赏必罚"。在法规的保障方面，他们认为赏罚应该并用。

4.6 兵家文化中蕴含的人力资源管理思想精要

人类战争是人类群体竞争的极端形式，从人力资源管理角度看，战争是对人力资源及其管理水平最直接、最残酷的检验，只有战争会让人力资源管理的任何失误付出最快、最昂贵的代价，也会赋予优秀者最直接、最高昂的回报。兵家典籍的人力资源管理思想视角最独特，对研究者最具启迪意义。我国现今存世的从先秦到晚清的兵书，有3000多部，其萌芽于殷商时代。《孙子兵法》是统御之学，它的用人思想对现代商业竞争同样具有重要的借鉴价值。

4.6.1 《孙子兵法》中的人力资源管理思想

《孙子兵法》的核心理念是"守正出奇",主张"令之以文,齐之以武"(《孙子兵法·行军篇》)的文武并治,坚信"修道而保法,故能为胜败之政"。(《孙子兵法·形篇》)。孙武认为,兵家的制胜之道分为"五事""七计"。"五事"即道、天、地、将、法。"七计"即主孰有道、将孰有能、天地孰得、法令孰行、兵众孰强、士卒孰练、赏罚孰明。孙武十分重视谋略在战争中的关键作用,认为"兵者,诡道也",说的是兵不厌诈,要极尽诱敌、惑敌之能事。所以说"上兵伐谋,其次伐交,其下攻城"。只要战略对头,即使情势一时于己不利,也终将能够出奇制胜、化险为夷。到具体的战术层面,中国的兵家就很讲究"出奇制胜"。孙武说"战事不过奇正,奇正之变,不可胜穷也"。奇字典型地反映了炎黄子孙重计谋的特点,"兵以诈立"是奇,出敌意外是奇,将计就计也是奇。《孙子兵法》中有三条著名的用人原则:"修道保法"(《孙子兵法·形篇》)、"求之于势,不责于人"(《孙子兵法·势篇》)、"令之以文,齐之以武"(《孙子兵法·行军篇》)。所谓"修道保法",就是修治用兵治国之道,确保必胜的法度,实际上也就是实行"人道"。它要求在战前慎重考虑,爱惜民生民财,对"带甲十万""日费千金"的战争要慎之又慎,绝不可一时冲动,"怒而兴师""愠而致战";在具体的行军用兵过程中则要爱惜士兵,做到"视卒如婴儿""视卒如爱子"。孙子说:"视卒如婴儿,故可与之赴深溪;视卒如爱子,故可与之俱死"(《孙子兵法·形篇》)。孙子认为,高明的将帅要善于"造势":孤军作战,要造成破釜沉舟之势;诱敌深入,要造成弱小溃败之势;阻击敌人,要造成坚不可摧之势。把不同的人用于不同的"势",要择人任势,用人之所长。把人置于具体的环境中,不苛责于人。孙子在《行军篇》中指出:"卒未亲附而罚之则不服。不服则难用也;卒已亲附而罚不行,则不可用也。故令之以文,齐之以武,是谓必取"。在当时复杂的军事斗争中,仅仅"视卒如婴儿""视卒如爱子"是不够的,还必须文武兼用,恩威并施,才能收到令行禁止的效果。《孙子兵法》中对将帅的素质提出了5个方面的要求:"将者,智、信、仁、勇、严也"(《计篇》)。"智"就是智谋才能;"信"就是赏罚有信;"仁"就是爱抚士卒;"勇"就是果断刚毅;"严"就是军纪严明。

4.6.2 孔明《将苑》中的人力资源管理思想

孔明的《将苑》博采《孙子兵法》《吴子》《司马法》《六韬》等军事名著,从各方面论述了为将之道。首先,他把将领分成仁将、义将、礼将、智将、信将、步将、骑将、猛将、大将九类。提出将领应该具有良好的心理品质,要能做到"五善四欲",即善知敌形势,知进退,知国之虚实,知天时人事,知山川险阻。要战欲奇,谋欲密,众欲静,心欲一。将领的性格要刚不可折,柔不可卷,刚柔相济。力争以"高节,孝弟,信义,沈虑,力行"实现"五强",杜绝"谋不能料是非,礼不能任贤良,政不能正刑法,富不能济穷厄,智不能备未形,

阅读材料

最愚蠢的银行

虑不能防微密，达不能举所知，败不能无怨谤"的八恶；要特别注意为将八弊：一曰贪而无厌，二曰妒贤嫉能，三曰信谗好佞，四曰料彼不自料，五曰犹豫不自决，六曰荒淫于酒色，七曰奸诈而自怯，八曰狡言而不以礼。同时要防止骄傲和吝啬。其次，在将领的用人之道上，他总结了知人七术：以是非而观其志，以辞辩而观其变，以计谋而观其识，以祸难而观其勇，以酒而观其性，以利而观其廉，以事而观其信；明确人非通材，要"各因其能而用"；指出为将者，必须要培养、拥有"腹心、耳目、爪牙"；战争的复杂性，还要求将领要有一帮参谋智囊，以其才能分三宾而侍；在战争中鼓舞士气非常重要，要尊之以爵，赡之以财，接之以礼，厉之以信，施恩不倦，执法如一，身先士卒，小善必录，小功必赏，则将士无不勉力而行，拼死效力；在整个统帅过程中，要特重"人和"，如若不和，虽汤、武之智，不能取胜于匹夫。

4.7 中国转型时期的文化特殊性

就文化与经济的关系而言，文化是"神"，经济是"形"。从历史发展来看，经济发展大致可以分为三个时期，即自然经济时期、工业经济时期、知识经济时期。不同经济模式沉淀不同的文化特征，三个时期的经济模式分别对应着不同的文化：以自然资源为核心的自然经济文化、以城市为主体的工业经济文化和以知识、科学、人力资本为导向的知识经济文化。中国有着悠久的自然经济历史，正在实现工业化的过程，知识经济跨越式地直接进入中国社会，我国目前经济文化融合了自然经济、工业经济和知识经济的共性，三种经济模式构成的文化特征交织在一起，共同作用形成转型期中国特有的复杂的组合文化特性。我们对转型和综合所形成的文化特征进行分析，运用时必须结合企业所在的区域、行业特征和企业发展阶段，首先评估其文化背景中自然经济、工业经济和知识经济的组合状况，分析各自的文化特征及其影响程度，再进行组合评估得出转型阶段的人力资源管理综合特征。

4.7.1 转型时期多种经济模式动态组合和非均衡发展特征

目前我国经济发展正处于自然经济向工业经济的转型时期，经济发展速度非常之快，结构很不均衡，动态性强。从三个产业结构的变化可以看出，中国经济和生活自改革开放以来发生的深刻变化，1978年，中国的第一产业总值1 459亿元，第二产业4 231亿元，第三产业几乎没有。1991年这三项数字分别为8 008亿元、28 225亿元和5 331亿元；2009年该项数字为35 477亿元、156 958亿元和142 918亿元；2014年该项数字为58 336.1亿元、271 764.5亿元、306 038.2亿元。这种变化意味着这31年中国人的生活格局、生存模式发生了深刻的变化，文化理念必然产生与之相适应的深刻变化，如表4-1所示。

表 4-1　中国国民经济中三大产业生产产值表

单位：亿元

产业	1978 年	1991 年	2001 年	2005 年	2008 年	2009 年	2013 年	2014 年
第一产业	1 459	8 008	14 610	22 718	34 000	35 477	55 321.7	58 336.1
第二产业	4 231	28 225	49 069	86 208	146 183	156 958	256 810.0	271 764.5
第三产业	—	5 331	32 254	73 395	120 487	142 918	275 887	306 038.2

(* 根据国家统计局资料整理)

另外，由于全球知识信息时代的冲击以及赶超式经济发展模式特点，部分领域跨越工业经济阶段直接进入知识经济时代，如信息产业等，这种知识经济直接跨入中国社会生活更加加剧了中国经济和文化转型和变革的强烈程度，推动中国文化理念的深刻革命。从表 4-2 可以看到，2000 年到 2009 年中国网民人数暴涨。在 2000 年中国的网民只有 1 000 万人，截至 2014 年，我国网民数量达 6.32 亿人。与此同时，电子商务作为新经济的主要发展方向，引发了我国市场消费模式、流通及商业运行模式的深刻变化，并以前所未有的速度进入了规模急剧扩张的黄金时期，市场容量以几何速度增长，全国网购交易金额呈快速增长势头。国民的生活模式已经发生着深刻的变化，知识经济的文化理念直接影响到中国大多数人的生活。

表 4-2　中国网民数量增长表

年份	2000 年	2005 年	2006 年	2007 年	2008 年	2009 年	2014 年
网民数量（万人）	1 000	12 000	13 700	18 200	29 800	38 400	63 200

[* 根据 CNNIC(中国互联网信息中心)资料整理]

综上所述，我们认为中国主流上处于自然经济向工业经济转型阶段，部分领域则是自然经济跨越工业经济直接进入知识经济时代，图 4.4 表示了中国所处的特有的转型混合经济时期。

图 4.4　我国目前所处经济模式图

由于中国幅员辽阔、经济背景和基础相差甚远，又处在转型阶段，经济发展的动态性很强，自然经济、工业经济和知识经济三者组合是非均衡的。从空间来看，我国不同地方其组合格局不同，东部沿海地区经济发达，工业化程度高，与国际联系紧密，知识经济成分也多，更多地表现出工业经济为主导的文化特征，知识经济文化的影响也不容忽视；受自然条件限制，中西部地区经济发展比较落后，尚处在自然经济向工业经济转型早期，不少地方主体上可视为自然经济阶段，体现出自然经济文化为主流的特征。从行业来看，资源性行业和农产品加工行业发展缓慢，自然经济文化特征明显，传统机械制造业的工业经济主流特征十分突出,信息产业和高科技产业则直接凸显出知识经济特征。根据上述地区和行业特征,结合 4.2 和 4.3 节的研究内容,可以分析出相应的区域和行业文化特点。当然,由于经济发展的非均衡性,上述特点只是从整体上而言,具体某个区域、某个企业的文化及相应的人力资源管理特征,则应根据具体情况进行分析。

4.7.2 转型时期中国社会高动态发展和深度变革形成的综合效应

如果要研究中国人力资源管理的现实社会文化背景,必须先剖析影响社会世道人心的主要因素。我们认为,人类社会的生存模式是人类社会生存体系的根基,是文化、制度赖以存在的物质基础。一旦生存模式发生变化,整个社会体系各个方面都将发生深刻的变化。由于经济模式的研究比较成型,有学术基础,它在相当程度上能描述生存模式的特征,我们拟用经济模式替代生存模式进行分析;在生存模式之上,次层面的社会基础是文化体系,它是人类社会特有的自我构造的社会基础,对人类行为甚至制度产生着决定性的影响;和我们社会生活最直接影响的是社会制度体系,它对人们的生活、行为规则、思维模式都产生着直接而广泛的影响。我们将特定社会生存模式、文化体系和制度体系对人们思维和行为的背景性影响关系构成一个房屋框架模型,定性描述如图 4.5 所示。图中,生存(经济)模式是大地,是基础的基础,文化体系是基脚,制度体系是房屋的框架,显示的房顶则是人类思维和行为的基本特征。

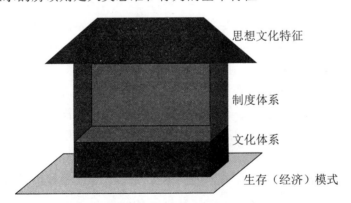

图 4.5 多种因素综合作用影响社会思想文化特征示意图

为了准确把握当代中国人力资源管理文化特征,我们运用上述模型分析当今中国的思想文化特征:中国经济模式正在发生着深刻的变革,或者说,中国人民的生存模式正在发生着革命性的变化,自然经济转向工业经济、自然经济直接跨向知识经济、工业经济走向成熟转向知识经济,这种多维的转换对中国社会产生了全方位的影响,地基在激烈地震荡,地面建筑物置身于高动态的背景之下;生存模式的变化带来了文化体系的深度变革。中国自"五四运动"打破传统主流文化体系以来,文化基础的重塑工作一直处在进行之中,从计划经济到市场经济,经济基础的深度变革又一次带来文化体系的强烈冲击;中国的经济、政治制度都处在深刻变革之中,房屋框架也在动;地基、基脚和框架全方位的变革恐怕在中国历史上也十分罕见。我们正处在一个深刻变化、快速发展、充满生机活力，也存在大量风险和迷惘的特殊时期。这些社会文化特征构成中国人力资源管理的基础性背景，对人力资源管理各个方面产生着全面而深刻的影响。作为导入性分析，下面我们简述转型时期人力资源管理的基本特征，而真正全面深入的论述将是一个庞大的课题。

4.7.3 转型时期中国人力资源管理的重要特征

1. 价值多元化，人心浮躁，行为规范缺失

转型经济时期，社会正经历着深刻的变革，虽然由于文化的运行惯性使该时期的价值观念以农业自然经济文化为主体，但工业经济文化与新兴的知识经济文化也在不断孕育和发展，人们的思想观念、价值体系新旧交替，文化理念激烈冲突，学派林立，呈现多元化状态。由于社会处于快速转型时期，价值标准不一致，人们精神压力过大，人心浮躁、迷惘，导致犯罪率、自杀率上升。工业经济对资本的大量需求，导致人们过分崇拜金钱、急功近利，企业人力资源激励体系自然而然地也偏向于薪酬激励，这样不仅增加了人力资源的成本，而且使薪酬很快变成保健因素，其激励功能和长效性难以实现。自然经济是非组织性的、非契约关系的社会系统，人与人之间缺乏制度约束和信用基础，导致了现代企业中，个人行为不规范，员工的甄别、选拔和监控难度加大，社会的交易成本和交易风险也大大增加。

2. 落后的理念模式和行为习惯成为工业化进程的重要文化障碍

自然经济时期人们过着自给自足的生活，生产活动是为了满足自己低层次需求而自发开展，几千年的生活模式使人们早已习惯于这种非组织性的活动，自由散漫、悠然自在成为农业经济的基本文化特征。而工业经济则恰恰相反，工厂的工人只负责整条生产线的一个部分，所有员工的劳动协调加总起来才能使企业正常运行，协作性、精细性和纪律性是工业文化的基本特质。由于文化的运行惯性，中国长期的农业自然经济背景使员工的理念模式和工作习惯难以适应工业化的要求，工作不精细、缺乏组织纪律性、缺乏协作精神成为中国工业化进程中的重要文化障碍，导致中国的产品原料和能源耗损大、质量不过硬、市场竞争能力缺乏等一系列问题，这是中国企业必须面临和快速解决的难题。农业文化所形成的小富即安、宗法家族理念和粗放的经营思想，一方面使企业的内部人际关系复杂，增大人力资源管理难度；另一方面，对企业的可持续发展和国际化竞争都形成不利的影响。

3. 人力资源供过于求与结构性需求短缺长期并存

自然经济是主要依托劳动力发展的经济模式，人口的数量在相当程度上决定着社会经济实力和水平，大量劳动力和自然资源配置是自然经济资源配置的基本特征。中国长期自然经济沉淀的结果，使中国成为当今世界上人口最多的国家。工业经济是以资本为主导的生产模式，资源配置的结构是大量的资本、少量的人力。从自然经济转向工业经济过程中，从土地等自然资源上释放出来的劳动力需要大量的资本才能吸收消化，由于资源配置模式的根本变化，工业化过程中对资本的需求极其强烈，而劳动力大量过剩成为一种必然的社会现象。中国长期自然经济背景形成的社会财富积累很少、物质资本严

重不足,在工业化转型早期尤为突出,资本严重短缺、劳动力严重过剩,在相当长的时期会成为中国转型经济的重要社会难题。随着工业经济的发展,社会生产效率快速提升,社会财富快速积累,资本的短缺矛盾将逐步得到缓解,但由于工业经济的资源配置结构特点会使劳动力供过于求的问题会存在很长时期。知识经济的直接进入,一方面会带来效率的快速提升,带来资本的积累,但对就业压力的缓解贡献却十分有限。由于中国的人口基数太大,教育基础差,教育投资不足,人力资源的结构严重不合理,简单的、低层次的劳动力人口太多,而适应经济快速发展甚至世界竞争需求的高精技术和其他类型人才却十分短缺,这就构成了中国一方面人力资源严重供过于求,另一方面优质人才严重结构性短缺的特有现象。人力资源结构性短缺问题还体现在区域或具体的组织上,由于中国经济的发展的不平衡,有些地方和组织优秀人才高度集聚,而另一些地方和组织则人才短缺,出现浪费和短缺并存的结构失衡问题。人力资源供过于求与结构性短缺并存的矛盾将持续相当一段时期,只有在中国经济发展的过程中随着资本的积累、社会财富总量的增加、社会经济结构自身趋于合理、人力资源市场逐步规范和完善,这一问题才能在长期的发展过程中得以逐步解决。

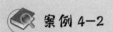
案例4-2

"大通曼哈顿"的智力投资

大通曼哈顿银行重视培训、重视人才的主要表现形式是在对教育费用的资金投入上。他们平均每年对教育经费的支付就达5 000万美元。如果在银行工作期满半年以后,没有学位的可直接申请入学,由银行提供全部费用。资金的投入加快了人才培养的步伐,也间接地加速了大通曼哈顿银行内部员工素质的提高。

大通曼哈顿银行设置专门的培训机构和专职人员,他们的人事管理部门下属的1~5个培训处都有足够的人员抓培训工作,大通曼哈顿银行的职员培训部门是由83个有经验的培训管理人员组成。他们的主要任务,一是为领导提供员工教育的有关信息(如本年度培养的具体人员和对其培训的基本项目,及其培训的结果),他们尤为重视对学员心理素质的培训,每个学员都要在培训部门所设的各种各样的困境中,战胜并超越自我,最后才能真正占有一席之地;二是负责组织银行领导与员工之间的信息交流。培训部定期让员工与银行领导会面,把自己心里上的想法和愿望反馈给银行领导。这样直接地沟通了员工与领导之间的思想,并缩短了他们之间的距离,对日后工作的开展起了很重要的作用;三是根据银行领导或董事会的要求,组织员工撰写个人年度培训计划;四是组织落实各种培训工作。如他们的职工教育技能培训可分月进行,趣味性的培训每周二次。

认真执行年度培训计划是大通曼哈顿银行每年必做的一项工作,银行要求全体员工每年要搞一个自我培训计划,并做到切实可行。大通曼哈顿银行把培训与晋级、提升、奖励紧密结合,以推动全体员工参加培训的积极性。

大通曼哈顿银行要求技术性较强的工作岗位人员要具备大学以上学历。为此,有些员工积极申请参加学历或学位培训。银行负责支付全部费用,学习人员的工资照发;但规定,只能业余时间学习。在大通曼哈顿一系列的计划中,其实主要的是使录用、培训、选拔、管理实现了一体化,统一由人力资源开发部门负责。银行提拔或变动员工工作的主要依据就是看培训后的工作业绩。美国是一个金钱资本主义国家,而在这样的资本主义国家里,大通曼哈顿银行久盛不衰,其主要原因就是从最基层抓起,从员工的培训、选拔上抓起。

评点:

现代的企业管理很大程度上是对人的管理——人本管理。在知识经济时代,科学技术日新月异地飞速发展,一个企业要使自己的员工不断地适应新形势的发展要求,必须十分重视对企业员工的培训和人力资源的开发,这是关系到企业生存和发展的一项根本性的战略任务。

大通曼哈顿银行在长期的发展中形成自己完善的员工培训体系,使员工在工作中不断汲取新的营养,去面对更为错综复杂的局面,效果很显著。这正应了一句古诗"问渠哪得清如许,为有源头活水来"。

(资料来源:根据企业管理学博士江禹的《管理案例博士评点》整理所得)

本章小结

本章在介绍文化的内涵、结构及功能的基础上,揭示了文化对人力资源管理的背景性影响;分析了中国各主要传统文化流派所蕴含的人力资源管理思想,剖析了中国转型时期的经济文化对人力资源管理的影响,并介绍了中国知识经济萌芽背景下的人力资源管理的发展趋势。

关键术语

跨文化交际	Intercultural Communication
儒家文化	Confucius Culture
道家文化	Taoistic Culture
法家文化	Legalists Culture
兵家文化	Militarists Culture

习 题

1. 结合本章的学习内容,分析导入案例中"看不见含量"存在的原因。
2. 比较分析儒家和道家人力资源管理思想的差异,并阐述其现实借鉴意义。
3. 比较分析文化、法律和道德对人的行为约束之异同。
4. 讨论"官本位"思想对人力资源管理的影响。
5. 判断中国目前所处的经济发展阶段,分析其人力资源管理主要特征。

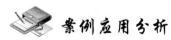 案例应用分析

民营企业家族式管理的合理性何在

长沙一家高科技民营企业邀请Y教授及其工作团队进行整套的人力资源管理方案设计,内

容涉及组织模式和岗位设置、工作分析、考核体系、薪酬模式等。按照协议，在项目的调研和设计过程中，工作组必须给企业方主要管理者和相关员工进行全过程的培训，以保证项目在双方充分理解和互动的基础上良性推进。按照项目组成员的责任分工，各模块的责任人承担相应的培训任务，按照项目的进程有计划实施培训工作。承担组织模式和岗位设计的是一位在读研究生，这一天，他在给公司中高层管理者讲授组织模式和法人治理结构课程时，分析家族企业管理的弊端，引经据典，尖锐地批评企业老板自己当董事长、老婆当财务总监的家族式管理模式。问题是，这个企业恰恰是这种情况，老板夫妇坐在第一排，听课后气坏了，怒气冲冲地给Y教授打电话，表示强烈的不满，认为Y教授的项目组不仅没有帮忙企业解决好问题，还严重影响了他们在管理团队中的威望，带来了负面影响。Y教授在电话中向企业老板解释：管理既是科学，更是艺术，理论和现实常常存在冲突和矛盾，承诺想办法解决这一矛盾和冲突。

为了解决这一现实问题，Y教授组织专家组深入研究了中国民营企业家族式管理存在的渊源、背景和客观合理性，并为此到该企业做了专题讲座以消除误解、澄清是非。下面是Y教授讲座的主要内容。

首先，分析中国家族式企业管理模式产生和形成的渊源。中国的民营企业从创业完成发展到一定阶段后，由于企业规模的扩展、平台的提升，企业老板个人能力和精力必然无法满足企业进一步发展的需要，企业进入第一个发展和成长的瓶颈阶段。要想突破瓶颈、推动企业发展到新的规模和高度，企业老板必须实现从个人管理向团队管理的转化，企业的运转从完全依托个人转化成依托核心团队，这一过程迫使老板将完全由自己掌控的企业管理、决策和控制职能进行分解，将其中部分权责授予核心团队成员，由此民营企业开始面临真正的委托代理问题和管理控制问题。很多企业主不愿意面对和突破这个瓶颈，其企业必然停留在小规模运行阶段，不可能上升到更高的层面。突破这个阶段企业老板就面临着道德风险和控制难题。事实上，许多企业主在这一过程中上了当、受过骗，付出了惨重的代价，从个人管理转向一个团队的管理操作上确实不是那么简单。从理论上分析，企业主个人利益和企业组织利益是完全一致的，不存在寻租的基础，也就不需严格的管理制度和控制，一般企业在早期就不存在着这种约束体系。进入团队管理阶段后，新的团队成员利益目标和企业不完全重合，存在着组织利益和个人利益的目标矛盾，也就存在着寻租和道德风险的可能。民营企业刚刚发展到这个阶段时，管理制度和水平常常未能配套，很容易出现控制失误，对企业造成严重的损失。许多企业老板在感性上体会到团队管理的风险，容易迷信制度，试图依靠制度解决问题，他们搬来了很多大企业的各种管理制度，操作起来效果却不理想。因为制度只能针对相对稳定、反复发生的事物产生作用，这类企业正处在快速成长和发展时期，不确定性太多，制度跟不上变化，制度的有效性十分有限。另外，制度控制风险主要依靠精细的职能分工和严格的流程，对此，企业必须付出更多的管理成本并承担管理效率的损失。处在该阶段的民营企业因其规模不够大，根本无法承受这种精细分工和流程控制带来的管理成本和效率损失，制度的有效性进一步受制。处在发展和风险压力之下的企业老板在寻求制度解决方案失败后，常常将目光转向家族成员，他们觉得此时最可靠的莫过于自己的直系亲人。从理论上分析，家族成员和老板有着更多的利益共同性，"一损俱损，一荣俱荣"，中国文化的宗法关系实质上隐含着利益共同关系，依靠家族成员最为核心管理团队成员，授权风险降低，监控难度减小，确有其存在的客观合理性。老板娘可以说是和老板利益目标最一致的人，《婚姻法》规定的夫妻财产共有规则使二者成为真正的利益共同体，其监控成本最低，风险最小，所以老板娘担任财务总监这一最重要职位也有其经济合理性。

进一步研究，Y教授发现，家族企业有着严重的局限性，其存在也有阶段性特征。以家族成员作为核心团队的主体，隐含着一种歧视——对非家族成员的不信任，这样会使很多优秀人才难以进入企业并有效发挥其聪明才智。家族式企业用人的二元标准限制了企业发展过程中择优选材的空间，在随着企业发展到一定阶段，人才的供求矛盾必然制约着企业的健康发展。另外，随着企业规模的扩大，团队成员掌控的权利、涉及的利益日益增加，依靠亲情控制风险的机制面临严峻的挑战。亲情在巨大的利益面前常常不堪一击，很多家族企业演绎夫妻反目、父子成仇的悲剧，家族企业的优势变为劣势，依靠亲情最后反而变成伤害、破坏亲情。企业发展到这个阶段，规模增大，已具备了制度和流程管理的合理性，企业必须突破家族式管理，依靠制度和流程管理来控制风险。一旦制度成为主旋律，原家族式管理的优势便转换为劣势，原来因缺乏制度以亲情弥补制度缺损的优势立即转变成重要的障碍，亲情凌驾于制度之上，使制度化管理无法有效推广和实施。至此，企业必须摒弃家族式管理，转为制度管理，进入规范化的管理阶段。

当今中国企业是刚从自然经济母体中脱胎出来的，传统文化理念深刻影响着企业的管理模式和发展，而且中国各个地方、各个行业经济发展又很不均衡，不同企业其发展阶段不同，东西部和沿海地区的同类企业都有明显差异，有的企业处于初期创业阶段，家族式管理自有其生存土壤，而有些企业家族式管理则必须摒弃，被西方所证明不合理的家族式管理在中国确有其合理性，而且在不同地方、不同企业又存在着很大的差异。

（资料来源：根据颜爱民主持的几个项目研究报告整理所得）

思考题：
(1) 从中国传统文化的特征角度分析中国企业家族式管理存在的文化渊源。
(2) 从自然经济特征角度分析中国家族式管理存在的合理性。
(3) 中国的文化发展历程对人力资源管理有何影响？
(4) 人力资源管理是如何实现跨文化传播与应用的？
(5) 中国传统文化对人力资源管理的积极作用与意义在哪里？
(6) 讨论家族式管理在中国民营企业中还有多大的生存空间，前景如何？
(7) 根据你所了解的情况，举一个你所熟悉的家族式企业的管理案例，与本文案例进行比较分析，判断它的变化和发展趋势。

知识链接

[1] http://v.163.com/special/cuvocw/zhongguorenliziyuan.html 颜爱民国家精品视频课程《中国情境下的人力资源管理实务》第五讲、第六讲、第七讲、第八讲。
[2] 颜爱民. 长寿·夭折·涅槃——文化视角下的中国企业管理 [M]. 上海：复旦大学出版社，2010.
[3] [美] 成中英. 文化·伦理与管理 [M]. 贵阳：贵州人民出版社，1991.

第 2 篇

人力资源管理实务篇

第 5 章

人力资源规划

教学目标

- 理解企业内外部因素与人力资源规划的关系
- 掌握人力资源供给与需求预测的定性与定量方法
- 能够编制简单的企业人力资源规划

教学要求

- 理解人力资源规划在企业中的战略作用
- 了解人力资源规划的定义
- 理解人力资源规划与人力资源管理体系的关系
- 了解人力资源规划与企业生命周期的关系
- 掌握人力资源规划的分析框架
- 掌握人力资源规划的影响因素分析以及人力资源供求预测的主要方法

手忙脚乱的人力资源经理

D集团在短短5年之内由一家手工作坊发展成为国内著名的食品制造商。企业最初从来不定什么规划，缺人了，就去人才市场招聘。企业日益正规后，开始在每年的年初定规划：收入多少，利润多少，产量多少，员工定编人数多少等。人数少的可以新招聘，人数超编的就要求减人，一般在年初招聘新员工。可是，由于一年中不时有人升职、平调、降职，年初又有编制限制不能多招，人力资源部又不能确定应当招多少人或者招什么样的人，结果人力资源经理一年到头往人才市场跑。

近期由于3名高级技术工人退休，2名跳槽，生产线立即瘫痪，集团总经理召开紧急会议，要求人力资源经理3天之内招到合适的人员顶替空缺，恢复生产。人力资源经理两个晚上没睡觉，频繁奔走在全国各地人才市场和面试现场，最后勉强招到2名已经退休的高级技术工人，使生产线重新开始了运转。人力资源经理刚刚喘口气，一个地区经理又打电话说自己公司已经超编了，不能接受前几天分过去的5名大学生，人力资源经理怒气冲冲地说："是你自己说缺人，我才招来的，现在你又不要了！"地区经理说："是啊，我两个月前缺人，你现在才给我，现在早不缺了。"

（资料来源：彭剑锋.人力资源管理概论[M].上海：复旦大学出版社，2011.）

很多企业都出现过上述情况，什么时候缺人了，什么时候再去招聘。人力资源部就是主要忙于解决类似上述的一些实际问题，而对于人力资源战略性储备或者人员培养都没有给予足够的重视。造成这种现状的一个重要原因是：中国市场在20世纪90年代以前处于机会主义时期，企业的成功不一定需要整体战略，抓机会、抓资源、抢速度、快节奏成为中国企业的制胜之道。企业的这种战略无意识状态，使它们不需要对企业的人力资源进行长远的规划。但随着企业的成长与市场竞争的加剧，企业的发展出现了新瓶颈——缺少人才。其中，很多企业即使知道缺人，却不知道为什么缺人，以及如何解决这一问题。

5.1 人力资源规划的战略作用

企业人力资源规划的主要目标和任务，是为了获得和保持企业在未来一个相当长时期内的市场竞争优势，其关注的焦点是未来变化的环境给企业所带来的一系列人力资源问题，实质是一种有关人的战略性风险决策，是关于企业人力资源管理总体行动的思路和方案。因此，企业战略决定着人力资源规划的制定和实施。

5.1.1 企业战略的含义

"战略"(Strategy)一词来自希腊语中的"Strategos",原意是作战的谋略。将战略思想运用于企业,就形成了企业战略。关于企业战略,不同的学者有不同的理解,归纳起来,至少有以下几种观点。第一种观点:战略就是企业理念或观念(彼得·德鲁克,1970;1994)。第二种观点:战略是对未来的计划(威廉·格鲁克,1980)。第三种观点:战略是在过去经验基础上形成的一种模式(亨利·明茨伯格,1985)。第四种观点:战略就是创造独特的有价值的位置,涉及许多行为(迈克尔·波特,1996)。第五种观点:战略是为实现企业目标而从事的一系列活动和资源配置的过程(钱德勒,1962)。第六种观点:战略是为取得竞争优势围绕被选中机会的资源集中(威廉·海恩,1985)。然而,不论哪种观点,其中有些方面是共同的,即都与企业环境及内部条件发生着密切的联系,因此,战略可以看成是企业内部资源管理与其环境之间的联系过程。

从实施战略主体的角度来看,企业战略包括公司战略、经营战略和职能战略三个层次。其中,公司层战略决定了公司所开展的、应当开展或希望开展的业务,以及开展这些业务所要做的工作,它建立在企业使命、目标和组织业务单元将发挥作用的基础之上,主要包括增长战略、稳定战略和收缩战略等。经营层战略主要是解决如何在特定的行业或市场中去参加竞争,改善自身的竞争地位,其中的一个核心部分就是竞争战略,按迈克尔·波特的观点可分为成本领先战略、差异化战略和集中战略。职能层战略是企业不同的职能部门用来支持其业务或竞争战略的战略,包括人力资源战略、营销战略以及财务战略等。

5.1.2 企业战略与人力资源规划的关系

人力资源规划是建立在企业战略目标、人力资源外部环境和内部条件分析基础上的,它涉及企业需要多少人力资源、具备什么素质的人力资源以及各种人力资源的比例与具体配置等。将企业目标与内外部环境条件分析相结合,可以建立一个企业战略与人力资源规划的整合模型,如图 5.1 所示。

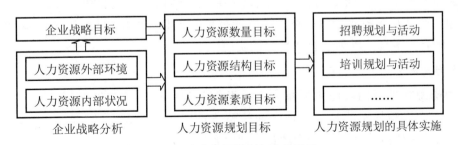

图 5.1　人力资源规划与企业战略

无论什么企业,其内部的全部活动都是为了能在它周围的环境中生存和发展。在理解企业的战略目标后,企业要明确谁是自己的顾客,顾客最需要的是什么,企业正面临着什么样的竞争,企业在竞争中取得成功的关键因素是什么。只有尽最大努力去满足顾客的需要,用最佳的方式去解决顾客的问题,才能圆满实现企业的战略目标。人力资源规划的主要任务则是预测人力资源的具体需求,做好人力资源数量、结构与素质规划,保证企业中的每个员工都朝着一个共同的目标努力工作。在战略定位和制定人力资源总体规划的基础上,则可以进一步确定人力资源的具体业务规划与行动计划(如人员招聘与任用、人员培训与教育、人员考核与薪酬、人员流动晋升、调动、退休、辞职、辞退)。

5.1.3 人力资源规划的战略作用

作为"第一资源"的人力资源在国内外学术界被认为是组织的战略贡献者,而实践中的人力资源管理已经从早期的行政管理、事务管理向战略管理的方向发展。因此,人力资源决策应该成为更广泛的企业战略规划的一个有机组成部分,而人力资源规划正是架设在更广泛的企业战略与具体人力资源活动之间的一座桥梁。一般而言,人力资源规划可以在企业的五个层面上发挥作用。

1. 环境层面

企业的人力资源管理决策会对其周围的环境产生特定的影响,也会在不同程度上影响企业在社会上的地位和声望。

(1) 直接影响。企业的人力资源管理决策可以直接影响到企业的生产安全性、公共关系、劳动法规的执行、就业等情况,进而影响政府对企业的评定等级、社区的态度和看法等战略环境。

(2) 间接影响。一般情况下,企业的人力资源管理决策对企业财务指标的影响要相对弱一些,但有关研究结果表明,金融市场会对公司的人力资源管理决策作出反应,进而间接地影响一些财务指标如股票价格、证券评级等。

2. 企业层面

一般来说,企业是指整个企业,但在大型企业或分权化企业中,人力资源规划的企业层面也可以是一个部门、一个地区、一个利润中心或者一个分公司。在企业中,人力资源经理是其他部门的业务伙伴,他们必须考虑公司的盈亏,并与制定战略者相互配合。人力资源规划在企业层面上的影响,主要包括企业结构、企业文化、管理理念、利润、市场份额、产品和服务质量等。将人力资源规划与企业的战略目标相结合,可以促进两者的相互配合与融合,以利于企业目标的实现。

3. 人力资源管理部门层面

人力资源管理部门层面主要指人力资源管理部门自身的工作规划,这一层面的规划在确立人力资源战略的基础上把企业的整体目标转化为人力资源部门具体活动的目标。它包括的主要活动有:人力资源管理部门如何为企业的业务发展服务,将使用多少资源,要达到的目的和努力的方向等。例如,在一年之内对高层管理人员进行两次管理技能培训;在半年内实施一个招聘规划;通过制定相应的政策来鼓励员工提前退休,以降低成本等。

4. 人力资源数量层面

一旦人力资源部门层次的计划制订以后，接下来的工作就是考虑企业所使用人力资源的数量及其任用的问题。人力资源数量层面的规划主要是如何把适宜数量、类型的员工在适宜的时间安排到适宜的岗位上。主要决策包括对人力资源的供需预测和缺口弥补等。

5. 具体的人力资源管理活动层面

这一层面的规划是人力资源管理的行动计划，即把人力资源规划具体转化为特定的人力资源管理活动，包括确定实施什么活动及其特征、范围等。其中，员工数量、活动成本、活动结果、活动影响范围以及受益或效用等，都属于人力资源管理活动层面的规划范围。

5.2 人力资源规划概述

人力资源规划 (Human Resource Planning，HRP) 是企业战略计划的重要组成部分，是各项具体人力资源管理活动的起点和依据，它为企业下一步人力资源管理活动制定目标、原则和方法。有效的人力资源规划不但能使企业得到合理的人力资源，而且直接影响着企业人力资源管理的效率与人力资源作用的发挥。因此，必须重视科学的人力资源规划工作。

5.2.1 人力资源规划的含义

1. 人力资源规划的定义

人力资源规划的定义有狭义和广义之分。狭义的人力资源规划，是指提供具体的人力资源行动计划，如人员招聘计划、人员流动计划等。广义的人力资源规划是指企业根据自身的发展战略、目标及内外环境的变化，预测未来企业任务及环境对企业人力资源的要求，以确保企业在恰当的时间、恰当的岗位上获得需要的人才的过程。

从以上定义可知，狭义的人力资源规划实质上是广义人力资源规划的一部分。现代企业的人力资源规划则是一种广义上的人力资源规划，它着眼于为企业未来生产经营活动预先准备人力资源，它所考虑的不只是某个具体的人员，而是一类人员，而且个人的发展规划也寓于企业发展规划之中。

广义的人力资源规划应该包括以下几层含义。

(1) 人力资源规划应当可以预见未来人力资源管理的需要。企业外部的政治、经济、法律、技术、文化等一系列宏观环境因素的不断变化，会引起企业内外部人力资源供需状况的变化。人力资源规划就是要对这些动态变化进行科学的预测和分析，以确保企业在近期、中期和长期对人力资源的需求得到满足。

(2) 人力资源规划是企业管理的重要依据。一个企业需要制定必要的人力资源规划来指导企业人力资源管理实践活动，使人力资源管理在变化中保持与企业目标的一致。

(3) 人力资源规划要兼顾企业和个人的利益。人力资源规划要创造良好的条件，充分发挥企业每个人的积极性和创造性，从而提高工作效率和企业效率，最终实现企业目标。但与此同时，也要兼顾企业中个人的利益，切实关心员工的物质、精神以及职业发展等方面的需求。

2. 人力资源规划与人力资源管理体系的关联性

人力资源规划必须与人力资源管理的其他职能，如工作分析、招聘、绩效管理、培训开发、员工职业生涯规划、员工关系管理等相互配合、形成体系，并且只有通过这些人力资源管理实践的具体执行，才能真正体现出人力资源规划的战略性价值。人力资源规划与人力资源管理体系的关联性如下。

1) 与工作分析的关联性

人力资源规划成功的关键在于分析空缺岗位的需求，然后确定与标准岗位性质相同的附属岗位，以便获得相关经验，只有对岗位做好分析界定后，才能对其做出要求。因此，需要了解岗位要完成的任务，解决的问题及所需要的知识、经验和技能，以及对人员素质的要求。无论是进行选拔、培训，还是确定薪酬水平，都需要了解某项工作有何具体要求，需完成哪些任务，以及这项工作所涉及的范围和复杂程度如何。

2) 与招聘的关联性

在人力资源规划的实施过程中必然涉及员工的招聘录用问题。在很多企业的人力资源管理活动中，人力资源部对于各部门招聘需求的被动性及招聘活动对于企业用人需要的滞后性，导致企业在员工队伍的建设与培养上的短期性与应急性。因此，企业的员工招聘录用工作必须在人力资源规划的指导下，制定有目标导向性与预见性的人员招聘规划，即根据战略的要求及劳动力市场的变化趋势吸纳、储备人才，降低用人成本及招募成本，形成合理的人才梯队。

3) 与培训的关联性

人力资源规划涉及员工能力需求与现状的差距分析，除了通过招聘新员工之外，对现有员工进行培训，使其提升现有能力水平及获得新的技能，是弥补这种差距的唯一途径。人力资源规划为人员进行培训开发提供了目标与方向，使企业的需要与员工个人的需要能够有效结合，并能提高培训开发的针对性与有效性。

4) 与绩效评估的关联性

一个完善的绩效评估系统应该兼顾企业和员工的平衡发展，即一方面评估员工是否完成了企业预定的绩效目标，另一方面评估员工在履行工作任务过程中自身能力是否得到提高、能力是否存在缺陷、如何弥补等。因此，绩效评估的结果需要应用在人力资源规划上，通过对员工绩效水平的评估显现他们的能力及发展潜力，让员工明确职业发展的前景及方向，提高企业配置人员的适应性及规划的准确性。

5) 与薪酬管理的关联性

人力资源规划的一个内容在于规划企业的人工支出总量即薪酬总额。在薪酬管理中，薪酬的给付必须既要考虑劳动力市场的竞争状况、企业的支付实力，又要体现企业战略的要求，实现与企业其他人力资源模块的联动。这些都将通过人力资源规划中的薪酬福利规划来实现。

6) 与员工职业生涯计划的关联性

员工的职业生涯规划是以工作分析和员工意愿为基础规划员工将来发展的人力资源管理活动。具体表现为制定每一职务或职务序列的职业发展规划，同时还有跨职务或职务序列的多通道发展规划。此外企业和员工个人共同制定其职业路径，为员工设计自我认知、成长和晋升方案。职业路径在帮助员工了解自我的同时，也使企业掌握员工职业需要以便排除障碍，帮助员工满足需要。因此，通过人力资源规划促进员工的职业生涯规划，其最终目的是吸引、保留人才，实现企业目标。

7) 与员工关系管理的关联性

良好的员工关系有利于提升企业形象进而促进人才招聘和产品销售，有利于积极影响员工的态度和行为进而改进工作绩效，有利于防止或减少劳资纠纷和法律诉讼进而减少诉讼成本，有利于在管理层与员工之间建立合作关系从而提高企业的生产率等。因此，在制定人力资源规划时，对于预期的人力资源需求与供给应该要考虑到企业员工关系，这样才能够减少非期望离职率，改善雇佣关系，减少员工投诉与不满。例如，公司实施萎缩战略，但由于在战略实施前没有合理的人力资源规划，导致大规模裁员，这就容易导致劳动纠纷和争议，恶化劳动关系。

3. 人力资源规划与企业生命周期的关系

企业在成长生命周期中所处的发展阶段不同，其人力资源规划的策略与关注的重点也会不同(图5.2)。

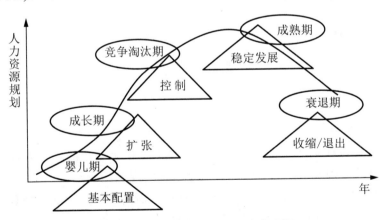

图5.2　人力资源规划与企业生命周期

(1) 婴儿期。处于婴儿期时，企业的人力资源规划基本上维持业务拓展所需的基本配置，总体业务量和业务效益预测不确定，对基本配置人员的素质要求高于其数量要求。

(2) 成长期。在成长时期，企业由于需要大量的人员而导致总体人力资源供不应求，此时的人力资源规划关注人员数量多于人员素质。

(3) 竞争淘汰期。在竞争淘汰期，企业将人力资源规划的重点放在关键部门与人员身上，一方面根据不断变化的企业发展战略，合理调整企业内部人力资源配置结构和严格控制人工成本；另一方面又注重对员工的培训和员工能力的提高。

(4) 成熟期。在企业稳定，其发展达到一定的规模后，企业所面临的首要问题则是如何合理地控制预测的风险，使其适应新的市场需求与新技术的要求，此时的企业人力资源规划是质量与数量并重。

(5) 衰退期。在衰退期，企业的人力资源规划需要考虑合理减员（或裁员），一方面需要保留企业的核心骨干员工；另一方面通过尽量采用负面影响小的方式，合理、合法地裁减企业的冗余人员。

5.2.2 人力资源规划过程

随着企业所处环境、企业战略与战术等的变化，人力资源规划的具体目标也在不断变化。因此，制定人力资源规划不仅要了解企业现状，更要认清企业所处环境的变化趋势和企业发展的方向与目标。人力资源规划过程如图 5.3 所示。

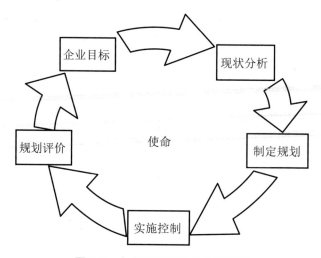

图 5.3　人力资源规划的分析框架

1. 明确企业战略目标

企业战略目标是在企业使命和企业功能定位的基础上制定的。人力资源规划的目标存在于企业战略目标体系中，是企业总体战略目标实现的保证。

(1) 企业制定人力资源规划的前提，是要有明确而清晰的经营战略规划和核心业务规划，要有较为完备的管理信息系统和较为完整的历史数据等。

(2) 企业人力资源规划的质量取决于企业的决策者对企业战略目标明确的程度、企业结构、财务预算和生产规划等因素。

2. 人力资源现状分析

在明确企业战略目标之后，就要对企业内部的人力资源现状进行盘点。人力资源盘点既是对企业内部资源进行了解的过程，也是找到与实现企业战略目标之间差距的主要途径。只有通过对所收集到的人力资源信息进行分析，才能了解哪些因素是影响制定企业人力资源发展规划的重要因素。

3. 制定人力资源规划

在对企业人力资源现状进行分析的基础上,需要对人力资源的需求和供给情况进行对比,通过分析人员的数量、质量、结构及均衡状况,得出企业不同发展阶段的人员净需求量,并据此制定企业的人力资源规划。企业可以根据需要制定不同层次的人力资源规划。

4. 人力资源规划的控制与评估

在人力资源规划的实施过程中,规划与现实可能存在偏差,为了保证人力资源规划能够正确实施,并及时应付规划实施过程中出现的意外情况,需要对人力资源规划的实施进行控制。人力资源规划付诸实施后,要根据实施的结果对其进行评估。通过反馈评估结果,不但可以发现规划的问题所在,而且在必要时还可以对人力资源规划进行修正,以提高规划的有效性。

5.3 人力资源需求预测

人力资源需求预测 (Human Resource Demand Forecasting) 是估算未来需要的员工数量和能力组合,它是公司编制人力资源规划的核心和前提,其直接依据是公司战略规划和年度预算。

5.3.1 人力资源需求预测的内容

1. 人力资源总体需求与结构需求预测

企业人力资源总体与结构需求预测是指根据企业自身的战略发展目标,对企业所需要的不同类型和不同素质的人力资源进行分析和预测。当社会总的宏观环境(如经济结构、人力资源结构等)发生变化时,企业的总体人力资源及人力资源结构也会随之而改变。因此,对企业人力资源总体与结构需求进行预测,可以确保企业在不确定性情况下具有较好的人力资源结构的最佳组合,从而避免出现企业不同层次人力资源的结构及比例失调等状况。

2. 人力资源存量与增量预测

企业人力资源存量主要指在企业目前的状态下所拥有的人力资源。企业人力资源增量主要是指随着企业生产规模扩大、企业战略目标转移等发展变化带来的人力资源新的需求。通过企业人力资源存量与增量预测,企业可以对现在和未来拥有的不同层次的人力资源进行有效规划,使其更好地与企业发展战略相匹配。

3. 企业核心人才需求预测

企业核心人才是对企业实现战略目标起关键作用的人力资源,他们是企业非常需要的特殊人力资源。这种人才往往与现代高科技发展紧密相连,在产业结构调整、新兴行业发展、战略新兴产业形成等方面起着决定性的作用。同时，对企业核心人才进行预测具有极强的针对性，能够使企业通过一些特殊的手段与方法，加快开发和培养核心人才，使企业人力资源在企业变革中扮演极为重要的角色。

5.3.2 人力资源需求的影响因素

影响人力资源需求的因素很多，它既受到经济、政治、技术等宏观方面外部因素的制约，也受到企业经营战略、公司业绩、生产技术水平、员工心理偏好等内部因素的影响。

1. 人力资源需求的外部影响因素

调查、分析和预测企业人力资源的外部环境是企业人力资源规划制定的基础。通过环境分析，人力资源规划制定者可以了解一个国家和地区未来一段时期经济、人口、科技、政治、社会文化等发展趋势，觉察行业现有和潜在竞争对手的意图和未来动向，明确人力资源管理面临的机遇和挑战。

1) 经济环境

经济环境包括未来的社会经济发展状况、经济体制的改革进程等会对人力资源需求产生直接影响。当经济环境变得恶劣时，很多企业不得不减少工作岗位和员工，例如汽车工业经常出现大规模的裁员。虽然经济因素对人力资源需求的影响较大，但是可预测性较差，只能据此做一些宏观层面的分析。

2) 政治环境

政府政策的出台和制度的颁布对人力资源需求产生间接影响，但这些因素对人力资源需求的影响有时会很明显。例如，国家制定扶持高科技产业的政策，那么企业对计算机信息类人才的需求将增加；国家鼓励支持乡镇企业的发展，那么企业对农村剩余劳动力需求将增大等。

3) 技术环境

技术尤其是以生物、新材料、信息技术等为代表的技术革命对社会经济生活的各方面都产生了巨大影响，它既会直接影响企业人力资源的需求，也会通过人们对企业产品或服务需求的改变而对企业人力资源需求产生间接影响。

2. 人力资源需求的内部影响因素

尽管在进行人力资源需求预测时离不开对宏观外部影响因素的分析，但相对于企业而言，分析影响本企业人力资源需求的内部因素却更直接，也更具体。

1) 公司战略

企业的人力资源需求会受到未来发展战略和竞争战略的重要影响。企业进入一个新的业务领域，或者在原业务领域中快速扩大经营规模等因素，都可能导致企业的人力资源需求大大增加；相反，如果组织采取的是稳定战略甚至收缩战略，企业的人力资源需求则可能会呈现变化幅度不大，甚至会出现压缩的情况。

2) 企业的业绩

企业的业绩显然是影响企业劳动力需求的最重要的因素之一。根据劳动经济学的基本原理，劳动力需求是产品的派生需求，即当企业所提供的产品或者服务需求在未来将会出现扩张或萎缩的情况下，企业业绩势必受影响，进而影响人力资源需求。因为业绩增加，企业会扩大生产、增加产品和服务，需要的人员就会增加；反之，对人员的需求就会减少。

3) 企业的生产技术水平

企业在未来可能会采用的新技术也会影响企业的人力资源需求，这种影响不仅仅体现在人力资源数量上，更有可能体现在对人力资源质量的要求。例如，随着社会生产率进步和自动化水平的提高，将减少对生产操作人员的需求。此时，所需人员的总量会减少，但对人员知识、技术与技能的要求却会随之提高。

4) 企业财务指标的约束

企业财务方面的预算或实际支出会对人力资源需求产生很大影响，财务的硬性约束会影响人力资源需求在很大程度上得到实现。

5) 企业员工的流动率

企业员工的流动率提高（如辞职或终止合同等），企业需要的人员就会增加；相反，企业员工的流动率降低，企业需要的人员就会减少。企业员工的流动率与企业的人力资源政策、员工的满意程度以及员工的工资水平等有关。

5.3.3 人力资源需求预测步骤

人力资源需求预测主要是指企业根据人力资源现状、企业战略目标等，通过对企业内外环境的分析，运用科学的预测方法，对企业发展中所需人力资源数量、质量和结构进行的预测。

不同企业的具体情况是不一样的。一般来说，人力资源需求预测可遵循以下几个步骤。

(1) 评估企业未来一段时期的生产经营状况。

(2) 根据工作分析的结果确定各职能工作活动的总量，以及不同人员的工作负荷。

(3) 将上述统计结论转换成现实人力资源需求。

(4) 进行人力资源盘点，统计出人员的缺编、超编以及是否符合资格要求。该统计结果即为增加的未来人力资源需求。

(5) 将现实人力资源需求、未来流失人力资源和未来人力资源需求汇总，即得到整体人力资源需求预测的结果。

5.3.4 人力资源需求预测技术

企业人力资源需求预测包括对企业在某个未来时点上需求数量和类型的人员进行预测，需求预测技术一般有两类方法。一类是依靠经验和已掌握的企业发展历史进行定性判断的方法；另一类是依靠统计学的方法对未来趋势进行推算。

1. 定性预测技术

1) 经验预测法

经验预测法是用以往的经验来推测未来的人员需求，即根据每一产品的增量估算劳动力的相应增量。此种方法完全依靠管理者的个人经验和能力,所以,预测结果的准确性不能保证,不同管理者的预测可能有所偏差。但可以通过多人综合预测或查阅历史记录等方法提高预测的准确度。经验预测法只适合于一定时期内企业的发展状况比较稳定的小型企业。对于新的职务,或者工作方式发生了较大变化的职务,不适合使用经验预测法。

2) 现状预测法

现状预测法是假定当前的生产规模、生产技术不变,人力资源状况稳定,现有的企业中职位设置和人员配置是恰当的,并且没有职位空缺,所以不存在人员总数的扩充。人员的需求完全取决于人员的退休、离职等情况的发生。因此,现状预测法就相当于对人员退休、离职等情况的预测。在具体实践中,通过对历史资料的统计和比例分析,可以更为准确地预测离职的人数。现状预测法适合稳定企业中的中短期人力资源预测。

3) 德尔菲法

德尔菲(Delphi)法是20世纪40年代末从美国兰德公司的思想库中首先发展出来的。这种方法是指要求在某一领域的一些专家或有经验的管理人员对某一问题进行预测并最终达成一致意见的结构化方法,又称为专家预测法。

德尔菲法适合于技术型企业的长期人力资源预测。相关领域的技术专家由于把握技术发展的趋势,所以能较准确地对该领域产品研发的各阶段技术人员投入的数量、质量以及各类技术人员的效率等作出预测。

为了增加预测的可信度,可以采取二次讨论法。在第一次讨论中,各专家独立拿出自己对技术发展的预测方案,管理人员将这些方案进行整理,编写成企业的技术发展方案。第二次讨论主要是根据企业的技术发展方案来进行人力资源预测。这种方法更适合于没有历史数据的企业的预测。

4) 分合性预测法

分合性预测方法是一种比较常用的预测方法,它采用先分后合的预测方法。首先,企业要求下属各部门、各单位根据各自生产任务、技术设备等的变化情况对本单位未来各种人员的需求进行预测。然后,在此基础上,把下属各部门的预测数进行综合平衡,从而预测出整个企业未来某一时期内各种人员的需求总数。这种方法要求管理者与下属能够有效地配合,因此,会受到各层管理人员阅历、知识的限制,很难对长期需求做出准确的预测,比较适用于中期需求预测。

2. 定量预测技术

定量分析方法是运用统计学或计算机模拟的方法,根据企业的目标和资源状况,通过数学模型对企业人力资源需求进行描述,建立适合企业人力资源规划的模型。根据模型确定各生产要素增长率和人员数量增长率之间的关系,这样就可以通过企业未来的发展规划来预测人员数量增长率。它适合于大中型企业的宏观人力资源预测,尤其是对人力资源的总规模进行预测。

1) 劳动定额法

劳动定额法是根据劳动者单位时间内应完成的工作量和企业计划的任务总量推出所

需要的人力资源数量。具体的公式为

$$N=W/Q$$

式中：N——人力资源需求量；
W——计划内任务完成的总量；
Q——企业现行定额。

2) 比例分析法

比例分析法是一种趋势分析法，它是对企业过去五年或者更长时间内的员工雇用变化情况进行分析，然后以此为依据来预测企业未来人员需求的技术。这一方法假设企业的人力资源需求量和某一因素成比例关系。以产量为例，假设产量和人力资源需求量之间的关系为

$$Y_t/M_T=Y_O/M_O$$

式中：Y_t——未来 t 时刻的产出水平；
M_T——要预测的未来 t 时刻的人员需求量；
Y_O——目前的产出水平；
M_O——目前的人员实际需求量。

根据以上假设，可以得出未来 t 时刻的人员需求量 M_T 为

$$M_T=M_O(Y_t/Y_O)$$

3) 回归分析法

回归分析法是依据事物发展变化的因果关系来预测事物未来的发展趋势，在人力资源需求预测中主要通过建立人员需求与其影响因素之间的函数关系，从影响因素的变化推知人员需求的变化。根据人力资源需求影响因素的个数分为一元回归分析法和多元回归分析法。

(1) 一元回归分析法。假设某医院的护士需求随医院病床的变化而变化，且两者是线性关系，可以采用一元回归分析法来预测人力资源的需求，如表 5-1 所示。

表 5-1 某医院历年病床数与护士人数表

时间（年）	第一年	第二年	第三年	第四年	第五年	第六年	第七年
病床数 (x)	170	255	288	338	400	560	700
护士人数 (y)	10	15	18	21	25	35	（预测）

假设医院所需的护士数 (y) 随病床数 (x) 的变化而变化，两者之间是线性关系，则可表示为：$y=a+bx$（其中 a、b 是待定值，它们表示 y 与 x 的关系，根据最小二乘法原理）

推出：$b = \dfrac{\sum_{i=1}^{n} x_i y_i - \bar{x} \sum_{i=1}^{n} y_i}{\sum_{i=1}^{n} x_i^2 - \bar{x} \sum_{i=1}^{n} x_i}$ $a = \bar{y} - b\bar{x}$

式中 x_i——自变量第 i 期的值；y_i——因变量第 i 期的值；

$\bar{x}$——自变量的平均值；$\bar{y}$——因变量的平均值。

根据公式得：$b=0.06$，$a=-0.13$，$y=-0.13+0.06x$

将七年该医院的病床数代入上式中可预测七年所需的护士人数为 43 人。

(2) 多元回归分析法。在实际中，往往是多种因素共同决定企业人力资源需求量，该方法是利用多个变量大量的历史统计数据，分析寻找变量之间统计意义上的相互关系，用以预测变量未来趋势的一种方法。

回归分析模型如下：

$$Y=a_0+a_1X_1+a_2X_2+\cdots+a_qX_N$$

式中 X_1，X_2，…，X_N——选取的相关变量；

a_0，a_1，a_2，…，a_q——回归方程系数。

回归分析的优点是其理论方法比较成熟且便于利用历史数据，在目前企业人力资源规划中适合以年为单位来预测总量的变化。但由于很多企业的历史统计数据时间短、样本少，该方法的应用受到一定的限制。

4) 计算机模拟法

该方法是人力资源需求预测各种方法中最为复杂的一种方法，也是相对比较准确的方法。这种方法是在计算机中运用复杂的数学模型，对在各种情况下企业人员的数量和配置运转情况进行模拟测试，从模拟测试中预测出各种人力资源需求的方案，以供企业选择。计算机模拟法需要系统软件的开发，目前此方法还有待进一步发展。

阅读案例 A 银行的人力资源需求预测

5.4 人力资源供给预测

人力资源供给预测 (Human Resource Supply Forecasting) 是指企业根据既定的目标对未来一段时间内企业内部和外部各类人力资源补充来源情况进行的分析预测。人力资源供给预测与人力资源需求预测不同：人力资源需求预测主要是预测企业内部人力资源的需求，而人力资源供给预测则需要研究企业内外部人力资源供给两个方面的影响因素。

5.4.1 人力资源供给的影响因素

人力资源需求预测是对企业未来所需员工的数量和种类进行预测。但是，在企业人力资源管理中，不仅要进行需求预测，而且还要解决以下两个问题：一是企业所需员工的来源，是来自外部劳动力市场还是企业内部；二是企业现有各类员工的能力和水平与企业需求是否相匹配。

人力资源供给分析也分为外部供给分析和内部供给分析两个方面。

1. 人力资源外部劳动力供给的影响因素

企业外部人力资源供给预测分析主要是预计企业外部未来可能提供的人力资源供给数量和结构，以确定企业在今后一段时间内能够获取的人力资源供给量。影响外部人力资源供给的因素可以分为3大类：宏观因素、地区性因素和行业性因素。

1) 宏观因素

宏观因素包括今后几年国家经济的发展情况、技术发展的趋势、全国劳动人口的增长趋势、处于变动中的劳动力结构和模式、各类学校的毕业生规模与结构、教育制度改革、国家就业法规与政策的变动及其他影响人们进入和退出劳动力队伍的因素等。

繁荣与萧条交替的经济周期会影响外部人力资源供给。利率、通货膨胀、经济萧条或增长等决定了人力资源的可获得性，并且影响着企业人力资源规划与目标。在失业率分别为4%和9%的市场招聘合适的员工，情况是不相同的。当失业率上升时，人力资源供给随之上升；反之，则下降。

国家政策在很大程度上影响着人力资源的供给。例如，近年来我国许多省市纷纷采取了吸引各类人才的政策，预示着在全国范围内人才要有更大的流动性；国家对职工退休时间、养老金政策变化都会直接影响人力资源的供给。

2) 地区性因素

地区性因素包括公司所在地和附近地区的人口密度、就业水平、就业观念、科技文化教育水平，公司所在地对人力资源的吸引力，公司当地临时工人的供给状况以及住房、交通、生活条件等。例如，在许多城市中，一方面有大量的苦、脏、累、险工作无人做，另一方面却有大批的下岗人员待业。因此，企业在进行人力资源供给预测时，不仅应预测劳动力市场可供给的人力资源，而且要预测企业所需人员在劳动力市场中实际的供给情况。

3) 行业性因素

行业性因素包括企业所处行业的景气程度，行业发展前景，行业内竞争对手的数量、实力及在吸引人才方面采取的措施，企业在行业中所处的地位及对人才的吸引力等。行业的景气与否直接决定劳动力供给的数量和价格。例如，近几年来计算机人员、金融工程师、资本运作人员的劳动力市场远远供不应求，这些工作的工资水平一直在稳定增长。而另一方面，农村剩余劳动力、密集型生产线的工人和无技术的劳动力则明显供过于求，并因此限制了这些工作工资水平的增长。

2. 人力资源内部劳动力供给的影响因素

企业必须清楚自己内部的劳动力状况，特别是员工的构成和多样性，否则，就无法制定切合实际的人力资源政策和活动项目，从而无法实现理想的员工构成和多样性。对内部环境的分析，可以帮助企业预测已有员工的损失数量和吸引新员工的数量。

1) 企业战略

从内部劳动力市场来看，企业的战略选择会影响人力资源的供给，而对其可供给量的预测则是以当前在职人员为基础的。例如，当企业准备实施收缩战略时，超过50岁的员工要考虑提前退休。结果，公司发现有大批高、中级经理年龄均在50岁以上，如果这样做，将会使企业失去大批有经验的管理人员。相反，如果企业实施扩张战略（如兼并战略），为了将经营理念导入新的企业，母公司往往会派出大量的高级管理人员。这时，母公司管理人员的可供给量将直接影响该战略的实施。

2) 组织结构

随着企业纵向管理层次的减少，员工沿层级升迁的机会也在减少，这时横向职位的变动将受到越来越多的重视。例如，在采用直线职能结构的企业中，职位提升往往都是单向的。在事业部制或矩阵式的企业中，事业迁升阶梯变成了多维框架，既有上升，也有大量水平调动，有时还有向下调整的情况。当新技术出现或自动化程度提高时，劳动密集型企业的一般劳动力将出现过剩；相反，技术型生产人员和研发人员的供给则会减少。

3) 企业人员流动率

在收集和分析有关内部劳动力供应数据时，企业内部人员流动率将对劳动力供给产生很大影响。企业人员的流动率可以根据历史数据与人力资源管理经验来预测，通过分析规划期内可能流出和注入的人数与相应类型及企业内部劳动力市场的变动情况（例如晋升、降职、调动等），可以判断未来某个时点或时期企业内部可提供的人力资源数量。例如，某个部门有 50 名员工，前一年有 10 位离职，则其人员流动率为 20%。如果企业其他部门的该指标都不超过 5%，则说明这一部门的人员配置存在问题。人员流动率较高的原因，可能是竞争者为其提供了更好的条件和福利，或员工对所在部门有种种不满，也可能源于工作缺乏保障或管理太差。

5.4.2　人力资源供给预测步骤

人力资源供给预测是一个比较复杂的过程。其中，外部人力资源的供给预测由于涉及较多的不确定性因素，企业难以控制其预测结果。内部人力资源供给预测则由于人员拥有量相对透明，预测的准确性较高。因而，企业在进行人力资源供给预测时可把重点放在内部人员拥有量的预测上。

一般来说，人力资源供给预测可遵循以下几个步骤。

(1) 对企业现有的人力资源进行盘点，了解企业员工的现状。

(2) 分析企业的职务调整数据，统计出员工调整的比例。

(3) 从各部门的人事决策处了解可能出现的人事调整情况。

(4) 将步骤 (2) 和步骤 (3) 的情况汇总，得出企业内部人力资源供给的预测数据。

(5) 分析影响外部人力资源供给的外部性因素。

(6) 根据步骤 (5) 的分析，得出外部人力资源供给的预测数据。

(7) 将内、外部人力资源供给预测汇总，得出企业人力资源供给的预测结果。

5.4.3　人力资源供给预测技术

人力资源供给预测技术包括企业内部人力资源供给预测技术与企业外部人力资源供

给预测技术。

1. 人力资源内部供给预测技术

1) 现状核查与员工技能清单法

现状核查与员工技能清单法是通过对企业的工作职类进行分类，划分其级别，确定每一职位、每一级别所需的人数，统计得到企业所需的各类员工技能列表。同时，通过对目前人力资源进行盘点，了解企业员工的现状和在岗员工工作技能的适应性，分析企业的职务调整和技能培养政策，统计出员工调整的比例，结合各部门可能出现的具体人事调整情况，得出企业内部人力资源供给预测。这种方法适用于小型、静态企业短期的人力资源供给预测。

2) 人员接替模型

人员接替模型的目的是确认特定职位的内部候选人，其涉及面较广，对各职位之间的关系也描述得更具体。建立人员接替模型的关键，是根据职务分析的信息，明确不同职位对员工的具体要求，然后确定一位或几位较易达到这一职位要求的候选人；或者确定哪位员工具有潜力，经过培训后可以胜任这一工作。然后把各职位的候补人员情况与企业员工的流动情况综合起来考虑，控制好员工流动方式与不同职位人员接替方式之间的关系，对企业人力资源进行动态管理。借助人员接替模型，可以看出每一个职位的外部招聘人数、晋升人数、退休和辞职人数、具备晋升实力人数等信息。

如图 5.4 所示，人员接替模型一目了然，给我们提供了简单实用的预测方法。

3) 马尔科夫 (Markov) 模型

马尔科夫转移矩阵分析法是根据企业的历史资料，计算出不同职类与不同职层的员工流向另一类或另一级别的平均概率，根据统计数据建立一个人员变动矩阵，这个矩阵实际上是描绘企业历史劳动力的供给趋势。根据年底各类人员人数和人员变动概率矩阵，可预测第二年组织可供给的人数。若企业的各种条件在某种程度上是比较稳定的，则这种矩阵还可以用来预测未来劳动力的供给状况。

这种方法既适用于员工类别简单的企业，也适用于员工类别特别复杂的大型企业。以下是某公司人力资源供给情况的马尔科夫转移矩阵分析，如表 5-2、表 5-3 所示。

表 5-2　人员流动概率矩阵表

职位层次	人员调动概率				
	H	L	S	A	离职
高层管理人员 (H)	0.80				0.20
基层管理人员 (L)	0.10	0.70			0.20
高级会计师 (S)		0.05	0.80	0.05	0.10
会计员 (A)			0.15	0.65	0.20

表 5-3 人员流动矩阵表

单位：人

职位层次	初期人员数量	H	L	S	A	离职
高层管理人员 (H)	40	32				8
基层管理人员 (L)	80	8	56			16
高级会计师 (S)	120		6	96	6	12
会计员 (A)	160			24	104	32
预计的人员供应量		40	62	120	110	68

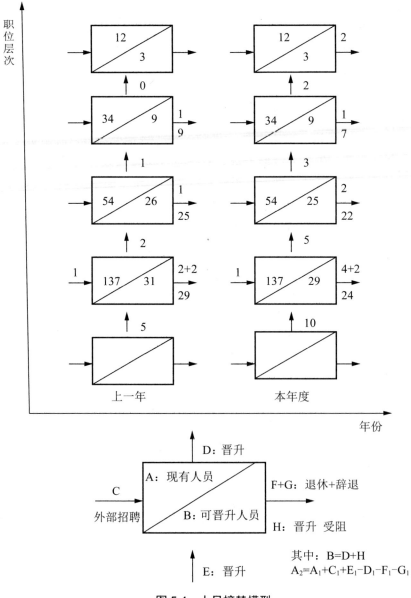

图 5.4 人员接替模型

如上表所示：根据表 5-2 和表 5-3 的数据，将计划初期工作的人员数量与每一种工作的人员变动概率相乘，然后纵向相加，即得到企业内部未来劳动力的净供给量。

4) 企业内部供给预测方法比较 (表 5-4)

表 5-4　企业内部供给预测方法比较

方法	特点	适用条件	不足
现状核查与员工技能清单法	是一种静态的人力资源预测技术，不反映企业未来人力资源的变化	适合于小型、静态企业短期的人力资源供给预测	在大型企业的人力资源供给预测中，存在很大的局限性
人员替代法	直观、简单、实用	针对企业管理人员供给预测的方法	应根据企业的变化进行及时的调整
马尔科夫预测法	是一种转换概率矩阵，使用统计技术预测未来的人力资源变化。可以作为预测内部劳动力供给的基础	不仅可以处理员工类别简单的企业中的人力资源供给预测问题，也可以解决员工类别复杂的大型企业中的内部人力资源供给预测	这种方法的精确性与可行性还需要进一步研究

2. 人力资源外部供给预测技术

招聘和录用新员工对所有公司都是必不可少的，无论是由于生产规模的扩大，还是由于劳动力的自然减员，公司都要从劳动力市场获得必要的劳动力。因此，对外部劳动力市场进行预测将直接影响企业人力资源战略的制定。外部劳动力供给预测方法一般有市场调查法和相关因素预测法。

1) 市场调查法

市场调查法是企业人力资源管理人员通过市场调查，并在掌握第一手劳动力市场信息资料的基础上，经过分析和推算，预测劳动力市场的发展规律和未来趋势的一类方法。它不仅要调查企业所在地域的人力资源供给情况，还要调查同行业或同地区对企业人力资源的需求情况。

由于市场预测方法强调数据来源的客观性，在一定程度上避免了人为的主观判断。所以，有人称市场调查法是客观市场预测法。市场调查法的方法很多，主要有以下几种。

(1) 文献研究法。企业可以通过各种渠道收集信息。例如，通过互联网、各类经济信息报刊、国家和地区的统计资料、市场行情资料以及产品目录大会等文献资料，可以了解市场的一般情况。

(2) 直接调查法。企业就自己所关注的人力资源状况对调查对象进行询问或要求对方填写询问表以取得答案。例如，通过对应聘人员和在岗人员进行调查分析，得出未来人力资源供给状况的估计。

(3) 通过企业本身积累的资料进行调查。许多企业积累了本企业内部人力资本供给和外部人力资源供给等方面的大量统计资料，而且资料数据比较准确，查阅比较方便。

(4) 经验法。企业依靠有经验的市场调查或市场研究人员对市场进行直接观察，从而判断出市场状况的一种方法。

(5) 会议调查法。通过各种各样的会议收集市场信息，也是一种行之有效的市场调查方法。

2) 相关因素预测法

相关因素预测法是通过调查和分析，找出影响劳动力市场供给的各种因素，分析各种因素对劳动力市场发展变化的作用方向和影响程度，从而预测未来劳动力市场的发展规律和趋势。影响外部劳动力供给的相关因素很多，通常要对主要因素进行分析，这些因素包括行业状况、行业整体劳动生产率等。其计算方法与人力资源需求预测中的回归分析法相同。

5.5 人力资源供需平衡

人力资源规划的目的是要实现企业人力资源供给和需求的平衡。因此，在预测人力资源的供给和需求之后，就要对这两者进行比较，并根据比较的结果采取相应的措施。

5.5.1 人力资源供需平衡分析

人力资源供需平衡分析的主要任务，是根据供需预测的结果，判断和计算某一时期企业人力资源供求失衡的方向和数量，并将其作为企业制定具体人力资源管理活动的依据。供需分析的整个过程如图 5.5 所示。

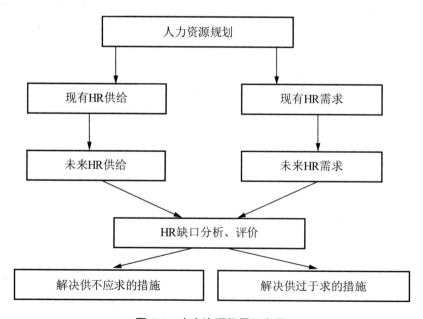

图 5.5 人力资源供需平衡图

5.5.2 人力资源供需失衡的调整

劳尔应如何制订人力资源行动计划

高点汽车经销公司的销售经理约翰·劳尔在与首席执行官会谈之后，无精打采地走了出来。首席执行官告诉公司的各部门经理，由于公司的销售额下降了30%，并且经济形势还在持续恶化，公司决定实施一套新的战略规划。在过去8年中，公司一直在整个南佛罗里达州不断开设新的汽车展示厅，而现在对于公司来说，生存已经成了关键问题。高点公司必须合并和收缩现有的运营机构。为此，公司准备裁员20%，削减一半的费用开支——关闭3处展示厅，并且采取措施在现有的汽车品牌代理基础上维持适当的销售额。与公司其他部门的经理一样，劳尔也必须在3天内提交一份详细的人力资源行动计划，以说明本部门将如何实施首席官的这项新的战略规划。劳尔感到非常困惑："我究竟应该从何处入手？我应该怎么办？"

（资料来源：[美]加里·德斯勒，人力资源管理[M]. 刘昕，译. 北京：中国人民大学出版社，2012.）

企业人力资源供给和需求完全平衡几乎是不可能的，即使在供需总量上达到了平衡，往往也会在层次和结构上出现不平衡。可见，在企业发展中人力资源供需不平衡是常态，而平衡只是暂时的。

结构性失衡是企业人力资源供需关系中较为普遍的一种现象，在企业的稳定发展状况中表现得尤为突出。所以，人力资源供需分析比较的结果为企业制定有关的人力资源管理政策和措施提供了依据。企业可以在人力资源供需预测的基础上，得出人力资源剩余或者是短缺的结论，然后制定相应的政策和措施，以实现人力资源的综合平衡。

1. 人力资源过剩的调整

(1) 永久性地裁减或辞退员工，这种方法虽然比较直接，但会产生劳资双方的敌对行为，也会给社会带来不安定因素，而且往往会受到政府的限制。因此，这种方式需要有一个完善的社会保障体系作为后盾。

(2) 关闭一些不盈利的分厂或车间，或暂时性关闭。

(3) 鼓励员工提前退休，就是给那些接近退休年龄的员工以优惠的政策，让他们提前离开企业，一般来说其补偿代价比较大。

(4) 对富余员工实施培训，这相当于进行人员的储备，为未来的发展做好准备。

(5) 减少工作时间或由两个或两个以上人员分担一个工作岗位，并相应减少工资，通过这种方式可以减少供给。

(6) 冻结招聘，即停止从外部招聘人员，通过自然减员来减少供给。

避免预期出现劳动力过剩的方法及其达到目的的速度和员工受伤程度见表5-5。

表5-5 减少预期出现劳动力过剩的方法

方法	速度	可撤回程度
①裁员	快	高

(续)

方法	速度	可撤回程度
②减薪	快	高
③降级	快	高
④工作分享	快	中等
⑤工作轮换	快	中等
⑥退休	慢	低
⑦自然减少	慢	低
⑧再培训	慢	低

2. 人力资源短缺的调整

(1) 提高现有员工的工作效率，这是增加供给的一种有效方法，通过训练本企业职工，对受过培训的员工根据情况择优提升补缺，并相应提高其工资待遇。

(2) 降低员工的离职率，减少员工的流失，同时进行内部调配，通过增加内部的流动来提高某些职位的供给。

(3) 延长员工工作时间，如让员工加班加点，并给予加班奖励。

(4) 重新设计工作、改进技术或进行超前生产以提高员工的工作效率。

(5) 制定招聘政策，向企业外进行招聘，雇用全日制临时工或非全日制临时工，包括返聘退休人员，这也是最为直接的一种方法。

(6) 可以将企业的有些业务进行外包，这就相当于减少了对人力资源的需求。

企业通过各种措施解决人力资源短缺问题，人员补充阶段也是企业人力资源结构调整的最好时机。避免预期出现劳动力短缺的方法及其达到目的的速度和可回撤程度见表5-6。

表5-6 避免预期出现劳动力短缺的方法

方法	速度	可撤回程度
①加班	快	高
②临时雇用	快	高
③外包	快	高
④再培训后换岗	慢	高
⑤减少流动数量	慢	中等
⑥外部雇用新人	慢	低
⑦技术创新	慢	低

5.6 人力资源规划的编制

人力资源管理的各种职能,如招聘、任用、培训发展、绩效评估、薪酬规划和劳资关系是连贯性的,而不是各自独立和分散的。因此,在高度竞争的市场环境中,企业必须通过适当的人力资源规划,使得企业全部人力资源得到合理的整合,这样才能充分发挥企业的综合竞争力。

从广义上来说,人力资源规划编制的目的是配合企业的整体经营战略,以确保企业人力资源得以有效运用。每个企业编制的人力资源规划各不相同,一般来说,一份完整的企业人力资源规划包括人力资源总体规划和人力资源具体业务规划。

5.6.1 人力资源总体规划的编制

人力资源总体规划着重于人力资源方面总的、概括性的策略和有关重要方针、政策和原则,一般包括以下两个方面。

(1) 阐述在战略规划期内企业对各种人力资源的需求和各种人力资源配置的总体框架。

(2) 确定企业人力资源净需求。人力资源净需求是企业人力资源需求预测与内部供给预测的差值,同时还应考虑到新进员工的耗损。

此外,人力资源总体规划还应该阐明与人力资源有关的重要方针、政策和原则,如涉及人员的招聘与任用、培训教育、薪酬福利、晋升、降职、退休与解雇以及人力资源成本预算等方面的重大方针和政策。

人力资源总体规划通常有两类人力资源净需求形式。

第一类是按部门编制的净需求,表明企业未来人力资源规划的大致情况,见表 5-7。

第二类是按人力资源类别,如按在企业中所处的管理层次编制的净需求,见表 5-8。

表 5-7 某部门人力资源净需求表

单位:人

	项 目	第一年	第二年	第三年	第四年	第五年
需求	①年初人力资源需求量	120	140	140	120	120
	②预测年内需求之增加	20	—	-20	—	—
	③年末总需求	140	140	120	120	120
内部供给	④年初拥有数	120	140	140	120	120
	⑤招聘人数	5	5	—	—	—
	⑥人员损耗	20	27	28	19	17
	其中:退休	3	6	4	1	3
	调出或升迁	15	17	18	15	14
	辞职	2	4	6	3	—

(续)

	项 目	第一年	第二年	第三年	第四年	第五年
内部供给	辞退或其他	—	—	—	—	—
	⑦年底拥有人数	105	118	112	101	103
净需求	⑧不足或有余	-35	-22	-8	-19	-17
	⑨新进人员耗损总计	3	6	2	4	3
	⑩该年人力资源净需求	38	28	10	23	20

表 5-8 按类别的人力资源净需求表

单位：人

| 主要工作类别按职务划分 | 现有人员 | 规划人员 | 余缺 | 预期人员的流失 | | | | | | 本期人力资源净需求 |
				调职	升迁	辞职	退休	辞退	其他	合计	
①高层主管											
②部门经理											
③基层管理人员											
……											
合计											

5.6.2　人力资源具体业务规划的编制

人力资源具体业务规划包括人力资源招聘与任用规划、培训规划、薪酬规划及人员流动规划等。

1. 人力资源招聘与任用规划

人力资源是企业中最重要的资源。当人力资源需求确定之后，就应该根据企业的需要，选择合适的途径和方法，积极吸引人才。然而，如何选用适当的人员担任适当的工作，也是人力资源管理中的重要的一环，尤其是在现代企业竞争激烈的情况下，对人才的任用更为重要。

1) 招聘规划

招聘规划随人力资源需求的不同而不同，但其基本要求都是要达到人与事的配合，即因事设人，而不是因人设事。具体而言，招聘规划的内容大致可有如下几项。

(1) 针对未来业务发展的需要及企业所处环境的变化，预测未来所需的不同类型的人力资源。

(2) 将(1)的结果与现期状况相比较。确定需要补充人员的数量、素质、类别及年龄等招聘标准，并拟定预算。

(3) 确定需要补充的人才来源。若招聘职位较高，可适当放宽招聘的地区范围，若招聘基层员工，则一般在企业附近的地区招聘，以提高企业员工工作的稳定性。

(4) 拟定补充人员的起点待遇。

(5) 拟定人员招聘广告和招聘方式。

(6) 明确完成挑选、录用工作的具体时间期限。

2) 任用规划

人力资源规划不仅要满足未来人力的需要,更应该对现有人力做充分的运用。任用规划的总目标是为了实现人才结构的优化和绩效的改善。编制人员任用规划的具体步骤如下:

(1) 各部门编制人才使用计划。

(2) 编制岗位任职条件。

(3) 拟定职务轮换的范围和时间。

2. 人力资源培训规划

企业的培训规划是为企业长期、中期、短期所需要弥补的空缺职位事先准备合适的人力资源而制定的培训规划安排。其目标是为了提高人力资源素质,改善人力资源管理的绩效。

为了制定一个正确和全面的人力资源培训规划,在规划过程中可以按照以下步骤进行。

(1) 建立企业员工培训领导机构。企业每年能够用于人力资源培训的投资是有限的,因此,需要建立一个培训规划制定和执行的领导机构,协调各个部门完成人力资源培训工作。该领导小组长一般由企业最高管理层中负责人力资源工作的总经理担任。

(2) 对员工培训需求进行调查,根据企业人力资源发展总体规划要求和员工及部门的申请,按照各个培训项目的轻重缓急进行资源分配,优先满足重点培训项目对人力、物力和财力的需要。

(3) 根据员工的培训需求确定培训人员的类型与数量。

(4) 确定培训方式和培训时间的安排。

(5) 培训效果的考核。一般来说,对员工进行培训之后还要对培训的效果进行评估,一个企业如果不能正确地评价其培训方案和效果,就难以准确判断培训方案是否有效,培训项目是否达到了预期的目的。因而,要对培训项目的规划方案和效果进行有效的评价。评价指标包括培训的投入预算、人员脱产培训的损失预算等。

3. 人力资源薪酬福利规划

企业人力资源薪酬福利规划应该能够根据员工的劳动付出给予相应的报偿。尤其是在知识经济时代,企业的发展在很大程度上取决于员工的创新精神能否得到充分的发挥。而员工的创新才干能否充分发挥,在很大程度上又取决于员工能否从自己的创新中获得相应的回报,因此企业的人力资源薪酬福利规划要有利于激励企业员工创新精神和潜力的发挥。在制定企业人力资源薪酬福利时,可以按照以下步骤进行。

(1) 在对薪酬进行外部和内部调查的基础上,确定薪酬福利报偿对象、数量和报偿时间。

(2) 分析薪酬福利规划与生产率的关系。根据报偿对象,分析不同的报偿方案对劳动生产率的影响,以选择最佳的规划方案与水平。

(3) 结合步骤 (1) 和 (2),根据各种规划方式对企业员工劳动生产率的影响、创新能力和劳动积极性的激励作用,确定企业应该采取的规划方案。

(4) 对规划方案的评价，在规划中必须明确各种不同的规划对象所采取的报偿方式、报偿费用支出、规划后预计可以产生的效果和评价指标。主要分析企业所采取的各种规划方案对企业经营发展各方面的影响，例如对劳动生产率、技术创新能力、企业销售活动等方面的影响。

4. 人力资源流动规划

一般而言，企业内的人力资源流动主要包括人才接替与提升、降职以及退休解聘规划等。其运用是否合理得当，将会直接影响企业的整体士气与活动。

1) 人才接替与提升规划

人才接替与提升规划的目标是为了保持一定数量的后备力量，改善人才结构。实施人才接替与提升规划的具体步骤如下。

(1) 拟定后备人才的选拔标准和资格。
(2) 制订后备力量的岗位轮换计划。
(3) 确定后备力量培训的需要。
(4) 各力量提升比例与提升计划的安排。
(5) 未提升的资深人员的安置。
(6) 填报职务变动引起的工资福利变化预算表。

2) 降职

一般而言，降职的发生往往是基于下列原因。

(1) 由于企业内外部环境的变化，企业可以采取降职的措施来适应企业战略的调整。
(2) 由于员工违规或工作绩效不佳，但还不至于被解雇，则可以考虑以降职手段对员工进行惩罚。
(3) 由于在员工晋升或调动任用后，经过一段时间的试用，发现其能力或资力不能胜任工作的要求，为了弥补以前不当的任用，则可以采取这种措施予以补救。但考虑到降职的负面影响较大，如可能引起被降职员工的不满而引起若干防卫性、破坏性及报复性的行为，所以对降职应该慎重考虑。

3) 退休解聘

退休解聘的实质是为企业建立起淘汰退出机制，其目标是为了降低劳务成本、提高生产效率。现在很多企业已经打破了以前的"铁饭碗"，但依然存在大量冗余人员。很多员工只要进了企业，如果不是主动辞职或是犯了重大错误，一般不会被这些企业辞退。造成这种现象的一个重要原因就是企业只设计了向上的晋升通道，而忽略了向下的退出通道，而在人力资源规划中退休解雇规划就是为了弥补这一漏洞而设计的。如目前已有很多企业采用的末位淘汰制就是基于这种理念引导下的管理措施。实施退休解聘规划的具体步骤如下。

阅读案例
江苏某电气公司
人力资源规划

(1) 编制退休解聘计划。
(2) 总结当前退休和解聘政策已取得的经验。

(3) 制定退休和解聘的政策措施。
(4) 制定退休和解聘的工作程序。
(5) 退休、解聘人员的安置费或重置费预算。

5.7 人力资源规划的控制与评估

企业人力资源规划的控制与评估是指对人力资源规划的实施过程进行监督、控制并对规划实施结果进行评估。在人力资源规划实施过程中，如果发现规划与现实有偏差，还需要对规划重新加以修订，才能继续实施。

5.7.1 人力资源规划的控制

人力资源规划在实施过程中出现问题时，给企业人力资源发展所带来的影响是各不相同的。如果规划不恰当，同时又没能及时采取有效措施进行纠正，则会造成人力资源规划的实施失效。因此，为了保证人力资源规划能够正确实施，并及时应付实施过程中出现的意外情况，则需要对人力资源规划的实施进行控制。人力资源规划的控制包括外部和内部控制。

1. 外部控制

企业人力资源系统的外部环境通常包括企业经营战略、企业经营水平、技术开发能力、生产能力和社会人力资源系统。这些外部环境是企业人力资源发展规划的依据，如果这些外部环境发生重大变化，企业人力资源规划就必须尽快修正，以适应环境变化的需要，否则企业人力资源规划的实施只能导致失败。例如，在我国《劳动合同法草案》中规定，如果企业裁员在 50 人以上则需要和工会进行协调。裁员权利由企业自主决定权转变为用人单位与劳动者双方共同的决定权。在这种法律规定下，企业在裁员时，其策略不能违背法律的规定。

2. 内部控制

企业人力资源系统的内部条件主要是指企业人力资源系统的总量、结构和素质等。当这些条件发生变化时，也需要对企业人力资源规划进行调整，以满足人力资源发展的需要。例如，在人力资源 2 年规划中需要 80 名某类技术人员，现有 40 人，每年需要培训 20 人。但是在培训规划实施一年以后，该类人员突然流失 20 人，这就需要对以后的培训规划进行调整，第二年至少要培训 40 人，才能达到企业人力资源规划的目标。

5.7.2 人力资源规划的评估

人力资源规划的实施是一个动态的过程，在具体实施人力资源规划的过程中，由于规划人员预测理性的有限以及内外部环境变化的不确定性，都有可能使得最初制定的人力资源规划不能真正有效地达到企业预期的目标和要求。因此，建立一套科学的评估体系，既是对前期人力资源工作的总结，同时也能为以后人力资源规划的可持续发展提供保障。

虽然在理论和实践中对人力资源规划工作进行评价存在较多分歧与争议，对管理人员的管理实践也是一个现实的挑战，但是人力资源管理理论与实践的迅猛发展，还是为我们提供了一些可以借鉴的人力资源规划评估方法。

1. 会计评估法

人力资源会计评估法是将企业人力资源视为企业资产或投资，给出员工价值，采用标准会计原理去评价员工价值的变化。它是一个关于识别、评价人力资源并交流有关信息以实现有效管理的过程。与其他资产评估不同的是，人力资产评估与控制，需使用由行为科学所提供的评价工具对员工的能力和价值进行计算。

2. 关键指标评估法

关键指标评估法是用一些测评企业绩效的关键量化指标来说明人力资源规划的工作情况。这些关键指标包括求职雇用、雇员能力评估和开发、职业生涯发展、薪酬管理、福利待遇、工作环境、劳动关系以及总效用等。每一项关键指标均需给出可量化的若干指标，如企业在招聘时，各个岗位能够吸引的应聘人数与最终录用人数比等。人力资源规划工作与企业绩效的关联性研究与实证分析显示，人力资源关键指标能显示二者有较高的相关度。人力资源规划工作优秀的企业确实能有良好的企业业绩。

3. 成本评估法

成本评估法是通过测算人力资源成本并将其与标准成本相比较从而评估人力资源管理绩效的一种方法。一般的人力资源成本可包括每一位员工的培训成本、福利成本占总薪资成本的比重以及薪酬成本等。这种人力资源成本控制方法是对传统成本控制的拓展，在典型的成本控制表中可包括：雇用、培训和开发、薪酬、福利、劳动关系、安全和健康、人力资源整体成本等。

4. 声誉评估法

有些专家认为人力资源规划工作的效用判断，可以通过员工的主观感受来对企业人力资源规划工作进行评估。员工的反映及企业人力资源规划工作的声誉对人力资源规划评估是比较重要的。员工意见调查可以有效地用于诊断哪些方面存在问题，了解员工的需要和偏好，发现哪些方面的工作得到肯定，哪些方面被否定。除了常规性的问卷调查外，为了打消员工提出意见和建议的顾虑，企业也可以通过电子信箱调查、按钮话机对话式调查等方法来了解员工的意见。

5. 标杆法

标杆(Benchmarking)法也是在人力资源部门中得到运用并将其作为评估人力资源规划工作的方法之一。其方法是将人力资源规划政策和人力资源利用效果与那些"表现最好"的企业的各项标准进行比较，确认人力资源规划的运作情况是否需要改进。如果存在着差距，则设立人力资源利用目标，逐渐缩小目前利用状况与最佳利用状况之间的差距。通过标杆法，可以达到以下目的。

(1) 促使一个公司看到自己在人力资源管理实践方面的能力以及与行业竞争者的差距，并且通过收集数据来检验自己是否在不断地进步，从而使得公司更好地集中自己的资源以获得竞争优势。

(2) 可使人力资源部门的人员了解到，他们的工作业绩与标杆企业相比，到底处在一个什么样的水平之上。

5.8 人力资源管理信息系统

人力资源管理信息系统(Human Resource Management Information System，HRMIS)是管理信息系统的一个子系统。它是指通过建立一种信息平台，将信息技术与人力资源管理技术运用于企业的管理实践活动之中，使之满足企业各部门对信息管理的具体需要。人力资源管理信息系统打破了传统的人员管理模式并实现了人力资源的信息化，进而为企业设计了一个适应其管理发展的基本框架。

5.8.1 人力资源管理信息系统的基本信息及性能要求

管理信息系统(Management Information System，MIS)是一个以人为主导，利用计算机硬件、软件、网络通信设备以及其他办公设备，进行信息的收集、传输、加工、存储、更新和维护，以企业战略竞争优势、提高效益和效率为目的的人机系统。按照功能上的划分，人力资源管理信息系统属于管理信息系统的一种，它的基本信息及性能要求如下。

1. 人力资源管理信息系统的基本信息要求

(1) 人员基础信息：姓名、性别、出生日期、婚姻状况、身体状况等。

(2) 工作经历：过去工作的性质、个人离职类型、可胜任职位、缺勤记录等。

(3) 招聘：空缺工作名称、要求的经验、要求的受教育程度、工作职责、薪资范围、拥有的工作技能等。

(4) 住址联络：家庭住址、工作安排的地理位置、办公室电话、紧急情况下的联络方式等。

(5) 安全与福利：医疗保险参与状况、养老金参与状况、储蓄参与状况等。

(6) 离职：离职日期、离职原因、未来住址、新雇主的姓名及地址、工作环境等。

(7) 工作分配：工作与非工作时间比例、当前薪资水平、加班工资额等。

(8) 受教育程度：学位证书、授予学位的专业、授予学位的日期、拥有的专业技术证书、曾入过的学校等。

(9) 工作评价与提升的可能性：个人兴趣、工作偏好、地域偏好、理想职位等。

(10) 劳动力市场：该地区人员供给量分析、不同层次人员的失业率、未来人力资源需求预测、薪酬状况等。

2. 人力资源管理信息系统的基本性能要求

人力资源管理信息系统经过详细的系统分析和设计，确定为非实时性系统，它至少要满足以下几种系统性能要求。

(1) 可操作性。由于该系统涉及操作层面，为了有效地发挥其作用，要求系统容易理解、操作简单易行、上机培训量少。

(2) 安全可靠性。人力资源管理信息系统所处理的数据非常重要，不能随意存取或改变。因此，必须对其进行严密监控，对系统数据进行有效保护，以防止病毒破坏和对数据的非法操作。

(3) 可维护性。系统的变更要简单易行。一个应用系统由于需求和环境的变化以及自身暴露的问题，在交付用户使用后，必须对它进行系统维护，而软件维护的费用比较高。因此，在系统开发过程中始终要注意软件的可维护性。

5.8.2 人力资源管理信息系统的主要作用

人力资源管理信息系统作为人力资源战略规划的辅助工具，将帮助人力资源部门实现数据的集中管理和共享，优化业务流程及人力资源作业流程，并为人力资源部门进一步提高日常工作效率和提升部门整体业务水平提供强有力的支持，从而成为人力资源部门信息化、职业化、个性化的管理平台。

1. 提高企业及其部门的工作效率

人力资源管理信息系统可以为企业提供整合的、集中的信息源，从而建立易访问、易查询的信息库。企业管理人员可以依赖人力资源管理信息系统及时有效地获取信息以摆脱烦琐的日常工作。著名国际人力资源领域作家斯宾塞(Spencer)在《重组人力资源》一书中指出，人力资源管理者往往将大部分时间和精力放在行政事务处理上，相比之下，花在战略规划上的时间和精力却很少。然而，对两者的投入与其产出是成反比关系的。根据斯宾塞的研究，人力资源成本和价值增值的关系，如图5.6所示。

成本		价值增值
10%	规划	60%
30%	业务活动	30%
60%	行政事务处理	10%

图 5.6 人力资源成本与价值增值

由此图可以看出，人力资源部门需要采取一定的措施来改善这一现状。因此，人力资源管理信息系统可以帮助人力资源部处理定量工作，使其有充足的时间来处理定性工作，从而提高整个企业及其部门的工作效率和质量。

2. 增强员工的企业公平感与认同感

企业可以将人力资源管理信息系统建立为一个开放式系统，对企业内不同的员工授予相应的访问级别，员工可以通过人力资源信息系统来了解自己的医疗保障计划、积累休假、福利情况等信息或是登记修改个人信息。由于更好地体现了企业公平性原则，企业赢得了员工更多的信任，从而提高了员工对企业的公平感和认同感，并最终提高了企业的生产效率。

5.8.3 人力资源管理信息系统的建立

要做好人力资源规划工作，首先要建立人力资源管理信息系统。利用这一系统可以对公司的人力资源进行动态规划，并保证人力资源规划的顺利实施。为了使 HRMIS 能全面实现人力资源管理的功能，并为管理决策提供强大的数据支持，可以根据人力资源管理理念设计一套信息可以共享、数据更新及时、可为决策提供有用信息的 HRMIS，如图 5.7 所示。

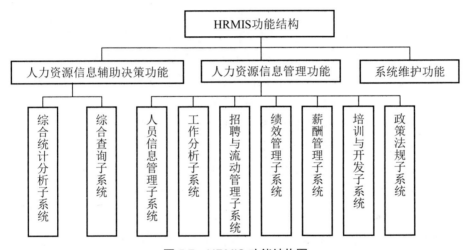

图 5.7　HRMIS 功能结构图

这一系统要实现的众多功能可以归纳为三个部分，分别为人力资源信息管理功能、人力资源信息辅助决策功能和系统维护功能。

1．人力资源信息管理功能

人力资源信息管理功能由人员信息管理子系统、工作分析子系统、招聘与流动管理子系统、绩效管理子系统、薪酬管理子系统、培训与开发子系统、政策法规子系统来具体实现。

2．人力资源信息辅助决策功能

人力资源信息辅助决策功能进一步强调了 HRMIS 的数据分析等辅助决策功能。现在企业不仅需要对人力资源管理信息的简单查询和简单的数据统计描述，更需要对信息、数据进行深入分析，为企业各种决策提供坚实的依据。这一功能通过综合统计分析子系统和综合查询子系统来实现。

3．系统维护功能

系统维护功能是通过系统维护来实现整个系统安全有效的运行。其功能包括权限管理、接口管理和数据库管理。在权限管理中，系统管理员可以增加新的用户、修改设置用户权限，提高系统的安全性。接口管理是系统的延伸和扩展，提供 HRMIS 系统和管理生产系统、财务管理系统的接口。在应用程序中提供 Word、Excel、Office 等办公软件的连接，帮助用户分析、查看、计算人力资源管理数据，辅助生成人力资源管理的各种报表等。数据库管理则是提供数据加密、数据库加密、自动备份与恢复等。

5.8.4　人力资源管理信息系统的实施与评估

系统的实施与评估作为人力资源管理信息系统生命周期中的最后阶段，是将系统的构建转化为可实际运行的物理系统的一个必然步骤。它对系统的质量、可靠性、可维护性等都有着十分重要的影响。

1. 人力资源管理信息系统的实施

系统构建工作完成之后，在系统分析和文档资料设计的基础上，才能进行人力资源管理信息系统的实施。系统的实施主要包括以下几种活动。

(1) 程序设计指按照系统程序设计说明和要求，选定一种程序设计语言并编写源程序。

(2) 系统测试是测试与系统相关的软件，是对整个系统开发过程包括系统分析、系统设计、系统实现的审查，从而发现程序中的错误。

(3) 系统安装指各种软件和硬件设备的选型、论证、购置、安装，最后进行系统调试。

(4) 系统转换即新旧系统的转换工作。新系统经过测试和试运行后，旧系统必须向新系统过渡，从而使新系统逐步进入实际运行阶段。

(5) 系统维护与更新指系统投入使用后的维护以及技术的更新与升级。

2. 人力资源管理信息系统的评估

为了有效地推进人力资源系统信息系统在企业中的顺利实施，首先需要遵循几个原则，包括公开性原则、及时反馈原则、准确性原则、一致性原则、可行性原则和多样性原则。在此基础上，可以从技术和经济角度对它进行评估。技术上的评估包括系统的功能、质量、安全保密性以及整个信息系统的总体水平等方面；经济上的评估主要是对系统实施后产生的效果和效益的评估。人力资源管理信息系统在企业中的实施应该与其管理成本、经营效益联系起来。同时，从企业长远发展角度出发，则要看它能否为企业带来一定的经济效益。

本章小结

人力资源规划既是人力资源管理活动的初始步骤，也是人力资源管理的一项重要职能，它为整个人力资源管理活动制定目标、原则和方法。本章系统地阐述了人力资源规划的相关内容，在分析人力资源需求预测、供给预测和供需平衡的基础上，进行人力资源规划的编制，并对其实施过程与结果进行控制与评估，最后构建一套比较完整的人力资源管理信息系统。

关键术语

企业战略	Corporate Strategy
人力资源规划	Human Resource Planning
人力资源需求预测	Human Resource Demand Forecasting
人力资源供给预测	Human Resource Supply Forecasting
德尔菲法	Delphi Method
马尔科夫模型	Markov Model
人力资源管理信息系统	Human Resource Management Information System

习 题

1. 简述人力资源规划的含义。
2. 简述人力资源规划的作用。
3. 人力资源规划的编制方法有哪些？如何运用？
4. 德尔菲法的基本思路是什么？
5. 人力资源供给与需求的预测方法分别有哪些？
6. HRMIS 在企业中起到什么作用？
7. 论述企业怎样实现人力资源供求平衡。
8. 请同学们阅读《中国人力资源开发》2006 年第七期王鲁峰和孟宪忠的文章《基于战略的人力资源规划及其在中小企业中的应用》，并结合所学知识讨论目前中小企业人力资源规划的现状以及中小企业应该如何制定基于战略的人力资源规划。

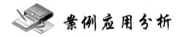
案例应用分析

企业成长与人才难题

1. 基本情况

TC 公司是一家具有一定规模的民营房地产企业。从公司的发展历史来看，1996 年公司创建时仅有 50 万元资金和 5 位员工。1998 年，公司开始进入快速发展时期。当时，公司创办人凭着对市场的敏感果断决定投资征地。准确的判断、广阔的市场、成功的运作给公司带来了较高的回报和巨大的动力，公司开始加大力度进行商品房的开发。随后的几年，公司开发的一些楼盘项目都有较好的销售业绩。随着公司规模的迅速扩大，过去原有的 5 个部门增加到 10 个部门，人员也由过去的十几个人发展到现在的 150 多人，资产规模 1 亿多元。

然而，近几年随着该地区房地产市场化运作的加速，万科、香港汇达等数十家实力雄厚的企业纷纷进入该地区。与这些公司相比，TC 公司的竞争优势在于低成本的土地开发，但是在管理、销售以及人力资源方面都存在着明显的不足。另外，随着竞争对手的进入，该地区的房地产开发迅速升温，众多的楼盘都在较短的时间内推出，销售价格也在逐渐降低，这直接影响到了公司固守的价格优势防线。

与此对应的是随着人员的增加，诸多的管理问题也频频出现。员工们开始有了不少的抱怨，公司总经理也开始觉得自己对公司的管理、驾驭越来越吃力。他觉察到，虽然公司提出了明确的战略规划，但却总不能落实，"追究责任的时候，好像大家都有责任，每次都是大伙一块自我批评一顿后，下次的规划依然不能落实"。回忆公司初创的那两年，他感到大家特别团结，事实上，公司在发展初期的很多困难就是依靠员工的团结和凝聚力度过的。但是现在，员工内部已经出现小利益团体，各部门甚至同部门的管理人员都经常各自为政，意见不一。让他颇感困惑的还有，一方面公司觉得员工的整体素质较低，另一方面员工对薪酬又不满，抱怨没有公平的考核体系。

通过冷静分析，公司管理者认识到："在若干资源中最为稀缺的是人力资源。我们地区仅有两所普通高校，较高素质的人力资源相对匮乏，外部人力资源的提供是一个困难。"不解决人力资源及其管理问题，公司的发展必然受阻。

市场竞争的日益激烈、人力资源的不足以及出现的越来越多的管理问题等，都在考验着公司总经理和他的房地产公司。为此，公司决定请专业管理咨询人士来做进一步的诊断。

2. 诊断分析

咨询顾问到公司后，通过问卷调查了解到，大多数员工对于公司的人力资源工作不满，主要表现在几个方面。

(1) 人力资源规划功能的缺失。缺少基于战略思考的人员分析、预测、调整的动态规划，造成公司"用人找不到，找到了用不好，想换动不了"的现象。

(2) 公司薪酬结构不合理。公司在创业初期人员的薪酬都是由总经理亲自定，因此，薪酬没有明确的标准，总经理只是根据讨价还价的结果来决定薪酬的多少，人治行为严重。随着部门的增加和岗位的增多，薪酬的发放变得越发混乱，薪酬结构只有基本工资和奖金，基本工资标准不一致无法体现公平性，而奖金更是由老总说了算，造成奖金"发也众多人不满，不发更多人不满"的现象。

(3) 公司缺乏考核体系。公司在创业初期主要依靠家族成员的自觉性工作，没有任何考核依据。然而，随着企业人员的增加，管理变得复杂，工作性质也变得难以界定，对于不同人员多角度的考察，通过考评来择优淘劣就成了必不可少的工作。

3. 人力资源管理建议

基于这些问题，咨询顾问在充分了解事实的基础上，对公司人力资源管理提出了若干咨询建议，并从人力资源规划的角度提出了解决方案。

(1) 进行人力资源规划。在现有公司战略的基础上对现有人员的素质、能力进行分析，并对未来所需人员进行预测，制订出人员引进、替换、培养的计划，通过有效的规划来降低人力成本。

(2) 进行薪酬体系的设计。咨询顾问根据公司的企业特性，在"公平薪酬，拉开差距，公平考评"的原则下，将公司人员按职系进行划分，划分出4～5个职系，从不同的员工中选取代表对岗位的重要性进行打分，通过"薪点评价"的方法得出岗位重要性排序。

(3) 进行考核体系的设计。咨询顾问根据现有的管理水平,设计传统的"三态"考核方法和平衡记分卡结合使用的新模式。在考核的方法上采用对于业绩、态度、能力的考核,并在指标建立上揉进平衡记分卡的指标模式。

4. 人力资源规划方案

人力资源顾问及公司高层都认为,在建立合理的人力资源管理体系前进行人力资源规划是必要的步骤。在对公司进行人力资源规划时,咨询顾问结合公司资料及发放问卷的反馈结果,设计出规划流程,基本分为四个步骤。

(1) 通过整理分析人力资源档案,列出现有人员的结构数据并初步分析问题。

(2) 在了解现有人员情况的基础上,对企业的人员需求进行预测分析,对公司各重要职位进行整体评估,并将没有替代人员的岗位进行统计。

(3) 对内外部供给进行预测分析。分析结果显示,未来2~3年内公司要实现其战略目标,需要有人力资源总监、财务总监、人力资源中心、企管监督中心、财务中心、置业部、物业管理部、项目策划部等8个部门的12个重要职位。其中,中高级管理和技术人员难以供给,因此需要通过外部引进与内部培养相结合的方式进行。

(4) 在经过综合平衡后制定措施和计划。在对公司的人员进行供求分析后,咨询顾问对分析结果进行了综合平衡,其目的是检查分析结果与现实之间的差距,并对特殊情况进行柔性处理。

思考题:
(1) TC公司是如何解决公司人力资源问题的?
(2) 假如你是一名人力资源管理专家,你会为TC公司提供一个怎样的解决方案?

知识链接

[1] http://repec.org 全球免费经济科学论文网站。
[2] http://202.197.69.2/cnki 中国学术期刊网。
[3] http://edirc.repec.org 世界很多大学经济系,研究院(所)和研究中心的主页链接地址。

第 6 章

工作分析

教学目标

- 熟练运用工作分析的主要方法
- 编制工作说明书
- 掌握最新的工作分析方法
- 掌握工作设计的主要思路与方法

教学要求

- 掌握工作分析的含义、内容及相关术语
- 阐明工作分析的主要作用
- 掌握工作分析的步骤与常用方法
- 掌握工作说明书的内容与结构
- 掌握工作设计的主要方法
- 了解工作分析与工作设计的关系

T 公司招聘维修工程师的尴尬

T 公司是国内 IT 业颇具规模的公司之一,由于业务发展需要,公司准备招聘一批维修工程师。为此,人事部门按照一般形式起草了招聘广告并在报纸上公布:本公司招聘一批维修工程师,专门负责计算机芯片维修及笔记本电脑维修。要求具有计算机相关专业本科学历,三年以上相关工作经验,英语四级以上。

招聘广告公布后,收到大批求职简历。人事部门按照招聘要求对求职者进行了筛选,从中初选了 6 名候选人由业务部门面试。但是 6 名候选人或不能满足岗位要求,或他们提出的工资要求公司无法接受,最后无一人被公司录用。

出现这种情况的原因在哪里?人事部门和业务部门经过分析后发现,人事部门在公布招聘信息时并没有对维修工程师的工作任务和任职资格进行专门分析,报纸刊登的招聘广告是按照一般方式写的,如"本科学历,三年以上相关工作经验,英语四级以上"。这些条件对维修工程师并不是必需的,而维修工程师应该具备的一些基本技能招聘广告上又没有说明。这就造成符合广告条件及岗位要求的应聘者提出了高薪要求,另一些应聘者虽然符合招聘广告的条件,却不具备相关的岗位技能。

(资料来源:黄瑛. 人力资源管理 [M]. 北京:中国财政经济出版社,2002.)

不同的工作需要具备不同技能和知识的人来完成。T 公司招聘维修工程师的尴尬在于:人事部门在公布招聘信息时没有对维修工程师的工作任务和任职资格条件进行专门分析,广告中"本科以上学历,三年以上相关工作经验,英语四级以上"等条件并不是维修工程师必需的,而维修工程师应该具备的基本技能却没有在广告中说明。事实上,企业在人力资源管理过程中常常会遇到问题:某项工作的内容是什么?其职责和权限是什么?承担这项工作必须具备哪些专业知识和技能?这些问题,其影响因素很多,最重要最根本的因素应是工作分析。本章将主要讨论工作分析的相关问题。

6.1 工作分析概述

工作分析是组织人力资源规划和其他一切人力资源管理活动的基础,使人力资源管理走向科学化、规范化。实际中,它通过明确组织内各项工作的工作内容、职责和权限、工作关系、工作环境以及任职者的资格要求等信息来实现人力资源管理的核心任务—人事匹配。

6.1.1 工作分析的产生和发展

工作分析在国外的起源和成熟大致经历 4 个阶段。

1. 起源

公元前 5 世纪在苏格拉底描述的"公平社会学说"里关注的要做的工作是什么和谁去做，这可视为工作分析概念的开始。

2. 产生

历史上第一次进行大规模工作分析活动的是狄德罗 (Denis Diderot，1713—1784)。1747 年，狄德罗在编纂第一部《百科全书》的过程中，发现有关贸易、艺术及手工业等领域工作职位的资料并不完整，而且缺乏统一的模式和目标，因此，他开始调查分析这些工作职位的性质、内容，并将其进行合理的分类。

直到 20 世纪早期，工作分析的术语才出现在管理学的文献中。1911 年，术语"工作分析"被泰勒 (F.W.Taylor，1856—1915) 称之为科学管理的四项原则 (Ash，1988) 之一，泰勒的工作分析含蓄地解决了工作效率的问题，并提出科学管理的目的是对工人进行选拔、激励和培训 (Gael，1988；Primoff & Fine，1988) 从本质上讲，工作分析的重点是工作本身，而不是跨作业活动和团队工作。

1979 年罗莫特 (Luo Mote) 将他几十年的工作设计研究加以总结，提出了工作分析工效学调查方法，从工作系统分析、任务分析及工作需要分析三个方面，开展工作分析。

3. 发展

20 世纪中期的工业革命，Frank 和 Lilian Gilbreth 开发了研究工人行为的方法，并同时分解工作的各种基本操作，进行细致的研究 (Jeanneret，1991)，这极大促进了工作分析的发展。

4. 成熟

随着工作分析问卷 (PAQ)、关键事件法 (CIT)、Fleishman 的工作分析系统 (FJAS)、职能工作分析法 (FJA) 和工作元素分析法 (JEM) 等工作分析方法的产生和发展，现代工作分析理论与方法逐渐趋于成熟。

6.1.2 工作分析的含义与内容

工作分析是对组织中所有为实现组织目标而存在的各类工作 (岗位) 进行系统分析和研究，以确定每一种工作的内容、职责与权限、工作条件和环境，以及完成本工作 (岗位) 所需的技能、能力、知识和其他资格条件并形成工作说明书的过程。具体来说，工作分析就是要为管理活动提供与工作有关的各种信息，这些信息可以用"6WlH"来概括，即工作内容 (What)、责任者 (Who)、工作岗位 (Where)、工作时间 (When)、怎样操作 (How)、为何要做 (Why)、服务对象 (For Whom)。作为人力资源管理的一项职能活动，工作分析活动的主体是工作分析的执行者，客体是组织内部的各个职位，内容是与各个职位有关的情况，结果是工作说明书，也可以叫作职位说明书或岗位说明书。

阅读材料
工作分析在中国的产生和发展

工作分析的内容就是要明确上述"6WlH"提出的问题。

(1) 工作内容 (What)：岗位的工作内容是什么；是管理工作还是一般工作，是技术岗位还是操作岗位；岗位的工作职责和义务是什么；每项工作的时间和相对重要性；工作任务的复杂程度；某项工作对其他工作、组织财物、资金的影响。

(2) 责任者 (Who)：任职者具体需要哪些知识和技能，包括经验、教育程度、所受培训、身体条件、心理素质、性格、社会技能等，完成工作需要哪些特殊技能。

(3) 工作岗位 (Where)：工作岗位的场所在哪里；是否需要经常出差；该岗位的工作场所与相关岗位有没有联系；工作岗位的物理条件如何。

(4) 工作时间 (When)：工作岗位的时间如何安排，是否需要经常加班；该岗位的工作时间与相关岗位的工作时间有没有联系。

(5) 怎样操作 (How)：此工作岗位要完成哪些具体的工作任务；岗位的基本职能有哪些；工作任务与相关的工作岗位有没有联系。

(6) 为何要做 (Why)：为什么要设立此岗位；这项工作的完成对于其他岗位乃至整个组织运转有什么重要意义。

(7) 服务对象 (For Whom)：该工作岗位为谁服务。

一般可以将工作分析的内容概括为两大方面：一是确定工作的具体特征；二是明确工作对任职人员的各种要求，即任职资格条件。然后，根据这些工作信息，制定出工作描述和工作规范两类文件。工作描述是有关工作本身的文件，它明确工作的内容、职责和环境；工作规范是有关完成该项工作的人员资格的文件，说明完成该项工作的人员应该具备的知识、技能、能力和其他任职资格。

 案例阅读 6-1

A 外资公司招聘采购经理的启事

A 公司是一家外资企业，由于业务发展的需要，公司拟招聘一名采购经理。公司人事部门拟了一份招聘启事，其主要内容如下。

大专以上学历，3 年相关工作经验，较好英语和计算机能力，有高度工作责任感和沟通协调能力。主要工作职责是联系供货公司，及时准确地在规定时间内将企业各部门所需货物发送至指定地点，并确保货物的质量和价格符合企业的要求。

（资料来源：环球网校，2009.）

A 公司找到合适人选，关键得益于这份成功的招聘启事，启事中有较详细的工作职责，明确告诉了应聘者今后的职责范围和应负责任，严格规定了岗位要求，显示出非常强的针对性。

6.1.3 工作分析的主要作用

工作分析是人力资源管理工作的基础，它为人力资源管理的其他职能提供信息和依据。其主要作用体现在以下几个方面。

1. 为人力资源规划提供准确有效的依据

一个组织在发展过程中必然会遇到因为环境变化、组织目标改变而引起的业务、组织结构或者人员数量的变化。为了适应这些变化，就必须通过有组织、有计划的人力资源规划来预测组织在某一时间节点上所需要的人员数量、种类和要求以及组织在该时间节点上能从内部满足的人力资源供给，从而满足组织对人力资源的需求。在人力资源规划过程中，需要获得组织关于各种工作对于人员数量和质量的要求，这类信息的获得就必须通过工作分析来完成。

2. 合理安排组织中的各项工作任务

组织是一个为完成特定目标而存在的有机整体，它的许多工作需要不同的个体配合、协调完成。尤其是当组织规模扩大后，急需解决的问题就是：组织的任务是否都有员工承担？各个工作岗位之间需要如何衔接才能实现高效运转？工作分析能通过各个方面的信息收集、核实，确保组织中的各项任务都有人承担，并可分析什么样的人员、如何工作才能更好地实现组织的预期目标。

3. 明确管理者和员工各自的工作职责和目标

通过工作分析能够让管理者和员工清楚了解工作岗位的职责范围和需要完成的任务。通过对完成工作的最有效流程、工作方法的界定，对完成岗位工作需要接触的人员以及接触的目的、频率进行界定，能帮助管理者和员工(特别是新上岗的员工)对工作形成全面的了解，包括工作的目的、任务及需要处理的日常事务和各项工作应达到的结果等。

4. 为工作再设计和员工职业生涯规划提供依据

在劳动分工越来越细化的今天，根据员工特长和工作岗位需要，工作扩大化(增加工作岗位的横向工作面)或工作丰富化(工作纵向拓展)已经成为激励员工的工作积极性和兴趣的新趋势。在这种工作再设计的过程中，需要对工作岗位的相互联系、所需要的工作技能等多方面进行分析，寻找其潜在的联系以达到更高效的目的。同时为了满足员工在工作中的成就感，使得员工在组织内部能获得知识、技能和能力的提升，工作岗位分析与工作岗位设计能够为员工进行合理的职业生涯规划提供依据。

5. 为进行科学的绩效管理提供客观评价标准

工作分析通过对组织在不同时期、不同背景下的情况进行分析，确定了各个工作岗位的应有标准，既为绩效管理提供了员工工作业绩的评定标准，也为员工工作指明了方向，有利于绩效管理的公平、公正、公开。

6. 为员工招聘提供有效的信息

组织在进行员工招聘时需要对拟招聘岗位的职责和内容进行准确界定，也需要明确任职资格和要求才能准确及时地招募到合格的人才以满足组织发展的需求。工作分析通过明确岗位的任职资格条件可以为组织尽快吸引合格的应聘者，降低招聘成本提供客观依据。

7. 为降低培训成本，提高培训效率提供前提

低成本、高效率的员工培训要求培训的内容、方法与员工工作任务的内容及岗位所需要的工作能力和操作技能密切相关。工作分析通过明确组织中各类工作岗位的任务、职责及岗位所需要的工作能力和操作技能，为组织进行准确的培训需求分析提供了信息依据，是降低培训成本，提高培训效率必不可少的一环。

8. 明确组织中上下级之间的汇报关系

工作分析可将组织目标分解为各部门的目标，将各部门的目标分解为各个工作岗位的工作目标；能使各个岗位的工作都在相应的管理人员指导下进行，以提高工作效率，加强管理的层次性和有效性。

9. 明确工作岗位在组织中的相对价值，保证薪酬的内部公平性

薪酬在人的工作动机中起着重要作用。薪酬的内部公平性是通过员工所在的岗位与其他工作岗位所承担的工作和所需要的投入进行比较而确定的。通过工作分析，能从工作责任、所需技能等几个方面对工作岗位的相对价值进行界定，确定工作岗位在组织中的相对价值，使组织的薪酬水平有明确的、可解释的基础，有助于保证薪酬的内部公平性。

6.1.4 工作分析相关概念

由于工作分析与职位以及职位对应的工作活动是紧密联系在一起的，因此有必要澄清与之相关的一些概念。

(1) 行动 (Action)：是工作活动中不便再继续分解的最小动作单位。比如，秘书接听电话前拿起电话是一个行动，司机开车前插入钥匙也是一个行动。

(2) 任务 (Task)：指工作活动中为达到某一目的而由相关行动直接组成的集合，是对一个人从事的事情所做的具体描述。比如复印文件，为了达到最终的工作目的，复印员必须从事以下具体行动：启动复印机、将复印纸放到复印机内、将要复印的文件放好、操作按钮进行复印。也就是说，复印文件这一任务，是上述四项行动直接组成的一个集合。

(3) 职责 (Responsibility)：由某一方面承担的一项或多项任务组成的相关任务集合。比如，监控员工的满意度是人力资源经理的一项职责，这一职责由五项任务组成：设计满意度的调查问卷、进行问卷调查、统计分析问卷调查的结果、向企业高层反馈调查的结果、根据调查的结果采取相应的措施。

(4) 职位 (Position)：由一个人完成的一项或多项相关职责组成的集合，又称岗位。例如，人力资源部经理这一职位，它所承担的职责有以下几个方面：员工招聘与录用、员工培训与开发、薪酬管理、绩效管理、员工关系管理等。在组织中的每一个人都对应着一个职位或岗位，因此从理论上说职位的数量应该等于人员的数量，组织有多少人员相应地就有多少职位。

(5) 职务 (Headship)：是指主要职责在重要性和数量上相当的一组职位的统称。例如，

人力资源部设有两个副经理的职位,一个主要分管招聘录用和培训开发;另一个主要分管薪酬管理和绩效管理。这两个职位的职责重要性和数量比较一致,因此这两个职位可以统称为副经理职务。职务和职位不同,职位与员工是一一对应的,而职务却并非一一对应。一个职务可能不止一个职位,如上面所举的例子,副经理职务就有两个职位与之对应。

(6) 工作 (Job):是指一个或一组职责类似的职位所形成的组合。一项工作可能涉及一个职位,也可能涉及多个职位。例如,在企业中,产品销售是一项工作,它是由销售员、销售经理等职位组成的。

(7) 工作族 (Occupation):企业内部具有非常广泛的相似内容的相关工作群,又称为职位族、工作群。比如,企业内部所有从事技术的职位组成技术类工作族,所有从事销售工作的职位组成销售类工作族。

(8) 职业 (Profession):不同组织中的相似工作组成的跨组织工作集合。例如,教师职业、秘书职业等。

(9) 职业生涯 (Career):指一个人在其工作生活中所经历或将要经历的一系列职位、工作、职业。例如,某人刚参加工作时是学校的老师,后来去了政府机关担任公务员,最后又去了公司担任经理,那么老师、公务员、经理就构成了这个人的职业生涯。再比如,某人的职业和工作单位虽然没有发生过变化,但是他从办事员开始,经过主管、副经理、经理一直干到副总经理,那么办事员、主管、副经理、经理、副总经理也形成了这个人的职业生涯。

(10) 职系 (职种 Series):职责繁简难易、轻重大小及所需资格条件并不相同,但工作性质充分相似的所有职位集合。如人事行政、社会行政、财税行政、保险行政各属于不同的职系。每个职系中的所有职位性质充分相似。一个职系就是一个职位升迁的系统,也是一种专门职业。

(11) 职组 (Group):若干工作性质相近的所有职系的集合。如人事行政和社会行政可并入"普通行政"职组。

(12) 职级 (Class):同一职系中职责繁简、难易、轻重及任职条件十分相似的所有职位的集合。如"中教一级"与"小教高级"的数学教师属同一职级。

(13) 职等 (Grade):不同职系之间,职责的繁简、难易、轻重及任职条件充分相似的所有职位的集合。如大学讲师与研究所的助理研究员及工厂的工程师,均属于同一职等。职系、职组、职等之间的关系与区别如表 6-1 所示。

表 6-1 职系、职组、职等之间的关系与区别

职组	职系	职等	5	4	3	2	1
		职级	员级	助级	中级	副高职	正高职
高等教育	教师			助教	讲师	副教授	教授
	科研人员			助理工程师	工程师	高级工程师	
	实验人员		实验员	助理实验师	实验师	高级实验师	
	图书、资料、档案		管理员	助理馆员	馆员	副研究馆员	研究馆员

(续)

职组	职系 \ 职级 \ 职等	5 员级	4 助级	3 中级	2 副高职	1 正高职
科学研究	研究人员		研究实习员	助理研究员	副研究员	研究员
医疗卫生	医疗、保健、预防	医士	医师	主治医师	副主任医师	主任医师
	护理	护士	护师	主管护师	副主任护师	主任护师
	药剂	药士	药师	主管药师	副主任药师	主任药师
	其他	技士	技师	主管技师	副主任技师	主任技师
企业	工程技术	技术员	助理工程师	工程师	高级工程师	正高工
	会计	会计员	助理会计师	会计师	高级会计师	
	统计	统计员	助理统计师	统计师	高级统计师	
	管理	经济员	助理经济师	经济师	高级经济师	
农业	农技人员	农技员	助理农艺师	农艺师	高级农艺师	
新闻	记者		助理记者	记者	主任记者	高级记者
	广播电视播音	三级播音员	二级播音员	一级播音员	主任播音指导	播音指导
出版	编辑		助理编辑	编辑	副编审	编审
	技术编辑	技术设计员	助理技术编辑	技术编辑		
	校对	三级校对	二级校对	一级校对		

6.1.5 工作分析的流程

进行工作分析,首先要注意时机。

新企业刚成立:最需要进行工作分析的是人员招聘,工作分析的结果要满足提供招聘人员的"职位职责"和"任职资格"。更为详细的工作分析可以在组织稳定运作一段时间后再进行。

工作职位岗位变动:应该对变动部分重新进行工作分析,变动一般包括:职责变更、职位信息的输入或输出变更、对职位人员任职资格要求变更等。要注意分析的及时性以及职位或岗位相互间的关联性。

管理人员或制度变动:有些企业已经存在很长时间,但由于种种原因企业一直缺乏科学的工作分析,当这些企业发生管理人员或管理制度的变动时应该及时进行工作分析。尤其是对于人事管理发生相关变动时应该考虑从工作分析来切入。

在恰当的时机选择后,就可着手工作分析。

工作分析是一个细致而全面的评价过程，它主要包括前期准备阶段、调查阶段、分析与汇总阶段和完成阶段。这 4 个阶段相互联系、相互衔接和相互影响。

1. 前期准备阶段

这一阶段的主要任务是熟悉情况，明确工作分析的目的、组成工作分析小组、确定工作分析的样本、培训工作分析人员、准备各种工作分析问卷和调查提纲。其具体步骤如下：

(1) 确定工作分析的目的。是对新组织新岗位进行分析，提出任职说明书，还是由于战略调整、业务发展使原职务内容、工作性质发生变化而需要重新进行岗位界定，或者是因为绩效考核、晋升、培训机制的研究需要进行职务分析。工作分析的目的在一定程度上决定了将使用哪种方法来收集资料，并会影响工作分析计划的设计。如当某项工作分析是用来为新员工开发出一个专业技术培训方案时，分析者会关注于该工作的主要活动、任务以及完成的标准和对员工在知识、技能和能力方面的要求。

(2) 确定工作分析参与者。工作分析参与者的确定，一方面要考虑工作分析的目的，另一方面要考虑实际用来进行分析的方法。一般而言，工作分析的负责人通常是熟悉工作分析的人力资源管理部门的专业人士，有时候也需要外部专家的帮助，来主持或协助某些特殊分析方法的应用。一般情况下，工作分析的参加者主要由分析的对象——任职者、他的直接主管上级和部门经理等构成。

(3) 培训工作分析人员。工作分析人员素质的高低对于工作分析的成败起关键作用。因此，必须对工作分析人员进行有针对性的专业培训，使他们明确工作任务，掌握分析方法，具备胜任工作分析的能力。

(4) 把要进行分析的工作分解成若干元素和环节，确定履行职务的基本难度；考虑对象的代表性，确定调查和分析对象的样本。

(5) 充分利用现有文件与资料，如岗位责任制、工作日记等进行分析总结，以便能对所要分析的岗位的主要任务、责任、流程等有一个比较深入系统的了解和认识。在此基础上，编制和准备各种调查问卷和调查提纲。

2. 调查阶段

这一阶段的主要内容是对整个工作过程、环境、内容和人员等做一个全面的调查和研究。具体工作包括：到工作现场观察工作流程，记录关键事件，调查工作所需要的工具与设备，对主管人员和在职人员进行广泛的问卷调查，并与主管人员及有代表性的员工进行面谈，记录和收集有关工作的特征以及需要的各种信息，征求改进意见。为了获得更准确有效的信息，也可以通过实验的方法来分析和确定各种因素对工作的影响。

一般情况下，调查可分为以下几个步骤。

(1) 进行第一次现场考察。使工作分析人员熟悉工作现场的环境、工作条件、职责、工作状态、工具等；直接观察、认识复杂的不熟悉的设备、条件等；由任职者的上司陪同考察，以便随时征询意见。

(2) 谈话。谈话一般是根据事先拟定的调查问卷和调查提纲内容来进行的。常常可以分三个层面进行：一是与基层管理者谈话，以便了解实际的职务情况；二是与实际任职者谈话，以详尽了解其具体工作状况；三是选择同类任职者的代表人物谈话，以更准确全面地了解实际的工作状况。

(3) 进行第二次现场考察，验证谈话所获信息。

3. 分析汇总阶段

这一阶段的主要任务是认真审核、整理在调查阶段所获得的各种信息，创造性地分析、发现有关工作和人员的关键成分，归纳、总结工作分析的必需材料和要素。主要包括：岗位名称、工作任务与职责、劳动强度、工作环境和任职资格等。通过深入全面的总结分析，获得对有关工作特征和人员特征的详尽的信息资料并形成分析报告。

4. 完成阶段

这一阶段的任务就是根据分析阶段所获信息编制可供操作使用的"工作描述"与"工作规范"，并对工作分析本身进行总结评述，为今后的工作分析工作提供经验与信息基础。其具体步骤如下。

(1) 根据工作分析的内容，用经过分析处理的信息，草拟出"工作描述"和"工作规范"。

(2) 将草拟的"工作描述"和"工作规范"与实际工作对比，根据对比结果决定是否需要进行再次调查研究。

(3) 修正"工作描述"和"工作规范"草稿，对特别重要的岗位，可能还需多次修订与完善。

(4) 将"工作描述"和"工作规范"合并，汇总形成最终的《工作说明书》，并将其应用于实际工作中，同时注意收集有用的反馈信息，不断完善。

(5) 对工作分析本身进行总结评述，为今后的工作分析工作提供经验与信息基础。

6.1.6 工作分析的原则

(1) 系统性原则：某一个岗位的工作进行分析时，也要注意分析其在组织中的位置以及与其他岗位工作的关系，从组织的角度看待工作的作用和价值。

(2) 动态性原则：由于组织所处的社会、经济、制度环境是不断变化的，组织的战略和目标也要随之变化，不能一成不变，所以工作分析的成果也不是固定的，而是要随时调整，随时变化的。

(3) 目的性原则：因为组织的实际情况不同，人力资源管理体系各有不同的侧重点，对于工作分析的要求也不尽相同，要根据组织的特点和工作分析的实际需要安排工作分析的侧重点。

(4) 效率性原则：工作分析应该根据组织的实际要求，合理选择方法，提高工作分析成果的准确率，缩短工作分析的周期，努力用最小的投入达到最佳的工作分析效果，提高工作分析的效率。

(5) 对岗不对人原则：组织的管理水平有差异，有些组织存在因人设岗的问题，工作分析中应当注意这种问题带来的影响，应该尽量保证工作分析的客观性，减少人为因素的影响。

(6) 实用性原则：工作分析的成果，即工作说明书及其他成果文件必须能够应用到组织管理的相关方面，具有很强的可操作性。

6.2 工作分析方法

工作分析是一个多层次、多种类，适应面广的管理技术。实际中根据工作分析的目的、工作分析对象的差异形成了许多不同的工作分析方法，下面主要介绍常用的几种。

6.2.1 观察法

观察法是指工作分析人员通过对员工正常工作的状态进行观察，获取工作信息，并通过对信息进行比较、分析、汇总等方式，得出工作分析成果的方法。观察法适用于体力工作者和事务性工作者，如流水线工人、搬运员、操作员、文秘等职位。

由于不同观察对象的工作周期和工作突发性有所不同，所以观察法具体可分为直接观察法、阶段观察法和工作表演法。

1. 直接观察法

直接观察法指的是工作分析人员观察所需要分析的工作的过程，以标准格式记录各个环节的内容、原因和方法，这样可以系统地收集一种工作的任务、责任和工作环境方面的信息。直接观察法的优点是工作分析人员能够比较全面和比较深入地了解工作的要求，适用于那些工作内容主要是由身体活动来完成的工作，如装配线工人、保安人员等。

直接观察法的缺点是不适用于脑力劳动成分比较高的工作和处理紧急情况的间歇性工作。有些工作内容中包括许多思想和心理活动、创造性和运用分析能力，如律师、教师、急救站的护士等，这些工作就不容易使用直接观察法。此外，观察法对于有些员工来说难以接受，因为他们会感到自己正在受到监视甚至威胁，所以会从内心对工作分析人员产生反感，同时也可能导致动作的变形。因此，在使用直接观察法时，应该将工作分析人员用适当的方式介绍给员工，使之能够被员工接受。

直接观察法经常和访谈法结合使用，工作分析人员可以在员工的工作期间观察并记录员工的工作活动，然后和员工进行面谈，请员工进行补充。工作分析人员也可以一边观察员工的工作，一边和员工谈，而且不会干扰员工的工作。

2. 工作表演法

工作表演法对于工作周期很长和突发性事件较多的工作比较适合。如保安工作，除了有正常的工作程序以外，还有很多突发事件需要处理，如盘问可疑人员等，工作分析人员可以让保安人员表演盘问的过程，来进行该项工作的观察。

3. 阶段观察法

有些员工的工作具有较长的周期性，为了能完整地观察到员工的所有工作，必须分阶段进行观察。

观察法的主要优点有全面性、真实性、灵活性、有效性。

观察法的主要缺点有：干扰工作环境和工作者；耗时相对较长；只能描述外在行为，难以刻画内心准确活动；对观察者相应素质要求较高。

观察法的操作小技巧如图 6.1 所示。

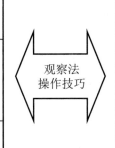

图 6.1　观察法的操作小技巧

6.2.2　访谈法

访谈法(Interview)是通过工作分析人员与员工面对面的谈话来收集工作信息资料的方法。它是工作分析中大量运用的一种方法。因为对于许多工作,分析者不可能实际去做(如飞行员的工作)或者去观察(如建筑设计师的工作)。这种情况下必须去访问实际工作者,了解他们所做工作的具体情况,从而获得工作分析所必需的资料。包括个别员工访谈法、集体员工访谈法和主管访谈法。个别员工访谈法适用于员工的工作有明显差别,工作分析的时间又比较充分的情况。集体访谈法适用于多名员工从事同样的工作的情况。使用集体访谈法时应请主管出席,或者事后向主管征求对收集到的材料的看法。主管访谈法是指与一个或多个主管面谈,因为主管对于工作内容有相当的了解。主管访谈法能够减少工作分析的时间。

访谈法可以面对面地交换信息,能对被访问者的工作态度与工作动机等有较深层次的了解,所以它有着其他方法无可替代的作用。运用这种方法首先应该与主管密切合作,找到最了解工作情况的员工及最有可能对他们所承担工作的任务和职责进行客观描述的任职者,要尽快与访谈对象建立融洽的关系,事先确定收集的信息内容并制定详细的提问单,把握所提问题与目的之间的关系,要让访谈对象有充足的时间从容回答,最后还可以请对方做补充。当访谈对象完成工作任务的方式不是很有规律时,工作分析者就应当要求他们按照任务的重要性将其列举出来。分析者在引导被调查者时,应始终保持中立的立场,避免发表个人的观点。在访谈之后,要对所获得的资料进行检查和核对,通常的做法是与访谈对象一起对资料进行核对。

访谈的内容一般可以围绕如下几方面:工作目标、组织设立这一工作的目的、确定工作内容的依据、员工在组织中的作用、员工行动对组织产生的后果、工作的性质与范围等。这些都是访谈的核心。从这些问题中我们可以了解到该工作在组织中的作用,其上下级之间的关系,完成该工作所需的一般技术知识、管理知识、人际关系知识,需要解决的问题的性质以及自主权,所负的责任,有时还涉及组织、战略决策、执行等方面的内容。

此外,访谈法还可以发挥其他作用,如可以核实调查问卷的内容,了解工作人员的相互评价,主管对下属工作强度、工作能力的评价,下属对主管的能力的评价等。再如,可以详细讨论问卷中建议部分的内容，使之更加具体，还可以调查责任制修改及执行情况。因此，访谈法是一种很重要的调查方法。

访谈法的优点主要有：①应用范围相当广泛；②可以发现一些在其他情况下无法了解到的工作活动和行为；③为企业提供了一个解释职务分析的必要性及功能的机会；④访谈法相对比较简单，效率高，可以迅速收集所要调查的信息；⑤可控性强，通过事先设计的提纲，可以系统地了解所要调查的内容，当被调查者对回答的问题相互矛盾或不清楚时，可以进行跟踪提问，当被访问者对所提问题采取不合作态度时，可以进行劝导或换人。

访谈法的缺点是：工作分析者对某一工作固有的观念会影响其做出正确的判断；被访问者出于自身的利益考虑有时会采取不合作的态度，或有意无意夸大自己工作的重要性和复杂性，从而导致所提供的工作信息失真，打断被访问者的工作；访问者的问题可能因不够明确或不够准确而造成误解，严重影响到工作信息的收集。

在实际访问过程中，要提高工作信息的质量，更深入地了解问题，应当在以下几个方面多做工作：①尽量与被访问者处于同一位置，尤其是普通的员工，要想办法打消他们的顾虑，并在工作中，信守对这些普通员工的承诺，要注意非语言的交流；②鼓励访谈对象用自己习惯的方式表达他们的想法；③灵活安排时间，让访谈对象来确定日程；④协助者应起到一定的引导作用。

阅读小材料 6-1

实地访谈中最常见的十二种错误

在实地访谈过程当中，应当注意避免犯以下最常见的十二种错误，它们将直接关系到我们所获得的信息的可靠性和相关性。①只去调查访问某一部分人，如重要的人物，而不调查另一部分人，如普通的职工；②自己先下定义，然后将自己的想法强加给被访问者；③准备时间和实地调查工作时间不足；④只考虑选择适合自己的时间去访问，而不考虑被访问者的时间是否合适；⑤在调查过程中，不考虑被访问者的感情和忌讳；⑥不考虑文化和传统的价值，以居高临下的方式访谈；⑦交流方式不当，造成误会；⑧只作群体访谈，而不作个别访谈；⑨只喜欢被当作客人，受到殷勤招待，忽略了调查工作本身；⑩只选择容易接近的被访问者和容易到达的地方；⑪一个人主宰整个的访谈过程；⑫将外来者作为主角。

6.2.3 问卷调查法

问卷调查法(Questionnaire)是工作分析人员通过结构化的问卷要求任职者和他们的主管以书面形式记录有关工作分析的信息。调查问卷的设计是问卷调查法成败的关键，所以问卷一定要设计得完整、科学、合理。工作分析人员首先要拟订一套切实可行、内容丰富的问卷，然后由员工进行填写。问卷的问题一般集中于各种工作的性质、工作的特征、工作人员的特征或业绩评价标准等方面，提问的方式可以是封闭式的，也可以是开放式的(表6-2)。封闭式问题要求答卷者从问卷提供的选项中进行选择，主要用于任务分析和能力分析。

表 6-2 问卷调查表（示例）

姓　　名＿＿＿＿＿＿　　职位名称＿＿＿＿＿＿
部　　门＿＿＿＿＿＿　　职位编号＿＿＿＿＿＿
上级职位

1. 任务综述。请用自己的语言简要叙述你的主要工作任务。如果你还负责写报告或做记录，请同时完成第八部分内容。

2. 特定资格要求。请举例为完成由你的职位所承担的那些任务需要哪些证书或许可证。

3. 设备。请列举为了完成该职位的工作，你通常会使用的设备、机器和工具。

4. 常规工作任务。请用概括的语言描述你的常规任务，并根据各项工作任务的重要性以及每个月每项任务所花费的时间百分比从高到低排列。

5. 工作关系。你所从事的工作要求你同其他部门或其他人员、其他公司或机构有接触吗？如果有，请列出要求与其他人接触的工作任务并说明频繁程度。

6. 监督。你的职位有监督的职责吗？如果有，需要监督哪些职位？如果你的职位对他人的工作还负有责任的话，请加以解释。

7. 决策。请解释你在完成常规工作的过程中要作出的决策有哪些？如果你的判断或决定质量不高，采取的行为不恰当，那么可能带来的后果是什么？

8. 文件记录责任。请列举出需要由你准备的报告或保存的文件资料有哪些？并指出每份报告交给谁。

9. 监督的频率。为进行决策或决定采取其他正确的行动程序，你必须以一种怎样的频率同你的主管或其他人协商？
经常（　）偶尔（　）很少（　）从不（　）

10. 工作条件。请描述你是在一种什么样的条件下进行工作的，包括内部条件、外部条件等，请一定将所有令人不满意或非常满意或非常规的工作条件记录下来。

11. 资历要求。请指出令人满意地完成本职位的工作需要达到的最低要求
    A. 教育：最低学历＿＿＿＿＿＿专业或专长＿＿＿＿＿＿
    B. 工作经验：工作经验的类型＿＿＿＿＿＿工作年限＿＿＿＿＿＿
    C. 特殊培训：类型＿＿＿＿＿＿年限＿＿＿＿＿＿
    D. 特殊技能：＿＿＿＿＿＿＿＿＿＿＿＿＿＿＿＿＿＿＿＿＿＿

12. 其他信息。请提供前面所给项目中未能包括的，但你认为对你的职位来说是非常重要的其他信息。

签名：＿＿＿＿＿＿日期：＿＿＿＿＿＿＿＿＿＿＿＿＿＿

　　另外，对于一些事实性的问题应尽可能采用封闭式问题，这样问卷结果就具有较高的统一性，也相对客观，便于分析。开放式问题允许答题者按自己的观点和想法回答，也可以作为封闭式问题的补充，便于获取更广泛的信息。

　　问卷调查法适用于脑力工作者、管理工作者或工作不确定因素很大的员工，比如软件设计人员、行政经理、秘书等。问卷法比观察法更便于统计和分析。

　　问卷调查法的优点是：①它能够从许多员工那里迅速得到进行工作分析所需的资料，可以节省时间和人力。这种方法一般比其他方法费用低、速度快；②调查表可以在工作之余填写，不会影响工作时间；③这种方法可以使调查的样本量很大，因此适用于需要

对很多工作者进行调查的情况；④调查的资料可以数量化，由计算机进行数据处理。

问卷调查法的缺点是：①设计理想的调查表要花费很多时间、人力和物力，费用比较高。而且，在问卷使用之前，还应该进行测试，以了解员工理解问卷中问题的情况。为了避免误解，还经常需要工作分析人员亲自解释和说明；②填写调查表是由工作者单独进行，缺少交流，因此被调查者可能不积极配合与认真填写，从而影响调查的质量。

1. 职位分析问卷法

职位分析问卷法(Position Analysis Questionnaire，PAQ)是于1972年由麦考密克(E·J.McComick)提出的一种适用性很强的工作分析方法。PAQ包括194个项目，其中的187项被用来分析完成工作过程中员工活动的特征，另外7项涉及薪酬问题。PAQ中的所有这些问题代表了能够从各种不同的工作中概括出来的各种工作行为、工作条件及工作本身的特点。这些问题可以被划分为六部分：①信息投入。工作者从哪里以及如何获得完成工作所必需的信息；②脑力过程。在执行工作的时候需要完成的推理、决策、计划及信息加工活动；③工作产出。工作者在执行工作的时候发生的身体活动及所使用的工人和设备等；④同他人的关系。在执行工作的时候要求同其他人之间发生的关系；⑤工作环境。执行工作所处的人文环境以及社会环境；⑥其他特点。除了上面所描述过的同工作有关的其他活动、条件及特征。

在对某种工作进行分析的时候，分析人员首先要确定上述的每一个问题是否都适用于被分析的工作，接下去分析人员就根据六个维度来对这些问题加以评价。这些维度分别是：应用范围、时间长短、对工作的重要性、发生的可能性、适用性及特种代码(在某一特定问题中所运用的评价尺度)。这些评价结果被提交到职位分析问卷公司总部，然后运用一种计算机程序来产生一份报告，说明某种工作在工作的各个维度上的得分情况。研究表明，职位分析问卷一共对工作的特征的13个总体性维度进行测定，并且能够得出每个工作在每一维度上的得分，对于确定工作等级、计算薪酬比率、划分工作族是十分有用的。

职位分析问卷的13个总体性维度包括：①决策、沟通及一般责任；②事务性活动及其相关活动；③技术性活动及其相关活动；④服务性活动及其相关活动；⑤常规性工作时间表及其他工作时间表；⑥例行的、重复性的工作活动；⑦环境知觉性；⑧一般身体活动；⑨操作的机械设备；⑩监督、协调或其他人事活动；⑪公共关系、顾客关系及其他接触活动；⑫令人不悦的、伤害性的、高强度要求的环境；⑬非典型工作时间表。

尽管职位分析问卷得到了广泛运用，但也存在一些问题：一是问卷表较为复杂，普通员工如果不经过专门培训很难填写问卷表，所以在利用问卷法进行工作分析时，最好由那些专业工作分析人员来填写问卷，而不是让任职者或其上级监督人员来填写。二是它的通用化和标准化的格式导致了工作特征的抽象化。这样一来，它就不能很好地描述出构成实际工作的那些特定的、具体的任务活动。

2. 管理岗位描述问卷法

管理岗位描述问卷法(Management Position Description Questionnaire，MPDQ)是专

门为管理职位而设计的一种工作分析方法,它适应了管理人员非程序化工作的特点,通过与管理者主要职责密切相关的13个方面208个问题对管理人员进行问卷调查,以收集工作分析所需的信息并采用6分标准对每个项目进行评分。这13个方面的问题包括:① 产品、市场和财务战略计划。在这里所指的是进行思考,并制定计划以实现业务的长期增长和公司的稳定性;② 与组织其他部门和人事管理工作的协调,指的是管理人员对自己没有直接控制权的员工个人和团队活动的协调;③ 内部业务控制指的是检查与控制公司的财务、人事和其他资源;④ 产品和服务责任指的是控制产品和服务的技术方面以保证生产的及时性并保证质量;⑤ 公共与客户关系指的是一般通过与人们直接接触的办法来维护公司在用户和公众中间的名誉;⑥ 高层次的咨询指导指的是发挥技术水平来解决企业中出现的特殊问题;⑦ 行动的自主性指的是在几乎没有直接监督的情况下开展工作活动;⑧ 财务审批权指的是批准企业大额的财务投入;⑨ 员工服务指的是提供诸如寻找事实和为上级保持记录这样的员工服务;⑩ 监督指的是通过与下属员工面对面的交流来计划、组织和控制这些人的工作;⑪ 复杂性和压力指的是在很大的压力下工作和在规定的时间内完成所要求的工作任务;⑫ 重要财务责任指的是制定对公司的绩效构成直接影响的大规模的财务投资决策和其他财务决策;⑬ 广泛的人事责任指的是从事公司中对人力资源管理和影响员工的其他政策具有重大责任的活动。在应用管理岗位描述问卷方法时,工作分析人员以上述的每一种要素为基础来分析和评价管理工作。

 阅读小材料6-2

"政策夺取型"因素记点法

"政策夺取型"因素记点法在使用过程中,需要进行诸如多元回归之类的统计分析。操作过程如下。

(1) 选择标杆职位。

(2) 选择一套工作评价要素,并给它们分配权重。

(3) 绩效要素的得分来源于MPDQ问卷中的题目,每个绩效要素都与MPDQ问卷中的部分题目相联系,使用修订过的德尔菲法将MPDQ问卷中所包含的题目集中起来,并据此来对每个要素进行评价。

(4) 为每个要素建立回归方程,将职位在该要素中的评价等级作为因变量,将对MPDQ问卷中的题目的评价作为自变量。

(5) 将岗位在每个要素上的得分加权汇总,得出岗位的总体评价点值。

(6) 通过与组织的薪资架构相结合,确定该职位的薪酬等级。

6.2.4 关键事件法

关键事件法(Critical Incident Technique,CIT)是第二次世界大战时由军队开发出来的。这种技术在当时是识别各种军事环境下导致人力绩效的关键性因素的手段。在工作分析中,关键事件是指使工作成功或失败的关键行为特征或事件。这一方法是1954年发展起来的，其主要原则是，认定员工与工作有关的行为，并选择其中最重要、最关键的部分来评定其结果。它要求岗位工作人员或其他有关人员，描述能反映其绩效好坏的"关键事件"，即对岗位工作任务造成显著影响（如成功与失败、盈利与亏损、高产与低产等）的事件，将其归纳分类，最后就会对岗位工作有一个全面的了解。采用这种方法进行工作分析时，首先要对工作行为中的关键事件进行记录；其次，要对这些记录进行分类，总结出工作的关键特征和行为要求。关键事件记录应包括以下几方面的内容：①导致事件发生的原因和背景；②员工特别有效或多余的行为；③关键行为的后果；④员工自己支配或控制上述后果的能力。

关键事件法的主要优点是：研究的焦点集中在工作行为上，而行为都是可观察的、可测量的。同时，通过这种工作分析，可以确定行为的任何可能的利益和作用。但这个方法也有两个主要的缺点：一是费时，需要花大量的时间去收集那些关键事件，并加以概括和分类；二是关键事件的定义是显著地对工作绩效有效或无效的事件，但是，这就遗漏了平均绩效水平。而对工作来说，最重要的一点就是要描述"平均"的工作绩效。利用关键事件法，对中等绩效的员工就难以涉及，因而全面的工作分析就不能完成。

尽管关键事件法对于员工招聘、选拔、培训及制定绩效评估标准，都是极为有效的。但这种方法收集的信息量有限，不能提供有关工作职责、工作任务、工作环境等相关信息。因此，采用关键事件法进行工作分析时，应注意3个问题：调查期限不宜过短；关键事件的数量应能够说明问题，事件数目不能太少；正反两方面的事件都要兼顾，不得偏颇。

6.2.5 行为事件访谈法

行为事件访谈法(Behavioral Event Interview，BEI)是由麦克利兰结合关键事件法和主题统觉测验而提出来的。行为事件访谈法采用开放式的行为回顾式探察技术，通过让被访谈者找出和描述他们在工作中最成功和最不成功的几件事并详细地报告当时发生了什么。然后，对访谈内容进行分析，来确定访谈者所表现出来的胜任特征。

行为事件访谈法的中心目标是让被访谈人详细讲述4~8个重要事件，并且要求被访谈人提供具体的细节。常用的提问方法是STAR法，包括：S(Situation)"那是一个怎么样的情境？什么样的因素导致这样的情境？在这个情境中有谁参与？"T(Target)"您的相关工作目标是什么？"A(Action)"在那样的情境下，您当时心中的想法、感觉和想要采取的行为是什么？"在

此，要特别了解被访谈人对于情境的认知和事例的关注点。被访谈人如何看待其他的人（例如，肯定或是否定）或情境（例如，问题分析与解决的思考）？被访谈人的感受是什么（例如，害怕、自信、兴奋）？被访谈人内心想要做的是什么？什么想法激励他们（例如，想把事情做得更好，让老板印象深刻）？R(Result)"最后的结果是什么？在这个过程中又发生了什么？"访谈者访谈的重点在于了解过去真实的情境中采取的措施和行动，

不是假设性的答复，哲理性、抽象性或信仰性的行为。

行为事件访谈法提供了一个人在实际工作情况中是怎么做的、说了些什么、怎么想的和感觉如何等这些方面的信息。它提供了时间压缩的观察。它能使研究者获得被访谈人在几个月、几年内发生的事情，从这个角度来讲，它直接观察或对实时模拟中表现的行为的编码效率更高。

一般来讲，行为事件访谈法有以下几个步骤：①访谈开始阶段的自我介绍和解释；②了解被访谈人的工作学习经验；③采用STAR法深入挖掘被访谈者的行为事件；④求证被访谈者所需特质；⑤结束语。

值得注意的是，STAR是一项比较复杂的技术。访谈时必须把握以下关键点：①从正向的事件开始；②遵循事件本身的时间顺序；③探究相关的时间、地点和心情，通常有助被访谈人回忆起当时的情节；④强化被访谈者多说有用的素材。通过不断地强化，可以训练被访谈人，如何描述此类事件；⑤了解访谈过程，被访谈人可能会引发情绪的反应；⑥一次只描述一个情况，注意探究其行为模式。探究思想上的起因S和行为过程A，即实例中的技术问题的解决模式和策略规划的思考程序。对那些优秀的管理者而言，当问他成功事例时，往往会脱口而出，因为一个成功业绩会凝结他的心血，其印象是极深刻的，而引导性问题会把被访谈人带入理论探讨，或者一般性的叙述中；⑦不揣测和诱导被访谈者说的内容，避免探究那些会限制被访谈者思路的领域。

行为事件访谈法目前被广泛采用的一种构建胜任特征模型的方法。通过该方法建立的模型信度高，能够与实际的岗位胜任特征较好的匹配。其优点主要表现在：①充实的行为数据来支撑工作分析的有效性、准确性和客观性；②可以针对收集到的数据进行多方位分析，得到全面的任职资格描述。

6.2.6 主题专家会议法

主题专家(Subject Matter Experts，SMEs)通常指熟悉目标职位的组织内部人和外部人。内部人包括任职者、直接上司、曾经任职者、内部客户、其他熟悉目标职位的人，外部人指的是咨询专家、外部客户，其他组织标杆职位任职者。主题专家会议法就是将SMEs召集起来，就目标职位的相关信息展开讨论，以收集数据，验证、确认职位分析成果的工作分析方法。SMEs会议在整个组织管理过程中，有着极其广泛的用途，比如传统的德尔菲法等。具体在职位分析中，SMEs会议也通常扮演极为重要的角色。SMEs会议是所有与职位相关的人员集思广益的过程，在组织的内部和外部、流程的上游与下游、时间上的过去、当前与将来等多方面、多层次都达到高度的协商和统一，因此除了收集基础信息以外，SMEs会议还担负着最终确认职位分析成果并加以推广运用的重要职能。通常来说，在职位分析中，SMEs会议主要用于建立培训开发规划、评价工作描述、讨论任职者绩效水平、分析工作任务、职位设计等。

主题专家会议法的分类如下。

(1) 头脑风暴法。每一个头脑风暴小组的成员分为3种角色：领导者、记录者和小组成员。领导者必须是一位善于聆听的人。在头脑风暴前，他需要精炼地陈述进行头脑风暴的原因，并准备热身活动。在头脑风暴过程中，他要提醒成员注意基本规则，烘托气氛。记录者应清楚地记下每一个想法，并保证每个人都能清楚地看到。记录者与领导者可以是同一个人。头脑风暴小组成员人数应为 5～10 人。理想的人数通常是 6 人或 7 人。头脑风暴法应遵守以下原则。

① 延迟评判。在收集和提出建议和方案的时间阶段不能对别人的意见提出批评和评价。这个时候要欢迎任何一种设想，而不管其是否适当和可行。

② 欢迎自由思考，各抒己见。创造一种自由的气氛，激发参加者提出各种新奇，甚至是荒诞的想法。

③ 追求数量。意见越多，产生好意见的可能性越大，好想法的出现都是有一定的比例。

(2) 德尔菲法。依据系统的程序，采用匿名发表意见的方式，即专家之间不得互相讨论，不发生横向联系，只能与调查人员发生关系，通过多轮次调查专家对问卷所提问题的看法，经过反复征询、归纳、修改，最后汇总成专家基本一致的看法，作为预测的结果。德尔菲预测法的特点是匿名性、反馈性和统计性。

成功地主持 SMEs 会议，必须注意以下问题。

(1) 主持人的能力要求。作为一项制度化、规范化的会议，SMEs 会议需要有一名称职的主持人以保证会议的顺利开展。和所有的会议一样，SMEs 会议要求其主持人有较强的表达能力、协调能力及阅读并驾驭整个会议的能力。与此同时，由于主持人在不同的 SMEs 会议中发挥的作用不同，SMEs 会议主持人还可能必须具备与讨论的目标职位相关的知识。如果主持人在会议中参与程度较低，承担"后勤"工作，则主持人不必具备相关职位知识；若主持人参与程度较高，在会议中扮演重要角色，则主持人应充分了解该职位的相关信息。在国内众多企业的实践中，主持人一般应对目标职位有一定的了解，同时对会议将要使用的各种资料理解透彻，以便更好地推动会议的进程，达到预期效果。

(2) 主持人的职责范围。SMEs 会议中主持人根据其定位有不同的职责范围，表 6-3 列举了主持人在会议中扮演积极参与者角色所需履行的职责。

表 6-3　SMEs 会议中主持人职责

职责项目	主要范围
召集会议	按照会议计划协调并召集相关人员参加会议
调节会议进程	主持人根据会议议程逐步展开讨论，确保会议秩序
提出议题	根据会议提要提出讨论范围和讨论内容，并及时调整会议议题
决议	根据与会者讨论结果对目标职位各项特征做出最后判定
提供资料	准备并分发会议所需的相关资料、表格、问卷
复核	对讨论过程中的分歧问题进行会后调研复核，并将结果反馈给相关人员

(3) SMEs 的选择。为了保证在充分收集信息的前提下，提高会议效率，会议的规模必须加以控制，因此 SMEs 会议的参与人必须有所选择，一般以 5～8 人为宜。与会的 SMEs 一般根据会议的主要目的来确定，例如，若会议的主要目的是职位设计，则参

加会议的 SMEs 应主要为上司、咨询专家、外部客户、其他组织"标杆"职位任职者等；若会议的主要目的是确定任职资格则与会者主要是其上司、任职者、专家等。

(4) 会议相关材料和设施的准备。为了使会议更加具有针对性，提高会议的效率，会议主持人应事先准备好相关书面材料或其他媒体材料，例如需要确认的工作分析初稿、问卷、访谈提纲等。

(5) 会议组织与安排。此环节主要工作是进行会场安排布置以及做好与会议相关的后勤准备工作。另外，应提前通知与会者，并协助其准备好会议所需的相关文件资料。

(6) SMEs 会议的议程设计。一般来说，SMEs 会议的目的不同，其操作流程也不同。表 6-4 是某公司一次以编制工作任务清单为目的的 SMEs 会议议程。

表 6-4 某公司 SMEs 会议议程（示例）

时间		议程内容
第一天	8：30	开场白
	8：45	会议简介
	9：00	讨论会议的具体目标及相关用途
	9：15	讨论目标工作
	9：30	目标工作陈述并提供相关实证
	10：30	会议休息
	10：45	讨论工作结果及影响
	11：45	介绍并讨论工作任务列表
	12：00	午餐
	13：00	逐项评价并修订任务列表
第二天	8：30	填写与目标职位相关的调查问卷
	10：30	集中分析问卷数据
	12：00	午餐
	13：00	讨论与各项任务相对应的 KSAOs 要求
	14：30	最终定稿

由于 SMEs 会议可以运用于工作分析的各个环节，具备多方协调的功能，有利于职位分析结果，最大限度得到组织的认同及后期的推广运用，因而成为当前最为有效、运用最广泛的工作分析方法。

6.2.7 工作日志法

工作日志法 (Participant Diary) 是工作分析人员通过让员工利用工作日志（表 6-5）的形式将工作任务和工作过程记录下来，为工作分析提供信息和依据的一种方法。该方法适用于工作循环周期短、工作状态稳定的职位；适用于确定工作职责、工作关系以及劳动强度等方面的信息。其优点是省时方便，收集的信息比较全面，一般不容易遗漏；缺点是使用范围较小；信息整理量大，且任职者有时可能夸大工作任务，影响信息准确性。

表 6-5　工作日志表

姓名：　　　　　　　职位：　　　　　　　所属部门：
直接上级：　　　　　　　　　　　　　　　从事本业务工龄：
填写期限：自　　年　　月　　日至　　年　　月　　日

说明：①每天工作开始前将工作日志放在手边，按工作活动发生的顺序及时填写，切勿在一天结束后一并填写。②要严格按照表格要求填写，不要遗漏任何细小的工作活动。③请您提供真实的信息，以免损害您的利益。④请您注意保管，防止遗失。

日期		工作开始时间		工作结束时间	
序号	工作活动名称	工作活动内容	工作活动结果	时间消耗	备注
1	复印	文件	40 页	5 分钟	存档
2	起草公文	代理委托书	1200 字	1 小时	报上级
3	参加会议	上级布置任务	1 次	30 分钟	参与
4	请示	贷款数额	1 次	20 分钟	报批
5	……	……	……	……	……

6.2.8　主管人员分析法

主管人员分析法是由主管人员通过日常的管理权力来记录与分析所管辖人员的工作任务、责任与要求等因素以收集工作分析信息的方法。该方法的理论依据是：主管人员对这些工作有相当的了解。因此，他们对被分析的工作有双重的理解，对职位所要求的工作技能的鉴别与确定非常内行。但主管人员的分析也许会存在一些偏见，尤其是那些只干过其中部分工作而不全面了解的人。一般来说主管此时往往偏重与自己所做过的那部分工作。该方法与员工记录法结合使用，则可以有效消除这种可能的偏差。

6.3　工作说明书

工作分析的最终结果是编写工作说明书，这些文件汇总后可以建立活页型的人力资源管理手册。

6.3.1　工作说明书的含义及内容

工作说明书是对组织中各类岗位的工作性质、责任、权限、工作标准、工作环境及任职资格条件的综合描述和统一要求。它体现了以"事"为中心的工作管理，是考核、培训、录用及指导职务工作人员的基本文件，也是工作评价的重要依据。事实上，表达准确的工作说明书一旦编写出来,该工作的等级水平层次就客观地固定下来了,工作评价则是对这种客观存在的准确认识。

工作说明书一般应包括"工作描述"和"工作规范"两部分内容。

1. 工作描述的内容

工作描述是工作分析结果中的一个基本文件,它一般包含如下内容。

(1) 工作识别。工作识别包括工作名称、编号、所属部门、报告关系、等级等。在这一项中,应特别注意工作名称的确定要适当,一个好的工作名称应该能够很好地反映工作性质,能很好地与其他工作区别开来,并有助于各种目的的分类与分级工作。如销售可分为:销售总监、地区销售经理、部门销售经理、高级销售代表、销售代表或销售工程师等若干级别。因此,组织应该根据实际情况对所有工作规定标准名称。美国《职业名称词典》搜集了二十多万种职业信息,为工作名称和工作职责的标准化提供了依据。

(2) 工作概述。工作概述是对工作性质和任务的高度概括和简要描述。如秘书的工作是为经理,有时也为部门的其他人员完成事务性和行政性工作。人力资源部经理的工作是协助人力资源总监制定人力资源政策和人力资源管理程序,负责人力资源管理工作的实施和日常人力资源工作的监控。具体的工作内容要在工作任务与职责中逐项说明。

(3) 工作任务与职责。工作任务与职责是对工作任务、职责、范围、甚至每项工作占用的时间等的逐项说明与详细描述。各项任务的排列应依照一定顺序,如依照重要性或所耗费时间的多少排列。通过工作任务与职责描述能够勾画出任职者的全部工作内容。

(4) 工作关系。工作岗位在组织中的横向、纵向关系(监督与被监督)。

(5) 工作权限。即工作的责、权、利。包括建立在明晰的组织结构和岗位设计基础之上的人事权限、财物权限和业务权限等。他们分别与组织《分权手册》中的人事管理分权、财务管理分权、业务与技术管理分权等不同板块相对应。

(6) 关键绩效考核指标是在明确界定工作职责的基础上,通过分析在完成工作职责的整体流程中存在的关键点中找到对部门和个人工作目标起导向作用的引导指标体系。

(7) 工作条件和环境。包括工作地点的温度、湿度、噪声、安全条件、危险性、防护设备、工作方式和工作的时间分配等。

2. 工作规范的内容

工作规范是工作分析结果中的另一个基本文件。其内容主要是对任职者必须具备的基本资格条件的描述,也称任职资格条件。包括:所需最低学历和专业方面的要求;所需技能培训,包括培训时间和科目;年龄与性别要求;所需经验、体能、心理和性格要求等。对于管理、行政、技术人员与作业人员的能力要求有较大不同,应注意根据工作类型设置能力项目,并说明每项能力的要求程度。

工作规范表达的3种形式:表格式、计分式和文字表达式。

3. 其他信息

这属于备注的性质。如果在工作说明书中还有其他事项需要说明,但又不属于工作描述和工作规范的范畴,可以在其他信息中说明。

6.3.2 工作说明书的编写要求

工作说明书在组织管理中的地位是十分重要的。它不但要帮助任职者了解自己的工作，明确其责任范围，还要为管理者的某些重要决策提供参考。因此，编写工作说明书应遵循特定的要求，才能保证其更好地发挥对任职者和管理者的指导与参考作用。

一般来说，工作说明书的编写应当遵循如下要求。

1. 清晰

要求整个工作说明书中对工作的描述清晰明了，任职者读过后，无须询问他人或查看其他说明材料就能明白自己应该做什么、如何做等。说明书中忌使用原则性的评价和专业难懂的词汇。

2. 具体

工作说明书中的措辞应尽量选用一些具体的动词。如"安装""加工""传递""分析""设计"等。同时指出工作的种类、复杂程度、需任职者具备的具体技能、技巧、应承担的具体责任范围等。而且应当注意组织中基层(或一线)员工的工作更为具体，因此，其工作说明书中的描述也应更具体而详细。

3. 简短扼要

要求工作说明书中的语言应尽量简单明确，避免使用冗长的词句。

4. 客观

工作说明书的整个编写过程应建立企业工作分析系统，由企业高层领导、典型职务代表、人力资源管理部门代表、外聘的工作分析专家与顾问共同组成工作小组或委员会，协同工作，完成整个编写工作。

5. 统一

工作说明书的具体形式可能有多种，但其核心内容却不应当改变。要求工作说明书中的重要项目，如工作名称、工作概要、工作职责、任职资格等，必须建立统一的格式要求，注重整体协调，否则将难以发挥工作管理作用。

6. 动态调整

随着企业规模的不断扩大、企业战略的调整，为保持与企业发展的同步，对工作描述和工作规范的修正和补充是必不可少的。

工作说明书的动态调整要经过以下几个步骤。

(1) 根据工作分析规范和分析处理的信息草拟"工作描述"和"工作规范"。

(2) 与实际工作对比，根据对比的结果决定是否需要进行再次调查研究、修正。

(3) 形成最终的"工作描述"与"工作规范"。

(4) 应用于实际工作中，并注意收集应用后的反馈信息，不断完善。

(5) 对工作分析本身进行总结评估，将"工作描述"与"工作规范"归档保存，为今后的工作分析提供经验和信息基础。

6.3.3 工作说明书范例

范例一

×× 工作说明书

职位名称:	所在部门:
职位编码:	编制日期:
职位概要:	

工作职责
职责 1
1.1
1.2
职责 2
2.1
2.2

关键绩效指标 (KPI)

任职资格		
项目	必备要求	期望要求
学历及专业要求		
所需资格证书		
工作经验		
知识要求		
技能要求		
能力要求		
个性要求		

主要关系	
关系性质	关系对象
直接上级	
直接下级	
内部沟通	
外部沟通	

工作环境和条件	
工作场所	
工作设备	
工作条件	
工作时间	

备注:

范例二

某机场要客接待室主任工作说明书如下。

1. 基本资料

岗位名称：要客接待室主任　　　　　岗位等级：科级

岗位编码：160201　　　　　　　　　定员标准：1 人

直接上级：要客部经理　　　　　　　分析日期：2000 年 1 月

2. 工作职责

1) 概述

在要客部经理的领导下，全权负责进出港重要客人及股份公司领导和要客部领导交办的在机楼内的接待工作；贵宾休息室的预定、调配和结算。

2) 工作职责

(1) 根据要客部门战略目标和经营管理体制，制定部门的各项规章制度并监督实施。

(2) 全权负责进出港要客在机场内的接待工作。

(3) 协调海关、边防、公安分局和各大航空公司等部门的关系，保证要客顺利进出港，树立要客部最佳服务形象。

(4) 负责要客信息的搜集整理和报道，贵宾休息室的预定、调配和结算。

(5) 拓展包机及商务飞机的服务领域，协调有关部门，确保商务活动的顺利进行。

(6) 制定本部门的工作计划、业务学习计划及考核办法，抓好本部门工作纪律，定期监督检查下属员工的工作。

(7) 全面负责本部门员工的思想政治工作，对党、团、工会和女工等党群工作进行指导监督。

(8) 定期向要客部领导汇报本部门工作业务开展情况及员工的思想政治状况，充当上下级之间的桥梁和纽带。

3. 额外职责

完成领导交办的其他临时工作。

4. 监督及岗位关系

1) 所受监督与所施监督

要客接待室主任直接受要客部经理的监督指导。

对下属的主任助理、商务中心工作人员、接待人员、专包机业务员等进行直接监督指导。

2) 与其他岗位关系

(1) 本岗位与贵宾休息室有业务上的协调和配合关系、与综合办公室有指导和协调关系。

(2) 本岗位与全国各大航空公司、海关、边防、卫生检疫、护卫中心和公安警卫等部门有业务上的合作关系。

3) 本岗位职务晋升阶梯

接待室主任—要客部经理助理—要客部副经理

4) 本岗位横向平移情况

本岗位可向其他职能部门室主任岗位平移。

5. 工作要求

(1) 规章制度的制定应根据本部门的实际，切实可行，确保有效实施、监督有力。

(2) 协助办理要客登机免检手续和 VIP 证件，做好贵宾停车场管理工作，确保要客满意率达 100%。

(3) 确保与有关部门关系畅通。

(4) 信息准确，服务到位，收费合理。

(5) 积极拓展专包机业务，培育新的经济增长点。

(6) 计划应包含年度计划和中期规划，业务学习应每月不少于 2 次，对员工的考核有据，纪律严格、奖勤罚懒，确保公平、公正。

(7) 每周组织一次政治学习，确保员工思想稳定。

(8) 每月应向要客部领导汇报本部门工作 2～3 次，做到上情下达，下情上传。

6. 工作权限

(1) 对要客接待室的业务和行政管理工作有指导和监督权。

(2) 有权对下属员工的奖惩提出建议。

(3) 有对上级部门提出合理化建议和意见的权利。

(4) 根据股份有限公司的规定，有权对员工假期的审批提出建议。

(5) 有权根据本部门的规划，向上级领导申报设备更新改造和申请拓展新的经营领域的权利。

7. 工作环境和条件

本岗位属于手工工作，室内坐姿结合室外走动进行，具较轻体力即可，工作环境湿度适中，无噪声、粉尘污染，照明条件良好。

8. 工作时间

本岗位实行每周 40 小时的标准工时制。

(资料来源：卢福财，庄凯. 人力资源管理 [M]. 北京：经济管理出版社，2003.)

6.4 工作设计

组织发展过程中所进行的任何活动最终都要落实到具体的职位上，表现为各种具体职位所对应的工作。因此，为了确保组织活动的高效率和促进员工个人的成长，必须对组织内部各个职位的工作活动进行充分的了解和科学设计，而这正是工作分析和工作设计的主要任务。

阅读材料

弗雷德里克·温斯洛·泰勒

6.4.1 工作设计与工作分析的关系

工作设计起源于泰勒的"工作和任务的合理化改革"，泰勒在时间与动作研究分析中提出的 17 个因素，至今仍是很多国家进行动作划分和动作分析的标准。此后，随着工作设计中一系列重大的研究发现和理论飞跃,工作设计的方法日益丰富。工作设计已经成为人力资源管理者的一个重要课题。

1. 工作设计的含义

关于工作设计的含义,目前学术界的定义很多,其中主要的有:R·韦恩·蒙迪等认为,工作设计是一个确定所要完成的具体任务及其完成的方法和确定该工作在组织中如何与其他工作相互联系起来的过程。唐·赫尔雷格尔等认为,工作设计是对工作及其本身结构的、社会的各方面和对员工的影响等进行周密的和有目的的计划安排。詹姆斯·斯通纳等认为,工作设计是组织工作在员工中的划分,是系统地实现分权的一种工具,是管理者给员工机会来运用权力和职权的一种方法。斯蒂芬·P.罗宾斯认为,工作设计是将任务组合起来构成一项完整职务的方式。雷蒙德·A.诺伊等认为,工作设计是指对工作完成的方式及某种特定工作所要求完成的任务进行不断界定的过程。蔡斯等认为,工作设计是为组织中的某一个人或一群人指明工作活动内容,其目的是设计出满足组织及其技术要求和满足员工生理及个人需求的工作结构。

上述观点表明:正确理解工作设计的含义需要把握以下基本要素:①工作设计的主体,指的是各级管理者、人力资源管理专家和有关员工;②工作设计的客体,是指组织的整体工作和每一个员工应承担的具体工作;③工作设计的性质。工作设计是一种管理过程、工具、方法、方式等;④工作设计的活动,包括对于工作的诊断、确定、界定、划分、组合、再造或构建等;⑤工作设计的内容,即工作内容、工作结构、工作任务、工作方法、工作职能、工作权限、工作关系、工作性质、工作发展等;⑥工作设计的目的。直接的目的是提高工作生活质量,满足工作者(员工)的个人发展需要,提高工作绩效;最终目的是有效地实现组织目标。

综上所述,我们可以将工作设计定义为:工作设计就是为实现组织目标和满足任职者(员工)个人需要,对组织中各类工作的内容、工作职能、工作关系等进行选择、确定、优化的活动过程。

2. 工作设计与工作分析的关系

工作设计与工作分析有着密切的联系,但两者的侧重点不同。工作分析过程更多地侧重于对现有岗位有关工作信息的客观描述,而工作设计则侧重于对现有岗位有关工作信息的认定、修改和对新岗位工作的科学设定。主要说明工作安排应该如何合理化改革才能最大限度地提高组织效率,促进员工个人成长。

工作设计是否得当,对激发员工的工作动机、增强他们的工作满意感及提高工作效率都有重大影响。从激励理论的角度看,工作设计是对内在奖励的设计。激励理论认为,在员工需要向高层次发展时,他们的积极性主要来自与工作本身相关的因素,工作设计得当,就能满足员工的内在需要。

6.4.2 工作设计的内容

基于工作设计的主要原理:科学管理原理;工效学原理;人际关系运动学说;社会

技术理论，工作设计的内容：一方面要符合组织的利益，有利于组织的产出和效益的提高；另一方面要注意人的因素，满足员工个人的发展需要。一般来说，工作设计主要包括工作内容、工作职责和工作关系的设计3个方面。

1. 工作内容的设计

工作内容的设计是工作设计的重点。它一般包括工作的广度、深度、工作的自主性、工作的完整性以及工作的反馈5个方面。

(1) 工作广度即工作的多样性。工作设计得过于简单，员工容易产生厌烦、乏味的感觉，影响工作效率，因此设计工作时，尽量使工作多样化，使员工在完成工作任务时，能进行不同的活动，保持工作兴趣。

(2) 工作的深度指工作从易到难的层次。不同层次的工作对员工工作的技能会提出不同程度的要求，从而增加工作的挑战性，激发员工的创造力和克服困难的能力。

(3) 工作的完整性设计要求使员工从事的每项工作都能见到工作成果，以满足员工的成就需求。即使是流水线上的一个简单程序，也要让员工看到自己的工作成果，感到自己工作的意义。

(4) 工作的自主性设计要求员工对于自己所从事的工作有适当的自主权。这样能增加员工的工作责任感，使员工感到自己受到了信任和重视，从而增强员工的责任感和工作热情。

(5) 绩效反馈的设计包括两方面的内容：一是同事或领导对自己工作绩效的反馈；二是工作本身的反馈。反馈能使员工对自己的工作效果有一个全面的认识，从而在工作上精益求精。

2. 工作职能的设计

工作职能的设计是指做每件工作的基本要求与方法，包括工作责任、工作权限、信息沟通方式、工作方法以及协作配合等方面。

(1) 工作责任的设计要求员工在工作中应承担的职责，或者说是工作负荷的设定，工作责任要适度。

(2) 工作权力的设计要求工作中的权力与责任对应。责任越大，权力越大，同样，权力越大，责任也越大，两者不能脱节，否则会影响员工的工作积极性。

(3) 工作方法的设计包括上级对下级的工作方法，组织对个人的工作方法设计等。根据工作的特点不同，工作方法的设计也不同，不能千篇一律。

(4) 信息沟通设计要求明确工作过程中信息交流的方式、途径、对象等，是整个工作流程顺利进行的信息基础。

(5) 协作配合整个组织是有机联系的整体，由若干个相互联系、相互制约的环节构成，环环相扣，因此各环节之间必须相互配合、相互协作。

3. 工作关系的设计

工作关系的设计是指个人在工作中发生的人与人之间的关系，包括在工作中与其他人相互联系及交往的范围、建立友谊的机会，以及工作班组中的相互协调和配合等方面。

现代化大生产的发展，社会分工的日益细化，任何一件产品的制成都是若干个生产环节、生产者协作的结果。

6.4.3 工作设计的方法

工作设计的方法主要有工作工程学方法和社会技术方法。前者主要通过产品设计、流程设计、工艺设计、布局设计、测量与操作方法设计以及相应的时间与动作设计，提高工作效率。后者则充分考虑人的因素，体现以人为本的管理思想来设计工作活动的内容、职能、程序与工作关系等。具体的设计方法如下。

1. 激励型工作设计法

激励型工作设计法是一种以人际关系为主导的方法。其理论基础是赫茨伯格双因素理论。赫茨伯格认为，激励员工的关键并不在于金钱刺激，而在于通过对工作进行重新设计来使工作变得更有意义。这一方法主要通过如下形式来实现。

1) 工作丰富化

工作丰富化是以员工为中心的工作设计，其设计思路是将组织的使命与组织成员对工作的满意程度联系起来，通过对工作责任的垂直深化，增加工作任务，使得员工对计划、组织、控制及个体评价承担更多的责任，从而提高员工对工作的认同感、责任感、成就感和自身发展。赫茨伯格认为，在丰富工作内容时，应遵从五条原则：增加工作内容；赋予员工工作自主权；给予员工更多的责任；加强工作反馈；增加工作培训。工作丰富化方法与工作专业化方法相比，虽然增加了培训费用等一系列开支，但是提高了员工的素质和对工作的满足程度，激发了员工的工作热情，进一步促进了产品产出效率和质量的提高。

 案例阅读 6-2

工作丰富化与员工的"消极怠工"

健康食品公司是一个中型的保健食品企业，最近，总经理张云一直在为员工工作兴趣的低下而担忧，因为这导致了包装质量问题的产生。如果质量问题在检查阶段被发现，袋装食品就会被送回流水线，否则他们将最终失去客户。在工厂经理的建议下，在重要工段设置了管理监督岗位，由他们进行随机检查，但是这样不仅增加了成本，而且对返回率的降低并没有起到预期的作用。

张总召集职能部门管理者召开会议，来讨论形势并商讨有效对策。工厂经理李松称，一些问题是由策划引起的，他建议在设计阶段进行检查；人事部门遭到攻击，被指责没有精心招聘合适的员工，以致公司面临人员频繁流动及缺勤的问题。工程及人事部门的主管都为自己辩护；策划部门的主管周扬认为设计并没有什么问题，而提高标准则意味着要耗费更多的钱。

人事部门的主管王妃则觉得由于劳动市场上劳动力紧张，她无法在雇用过程中提出更加严格的要求，她还说包装工作枯燥乏味，希望人们对此类工作产生更大的兴趣。建议之一就是要求扩大包装线个人的工作范围。在她的建议下，每个工人将与工作群体的其他工人一起处理几个操作程序，而不是只做单纯的一项工作。另外她还建议采取工作轮换，以使工人们的工作更具挑战性。

> 张总非常赞赏这个建议，并想立即实施，但是在实施变革的一周内，工人们却对这些变革表达出许多不满，而且还存在着一种"消极怠工"的状况。工人们觉得他们要做更多的工作，而工资却没有增加。
>
> 总经理和部门主管，包括人事部门主管，都对工人们的反应感到吃惊，王妃泄气地说："我被搞糊涂了，似乎他们并不想使自己的工作更有趣。"
>
> (资料来源：知识宝库，2014.)

2) 工作扩大化

工作扩大化是使员工有更多的工作可做，通常这种新工作同员工原先所做的工作非常相似，一般是对工作范围的水平扩展。例如：一个原来只装汽车尾灯的装配线工人，后来既装尾灯，又装车尾的行李箱，工作范围比原来扩大了。这种工作设计导致高效率，因为不需要把产品从一个人手中传给另一个人，因此而节约了时间。此外由于完成的是整个一个产品，而不是在一个大的工作项目中完成某一项工作，也就是说通过增加某一工作的内容，使员工的工作内容增加，要求员工掌握更多的知识和技能，从而提高员工的工作兴趣。研究表明，工作扩大化的主要好处是增加了员工的工作满意度和提高了工作质量。IBM公司指出，工作扩大化导致工资支出和设备检查费用的增加，但因质量改进，职工满意度提高，抵消了这些费用。IBM公司称，通过实行工作扩大化提高了产品质量，降低了劳务成本，工人满意度提高，生产管理变得更有灵活性。

但是，如果工作范围扩大需要集中员工更多的注意力和精神，那么员工必须对那些扩大了的工作感兴趣，否则工作会更无效率。

3) 工作轮换

工作轮换是指一段时间内，当员工觉得某种工作或活动不再具有挑战性时，为减轻员工对工作的厌烦感，让他们在技术水平要求相近的不同工作岗位上轮换。它与工作扩大化密切相关，重点都在于使工作多样化，降低员工的厌倦情绪。其主要作用是：① 使员工比日复一日地重复同样的工作更能对工作保持兴趣；② 为员工提供了一个使个人行为适应总体工作流程的平台；③ 个人增加了对自己的最终成果的认识；④ 使员工从原先只能做一项工作的专业人员转变为能做许多工作的多面手。

日本的企业广泛地实行工作轮换，对于管理人员的培养发挥了很大的作用。著名的索尼公司曾经约定，公司每两年一次设法调整部分员工岗位或工作性质，使他们对工作保持新鲜感。索尼公司希望借此对那些有闯劲、期望一试身手的员工提供及时的内部调整机会，使他们重新找到适合自己的工作。但是，如果所有的任务都相似而且是机械的，工作轮换就不会有什么效果。

4) 工作个性化

工作个性化强调工作设计要保持公司战略与员工终身战略之间的平衡。即组织中任何一项工作的内容、职责等方面的设计要在充分考虑与组织战略一致性的同时，充分考虑员工要求控制自己工作生活的基本方面的需求，如工作目的、工作内容、工作时间、工作地点与场所、工作方式、工作伙伴与上司、职业生涯规划、职业发展所需的技术与知识等。重视个性化工作场所的选择，强调员工参与、互相承诺、资源共享、协商互惠等内在因素。

5) 工作团队

工作团队设计法，也称"优秀业绩工作体系"法。与传统的工作设计方法相比，其设计思路是将工作或职务围绕小组来设计，形成工作团队，每位员工都具有多方面的技能，由团队决定其成员的工作任务与计划，强调工作社会学与最优技术安排的有效配合（表6-7）。实际中可根据工作需要设计不同类型的工作团队，如综合性工作团队——把一系列工作任务分派给一个小组完成；自我管理型团队——在确定了小组的工作任务之后，由小组自主决定工作分派、工间休息、质量检验方法、挑选成员、成员相互评价工作成绩等。

表6-7 传统工作设计方法与工作团队法的比较

		传统工作设计方法	工作团队法
职位	值班经理	监控运行、组织资源	确立长远目标、确保资源
	操作者	独立工作、强调单一技能的操作任务	团队的一部分，完成大量工作、包括操作、技术支持、工艺改进和管理
	技术专家	独立工作、执行技术工作、支持运行	充当团队顾问、教师、教练
工作设计要素	人	把密切相关的一组工作分配给个人	与他人协调、利用团队完成相互联系的活动
	决策	通过指令与控制的层级制度管理生产过程	授权团队制定关于加速周转和改进工艺的决策
	信息	只给员工需要知道的信息	及时向团队成员发布所有信息供决策参考

6) 工作生活质量满意化

工作生活质量满意化的设计思路是通过改善工作环境，从员工需要考虑，建立各种制度，使员工分享工作内容的决策权，从而提高员工对于工作各要素满意度。具体而言，改善工作质量的形式有增加工作的多样性和自主权，使员工有更多成长与创新的机会；允许参与决策；改善工作团体之间的互动关系，减少监督程度，增加员工自我管理的程度；扩大劳资双方的合作，足够的薪资和福利、有保障的就业状态等。

2. 机械型工作设计法

机械型工作设计法源于古典工业工程学。它强调要找到一种能够使得效率达到最大化的最简单方式来构建工作。在大多数情况下，这通常包括降低工作的复杂程度从而提高人的效率。也就是说，让工作变得尽量简单，从而使任何人只要经过快速培训就能够很容易地完成它。这种方法的主要设计形式如下。

(1) 工作专门化。从工作目的或者工作活动角度来说，工作是高度专门化的。即根据职业、专业、技术、产品、服务、工具、程序等，把工作合理分类。按照人员类型合理分工，在保障良好的工作效率、工作绩效的前提下，使工作高度专门化。

(2) 任务简单化。即通过对工作任务的整合、分解、重组，使员工完成起来更加方便、快捷、愉快。工作本身表现为：操作简单、根据简单、动作简单、活动重复；技能、知识要求较少；同一时间、地点只从事一项任务，不要求任职者同时或者紧接着完成多项活动。

(3) 劳逸结合。即在工作的各种活动之间，科学安排合理的节拍、时间和空闲、休息时间、保持劳动强度合适，使员工不因工作紧张而损害健康。

(4) 自动化。即工作中的许多活动都实现了自动化或者能够得到自动化设备辅助，实现全部自动化工作或计算机辅助工作，提高工作的知识、技术含量，增加对员工智力的挑战性。

3. 生物型工作设计法

生物型工作设计法主要来源于生理机械学、工作心理学和职业医学，它通常被说成是人类工程学。这种方法的目标是：以人体工作的方式为中心来对物理工作环境进行结构性安排，从而将工人的身体紧张程度降低到最小。因此，它对身体疲劳度、痛苦以及健康抱怨等方面的问题十分关注。

生物型工作设计法主要通过如下方式来实现。

(1) 力量设计。一方面要考虑工作中只要求员工运用适度的肌肉力量，如推力、举力、拉力、提力、抗力、抬力及耐力等；另一方面要使工作环境、工作对象、工具等对员工的反作用力、冲击力、震动力等适度，不伤害员工健康。

(2) 工作位置设计，即员工工作时所处的位置（站立位置、座位）安排应适合人体结构特征，如工作中的座位安排恰如其分，有足够的机会坐下，有舒适的座椅以及良好的坐姿支持等。同时，要考虑间隙距离、伸手距离、眼视高度、腿脚放置空间等适合工作者活动，可以容纳不同体格的员工一同工作。

(3) 运动设计，即员工工作时，手臂、身躯、腿脚的活动简捷有度，不做无用的动作。

(4) 工作环境设计，即要求工作环境良好，噪声、温度、湿度、亮度、气味等适合员工工作，有利于保持高度的工作效率。

(5) 工作制度设计，即要求工作时间安排合理，如加班、倒班、轮班等的安排与员工的工作习惯和生理节律相适应。

此外，许多生物型工作设计法还强调，对机器和技术也要进行再设计，比如调整计算机键盘的高度来最大限度地减少职业病（比如腕部血管综合征）。对于许多办公室工作来说，座椅和桌子的设计符合人体工作姿势的需要也是非常重要的。一项研究发现，让员工参与一项人类工程学工作再设计计划的结果导致累积性精神紊乱发生的次数和严重程度、损失的生产时间以及受到限制的工作日数量都出现了下降。

4. 知觉运动型工作设计法

知觉运动型工作设计法的目标是，在设计工作的时候，通过采取一定的方法来确保工作的要求不会超过人的心理能力和心理界限之外。这种方法通常通过降低工作对信息加工的要求来改善工作的可靠性、安全性以及使用者的反应性。在进行工作设计的时候，工作设计者首先看一看能力最差的工人所能够达到的能力水平，然后再按照使具有这种能力水平的人也能够完成的方式来确定工作的要求。如果说生物型工作设计法所注重的是人的身体能力和身体局限，而知觉运动型工作设计法所注重的则是人类的心理能力和心理局限。与机械型的工作设计方法类似，这种方法一般也能起到降低工作的认知要求的效果。

知觉运动型工作设计法主要通过如下方式来实现。

(1) 视觉性设计。这主要要求工作设计要考虑工作环境中的照明度与视觉相适应；仪器、仪表、显示器及其他信息显示明显，易阅读；工作场所布置、设备、工具、材料等的安排容易让员工看见、看清等。

(2) 听觉性设计。要求工作场所发出的各种声音应有利于员工听到、听清。

(3) 心理性设计。要求工作中的各种信息显示应易懂、易理解、易记忆；各种物理要素能够有利于员工注意力集中；工作安排有利于员工的沟通与活动；工作中需要员工投入、加工、产出的信息适度；环境产生的心理压力适合员工的心理承受能力；各种工作要素不使员工产生压卷、疲劳、伤感等。

现实的工作设计过程中，可综合考虑上述四种方法的优缺点进行选择并形成工作设计综合模型，如图6.2所示。

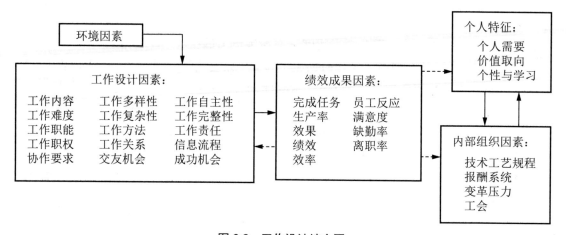

图6.2 工作设计综合图

6.5 工作分析的效果评估

工作分析效果评估是指企业对工作分析为企业战略发展、管理水平提高和人员素质提升等方面带来的效益、成果的一种价值判断，是对工作分析整体实施过程的效果进行的综合性评估。

工作分析评估并不是工作分析结束后的一个步骤，而是穿插在整个工作分析工作中。企业必须从战略目标出发，运用科学的理论、方法、技术、程序，设计科学合理的评估标准和评估方案，对工作分析运行效果进行客观评估，从而确保企业工作分析质量，为企业进行规范管理奠定良好的制度基础，为人力资源管理工作有效运行提供科学依据。

工作分析效果评估的基本内容通常包括：选择工作分析效果评估的主体（对工作分析质量做出评价的人）和客体（工作分析本身），确定工作分析效果评估的主要内容（信度和效度、效益评估、分析结果应用的评估）等。

工作分析效果的评估标准有：①目的明确性；②方法的科学性；③信息的客观性；④静态评估与动态评估相结合原则；⑤结果评估与过程评估相结合原则。

工作分析效果评估的意义主要体现在以下几个方面。

(1) 通过工作分析效果评估，可以判定企业进行的工作分析活动是否符合企业发展目标。

(2) 通过工作分析效果评估，可以促进工作说明书的实施运行，改善工作说明书执行不力的状况。

(3) 通过工作分析效果评估，可以为企业有效开展人力资源管理工作提高决策依据。

6.6 工作分析的发展趋势

6.6.1 战略导向的工作分析

一般认为，各种人力资源的职能应该整合到组织（企业）整体的战略管理过程中。

一个具有系统功能的战略性工作分析，可以被看作是一种能够帮助预测和管理变化着的工作的方法。因此，战略性工作分析意味着使当前和今后的工作与组织的战略方向相符合。也就是说，战略性工作分析方法是一种有目的、系统的收集与当前和今后的工作相关信息的过程。

战略的工作分析基本过程：环境分析，需要对组织内部和外部的机会、威胁及可能的变化进行分析；分析当前的工作——集中在企业的内部分析；为未来的工作做准备要进行一个"现在与未来的差距分析"；评估战略分析方法的有效性，随着时间的推移，对战略性工作分析方法的有效性必须建立一套有效的评估机制。

6.6.2 动态环境对传统工作分析的挑战

20世纪80年代后专业细分化及信息化技术的加速发展及创新使环境的动态变化加快，与这些环境变化相适应的是减少了工作的稳定性，同时也减少了对特定任务的知识、技能、能力要求的稳定性，对工作环境和对工作人员的要求也急剧变化。

为了生存和发展，新的工作分析要帮助企业适应不断变化的人口，全球日益激烈的竞争，技术的创新，管制的放松和快速发展的市场。

在这种趋势下，学习型组织不断涌现，组织结构日益扁平化，自我管理团队大量出现以更好的调配资源。企业经营法律环境的变化对新的工作分析信度和效度的要求也提高。企业必须根据动态环境的变化及时调整工作分析，与时俱进。O*NET(职业信息网络)工作分析比传统的工作分析更加灵活、占有的资源更少。

6.6.3 O*NET 工作分析系统

O*NET 是由美国劳工部组织开发的"作为一个国家的基准，为所有用户的职业信息提供一个共同的语言"的网络机构 (U.S. Department of Labor，1993，p. 6)。因此，当在一个大型组织(企业)中分析多种工作或在多个组织中分析工作时，O*NET 是一个合适的模型。

O*NET 提供了一个合成的工作分析研究，建立在以前的工作分析研究基础上 (Campion，Morgeson，& Mayfield，1999)。O*NET 的内容模型是专门为多个推论所使用的多个描述而设计 (Mumford & Peterson，1999)。具体来说，O*NET 的内容模型，包括 6 大类来描述工作及工人，如图 6.3 所示。O*NET 工作分析系统如图 6.4 所示。

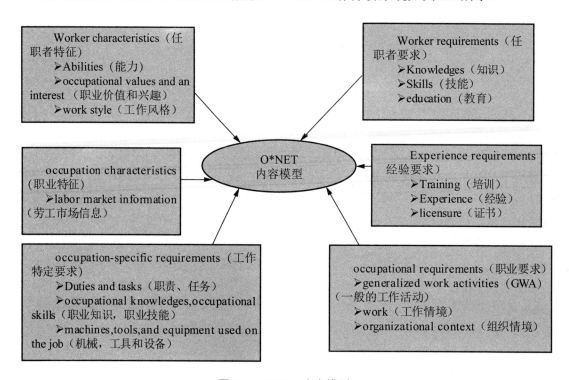

图 6.3 O*NET 内容模型

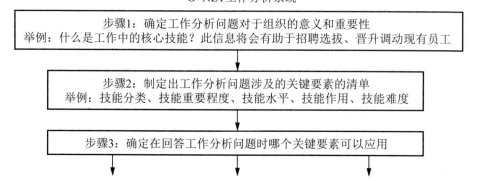

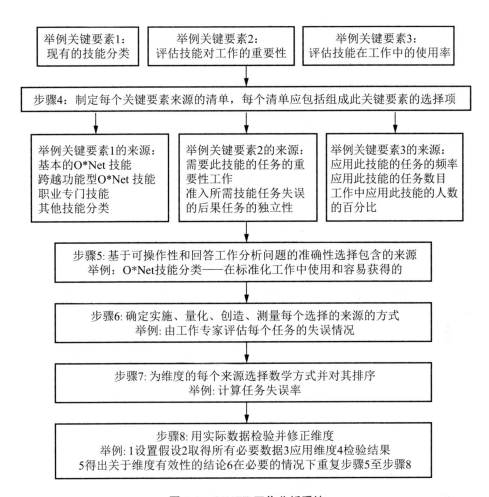

图 6.4 O*NET 工作分析系统

6.6.4 工作分析信息技术化

传统的工作分析一般采用人工方法进行。随着新技术的发展，计算机网络技术也可以运用于工作分析，工作分析技术趋向于高科技化。

1. 计算机网络

因特网和企业内部的局域网对数据收集有着广泛而深入的影响。现在的任务清单或其他类型的纸笔调查将逐渐被网络所代替，特别是那些需要应用计算机的工作。这使被调查者可以将信息直接输入计算机，摆脱了打印以及邮寄等烦琐的手续。

2. 电子业绩监督

计算机能够监视员工的工作过程，可以对工作做出详细的分析。但是，计算机却不能理解所记录的内容，也就是说，计算机并不知道人们在工作中做什么。这种设想在不远的将来也会实现，那时计算机能够告诉我们某人是否在写信、编写代码，或者从因特网上下载文件等与工作相关或不相关的活动。人工智能的增强将会使电子业绩监督变得越来越普遍。

3. 预测

进行分析的工作还不存在时，就不能对任职者进行观察、访谈或问卷调查在这种情况下，只能对工作进行猜测。解决方法之一就是请工作小组列出现在和未来的任务，小组成员必须想象未来的工作是什么样，然后说明工作流程。

6.6.5 弹性工作说明书

环境的高度不确定性使得企业不得不通过组织重构、流程再造等形式不断变化组织结构，扁平化组织和无边界组织成为目前主要的新型组织形式。组织的扁平化必然使得岗位数量大幅减少，工作的广度和深度相应增加，无边界组织的出现使成员资格的界定变得模糊，工作责任的具体确定更加困难。随着相对稳定职务的消失，传统的、稳定的、强调具体职务描述的工作说明书已经不能适应现实中变化的岗位，而缩短工作分析周期、经常更新工作说明书又必然造成企业成本的上升，所以这就要求弹性工作说明书的出现来提高人力资源管理效率。弹性工作说明书淡化了岗位工作任务的确认，将重心转向任职者能力和技术等方面，从而更好地与组织的工作方向保持一致。

本章小结

作为人力资源管理的基础，工作分析已经发展成为人力资源管理中的一项重要的常规技术。本章主要介绍了工作分析、工作设计两大内容。工作分析是对组织中所有为实现组织目标而存在的各类工作（岗位）进行系统分析和研究，以确定每一种工作的内容、职责与权限、工作条件和环境，以及完成本工作（岗位）所需的技能、能力、知识和其他资格条件并形成工作说明书的过程。实际中的工作分析活动流程一般可以概括为：准备阶段、调查阶段、分析汇总阶段和完成阶段。其中调查阶段是难点，需要选择观察法、访谈法、问卷法、关键事件法、行为事件访谈法、主题专家会议法等常用的方法来收集工作信息。工作分析的最终结果，是形成工作描述和工作规范两个重要文件。将这两个文件合二为一，就是工作说明书。工作设计与工作分析有着密切的联系，但两者的侧重点不同。工作分析过程更多地侧重于对现有岗位有关工作信息的客观描述，而工作设计则侧重于对现有岗位有关工作信息的认定、修改和对新岗位工作的科学设定。主要说明工作安排应该如何合理化改革才能最大限度地提高组织效率，促进员工个人成长。其常用的设计方法有激励型工作设计法、机械型工作设计法、生物型工作设计法与知觉运动型工作设计法。

关键术语

工作分析	Job Analysis
工作族	Occupation
职业生涯	Career
职系	Series

职组	Group
职级	Class
职等	Grade

习　　题

1. 工作分析在人力资源管理中的作用有哪些？
2. 工作分析的流程包含哪些步骤？
3. 如何根据不同的职位选择不同的工作分析方法？
4. 工作分析的最终成果如何表述？
5. 工作分析与工作设计有何关系？联系实际说明工作设计的重要意义。

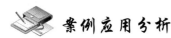

案例应用分析

案例一　工作分析应该如何做？

XX宽带数字技术有限公司（以下简称××公司）成立于1993年，是行内稍有名气的一家从事机顶盒研究开发的高新企业。公司员工虽然不到200人，但是组织结构安排得井井有条，从机顶盒的产品规划到研究开发再到生产最后走上数字电视的大市场，公司都配备了一套良好的人马班子。去年，在机顶盒行业并不十分景气的情况下，××公司凭着独特的经营方式，强有力的人力资源后盾创下了年销售量6万台的佳绩，在行内遥遥领先。今年为了迎接更好的机遇更大的挑战，以管理顾问为首的公司领导班子决定进行深度改革，首先从组织架构着手，把市场部提到了新的高度，重整了原来的系统软件部、应用软件部、硬件部等，同时也引进了一批更专业的人才（小西就是基于此引进的），用总经理的话说：专业的人才做专业的事。但是，由于组织架构的变动，有些岗位名称变了，有些部门名称变了，也有一些员工的部门隶属关系变了，部门主要职能变了。因此有些员工开始迷茫：我现在该做什么呀，什么叫作"项目管理总经理？"

因此，××公司的管理顾问就向去年某高校人力资源管理专业毕业小西提出做系统的工作分析，明确每个岗位的职责。而小西不了解公司情况，不知如何下手。

（资料来源：www.chinahrd.com，2010-12-07）

思考题：

(1) 常用工作分析的方法有哪些？

(2) 假如您是小西，你会如何做工作分析？

(3) 小西在参考××公司的《工作说明书》后，发现不规范，请为××公司设计一份工作说明书模板。

案例二 员工在工作分析中存在恐惧心理

Dean 进入某公司后有点找不到北。有事，A 部门说"归 B 部门管"，B 部门称不知道，让他找 C 部门。Dean 觉得有必要对岗位和责任进行梳理，建议人力资源部门进行工作分析。

于是人力资源专员小 V 接到指示，公司在这个月将开展工作分析。人力资源部的每个成员自然成为工作分析小组成员，小 V 要负责销售部门各个岗位的工作分析。他决定先从普通的销售员开始，从下往上分析，把销售经理摆在最后。

事实上，普通员工的态度并没有他预期的那样配合。员工对此发怵，工作分析很难进行。

"工作分析？干吗用的？你们人力资源部还真是吃饱了没事干。"资历深厚的直接质疑小 V。"哦，是不是要裁人啦？怎么突然要分析工作了呢？"胆小者支支吾吾，疑心重重。"真抱歉，手头忙，等过一阵再谈吧。""我们部门可是最忙的部门了，我一个人就要干 3 个人的活。""我每天都要加班到 9 点以后才回去，你们可别再给我加工作量了。"态度冷淡不配合的更不在少数。一周下来，小 V 精疲力竭，却收获寥寥。

（资料来源：www.chinahrd.com，2010-01-24）

思考题：
(1) 你认为员工不配合工作分析的原因是什么？
(2) 你认为该如何消除工作分析中员工的恐惧心理？
(3) 请谈谈你认为工作分析对公司的价值？

知识链接

[1] http://www.hr.com.cn 中国人力资源网。
[2] http://www.jobcn.com 人才招聘求职网。
[3] http://www.chinahrd.com 中国人力资源开发网。

第 7 章

员工招聘

教学目标

- 了解员工招聘对于企业的重要意义
- 掌握招聘程序及招聘过程中的注意事项

教学要求

- 了解员工招聘与录用的意义与原则
- 重点掌握员工招聘的主要操作环节
- 掌握招聘计划的制订、招聘评估
- 掌握求职申请表的设计
- 了解员工招聘注意事项
- 掌握人员选拔录用程序和方法

SP 公司的招聘出了什么问题?

SP 公司是一国外在中国投资的独资子公司,总经理为外国人,在中国留过学,自认为对中国很了解。因发展需要,在 2009 年 10 月底从外部招聘新员工。具体招聘流程如下:①公司在网上发布招聘信息。②总经理亲自筛选简历。筛选标准:本科应届毕业生或者年轻的,最好有照片,看起来漂亮的,学校最好是名校。③面试:如果总经理有时间,就由总经理直接面试。如果总经理没时间,HR 进行初步面试,总经理最终面试并确定是否录用。新员工的工作岗位、职责、薪资、入职时间都由总经理来定。5.面试合格后录用,没有入职前培训,直接进入工作。

期间先后招聘了两位行政助理(女性)。

被招聘的员工背景如下。

A,23 岁,北京人,专科就读于北京工商大学,后专升本就读于中国人民大学。2004 年 1 月份到 12 月份期间,担任过少儿剑桥英语的教师。

B,21 岁,北京人。学历大专,就读于中央广播电视大学电子商务专业。上学期间曾经在两个单位实习:一个为拍卖公司,另一个为电信设备公司。职务分别为商务助理和行政助理。B 于 2004 年曾参加瑞丽封面女孩华北赛区复赛,说明 B 的形象气质均佳。

A 的工作职责是负责前台接待。但她入职的第二天就没有来上班,也没有来电话,上午公司打电话联系不到本人。三天后又来公司,中间反复两次,最终决定不上班了。她自述的辞职原因:工作内容和自己预期不一样,琐碎繁杂,觉得自己无法胜任前台工作。HR 对她的印象:内向、有想法,不甘于做琐碎、接待人的工作,对批评(即使是善意的)非常敏感。

B 的工作职责是负责前台接待、出纳、办公用品采购、公司证照办理与变更手续等。她工作十天后也辞职了。自述辞职原因:奶奶病故了,需要辞职在家照顾爷爷(但是当天身穿大红毛衣,化彩妆)。透露家里很有钱,家里没有人给人打工。HR 的印象:形象极好、思路清晰、沟通能力强,行政工作经验丰富。总经理印象:商务礼仪不好,经常是小孩姿态、撒娇的样子,需要进行商务礼仪的培训。

招聘行政助理连续两次失败,作为公司的总经理和 HR 觉得这不是偶然现象,在招聘行政助理方面肯定有重大问题。你说问题出在什么地方呢?

(资料来源:北大纵横管理咨询公司,2010.)

随着移动互联网、云计算、社会化媒体等一系列新兴技术与应用模式的涌现,企业为了谋求更大的发展,就必须通过利用各种信息或者渠道,把组织所需要的申请者吸引到空缺岗位上来。因此,如何花最小的成本在市场上招聘到最合适的人才,就成为企业人力资源管理部门的一项重要任务。

7.1　员工招聘概述

招聘是企业补充人员的主要方法，也是保持企业生存与发展的重要手段，成功和有效的员工招聘意味着组织有更强的人力资源优势，从而为企业带来竞争优势。宝洁公司(P & G)每年都要早早到全国各个著名的高校进行招聘，向学生们分发许多材料，介绍宝洁公司，并进行严格的测试，几轮下来，虽然最终能有幸被录取的学生是少数，但通过招聘活动和宣传资料，许多学生因此了解了宝洁公司，并成为该公司产品的忠实用户和义务宣传员，由此可以看出，招聘不仅是为了招聘新员工。

7.1.1　员工招聘的意义

招聘是补充员工的主渠道，是企业增加新鲜血液、兴旺发达的标志之一，总之，招聘工作的有效实施不仅对人力资源管理本身，而且对整个企业也具有非常重要的意义。

1. 招聘决定了企业能否吸纳到合适的人才

人力资源，尤其是优秀的人力资源对于企业的重要性是不言而喻的，如果将企业看成是一个输入、输出系统的话，那么人力资源就是这个系统的转换器。没有人力资源，企业就无法将原始的资源输入转换为有效的产品输出，因此企业需要人力资源的输入。而招聘工作则是人力资源输入的起点，没有对优秀人力资源的吸引，企业就不可能实现对他们的接纳，所以说招聘工作的质量直接决定着人力资源输入的质量，从这个意义上讲，招聘工作对于企业今后的成长和发展具有重要的意义。

2. 有助于员工充分发挥自身能力

员工招聘为员工提供了公平竞争上岗的机会，从而激发每个员工充分发挥自己的主动性和能力，以在公平竞争中取胜，因而成功的招聘，一方面使组织外的劳动力能更多地了解组织，然后结合自己能力和发展目标决定自己是否参加组织并与组织共同发展；另一方面，通过招聘使组织发现最合适的人选，也即帮助员工找到适合自己的工作，从而减少人员任职后离职的可能性。

3. 招聘工作影响着人力资源管理的成本

作为人力资源管理的一项基本职能，招聘活动的成本构成了人力资源管理成本的重要组成部分，招聘成本主要包括广告的费用、宣传资料的费用、招聘人员的工资等，全部费用加起来一般是比较高的。例如在美国，每雇用一个员工的招聘成本通常等于这名员工年薪的1/3。因此，招聘活动的有效进行能够大大降低它的成本，从而降低人力资源管理的成本。

4. 招聘是企业形象宣传的有效途径

招聘，尤其是外部招聘，本身就是企业向外部宣传自身的一个过程。为了实现招聘的目的，企业向外部发布自己的基本情况、发展方向、方针政策、企业文化以及产品特征等各项信息，这些都有助于企业更好地展现自身的风貌，使社会更加了解企业，营造良好的外部环境，从而有利于企业的发展。有研究表明，公司招聘过程的质量高低明显地影响着应聘者对企业的看法；招聘人员的素质和招聘工作的质量在一定程度上被视为公司管理水平和公司效率的标志。正因为如此，现在很多外企对校园招聘都给予了高度的重视，一方面是为了吸引优秀的人才，另一方面也是在为企业做广告。

7.1.2 员工招聘的原则

员工招聘除了要为组织招聘到符合标准的员工之外，还是一项经济活动，同时也是社会性、政策性较强的一项工作。因此，在招聘中应坚持以下原则。

1. 效率优先

效率优先，即在招聘的时候首先考虑的应是企业的效率，可招可不招时尽量不招；可少招可多招时尽量少招。一个岗位宁可暂空缺，也不要让不合适的人占据，招聘来的人员一定要充分发挥其作用，使其产生高效率。

2. 双向选择

在计划分配越来越成为历史、劳动力市场日渐完善的条件下，双向选择也就成为招聘者和求职者的最佳选择。招聘者在劳动力市场上搜寻令他满意的劳动者，而求职者也在劳动力市场上寻找心仪的用人单位，双方处于平等的法律地位。

3. 公开、公平、公正原则

在招聘时应把招聘单位、职位种类和数量、要求的资格条件以及考试的方法、科目和时间向社会公开。这样做一方面给社会上的人才以公平竞争的机会，达到广招人才的目的；另一方面有助于形成公平竞争的氛围，防止不正之风。

与公开原则相适应，招聘单位对应聘者应该一视同仁，努力地为人才提供公平的竞争机会，不得人为地制造不平等条件。如前面提到的性别歧视，常见的还有年龄、地区歧视等，这常常把相当多优秀的求职者排斥在外。

4. 竞争、择优、全面原则

竞争原则是指通过考试竞争和考核鉴别确定人员的优劣和人选的取舍。为了达到竞争的目的，一要动员、吸引较多的人报考；二要严格考核程序和手段，科学地录取人选，防止拉关系、走后门、裙带风、贪污受贿和徇私舞弊等现象的发生，通过激烈而公平的竞争，选择优秀人才。

择优是招聘的根本目的和要求。只有坚持这个原则，才能广揽人才，选贤任能，为单位引进或为各个岗位选择最合适的人员。为此，应采取科学的考试、考核方法，精心比较，谨慎筛选。特别是要依法办事，杜绝不正之风。

考核时对报考人员应从品德、知识、能力、智力、心理、过去工作的经验和业绩进行全面考试、考核和考察。因为一个人的素质不仅取决于他的智力水平、专业技能，还与他的非智力因素（如人格、思想等）密切相关，该因素对其将来的作为起着决定性作用。当然，在坚持全面原则的同时，对人才也不能求全责备，任何人才都不可能十全十美。

5. 级能原则

人的能量有大小工作有难易，要求有区别。招聘人员，不一定要最优秀的，而应量才录用，做到人尽其才，用其所长，这样才能持久、高效地发挥人力资源的作用。

7.1.3　影响员工招聘的因素

在现实中，招聘活动的实施是受到多种因素影响的，为了保证招聘工作的效果，必须对这些因素有所了解。归纳起来，影响招聘活动的因素主要有外部因素和内部因素两大类。

1. 外部影响因素

1) 国家的法律法规

由于法律法规的本质是规定人们不能做什么事情，因此在一般意义上，国家的法律法规对企业的招聘活动具有限制作用，它往往规定了企业招聘活动的外部边界。例如，西方国家的法律规定，企业的招聘信息中不能涉及性别、种族和年龄的特殊规定，除非证明这些是职位所必需的；再比如，近期北京市政府也规定，企业的招聘信息中不能出现"35岁以下"和"北京户口"之类的条件，这些都对企业的招聘活动起到了一定的限制和约束作用。

2) 外部劳动力市场

由于招聘特别是外部招聘，主要是在外部劳动力市场进行的，因此市场的供求状况会影响招聘的效果，当劳动力市场的供给小于需求时，企业吸引人员就会比较困难；相反，当劳动力市场的供给大于需求时，企业吸引人员就会比较容易。在分析外部劳动力市场的影响时，一般要针对具体的职位层次或职位类别来进行，例如现在技术工人的市场比较紧张，企业招聘这类人员就比较困难，往往要投入大量的人力、物力。

3) 竞争对手

在招聘活动中，竞争对手也是非常重要的一个影响因素。应聘者往往是在进行比较之后才做出决策，如果企业的招聘政策和竞争对手存在差距，那么就会影响企业的吸引力，从而降低招聘的效果。因此，在招聘过程中，取得对竞争对手的比较优势是非常重要的。

2. 内部影响因素

1) 企业自身的形象

一般来说，企业在社会中的形象越好，就越有利于招聘活动。良好的企业形象会对应聘者产生积极的影响，引起他们对企业空缺职位的兴趣，从而有助于提高招聘的效果。例如，在美国《财富》杂志2014年对候选的300家公司进行了包括产品和服务的地位、长期投资价值、公司资产的合理利用、创新能力、管理质量、吸引和保留人才的能力等9个方面的评估，阿里巴巴就当选为"最受赞赏的中国公司"；在国内，一些形象良好的企业，比如海尔、联想集团、南方报业等，往往都是大学生毕业后择业的首选。而企业的形象又取决于多种因素，如公司的发展趋势、薪酬待遇、工作机会以及企业文化等。

2) 企业的招聘预算

由于招聘活动必须支出一定的成本，因此企业的招聘预算对招聘活动有着重要的影响。充足的招聘资金可以使企业选择更多的招聘方法，扩大招聘的范围，如可以花大量的费用来进行广告宣传，选择的媒体也可以是影响力比较大的；相反，有限的招聘资金会使企业进行招聘时的选择大大减少。这会对招聘效果产生不利的影响。

3) 企业的政策

企业的相关政策对于招聘活动有着直接的影响，企业在进行招聘时一般有内部招聘和外部招聘两个渠道，至于选择哪个渠道来填补空缺职位，往往取决于企业的政策。有些企业可能倾向于外部招聘，而有些企业则倾向于内部招聘；还有在外部招聘中，企业的政策也会影响到招聘来源的选择，有些企业愿意在学校进行招聘，而有些企业更愿意在社会上进行招聘。

7.1.4 员工招聘程序

1. 制定招聘程序的意义

对招聘人数较多或常年招聘的企业，制定明确的招聘流程是非常必要的。

首先，可以规范招聘行为。招聘工作并不是人力资源部可以独立完成的工作，它涉及企业各个用人部门和相关的基层、高层管理者。所以招聘工作中各部门、各管理者的协调问题就显得十分重要。应制定招聘流程，使招聘工作固定化、规范化，防止出现差错。

其次，可以提高招聘质量。在众多的应聘人员中准确地把优秀人选识别出来并不是一件简单的事情。因为在招聘活动中既要考核应聘者的专业知识、岗位技能等专业因素，又要考核应聘者的职业道德、进取心、工作态度、性格等非智力因素。通过制定招聘流程，会让招聘工作更加科学、合理，从而有效地提高招聘质量，同时降低招聘成本。

另外，可以展示公司形象。招聘和应聘是双向选择，招聘活动本身就是应聘者对企业进一步了解的过程。对应聘者而言，企业的招聘活动就代表着企业的形象。招聘活动严密、科学而富有效率，会让应聘者对企业产生好感。

2. 招聘程序的制定

企业如果没有特殊的雇员需要，招聘往往会以如下程序进行。

(1) 根据企业人力资源规划，确定人员的净需求量，并制定人员选拔、录用政策，在企业的中期经营规划和年度经营计划的指导下制定出不同时期不同人员的补充规划、调配计划、晋升计划。

(2) 得到职务分析报告之后，确认缺职的任职资格及招聘选拔的内容和标准。据此再确定招聘甄选的技术。

(3) 企业各部门根据用人需求情况，由部门经理填写《招聘申请表》，报主管经理、总经理批准后，由人力资源部统一组织招聘。

(4) 准备招聘材料，包括以下两种：

① 招聘广告。招聘广告包括本企业的基本情况、招聘岗位、应聘人员的基本条件、

报名方式、报名时间、报名地点、报名需带的证件、材料以及其他注意事项。

②公司宣传资料。发给通过初试的人员。

(5) 制定招聘简章。招聘简章是企业组织招聘工作的依据，因此，是招聘工作的重要工作之一。它既是招聘的告示，又是招聘的宣传大纲。起草招聘简章应本着既实事求是，又热情洋溢、富有吸引力的要求，尽量表现企业的优势与竞争力。

①招聘简章的内容，包括招聘单位概况；工种或专业介绍；招聘名额、对象、条件和地区范围；报名时间、地点、证件、费用；考试时间、地点；试用期、合同期以及录取后的各种待遇。

②制定招聘简章的注意事项。对于工作职位的条件和待遇，无论是好的方面还是不利的方面，都应对应聘者做真实的介绍，这样可使应聘者的期望值比较符合实际情况，从而提高录用者对工作的满意程度。

③合理确定招聘条件。招聘条件是考核录用的依据，也是确定招聘对象与来源的重要依据。能否合理地确定招聘条件，关系到能否满足企业的需要，也关系到人力资源能否得到充分、合理的利用。如果招聘条件定得过高，脱离了人力资源供给的实际，就难以招到或招满员工，企业需要的人力资源就得不到及时补充；如果招聘条件定得过低，则不利于提高员工素质，不利于事业的发展。

④招聘简章的语言必须简洁清楚，还要留有余地，使应聘者的人数比所需求的人数多一些。

(6) 选择招聘渠道。招聘渠道的选择，对于招聘活动的效果具有非常重要的影响，如果选择的招聘渠道不当，目标群体中的人员并不适合从事空缺职位，那么招聘活动就无法吸引到合适的应聘者。例如，企业要招聘一般的勤杂人员，选择的招聘方法却是互联网，招聘的效果就可想而知了。因招聘渠道的确定对于企业招聘来说，也是一个技术性、实务性较强的工作，所以，关于不同招聘渠道的介绍，我们在下节中进行专门的讨论。

(7) 填写登记表。应聘人员带本人简历及各种证件复印件来公司填写《应聘人员登记表》。《应聘人员登记表》及应聘人员资料由人力资源部保管。

(8) 初步筛选。人力资源部对应聘人员资料进行整理、分类，定期交给各主管经理。主管经理根据资料对应聘人员进行初步筛选，确定面试人选，填写《面试通知书》。主管经理将应聘人员资料及《面试通知书》送交人力资源部，人力资源部通知面试人员。

(9) 初试。一般由主管经理主持，主管经理也可委托他人主持。人力资源部负责面试场所的布置，在面试前将面试人员资料送交主持人；面试时，人力资源部负责应聘人员的引导工作。主持人在面试前要填写《面试人员测评表》，特别注意填写"测评内容"的具体项目。主持人应将通过面试的人员介绍至人力资源部，由人力资源部人员讲解待遇问题、赠送公司宣传资料。面试结束后，主持人将《面试人员测评表》(表 7-1) 及应聘人员资料交至人力资源部。通过初试并不代表一定被公司录用。

(10) 复试。通过初试的人员是否需要参加复试，由主管经理决定。一般情况下，非主管经理主持的初试，通过初试的面试者都应参加复试。复试原则上由主管经理主持，一般不得委托他人。复试的程序与初试的程序相同。

表 7-1　面试人员测评表

岗位：_____　主持人：_____　时间：____年____月____日

姓名	测评内容				是否转入其他岗位面试（若转，请具体注明）	是否通过面试		备注
	1	2	3	4		是	否	

注：①面试主持人应在面试前填写"测评内容"的具体项目。
②"是否通过面试"只表明是否通过本次面试，不表明通过面试者一定会被录用。
③请将通过面试的人员直接介绍到办公室谈待遇问题。
④面试结束后，请及时将此表随面试人员资料送交办公室，以免延误招聘进程。

(11) 录用人员体检及背景调查。对于经过一系列测试拟录用的人员，要求其到所指定的医院进行相应的体检，公司在此期间可对拟录用的人员的背景进行适当调查，以确定应聘者所提供信息的真实性，当然要以不要侵犯应聘者的合法权益为前提。

(12) 试用及签订劳动合同。公司与录用人员正式签订合同，并与录用人员协商试用期的期限，在试用期内双方可进行双向选择，在试用期满后，双方履行转正手续。

(13) 对招聘工作进行评估。为了使下一步的招聘工作更加完善，每进行完一项招聘工作都应该进行各方面的评估。

7.2　员工招聘的主要操作环节

招聘是企业与潜在的员工接触的第一步，求职者通过招聘环节了解企业，并最终决定是否愿意为它服务。从企业的角度看，只有对招聘环节进行有效的计划和良好的管理，才能得到高质量的员工。

7.2.1　员工招聘渠道的确定

常听到一些企业的人力资源经理反映招不到合适的人才，一些高级人才和专业性、技术性比较强的中高级人才，在人才市场更难招聘到。如某一装饰工程公司急需一名高级装饰设计师，愿意出高薪诚聘，该企业的人事经理在一个月内连续四次到人才交流洽谈会设摊招聘，资料收到不少，但符合条件的无一人。试想，一名持有高级技能的设计人才，有可能到拥挤不堪的人才交流会找工作吗？这一方面反映了企业争夺人才的白热化程度和中高级技术人才的缺少；另一方面，根据调查与观察，这是由于人力资源经理没有选择正确的招聘方式，在招聘活动开始前没有制订好招聘计划，甚至某些企业根本就没有制订招聘计划，企业出现职位空缺，就匆忙到人才市场招聘，从不考虑适合该职位的人才在何种职场才能比较容易招聘到，把招聘人才视做到菜场买青菜从而导致招聘失败。可供企业选择的招聘来源或称招聘渠道主要有两种：一是内部招聘渠道；二是外部招聘渠道，选择哪种招聘渠道，取决于企业所在地的劳动力市场；拟招聘职位的性质、层次和类型以及企业的规模等一系列的因素。

1. 企业内部招聘

1) 内部招聘的来源

在进行内部招聘时，从理论上讲，招聘的来源有三个：一是下级职位上的人员，主要通过晋升的方式来填补空缺职位；二是同级职位上的人员，填补空缺职位的方式主要是工作调换或工作轮换；三是上级职位上的人员，主要通过降职的方式来填补空缺职位。但是在实践中，几乎没有企业会使用第三种方式，因此内部招聘的来源主要就是前两种。

使用晋升的方式来填补职位空缺，有利于调动员工的积极性并有助于他们个人的发展，但是容易造成"近亲繁殖"；工作调换就是在相同或相近级别的职位之间进行人员的调动来填补职位空缺，当这种调动发生不止一次时，就形成了工作轮换，这种方式有助于员工掌握多种技能，提高他们的工作兴趣，但不利于员工掌握某一职位的深度技能，影响工作的专业性。

2) 内部招聘的方法

内部招聘的方法很多，其中最主要的是两种：工作公告法和档案记录法。

(1) 工作公告法。这是最常用的一种内部招聘方法，它是通过向员工通报现有工作空缺，从而吸引相关人员来申请这些空缺职位。工作公告中应包括空缺职位的各种信息，如工作内容、资格要求、上级职位、工作时间以及薪资等级等。

发布工作公告时应注意，公告应置于企业内部人员都可以看到的地方，以便有资格的人员有机会申请这些职位；公告应保留一定的时间，避免有些人因工作外出而看不到；应使所有申请人都收到有关的反馈信息。

对企业来说，采用职位公告既有优点也有缺点。其优点在于职位公告可以使企业发现到那些可能被忽视的潜在的内部应聘者。职位公告的短处之一是必须让每一个雇员都知道空缺职位的信息，而且必须对所有没有被选上的雇员解释他们没有被选上的原因。另外，如果没有一项政策限制一个雇员在一定时期内变换职位的次数，职位公告可能在企业内造成过高的职位流动，从而造成不必要的不稳定。对于企业比较高级职位的内部招聘，更多地使用的是职位清单、个人记录、技能银行等方法，职位公告在这种情况下不常使用。

(2) 档案记录法。随着计算机的普及，那些保持了计算机化技能档案资料的企业，越来越多地利用技能档案来进行内部招聘。技能档案包括了诸如雇员的资格、技能、智力、教育和培训方面的信息，而且这些信息是经常更新的，能够很全面和及时地反映所有雇员的最新的技能状况。这些信息不仅能够帮助决策者获得有关职位投标者的相关信息，而且还可以帮助企业发现那些具备了相应资格，但由于种种原因没有进行申请的雇员。

利用技术档案的优点是可以在整个组织内发掘合适的候选人，同时技术档案可以作为人力资源信息系统的一部分。如果经过适当的准备，并且技术档案包含的信息比较全面，采用这种方法比较便宜和省时。

长期以来，尽管人们很想知道哪一种招聘渠道最可能创造好的工作绩效，但是现有的研究还无法精确地回答到底哪种工作应该采用哪种招聘渠道。不过一般而言，内部来源的员工比外部来源的员工离职率要低，长期服务的可能性要大一些。当然在内部补充机制不能满足企业对人力的需求时，就需要考虑在企业的外部劳动力市场进行招聘。

2. 企业外部招聘

相比内部招聘，外部招聘的渠道就比较多，下面着重就主要的几种加以阐述。

1) 广告招聘

广告招聘是补充各种工作岗位都可以使用的吸引方法，因此应用最为普遍。阅读这些广告的不仅有工作申请人，还有潜在的工作申请人，以及客户和一般大众，所以公司的招聘广告代表着公司的形象，需要认真实施。企业使用广告作为吸引工具有很多优点。

(1) 工作空缺的信息发布迅速，能够在一两天之内就传达给外界。

(2) 与许多其他吸引方式相比，广告渠道的成本比较低。

(3) 在广告中可以同时发布多种类别工作岗位的招聘信息。

(4) 广告发布方式可以给企业保留许多操作上的优势，这体现在企业可以要求申请人在特定的时间段内亲自来企业、打电话或者向企业的人力资源部门邮寄自己的简历和工资要求等方面。

此外，企业还可以利用广告渠道来发布"遮蔽广告(Blind Advertisements)"。所谓的遮蔽广告指的是在招聘广告中不出现招聘企业的名称的广告，这种广告通常要求申请人将自己的求职信和简历寄到一个特定的信箱。企业可能需要使用遮蔽广告的原因有时是因为它不愿意暴露自己的业务区域扩展计划，因此不想让竞争对手过早地发现自己在某一个地区开始招聘人力；也可能是由于招聘企业的员工正在罢工等原因使企业的名声不好；还有可能是由于企业不愿意让现有的员工发现企业正在试图准备由外部人员来填充企业的某些职位空缺。

使用广告启示时要注意两点：第一，媒体的选择。广告媒体的选择取决于招聘工作岗位的类型。一般来说，低层次职位可以选择地方性报纸，高层次或专业化程度高的职位则要选择全国性或专业性的报刊。第二，广告的结构。广告的结构要遵循AIDA四个原则，即注意(Attention)、兴趣(Interesting)、欲望(Desire)和行动(Action)。换而言之，好的招聘广告要能够引起读者的注意并产生兴趣，继而产生应聘的欲望并采取实际的应聘行动。

企业的招募宣传应该向合格的员工传达企业的就业机会，并为本企业创造一个正面的形象，同时提供有关工作岗位的足够的信息，以使那些潜在的申请人能够将工作岗位的需要同自己的资格和兴趣进行比照，并唤起那些最好的求职者的热情前来申请。这不仅适用于企业在外部劳动力市场进行招聘，也适用于企业在内部劳动力市场的招聘工作。

2) 就业服务机构

随着劳动力市场的日臻完善，我国的就业服务机构也出现了分化，目前我国的就业服务机构可以分为两类：一类是私营就业服务机构；另一类是公共就业服务机构。

(1) 私营就业服务机构。我国的私营就业服务机构产生得比较晚，在经营上存在一些不规范的问题，发展受到一定的限制。通常企业只是在招聘临时雇员时才会利用私营就业服务机构。与传统私营中介机构不同，近几年在我国兴起的猎头公司，作为主要为企业搜寻高级人才的就业服务机构，在搜寻高层管理人才和专门技术人才方面具有很大的利用价值。另外，人才租赁公司也随着我国人员流动加快而兴起，为企业解决了在用工方面缺乏专业技术的问题。

① 猎头公司。猎头的英文应该是 headhunting，来源于拉丁文，原来是指美洲食人部落，作战的时候把对方的头颅砍下来，挂在腰间作为炫耀的行为，真正叫作猎头是在第二次世界大战以后。欧美一些国家战胜之后，从德国等很多国家里面寻找自己需要的科学家，他们像丛林狩猎一样，到处派专业公司帮他们物色比较优秀的人，这个词后来被借用成为猎寻人才。"猎头"在国外已经是比较流行的招聘形式，世界上第一家猎头公司迅迪克·迪兰于 1926 年在美国创立。半个世纪以来，猎头业迅猛发展，营业额已达到 250 亿美元以上，并以每年 10% 的速度递增。据不完全统计，世界上 70% 以上的高级人才通过猎头调整工作，90% 以上的大企业利用猎头择取人才。猎头的主要业务是受企业委托，搜寻中高级的管理或技术人才。在国外，猎头除了 headhunting 这样的俗称，还有个非常专业的名字叫 Executive Search (高层行政人员招聘)，与律师楼、会计师行有着相似的地位，是受人尊敬的行业。

企业需要招聘中高级人才时"猎头"往往是他们的首选。"挖角"人才是他们的主要途径。因为真正的高级人才是不愁没工作做的，所以他们不会到处找工作，这样的人才需要猎头顾问去挖掘。按照目前猎头公司的一般运作程序，企业才是他们的第一客户(但人才也是他们的"财富")，即首先要客户提出招聘要求，他们才会按图索骥，通过各种途径找到相应的人。"猎主"在企业之间充当桥梁，"围猎"其实是一场充分发挥猎头顾问的智慧与沟通技巧，还需要有一定的耐性，从"猎物"的角度考虑问题的一场"战争"(起码专业的猎头公司应该这样)。目前，国外猎头的运作水平已非常专业化。美国一家著名猎头浩华公司的简介封面就赫然写着"心法"二字。"心法"即是利用"心理战术"实施兵不血刃的猎才计划。目前国外已有 200 多家猎头公司正式登陆我国。

我国随着经济的发展和对高端人才的需求，猎头公司逐渐被人们接受。目前，其以独特的经营模式也成为高端人才市场上不可或缺的中介机构。据悉，中国现有猎头公司 300 多家，其对人才的猎取均以品质、能力、人际关系等综合素质为标准。猎头公司在我国以前一般叫"人才顾问公司或信息服务公司"，"信息服务公司"更体现了他们以服务企业服务人才的宗旨，更能体现了他们的服务精神。随着此行的发展和社会的认可，现在猎头公司可名正言顺地叫"猎头"。"猎头"公司里的每个猎头顾问都需从头到尾跟踪"CASE"，他们要在招聘企业和人才之间两头跑。与猎头公司讲好所需职位即对人才的详细要求并"落单"后，猎头公司便展开行动。而目前求助于猎头公司的一般都是大型的企业，尤其是外企居多。近几年来国内一些新兴的猎头公司如科锐、浩竹等发展非常快，在这个阶段里面他们更多地学习跟国际猎头合作，从而使得自己的运作更加规范，运作的过程更加强调诚信，能够替企业和候选人把事情做好，新生代猎头公司与国际猎头公司的差距在逐渐缩小。

猎头公司和简单的中介公司有很大不同。首先，猎头公司不对个人进行收费。中介公司谁需要对谁收费，个人要找工作就对个人收费，企业找人就向企业收费，做的层次比较低，而猎头公司是向企业收费，如果向个人收费的话，那肯定不是猎头，而是中介；其次，猎头公司需要提供人才评价、调查、协助沟通的顾问咨询服务，中介公司往往非常简单的撮合；再次，猎头收费很高，一般为所推荐的人才年薪的1/4到1/3，而中介服务收费往往比较低；最后，猎头主要是主动寻找人才，中介更多的是在现有资源中撮合。另外，中介公司更多的是为找工作的人服务，猎头公司更多的是为能力强、职业道德好的人才服务。作为一个人来讲，应该对社会有责任感，他们可能机会更多，个人发展也会更好。

在我国，猎头是整个人才服务业的一个重要组成部分，它处在人才招聘业"金字塔"的最高端，具有其他招聘方式不具有的特殊功能，符合高级人才特别是成功人士流动的规律。猎头也是市场机制完善、人力资源市场层次化的选择和体现——这样的观点已越来越成为人们的共识。

② 劳务派遣公司。随着人力资源开发与管理的发展，越来越多的企业采用一种新型的用人方式——劳务派遣来解决用工问题。劳务派遣公司为用工单位提供招聘、薪酬、社保、签证劳动合同等服务，即采用劳务派遣方式。用人单位只需要请人完成一定的工作却不需要管理这些人员的劳动人事问题，用人但不需管人，是其最显著的特点。劳务派遣公司与被派遣员工存在实际劳动关系，用人单位与被派遣员工只存在形式劳动关系。我国于2008年后颁布实施的《劳动合同法》专门就劳务派遣进行了规范。

(2) 公共就业服务机构。我国的公共就业服务机构相对私人机构来说可谓相当的发达。由于在计划经济体制下我国就存在劳动局和人事局的传统分割，因此现在的公共就业服务机构也分化为劳动力市场和人才市场，企业一般在劳动力市场上招聘"蓝领"工人，而在人才市场上招聘"白领"员工。

就业服务机构作为一种专业的中介机构，自然拥有比单个企业更多的人力资源的资料，而且招聘筛选的方法也比较科学，效率较高，可以为企业节省时间。另外，就业机构作为第三方，能够坚持公事公办，公开考核，择优录用，公正地为企业选择人才。

然而，正因为就业服务机构并不是企业本身，因此在进行筛选时，可能会使较差的求职者通过初选阶段而直接送到负责雇用他们的主管人员那里。监督人员又可能不做过多的选择就相信就业服务机构的挑选，最终雇用这些不合格的人。同时，企业还必须支付中介费，从而增加了招聘的费用。因此在招聘普通员工时利用这些就业服务机构效果会比较好，而招聘高级或专门技术人员则效果不佳。

3) 校园招聘

校园招聘是企业获得潜在管理人员以及专业技术人员的一条重要途径。许多有晋升潜力的工作候选人，最初就是企业通过到大学中直接招聘来的。

大学校园是高素质的人相对比较集中的地方，企业能够在校园招聘中找到相当多数量的具有比较高素质的合格申请者，招聘录用的手续也相对比较简便。而且年轻的毕业生充满活力，富有工作热情，可塑性强，对自己的第一份工作具有较强的敬业精神。但校园招聘也有明显的不足之处：刚刚进入劳动力市场的毕业生，由于缺乏实际的工作经历，对工作和职位容易产生一种不现实的期望；招聘来的毕业生缺乏解决具体问题的经验，需要大量的培训和企业文化的融合；它的招聘周期较长，从供需洽谈会的见面到人事关系的接转一般需半年左右时间，因此必须提前相当长的时间进行准备工作，导致成本也比较高。

这几年，随着就业压力的增加，应届毕业生(以下简称应届生)的就业越来越困难，这对于招聘应届生的单位是有利的。

对于企业来说，在采用校园招聘的渠道时应该主要注意以下几个方面的问题。

(1) 参加招聘会。应届生的招聘计划一般在10月上旬就应确定。如果招聘的是热门专业的学生，在10月底之前要与各校的毕业生分配办公室取得联系，让其协助发布招聘信息，要了解当年的毕业分配政策。各校的毕业生分配洽谈会一般会在12月份或1月份举行，人事部门可以有选择地参加几次。参加洽谈会的准备工作一定要细致，这关系着招聘工作的成败。

如果希望招聘优秀的毕业生，事先要定出合适的待遇标准。如果标准难以确定，可多了解一些相关的市场行情，如果待遇定得过低，很难招到优秀的人才。

展位的布置关系到公司的形象。洽谈会上单位很多，有些可能就是公司的竞争对手，如果在形象上逊色于对方，优秀的人才就可能跑到对手那里。良好的形象会使应聘者产生好感，使应聘者产生进一步了解公司的愿望。

招聘人员的态度和招聘技能也很重要，首先，招聘者要能给应聘者以信任感；其次，招聘者要能在很短的时间内初步判断出应聘者是否适合公司需要。在不适合的人面前浪费很多时间，可能会错过其他的优秀人才。

(2) 面试。这是招聘的一个重要环节，应届生的面试与社会招聘有所不同。应届生由于没有工作经历，主要依靠学校骨干课的学习成绩和社会实践活动来评价。

需注意的是，由于学校不同，不同学校的学习成绩没有可比性，可以通过成绩在班级排名来衡量他的真实水平。篡改成绩的现象时有发生，毕业生提供的成绩单一般应为原件，如果是复印件或有疑问，可以向学校查询。如果在接收后，发现该生的成绩单有篡改，公司可以以此为由将学生退回学校。

另外，个别学生提供的社会实践活动材料可能是虚构的或者有不真实的成分，由于面试者不可能一一核实，这种现象现在越来越普遍。实际上，面试者采用步步紧逼提问法，就可判断出其是否真实。

如一个学生在应聘材料中称自己在社会实践中曾经独立开发过一个应用软件，面试者可以问他是如何进行概要设计和详细设计的，在设计中遇到了哪些问题并且是如何解决的。面试者根据应聘者的回答针对某个细节继续提问，如果应聘者回答得支支吾吾，基本可以判断他不诚实，实际上他可能只是该应用软件的一个辅助开发人员。比起社会应聘来讲，应届生大多是非常诚实的，越优秀的毕业生往往越诚实。有关面试的其他方法及技巧见本章"员工录用方法"。

(3) 毕业设计和实习。应届毕业生的实习一般从 3 月份开始，至 6 月份结束，6 月底进行答辩。有条件的单位，可以向学校申请将学生的毕业设计放在公司进行，使学生对公司有一段适应期，这样在 7 月份正式毕业后，可以更快地适应工作。

要注意的是，在公司进行实习，一定要保证学生毕业设计顺利进行，尽量少安排工作或不安排工作，在考勤上也要适度放松，最好能安排技术人员辅导其毕业设计的完成。

(4) 派遣。学校一般在 7 月上旬为学生办理离校手续。由于接收手续繁杂，人力资源部应协助学生办理手续。手续办理完毕后，毕业生已经正式成为公司的员工，脱离了学生身份，公司应及时为其办理各种社会保险。

4) 网络招聘

随着"互联网+"时代的来临，现场招聘会在逐步消失，网络招聘在逐步增长。网络招聘的演进由综合性人才招聘网站到社交网站、垂直招聘网站，再到目前流行的移动互联网，悄然改变着企业招聘的方式，企业招聘进入了新时代。

从 2003 年开始，越来越多的国内企业开始使用网上招聘的服务，尤其是在 2004 年，中国境内的世界 500 强企业有 90% 都在使用这种服务。2005 年的调查显示，过半数以上的高科技企业选择网络招聘方式招聘人才。网络招聘以其招聘范围广、信息量大、可挑选余地大、应聘人员素质高、招聘效果好、费用低获得了越来越多企业用户的认可。

据国际统计机构 Alexa 公布的最新数据显示，在 2014 年 8 月，招聘猎头网站日均用户覆盖数大战中，智联招聘、前程无忧、应届毕业生求职网跻身三甲行列。其中，冠军智联招聘和亚军前程无忧领先优势明显。由图 7.1 可知，前程无忧的覆盖数有 721，而排名其后的应届毕业生求职网的覆盖数仅为 305，两者的日均覆盖数差距高达 416。另外，建筑英才网、英才网联、百伯网的覆盖数分别为 229.7、227.7、226.3，彼此之间日均覆盖数差距较小。

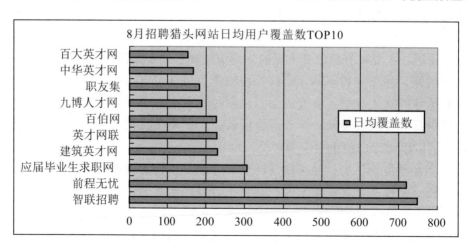

图 7.1　2014 年 8 月招聘猎头网站日均用户覆盖数 TOP10

（资料来源：IDC 评述网：http://www.idcps.com/news/，2014.）

(1) 网络招聘的优点。能扩大招聘选择的范围。通过网络招聘可以使企业获得更大规模的求职者储备库，因为企业的招聘信息可以在全世界范围内被人们看到——而不是只能从某一地方性报纸或某一份专业杂志上才能看到。另外，企业还可以从因特网上直接获得大量现成的求职书，需要招聘雇员的企业可以根据一些像 MBA、财经、英语流利等这样一些关键词在其中进行电子查询。

获得高素质的求职者。对某些高技术性的工作来说，网络招聘所能够获得的应聘者的素质会比较高，这是因为既然这些在线应聘者已经接触到了网络招聘广告，那么这无疑等于他们已经通过了一次基本的计算机测试。

缩短企业招聘的时间。对网络上所公布的空缺职位感兴趣的应聘者，可以直接通过网络将求职简历传送给招聘的企业。面对同样的一个过程，如果是在刊登报纸广告的情况下，通常需要 6～7 天才能完成。

降低招聘成本。网络招聘没有空间、时间、地域的限制，供需双方足不出户便可直接交流。而且，在互联网上发布招聘信息也比较便宜。比如，在美国，如果在《波士顿环球日报》上刊登一个星期的广告大约需要花费 1 500 美元，而要将招聘广告粘贴在 E-span 上却只需花 75 美元。1999 年美国思科公司有 60% 的员工招聘是通过网络进行的，82% 的人员简历是通过互联网收到的。网络招聘使得思科招聘一名员工的费用仅为美国业界的六成。

提高了招聘信息的处理能力。利用搜索引擎，自动配比分类装置，公司可以迅速找到符合公司要求的潜在人选。而自动反馈功能可以使求职者立即得到确认提示。

(2) 网络招聘的缺陷。由于网络招聘是通过网站这样一个中介来进行招聘，求职者与招聘者不能面对面地交流，这也使得网络招聘不可能尽善尽美。

由于缺乏面对面的交流，无法深入考察应聘者的综合能力、内在素质、语言表达能力、思维敏捷程度、外在气质形象等，而且网上简历也存在失实的现象。通常企业在确定初步人选后，还需要对应聘者面试，以进一步考察。因此，网络招聘只是完成了招聘的第一步。

目前网站良莠不齐，加上缺乏规范管理和有序竞争，许多网站之间的竞争演化成获得信息的竞争，一些网站不经授权转载报纸杂志的招聘信息或者网站之间互相抄袭信息，导致公布的信息失真、失效，对应聘者产生误导；还有一些企业其实是假借招聘之名，进行一些广告炒作。通过长期发布招聘信息，增加企业的"曝光率"，同时也利用可观的招聘数量，制造一种公司求才若渴的假象。

由于网络招聘与网络硬件、信息技术密切相关，在一些欠发达地区，网络招聘缺乏足够的生存空间。

大型公司招聘人才，目前多采用"两条腿走路"的方法。一方面，它们仍然向相关的报纸杂志发布征聘广告；另一方面，它们利用公用网站的人才数据库或公司自己的网站，来进行人才征询。

(3) 网络招聘行业的 5 种典型模式。

① 综合招聘模式。这种模式是通过综合性人才招聘网站，以数据的形式记录、存储企业的招聘信息和求职者的个人信息。不过，综合性招聘网站的模式是报纸招聘板块的线上版，是网站加人工的半自动化产品。目前，我国有三大综合性招聘网站：前程无

忧、中华英才网以及智联招聘。

② 移动招聘模式。它是将移动通信和互联网二者结合为一体的一种新型招聘模式。很多社交招聘网站或垂直招聘网站都有自己的手机客户端，通过移动互联网来连接和匹配用户的需求。继前程无忧推出手机 APP 之后，各大招聘企业在 2013—2014 年相继推出移动端产品。从全行业的角度看，私密性、碎片化、移动数据是移动端相较于 PC 端的特殊优势。然而，移动端也存在着天然的劣势，从体验的角度看，偏小的屏幕以及 PC 端和 APP 端同步的时间差异导致用户体验存在障碍；同时，终端本身的局限性导致 PC 端首页的展示类招聘广告向移动端转移受到限制。

③ 社交招聘模式。这是一种在社交网络平台上开展的具体招聘行为。在社交招聘网络中，招聘方和求职者可以进行多角度的互动，从而更有利于双方的需求和要求达成一致，而不是"职位广告"与"简历"之间的关系。目前，在中国有人和网、天际网、红桃网、linkedin（2014 年 2 月进入中国）等社交招聘网站。

④ 垂直招聘模式。这是一种利用爬虫程序到其他招聘网站去搜集职位的方式。初期的商业模式是竞价排名、网络广告，之后逐渐地演变到可以吸纳简历、发布招聘信息等。垂直招聘搜索的亮点来自各大招聘网站丰富的信息，它没有自己的数据库，核心是搜索，而不是招聘。从 2007 年开始，垂直招聘搜索网站兴起并号称将颠覆传统招聘网站，一时间出现了二十多家网站，如拉手网、搜职网、深度搜索、职友集、淘职网等。

⑤ 分类信息招聘模式。以赶集网、58 同城为代表的分类信息平台正在依托于其广泛的用户基础、灵活的市场布局以及明确的市场定位快速布局网络招聘市场。赶集网、58 同城先后将"招聘"作为首推板块。目前，信息服务平台在招聘领域的核心定位在于基层、蓝领求职者群体，商业模式主要以广告费、会员费为主。

5）海外招聘

前面我们已经谈到在招聘高级管理人才或一些尖端技术的专门人才时很有可能需要到全球范围进行选择。而且当企业在超越国界向海外扩大经营时，对它们来说，采用海外招聘渠道就成为一个越来越重要的问题。所以，海外招聘也是那些具有向世界进军能力的企业所不可忽视的渠道。

进行海外招聘的好处不言而喻，可以在世界范围内进行人才的选择，候选人的数量及质量都与局限于国内的招聘不可同日而语。但是在海外进行招聘也会遇到许多的困难，比如要想证明和核查外国人的各种证书是很困难的，对其背景进行调查也是一项很难进行的核查工作。而且雇用外国人在手续上也较为烦琐。当然这些问题可以通过选择合理的招聘渠道和筛选手段得到一定程度的解决。

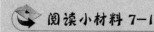
阅读小材料 7-1

你是如何找到现在这份工作的？

在企鹅智酷近日发起了一项调查中，7 000 多名用户分享了他们所关心的获取招聘信息的主要途径。调查结果显示，通过招聘网站和通过亲朋介绍，是用户找到现有工作的最有效方式。前者的比例达到 31.3%，后者为 26.7%。除此之外，有 8.9% 的用户通过企业校招觅得现有工作。值得注意的是，中介公司和职业技校常用的校园分配等招聘机制，正在招聘市场中不断弱化。它们在此次调查中的比例分别只有 3.3% 和 3.7%，如图 7.2 所示。

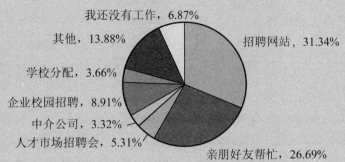

图 7.2　获取招聘信息的主要途径及其比例

与网络相对的是，报纸杂志、电视电台等传统媒介在求职中的作用正在萎缩。通过印刷刊物、电视电台获取招聘信息的用户比例之和刚刚超过 10%，不到招聘网站的 1/5。二者传播范围狭窄、信息丰度有限，这让它们在功能丰富的网络面前相形见绌。

（资料来源：http://www.199it.com/archives/327251.html.2015.）

7.2.2　员工招聘计划的制订

在选择招聘渠道之后，接下来就要制订招聘计划，由于内部招聘是在企业内部进行，相对比较简单，因此招聘计划大多都是针对外部招聘而制订的。一般来说，招聘计划的内容主要包括以下几个方面的内容：招聘的规模、招聘的范围、招聘的时间和招聘的预算。当然，企业还可以根据自己的情况再增加其他的内容。

1. 招聘的规模

招聘的规模就是指企业准备通过招聘活动吸引多少数量的应聘者。前面已经指出，招聘活动吸引的人员数量既不能太多，也不能太少，而应当控制在一个合适的规模。一般来说，企业是通过招聘录用的金字塔模型来确定招聘规模的，也就是说，将整个招聘录用过程分为若干个阶段，以每个阶段参加的人数和通过的人数比例来确定招聘的规模，如图 7.3 所示。

在使用金字塔模型确定招聘规模时，一般是按照从上到下的顺序来进行的，如图 7.3 所示，假设根据企业过去的经验，每成

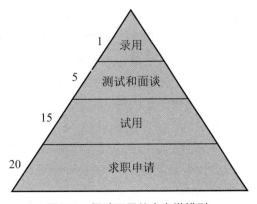

图 7.3　招聘录用的金字塔模型

功地录用到一个销售人员,需要对 5 个候选人进行试用;而要挑选到 5 个理想的候选人,又需要有 15 人来参加招聘测试和面谈筛选程序;而挑选出 15 名合格的测试和筛选对象,又需要有 20 人提出求职申请。那么,如果现在企业想最终能够招聘到 10 名合格的销售人员,就需要有至少 200 人递交求职信和个人简历,招聘的规模也相应就是 200 人。而企业发出的招聘信息必须有比 200 人更多的人能够接收到。

使用这一模型确定的招聘规模,取决于两个因素:一是企业招聘录用的环节,环节越多,招聘的规模也就越大;二是各个环节通过的比例,这一比例的确定需要参考企业以往的历史数据和同类企业的经验,每一阶段的比例越高,招聘的规模就越大。

2. 招聘的范围

招聘的范围就是指企业要在多大的地域范围内进行招聘活动。从招聘的效果考虑,范围越大,效果相应也会越好;但是随着范围的扩大,企业的招聘成本也会增加,因此对于理性的企业来说,招聘的范围应当适度,既不能太大,也不能太小。

企业在确定招聘范围时,总的原则是在与待聘人员直接相关的劳动力市场上进行招聘。这通常需要考虑以下两个主要的因素:一是空缺职位的类型。一般来说,层次较高或性质特殊的职位,需要在较大的范围内进行招聘;而层次较低或者比较普通的职位,在较小的范围内进行招聘即可。二是企业当地的劳动力市场状况。如果当地的劳动力市场比较紧张,相关职位的人员供给比较少,那么招聘的范围就要扩大;相反,当劳动力市场宽松时,在本地进行招聘就可以满足需求。例如,某家企业在进行不同职位招聘时,招聘的范围就是有所区别的。

3. 招聘的时间

由于招聘工作本身需要耗费一定的时间,再加上选拔录用和岗前培训的时间,因此填补一个职位空缺往往需要相当长的时间,为了避免企业因缺少人员而影响正常的运转,企业要合理地确定自己的招聘时间,以保证空缺职位的及时填补。

在出现工作空缺以前,必须仔细确定每一个招聘步骤可能占用的时间,以便决定填补空缺职位需要花费的全部时间,设置一个实际的时间线。

可以用一个例子来说明招聘时间的选择。某企业欲招聘 30 名推销员。根据预测,招聘中每个阶段的时间占用分别为:征集个人简历需 10 天,邮寄面谈邀请信需 4 天,作面谈准备安排需 7 天,企业聘用与否的决定需 4 天,接到聘用通知的候选人在 10 天内做出接受与否的决定,受聘者 21 天后到企业参加工作,前后需耗费 56 天的时间。那么招聘广告必须在活动前 2 个月登出,即如果希望招聘的 30 名推销员能在 6 月 1 日上班,则招聘广告必须在 4 月 1 日左右登出。有经验的企业,一般都预先编制好招聘工作流程图,然后按照招聘工作的时间顺序,一步一步地实施。

不过,在招聘实施过程中,由于各种原因的存在,企业要随时对招聘时间进行调整,例如由于邮局的失误,面试通知的邮寄花费了 7 天的时间,比计划的时间多了 2 天,那么企业就要缩短面试和录用决策的时间,以保证总的时间不变,及时填补职位空缺。

4. 招聘的预算

在招聘计划中，还要对招聘的预算做出估计。招聘的成本一般由以下几项费用组成：

(1) 人工费用。就是公司招聘人员的工资、福利、差旅费、生活补助以及加班费等。

(2) 业务费用。包括通信费（电话费、上网费、邮资和传真费）、专业咨询与服务费（获取中介信息而支付的费用）、广告费（在电视、报纸等媒体发布广告的费用）、资料费（公司印刷宣传材料和申请表的费用）以及办公用品费（纸张、文具的费用）等。

(3) 其他费用。包括设备折旧费、水电费以及物业管理费等。

在计算招聘费用时，应当仔细分析各种费用的来源，把它们归入相应的类别中，以避免出现遗漏或重复计算。

7.2.3 求职申请表的设计

1. 求职申请表的主要内容及作用

求职申请表一般是由工作申请人填写并由组织的人力资源部门保存的信息记录，它的设计也是人力资源部门在招聘工作中的重要环节。求职申请表格是获取应试人员基本资料的关键，设计的内容与结构是否科学，将直接影响初试的质量。虽然每个公司的职位类型不同，招聘岗位的具体职责也不尽相同，但只要在设计时能够把握关键，是完全可以有效提高招聘效率、降低用人风险的。

求职申请表的内容除了记录工作申请人的姓名、地址、联系电话等基本信息以外，还可以通过一系列提问来了解申请人的个人特征与组织的工作空缺相互配合的情况，包括年龄、性别、身体特征、婚姻状况、教育情况、训练背景等。有的组织还根据专家的意见或经验研究结果对每个因素赋予不同的权重，由此可以计算出每位申请人的总分，在制定录用决策时参考使用。

2. 设计求职申请表的注意事项

总的来说，设计职位申请表格时，要注意以下要点。

(1) 对英语等外语有较高沟通要求的职位，一定要求提供中英文两种简历，借此考察申请人基本的英语应用能力。

(2) 要求提供身份证号码和学历、培训证书，最好能够通过网络验证。

(3) 对某些对外貌有特殊要求的岗位，要求提供照片和身高体重资料。

(4) 除了常规的出生日期资料之外，还应该要求填写婚姻状况（已婚或未婚），如果已婚，则意味着人员多了一份家庭责任，有一定的经济压力。其工作的稳定性，以及对工作的内在动力，相对而言比未婚的人员要更有优势。

(5) 工作经历栏目中，对每份工作要提供证明人或咨询人，包括证明人的姓名、具体头衔和联系电话等，以备今后取证。

(6) 某些工作要求在本地具有一定的社会关系及经济基础，如保险销售等，可在职位申请表中列出求职人员在本地的居住时间及过去的收入状况。

(7) 提供过去业绩证明资料或证明的对象，对于申请"高层管理"职位的人员，还要求提供直接管理的人数及汇报的直接上属姓名及联系方式。

(8) 某些工作要求长时间的出差和加班，应设立专门的问题供申请人选择。

(9) 设立求职人员是否会在近期有出国或进修的计划等相关选择问题，以防止突发事件发生，影响招聘进度。

(10) 在申请表格的结尾，应声明所有填写信息均真实准确，如经过调查发现信息失真，企业有权对应聘者作出解职处理，并让应聘者签名，以确认此声明生效。

3. 求职申请表实例（表7-2）

表7-2 求职申请表

姓名		性别		出生年月		政治面貌		照片
学历		毕业院校				专业		
职称		现从事的专业/工作						
现工作单位		联系电话		通讯地址		邮编		
家庭地址		身份证号码						
掌握何种外语		程度如何有无证书						
技能与特长		技能等级						
个人兴趣		身高		米	体重	公斤	健康状况	
个人简历								
欲离开原单位的主要原因					现在的工资			
欲加入本单位的主要原因								
收入期望			元/年		可开始的工作日期			
晋升期望（职位、时间）								
培训期望（内容、日期、时间）								
其他期望								
家庭成员情况								
备注								

自愿保证：本人保证表内所填写内容真实，如有虚假，愿受解职处分。

申请人签名：　　　　日期：

7.2.4 招聘评估

招聘评估是招聘过程中必不可少的一个环节。招聘评估通过成本与效益核算，能够使招聘人员清楚地知道费用的支出情况，区分哪些是应支出项目，哪些是不应支出项目，这有利于降低今后招聘的费用，有利于为组织节省开支。招聘评估通过对录用员工的绩效、实际能力、工作潜力的评估即通过对录用员工质量的评估，检验招聘工作成果与方法的有效性，有利于招聘方法的改进。

1. 成本效益评估

招聘成本效益评估是指对招聘中的费用进行调查核实，并对照预算进行评价的过程。招聘成本效益评估是鉴定招聘效率的一个重要指标。

1) 招聘成本

招聘成本分为招聘总成本与招聘单位成本。招聘总成本即是人力资源的获取成本，它由两个部分组成：一部分是直接成本，包括招募费用、选拔费用、录用员工的家庭安置费用和工作安置费用、其他费用（如招聘人员差旅费和应聘人员招待费等）；另一部分是间接费用，包括内部提升费用、工作流动费用。招聘单位成本是招聘总成本与实际录用人数之比。如果招聘实际费用少，录用人数多，意味着招聘单位成本低；反之，则意味着招聘单位成本高。

2) 成本效用评估

成本效用评估是对招聘成本所产生的效果进行的分析。它主要包括招聘总成本效用分析、招募成本效用分析、人员选拔成本效用分析和人员录用成本效用分析等。计算方法如下。

总成本效用 = 录用人数 / 招聘总成本

招募成本效用 = 应聘人数 / 招募期间的费用

选拔成本效用 = 被选中人数 / 选拔期间的费用

人员录用效用 = 正式录用的人数 / 录用期间的费用

3) 招聘收益成本比

它既是一项经济评价指标，同时也是对招聘工作的有效性进行考核的一项指标。招聘收益成本越高，则说明招聘工作越有效。

招聘收益成本比 = 所有新员工为组织创造的总价值 / 招聘总成本

2. 数量与质量评估

1) 数量评估

录用员工数目的评估是对招聘工作有效性检验的一个重要方面。通过数量评估，分析在数量上满足或不满足需求的原因，有利于找出各招聘环节上的薄弱之处，改进招聘工作。同时，通过录用人员数量与招聘计划数量的比较，为人力资源规划的修订提供了依据。录用人员评估主要从录用比、招聘完成比和应聘比三方面进行。其计算公式为

录用比 = 录用人数 / 应聘人数 ×100%

招聘完成比 = 录用人数 / 计划招聘人数 ×100%

应聘比 = 应聘人数 / 计划招聘人数 ×100%

当招聘完成比大于或等于100%时，则说明在数量上完成或超额完成了招聘任务；应聘比则说明招募的效果，该比例越大，则招聘信息发布的效果越好。

2) 质量评估

录用人员的质量评估实际上是对录用人员在选拔过程中对其能力、潜力、素质等进

行的各种测试与考核的延续，也可根据招聘的要求或工作分析中得出的结论，对录用人员进行等级排列来确定其质量，其方法与绩效考核方法相似。当然，录用比和应聘比这两个数据也在一定程度上反映了录用人员的质量。

3. 信度与效度评估

信度与效度评估是对招聘过程中所使用的方法的正确性与有效性进行的检验，这无疑会提高招聘工作的质量。信度和效度是对测试方法的基本要求，只有信度和效度达到一定水平的测试，其结果才适合作为录用决策的依据，否则将误导招聘人员，影响其做出不正确的决策。

1) 信度评估

信度主要是指测试结果的可靠性或一致性。可靠性是指一次又一次的测试总是得出同样的结论，它或者不产生错误，或者产生同样的错误。通常信度可分为稳定系数、等值系数、内在一致性系数。

稳定系数是指用同一种测试方法对一组应聘者在两个不同时间进行测试的结果的一致性。一致性可用两次结果之间的相关系数来测定。相关系数高低既与测试方法本身有关，也跟测试因素有关。此方法不适合用于受熟练程度影响较大的测试，因为被测试者在第一次测试中可能记住某些测试题目的答案，从而提高了第二次测试的成绩。

等值系数是指对同一应聘者使用两种对等的、内容相当的测试方法，其结果之间的一致性。

内在一致性系数是指把同一(组)应聘者进行的同一测试分为若干部分加以考察，各部分所得结果之间的一致性。这可用各部分结果之间的相关系数来判断。

此外，还有评分者信度，这是指不同评分者对同样对象进行评定时的一致性。例如，如果许多人在面试中使用一种工具给一个求职者打分，他们都给候选人相同或相近的分数，则这种工具具有较高的评分者信度。

2) 效度评估

效度，即有效性或精确性，是指实际测到应聘者的有关特征与想要测的特征的符合程度。一个测试必须能测出它想要测定的功能才算有效。效度主要有三种：预测效度、内容效度、同测效度。

预测效度是说明测试用来预测将来行为的有效性。在人员选拔过程中，预测效度是考虑选拔方法是否有效的一个常用的指标。我们可以把应聘者在选拔中得到的分数与他们最后的绩效分数相比较，两者的相关性越大，则说明所选的测试方法、选拔方法越有效，以后可根据此法来评估、预测应聘者的潜力。若相关性很小或不相关，说明此法在预测人员潜力上效果不大。

内容效度，即测试方法能真正测出想测的内容的程度。考虑内容效度时，主要考虑所用的方法是否与想测试的特性有关，如招聘打字员，测试其打字速度和准确性、手眼协调性和手指灵活度的操作测试的内容效度是较高的。内容效度多应用于知识测试与实际操作测试，而不适用于对能力和潜力的测试。

同测效度是指对现在员工实施某种测试，然后将测试结果与员工的实际工作绩效考核得分进行比较，若两者的相关系数很大，则说明此测试效度就很高。这种测试效度的特点是省时，可以尽快检验某测试方法的效度，但若将其应用到人员选拔测试时，难免会受到其他因素的干扰而无法准确地预测应聘者未来的工作潜力。例如，这种效度是根据现有员工的测试得出的，而现在员工所具备的经验、对组织的了解等，则是应聘者所缺乏的。因此，应聘者有可能因缺乏经验而在测试中得不到高分，从而错误地被认为是没有潜力或能力的。其实，他们若经过一定的培训或锻炼，是有可能成为称职的员工的。

7.3 招聘注意事项

有些企业招聘工作做得比较好，也比较顺利，有些企业经常招聘，却又招不到合适的人，影响企业的日常经营活动。甚至有些企业辛辛苦苦招来的员工，没过几天就不辞而别，这种现象在我国许多企业里可谓是司空见惯，如果仔细计算其中的直接与间接招聘成本，企业招聘的投入与产出之比实在太低。为什么会出现这样的情况呢？主要是在招聘中存在以下现象，希望企业在招聘中注意。

7.3.1 招聘的误区——经验壁垒

当即将走出校门的大学生抱怨用人单位筑起的一道道"工作经验"门槛制约了他们的职业选择时，用人单位也在为大学生求职简历上那眼花缭乱的"实践经验"感到迷茫。其实，用人单位在人为地设立起经验"壁垒"的同时，自己也走进了人力资源管理与开发的"沼泽地"。

那么，经验越多越好吗？

谁都希望使用现成的人才，然而，经验毕竟反映的是已有的成绩，对经验的过分追求揭示出企业用人理念上的因循守旧，不思进取。

有一个故事是这样的，两个商人同时要到非洲卖鞋去，到了非洲一看，甲商人说："完蛋了！他们都不穿鞋，我的鞋要卖给谁呀？"乙商人则说："太棒了！他们都没有穿鞋，我的鞋要大卖了。"刚刚走出校门的大学生最大的劣势是一张白纸，最大的优势也是一张白纸，而在优势、劣势之间如何自处，其实就在一念之间。

与有经验的求职者相比，新人虽然年纪轻、经验不足，但是一个人能在自己的经历中获取多少经验，主要取决于他(她)学习能力的高低，取决于他(她)是否善于学习，是否善于思考、善于总结，而不在于他(她)经历的长短。在现实中，我们处处可以发现，一个有较高的潜在学习能力的人，可以在较短的时间内熟练掌握应有的知识和技能。而有些人做一项工作许多年，甚至是一辈子，也仍然不能算是一个合格的员工。当然，没有经历也就谈不上什么经验，不过，一个人的工作经验与他(她)的工作经历并不成正比，或者说，工作经历并不等于工作经验。

将学历同能力画等号有失公平合理，把经历与经验画等号更不合理。学历毕竟还是通过从大学到研究生，再到博士的一次次严格选拔测试取得的，它至少还说明了一个人的智力水平和某种学习能力或潜能。一个人可能有过在某行业长时间的工作经历，或有过在许多家企业的工作经历，甚至是一些知名的企业，但这并不能说明其有怎样的能力和水平，或积累了多少有用的经验。所以，用工作经历评判一个人的工作能力比用学历评判更不可靠。因此，在学历已不能和能力画等号的今天，把工作经历同工作经验画等号，将更是错误和有害的。所谓经验，是指在实践中获得的知识和技能。只有先获得工作，才能得到工作经验。如果每个职位都要求有工作经验，那么，人们的经验从哪里得来呢？招聘单位提出经验要求，对新成长起来的劳动者是不公平的。

应当承认，企业是营利性组织，经营活动以追求利润最大化为目标。但是，企业作为社会的重要组成部分，同样应当承担起自己应当承担的社会责任。企业在招聘员工的时候，希望招聘到熟悉相关工作的熟练工，因为这样可以立即给企业带来经济效益，节约一大笔培训费用。但是，这是以损害其他社会成员的利益为代价的，是一种推卸社会责任的表现。

在国外，绝大多数公司对新招聘来的员工都要进行3～6个月的培训，人力资源部门还制订了专门的培训计划。我国《劳动法》也明确规定，企业应当对新员工进行职前培训。对新员工进行培训，是用人单位应尽的义务。

7.3.2 聘用中的企业文化

"引得进，用不好，留不住"是大多数企业在引进人才和员工聘用方面存在的较为普遍的现象。究其原因，乃是作为企业整体"生态环境"的企业文化不健全所致。良好的企业文化使企业员工有用武之地，而优秀的企业人才能丰富和提升企业文化的内涵。

一家知名的通信企业，前几年从高校招聘了一批具有相当学历背景的专业技术人才，一时引起传媒的广泛关注。然而，随着培训工作的完成及薪酬的增加，员工却纷纷递交了辞呈，原因是该企业在招聘时所承诺的与所招聘员工所学专业知识相对应的岗位设定没有得到兑现。可见，企业人力资源战略设计必须与员工个人目标相一致，与企业的自身文化相匹配。有效的员工聘用还体现在企业如何挖掘现有的人力资源，即合理利用老员工和充分调动新员工积极性相结合。新员工对企业价值的认同，往往是从与其工作环境相同的老员工的接触开始形成。一个起初被认为"黔驴技穷"的老同事，不仅熟悉企业资源、具有相关专业理论知识，而且还谙熟经济实务和各种工作技能。部分新员工对这样的老同事刮目相看并自叹不如，但同时却触发了一种感想：他这样水平却仍是这种境况，我要熬到何时才能有出头之日呢？经过机会成本分析，结果一走了之。

所以，企业在员工聘用、晋升及人力资源战略设计的具体操作上，应在注重对老员工"挖潜"的同时，应着手对企业"生态环境"中"生物链"的培育和呵护。不仅要对老员工进行因人制宜的"回炉"培训以及对他们做出的成绩给予及时嘉奖，还应该根据新员工"好高骛远"、期望值高的心理特点和所学专业特长，结合企业使命，邀请新员工的佼佼者现身说法，以实例营造企业文化，以真情创造企业价值。

近年来，互联网的迅速发展不仅影响了人与组织的联系方式，而且改变了人与组织的关系，这使得以往依靠制度去捆绑人、同舟共济的时代已经过去，现在个体的力量对周围人的影响和判断已日趋重要。在这样的背景下，企业既要与时俱进，充分利用互联网技术推进招聘与企业文化相关工作的展开，又要在此基础上吸引欣赏或者符合企业文化的员工加入，以使其在充分授权的基础上自觉发扬企业的文化。然而，在现实发展的过程中如何将这两方面运用到实践中，仍旧是企业面临的一个重要挑战。

7.3.3 战略性人才储备

所谓战略性人才储备是指根据公司发展战略，通过有预见性的人才招聘培训和岗位培养锻炼，使得人才数量和结构能够满足组织扩张的要求。由此可见，战略性人才储备是为公司的长远发展战略服务的，它服从和服务于公司的长远发展，包括前瞻性能力超群的人才招聘和内部培养两个方面。

战略性人才储备贯穿于企业发展的全过程，但容易被忽视，特别是在一些规模小、成长快的企业。一家知名企业近年来突飞猛进，然而随着市场扩大，公司发展后劲不足，发展速度趋于下降。究其原因，是缺乏战略性人才储备，以至于人才不能满足组织膨胀的需要，人力资源与公司发展脱节。

7.4 选拔录用

招聘是一项复杂的工作，企业在招聘选拔的环节上需要开展许多具体工作来为录用决策寻找依据，也就是要采用一些筛选与录用方法，为企业挑选最合适的工作人员。而这些具体工作与招聘环节密切相关。

7.4.1 选拔录用概述

1. 选拔录用的含义

选拔录用也叫人员甄选，是指通过运用一定的工具和手段对已经招募到的求职者进行鉴别和考察，区分他们的人格特点与知识技能水平，预测他们的未来工作绩效，从而最终挑选出企业所需要的、恰当的职位空缺填补者。

准确地理解选拔录用的含义，要把握以下几个要点。

(1) 选拔录用应包括两个方面的工作：一是评价应聘者的知识、能力和个性；二是预测应聘者未来在企业中的绩效。很多企业在选拔录用时将注意力过多地集中在前者，往往忽视了后者，其实后者对企业来说才是更有意义的。

(2) 选拔录用要以空缺职位所要求的任职资格条件为依据来进行，只有那些符合职位要求的应聘者才是企业所需要的。

(3) 选拔录用是由人力资源部门和直线部门共同完成的，最终的录用决策应当由直线部门做出。

一个高质量的招聘录用决策，应同时满足两个要求：既没有录用不符合要求的人员，又没有遗漏符合要求的人员。

2. 选拔录用的意义

相比招聘工作而言，选拔录用无论是对企业还是对人力资源管理的影响都更为直接，因此它的决策直接表现为企业最终录用到了什么样的人员。

(1) 选拔录用直接决定着企业能否正常地运转。其中的道理非常简单，如果企业从应聘者中挑选的人员不符合职位的要求，那么职位所对应的职责就不能很好地完成。企业的正常运转自然就会受到影响。

(2) 选拔录用还直接影响着人力资源管理的其他职能活动以及企业的开支。如果选拔录用的效果比较差，企业没有录用到符合职位要求的人员，那就意味着前一阶段的招聘工作是没有任何实际效果的，所付出的人力、物力和财力没有得到回报，这对企业有限的资源来说是一种极大的浪费。为了解决这个问题，企业有两种选择：一是对这些人员进行知识和能力的培训，使他们可以从事本职位的工作，但是这样做不仅增加了培训的开支，而且也增加了培训开发的工作量；二是辞退这些人员，这也要企业支付额外的遣散费用，同时还增加了辞退解雇的工作量，如果处理不当，甚至还会给企业带来劳动争议或纠纷。辞退这些人员后，企业的空缺职位依然存在，因此需要重新进行招聘，这反过来又增加了招聘录用本身的工作量。

3. 选拔录用系统的标准

作为对应聘者的筛选机制，一个有效的选拔录用系统应达到以下几项标准。

(1) 选拔录用的程序应该标准化。要保证每位参加选拔录用程序的应聘者都经历同样数量和类型的选择测试和面试。

(2) 选拔录用的程序以有效的顺序排列。那些费用较高、大量增加企业成本的程序，比如与企业高层面谈、体检等要放在系统的最后，使这些程序只用于那些最有可能被录取的应聘者。

(3) 选拔录用的程序要能提供明确的决策点。决策点指那些能明确做出淘汰或保留的时点，如笔试成绩、体检结果等。关于应聘者通过决策点所必须具备的资格，管理者应有明确的标准。由于在前面的决策点上淘汰了不合要求的应聘者，因此可以将更多的时间和精力放在那些更有可能获得该职位的应聘者身上。

(4) 选拔录用的程序应能保证充分提供可以确定应聘者是否胜任空缺职位的信息。一个好的系统不仅要保证不遗漏空缺职位的工作内容，而且还要保证能从应聘者那里收集到与决策有关的充足信息。

(5) 选拔录用的程序应防止了解应聘者背景情况时出现意外的重复。一个好的系统应对参与选拔录用的人员的职责做出清晰的界定，这样就可以防止两个评价人员分别与应聘者面谈时重复提出同样的问题，却同时忽略了重要的问题。

(6) 选拔录用的程序应能突出应聘者背景情况重要的方面。有效的系统应能根据需要进行多次核实和检查。

(7) 选拔录用的程序应防止在提供企业和工作信息时出现不必要的重复。一个好的系统还应该对参与选拔录用的人员提供相关信息的职责做出清晰的界定，这样就可以避免不必要的重复。

4. 选拔录用的程序

为了保证选拔录用的效果，按照上面所提到的几项标准，选拔录用工作一般来说要按照图7.4所示的程序进行：首先评价应聘者的工作申请表和简历；然后进行选拔测试和面试；接下来审核应聘者材料的真实性，即进行背景调查；再接着就要进行体检；应聘者被录用后还要经过一个试用期的考察；最后才能做出正式录用的决策。整个选拔录用过程由六个步骤组成，其中每一个步骤都是一个关键决策点，应聘者如果达不到该决策点的要求就要被淘汰，只有通过该决策点的应聘者才能继续参加下面的选拔。至于每个决策点的标准应该是什么，企业要根据自己的情况来确定，但总的原则是以空缺职位所要求的任职资格条件为依据。

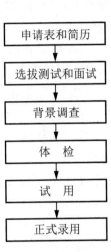

图7.4 选拔录用过程

需要强调指出的是，在选拔录用过程的每一个步骤，都会有一些应聘者因不符合要求而被淘汰，如何正确地对待这些落选者，对企业来说也是一项非常重要的工作，如果不能妥善地处理与这些人的关系，可能就会影响到企业的形象，从而不利于以后的招聘工作。正确的处理方法应当是以面谈或书面的形式向落选者清楚地解释原因。

在选拔录用过程的六个步骤中，企业需要开展许多具体工作来为录用决策寻找依据，即采用一些选拔方法。如筛选简历和申请表、推荐检测、笔试、面试及各种测评方法。选拔面试和测试是比较关键、比较复杂的两种方法，其余的则相对比较简单。

7.4.2 选拔录用方法

1. 面试法

面试是通过供需双方正式交谈，以便企业能够客观了解应聘者的业务知识水平、外貌风度、工作经验、求职动机等信息，应聘者能够了解到企业的更多的信息。面试是员工招聘过程中非常重要的一步。

1) 面试程序

(1) 面试前的准备阶段。确定面试的目的；认真阅读应聘对象的求职申请表，制定面试提纲，问话提纲主要围绕要证实的疑点和问题，针对不同的对象应有不同的了解侧重点；确定面试的时间、地点，并制定面试评价表。

(2) 面试的开始阶段。面试开始，面试者要努力创造一种和谐的面谈气氛，使面试双方建立一种信任、亲密的关系，解除应聘者的紧张和顾虑。常用的方法是寒暄、问候、微笑、放松的姿势。可先让对方简要介绍一下自己的情况,此时面试者注意力要高度集中,注意倾听和观察。

(3) 正式面试阶段。根据面试中所提的问题,面试大体可分为结构式面试、非结构式面试和混合式面试三种。

① 结构式面试(Structured Interview)。此类面试要先制定好所提的全部问题,然后一一提问。这样有准备的、系统的提问有利于提高面试的效率,了解的情况较为全面,但谈话方式程式化,不太灵活。

② 非结构式面试。面试者在面试中可随时发问,无固定的提问程式。针对不同的应聘者,所提的问题也不同,这种面试可以了解到特定的情况,但缺乏全面性,效率较低。

③ 混合式面试。将结构式面试与非结构式面试结合起来,称为混合式面试。这种方法可以取二者之长,避二者之短,所以是最常用的一种面试方法。

由于正式面试阶段带有评估的性质,所以结束时,要给予对方提问的机会。另外,为了提高评估的准确性,针对某一事项,可同时提出几个问题,从不同的侧面了解应聘者对这一问题的立场和态度。有时问答本身并不重要,重要的是面试者表现出的修养和态度。

(4) 面试的结束阶段。不论应聘者是否会被录用,面试均应在友好的气氛中结束。同时,面试者应立即整理面试记录,并填写面试评价表,校对有关材料,做出总体评价意见。在总结评价时,对以下情况要特别注意,例如,不能提供良好的离职理由;以前职务(或工资)高于应聘职务(或工资);本人曾被劳改过;家庭问题突出;经常变换工作等。

2) 面试类型

(1) 从面试所达到的效果来分类。

① 初步面试。这是用来增进用人单位与应聘者的相互了解的过程。在这个过程中应聘者对其书面材料进行补充(如对技能、经历等进行说明),企业对其求职动机进行了解,并向应聘者介绍企业情况、解释职位招聘的原因及要求。

② 诊断面试。这是对经初步面试筛选合格的应聘者进行实际能力与潜力的测试。它的目的在于招聘单位与应聘者双方补充深层次的信息,如应聘者的表达能力、交际能力、应变能力、思维能力、个人工作兴趣与期望等,企业的发展前景、个人的发展机遇、培训机遇等。

(2) 从参与面试的人员来分类。

① 个别面试。这是指一个面试人员与一个应聘者面对面地交谈。这种方式的面试有利于双方建立亲密的关系,使双方能深入地相互了解。但这种面试的结果易受面试人员的主观因素干扰。

② 小组面试。这是由二三个人组成面试小组对应聘者分别进行面试。面试小组由用人部门与人力资源部门的人员共同组成,从多种角度对应聘者进行考察,提高面试结果的准确性,克服个人偏见。

③ 集体面试。它是由面试小组对若干应聘者同时进行面试。在集体面试过程中,通

常是由面试主考官提出一个或几个问题,引导应聘者进行讨论,从中发现、比较应聘者的表达能力、思维能力、组织领导能力、解决问题的能力、交际能力等。集体面试的效率比较高,但对面试主考官的要求较高,主考官在面试前应对每位应聘者都有大致的了解,而且在面试时应善于观察,善于控制局面。

(3) 从面试的组织形式来分类。

① 压力面试。压力面试往往是在面试的开始时就给应试者以意想不到的一击,通常是敌意的或具有攻击性的,主考官以此观察应试者的反应。一些应聘者在压力面试前显得从容不迫,而另一些则不知所措。用这种方法可以了解应聘者承受压力、情绪调整的能力,可以测试应聘者的应变能力和解决紧急问题的能力。压力面试一般用于招聘销售人员、公关人员、高级管理人员。

② BD 面试,即行为描述面试(Behavior Description Interview),它是近年来的研究成果。这种面试是基于行为的连贯性原理发展起来的。面试主考官通过行为描述面试要了解两方面的信息:一是应聘者过去的工作经历,判断他选择本企业发展的原因,预测他未来在本企业中发展所采取的行为模式;二是了解他对特定行为所采取的行为模式,并将其行为模式与空缺职位所期望的行为模式进行比较分析。

③ 能力面试。与注重应聘者以往取得的成就不同的是,这种方法关注的是他们如何去实现所追求的目标。在能力面试中,主考官要试图找到过去成就中所反映出来的优势。要确认这些优势,主考官要寻找 STAR——即情景、任务、行动和结果。其大致过程如下:先确定空缺职位的责任与能力,明确它们的重要性;然后,询问应聘者过去是否承担过与空缺职位类似的职位,或是否处于类似的"情景",一旦主考官发现应聘者有类似的工作经历,则再确定他们过去负责的"任务",进一步了解一旦出现问题他们所采取的"行动",以及"行动"的"结果"究竟如何。

3) 面试中的提问技巧

面试技巧是面试实践中解决某些主要问题与难点问题的一些技术,是面试操作经验的积累。在面试中,"问""听""观""评"是几项重要而关键的基本功。在此,重点讨论面试提问的技巧。就"问"而言,无论哪种面试,都有导入过程,在导入阶段中的提问应自然、亲切、渐进式地进行,如"什么时候到的?""家离远吗?是怎么来的?"等,同时,面试考官的提问与谈话,应力求使用标准话及不会给应试者带来误解的语言,通俗、简明地表达自己的问题,并且问题安排要先易后难,循序渐进,先熟悉后生疏,先具体后抽象,让应聘者逐渐适应、展开思路,并进入角色。当然,提问方式的选择以及恰到好处地转换、收缩、结束、扩展问题和问话,也有很多值得注意的技巧。

(1) 面试中的提问方式。

面试考官作为面试的召集者,也是面试的主持者,其提问的方式以及问题决定了从应聘者那里可以得到什么资料或多少资料。一般来说,面试考官应运用一些提问的技巧来影响面试的方向以及进度。主要提问方式如下。

① 简单提问。在面试刚开始时,通常采用简单提问来缓解面试的紧张气氛,消除应聘者的心理压力,使应聘者能轻松进入角色,充分发挥自己的水平和潜力。这种提问常

以问候性的语言开始，例如"一路上辛苦吗？""你乘什么车来的？""你家住在什么地方？"等等。

② 递进提问。递进提问的目的在于引导应聘者详细描述自己的工作经历、技能、成果、工作动机、个人兴趣等。提问应采用诱导式提问，例如"你为什么要离职？""你为什么要到本公司来工作？""你如何处理这件事情？""你如何管理你的下属？"等，避免使用肯定或否定式提问，如"你认为某事情这样处理对吗？""你有管理方面的经验吗？"因为前一种提问方式能给应聘者更多的发挥余地，能更加深入了解应聘者的能力和潜力。

③ 比较式提问。比较式提问是主考官要求应聘者对两个或更多的事物进行比较分析，以达到了解应聘者的个人品格、工作动机、工作能力与潜力的目的。例如"如果现在同时有一个晋升机会与培训机会，你将如何选择？""在你以往的工作经历中，你认为自己最成功的地方是什么？"等等。

④ 举例提问。这是面试的一项核心技巧。当应聘者回答有关问题时，主考官让其举例说明，引导应聘者回答解决某一问题或完成某项任务所采取的方法和措施，以此鉴别应聘者所谈问题的真假，了解应聘者解决实际问题的能力。例如"请你举例说明你对员工的管理的成功之处"等等。

⑤ 客观评价提问。这是主考官有意让应聘者介绍自己的情况，从而客观地对自己的优点和缺点进行评价，或以曾在主考官身上发生的某些事情为例，以此引导应聘者毫无戒备地回答有关敏感问题，借此对应聘者进行更加深刻的了解。例如"世上没有十全十美的人，比如说：我在处理突发事件时就易冲动，今后有待于进一步改善。你觉得你在哪些方面需要改进？"

(2) 面试提问中的注意事项。

尽量避免提出引导性的问题。不要问带有提问者本人倾向的问题，例如以"你一定……"或"你没……"开头的问题。不要让应聘者了解你的倾向、观点和想法，以免应聘者为迎合你而掩饰他真实的想法。

有意提问一些相互矛盾的问题，引导应聘者做出可能矛盾的回答，来判断应聘者是否在面试中隐瞒了真实情况。

面试中非常重要的一点是了解应聘者的求职动机，这是一件比较困难的事，因为一些应聘者往往把自己真正的动机掩盖起来。但我们可以通过对他的离职原因、求职目的、个人发展、对应聘岗位的期望等方面加以考察，再与其他的问题联系起来综合加以判断。如果应聘者属于高职低求、高薪低求，离职原因讲述不清，或频繁离职，则必须引起重视。在这方面，一定要注意通过应聘者的工作经历分析应聘者的价值取向，而不要轻信应聘者自己的说法。

所提问题要直截了当，语言简练，有疑问可马上提出，并及时做好记录。并且，不要轻易打断应聘者的讲话，对方回答完一个问题，再问第二个问题。

面试中，除了要倾听应聘者回答的问题外，还要观察他的非语言行为，如脸部表情、眼神、姿势、讲话的声调语调、举止，从中可以反映出对方是否诚实，是否具有自信心等情况。

2. 测试法

选拔测试就是指运用各种科学或经验的方法对应聘者进行评价，从而挑选出那些符合职位要求的人员的过程。选拔测试的方法有很多，在这里我们只是介绍几种最有代表性的测试方法。

1) 知识测试

这种测试主要是用来衡量应聘者是否具备完成职位职责所要求的知识，虽然具备职位所要求的知识并不是实际工作绩效良好的充分条件，但却往往是它的一个必要的条件，因此选拔录用中要对应聘者的相关知识进行测试。不同的职位，测试的内容也不一样，例如录用会计人员，就要测试与会计有关的知识；录用人力资源管理人员，就要测试人力资源管理知识。

这种测试方法的好处是比较简单，便于操作，不需要特殊的设备；可以同时对很多应聘者进行测试，因此费用也比较低，可以节约大量的时间；相对来说比较公平，受主观因素影响较小。这种方法的缺点在于主要考察的是应聘者的记忆能力，对实际工作的能力考察不够，因此知识测试往往作为一种辅助手段同其他方法一起使用。

2) 能力测试

能力是指个人顺利完成某种活动所必备的心理特征，任何一项活动都要求从事者具备相应的能力。能力测试就是衡量应聘者是否具备完成职位职责所要求的能力。能力测试有两种功能：一是判断应聘者具备什么样的能力，即诊断功能；二是测定在从事的活动中成功的可能性，即预测功能。能力测试包括一般能力测试和特殊能力测试两种。

(1) 一般能力测试。一般能力测试 (General Aptitude Test Battery，GATB) 最初是由美国劳工部自 1934 年开始花费十多年的时间研究制定的，包括 9 种职业能力倾向：一般能力 (G)、言语能力 (V)、数理能力 (N)、书写能力 (Q)、空间判断力 (S)、形状知觉 (P)、运动协调 (K)、手指灵活度 (F) 以及手腕灵巧度 (M)。这套测试所涵盖的各种能力与不同的职业类型密切相关，经过测试可以对应聘者是否适宜从事所应聘的职位做出判断，例如手指灵活度不高的人，就不适宜从事打字员这一职位。

(2) 特殊能力测试。特殊能力指那些与具体职位相联系的不同于一般能力要求的能力。例如人力资源管理职位，就要求具备较强的人际协调能力；保安的职位，对反应能力的要求比较高。特殊能力测试的方法主要有：明尼苏达办事员测试 (Minnesota Clerical Test)、西肖音乐能力测试 (Seashor Measures of Musical Talents) 以及梅尔美术判断能力测试 (Meier Art Tests) 等。在使用特殊能力测试时，企业要根据空缺职位的类别，选择相应的测试方法。

3) 性格和兴趣测试

(1) 性格测试。性格指个人对现实的稳定态度和习惯的行为方式，按照不同的标准可以将人们的性格划分成不同的类型。由于人们的性格在很大程度上决定着他们的行为方式，而不同的职位所要求的行为方式又不同，因此对应

阅读材料

卡特尔十六种人格因素测验简介

聘者的性格进行测试,有助于判断他们是否胜任所应聘的职位,例如销售职位需要经常与人打交道,因此要求应聘者的性格应当比较外向。目前,对性格测试的方法有很多,主要可以归结为两大类。

一是自陈式测试,就是向被试者提出一组有关个人行为、态度方面的问题,被试者根据自己的实际情况回答,测试者将被试者的回答和标准进行比较,从而判断他们的性格,常用的方法有:明尼苏达多项人格量表(MMPL)、加州心理调查表(CPL)、卡特16种人格因素量表(16PF)和爱德华个人爱好量表(EPPS)。

二是投射式测试,就是向被试者提供一些刺激物或设置一些刺激情景,让他们在不受限制的条件下自由地做出反应,测试者通过分析反应的结果,从而判断被试者的性格。H. 罗夏(H. Rorschach)墨渍测试、主体统觉测试(Thematic Apper Ception Test,TAT)是两种常用的投射测试方法。

(2) 兴趣测试。这里的兴趣主要是指职业兴趣,它是指人们对具有不同特点的各种职业的偏好以及从事这一职业的愿望。职业兴趣会影响人们对工作的投入程度,如果应聘者的职业兴趣和应聘的职位不符,那就会影响他的工作热情;相反,如果应聘者的职业兴趣和应聘职位相符,那么他就会积极主动地进行工作。兴趣测试的方法主要有斯通——坎贝尔测试等。

4) 工作样本测试

工作样本测试就是要求应聘者完成职位中的一项或若干项任务,依据任务的完成情况来做出评价,这种方法强调直接衡量工作的绩效,因此具有较高的预测效度。工作样本测试的优点在于它测量的是实际工作任务,应聘者很难伪装或给出假答案;缺点是需要对每个应聘者进行单独测试,实施成本比较高,不适用于那些完成周期比较长的任务。

在实施工作样本测试时,首先挑选出职位中的关键任务;然后让应聘者完成某些任务,同时由测试者对他们的表现进行监测并记录任务的执行情况;最后由测试者对应聘者的表现和工作完成情况做出评价。

5) 评价中心测试

评价中心测试其实就是通过情景模拟的方法来对应聘者做出评价。它与工作样本测试比较类似,不同的是工作样本测试是用实际的工作任务来进行测试,而评价中心则是用模拟的工作任务来进行测试。这种测试通常包括以下几种方法。

(1) 无领导小组讨论(LGD)。无领导小组讨论就是把几个应聘者组成一个小组,给他们提供一个议题,事先并不指定主持人,让他们通过小组讨论的方式在限定的时间内给出一个决策,评委们则在旁边观察所有应聘者的行为表现并做出评价。通过这种方法,可以对应聘者的语言表达能力、分析归纳能力、说服能力、协调组织能力以及集体意识等做出评价。

(2) 公文处理。公文处理多是针对管理职位实施的一种测试方法。首先假设应聘者已经从事了某一职位;然后给他提供一篮子文件,文件的类型和内容要根据这一职位在实际工作中经常遇到的类型来设计,一般有信函、备忘录、报告、电话记录、上级指示和下级请示等；接着让应聘者在规定的时间和条件下处理完毕，并说明理由和原因。通过这种方法，可以对应聘者的规划能力、决策能力以及分析判断能力等做出评价。

此外，评价中心测试还有管理游戏、角色扮演、演讲以及案例分析等方法，在此不一一介绍。

6) 借助招聘测评软件

个人的知识技能可以通过传统的考试考察，个性特征与发展潜能则只能借助现代人才测评技术来了解。目前，人才测评已经服务于企业人力资源管理的多个环节，诸如招聘、选拔、培养与晋升、岗位胜任力考察、企业管理风格与能力考察、企业文化考察、人力资源普查、培训诊断与辅导、员工职业生涯规划、组织诊断等。它既可以全面测试、评价一个人，也可以针对人的某个单项能力进行测评，为高级人才的脱颖而出创造有利的条件，为企业选人、用人提供科学的依据。在美国，1/3 的小企业和 2/3 的大企业都采用人才测评，如制造业的通用汽车、通用电气，食品业的卡夫，信息产业的 IBM、德州仪器等。在中国，越来越多的企业也开始采用人才测评技术。

目前国内招聘测评存在的最大的问题是招聘测评的结果和岗位的要求之间缺乏清晰的联系，拿到结果以后不知道如何取舍，因此招聘测评的实用性存在很大的问题。

7) 应用测试法的基本要求

选拔测试是一种比较先进的选拔方式，在国外被广泛使用。在应用各种测试方法时，应当注意达到以下几点要求。

(1) 要注意对应聘者的隐私加以保护。应聘者的各项能力、人格特征和兴趣特征属于应聘者的个人隐私。在未征得应聘者同意之前，不能公布应聘者的心理测试结果。如果应聘者未通过心理测试，招聘人员应该将测试结果报告退还给应聘者。

(2) 要有严格的程序。从心理测试的准备到心理测试的实施，以至最后的心理测试结果的评判，都要遵循严格的程序来进行。负责人必须经过专业的心理测试培训，必要时，可请专业人员协助工作。

(3) 心理测试的结果不能作为唯一的评定依据。这种评定结果根据单位的具体情况不同，在单位决策时，参考的程度不同。心理测试可以和面试、笔试等方式同时进行，结合多种方法，做出客观评价，不能将心理测试作为唯一的评定依据。

阅读小材料 7-2

北森招聘选拔系统简介

北森弈衡招聘选拔系统 v2.0 基于国际领先的岗位胜任力模型理论（图 7.5），结合企业人力资源招聘选拔工作的实际需要，由北森研究院的多名专家组成专项研究小组历时 2 年开发完成。弈衡提供 6 大类 36 个素质测评维度，并预置 15 类职位模板，同时提供金融和生产制造两个行业解决方案。弈衡根据不同岗位的胜任力要求测量不同的内容，并给出测试者与职位要求的整体契合程度，方便 HR 进行不同应聘者之间的比较。与此同时，HR 可以根据职位需要自主选择测试内容并自主定义选拔标准，真正做到"适职而配"。

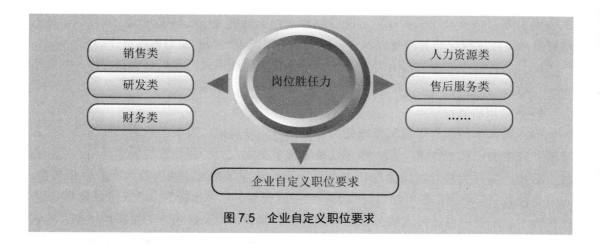

图 7.5　企业自定义职位要求

7.4.3　员工录用决策

人员录用是依据选拔的结果做出录用决策并进行安置的活动，其中最关键的内容是做好录用决策。录用决策是依照人员录用的原则，避免主观武断和不正之风的干扰，把选拔阶段多种考核和测验结果组合起来进行综合评价，从中择优确定录用名单。值得强调的是，人员选拔环节中的所有方法都可用来选择潜在的雇员，但决定使用哪些选拔方法，一般要综合考虑时间限制、信息与工作的相关性，以及费用等因素，对相对简单或无须特殊技能的工作采用一种方法就行。例如，招聘打字员，根据应聘者打字测试的成绩一般就足以做出决定了。但是，对大部分岗位来说，通常需要采用多种方法相互结合，扬长避短，提高录用决策的科学性和正确性。

1. 员工录用的主要策略

1) 多重淘汰式

多重淘汰式中每种测试方法都是淘汰性的，应聘者必须在每种测试中都达到一定水平，方能合格。该方法是将多种考核与测验项目依次实施，每次淘汰若干低分者。全部通过考核项目者，再按最后面试或测验的实得分数，排出名次，择优确定录用名单。

2) 补偿式

补偿式中不同测试的成绩可以互为补充，最后根据应聘者在所有测试中的总成绩做出录用决策。如分别对应聘者进行笔试与面试选择，再按照规定的笔试与面试的权重比例，综合算出应聘者的总成绩，决定录用人选。值得注意的是，由于权重比例不一样，录用人选也会有差别。假设在甲、乙两人中录用一人，两人的基本情况与考核得分，如表 7-3 所示。到底录用谁，关键要看不同项目的权重系数。如果各考核因素的权重均相同，则甲综合得分为 6，乙为 5.9，甲为优；如果突出技术能力与政治思想水平，则甲综合得分为 4.75，乙为 4.51，甲为优；如果突出学历与组织领导能力，则甲综合得分为 4.55，乙为 4.61，乙为优。

表 7-3　各种项目的权重情况

	技术能力	学历	政治思想水平	组织领导能力	事业心	解决问题能力	适应能力
甲的得分	0.9	0.5	1	1	0.8	0.8	1
乙的得分	0.7	0.9	0.8	0.8	1	1	0.7
W1	1	1	1	1	1	1	1
W2	1	0.5	1	0.8	0.8	0.7	0.6
W3	0.5	1	0.8	1	0.8	0.7	0.6

3) 结合式

结合式中，有些测试是淘汰性的，有些是可以互为补偿的，应聘者通过淘汰性的测试后，才能参加其他测试。

2. 员工录用的注意事项

组织在做出最终录用决策时，应当注意以下几个问题。

(1) 尽量使用全面衡量的方法。企业要录用的人员必然是能够满足单位需要，符合应聘岗位素质要求的人才。因此，必须根据单位和岗位的实际需要，针对不同的能力素质要求给予不同的权重，然后录用那些得分最高的应聘者。

(2) 减少做出录用决策的人员。在决定录用人选时，必须坚持少而精的原则，选择那些直接负责考察应聘者工作表现的人，以及那些会与应聘者共事的人进行决策。

(3) 不能求全责备。人没有十全十美的，在录用决策时也不要吹毛求疵，挑小毛病，总是不满意。我们必须分辨主要问题以及主要方面，分辨哪些能力对于完成这项工作是不可缺少的，这样才能录用到合适的人选。

本章小结

本章首先在介绍员工招聘与录用的基本知识基础上，有计划、分层次、详细地阐述了员工招聘与录用的主要操作环节、员工招聘注意事项以及员工的选拔录用等具体的实务操作，要求学生具体掌握员工招聘计划的制订、求职申请表的设计、招聘评估、选拔录用程序和方法等主要操作性环节的实施。

关键术语

招聘	Recruitment
网络招聘	Online Recruitment
选拔录用	Select and Employ
人员素质测评	Evaluating of Human Resource Quality
评价中心	Assessment Center
无领导小组	No-leader Group

习 题

1. 对应聘者进行初步筛选的方法有哪些？简述各种筛选方法的特点？
2. 招聘工作一般应遵循怎样的程序？
3. 试比较招聘的内部来源和外部来源的优、缺点。
4. 试比较各种招聘筛选方法的优、缺点。
5. 简述面试的基本步骤及技巧。
6. RANBAXY 是一家在世界制药领域里享有良好声誉的跨国公司，三年前在中国设立了合资企业——广州南新制药有限公司。该公司拥有一流的设备和现代化的管理体系，其产品严格按国际 GMP 标准生产，其质量得到国际有关权威机构认可，销售网络已遍布全国 30 多个城市。广州南新制药有限公司北京办事处由于业务发展及开发新产品需要，经北京市人事局人才市场管理办公室批准在北京市招聘医药代表 (4 名)。请为其撰写一篇招聘广告。
7. 双环公司是国内知名的建材生产厂商，因业务发展扩大，需要招聘若干名销售代表。公司通过网站登出广告，一个星期后，公司的人力资源部收到上百份简历。在以往的简历中常常存在着虚假信息，而且在面试中，应聘者为了获得工作，也常常隐瞒一些真实情况。如果您是双环公司招聘小组的一员，您将如何处理以下问题：

   (1) 如何甄别简历中的虚假信息？
   (2) 在面试中，应运用哪些技巧获得应聘者的真实信息？

8. 请同学们阅读 2015 年第六期《中国人力资源开发》张义德和丁道师文章《互联网思维下的人员招聘选拔》，讨论在互联网时代，企业如何才能实现网络与招聘的结合，进而推动招聘的有效开展。

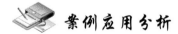

案例应用分析

互联网思维下的招聘——以速途网为例

北京速途网络科技有限公司 (简称速途网) 成立于 2009 年 4 月，目前已经成为中国互联网行业最大的行业社交媒体和在线服务平台。公司使用自主研发的自组织发布系统，以注册用户自主发布内容，通过注册用户投票实现自动编辑，并结合微博、微信等社会化媒体发展趋势，一直专注于中国移动互联网、电子商务、创业投资、物联网、数字家庭等互联网发展应用动态的发布和分享。

公司目前包括电商中心、创投中心、IT 中心、游戏中心、评论中心、速途研究院等多个板块，注册作者约 3 万人，活跃专栏作家超过 500 人，拥有专职编辑人员 40 多人，覆盖国内主流的互联网、IT 和家电企业，已经成为中国互联网行业最大的信息服务机构之一。作为一家新兴的网络科技公司，85 后、90 后已经成为员工的主体。

招聘渠道包括内部渠道和外部渠道两大类。内部渠道是指晋升和工作轮换，外部渠道主要包括员工推荐、中介机构、校园招聘和广告。根据中国互联网信息中心 CNNIC 日前发布的第 35 次调查报告，截至 2014 年 12 月，我国网民规模达 6.49 亿，其中手机网民达 5.57 亿，较 2013

年年底增加 5 672 万人。这意味着网络招聘的形式仍处于上升阶段，使用在线招聘服务的求职者规模将与日俱增。公司外部招聘网站的选择以百度指数中的大数据分析为基准，从应聘者的角度进行逆向思维，即分析应聘者所青睐的招聘网站都有哪些，选择的应聘渠道都有哪些。因为关注度最高的招聘网站也是应聘者使用频率最高的网站，其有效性也相对较高。通过与百度指数关注前三名的招聘网站合作，包括智联招聘、前程无忧和猎聘网，有效提高了招聘效果。

值得注意的是，随着自媒体的发展，传统招聘网站上的职位发布已经成为一种最底层的信息发布载体，包括微信、微博在内的自媒体推送成为公司主要的招聘渠道之一，这既是对互联网资源的最大利用，也完全适应了候选人碎片化的时间管理习惯，且大大降低了招聘费用。自媒体推送大多是通过用人部门主管的微信朋友圈招聘进行的。例如速途研究院要招聘专职编辑，首先研究院院长（用人部门主管）根据所需人才的特点，在长期订阅及关注自己的一批专栏作家或是业内人士聚集的微信群组中进行推广。由于此类微信群均为业内人士，专业度很有保障；另外大家都是长期关注并熟悉速途公司，一旦加入，其工作上手速度肯定优于社会招聘的人员。这种自媒体招聘渠道最大的好处是精准且成本较低，大大缓解了一些专业性强的职位的招聘压力。

除此之外，速途网大力提倡内部推荐。大多数企业在招聘过程中严格控制裙带关系，发现应聘者与公司现有员工之间存在师生、校友、同事、邻居及夫妻关系，一般作为录用的减分项。而速途网则反其道而行之，举贤不避亲，公司还因此设立鼓励内部推荐的金锄头奖—即公司内部员工推荐新人成功后，公司将给予推荐人 200 元／人／次的现金或等值物品作为奖励，并在公司内部通报表扬。但人事行政相关岗位不实行内部推荐；当推荐人为招聘岗位的直接上级时，不进行奖励。

速途网的用人标准也有鲜明的互联网特色，主要表现在以下几个方面。

(1) 在年龄上以 85 后、90 后员工为主。这是公司创新与活力的保障。如果不符合这个年龄段，则需要部门负责人撰写报告，详细说明原因，上报公司高层批准。

(2) 不看重专业背景和从业经验。公司招聘员工往往不局限于有互联网从业经验的 IT 人员，而是跨行业跨领域进行，只要符合公司文化、有学习能力及创新意识的候选人都能为公司所用。这也完全符合互联网的跨界思维。

(3) 参照星座选拔人才。这是速途网极富特色的选人机制。参照公司现有员工的表现，在入职审核中进行星座性格分析。例如在公司中处女座员工总有近乎完美的工作表现，是精英群体的代名词。他们有执行力强、专业性好，同时具备很高的领导能力，是多个团队的领导者。而水瓶座员工往往思维敏捷睿智，是团队中令人折服的精神领袖和智囊，每当团队遭遇问题障碍，水瓶座能够顶住压力并成为解决问题的智慧中枢。这种特有的星座选拔学对公司的人员招聘起到了很好的辅助作用，可以让团队在招聘初期以最小成本对应聘者形成基本的判断，后期再结合其他标准形成最终决策。

(4) 使用面试访谈表。公司所设计的面试访谈表中除了包含诸如性别、年龄等基本信息外，还包括朋友圈人数。这与公司的经营性质密切相关，由于公司属新媒体行业，考察候选人对新媒体如微博、微信、陌陌等的使用状况就显得非常重要，朋友圈人数往往显示了候选人对新媒体的使用频率和熟悉程度；此外，朋友圈的质量也是一个衡量标准，如果候选人的朋友圈中拥有多位某领域内知名专家，我们也可因此推定其在该领域内有一定的影响力和知名度。

另外，在面试访谈表中还设置了三个主观问题，分别是：①十年后，你觉得自己怎么样？②回首过去，哪件事让你觉得最有成就感？③你对新媒体的现在和未来如何理解？这三个主观问题看似平淡无奇，但每个问题都要求候选人140字以内回答。140字是新浪微博发布的字数限制。由于人脑具有认知局限性，每次只能处理一定量的信息（德国数学家通过计算得知人脑每次只能处理140～160个字符），而微媒体的发展很大程度上依赖于移动互联网。所以将回答限制在140字以内，更符合手机用户的习惯。而限定字数往往促使表达专注于核心内容，即限制往往带来简约、创新与灵感。

（资料来源：张义德，丁道师. 互联网思维下的人员招聘选拔——以北京速途网络科技有限公司为例 [J]. 中国人力资源开发，2015, (6):6-11.）

思考题：

(1) 针对这些问题，请你从公司的总经理、甄选的方法和招聘流程等方面对 SP 公司招聘失败的主要原因进行分析。

(2) 结合本章关于"招聘与录用"的基本知识，请你为 SP 公司设计一个恰当的员工招聘策略，并请说明该策略的特点。

知识链接

[1] http://www.51job.com 前程无忧招聘网。
[2] http://www.zhaopin.com 智联招聘网。
[3] http://www.beisen.com 北森测评。
[4] http://www.ganji.com 赶集网。

第 8 章

绩效管理

教学目标

- 熟悉绩效管理的过程
- 掌握绩效反馈的技巧
- 学会运用绩效评价的几种常用方法

教学要求

- 了解绩效管理的目的
- 了解在绩效管理各阶段管理者和员工各自的任务
- 掌握绩效面谈前的准备工作
- 了解绩效评价的主体及评价者误差
- 掌握绩效评价的常用方法

新星公司是一家小型公司。创业初期，降低成本、提高销售额成为公司的总目标。由于业务繁忙，公司没有时间制定一套正式的、完整的绩效考评制度，只是由以前公司老总王某兼任人力资源总监，采取了一些补救措施。例如：他会不定期地对工作业务好的员工提出表扬，并予以物质奖励；也对态度不积极的员工提出批评；员工的销售业绩连续下降，他会找员工谈心，找缺陷，补不足，鼓励员工积极进取。

现在公司规模大了，已经由最初的十几个人发展到现在的上百人。随着规模不断扩大，管理人员和销售人员增加，问题也出现了：员工的流失率一直居高不下，员工的士气也不高。王某不得不考虑，是否该建立绩效考评的正式制度，以及如何对管理人员考评等问题。

（资料来源："新星公司所面临的员工考评问题"，http://wenku.baidu.com，2012年10月15日）

人力资源管理的主要目的就是要通过提高员工的工作能力和调动员工的积极性来提升绩效水平，以更好地实现组织的目标。对于任何一个组织而言，员工的工作表现都是实现组织目标的基础，对员工绩效的管理也是各级管理者的重要工作。

8.1 绩效管理概述

企业要想获得长期竞争优势，很大程度上依赖于它的人力资源开发和管理工作。如何有效地调动员工的积极性，激励他们为实现组织的目标而努力，持续地提高绩效水平，是任何组织及其管理者都关心的问题。

8.1.1 绩效及其特点

1. 绩效的含义

绩效 (Performance) 是人们在管理活动中常用的概念之一，但对于什么是绩效的认识却各有不同。有的认为绩效是结果，如"绩效应该定义为工作的结果，因为这些工作结果与组织的战略目标、顾客满意感及所投资金的关系最为密切"(Bernadin, 1995)；"绩效是一个人留下的东西，这种东西与目的相对独立存在"(Kane, 1996)。有的则认为绩效是行为，如"绩效是与一个人所在组织或组织单元的目标有关的一组行为"(Murphy, 1990)；"绩效是行为，应该与结果区分开，因为结果会受系统因素的影响"，"绩效就是行为，它是能够观察到的人们的实际行为表现。就定义而言，它只包括与组织目标有关的行动或行为，能够用个人的熟练程度（即贡献水平）来定等级。绩效不是行为的后果或结果，而是行为本身 (Campbell, 1990, 1993)。"还有学者认为绩效是行为和结果的结合，如"绩效指行为和结果。行为由从事工作的人表现出来，将工作任务付诸实施。行为不仅仅是结果的工具，行为本身也是结果，是为完成工作任务所付出的脑力和体力的结果，并且能与工作结果分开进行判断"(Brumbrach，1988)。

Borman 和 Motowidlo 在 1993 年提出了绩效的二维模型，在综合以往相关研究的基础上，他们将工作绩效分为任务绩效 (Task Performance) 和关系绩效 (Contextual Performance)。任务绩效是指组织所规定的行为或与工作任务直接相关的行为，它和特定工作任务中核心的技术活动有关。关系绩效是指与工作任务间接相关的自发行为或与特定任务无关的行为，它为核心的技术活动提供了组织的、社会的和心理的环境，如自愿承担额外的工作、帮助同事等，它能够促进组织内的沟通，起到润滑作用，降低紧张的情绪反应，可以促进任务绩效，从而提高整个组织的有效性。Allworth 等人在 1997 年提出，有必要在任务绩效和关系绩效的基础上增加关注员工应对变化的成分，即适应性绩效 (Adaptive Performance)，并通过实证研究证明了适应性绩效独立于任务绩效和关系绩效。

我们认为，绩效是指员工在一定的环境和条件下通过努力所获得的工作成效。它包括了与组织目标相关的工作行为和结果，体现了员工履行工作职责的程度，也反映了员工能力与其职位要求的匹配程度。

2. 绩效的特点

绩效具有多层次性、多因性、多维性、动态性等特点。

1) 多层次性

绩效包括组织绩效(如企业绩效、部门绩效、团队绩效等)和个人绩效。本章主要探讨个人层面的绩效管理，即员工绩效管理，但在某些方面也会涉及组织绩效。因为组织绩效和个人绩效密不可分，组织绩效通过个人绩效来实现，个人绩效也最终体现为组织绩效，管理员工绩效的主要目的实际上就是要实现预期的组织绩效目标。此外，在考核企业高层管理者的工作绩效时，也往往主要是考核企业的经营绩效。

2) 多因性

员工的工作绩效不是取决于单方面的因素，而是多种因素共同作用的结果。也就是说，员工绩效受到多方面因素的影响，其中，主要有员工的技能、受到的激励、所处的环境和遇到的机会这四类因素。用公式来表达就是，绩效 = f(技能、激励、环境、机会)。

技能 (Skill) 是指员工的工作技巧与能力水平。它一般取决于个人的天赋、智力、经历、受到的教育和培训等。组织可以提供有针对性的各类培训来提高员工的技能水平，从而提高员工的绩效水平。

激励 (Motivation) 通过改变员工的工作积极性来影响其工作绩效。员工受到的激励取决于员工个人的期望 (Desire) 和组织给予的承诺 (Commitment)。管理者必须根据员工的个人需要、个性和价值观等，采取适当的手段和方式来激励员工，提高其工作的热情和积极性，从而促使其不断改进绩效。

环境 (Environment) 是员工自己不能控制的因素，但它在客观上会影响员工的绩效。影响绩效的环境因素分为组织内部的环境因素和组织外部的环境因素。其中，组织内部的环境因素包括劳动场所的布局和物理条件、工作设计的质量、任务的性质、工具的好坏等。组织应该为员工创造良好的工作环境，同时，在评价员工绩效时，要尽量分离出那些环境因素对员工绩效造成的影响。

机会 (Occasion) 指可能性或机遇。它主要由环境变化而提供，是影响员工绩效的偶然性因素，但是这种偶然性是相对的。管理者应该努力为员工创造各种发展机会，帮助员工开发潜力以提高绩效水平。

3) 多维性

绩效的表现形式是多维的，可以表现为产出、行为、态度和能力等。管理者也往往要从多个维度去评价员工的绩效。比如，评价一个生产工人的绩效时，可以衡量其生产产品的质量、数量、成本，还可以考察其在出勤、服从、协作等方面的表现。

4) 动态性

随着时间的推移，员工的绩效是会发生变化的，绩效差的有可能改进变好，绩效好的也有可能退步变差。因此，管理者必须持续、动态地跟踪了解员工的工作表现，不能停滞僵化地看待员工的绩效。

8.1.2 绩效评价与绩效管理

绩效评价 (Performance Appraisal) 又称绩效考核、绩效考评或绩效评估，它是指衡量和评价员工的工作绩效的过程。通俗地讲，就是要了解和判断员工的工作做得怎么样。绩效评价是绩效管理过程中的一个重要环节，在这个环节，管理者检查和分析员工的绩效完成情况，并判断绩效标准或目标是否达成。

绩效管理 (Performance Management) 是指管理者确保员工的工作活动和结果跟组织目标保持一致的过程。绩效管理是企业获取竞争优势的关键。绩效管理不是简单的一次性活动，它的目的是要改进员工的工作绩效从而提升组织绩效，而不是评价本身。绩效管理具有战略意义，它不是简单的任务管理——绩效管理并不只是围绕实现当期的某个任务目标来进行，而是根据组织的战略目标来管理员工的绩效。绩效管理不仅重视结果，而且重视获得结果和达成目标的过程，管理者通过持续的沟通、督促、指导和辅导来确保员工绩效目标的实现，同时促进员工能力的提升。绩效评价只是整个绩效管理过程中的一个环节，它不仅仅是对员工过去的工作表现进行评定，更重要的是还要帮助和促使员工提升能力和改进绩效。

8.1.3 绩效管理的目的

人们对绩效管理目的的理解有一个动态的变化过程，而且不同的企业在进行绩效管理时侧重点也可能不同。归纳起来，绩效管理主要有以下 3 种目的。

1. 战略目的

绩效管理系统必须将员工的行动与组织的战略目标联系在一起。组织在实施战略时，绩效管理系统首先界定实现战略目标所必需的行为、结果乃至员工的特质，然后设计相应的绩效评价和反馈系统，以确保员工能够最大限度地展示出那些特质、表现出那些行为以及创造出那些结果。为了达到这个战略目的，绩效管理系统必须具有灵活性。因为当目标和战略发生变化时，组织所期望的结果、行为和员工特质都常常需要随之变化。

2. 管理目的

很多时候，组织在进行管理决策时都需要使用绩效管理的信息，特别是绩效评价的信息。绩效评价的结果是组织做出薪资调整、职务晋升、留用或解雇等人事决策时的重要依据，根据绩效评价的结果，企业更能对员工的工作状态和胜任力有更加清晰和全面的认识，从而制定出更加合理的管理制度。

3. 开发目的

绩效管理还有开发和培养具有胜任力的员工的目的。当员工的绩效没有达到应有的水平时，绩效管理系统应该促使他们去改进绩效。绩效评价过程中给出的反馈一般都明确指出了员工的缺点和不足。不过，从理想的角度来讲，绩效管理系统不仅要识别出员工绩效的不足之处，还要确定导致其绩效不佳的原因——如技能欠缺、积极性不高或存在某些障碍因素，等等。只有在明确了导致绩效不佳的原因后，才能真正帮助员工改进绩效。同时，有效的绩效管理还能帮助员工认识自我、确定和实现职业目标。

值得注意的是，如果同一套绩效评价体系被设计为同时满足管理目的（如奖金分配、职务调整）和开发目的（如员工职业生涯规划），那么有可能会发生冲突。一方面，当绩效评价是为满足人事管理决策的需要（"鉴定性评价"）时，它关注的重点是员工在过去一段时间内的表现，并且要在员工之间进行横向比较，分出优劣。而另一方面，当绩效评价是为满足员工职业发展的需要时（"发展性评价"），它关注的重点则是员工未来的发展潜力以及目前需要纠正的缺点。承认和认识到自己的缺点和不足，是确定和实现职业发展目标的前提。但是，员工因为担心承认自己的错误可能会导致即期利益的损失，而不愿意承认错误甚至掩饰错误，这肯定不利于其改进和提升绩效水平。因此，有的组织采用两套平行的评价系统来分别满足管理的需要和发展的需要。

8.1.4 绩效管理的功能

通过绩效管理，管理者可以引导员工朝着组织的目标而努力。具体地说，绩效管理具有以下这些功能。

1. 控制功能

绩效管理是人力资源管理体系中的主要控制手段。通过绩效管理循环，管理者可以及时纠正偏差，并使工作过程保持合理的数量、质量、进度和协作关系，使各项工作能够按计划进行。对员工本人来说，管理者给出的绩效反馈可以帮助员工进一步认识自己和调整职业发展方向。上级的定期考评可以使员工时时不忘自己的工作职责，并努力实现组织和上级期望的目标。借助于明确具体的绩效目标，员工还可以进行自我控制。

2. 激励功能

管理者在绩效实施过程中对员工的工作成绩给予及时肯定,在评价后及时反馈结果,这可以让员工获得满足感并强化其正确的行为。同时,绩效评价的结果往往影响员工获得的报酬,出色绩效带来的奖励能激发员工的积极性和工作热情。

3. 辅助决策功能

绩效评价为各项人事管理决策提供了相对客观公平的依据,管理者可以根据评价的结果来做出对员工的晋升、奖惩、调配等决定。

4. 发展功能

绩效管理的发展功能主要表现在两方面:一方面,根据考核的结果,组织可以制订有针对性的培训计划,达到提高员工素质的目的,从而推动企业发展;另一方面,在绩效管理的过程中,管理者可以发现员工的优点和缺点,并根据其特点确定培养方向和使用方式,充分发挥各自的长处,促进员工的发展。

5. 沟通功能

沟通贯穿于绩效管理的全过程。在绩效目标的制订及绩效计划的实施过程中,管理者与员工要充分沟通。绩效评价结果出来以后,管理者还要和员工进行绩效反馈面谈,向员工说明考核的结果,听取员工的意见与看法。绩效沟通提供了上下级交流的机会,可以增进相互的了解,协调矛盾。同时,绩效评价指标和绩效目标可以向各级管理者和员工传递组织的战略目标和关注的重点。

8.1.5 绩效管理系统的有效性

绩效管理系统是否有效,关系到组织目标能否实现。我们可以从以下五个方面来评价一个绩效管理系统的有效性。

1. 战略一致性

战略一致性是指绩效管理系统能引发与组织的战略、目标和文化相一致的工作绩效的程度。绩效评价及其结果的应用往往具有行为导向作用,员工一般都会努力表现出公司所真正重视的行为——这种行为常常会给员工带来物质或精神方面的利益。战略一致性高的绩效管理系统能引导员工为组织的成功而做出自己的贡献。如果一个公司重视顾客服务,那么它就应该评估员工在为顾客服务方面做得怎么样,引导员工把注意力和工作重点放在改善为顾客服务方面来。

公司的战略虽然具有一定的稳定性和延续性,但并不是一成不变的,所以绩效管理系统也必须具有足够的灵活性,当公司战略发生变化时能适时地做出相应的调整,以引导员工为实现新的战略目标而努力。

2. 效度

有效的绩效管理系统应该能全面反映工作绩效,并且只考核与工作绩效相关的方面。绩效管理系统的效度低有两种情况:一种是有缺失,即重要的工作绩效没有被衡量;

另一种是"被污染",即考核了与工作绩效无关的方面。绩效评价要做到有效,就不能是有缺失的或被污染的。绩效管理系统必须尽量使对工作绩效的评价与真实的工作绩效相吻合。

3. 信度

绩效管理系统的信度是指绩效评价的一致性或稳定性程度。通过检查信度,我们可以发现绩效管理系统存在的缺陷。

信度分为评价者信度和再测信度。如果不同的评价者对同一个人的工作绩效给出了相同或相近的评价,就可以说这个评价系统的评价者信度高。调查显示,大部分由主管对员工绩效给出的主观性评价的信度都比较低。如果在不同的时间点对同一对象的工作绩效的评价结果完全不同,那就说明绩效评价缺乏稳定性,即再测信度低。

4. 可接受性

可接受性是指使用绩效管理系统的人接受该系统的程度。如果人们精心设计出了许多绩效评价的方法,它们具有很好的有效性和可靠性,但是由于太费时间,管理者拒绝使用这样的评价方法,那么该系统的可接受性就很低。

绩效管理系统的可接受性跟员工感知的公平程度有关,员工越是相信绩效管理系统是公平的,绩效管理系统的可接受性程度就越高,而员工感觉不公平的绩效管理系统会降低员工改进绩效的积极性。

5. 明确性

明确性是指绩效管理系统在多大程度上能为员工提供具体的指导,使员工明了组织对他的期望以及如何才能达到这些期望。绩效管理系统的明确性可以影响绩效管理的战略目的和开发目的的实现。如果绩效评价不能明确地告诉员工必须做什么才能促使公司实现战略目标,那么绩效管理的战略目的就无法达成。如果绩效评价不能明确地指出员工的绩效问题,员工就几乎无法改进绩效。

8.2 绩效管理的过程

绩效管理是一个不断循环的过程(图 8.1)。在每一个循环周期,管理者和员工依次开展以下活动:管理者和员工一起讨论并制订员工的绩效目标和绩效计划;在管理者的指导和帮助下,员工实施绩效计划;在跟踪观测员工在绩效实施过程中的工作表现的基础上,管理者在约定的时间对员工绩效目标的实现情况进行评价;管理者负责将评价结果反馈给员工,并与员工一起探讨绩效改进的办法,同时,据此做出与绩效挂钩的薪酬分配、职位调整等决策或提出相关建议。然后,又从制订下一个评价周期的绩效计划开始,进行新一轮的绩效管理循环,周而复始。

图 8.1 绩效管理循环

8.2.1 绩效计划制订

制订绩效计划是整个绩效管理过程的起始。在这个阶段，人力资源部要做好考评的技术准备工作，设计绩效评价体系，确定绩效评价的目标、对象、内容、主体、时间和方法等。然后，各级直线管理者与员工一起制订员工的绩效计划。

组织或部门的整体目标与员工个人目标之间很难自发地衔接，需要管理者的协调和平衡才能兼顾。从组织层面来讲，企业的战略目标需要进行层层分解，各经营单位和部门各自承担相应的组织绩效目标；从个人层面来讲，管理者和员工经过讨论协商，设定员工的工作绩效目标和相关能力发展目标，并制订如何实现这些目标的绩效计划。绩效计划制订出来后，一般要以书面形式——如绩效协议或绩效计划书，记录并经上下级双方签字认可后存档。

制订员工绩效计划时，主要考虑企业战略和组织目标的分解、员工所在岗位的主要工作职责(可以从工作说明书中得到相关信息)以及在绩效评价周期内员工所承担的特定任务。在通常情况下，绩效计划应该能回答这些问题：员工必须完成什么工作？做到什么程度？按照什么样的程序来完成工作？什么时间完成工作？员工有什么权力和决策权限？完成工作需要什么支持，使用什么资源？完成工作需要花费多少成本？等等。

一般地，在讨论绩效目标设定时，管理者更多地考虑组织目标的分解和落实，而员工则更多地考虑自己的切身利益和职业发展需要。所以，需要双方充分沟通直到达成一致意见。经双方认可的绩效目标，应该既与企业战略和部门目标相一致，又符合员工个人的需要。从某种意义上讲，绩效计划的制订过程比其结果还要重要。在这个过程中，管理者不能急功近利地将目标强加给下属，而应该通过沟通来了解员工的困难和顾虑，与员工一起分析实现目标的机会和障碍因素，并承诺组织和上级将提供必要的支持和帮助，从而增强员工对目标的认同感和实现目标的信心。

设定绩效目标时应遵循 SMART 原则：

Specific 具体——目标必须能明确告诉员工需要完成哪些工作任务。

Measurable 可衡量——对目标可进行数量或质量的衡量。员工事先必须知道怎样才算是目标已经完成以及上级将如何评价。

Attainable 可达成——目标可以具有一定的挑战性，但必须是员工有能力实现的。否则，过高的目标会让员工认为再怎么努力也无法实现，从而消极乃至干脆放弃努力。

Relevant 相关——个人的绩效目标必须是与其承担的工作相关，并与团队、部门和整个企业的目标保持一致。

Time bound 有时间限定——必须事先规定达成绩效目标的具体时间。

8.2.2 绩效实施与辅导

制订了绩效计划之后，员工就开始按计划开展工作。在员工实施计划的过程中，管理者需要对员工进行指导和监督，及时发现问题和纠正偏差，并根据实际情况对绩效计划进行必要的调整。与其他计划一样，绩效计划也是基于对未来的预测而做出的，所以它不是一成不变的，需要根据实际情况进行适当的调整或修改，并及时地以书面形式记录和保存。不过，对目标和计划的修改一定要慎重，只有在确切地知道原定目标不合适或出现了未预知的问题导致目标不能实现的情况下，才能修改目标和计划。因为目标是经过层层分解后设定的，企业、部门和个人的目标构成了一个系统，有时候某个目标的改变可能引发一系列连锁反应，个别重要目标的修改甚至需要重新启动制订计划的程序，这将耗费管理者的大量时间和精力。而且，如果随意修改目标和计划，也等于是告诉员工"这些目标和计划并不重要""不必太在意它们"。

绩效实施阶段是绩效管理过程中的重要环节，它决定绩效目标能否按计划实现，之后的绩效评价也需要在这个阶段收集信息作为依据。然而在实践中，许多管理者往往忽视了这个环节，他们错误地以为绩效目标和计划已经制订，员工会自然而然地去完成任务。事实上，员工在实施绩效计划的过程中，需要管理者的持续关注和沟通。一方面，员工在工作中遇到困难和障碍时，需要组织和上司的帮助；另一方面，管理者也需要经常观测员工的工作表现，以便于及时发现问题和纠正错误，同时还要收集并记录相关信息，为随后的绩效评价做好准备。

管理专家们常常将管理者所扮演的角色定义为"教练"(Coach)。管理者应该像教练一样对员工进行辅导，帮助员工实现绩效目标，而不能听之任之。如果管理者一味地只重结果而不管过程，员工可能会由于得不到必要的帮助与支持而无法实现目标，最终会导致部门和组织的目标无法实现。如果员工因此而受到惩罚，那么这对员工也是不公平的。管理者在绩效实施阶段的缺位或失职，正是造成许多企业绩效计划落空的重要原因。在绩效实施过程中，管理者应该保持与员工的持续沟通，主动了解员工的工作进展情况、存在的问题、遇到的障碍和需要上级提供什么帮助，还要分析外部环境的变化是否会影响工作目标的实现，判断原定目标是否需要做出调整。在员工遇到他们自己不能解决的困难时，管理者应积极帮助他们寻求解决办法，提供必要的资源支持，并鼓励他们完成工作任务。

除了书面报告、管理者与员工的定期面谈、管理者参与的定期会议等正式沟通方式外，非正式的沟通在绩效沟通中也很重要。平时工作中偶然的、随意的交谈也可以传递有关工作或组织的信息。相比于正式沟通，这些非正式的沟通显得更轻松，也更容易让人接受。

8.2.3 绩效分析与评价

在绩效周期结束时，管理者和员工使用既定的合适的评价方法和工具，对员工的工作绩效进行评价。通常，企业可以从工作业绩、工作能力和工作态度等方面评价员工的工作绩效。

管理者需要按照事先在绩效计划制订阶段确定的员工的工作目标及其衡量标准，对员工实际达成的绩效情况进行分析并做出判断。为了能真实准确地评价员工的绩效，管理者在平时的工作中就要收集那些反映员工绩效的数据和事实，并及时做好记录，以作为判断和评价员工绩效的依据。在这个环节，员工也需要对自己在绩效周期内的工作表现进行回顾和总结，并做好参加绩效反馈面谈的准备。

8.2.4 绩效反馈与应用

在绩效评价结束后，管理者要与员工进行面对面的绩效反馈面谈，将对绩效评价结果告知员工本人，就绩效周期内员工的工作表现和目标完成情况交换意见，并共同探讨需要改进的地方和寻求解决办法。同时，根据绩效评价的结果，企业实施相应的薪酬分配，还需要调整部分人员的职位以达到人与职位的匹配。绩效评价结果也可以帮助员工更清楚地了解自己的优势和劣势，以便确定或调整自己的职业目标和发展方向。

1. 绩效反馈面谈

绩效反馈面谈是绩效管理过程中不可或缺的重要环节。管理者需要事先做好准备，并掌握相应的技巧，才能有效地开展绩效反馈面谈。

1）绩效反馈面谈的目的

通过绩效反馈面谈，管理者要向员工传递组织期望，反馈绩效评价结果，寻求绩效改善办法等。

(1) 让员工了解自己在本绩效周期内的业绩是否达到预定目标，能力和态度是否符合要求，双方达成对评价结果的一致看法。对同样的行为、结果及其解释，不同的人有不同的看法。通过面谈，管理者可以消除双方对同一行为和结果的认识差异，也使员工更加了解组织和上司对自己的期望，更加清楚自己的绩效状况和需要改进的地方。

(2) 探讨绩效目标未能实现的原因并制订绩效改进计划。管理者要帮助员工分析绩效目标未能实现的原因。员工也可以说明自己在工作中遇到的困难，解释没有完成目标的原因，并请求上司给予指导和帮助。在认识达成一致后，双方进一步探讨解决问题的办法，制订绩效改进计划，并作为下一轮绩效计划的一部分。

(3) 向员工传递组织的期望。绩效反馈面谈是一个传递组织目标的好时机。企业的整体目标需要层层分解到每一个工作岗位，并最终通过每个人的工作目标的实现来保障组织目标的实现。在与员工讨论工作目标的过程中，管理者可以将组织的目标和对员工的期望明确传递给员工。而员工对组织目标的准确理解有利于引导其产生正确的工作行为和结果。

(4) 协商下一个绩效周期的目标。在分析总结本绩效周期的绩效状况基础上，管理者和员工就下一个绩效周期的目标达成共识，这便形成了新的绩效计划。

2）改进绩效反馈的建议

对别人进行评价本就不是一件令人愉快的事情，而面对面地跟对方讨论其绩效状况更让人不安——尤其是当对方的绩效评价结果不理想时。很多管理者都害怕进行绩效面谈，他们尽可能地避免直接向员工反馈绩效。而这样一来，员工就不能及时地知道自己还没有达到预期的绩效目标，也就不可能去改善绩效了。因此，管理者应该以一种能够激发积极行动的方式来向员工提供明确的绩效反馈。以下建议可以帮助管理者提高绩效反馈的有效性。

(1) 做好绩效反馈面谈前的准备。要进行有效的绩效反馈面谈，事先做好充足的准备工作是必要的。如果不做准备，面谈很难顺利进行，可能因出现长时间的沉默而"冷场"，也可能因发生激烈的争执而不欢而散。

　　在绩效反馈面谈前，管理者应做好准备。首先，管理者要充分了解员工的情况，包括他/她的教育背景、家庭状况、工作经历、个性特点以及过去和现在的绩效状况等。回顾一下过去面谈的谈话记录也有助于掌握面谈的重点。其次，管理者要事先计划好面谈的程序。即将进行的面谈要达到什么目的？面谈中要和员工讨论什么内容？先谈什么，后谈什么？各部分内容要安排多少时间？准备运用哪些技巧来促进沟通的顺畅？管理者只有事先拟订好这些计划，才能保证面谈的顺利进行。最后，管理者要选择合适的面谈时间和地点。管理者可以跟员工商定一个双方都比较方便的面谈时间，而且要计划好面谈将持续的时间，以便员工预先安排好其他工作。至于面谈的地点，最好是选择一个不会被电话和来访者打扰的场所。很多管理者习惯在自己的办公室与下属进行绩效面谈，但是在办公室内，面谈可能会被频繁的造访、电话所打断。而且在上司的办公室讨论自己的绩效状况，也容易给员工造成压力。

　　在面谈前，员工也应该做好相应准备。员工要回顾自己在本绩效周期内的所作所为，进行自我评估，并准备好能证明自己绩效的证据。同时，员工要审视自己的职业发展目标和职业规划，客观地评估自己的优点、缺点及需要改进的方面。另外，员工还要准备好向管理者提出问题，以解决自己在工作过程中的疑惑和困难。

　　(2) 反馈应该是经常性的。有的管理者错误地以为只有在绩效评价后才进行绩效反馈，使得绩效反馈成了"一年一次的游戏"。其实，在员工实施绩效计划的过程中，管理者应当保持与员工的沟通，持续地关注其绩效目标的实现情况，及时地发现问题并提供指导和帮助。当员工表现出色时，管理者应该及时肯定；而当员工的工作出现错误和偏差时，管理者也应该及时指出并予以纠正，让员工在第一时间就能改正错误。这种在工作过程中频繁的、持续的绩效沟通在帮助员工提升绩效水平的同时，也让员工更清楚地了解自己的绩效情况，从而对绩效评价的结果更容易接受。如果员工对评价结果"大吃一惊"，那往往是因为缺少平时的绩效反馈而造成的。

　　(3) 在绩效反馈面谈之前，鼓励员工先进行自我评价。进行绩效的自我评价，给了员工一个回顾自己在绩效周期内的表现的机会，促使他们去重新审视组织的期望和自己的表现，也可以帮助他们去分析自己的长处和存在的不足，为即将进行的面谈做好准备。员工在面谈前进行自我评价，还可以让双方把面谈的重点放在双方对绩效评价存在分歧的方面，从而提高绩效反馈的效率。

　　(4) 鼓励员工积极参与。管理者害怕进行绩效反馈，主要是担心会陷入对分歧的争执当中。如果在制订绩效计划和进行绩效反馈的过程中都有员工的积极参与，那么即使存在对评价结果的分歧，绩效反馈也能朝着解决问题的方向发展。而且，当员工积极参与到绩效反馈的过程之中时，他们也更容易感觉到公平和满意。

　　(5) 多肯定，慎批评。一些管理者认为绩效评价就是要把员工的缺点和不足找出来，有的甚至把绩效反馈当成一个惩罚绩效不良者的机会，因而总是告诉员工其表现是如何的糟糕。在绩效反馈中员工听到的都是批评和指责，他们的自尊心受到了伤害，会情绪低落或产生抵触情绪，从而很难客观地看待并认同评价结果。事实上，绩效反馈的目的应该是让员工了解自己的绩效状况并不断改进。所以，管理者既要指出员工表现不好的方面，又要肯定其绩效优良的方面。中肯的赞扬和肯定将强化员工的正确行为，也能在一定程度上化解员工的抵触情绪。

(6) 把重点放在解决问题上。管理者在绩效反馈中要重点关注问题的解决，应该和员工一起分析绩效不良的原因并寻求解决问题的办法。在反馈绩效时，注意力应集中在员工的工作行为或结果上，而不是员工的个人特征。在进行负面反馈时要避免对员工本身的价值进行贬低或表示怀疑，更不能进行人身攻击。只有这样，才能引导员工正确地认识自我和努力地改进工作。

(7) 制定具体的绩效改善目标，并规定检查时间。绩效改善目标制定后，将成为新的绩效周期的绩效目标的一部分，管理者也将在新的绩效周期中考核员工绩效改善的情况。

2. 评价结果的应用

绩效评价结束后，评价结果除了用于管理者和员工共同探讨绩效改进以外，还可作为绩效薪酬的分配、有针对性地培训和职位调整等决策的依据。

1) 绩效薪酬分配

作为绩效薪酬发放的前提条件，这是评价结果的一种非常普遍的用途。员工薪酬的一部分跟绩效挂钩，可以激励员工更努力地去实现绩效目标。当然，员工在组织中所处的层级不同，工作性质不同，薪酬构成中与绩效挂钩的部分所占比重也有所不同。一般来说，员工所处的层级越高，其薪酬中绩效薪酬部分所占比重也越大。此外，员工薪资等级的调整也常常跟绩效评价的结果有关。

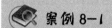
案例 8-1

"警察抓人有奖"的新闻

昨天上午，江苏省宿迁市公安局宿城分局富康路派出所民警左志华、陆敬松喜滋滋地领到了第一季度办案奖金 1 400 元，成为该分局实施"警务机制适应性改革"以来领取奖金最多的两位民警。所谓"警务机制适应性改革"，就是充分发挥市场机制在警务资源配置中的基础性作用，鼓励民警多办案、办好案。该局规定，行政拘留一人奖励 100 元，逮捕、劳教一人奖励 200 元。该局一份材料称，"警务机制适应性改革"实施一季度以来，破获刑事案件同比上升 152.5%，刑案数同比下降 1.1%。分局人均办理刑事、治安案件及民警提请逮捕人数是全市平均水平的两倍。

警察的工作和工人的工作是不一样的，工人是创造财富，当然是生产的商品越多、质量越好就越出色，越应该受到奖励；警察的职责是维护社会治安，当然是所辖一方越平安越稳定越好。假如按照行政拘留人数多少行赏，那么谁把自己的辖区管理得越好，越没有问题，就会越"吃亏"，那些治安混乱、发案率高的辖区的警察反而会因此而得到实惠。这正所谓"打击了积极的、鼓励了消极的"，是不利于真正搞好社会治安工作的。

> 按照抓人多少定奖金的做法,很容易造成"错抓",尽管宿城分局对杜绝"错抓"也制定了相应的处罚措施,但在利益的驱使下,很难避免错案的发生。再说,无论是什么样的人都是"行政拘留一人奖励100元,逮捕、劳教一人奖励200元",那谁还愿意去侦破那些有可能是"费力不讨好"的案件呢,这样就有可能让一些犯罪分子逍遥法外。
>
> 用奖励机制来鼓励警察抓人破案,是对人民警察称号的一种亵渎,这样的职业一旦有金钱的因素掺杂在里面,警察就会慢慢地受侵蚀、受影响,成为为了金钱工作而不是为了人民的需要而工作。警察一旦被金钱所左右,就可能蜕变成金钱的奴隶,就极容易被坏人所拉拢、利用,假如出现这样的情况的话,那将是非常危险的。
>
> 按照这种机制,办案多就是抓人多,而抓的人越多,民警所获得的奖励就越多。反过来推理,为了多拿钱,就得多抓人,势必增加违法抓人的可能。我们知道,要拘留、逮捕、劳教一个人,有关法律有严格的执法程序规定,稍有不慎就可能侵犯当事人的权益,并对其造成难以挽回的损失。这就是警务工作的特殊性之所在。即使对办错案、抓错人有相应的惩罚性措施,不论其操作性如何,其对民警的惩罚事实上不可能抵消对当事人造成的伤害。
>
> (资料来源:"江苏宿迁警察抓人有奖引发警务机制改革争议",北京娱乐信报,2004年4月29日)

2) 职务调整

绩效评价可以反映出员工的优点和缺点,也为职务的调整提供了依据。理想的做法是,通过职务调整,让每个员工都从事最适合他的工作,扬长避短,取得最大绩效。当然,如果某个员工经过多次职务调整都无法达到绩效目标,那么组织也只能考虑将其解聘了。

3) 培训与开发

如果绩效评价中发现员工在知识或技能方面有欠缺,就应该给他提供有针对性的培训。绩效评价也给员工提供了机会来定期检查自己的能力开发目标的实现情况。员工在制订和修改自己的职业发展计划时,可以参考绩效评价的结果,更进一步地了解自己的长处和短处,从而校准自己的职业目标和发展方向。

管理者在绩效管理中是当然的主角,发挥着不可或缺也是不可替代的作用。许多管理者并没有真正扮演好这个关键角色,在绩效管理中存在种种问题,妨碍了组织绩效的持续改进。管理者需要牢记,持续的绩效沟通应贯穿于绩效管理的全过程,在绩效计划、绩效实施、绩效评价和绩效反馈的各个环节,必须保持上下级之间充分的沟通,才能保证绩效目标的顺利实现。

8.3 绩效评价体系

绩效评价是绩效管理的核心环节,许多人力资源管理的决策都需要绩效评价提供的信息作为依据。而在进行绩效评价之前,组织需要预先确定将要考核员工的绩效指标和标准,选择合适的评价主体和评价方法,并约定好评价绩效的时间。如表8-1所示,某电器制造公司在考核管理人员时,对不同的被评价者采用不同的评价者、评价内容和评价周期等。

表 8-1 某电器制造公司的管理人员考核

被评价者	评价者	评价内容	评价周期
二级子公司负责人	公司总经理	子公司经营目标、经营绩效、管理绩效	年度
职能部门正副经理		职能部门管理绩效	半年度
职能部门其他管理人员	部门经理	工作业绩、工作能力	季度

8.3.1 绩效评价的指标

绩效评价的内容回答了"衡量什么"的问题，评价指标则具体反映了评价的内容，这也是管理者和员工将共同关注的焦点。评价指标是否科学、合理，会直接影响到绩效评价的有效性。

1. 绩效评价指标的类型

绩效受多方面因素的影响，如员工工作的能力、态度以及环境因素等。因此，对员工的绩效也要从多个方面进行评价。根据评价的内容，可以分为工作业绩评价指标、工作能力评价指标和工作态度评价指标。

1) 工作业绩评价指标

工作业绩是指员工所完成任务的结果或履行职务的结果。工作业绩评价是对员工贡献程度的衡量，也是对工作绩效的本质的评价，它直接体现出员工在组织中的贡献和价值大小。工作业绩指标可能表现为某职务的关键工作职责或阶段性的项目，也可能是一定时期内的综合业绩。常用的工作业绩评价指标有工作数量、工作质量、工作效率和目标完成程度，等等。

大多数组织的员工绩效评价都以工作业绩评价为主。如我国《公务员法》第三十三条规定"对公务员的考核，按照管理权限，全面考核公务员的德、能、勤、绩、廉，重点考核工作实绩"。

2) 工作能力评价指标

不同的工作对于任职者工作能力的要求是不同的。在其他条件相同的情况下，员工能力的高低将决定其工作绩效的高低。对工作能力进行评价，可以发现员工在技能方面的欠缺，为员工提高能力并改进绩效提供方向性指引。根据被评价者在工作中表现出来的能力，参照标准或要求，还可判断其所具备能力是否与所担任职务相匹配。

常用的工作能力评价指标有业务知识、执行能力、理解能力、文字表达能力、规划能力、组织领导能力、沟通协调能力、培养下属能力，等等。在对员工的工作能力进行评价时，往往需要评价者做出主观评判。

3) 工作态度评价指标

从理论上讲，能力强的员工可以创造更好的业绩。但是，在现实中常常有这样的现象，一个能力很强的员工实现的工作业绩反而还不如一个能力一般的员工，原因就在于前者的努力程度远不如后者。工作态度是工作能力向工作业绩转换的中介变量，在很大程度上决定了能力向业绩的转化。也就是说，员工的工作态度会影响其能力的发挥程度，并进而影响工作的结果。因此，在绩效评价时，为了正确地引导员工的工作行为并进而达到绩效管理的目的，有必要对员工的工作态度进行评价。

影响工作态度的因素分为外部因素和内部因素。外部因素包括企业的工作环境、激励机制、机会和可以使用的资源条件等，内部因素包括员工的性格和价值观等。常用的工作态度评价指标有全局意识、责任感、纪律性、积极性、自我发展意识，等等。

2. 绩效评价指标的行为导向作用

在考核中衡量什么，使用哪些指标来评价员工的绩效，这反映了组织和上司所关注的重点，也实际上向员工传递了组织的期望。员工可以知道，组织重视员工哪些方面的表现、希望员工具有哪些能力和表现出什么样的态度。对于员工而言，绩效评价指标明确了上级将在哪些方面评价自己的工作表现——也就是自己应该努力的方向。因此，评价指标的选择对员工的行为具有导向作用。例如，如果企业的研发人员之间缺乏交流，各自埋头研究开发，有可能重复开发，造成人力、财力的浪费，同时也不利于相互促进。要改变这种局面，可以考虑在对研发人员的考核中加入"知识共享"指标，鼓励他们相互交流和分享各自的经验和教训。

组织衡量什么，将引发员工的相应行为。而如果选择了不恰当的绩效评价指标，就可能引发员工的不当行为。2004年，国内几大商业银行开始对原来免费使用的银行卡收取年费，引起了广大顾客的不满。银行方公开宣称这样做的理由是，通过这种经济手段来促使顾客注销"睡眠卡"——顾客自办理后就从未使用过的银行卡，以减少银行资源的浪费。然而，如果细察这些被银行如今当作包袱的所谓"睡眠卡"的成因，我们可以发现，炮制出如此大量的(据说占到银行卡总数的80%)"睡眠卡"的"罪魁祸首"，恰恰是发行这些银行卡的银行本身。几年前，各商业银行都想占领更大的银行卡市场份额，千方百计地去增加签约客户数量，并以新增发卡量来考核员工的业绩并据此发放奖金。各家银行的职员都纷纷发动亲朋好友来签约办理银行卡，以完成业绩目标，有的甚至明白地讲"只是办张卡而已，用不用无所谓"。于是，在银行职员们纷纷完成业绩目标的同时，大量"睡眠卡"从此泛滥。

8.3.2 绩效评价的标准

绩效评价标准反映了组织对工作的要求，是分析和评价员工工作绩效的尺度。组织应根据工作说明和组织绩效目标等，制定员工的绩效评价标准。绩效标准是绩效评价的基础条件，只有在确定了绩效标准的基础上，管理者才能根据员工的具体情况来制订出有针对性的绩效目标和计划。

1. 绝对标准和相对标准

绩效标准一般分为绝对标准和相对标准。绝对标准是一种客观标准，以它为尺度，可以对每一个员工的绩效单独地进行评定，确定其是否达到标准。也就是说，在评价时，以统一的标准来衡量员工，而不是以其他员工的表现作为参照。例如，要求服务人员的顾客满意度要达到 90% 以上。

相对标准则是员工互为参照，评价者对员工进行相互比较，并按照一定比例选定一部分员工作为绩效优秀者或绩效不良者，而不是单独评价每个员工的绩效。它是通过相互比较来评定个人工作绩效的等级，或将所有被评价者按照某种向度排序。例如，单位评选先进时，常常规定评优比例（如 10%），就是采用相对标准，在员工之间相互比较，选出相对优秀者。

2. 绩效标准的特征

(1) 绩效标准是基于工作本身而非承担工作的人来制定的。绩效标准应该根据工作本身来建立，而跟谁来做这项工作无关。不能把绩效标准和绩效目标混为一谈。绩效标准是以职务工作为基础制定的客观标准，无论谁来担任这个职务的工作，都必须达到这个标准。绩效目标则是针对具体的人来制定的。对于多个从事相同职务工作的员工来说，他们的绩效标准是相同的，但各自的绩效目标则往往有所不同。管理者可以根据员工的个人经验、技术和以往表现等来分别设定每个员工的绩效目标。

(2) 绩效标准体现的是工作执行情况可以接受的绩效水平。绩效标准应该是一般员工都可以达成的工作要求，而不是优秀的绩效水平，更不是理想的绩效水平。

(3) 绩效标准应为众人所知，并且明确具体。绩效标准应该能被管理者和员工双方都明确一致地理解。如果员工不清楚绩效标准，则不能确定努力方向；如果管理者不清楚绩效标准，则无从衡量员工表现之优劣。评价的标准如果不明确，评价者就会根据各自的好恶来判断，因而会影响评价结果的客观性。

(4) 绩效标准应尽可能经过协商而制定。员工参与制定绩效标准的过程，有助于他们对标准的认同。如果标准不能得到认同，任何评价活动都可能引发管理者和员工之间的争执和矛盾。

(5) 绩效标准要有时间的限制。绩效标准必须说明员工应该在什么时间内达到所规定的标准。

(6) 绩效标准是可以改变的。绩效标准可以因新方法或新设备的采用而改变，或因工作要素发生了变化而改变。不过，在正常情况下，不应该仅仅因为个别员工达不到绩效标准而轻易改变标准。

8.3.3　绩效评价的主体

绩效评价的主体即绩效的评价者。在进行绩效评价时，选择谁作为评价者，被评价员工就会关注相应人员对自己的工作期望，并努力使自己的工作表现令他们满意。评价者的任何主观失误或认识误差，都会在很大程度上影响绩效评价的准确性和有效性。实际上，企业的绩效评价常常受到评价者误差的困扰。所以，在评价前，需要对评价者进行相关培训，以尽可能地减少误差，保证绩效评价的客观性和公正性。

1. 绩效评价主体的选择

一般来说,员工会重视那些对自己的绩效等级评定有发言权的人,评价主体的选择,在一定程度上决定了员工在工作中的关注重点。从理论上讲,如果一个员工工作完成得好坏,会影响到别人的工作或利益,那么后者就应该作为该员工的绩效评价主体。不过,实践中一般只选择那些重要的评价主体,即其工作或切身利益直接受该员工工作绩效的影响的人。

1) 直接上级

员工的上级,尤其是直接上级,最了解组织对员工的工作期望和评价标准。员工的工作目标主要是在与直接上级沟通之后设定的,员工向直接上级报告工作。而且员工的工作绩效也直接影响上级的工作绩效。所以员工的直接上级在评价员工绩效时最有发言权。事实上,大多数企业的绩效评价都是以直接上级为主要评价者。但是,直接上级与被评价者的接触多,感情因素和私人关系可能影响评价的客观性。因此,有时还需要更高一级的上级监督把关,以减少偏差。一项调查显示,90%以上的企业的绩效评价是由员工的直接上级进行的,而70%以上的此类企业中,绩效评价的结果要受到评价者的上级的审查。

2) 同级同事

同级员工之间的相互评定,能有效地反映员工的人际沟通和团队合作方面的表现。调查显示,同事的评价可以有效地预测出一个员工将来能否在管理方面获得成功。不过,在同事的相互评价中可能存在所谓"互相标榜"的问题,即同事之间串通起来,相互给予对方较高的评价。另外,在涉及提拔、提薪等方面的利益时,出于相互竞争的心理,同事互评的意见往往有失公正。

3) 直接下级

对于管理者的工作作风和领导能力,下属应该有一定的发言权。来自下级的评价能反映管理者的管理风格,也能帮助企业的高层管理者及时发现企业潜在的人事问题。但有的因害怕得罪上级而不敢如实反馈,有的则出于个人恩怨而歪曲事实。所以,对下属的意见要认真分析,尤其要强调事实依据。如果是为了管理技能开发,这种自下而上的反馈更为有效。

4) 员工本人

自我评价给员工提供机会来检查自己的工作表现,可以帮助员工更好地认识自我。不过,要慎重地使用工作绩效的自我评价。研究表明,员工对自己的工作绩效所做出的评价,一般总是比他的上级或同事给予的评价等级要高。分别由管理者对员工进行评价和由员工进行自我评价的做法,很有可能导致矛盾的出现。如何消除上下级之间对于员工绩效评价的分歧,成为管理者在进行绩效反馈时所要面对的挑战。正因为如此,许多企业的管理者并不赞成让员工对工作绩效进行自我评价的做法。

5) 外部人员

企业中从事采购、销售、客户服务等方面工作的人,经常需要与企业外部人员打交道。对这些员工进行绩效评价，应该参考外部相关人员(尤其是顾客)的意见。外部人员的评价可以比较客观地反映员工在职业道德、工作作风、服务意识等方面的表现。不过，从外部收集评价信息比较费时费力。

上述各个评价主体看问题的角度和关注的重点都有所不同，企业往往会综合运用多个评价主体的评价结果，来确保评价的全面性和客观性。20世纪90年代以来，国际上许多知名企业纷纷采用了360度评价法，从多种渠道获取员工的工作绩效信息，从而更加全面地进行绩效管理。

360度评价法(360-Degree Performance Appraisal)又称为全方位绩效评价法(All-Around Performance Appraisal)，是由员工的上级、下属、同事、顾客以及员工本人等从各个方位对员工进行的综合评价，如图8.2所示。

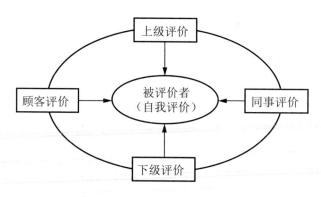

图 8.2　360 度绩效评价示意图

调查显示，财富1000强中的大多数企业，包括IBM、福特汽车(FORD)、诺基亚(NOKIA)、摩托罗拉(MOTOROLA)等，都在人力资源管理与开发中使用了360度评价法。更多的企业则借鉴360度评价法的多方位视角，在对某个员工进行绩效评价时，选择那些与该员工有密切工作关系或能观察到该员工的工作绩效的人，作为评价主体，从多个角度更全面地评价其绩效，以避免单一角度评价的缺陷。

需要注意的是，360度评价法更适合于满足绩效管理的开发目的，尤其是领导能力开发，并且在实践中，企业还需根据实际情况有所取舍地选择各个角度的评价主体。

2. 评价者误差

绩效评价的效果不仅取决于评价工具的有效性和可靠性，还受到评价者的主观影响。即使企业有一个相对完善的评价系统，但是，归根结底，这个系统的有效运转也还有赖于各评价主体(尤其是直线管理者)来做出客观公正的评价。遗憾的是，评价者在评价时常常出现各种误差，不能公正和准确地评价员工绩效，从而影响了绩效管理系统的效度和信度。

1) 晕轮误差(Halo Error)

当评价者仅看重某个因素，并据此做出整体评价时，就出现了晕轮误差。也就是说，评价者对被评价者的某项绩效的评价结果会影响到对其他方面绩效的评价结果。例如，如果一个经理非常欣赏某个员工的表达能力，他很可能会认为该员工在工作能力、工作态度等方面也很好，因而倾向于在所有的绩效方面都给予该员工很高的评价。

2) 分布误差 (Distributional Error)

当评价者倾向于只使用评价等级中的部分等级(而不是所有等级)来界定所有被评价者的绩效时，就造成了分布误差。按理说，员工之间应该存在绩效差异，但分布误差则使得他们得到的评价结果都差不多。具体而言，导致分布误差的有宽松、苛刻和居中三类倾向。宽松 (Leniency) 的结果是管理者对所有员工都给予较高的评价等级，如，经理给所有下属的评价都是"优秀"，即使其中几个下属的绩效水平很一般。而苛刻 (Strictness) 的结果则刚好相反，管理者会对所有员工都给予较低的评价等级——即以不合理的过高标准要求员工，即使表现很出色的员工也只能和其他人一样得到"一般"的评价。有的管理者则具有居中倾向 (Central Tendency)，他们会把所有下属的绩效都评定为中等。分布误差会造成两方面的问题：一方面，分布误差使得很难区分由同一个管理者评价的员工之间的绩效差异；另一方面，它也导致在把由不同管理者评价的员工的绩效结果进行横向比较时很麻烦。相对于由宽松的主管评价的员工而言，由苛刻的主管评价的员工获得绩效奖励的可能性要小得多。

3) 近期效应误差

员工在绩效周期最后阶段的工作表现往往能给管理者留下深刻印象。而如果管理者只根据近期印象来评价员工的绩效，就会造成近期效应误差。这种评价误差也会助长员工的短期化行为。

4) 个人偏见误差

被评价者的个人特征(如种族、宗教、性别、年龄或文化程度)有时候会影响他们所得到的绩效评价结果。有的评价者在员工的个人特征方面存在偏见，会做出不客观的评价。如偏好高等教育背景的管理者，会倾向于高估那些毕业于名牌大学的员工的绩效水平，而低估那些没有受过高等教育的员工的绩效水平。

案例 8-2

某公司生产部门主管李某的绩效考核

李某是某公司生产部门的主管，该部门有20多名员工，其中既有生产人员又有管理人员。该部门采用的考评方法是排队法，每年对员工考评一次。

具体做法是：根据员工的实际表现给其打分，每个员工最高分为100分，上级打分占30%，同事打分占70%。在考评时，20多人互相打分，以此确定员工的位置。

李某平时很少与员工就工作中的问题进行交流，只是到了年度奖金分配时才对所属员工进行打分排序。

那么，该部门在考评中存在哪些问题？产生问题的原因是什么？

(资料来源："新星公司所面临的员工考评问题"，http://wenku.baidu.com，2012年10月15日)

3. 减少评价者误差的办法

评价者误差会造成绩效评价的不客观和不公正。想要完全避免误差是不现实的，但可以通过改进绩效评价体系和培训评价者来减少评价的误差。

(1) 使评价者充分认识和了解在绩效评价过程中容易产生的误差。事先了解绩效评价中容易出现的问题，可以促使评价者做好防止发生误差的准备，从而避免出现误差。

(2) 选择合适的绩效评价方法。各种评价方法各有其优点和不足，管理者可以针对具体的评价者误差来选择合适的评价方法来防范或规避。例如，采用强制分布法，可以避免宽松、苛刻或居中倾向导致的分布误差。

(3) 对评价者进行专门培训，帮助他们掌握绩效标准和评价方法，以及避免评价中的晕轮误差、分布误差等。比如，按表8-2所列程序来培训评价者，可以有效地减少评价者误差。

表8-2 培训评价者的程序

步骤	内容
1	让多个评价者同时观看一部记录着员工实际工作情况的录像
2	每个评价者对该员工的工作绩效做出独立的评价
3	主持人比较不同评价者做出的评价结果，讲解在评价中可能出现的误差
4	主持人给出正确的评价结果，并分析评价者出现的各种错误

(资料来源：Gary Dessler.*Human Resource Management*(Seventh Edition)[M]. 北京：清华大学出版社，1997.)

8.3.4 绩效评价的周期

绩效评价的周期，简称绩效周期或评价周期，它表示员工有多长时间来达成绩效目标。评价周期的选择也能影响员工的行为，员工往往会根据评价周期的长短来权衡并做出对长期目标和短期目标的取舍。周期太短，评价间隔时间短，则评价过于频繁，会让管理者和员工不胜其烦，管理成本也很高；周期太长，评价间隔时间长，则不能及时地评估和反馈员工的绩效情况，评价者也可能因为记不清很久以前员工的表现而只好凭印象或想象去评价。

评价周期的长短，应根据员工工作性质和任务特征来确定。一般操作性员工的绩效在短期内就可以显现，因而评价周期较短，如一个月或一个季度评价一次；而管理者和专业技术人员的工作在短期内不易见效，因而评价周期较长，常常一年或半年进行一次评价。如果对管理者的考核过于频繁，那不但没有多少实际意义，反而还容易诱发短期化行为。此外，对于那些从事项目工作的员工，评价周期可以与项目周期及进度安排协调一致。

8.3.5 常用的绩效评价方法

常用的绩效评价方法有图尺度评价法、交替排序法、配对比较法、强制分布法、关键事件法、行为锚定等级评价法、目标考评法、评语法等。

1. 图尺度评价法

图尺度评价法 (Graphic Rating Scale) 是最简单、运用最普遍的绩效评价方法之一。如表 8-3 所示，图尺度评价表上列举了一系列绩效构成要素，如工作的质量、数量，并列出从高到低的绩效等级或分数。在对某个员工进行绩效评价时，评价者找出每一个要素中最符合该员工绩效状况的等级或评分。

表 8-3　图尺度评价法举例

工作绩效评价表						
员工姓名 _____　部门 _____ 岗位 _____　编号 _____ 上次评价时间 _____ 评价者姓名 _____　职位 _____ 评价时间 _____	评价尺度说明： 优异 (5 分)——超过了工作要求 很好 (4 分)——很好地达到了工作要求 好 (3 分)——全部达到工作要求 尚可 (2 分)——基本达到工作要求 差 (1 分)——未能达到工作要求					
工作绩效评价要素	优异	很好	好	尚可	差	
	5	4	3	2	1	
质量：所完成工作的精确度、彻底性和可接受性						
数量：在特定时间内所生产产品的数量						
能力：实践经验和技术能力						
勤奋：上下班的准时程度，出勤率						
独立：完成工作时不需要监督或只需很少监督						
合　计						

许多企业的绩效评价是以岗位工作职责考核为主，在使用图尺度评价法时，评价要素的具体内容就是工作职责的内容。而且，往往对各个评价要素分别赋予一定的权重，以体现不同职责内容的重要性程度 (表 8-4)。所有要素考核得分经过加权平均计算，就得到了评价总分。

表 8-4　图尺度评价表 (秘书岗位)

岗位名称：秘书		部门：综合管理部	
工作职责与内容	权重	评价等级（分数）	评语
1. 撰写公文 负责撰写报告、请示、计划、信函等	60%	5 4 3 2 1	

（续）

岗位名称：秘书			部门：综合管理部	
工作职责与内容	权重	评价等级（分数）		评语
2. 处理来信、来电 负责上级下发各类公文信函的登记、归档、上传下达，以及各类电话的处理、记录、通知	20%	5 4 3 2 1		
3. 会议召集与记录 协助召集各种会议，记录会议内容，传达会议内容	20%	5 4 3 2 1		

2. 交替排序法

交替排序法 (Alternative Ranking Method)，是根据某些绩效评价要素将员工从绩效最好的到绩效最差的进行排序，先从所有员工中挑出最优的，再挑出最差的；然后挑出次最优的，再挑出次最差的……如此循环，直至把所有员工都排列完。通常来说，从员工中挑选出最好的和最差的要比绝对地分别对他们的绩效进行评估容易得多。

交替排序法容易操作，尤其适合于评价履行同一职责的一组员工。但因为这种方法是在员工之间进行比较，可能会对员工造成很大的心理压力。

3. 配对比较法

配对比较法 (Paired Comparison Method)，又称两两比较法，它的基本做法是将每一个员工的工作绩效与（部门内）所有其他员工进行一一比较，绩效优者记一个"＋"号，绩效差者记一个"－"号，然后比较每个员工得到的"＋"的次数，"＋"越多表示绩效越好。

如表 8-5 所示，从工作质量维度对 A、B、C、D、E 五个人进行配对比较。结果表明，工作质量方面，B 最优，A、C 其次，D、E 最差。

表 8-5　配对比较法——就"工作质量"所做评价被评价的员工

比较对象	A	B	C	D	E
A		＋	＋	－	－
B	－		－	－	－
C	－	＋		＋	－
D	＋	＋	－		＋
E	＋	＋	＋	－	
"＋"合计	2	4	2	1	1

用配对比较法区分不同个体的工作绩效，得到的评价等级更加准确。但这种方法使用起来比较耗时，如果被评价者数量很多，配对比较法实际操作的工作量会很大。

4. 强制分布法

强制分布法 (Forced Distribution Method)，也称硬性分配法，是根据正态分布规律，事先规定好评价等级以及各等级在总数中所占的比例，然后按照被考核者绩效的优劣程度将其列入其中某个等级。它的特点是绩效等级呈正态分布,两极者少,中间者多,优秀员工和不合格员工所占比例都不大,大部分员工的工作表现处于中间等级。比如,通用电气公司 (GE) 将员工的绩效分为三种等级,其中头等绩效者占员工总数的 20%,中等占 70%,末等占 10%。有的公司则把绩效分为四等,绩效优秀者与绩效较差者各占 10%,绩效良好者和绩效一般者各占 40%。

强制分布法能避免评价者的宽松、苛刻或居中倾向带来的主观误差,有利于管理控制,特别是在引入员工淘汰机制的公司中具有强制激励和鞭策作用。许多组织在确定奖励名额时也常常采用强制分布法,预先确定获奖者占总人数的比例,各部门按人数多少得到相应的获奖名额。

不过,批评者认为,不同部门或团队的绩效水平可能存在差异,使用强制分布法,明星团队中表现良好却不够优秀的员工会受到惩罚,而表现平平的员工在整体绩效水平低的部门里却有可能脱颖而出。很难肯定地说,一个管理者的所有下属中,绩效等级的分布状况真的会与组织预先设定的比例相吻合。还有,当一个管理者的下属很少时,如果仍然要求他按强制分布比例来评定下属的绩效等级,那显然是不合理的。实践中,有的企业通过把相关的几个部门的员工放在一起来评价,以凑成一个足够大的符合正态分布的被评价者基数。

5. 关键事件法

运用关键事件法 (Critical Incident Method) 进行考核时,管理者要观察、记录员工特别好的和特别差的工作行为,即所谓"关键性事件",再根据这些事件来评价员工的工作绩效。关键性事件是一个员工在绩效周期内所做的那些突出的事情,包括好的方面和不好的方面。管理者把这些非同寻常的事件及时记录下来,到了评价时间,则查看记录,回顾员工的所作所为,然后对员工的绩效做出判断和评定。

管理者在日常工作中对员工工作中发生的关键事件进行记录,可以采用 STAR 法,如图 8.3 所示,主要从四个方面来记录一个关键事件。

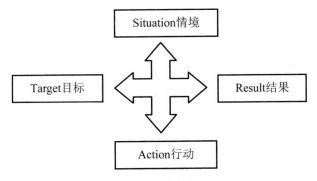

图 8.3 记录关键事件的 STAR 法

Situation(情境):这件事是在什么背景下发生的?
Target(目标):他 / 她的相关工作目标是什么?
Action(行动):他 / 她当时采取了什么行动?

Result（结果）：采取行动后得到了什么结果？

关键事件法的优点是：①在向下属解释绩效评价结果时，它能为管理者提供一些具体确切的事实依据，因为事情发生的时间、地点、人物、活动及结果都被记录下来了；②在绩效周期内持续地记录与员工工作相关的关键事件，可以确保管理者做出的评价是对员工在整个绩效周期的工作表现的反映，避免了近期效应误差；③动态地记录员工的关键事件，可以了解员工是如何改进其绩效的。

不过，在进行绩效评价时，一般不会单独使用关键事件法，而是把它与其他方法一起综合使用。因为关键性事件大多是极端情况，据此做出的评价，不能全面地反映员工的绩效。在某些情境下发生的特殊事件，在其他情境下可能不会发生，因此不能将特殊情境下发生的事件作为全面评估的依据。

此外，在运用关键事件法时，管理者应该及时地进行绩效反馈，即当发现员工好或坏的工作表现时，都应该在第一时间让员工知道，及时肯定其出色的表现和纠正其错误的做法。

6. 行为锚定等级评价法

行为锚定等级评价法 (Behaviorally Anchored Rating Scale，BARS) 把关键事件法和等级评价法的优点相结合，使用一个等级评价表，将关于特别优秀或特别差的工作表现的描述加以等级量化。用这种方法评价时，员工每一个绩效等级都有相应的标准行为来加以界定。

开发一个行为锚定等级评价表需要依次完成以下 5 个步骤的任务。

(1) 获取关键事件。找一组对该工作较为了解的人员，如工作承担者或其直接上级，通过工作分析对代表优秀绩效或低劣绩效的关键事件进行描述。

(2) 确定绩效评价的要素。由上述人员把这些关键事件合并为少数几个绩效要素，并对这些要素的内容加以界定。

(3) 重新分配关键事件。由另外一组同样熟悉该工作的人员对前面描述的原始的关键事件进行重新组合，将这些关键事件分别归入他们认为对应的绩效要素中。这是对第一组人员的分类的核查和校准。当第二组中大部分人将某一关键事件归入的绩效要素与第一组相同时，就可以确认这一关键事件应归入的绩效要素。

(4) 对关键事件进行等级评定。由第二组对关键事件中所描述的行为，按其反映的绩效优劣程度进行等级评定 (通常是 7 等级或 9 等级)。

(5) 完成评价表的设计。每一个绩效要素都有 6～7 个关键事件作为其"行为锚"。

表 8-6 是某连锁商店用于考核售货员行为的行为锚定等级评价表。

表 8-6　某连锁商店考核售货员的行为锚定等级评价表

等级	具体行为锚定
7	……
6	一位顾客怒气冲冲地拿着在本公司另一分店所购的一件衬衫，要求换成另一颜色的。售货员能圆满地予以退换。该客户大受感动，当场又购买一件 T 恤

(续)

等级	具体行为锚定
5	……
4	几位顾客拿着春节前购物高潮中在本店购得的一些商品，要求退货。售货员理性地对待他们
3	……
2	……
1	一位顾客要求把刚购得的内衣退货，说是原以为是纯棉的，后来发现混有人造纤维，质地不佳。售货员开始不理睬，后来粗暴拒绝，指责顾客粗心，最后发生争吵，破口大骂

行为锚定等级评价法具有以下优点：①对工作绩效的衡量比较精确，可相对量化；②评价标准明确，便于评价者理解和识别绩效差别；③具有良好的反馈功能，它使评价者可以明确具体地指出员工需要改进的方面，因而能更有效地反馈绩效；④各绩效要素之间相对独立，可以减少晕轮误差；⑤信度较高，不同的评价者使用该方法对同一个员工进行绩效评价时，结果会相似。

不过，使用行为锚定等级评价法比其他方法要花费更多时间，设计评价工具时也很麻烦，而且一般只适用于那些不太复杂的工作。

7. 目标考评法

目标管理(Management By Objectives，MBO)最早是由管理专家彼得·德鲁克(Peter F. Drucker)提出的。根据德鲁克的观点，管理必须遵循的一个原则是：每一项工作都必须为达到总目标而展开。目标管理理论强调结果导向，用于绩效评价时，管理者关注和评价的重点应放在员工的工作业绩上。管理者先与每个员工共同确定便于衡量的工作目标，然后定期与员工讨论其工作目标的完成情况。目标考评法适用于企业内实行目标管理的项目。

目标考评法强调员工的参与以及管理者与员工之间的互动性。管理者与员工共同商定工作目标和制订工作计划，可以提高员工的积极性和工作主动性。要成功地实施目标管理，关键在于根据组织和部门的目标，管理者与员工共同制定明确的、可实现的、可衡量的工作目标，且经常进行绩效沟通和反馈。

目标考评法也有局限性。对近期目标的过度关注容易导致员工的短期化行为，忽视甚至损害组织的长期利益。而且，员工的目标各不相同，难以横向比较。有时候，绩效目标未能实现，可能是由于员工个人无法控制的因素所导致的。如果不考虑这些特殊情况，而只是依目标完成情况来评价员工的工作绩效，就会造成不公平。此外，管理者必须对员工明确其实现目标的具体行为要求，否则就不能向员工提供有效的指导。

8. 评语法

评语法(Essay Method)，是最常见的评价方法之一，它通过简短的书面鉴定来进行员工绩效评估。评语的内容、格式、篇幅、重点等完全由评价者掌握，一般不存在标准规范。评语通常涉及被评价者的优点与缺点、成绩与不足、潜在能力、改进建议等。这种方法的使用在很大程度上受评价者写作能力的影响。评价者给出的评语各具特色，没有既定的结构，也无行为对照标准，难以在员工之间进行相互比较。加之评语几乎都是使用定性描述，无量化数据，所以很难据此做出准确的人事决策。不过，由于操作简单灵活，评语法得到了广泛应用。

上述几种常用的绩效评价方法各有其优点和缺点（表8-7），企业可以根据实际情况，选择合适的方法并加以综合运用。

表 8-7　几种常用绩效评价方法的优点和缺点

方　法	优　点	缺　点
图尺度评价法	使用起来比较简便；能为每位员工提供一种量化的绩效评价结果	绩效评价标准可能不够清楚；晕轮效应、居中趋势、宽松倾向和评价者个人偏见等问题都有可能发生
交替排序法	便于使用，能够避免分布误差	可能引起员工的不同意见，而且当所有员工的绩效事实上都比较接近时，会造成不公平
配对比较法	可以用于区分不同个体的工作绩效，得到较准确的评价等级	比较耗时，当被评价者数量较多时，实际操作的工作量很大
强制分布法	在每一个绩效等级中都会有预定数量的人数，可以避免分布误差	评价结果取决于最初确定的分布比例，可能跟实际的绩效分布状况不符
关键事件法	有助于确认员工的"正确"绩效和"错误"绩效；确保管理者是对员工的当前绩效进行评价	难于对员工之间的相对绩效进行评价或排序；记录关键事件需要管理者平时花费时间
行为锚定等级评价法	能为评价者提供一种"行为锚"；评价结果精确	工具设计困难；定位于行为而非结果
目标考评法	有利于评价者与被评价者对工作绩效目标的认同	实施过程中耗费时间多
评语法	操作简便灵活	主观性强，受到评价者写作能力的影响；不便于员工之间比较

8.3.6　战略性绩效评价方法

企业的绩效评价系统是连接战略目标和日常经营管理活动的桥梁，借助于战略性绩效评价方法，可以将企业的战略目标分解为各层级部门甚至个人的工作目标，从而引导全体员工都为实现企业战略目标而努力。这里，我们介绍两种战略性绩效评价方法：关键绩效指标和平衡计分卡。

1. 关键绩效指标

关键绩效指标法(Key Performance Indicators，KPI)是目标管理法与帕累托定律(Pareto Principle，也称80/20法则)的有机结合。KPI法在分析和归纳出支撑企业战略目标的关键成功因素(Critical Success Factors，CSF)的基础上，对企业的战略目标进行全面的层层分解，从中提炼出企业、部门和岗位的关键绩效指标。其核心思想是，企业

80%的绩效可通过20%的关键指标来把握和引领，企业应当抓住主要矛盾，重点考评与实现战略目标关系最密切的那些关键绩效指标。与其他方法相比，关键绩效指标法从繁多的绩效指标中提炼出少数关键指标来进行考评，在减少了对员工的束缚的同时，还大大降低了绩效管理的成本。它不仅有利于提高绩效管理的效率，还有利于增强企业的核心竞争力。

关键绩效指标是连接个体绩效目标与组织战略目标的桥梁，它把企业的战略目标分解为可操作的工作目标。在设计关键绩效指标时，首先要明确企业的战略目标，找出业务重点，并确定企业在这些领域的关键绩效指标（企业级KPI）；然后，各部门的经理根据企业级KPI来制定本部门的KPI，再依次确定各岗位的KPI，如图8.4所示。

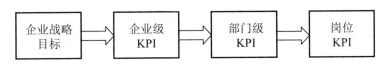

图8.4 关键绩效指标的分解

绩效计划的制订过程是上下级双方就目标及如何实现目标达成共识的过程，管理者给下属确定工作目标的依据来自部门的KPI，而部门的KPI又来自企业级KPI的分解（表8-8）。这样，就能把企业目标、部门目标和个人目标协调一致，确保每个部门和每个员工都朝着企业战略目标方向去努力。

表8-8 某家电批发企业的KPI分解（部分）

企业级KPI		部门级KPI	岗位KPI
客户满意度	质量合格率	采购商品合格率（采购部）	……
		商品破损率（储运部）	库存损失率（仓库主管） 装卸破损率（装卸主管）
	差错率	发货差错率（储运部）	复核差错率（复核员） 发货差错率（发货员）
	缺货率	送货及时率（储运部）	发货及时率（发货员）
		采购计划完成率（采购部）	……
	投诉处理满意度	投诉处理满意度（售后服务部）	……
	其他	……	……

2. 平衡计分卡

传统的单一财务评价体系不能满足将战略转化为行动的要求。因为财务信息只能反映企业过去的业绩，而不能反映业绩的驱动因素，也不能对企业未来的发展前景与获利能力做出评估。企业界和学术界一直在研究和探索全方位的、财务指标和非财务指标相结合的战略性绩效管理工具，其中"平衡计分卡"（Balanced Scorecard，BSC）就是较为典型的一种。

1) 平衡计分卡的基本框架

平衡计分卡是由罗伯特·S.卡普兰(Robert S·Kaplan)和大卫·P.诺顿(David P·Norton)共同开发,于1992年提出的一种新的组织绩效评价工具。1998年的一项调查显示,在财富1000强中,有60%的企业运用了平衡计分卡来设计企业经营绩效的评价体系(Silk,1998)。

平衡计分卡是战略绩效管理的有力工具。平衡计分卡以公司战略为导向,寻找能够驱动战略成功的关键成功因素(CSF),并建立与关键成功因素具有密切联系的关键绩效指标体系(KPI),通过对关键绩效指标的跟踪监测,衡量战略实施过程的状态并采取必要的修正,以实现战略计划的成功实施和组织绩效的持续增长。

平衡计分卡为管理者提供了一个全面的框架,用以将公司的战略目标转化为一套系统的绩效指标和目标体系。它从财务、顾客、内部流程、学习和成长4个角度关注企业的绩效(图8.5),并就这4个方面的关键因素建立指标和目标体系。

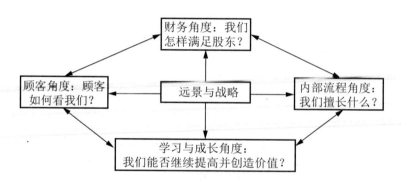

图8.5 平衡计分卡的基本框架

(1) 财务方面。从财务的角度看企业,也就是从股东的角度看企业管理者的努力是否对企业的经济收益产生了积极的作用。财务成果是其他3个方面的出发点和归宿,这方面的绩效评价指标包括销售额、利润额、投资回报率等。

(2) 顾客方面。从顾客的角度看企业,也就是从时间(如交货期)、质量、服务和成本等方面关注顾客的需求和满意程度。顾客方面的绩效评价指标包括市场份额、送货准时率、顾客满意度、顾客留住率、产品退货率等。

(3) 内部流程方面。为了吸引和留住目标市场上的顾客,满足股东对财务回报的要求,管理者需要关注对顾客满意度和实现组织财务目标影响最大的那些内部流程,并为此设立绩效评价指标。在这方面,平衡计分卡重视的不是单纯的现有经营过程的改善,而是以确认顾客和股东的要求为起点、满足顾客和股东的要求为终点的全新的内部经营过程。内部流程是企业改善其经营业绩的重点,这方面的指标有生产率、生产周期、成本、合格品率、新产品开发速度、出勤率等。

(4) 学习与成长方面。这个角度是关注企业未来成功的基础,涉及员工的能力和信息系统等方面。平衡计分卡从4个相对独立的角度对企业的经营绩效进行评估,但这4个角度及各项评价指标彼此之间在逻辑上是紧密相连的。按照平衡计分卡的设计思想,企业从学习与成长的角度出发，提高员工的工作能力，促使企业在学习中不断成长，通过优化内部运作流程，关注并不断满足顾客需求，开拓并巩固市场，最终完成既定的财务目标。比如，企业通过改进对员工的培训，使员工为顾客提供更优质的售后服务，从而提高顾客满意度，并最终促进销售收入和利润的增长。

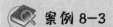

案例 8-3

摩托罗拉的绩效管理系统

摩托罗拉的绩效管理体系是根据平衡计分卡的原理而设计，并参照美国国家质量标准来制定。每年年初，摩托罗拉都会把公司总的战略目标、部门的业务目标以及个人与职业发展目标三者相结合来制定绩效目标。制定目标时通常都强调 SMART(聪明) 原则："S" (Specific) 是指目标要具体；"M" (Measurable) 是指目标要能够衡量，并要求定出完成目标达到的级别；"A" (Attainable) 是指目标是能够实现的，不能定得太高而最后实现不了；"R" (Relevant) 是指目标要跟公司的绩效和战略相关联；"T" (Time) 是指完成目标要有具体时间期限。

每个员工制定的工作目标具体从两方面入手：一方面是战略方向，包括长远的战略和优先考虑的目标；另一方面是绩效，它可能会包括员工在财务、客户关系、员工关系和合作伙伴之间的一些作为，也包括员工的领导能力、战略计划、客户关注程度、信息和分析能力、人力发展、过程管理法。

摩托罗拉(中国)电子有限公司人力资源总监邢林举自己为例，她要根据公司的战略方向和人力资源部的业务范围，明确制定出自己的本年度目标以及业务评估标准。具体项目不仅包括人力资源方面的策略和目标，还涉及财务指标、客户和市场的要求等。

(资料来源："摩托罗拉的绩效管理"，http://doc.mbalib.com/view，2010 年 6 月 24 日)

2) 平衡计分卡的特点

相对于传统的以财务衡量为主的绩效评价方法，平衡计分卡有以下特点。

(1) 实现了长期目标与短期目标的平衡。平衡计分卡以战略的眼光协调企业长期行为与短期行为的关系，从而实现企业的可持续发展。在平衡计分卡的 4 个部分中，有些指标是前驱的，有些指标是滞后的。而传统的业绩评价方法偏重于财务衡量，财务指标虽然能较好地反映过去决策的执行结果，但不能很好地指导企业未来的发展。而且过于重视财务指标容易导致管理者的短期化行为，在决策时偏好"短平快"项目，不愿意在研究开发、设备更新和员工培训等方面进行长期投资，这势必会妨碍企业的长期发展。

(2) 实现了财务目标与非财务目标的平衡。尽管企业的最终目标是利润，但利润的实现却依赖于顾客、内部流程、学习与成长等非财务方面的绩效，而且有些非财务因素是影响企业竞争优势的关键因素。平衡计分卡把这两者紧密地联系在一起，避免了顾此失彼。

(3) 以因果关系为纽带。平衡计分卡的 4 个维度并不是完全独立的，而是有着紧密的内在联系。财务业绩与其驱动因素之间存在一系列因果关系。财务指标说明了已采取的行动所产生的结果，非财务指标则说明了这种财务业绩得以实现的具体动因。比如说，为了改善财务业绩,企业需要对目标顾客重新定位;新的顾客群将有哪些新要求;企业怎样使自己的产品或服务赢得新的顾客群的满意;而要想在时间、质量、成本上赢得顾客的满意,企业需要对内部流程进行哪些改进,如降低成本、提高质量、缩短生产周期、改进工艺流程等;而以上过程又需要企业如何投资于员工的培训和学习,如何改进信息系统的运行等。

(4) 把制定战略与实施战略紧密地联系起来。平衡计分卡展示了财务结果与业绩驱动因素之间的因果关系,有助于员工对经营战略的理解与信任,它通过对学习与成长方面的评价增加了企业上下交流的机会,把企业财务目标与各单位的具体目标协调一致,使各部门在如何实施企业战略上达成共识。此外,平衡计分卡还将企业战略目标与实施战略的措施具体化为各部门、小组与个人的绩效评价指标,从而对企业内部人们的计划与行动产生重大影响,保证企业战略与各部门、团队、个人目标之间相一致。

3) 平衡计分卡的实施困难

平衡计分卡不仅强调短期目标与长期目标之间的平衡、内部因素与外部因素之间的平衡,也强调结果的驱动因素。从理论上讲,作为一种战略性绩效评价工具,平衡计分卡明显地优于传统的单一财务评价方法。但是,平衡计分卡是一个十分复杂的系统,企业在运用它来建立绩效指标和目标体系时会遇到种种困难。

(1) 指标的创建和量化困难。财务指标创立与量化是比较容易的,而其他3个方面的指标则难以确定或量化。有些指标不易收集信息,有些指标很难量化(如员工受激励程度)。企业需要收集大量信息,并且要经过充分的加工后才有实用价值,这就对企业信息传递和反馈系统提出了很高的要求。

(2) 平衡计分卡要确定结果与驱动因素之间的关系,而大多数情况下,结果与驱动因素间的关系并不明显或不容易衡量。

(3) 实施成本高。平衡计分卡要求企业从财务、顾客、内部流程、学习与成长四个方面考虑战略目标的实施,并为每个方面制定详细而明确的指标和目标。它需要全体成员参加,使每个部门、每个人都有自己的平衡计分卡,如果要达到这种程度,企业要付出很大的代价。

平衡计分卡是一个有效的绩效管理工具,但它更适合于那些追求核心竞争力培育和持续增长的企业,而不是那些追求短期利润和削减成本的企业。要运用平衡记分卡,一般还应具备以下前提条件:第一,企业的战略目标必须明确,能够层层分解,还要能与组织内的部门、团队和个人目标达成一致,其中个人利益能够服从组织的整体利益;第二,组织内部具备与实施平衡计分卡相配套的健全的制度;第三,需要充分而有效的沟通。

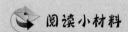

EVA:公司业绩评价的新工具

EVA 是经济增加值(Economic Value Added)的英文缩写,它等于税后经营利润减去债务资本的成本和股本资本的成本,即扣除所有成本后的剩余收入(Residual income)。EVA 是对真正的经济利润的评价，或者说，是表示净营运利润与投资者用同样资本投资于其他风险相近的有价证券的最低回报相比，超出或低于后者的数值。彼得.德鲁克认为，作为一种度量全要素生产率的关键指标，EVA 反映了管理价值的所有方面。世界著名跨国公司大多都使用 EVA 指标来评价公司业绩。

EVA 是股东衡量利润的方法。按传统的会计利润核算，大多数公司都在盈利，但实际上，许多公司是在损害股东财富，因为其所得利润小于其全部资本成本。EVA 纠正了这个错误，明确指出，管理人员必须为所使用的资本付费。考虑了包括净资产在内的所有资本的成本，EVA 显示了公司在某一时期创造或损害了的财富价值量。

EVA 使决策与股东财富一致。用 EVA 作为评价指标，可以帮助管理人员在决策过程中运用两条基本财务原则。第一，公司的财务目标必须是最大限度地增加股东财富；第二，公司的价值取决于投资者对利润是超出还是低于资本成本的预期程度。EVA 的连续增长带来公司股东财富的连续增长。

（资料来源：A.I. 埃巴. 经济增加值——如何为股东创造财富 [M]. 北京：中信出版社，2001.）

本章小结

绩效管理是一个依次进行绩效计划、绩效实施、绩效评价和绩效反馈的不断循环的过程。在这个过程中，管理者扮演着"教练"角色，保持和员工的持续的绩效沟通，帮助员工不断提高绩效水平。绩效评价是绩效管理中的一个重要环节。

在进行绩效评价之前，组织需要预先设计绩效评价体系，即确定用来考核员工的绩效指标和标准，选择合适的评价者和评价方法，并约定好评价绩效的时间等。

关键术语

绩效	Performance
绩效评价	Performance Appraisal
绩效管理	Performance Management
360 度评价法	360-Degree Performance Appraisal
关键绩效指标法	Key Performance Indicators，KPI
平衡计分卡	Balanced Scorecard，BSC

习 题

1. 绩效管理与绩效评价有何不同？
2. 绩效管理的目的是什么？
3. 管理者在绩效管理过程中要做哪些工作？
4. 如何使绩效反馈更有效？

5. 如何减少评价者误差？

6. 请同学们阅读 2014 年第一期《管理学报》赵曙明文章《基于战略柔性与技术能力影响的制度支持与企业绩效关系》，讨论新环境下影响绩效管理的因素。

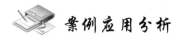 案例应用分析

案例一　隆平种业绩效考核指标体系

湖南隆平种业有限公司是 2003 年 7 月由袁隆平农业高科技股份有限公司及国内种业界精英共同出资设立，注册资金 8 000 万元，是一个集主要农作物种子育、繁、推、销于一体的大型种业公司。公司下设办公室、营销中心、生产中心、研发中心、物流质监中心及财务中心等 6 个职能部门，拥有江西、重庆、湖北、广西、江苏、郴州 6 个分公司，并在南方稻区设立了 20 多个销售点，建立了相对完善的新品种选育推广示范体系、种子生产管理体系、种子质量监控体系、市场营销网络体系、种子加工储运体系及售后服务体系。

目前，隆平种业公司有 18.60% 的人按计划目标评分，有 13.20% 的人使用评定量表，有 28.20% 的人使用主管评估法，其他的人则采用 360 度考核法、述职报告等方法。

公司的考核内容主要包括工作业绩、管理能力、工作态度、部门之间的协作几项，其中以工作业绩考核为主的最多，以工作态度考核为主的员工约占 27.60%，以工作能力考核为主的约有 22%。因此考核内容还是比较符合隆平公司目前所处的环境和管理工作的具体特点。

公司有一半以上的人认为考核标准较合理，有 38.89% 的员工认为比较不合理，有 5.56% 的员工认为考核制度设置的非常不合理，只有 3.33% 认为非常合理。总体看来，标准的评价不是很高，有些考核的标准需要改进。

公司目前主要是通过对目标结果的考核来评估员工工作业绩，例如生产中心主要通过产量、质量和费用三项指标来考核，营销中心主要通过销量和费用两项指标来考核。

营销中心考核现状：公司对营销中心的考核主要是以业绩考核为主。以考核区域的情况来考核副经理，有窜货情况的区域要受到惩罚，区域经理也要受到相应的惩罚；目前的费用由弹性费用和刚性费用组成，公司对差旅、交通、招待、通信四大刚性费用进行控制。上个年度公司对营销中心的销售任务总量为 900 千克，任务量的确定是以上年度为基础，再商定一个增量。由于信息不全，企业最高管理者和各中心及分子公司负责人之间进行的目标产量和其他指标谈判，是一种不完全信息的博弈过程，其结果必定缺乏科学依据和准确性，这种由会议争论给出的考核指标信效度实在有限。公司现行考核指标不规范、不完整，考核指标导向性不明晰；考核权重设计未能有效契合公司发展阶段特征；考核制度制定过程不严谨，缺乏制度的优化和调整机制；由于市场动态性特征明显，农业生产周期长，指标的合理性检验需要一年甚至多年才能进行，绩效指标更需要逐步优化和修正的过程，公司缺乏这种长远的绩效优化机制；种子营销的风险是在农作物生长周期完成后才能充分体现，公司现行的考核和绩效提成方案未能体现该风险特征。

生产中心考核现状：生产中心年初对大部分有岗位的员工考核，还有一些公共人员没有实行。

主管人员一个人管一个基地,大基地则两个人管且两个都是主管级别。生产中心对基地下生产任务,并从种子的数量、质量和生产费用上进行控制;其中,费用除了自己在生产中的费用以外还包括技术热源的工资和村里的劳务费,按前几年的情况,费用基本上够用,但现在就比较紧张了。公司对生产中心的费用结果没有进行考核,到年底各基地还不知道自己到底用了多少钱,是多了还是少了,费用到底是否超标也不清楚。各基地的任务量是根据公司的基本情况来制定的,前两年都是超额完成,原因有:基地是实行承包制的,公司会派技术员去指导工作,农户付给技术人员的工资是按一亩多少前来算的,结果农户都少报面积,一亩二就报成一亩,村干部那里也会少报,所以汇总到生产中总上报量比实际量少;现在对高产组合的预计不准,也会低估高产组合的产量。但公司会有10%的弹性余地。各基地任务量的完成情况受天气的影响很大,遇到天气不好就可能达不到目标甚至影响种子的质量。但是,任务量未完成不会受到处罚,质量不达标则要由基地经理自己承担损失。公司实行了优质奖励,种子质量比国家一级标准还高,每生产一千克奖励4分钱,这对基地经理很有激励性,一个基地经理若生产了50万千克种子,如果都达标了则可得2万元奖励。公司对中心层面的考核是每月有一次例会,基地经理在会上汇报情况,平时的生产检查则比较少,老总们都很忙。如果计划量要改变会在生产目标责任状下达以前进行调整,能调就调,不能调就不调。

(资料来源:颜爱民.中国本土企业人力资源管理典型案例解析[M].上海:复旦大学出版社,2011.)

思考题:
(1) 隆平种业绩效考核评价体系存在什么问题?
(2) 如何对隆平种业绩效考核指标体系进行优化?

案例二　名企绩效管理案例——北电网络公司

北电网络公司的员工考核主要分为两个方面:一方面是员工的行为(Behaviors),另一方面是绩效目标(Performance/Outcome)。每个员工在年初就要和主管定下当年最主要的工作目标是什么。以前北电是每年订一次目标,现在发展的速度变快,市场的变化也加剧,所以北电网络对员工的考核是随时的,经常会对已定的目标进行考核和调整,每个员工除了和自己的老板订目标,还有可能与其他部门一起合作做项目,许多人都会参加到同一个项目里。所以一个员工的业绩考核不是一个人说了算,不是一个方面能反映,而是很多方面的反馈。

除了自己的主管外,还有很多共事的人,手下的人对你的评价,这就是360度考核。对员工的行为和目标的考核因为是经常性的,员工在工作中出现什么不足,会从周围人和主管那里获得信息,所以一般不会出现到了年终总结时,考核结果会让员工非常惊讶的情况,最多是有些不同看法,主管会与员工进行沟通,力求评估能够让员工获得非常积极的认识。

【评估的作用】评估有两种功能:一方面是看以前的工作表现和业绩,也反映一个人的能力;另一个方面是看这个员工以后的发展,通过评估过程可以发现员工能够发展的地方,以及现在的工作或将来应该怎么样。北电网络公司许多不同级别的领导层就是在评估中被发现的,通过评估发现员工的这种潜能,员工有可能被选为发展下一代领导的计划。

【素质评估】北电网络评估的整个过程完毕通常要花两个月时间，大家都非常认真对待评估，这既是对自己负责，也是对别人负责。评估虽然跟员工的薪水挂钩，但是评估只是一部分工作，工资是另外一个方面。员工的工资一个是看个人对公司的贡献，也看整体人力市场情况。

【移动的魅力】用薪金奖励进步员工只是一种比较简单的手段，留住优秀人才，物质奖励只是一个临时方式，随着时间的推移，员工的个人物质水平提高了，薪金的激励作用就慢慢地降低，这就是所谓薪金和劳动生产率不是绝对成正比的关系。对员工进行发展规划，帮助员工制订他的职业计划，会更加激励员工进步。北电网络在激励员工方面更注重员工的职业发展，例如让员工去轮岗，激励他们继续发挥自己的潜能。员工在工作中能够吸收别人的经验，让他们能够发展。"我们是一个关怀员工的公司，我们鼓励相互支持，老板和员工之间相互支持。老板有发展员工的责任，员工也有积极参与的责任。北电网络称主管为"People Manager"，他们有很大一部分精力是放在有效管理和激发员工的潜能上。所以每个管人的经理应该知道去理解员工的内心需求，看什么东西能够激励他们。例如有些员工比较注重家庭，经理要了解他的家庭背景，如果他需要较多时间在家里，公司要尽量去配合，出差的情况就安排少一点。在北电，通常员工大概工作两年就会有轮岗的机会，当然轮岗要征询员工的意见，在北电网络公司有一套制度，叫Internal mobility，即内部调度，用来通过轮岗增加员工的能力。执行内部调度至少员工要在一个岗位呆18个月或24个月的时间，这样使他对现有的工作有一个足够的了解。如果员工有轮岗的需求，可以向人力资源部提出来，然后人力资源部会在别的部门给他找机会，有时候别的部门也将这种需求提交给人力资源部。双方如果都有意，可以通过面试交流，如果大家都同意的话，这个员工通常就会到新岗位进行工作试用。为了避免内部部门之间相互挖人，北电网络在制度上有一些基本要求，例如必须在一个岗位工作满18或24个月，另外挖人方经理要给供人方经理提前打招呼。不可能让一个人做一个职位做到退休。我们希望留住人才，因为我们请进来的人都是很优秀的人，希望他们能够留下来，公司会提供职业发展空间。

【消除级别的妙处】北电网络公司是一家具有100多年历史的电信公司，按照常理，她应该非常官僚，非常人浮于事。但是在北电看到的是大家都不讲级别，直呼其名，甚至在工作描述中只会突出职位的职责和贡献及与团队任何配合，不会特别重视级别。

北电网络公司在中国的市场和销售员工有500人，男女比例是6：4，管理人员和员工的比例是1：9，其中管理者中女性比例也很大，达到1/3。

【领导的四个潜能】绩效评估结果是员工升职的一个参考。北电网络公司不会事先给个别员工特定考核，但是对待每个升职机会都有特定的考虑，这个考虑包括该员工一直以来的表现，也会考虑他的潜能。北电网络认为一个管理者的潜能包括四个方面：一是学习的能力，北电网络认为一名员工的学习能力比他的知识和经验可能更重要，因为市场在发生快速变化，知识不断更新，学习的速度和能力是非常关键的素质；二是去赢得工作成绩的能力，领导不但要善于计划，而且要赢取结果，这也是重要方面；三是去带动影响别人的能力，这是领导者的基本素质，每个经理人要有发展别人的能力；四是对公司业绩的贡献。

要提拔一名员工，可能会对员工有两年的高绩效的要求，这个高绩效包括他的工作业绩和行为表现(Outcome/Behavior)。为了使员工积极向上富有朝气，北电网络对员工升职的考核非常严格和科学，以便让员工走上管理岗位就一定成功，所以对待人选还有一个高层评估，公司里更高级别的经理们要会聚在一起和他们交流，来看这个员工各方面的情况。

（资料来源：名企绩效管理案例，http://doc.mbalib.com/view，2010 年 6 月 24 日）

思考题：
(1) 北电网络的绩效管理带给你什么启示？
(2) 如何制定战略性绩效管理体系？

知识链接

[1] http://v.163.com/special/cuvocw/zhongguorenliziyuan.html 颜爱民国家精品视频课程《中国情境下的人力资源管理实务》第十讲、第十一讲。
[2] http://hbr.org 哈佛商业评论 (Harvard Business Review)。
[3] http://www.mckinseyquarterly.com 麦肯锡管理论丛。

第 9 章

薪 酬

教学目标

- 掌握薪酬体系的内容
- 了解战略性薪酬管理
- 掌握常见的薪酬模式

教学要求

- 掌握薪酬的概念
- 掌握战略性薪酬的概念,战略性薪酬管理的内涵、模型,战略导向的薪酬管理体系的构建
- 理解薪酬设计的原则
- 设计以岗位为基础的薪酬体系
- 掌握可变薪酬设计理论
- 了解福利的功能、形式及如何设计弹性福利计划
- 理解社会保险的概念及包括的险种

白秦铭的跳槽

白秦铭在大学时代成绩不算突出,老师和同学都认为他不是一个很有自信和抱负的学生,他的专业是日语,不知何故,毕业后被一家中日合资公司聘为销售员了。他对这个岗位挺满意,不仅工资高,而且尤其令他喜欢的是这个公司给销售业务员发的是固定工资,而不采用佣金制。他担心自己没受过这方面的专业训练,比不过别人,若拿佣金,比别人少多了会丢脸的。

刚工作的前两年,小白虽然兢兢业业,但销售成绩只属一般。可是随着他对业务的逐渐熟练,又跟那些零售商客户们搞熟了,他的销售额渐渐上升。到第三年的年底,他觉得自己已经在全公司几十名销售员中前20名之列了。不过公司的政策是不公布每人的销售额的,也不鼓励互相比较,所以他还不能很有把握地说自己一定是坐上了第一把交椅。

去年,小白干得特别出色。尽管定额比前年提高了25%,可到了9月初他就完成了全年销售定额。虽然他对同事们仍不露声色,不过他冷眼旁观,也没发现有什么迹象说明他们中有谁已接近完成自己的定额了。此外,10月中旬时,日方销售经理召他去汇报工作。听完他用日语做的汇报后,那经理对他说:"咱公司要有几个像你一样棒的推销明星就好了。"小白只微微一笑,没说什么,不过他心中思忖,这不就意味着承认他在销售员队伍中出类拔萃,独占鳌头了么?

今年,公司又把他的定额提高了25%。尽管一开始不如去年顺手,但他仍是一马当先,比预计干得要好。他根据经验估计,10月中旬前准能完成自己的定额。不过他觉得自己心情不舒畅。最令他烦恼的事,也许莫过于公司不告诉大家干得好坏,没个反应。他听说本市另两家中美合资的化妆品制造企业都搞销售竞赛和奖励活动,其中一家是总经理亲自请最佳销售员到大酒店吃一顿饭,而且人家还有内部发行的公司通讯之类的小报,让人人都知道每人的销售情况,还表扬每季和年度的最佳销售员。想到自己公司这套做法,他就觉得特别恼火。其实,在开头他干得不怎么样时,他并不关心排名第几的问题,如今却觉得这对他越来越重要。不仅如此,他开始觉得公司对销售员实行固定工资制是不公平的,一家合资企业怎么也搞"大锅饭"?应该按劳付酬嘛。

上星期,他主动找了那位日本经理,谈了他的想法,建议改行佣金制,至少实行按成绩给予奖励的制度。不料那位日本经理说这是既定政策,母公司一贯就是如此,这正是本公司的文化特色,从而拒绝了他的建议。昨天,令公司领导吃惊的是,小白辞职而去,听说他被挖到另一家竞争对手那儿去了。

(资料来源:余凯成,程文文,陈维政.人力资源管理[M].北京:高等教育出版社,2010.)

薪酬管理是人力资源管理的核心内容,也是高层管理者最关注的领域之一。然而,人们对薪酬的认识却存在着不少混乱和误区,比如对薪酬设计重视不够;只看到了物质薪酬的重要作用，而对非物质薪酬的激励作用认识不够等。薪酬决定与分配是组织与员工之间、员工与员工之间的利益冲突点，薪酬管理也被认为是一项最困难、最敏感、政策性最强的人力资源管理工作。现代人力资源管理中，薪酬不仅具有一些简单和传统的功能，而且被赋予了很多全新的内涵，薪酬管理已经与组织发展和人力资源战略紧密结合在一起，成为组织战略实现的重要工具。

9.1 薪酬概述

9.1.1 薪酬的概念

薪酬 (Compensation) 是劳动者因向所在用人单位提供劳动或劳务而获得的各种形式的酬劳或酬谢。从本质上讲，薪酬是劳动者与用人单位之间以契约为表现形式的一种交换关系。在市场经济环境下，薪酬既是劳动力价格的支付形式，又是人力资本竞争的价格表现。

薪酬分为经济性薪酬 (也称为外在薪酬，Extrinsic Compensation) 与非经济性薪酬 (也称为内在薪酬，Intrinsic Compensation)。薪酬结构如图 9.1 所示。在本章中，主要阐述的是经济性薪酬。

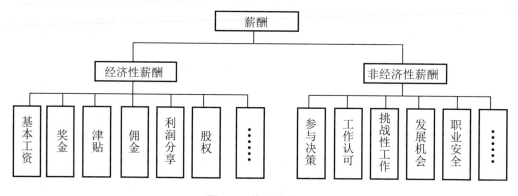

图 9.1　薪酬结构图

1. 内在薪酬

内在薪酬是员工由于完成工作而形成的心理思维形式，包括工作保障、身份标志、给员工更富有挑战性的工作、晋升、对突出工作成绩的承认、培训机会、弹性工作时间和优越的办公条件等。工作特征模型 (Job Characteristics Model) 描述了这些主要的心理状态。哈克曼 (Hackman) 和奥德海姆 (Oldham)(1975 年) 认为，当员工的工作在以下 5 个方面的程度都很高时，员工的心理状态就会得到改善。相反，缺乏这些核心特征的工作提供的内在薪酬就很少。

(1) 技能多样性 (Skill Variety)，是指一个工作是需要多种不同技能才能完成，还是单一的技能就可以完成。

(2) 任务同一性 (Task Identity)，是指一个职位是需要完成一套完整的工作，还是只需要完成完整工作中的一个具体环节。

(3) 任务重要性 (Task Significance)，是指一项工作对别人工作和生活的意义和影响如何。

(4) 工作自主性 (Autonomy)，是指任职者在安排工作的内容和程序方面有多大的自由度和独立性。

(5) 反馈 (Feedback)，是指任职者在完成工作任务的过程中，在多大程度上可以获得有关自己工作绩效的直接而明确的信息。

图 9.2 体现了核心工作特征对内在薪酬的影响以及它们给组织带来的相应结果。

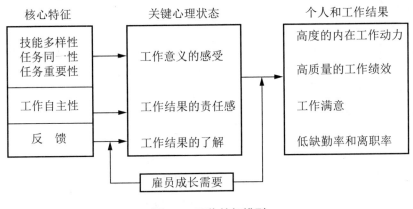

图 9.2　工作特征模型

2. 外在薪酬

外在薪酬是薪酬管理的主要内容。在外在薪酬的具体构成上，各学者的观点并没有取得完全的统一。比较典型的观点是认为外在薪酬包括直接薪酬和间接薪酬，其中直接薪酬包括基本薪酬、绩效薪酬 (Merit Pay)、各种激励性薪酬和各种延期支付计划。间接薪酬包括各种员工保护项目、各种非工作薪酬和服务与津贴。为了更好地理解薪酬结构，综合不同观点，我们从薪酬的支付方式和变动状况的角度，把外在薪酬划分为 3 个主要构成部分，如图 9.3 所示，更有助于掌握和理解。下面对薪酬的这些构成做简要介绍。

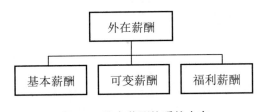

图 9.3　外在薪酬体系的内容

1) 基本薪酬

基本薪酬 (Basic Pay) 也称标准薪酬或基础薪酬，它有两种形式，其中岗位薪酬是指一个组织根据员工所承担或完成的工作本身对企业的边际贡献而向员工支付的报酬；而技能薪酬是依据员工所具备的完成工作的技能或能力而向员工支付的稳定性报酬。基本薪酬对于员工来说是至关重要的，是一位员工从组织那里获得的较为稳定的经济报酬，为员工提供了基本的生活保障和稳定的收入来源。

2) 可变薪酬

可变薪酬(Variable Pay)，也称为浮动薪酬，是薪酬系统中与绩效直接挂钩的部分。可变薪酬的目的是在薪酬和绩效之间建立起一种直接的联系，这种绩效既可以是员工个人的绩效，也可以是组织中某一个业务单位、群体、团队甚至整个组织的业绩。因此，可变薪酬对于员工具有很强的激励性，对组织绩效目标的达成也起着非常积极的作用。所以，也有人将可变薪酬称为激励薪酬(Incentive Pay)。我们将在本章9.4节中对可变薪酬加以详细介绍。

3) 福利薪酬

福利薪酬(Benefit)，也称为间接薪酬，主要是指组织为员工提供的各种物质补偿和服务形式，包括法定福利和组织提供的各种补充福利。从支付形式上看，传统的员工福利以非货币形式支付，但是随着组织部分福利管理职能的社会化，一些福利也以货币形式支付，即货币化福利。

福利薪酬与基本薪酬和可变薪酬明显的不同在于：福利不是以员工向企业供给的工作时间为单位来计算的薪酬组成部分，一般包括带薪非工作时间(例如年休假、承担法院陪审任务而不能工作等)、员工个人及其家庭服务(儿童看护、家庭理财咨询、工作期间的餐饮服务等)、健康以及医疗保健、人寿保险以及养老金等。一般情况下，福利的费用是由雇主全部支付的，但是有时也要求员工承担其中的一部分。作为一种不同于基本薪酬的薪酬支付手段，福利减少了以现金形式支付给员工的薪酬，企业通过这种方式能达到适当避税的目的。其次，福利和服务为员工将来的退休生活和一些可能发生的不测事件提供了保障(有些间接薪酬被员工看成是"以后的钱")。我们将在本章9.5节对福利薪酬加以详细介绍。

9.1.2 薪酬的功能

薪酬是组织对员工贡献的回报，它是组织的费用支出，是劳动者的收入构成，代表组织和员工之间所形成的一种利益交换关系，其功能可从3个方面加以理解。

1. 对员工的功能

1) 经济保障功能

薪酬是员工以自己的付出为企业创造价值而从企业获得的经济上的回报，对于大多数员工来说，薪酬是他们的主要收入来源，它对于劳动者及其家庭的生活所起到的保障作用是其他任何收入保障手段所无法替代的。即使是在西方发达国家，工资差距对于员工及其家庭的生存状态和生活方式所产生的影响仍然非常大。在现代经济条件下，薪酬对于员工的保障并不仅仅体现在它要满足员工在吃、穿、用、住、行等方面的基本生存需要，同时还体现在它要满足员工娱乐、教育、自我开发等方面的发展需要。

2) 激励功能

员工对薪酬状况的感知可以影响员工的工作行为、工作态度以及工作绩效，即产生激励作用。企业员工总是期望自己所获得的薪酬与同事之间具有一种可比性，从而得到公平感。如果员工能够获得比他人更高的薪酬，就会认为是对自己能力和所从事工作价值的肯定。当员工的低层次薪酬需求得到满足以后，通常会产生更高层次的薪酬需求，并且员工的薪酬需求往往是多层次并存的，因此，企业必须注意同时满足员工的不同层次薪酬需求。如果员工的薪酬需要得不到满足，则很可能会产生工作效率低下、人际关系紧张、缺勤率和离职率上升、组织凝聚力和员工对组织的忠诚度下降等多种不良后果。

3) 社会信号功能

薪酬作为一种信号，可以很好地反映一个人在社会流动中的市场价格和社会位置，又可以反映一个人在组织内部的价值和层次。可见，员工薪酬水平的高低除具有经济保障功能外，还具有信号传递作用，实际上反映了员工对于自身在社会或组织内部的价值的关注。

2. 对企业的功能

1) 成本控制功能

薪酬构成企业的人工成本，过高的薪酬水平，会提高产品的成本，进而提高产品的价格，影响产品的竞争力。尽管劳动力成本在不同行业和不同企业的经营成本中所占的比重不同，但对于任何企业来说，薪酬都是一块不容忽视的成本支出。而且，企业支付的薪酬水平，直接影响到企业在劳动力市场上的竞争力，只有那些保持相对较高薪酬水平的企业，才能够吸引和保留足够多的优秀员工。因此，企业为了吸引、获得和保留人才必须付出一定的代价，同时，为了提高产品市场上的竞争力，又必须注意对薪酬成本的控制。

2) 改善经营绩效

由于薪酬决定了现有员工受到激励的状况，影响到他们的工作效率、缺勤率、对组织的归属感以及组织承诺度，从而直接影响到企业的生产能力和生产效率。通过合理的薪酬设计以及科学的绩效考核，企业向员工传递了什么样的行为、态度以及业绩是受到鼓励的，是对企业有贡献的信号。通过信号的引导，员工的工作行为和工作态度以及最终的绩效将会朝着企业期望的方向发展。相反，不合理和不公正的薪酬则会引导员工采取不符合企业利益的行为，从而导致企业经营目标难以达成。因此，如何通过充分利用薪酬这一利器来改善企业经营绩效，是企业薪酬管理的一个重大课题。

3) 塑造和强化企业文化

薪酬影响员工的工作行为和工作态度，一项薪酬制度可能促进企业塑造良好的文化氛围，也可能与企业现有的价值观形成冲突。薪酬的导向作用，要求企业必须建立科学合理并具有激励性的薪酬制度，从而对企业文化的塑造起到积极促进的作用。

3. 对社会的功能

薪酬对社会有劳动力资源的再配置功能，市场薪酬信息时刻反映着劳动力的供求和流向等情况，并能自动调节薪酬的高低，使劳动力供求和流向也逐步趋向平衡。通过薪酬的调节，劳动力市场可实现资源的优化配置，并能调节人们择业的愿望和就业的流向。

9.1.3 影响薪酬水平的因素

企业为吸引、保留和激励人才，同时又要控制人工成本，因而，企业需考虑支付给员工的薪酬水平 (Compensation Level) 是否有竞争力，又要考虑企业人工成本的承受力。影响员工薪酬水平的因素有：外部因素、企业因素和员工个体因素，如图 9.4 所示。

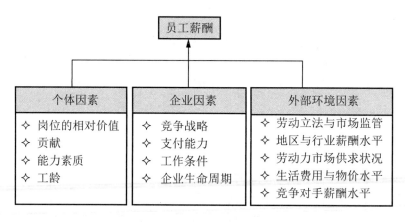

图 9.4　员工薪酬水平影响图

1. 外部因素

1) 劳动立法和市场监管

法律、法规和政策是薪酬管理的依据，是企业的薪酬管理行为的标准规范和准绳。我国政府制定了一系列政策法规对最低薪酬水平、节假日工资、加班工资、社会保险等有强制要求，企业在为员工提供薪酬时，必须遵守相关的法规。

2) 本地区行业工资水平

企业所在地区行业的工资水平会影响企业的薪酬水平，为了保持企业薪酬的竞争性，企业应考虑与本地区行业相应地位的其他企业相适应的薪酬水平。

3) 劳动力市场供求状况

在市场经济环境下，劳动力的薪酬水平受市场供求状况的影响较大。如果劳动力供大于求，那么相应的薪酬水平就低，企业就可提供不高的薪酬水平，以节约人工成本；如果供小于求，则企业就应提供较高的薪酬水平以吸引所需人员。企业在确定薪酬水平时，必须考虑不同层次、不同类型人员的市场供求状况和薪酬水平，以实现既能吸引所需人才又能节约人工成本的目的。

4) 生活费用与物价水平

物价是决定实际薪酬水平的主要因素 (其他还有捐税、租金等)，它会从直接和间接两方面影响实际薪酬水平。它对薪酬水平的直接影响是由货币薪酬变动率与价格指数变动率的相互关系所引起的，如货币薪酬增长率高于物价增长率 (通货膨胀率)，则实际薪酬水平提高；反之，则会降低居民购买力、增加居民购买支出，使实际薪酬水平下降。它对薪酬水平的间接影响是通过价格对企业收益的影响，进而会影响到实际薪酬水平。价格变化会导致各个企业收益和利润水平发生变化，不同商品比价是否合理，也会制约不同企业收益和利润是否合理，这两者都会影响到薪酬水平及其合理性。

5) 竞争对手的薪酬水平

企业竞争对手的薪酬水平对企业的薪酬水平也有较大的影响。如果企业的薪酬水平与竞争对手，特别是与地理区域相距不远的竞争对手的薪酬水平相差较大，则将对企业现有人才的稳定和人才的吸引造成很大影响，从而在与竞争对手的竞争中处于不利地位。

2. 企业因素

1) 企业竞争战略

企业的竞争战略将影响企业薪酬水平的定位。如果产品市场的竞争激烈且产品的需求价格弹性较大，企业实行的是成本领先战略，那么企业将更多地关注成本的控制，高额的成本将导致市场份额的减少，因而企业的薪酬水平的定位将更多地考虑节约成本。如果产品的价格弹性不大，产品的竞争更多的是靠产品的差异，企业实行产品差异化竞争战略，那么企业将更多地关注人才的吸引，依靠高素质的人才支持产品的差异化战略，因而企业应从如何吸引、保留和激励高质量的员工队伍的角度来考虑企业的薪酬水平。

2) 企业支付能力

企业的规模、大小、经营状况是决定企业薪酬水平的重要因素，企业的薪酬总额必须控制在企业所能承担的范围之内，同时员工薪酬总额的增长要与企业经济效益的增长和劳动生产率的增长相适应，否则会加重企业的成本负担，影响企业的生存和发展。

3) 工作条件

企业的工作条件与提供的薪酬水平具有互补性，工作条件的好坏将在一定程度上影响员工的薪酬水平。

4) 企业生命周期

企业的发展阶段可分为初创期、成长期、成熟期和衰退期。不同的企业发展阶段对应不同的薪酬水平定位。一般来说，企业在初创期和高成长阶段一般倾向于采用领先策略；在成熟阶段一般采用稍微领先或是匹配的策略；而在衰退阶段通常采用匹配甚至是落后的薪酬水平策略，因为此时它的支付能力非常有限，要考虑对劳动力成本的控制。

3. 个体因素

1) 员工能力素质

由于个体知识、技术水平和能力的不同，员工的工作效率和成果必然会有差异，企业因此应支付的薪酬水平也会不同。同时员工在获得知识、技能时需进行投资并承担机会成本，企业应当支付较多的薪酬给予一定的补偿，以激励员工不断地学习，提高技能水平，从而提高劳动生产率，只有这样才能吸引、保留和激励高素质的人才。

2) 员工所在岗位的相对价值

由于企业中不同岗位的劳动复杂程度、所承担的责任、所需的知识技能等因素的不同，员工对企业所做贡献也不同，企业应当对那些非常重要的岗位支付相对较高的薪酬，因为这些岗位对企业的价值创造和企业的生存发展至关重要。

3) 员工贡献大小

企业以追求效益为目标，企业对那些创造价值和效益的劳动提供薪酬，员工提供的劳动数量和劳动质量不同，为企业创造的效益也不同，企业也应支付给员工不同的薪酬。

4) 员工工龄

员工工龄的长短在一定程度上能反映员工对岗位的适应性，同时也反映员工对企业所做贡献的积累，因此，企业为之所支付的薪酬水平也应不同。

9.1.4 常见的薪酬模式

在确立企业薪酬体系时，有多种模式可供选择，常用的薪酬模式有：以岗位为基础的薪酬模式、以能力为基础的薪酬模式、以绩效为基础的薪酬模式、以市场供求为基础的薪酬模式。各种薪酬模式的特征和适应范围见表9-1。

表 9-1　薪酬模式特征和适应范围

薪酬模式	特　征	适应范围
以岗位为基础的薪酬模式	根据岗位职责的复杂程度、责任大小、劳动强度和劳动条件等因素来确定薪酬。它更多的是强调任务而不是能力。工资结构常采用传统工资结构。薪酬等级多，每一等级之间的范围较小，每一个工资级别所对应的工资浮动范围不大	适应于履行岗位职责、专业化程度较高、分工较细、工作技术比较单一、工作比较固定的岗位。如管理人员、职能业务岗位、行政后勤岗位、工作产出不能量化的生产岗位等
以能力为基础的薪酬模式	根据员工本身所具有的知识、技能和潜力的大小来确定员工薪酬。它更多的是强调能力而不是任务。工资结构采用宽带工资结构。采用更少的薪酬等级，每一等级之间的范围扩大，将企业原来十几甚至二三十个工资等级压缩成几个级别，每一个工资级别所对应的工资浮动范围拉大	适应于工作技术复杂、工作成果难于衡量且个人能力对绩效影响较大的岗位。如研发岗位、技术岗位、技术要求高的技术工人岗位等
以绩效为基础的薪酬模式	根据组织、团队、个人的绩效来确定员工薪酬。它更多的是强调工作的产出	适应于工作绩效容易衡量，而且相应的激励业绩薪酬能直接激发员工更进一步努力的岗位。如营销岗位、工作产出能量化的生产岗位等
以市场供求为基础的薪酬模式	根据劳动力市场的价格以及组织对人员的需求程度来确定员工薪酬	适应于组织急需引进的关键人才、紧缺人才

1. 以岗位为基础的薪酬模式

这种薪酬模式的理论前提是岗位的重要性是可以评价并计量的，组织的结构体系基本稳定并且所有岗位是经过合理配置的。岗位本身的价值和功能与在该岗位上的任职者关系不大，换而言之，该岗位任职者的能力的大小不影响该岗位在组织结构中的地位和作用。岗位薪酬模式首先要求进行薪酬的市场调查，并根据企业的经营情况决定总体薪资水平；其次，要搜集岗位信息，对岗位进行分类，确定一个基本岗位；然而，对每一岗位所包含的评分要素进行打分，以评估不同类型岗位系列的重要程度；最后，根据岗位所得分值对其排序、分级，并与相应的薪资等级相对应。这种评价方式具有比较全面的信息基础和某种程度的客观性，有助于实现内部薪酬支付的公平性。

在中国，企业采用这种薪酬模式已经成为一种趋势。在日本，有名的国际化企业有很多已经放弃能力薪酬制，而将岗位分析用于薪酬设计。然后随着市场竞争的日趋激烈和经营环境的巨大变化，以岗位为侧重点的薪酬模式面临着挑战。这主要是因为组织结构发生变化，工作的灵活性增强，企业中员工的作用增大。岗位薪酬模式的缺点也是显然的：不同的工作作为组织运行的必要条件，其价值和作用不可能完全通过定量进行评价；"客观"的工作分析过程，始终是在主观的、经验判断的基础上进行的；不同的权重设计，会导致完全不同的分析结果等。

2. 以能力为基础的薪酬模式

以能力为重心的薪酬模式是根据能力大小支付报酬。从理论上说，它是相对公平的，有助于员工稳定并激励员工成长的薪酬政策。但是，由于能力往往与教育程度、工作经验相联系，导致这一模式往往过分侧重于学历、资历，使能力评价与实际能力相差甚远，容易压抑员工的创造性和积极性。能力本身不可量化的特性，使这些问题更加严重。所以，日本自20世纪60年代、中国自20世纪80年代以来，一直努力以岗位为重心的薪酬模式来取代侧重能力的薪酬模式。具体地看，能力薪酬模式的弊病有：论资排辈，使企业缺乏活力；能力与组织的实际需要可能发生偏差。但是，有一个情况值得注意，即20世纪90年代以来，在东方日渐落伍的能力薪酬模式，却得到一些西方组织的青睐，成为组织吸引重要员工的手段。以岗定薪正在让位于以人定薪。能力薪酬模式以其策略的灵活性获得新的生命力。美国也是如此，更重视雇员的灵活性和向他们授权。能力工资制或技术工资制越来越受到欢迎。

3. 以绩效为基础的薪酬模式

以业绩为重心的薪酬模式将薪酬和业绩挂钩，受到欢迎的程度较高，也比较客观公正。所谓"不管黑猫白猫，抓住耗子便是好猫"，至今仍为国人所称道。不管是什么学历、资历，只要你工作能出成绩，就应该得到应有的回报。业绩可以直接反映人的能力和行为态度，同时也能实现岗位设置的真正目的。因此，这种薪酬模式可以避免以岗位定薪酬的弊端，具有更强的公平性、灵活性、激励性。据美国薪资协会的调查显示，52%的被调查者说他们制订了业绩导向的、具有激励性的薪酬计划。当然，任何分配机制都不可能无懈可击。以业绩为重心的薪酬模式存在着风险和不确定因素；业绩与能力和态度并不完全等同；业绩产生的原因是复杂多样的，有时与个人并不产生直接因果关系，组织品牌、市场环境、工具设备、同事合作等都是影响业绩的重要因素。据此，全面质量管理运动的倡导者爱德华·戴明 (W. Edward Deming) 甚至声称："人与人之间所存在的显在绩效差异几乎全是由他们身处其中的那些工作系统本身制造出来的，而不是由人们自己制造出来的。"而且，很多常规工作、基础工作并不直接与业绩相联系，很难用业绩来测算。

4. 以市场供求为基础的薪酬模式

随着科学技术的迅猛发展、全球经济的一体化，劳动力市场竞争的加剧，中国人力资本市场进一步发展，以市场供求为基础的薪酬模式，也越来越受到企业的重视。企业注重根据劳动力市场的价格以及组织对人员的需求程度来确定员工薪酬，这种模式对引入组织急需的关键人才、紧缺人才非常适合。

综上所述，没有一个薪酬模式是至善至美的；同理，也没有一个薪酬模式是毫无价值的。在实践中，一般采用几种薪酬模式或以一种薪酬模式为主并结合其他模式的优点来设计企业薪酬体系。

9.1.5 薪酬管理

1. 薪酬管理的概念

薪酬对于员工和组织的重要性决定了薪酬管理的重要性。组织的薪酬管理 (Compensation Management)，顾名思义，就是一个组织根据所有员工提供的劳务对本组织员工报酬的支付标准、发放水平、要素结构进行确定、分配和调整的过程，或者说，就是对工资、奖励、佣金和利润分成等薪酬要素的确定和调整过程。正是在这些具体和常规的管理过程中，体现出企业的战略方向、管理者的决策意图和企业对不同员工群体的行为导向。良好的薪酬管理必须符合：①支持企业的发展战略，促进企业的可持续发展；②强化企业的核心价值观；③建立稳定的员工队伍，吸引高素质的人才；④激发员工的工作热情，创造高绩效；⑤促进员工知识积累和能力开发；⑥实现组织目标和员工个人发展目标的协调；⑦控制人工成本。

2. 薪酬管理的内容

1) 薪酬计划管理

薪酬是企业人工成本的主要组成部分，因而企业每年应根据企业人力资源计划制定企业薪酬总额预算，以有效地对人工成本进行控制。

薪酬预算，是指企业管理者在薪酬管理过程中进行的一系列成本开支方面的权衡和取舍。薪酬预算是薪酬控制的重要环节，准确的预算可以保证企业在未来一段时间内的薪酬支付受到一定程度的协调和控制。薪酬预算要求管理在进行薪酬决策时，综合考虑企业的财务状况、薪酬结构及企业所处的市场环境因素的影响，确保企业的薪酬成本不超出企业的承受能力。制订薪酬计划时可制作薪酬计划表，以便于统计分析，如表 9-2 所示。

表 9-2　薪酬计划表

编号	姓名	岗位	岗位异动	考核	目前薪酬	薪酬异动	薪酬	备注
合计								

2) 薪酬结构管理

薪酬结构管理是指关于薪酬构成要素以及各要素所占比率的管理。薪酬结构应随行业、企业和岗位特征的不同而变化，通过薪酬要素和比率的选择，将组合出不同的薪酬结构。不同的薪酬结构，在支付相同的人工成本的前提下，将产生不同的激励效果，因而，薪酬结构的有效管理将提高所支付人工成本的使用效率。

3) 薪酬水平管理

薪酬水平管理是薪酬管理的核心内容，薪酬水平的高低直接影响到企业吸引、保留和激励人才，但企业都有人工成本控制问题，企业须同时考虑员工薪酬水平的外部竞争力和企业人工成本承受力，因而，企业应经常关注市场薪酬水平的变化，结合企业的实际情况进行薪酬水平的调整。

通常情况下，影响员工薪酬满意度的最直接因素是内部公平性。企业应建立科学规范的岗位价值评估体系、能力评估体系和绩效考评体系，在这些基础上提供员工相对公平的薪酬水平。

4) 薪酬日常管理

薪酬方案确定后，薪酬的日常管理将是一项长期工作，企业招聘员工、员工岗位异动都将面临薪酬确定问题。另外，员工年度考核后，部分员工的薪酬将进行异动，而薪酬的核算和支付将是一项经常性工作。薪酬的日常管理主要有以下几项工作。

(1) 员工工资定级。包括新进人员的工资定级和换岗人员的工资定级。

(2) 员工工资异动。包括自然异动和考核异动。

(3) 员工薪资、福利支付。

5) 薪酬诊断

企业薪酬确定后，不是一成不变的，随着企业外部环境和内部环境的变化，原有的薪酬体系将会不适应企业的发展需要，也会出现较多问题，因而需要定期对薪酬体系进行诊断，找出存在的问题，对原有薪酬体系进行完善或重新设计。企业在进行薪酬诊断时一般需要做这几个方面的工作：①员工薪酬满意度调查；②外部薪酬调查；③薪酬政策分析；④薪酬结构分析；⑤薪酬水平及竞争性分析。

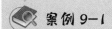 案例 9-1

薪酬成离职主因，日企悄然刮起加薪风

"整体而言，我们计划薪资增 12%。"一家来自日资半导体制造企业的 HR 话音未落，便激起一片惊叹。

> 一直以来，日资企业的薪酬给人的印象都是"偏低"，尤其是在与欧美企业提供的薪资相比时，更显得略低一筹。因此，上述HR透露的计划令同行惊讶也就不足为奇了。不过在最近的一份有关日资企业的薪酬状况的调研报告中，在沪的日资非制造型企业今年全年平均薪资增长11.1%。而这份报告中预计，2008年日资非制造型企业的薪资仍将维持高位增长。广州的一家日资汽车厂日前也发布了调薪方案，其中办公室行政人员的基本工资将近翻一番。这是这家公司近年来增幅最大的一次调薪。众多事实显示，日资企业增加薪资的信号已经非常明显。
>
> 一个有趣的现象是，在欧美企业里，员工的首要离职原因里常常是个人职业发展，但在日资企业里，员工离职的首要原因则直言不讳地变成了"薪酬"。超过30%的员工因薪资原因选择跳槽，而在欧美企业，则有超过40%的员工由个人发展原因选择跳槽。
>
> 从日企加薪风可以看出，薪酬对于企业的稳定与发展具有重要的作用。
>
> （资料来源：[美]约翰·伯纳丁.人力资源管理实践的方法[M].4版.彭纪生，译.南京：南京大学出版社，2009.）

6）薪酬沟通

薪酬能否成为有效的激励手段不仅仅取决于薪酬设计是否科学合理，同时还取决于企业能否对薪酬进行有效的管理，尤其是如何将薪酬方案采取适当的方式和员工进行沟通。沟通得好，员工对薪酬方案就更易接受，薪酬的正面作用就发挥得好，反之薪酬的负面作用也很突出。因此，对薪酬方案进行有效的沟通是整个薪酬管理中十分重要的组成部分。

美国的薪酬管理专家约翰·鲁比诺（John A. Rubino）在对企业的薪酬沟通（Communicating Compensation）实践进行了深入研究的基础上，提出了一种进行薪酬方案沟通的系统性方法，通过确定目标、获取信息、开发策略、决定媒介、召开会议、评价方案六个步骤，企业可以成功地计划、开发和实施薪酬沟通方案，在企业和员工之间就薪酬问题达成共识，从而为薪酬体系的有效运行奠定基础。

9.1.6 薪酬变化趋势

在过去的十年中，薪酬的变化主要有以下3个趋势。

(1) 薪酬战略和实践的多样性大大增加。以前，员工的薪酬包含基础工资（组织称之为"竞争性的"）和一系列预先设定好的津贴（组织称之为"补偿性的"）。今天，企业则提供形式多样的薪酬支付，如雇员奖金、一次性奖励分红、团队激励计划、以股权为基础的成功分享计划等，并且员工的福利选择更加宽泛和灵活。

(2) 薪酬支付不公显著增加。过去十年中，经理人员平均薪酬增加了3倍多。根据国务院发展研究中心企业研究所在2004年发布的《转型中国企业人力资源管理》报告，与原来体制相比，企业"高管"与企业员工的薪酬差距明显拉大：两者薪酬差距1～5倍的比例由原来的74.99%，降低为52.39%，而两者薪酬差距8倍以上的比例则从原来的不到10%，增长为现在的24.53%。需要说明的是：这种薪酬差距的扩大并不仅仅体现在企业"高管"与企业员工之间，在其他职位层级之间也大多如此。

(3) 薪酬支付计划越来越多地用来应对组织的重大变化和重组，尤其是在裁员和重组过程中及重组后。20 世纪 90 年代，当 IBM 开始进行重组时，应对变化的重要工具之一就是全面重新设计薪酬体系，摒弃了传统的工作评价方式和薪酬等级结构。将不同的工作从 5 000 个减少为 1 200 个，并显著增加了个人的绩效工资和在组织内创立了各个层次的风险工资计划。尽管人力资源专业人员和薪酬专家继续对该计划进行设计和开发，但大多日常管理已转移到一线经理身上，使得薪酬不仅是人力资源规划的组成部分，更大程度上成为一种管理的工具。过去，薪酬专家更强调直接调整企业战略和薪酬计划，然而，十多年来，已经显现出对薪酬计划在支撑、传达甚至是引导新的组织价值观和绩效标准方面的重新思考的趋势。

总之，薪酬计划处于转型过程。组织正尝试着不同类型的薪酬计划结构：在薪酬计划中对经费进行不同形式的划拨；质疑薪酬计划设计的传统模式（相当刚性的模式）；寻求有更多回报的薪酬投资的创新性的方式等。

9.2 战略性薪酬

传统的薪酬管理普遍关注的是薪酬的基本制度设计和相关的技术方法，但随着组织经营环境的变化，传统薪酬体系出现了一些问题：传统的薪酬体系缺乏弹性，不能起到很好的激励效果；不能加强团队合作与参与的企业文化；不能适应组织扁平化；不支持企业发展战略。由于传统薪酬管理手段的局限性，它已跟不上当今经济发展的步伐。在今天这样激烈竞争的市场环境中，企业员工的工作内容日益复杂，工作动机多元化，薪酬不仅要具有可操作性，而且要能够有效地辅助组织战略的实现，许多企业管理者逐步认识到"薪酬必须跟着战略走"，因此，战略性薪酬管理应运而生，组织应考虑怎样把薪酬与企业的内在需求、战略要求和文化要求相匹配。战略性薪酬在国内企业的实践中还没有形成可借鉴的模式和经验，大部分企业处在摸索的阶段，许多相关理论和经验来自于经营比较成功的国外企业。

9.2.1 战略性薪酬管理的内涵

所谓战略性薪酬管理是指在做薪酬决策时要对环境中的机会及威胁做出适当的回应，并且要配合或支持组织全盘的、长期的发展方向以及目标。但是，并非所有薪酬管理都是战略性的，George T. Milkovich（乔治·T. 米尔科维奇）认为要使薪酬管理具有战略性就必须对现实的环境压力具有相当的敏锐力。所以，他认为"战略性薪酬管理"应该界定为：对组织绩效具有关键性的薪酬决策模式。也就是说，能对组织绩效产生重大影响的薪酬决策模式具有

阅读材料

乔治·T. 米尔科维奇

战略性。这些具有战略性、能影响组织绩效的薪酬决策包括的内容如表 9-3 所示。

表 9-3 有关薪酬的战略性决策

决策的要素	决策的内容
竞争性	薪酬的水准；领先、落后或适中；总薪酬、选择性薪酬的实施风险
内部结构	组织内部薪酬差异；薪酬的等级数目、层级标准与组织特征的一致性；工作评价制度的种类
组成形式	薪酬形式的种类；每一种形式的相对重要性；短期或长期的选择
加薪根据	强调合作或绩效的选择；特殊标准，依照个人、部门或团队绩效；加薪多寡与次数
在整个人力资源战略中所占的角色	所占的地位为优势、同等或次要；单独改变或支持组织改变
实施形态	员工参与；沟通；集中化；解决争端的方法

战略性薪酬管理是对整个组织的薪酬从总体上构建一个系统性的决策与管理模式，而不是仅对某个部门、某些人员的薪酬决策与管理。这种薪酬决策与管理模式的构建不能仅考虑组织目前的状态，还要考虑组织长远发展的趋势，适应组织长期发展的需要。因此，战略性薪酬管理实质上就是采用一种崭新的理念，即战略性观点看待薪酬管理，并做出一系列的战略性薪酬决策。战略薪酬管理首先从薪酬战略决策体现出来，通过调整与薪酬有关的要素来实现。

美国学者路易斯·R. 乔米兹-米嘉 (Luis R. Gomez-Mejia) 和塞瑞琴·M. 威尔鲍 (Theresa M. Wellbourne) 将薪酬战略 (Compensation Strategy) 定义为"在特殊条件下会对组织绩效和人力资源的有效使用产生影响的一系列重要的报酬支付选择。"薪酬战略的核心是通过一系列报酬策略来选择帮助组织赢得并保持竞争优势的方法。

薪酬战略作为一种潜在手段，它通过支持企业的经营战略，提高企业的外部适应能力，从而提升企业的竞争优势。一个好的薪酬战略能够把组织的战略目标和价值观转化为具体的行动方案，从而在 3 个方面推进组织战略的实施：①通过设计高效的薪酬管理体系，能帮助企业有效地控制劳动力成本，保持成本竞争优势；②通过设计有市场竞争力的薪酬方案，能够帮助企业吸纳和保留核心人才，从而使企业保持核心能力优势；③通过设计确保内部公平性的分层分类的薪酬方案，能帮助企业有效激励员工，改变员工态度和行为，促进员工的行为与组织目标保持一致，从而推动企业战略有效实施，赢得竞争优势。

9.2.2 战略性薪酬管理模型

战略薪酬管理和传统的薪酬管理的区别可以从战略薪酬管理的模型中更清楚地看出来，如图 9.5 所示。薪酬管理的核心内容包括了薪酬结构、薪酬制度的设计以及薪酬体系的运行管理。与传统薪酬体系不同的是，传统薪酬体系是以内部公平性、外部公平性和个人公平性作为目标,而战略薪酬管理强调,在根据组织愿景和使命、组织战略以及组织文化形成的薪酬战略和理论的导向下,内部公平、外部公平和个人公平作为一种原则,通过设计合理的薪酬管理体系,使得薪酬管理实现组织的战略目标、提高组织竞争能力,并促进组织持续发展。只有在这样的框架下,薪酬体系才能在真正意义上实现对组织的战略性推动作用。

战略薪酬管理摒弃了原有的科层体系和官僚结构,以客户满意度为中心,鼓励创新精神和持续的绩效改进,并对娴熟的专业技能提供奖励,从而在员工和企业之间营造出一种双赢的工作环境。与传统的薪酬战略相比,战略薪酬管理强调的是外部市场敏感性而不是内部一致性;是以绩效为基础的可变薪酬而不是年度定期加薪;是风险分担的伙伴关系而不是既得权利;是弹性的贡献机会而不是工作;是横向的流动而不是垂直的晋升;是就业的能力而不是工作的保障性;是团队的贡献而不是个人的贡献。因此,在战略薪酬管理下,不同的薪酬构成所扮演的角色和发挥的作用也出现了变化。

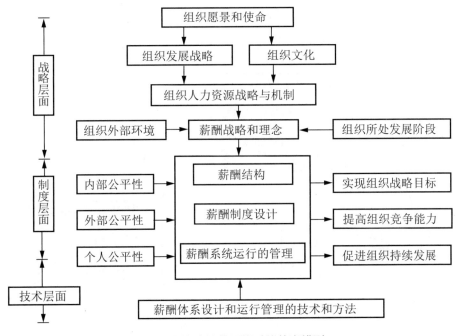

图 9.5 战略性薪酬体系的基本模型

1. 基本薪酬

在企业支付能力一定的情况下,尽量将基本薪酬水平紧密地与竞争性劳动力市场保持一致,以保证组织能够获得高质量的人才——利用基本工资来强调那些对企业具有战略重要性的工作和技能。同时,基本薪酬还起着充当可变薪酬的一个平台作用。

2. 可变薪酬

战略性薪酬管理更强调可变薪酬的运用。这是因为,与基本薪酬相比,可变薪酬更容易通过调整来反映组织目标的变化。在动态环境下,面向较大员工群体实行的可变薪酬能够针对员工和组织所面临的变革和较为复杂的挑战做出灵活反应,这不仅能够以一种积极的方式将员工和企业联系在一起，同时还能起到鼓励团队合作的效果。此外，可变薪酬一方面能够对员工所达成的有利于企业成功的绩效提供灵活的奖励；另外，在企业经营不善时可变薪酬还有利于控制成本开支。事实上，团队可变薪酬、利润分享、一次性奖励以及个人可变薪酬等多种可变薪酬形式的灵活运用以及由此而产生的激励性和灵活性，恰恰是战略薪酬管理的一个重要特征。

3. 福利

战略薪酬管理之下的福利计划也是针对企业的绩效并且强调经营目标的实现的，而并非是像过去那样单纯地为了追随其他的企业。薪酬战略强调为迎接未来的挑战而创新性地使用福利计划，尤其是弹性福利计划，要求企业必须重视对间接薪酬成本进行管理以及实行合理的福利成本分担。

9.2.3 战略导向的薪酬管理体系的构建

1. 制定薪酬战略的步骤

乔治·T. 米尔科维奇认为，制定薪酬战略需要 4 个步骤，如图 9.6 所示。

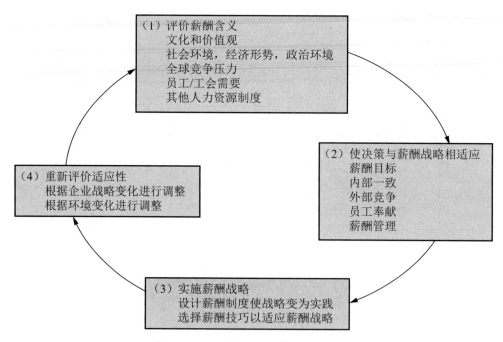

图 9.6 形成薪酬战略的关键步骤

1) 评价薪酬含义

了解企业所从事的行业及企业如何在该行业竞争。文化和价值观是企业制定薪酬战略的指南；外部环境影响着薪酬战略的选择，如企业所处的经济、社会、政治环境和全球的竞争压力，以及员工的需要、工会的压力等。因此，企业在全面评价组织所面临的内部和外部环境及其对薪酬的影响的基础上，然后才能确定为了在特定的环境中取得竞争优势所需要采纳的薪酬战略。

另外,薪酬战略的制订要与人力资源管理其他程序之间相互适应和配合,以保证整个人力资源管理战略的一致性。

2) 使决策与薪酬战略相适应

制定与组织战略和环境背景相匹配的薪酬战略,必须考虑的因素,包括确定薪酬目标、内部一致性、外部竞争力、员工的奉献和薪酬管理。

薪酬决策的内容包括薪酬体系决策、薪酬水平决策、薪酬结构决策、薪酬管理过程决策等诸多方面的问题。薪酬决策的核心是使企业的薪酬系统有助于企业战略目标的实现、具备外部竞争性及内部一致性、合理认可员工的贡献及提高薪酬管理过程的有效性。由于不同类型的薪酬决策支持不同的企业战略,因此企业必须根据组织的经营环境和既定战略来作出合理的薪酬决策。

3) 实施薪酬战略

实施薪酬战略包括:设计薪酬制度使战略变为实践和选择薪酬技巧以适应薪酬战略。企业将薪酬战略用一定的薪酬体系体现出来,选择一定的薪酬技术来实现企业的战略目标要求。

4) 重新评价适应性

对薪酬系统的匹配进行再评价。薪酬系统的设计和实施不可能是一劳永逸的,管理者必须根据企业战略变化、根据环境变化不断地进行重新评价并加以适时更新。

2. 基于战略的薪酬体系设计

米尔科维奇认为成功的薪酬战略应当随着企业战略和人力资源战略的改变而改变。设计成功的薪酬体系,可支持公司的经营战略,能承受来自社会、竞争、法规及组织内部等各方面的压力,通过有效的薪酬管理系统把员工、管理者和组织(或所有者)结成利益共同体,有力地激励和约束人们的态度和行为,在满足组织和员工的双向需求的同时,促进组织的事业发展和战略目标的实现,从而使企业增强或保持竞争优势。基于战略的薪酬体系设计应包括的基本步骤,如图9.7所示。

(1) 企业薪酬战略的设计必须基于组织的战略来展开。组织战略可分为两个层面:一个是公司层战略,包括公司的战略目标、战略前景和价值观等;另一个是建立在整个公司战略基础之上的业务单元的战略。

(2) 在确立了企业公司层战略和业务单元战略的基础上,需要根据这两个层面的战略来安排企业的人力资源战略,即思考人力资源在企业战略规划中的作用,以及企业通过什么样的人力资源系统来支撑企业的战略与目标。

(3) 薪酬战略属于人力资源战略的一个组成部分,是建立在人力资源战略基础之上的、支撑整个人力资源战略的子系统。

(4) 确定薪酬战略,并将薪酬战略转化为具体的薪酬制度和薪酬管理流程,以有效地引导和改变员工的工作态度和行为方式,形成自己的竞争优势。

根据路易斯·R.乔米兹-米嘉和米尔科维奇等人的研究,对应于企业不同的经营战略,企业要采取不同的更具体的薪酬方案。例如,创新战略强调冒险,其方式是不再过多重视评价和强调各种技能或职位，而是应该重点放在激励工资上，以此鼓励员工大胆创新，缩短从产品设计到顾客购买之间的时间差。成本领先战略以效率为中心，注意控制劳动成本，强调少用人、多办事，其方式是降低成本、鼓励提高生产率，详细而精确地规定工作量。以顾客为核心的战略将顾客的满意度作为员工业绩的评价指标，提出按顾客满意度来给员工支付报酬。

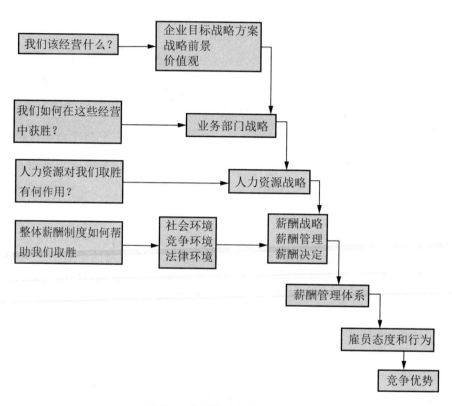

图 9.7　基于战略的薪酬体系设计

因此，企业必须从战略的层面来看待薪酬及薪酬管理，薪酬制度和薪酬政策应当是服从于企业的总体经营战略，以及与之相关的其他人力资源管理政策。作为企业赢得竞争优势的一个重要源泉，薪酬及薪酬管理必须能够支持企业的经营战略，与企业的文化相容，并且具有对外界压力做出快速反应的能力。

9.3　薪酬设计

9.3.1　薪酬设计原则

有效的薪资可以将员工的利益和企业的目标与发展前途有机地结合起来。传统薪酬设计的原则有：公平性、竞争性、认可性、平衡性、激励性和战略性原则。

1. 传统薪酬设计原则

1) 公平性原则

薪酬确定公平还是不公平极大地影响着员工的工作绩效和生产率。在进行薪酬水平和薪酬结构设计时,要注意员工可能会对薪酬进行 3 种公平性的比较,即外部公平、内部公平、自身公平问题。

2) 竞争性原则

企业要在激烈的市场竞争中取得优势,人才的竞争将是关键,为吸引、保留和激励人才,企业需提供富有市场竞争力的薪酬。

3) 认可性原则

如果设计出来的薪酬系统不能为员工所认可和接受,那么无论其技术方面做得多么出色也是没有任何成效的。因此要让员工明白现行的薪酬决策是怎么做出的,工资结构为什么要设计成某种形式,企业为什么要对工资结构做出某种调整,为什么这种决策是最适合本企业的等。可以采用让员工参与到薪酬决策中来,或运用有效的方式与员工进行沟通等方法,来使员工认可和赞同薪酬系统。同时,要根据不同岗位的特点制定不同的工资结构,针对不同的工作性质和员工不同的特点和喜好,选择支付薪酬的内容结构。否则,企业很难吸引和留住忠诚和优秀的员工。

4) 平衡性原则

控制人工成本也是人力资源管理工作的一项重要任务。因此,在进行薪酬管理的时候,首先要注意在保持有竞争力的薪酬水平与控制高额的人工成本之间进行适当的平衡。同时,在确立薪酬结构时也要注意薪酬的各个组成部分保持怎样的比率,如何平衡才能更好地满足员工的需要。比如,是提高货币工资,提高多大的比例还是实施退休金计划,都要进行慎重的考虑。

5) 激励性原则

有效的补偿和薪酬系统能够刺激员工努力工作,提高效率。由于各职务对企业的重要性、任职资格条件、工资环境等不同,因此,较为平均的做法会影响某些重要岗位的员工的积极性。如果企业内部员工的薪酬与工资努力、个人对企业的贡献之间的匹配性不强,没有起到很好的激励作用,就会引起员工不满的情绪。因此,要反对平均主义,薪酬分配应适度向高岗位、关键人才、市场供给短缺人才倾斜,同时,要适当拉开薪酬差距,对绩效高的员工提供更好的薪酬。

6) 战略性原则

企业薪酬设计应考虑对企业战略的支持,企业薪酬制度要在价值导向和行为导向上符合企业的发展战略。如企业实施的成本领先战略,则在薪酬水平的设计时应更多地关注人工成本,对于企业成本控制和节约的行为应给予鼓励。若企业实施产品差异化战略,则在薪酬水平设计时应更多地考虑对高素质人才的吸引,薪酬的支付应鼓励创新和员工技能的提高。

2. 现代组织薪酬设计原则

传统薪酬设计原则总体来说更多关注的是员工个人对于薪酬的要求以及可见薪酬的激励作用，但是随着时代的发展，现代组织实践以及管理原则中更多需要的团队合作，事业的成功更多的是依赖团队的合作，而不仅仅是个人十分有限的作用，所以有必要建立基于团队的奖励而非个人的奖励机制。同时需要指出的是，当物质刺激达到一定程度的时候，人的满足感是会逐渐递减的，组织激励的作用也伴随着逐渐减弱，所以现代管理心理学要求组织更多的是从内在的心理上去激励员工，现代组织更应该重视附加报酬和隐性报酬等员工内在的心理需求。因此，企业在进行薪酬管理的时候，要保证符合以下原则。

1) 薪酬设计的团队原则

为了促使团队成员之间相互合作，同时防止上下级之间由于工资差距过大导致出现低层人员心态不平衡的现象，有必要建立团队奖励计划。尤其在协作性的组织中，基于团队的奖励对组织的绩效具有十分重要的作用，使人们意识到只有团队协作，自己才能获益。对优秀团队的考核标准和奖励标准，要事先定义清楚并保证团队成员都能理解。

2) 薪酬设计的隐性报酬原则

如前所述，报酬由两种不同性质的内容构成：金钱报酬和非金钱奖励。金钱报酬属于有形的外在报酬，非金钱奖励属于内在的附加报酬，它是基于工作任务本身但不能直接获得的报酬，属于隐性酬劳。外在的金钱激励方式虽然能显著提高效果，但是持续的时间不长久，处理得不好，会产生适得其反的作用；而内在的心理激励，虽然激励过程需要较长的时间，但一经激励，不仅可以提高效果，更主要的是具有持久性。

对于高层次的员工和知识型的员工，内在的心理报酬很大程度上左右着工作满意度和工作成绩。因此，组织可以通过工作制度、员工影响力、人力资本流动政策来执行内在报酬，让员工从工作本身中得到最大的满足。

3) 薪酬目标设计的双赢原则

个人与组织都有其特定的目标指向。个人参与某个组织是为了实现自己的目标，而组织目标的形成必然压制个人目标的实现。就薪酬而言，个人和组织都有各自的薪酬目标。作为员工，为了实现自己的价值就希望通过获取高的报酬来加以体现，而组织为了有效利用资源和降低运转成本，希望以"较小的投入"换取较大的回报。结果，两个薪酬目标之间没有合适的接口，企业付出的薪酬没有能激励员工，更不能换回高的回报，而员工的愿望和目标同样被压制，产生怠工心理。造成企业对员工不满，员工对企业抱怨的局面。所以，管理层在制定薪酬制度时，有必要上下相互沟通和协调，让员工参与薪酬制度的制定，找到劳资双方都满意的结合点。

9.3.2 市场薪酬调查

市场薪酬调查是确定薪酬政策，确保薪酬外部公平性的依据。薪酬调查就是指企业通过搜集信息来判断其他企业所支付的薪酬状况这样一个系统过程。通过薪酬调查可以获得各种相关企业（包括自己的竞争对手）向员工支付的薪酬水平和薪酬结构等方面的信息。这样，企业就可以根据调查结果来确定自己当前的薪酬水平相对于竞争对手在既定劳动力市场上的位置，从而调整自己的薪酬水平甚至薪酬结构。

1. 薪酬调查的目的

具体来说，企业一般都会希望通过薪酬调查达到以下几个方面的目的。

1) 调整薪酬水平

大多数企业都会定期调整自己的薪酬水平，而调整的依据一般包括生活成本变动、员工的绩效改善、企业的经营状况与支付能力等，当然也有可能仅仅是因为感觉到竞争对手的薪酬水平有所变化而需要调整本企业的薪酬水平。在后面这种情况下，企业尤其需要通过薪酬调查来了解竞争对手的薪酬变化情况，并有针对性地制定自己的薪酬调整对策，以避免在劳动力市场的竞争中处于不利地位。

2) 调整薪酬结构

根据内部岗位评价得到的岗位结构与从外部市场得到的不同岗位的薪酬结构（Compensation Structure）之间可能存在不一致的情况，而如何在这两种薪酬结构之间进行平衡就是一个很大的问题。这要求企业必须根据自己的经营环境和战略目标做出明智的判断和选择。由于竞争环境的变化，越来越多的企业已经从对内部一致性的强调转移到对外部竞争性的重视：过去企业更为重视的是内部岗位评价，主要是通过内部岗位评价来确定不同岗位之间的薪酬差距，外部薪酬调查的主要作用在于为企业总体薪酬水平的确定提供参考依据，它对企业内部不同岗位之间的薪酬差距并无太大的影响。现在，许多企业却是在利用薪酬调查来评价自身所做的职位评价的有效性。假如企业根据岗位评价的结构将某两种岗位放入同一薪酬等级，但是市场调查的结果却显示这两种岗位之间存在较明显的薪酬差距，那么企业就会对自己的岗位评价过程进行重新检查，或者是单独设立一个新的薪酬等级。此外，随着一些企业逐渐从以岗位为基础的薪酬体系向以任职者为基础的薪酬体系转移，企业就更为依赖市场薪酬调查来确定其薪酬水平以及确保其外部竞争性了。

3) 了解其他企业薪酬管理的最新发展趋势

由于薪酬调查中所要了解的数据并不仅仅限于基本薪酬这样一种简单的信息，它通常还包括奖金、福利、长期激励、休假等各种福利以及加班时间、各种薪酬计划等方面的信息，甚至包括其他企业的员工流动率、加薪频率等。因此，企业可以借此了解某些新型的薪酬管理实践在企业界的流行情况，这有助于企业判断自己是否有必要顺应潮流来实施某种新的薪酬管理实践。

2. 进行薪酬调查的程序

1) 确定薪酬调查的内容

一般来说，企业薪酬调查的内容主要包括以下5个方面：薪酬内容（基本工资、职务津贴、奖金、红利和各种福利保险费用的比率）；其他企业的基本工资情况；除基本工资以外津贴、奖金、红利、福利、可变薪酬的给付情况；其他与薪酬有关的项目；调查的是资深员工还是新进员工的薪酬水平,是平均薪酬水平还是最高的薪酬水平等。

2) 实施调查

企业可以在取得其他被调查企业的支持的前提下,采用电话调查、发放调查问卷或访谈等方式进行数据调查;或者也可以通过咨询企业和调查企业来实施调查。一次好的市场调查要能保证数据的代表性和质量。

3) 调查资料的整理与统计

企业在薪酬调查完毕后,应根据收集到的数据进行分析统计和整理。调查资料的价值不仅仅体现在数据的多少,关键在于调查者从获得的信息中得到的启示,所以必须对调查资料进行各种数据的计算、统计,并根据统计结果针对企业的经营情况、岗位职能等具体情况进行对比分析,而不能只是抽象和单纯地比较数据。

3. 薪酬调查的方法

1) 岗位评定法

对于各个企业都普遍设立的、名称固定并且通用、职能较单一的岗位,一般来说,企业可以在对类似企业中类似岗位的报酬情况进行直接或间接调查的基础上,直接根据市场价格确定岗位报酬。企业还可以采用基准岗位稳定法,即将调查数据用于确定基准岗位,以确定企业的工资等级,并根据其他岗位在企业中的相对价值来确定工资水平。为了保证调查的成功,调查者应该在调查表上提供充足的信息,阐明目标岗位的主要职能,以便被调查者做出正确判断。

2) 职业分类法

这一方法是为了克服岗位评定法的缺点而发展起来的。它在所有岗位中首先确定一系列的基础职业类别,如行政类、管理类、生产类等,调查各个类别的薪酬水平。它可以提供更多岗位的信息,而且不必将本企业的岗位与其他企业的岗位进行比较。

9.3.3 薪酬结构的确定

在薪酬体系确定后,需要进行薪酬结构设计,通常要考虑固定薪酬与浮动薪酬之间的比例,短期薪酬与长期薪酬之间的比例。

1. 固定薪酬与浮动薪酬之间的比例

在薪酬的构成中,固定薪酬主要起到保障的功能,而可变薪酬与绩效指标的完成情况紧紧挂钩,主要起到激励的作用。固定薪酬主要包括基本工资、津贴、福利等要素,浮动薪酬主要包括奖金等要素。

固定薪酬可以保证员工的日常生活,使之产生安全感。但是,如果过高,有可能使员工产生满足感,从而失去努力的动力,削弱薪酬的激励功能。而组织对员工的激励主要由薪酬中的浮动部分实现,这是企业对员工工作表现和成绩的认可。但是,如果浮动薪酬的比例过大(例如目前很多白酒推销人员),又会使员工缺乏安全感及保障,不利于吸引和留住员工,同时也很难培养热爱组织、忠于组织的企业文化。

战略性人力资源管理特别强调"分层与分类的人力资源管理",即在人力资源管理各个模块的实施中,要充分考虑人员在组织中的级别,是高级管理人员、同层管理人员还是一般工作人员,针对不同层级的人员,要实施区别对待的人力资源管理政策。另外,由于"二八原理"的存在,掌握核心技术的研发人员以及掌握决策权的高级经营管理人员,在人力资源管理中也应该施以特殊的政策,以充分激励这部分人员。"分层与分类的人力资源管理"的思路,在薪酬管理中表现得特别明显。根据企业界薪酬管理的实践经验,岗位在组织架构中的级别越高,其工作内容中日常运营部分越少而战略部分越多,对企业总体经营业绩的影响越直接,则该岗位薪酬中的浮动比例也越大,反之则应越小。图9.8是对不同层次员工和不同专业领域人员固定薪酬和浮动薪酬(主要是指短期奖金)比例的一些经验数据。

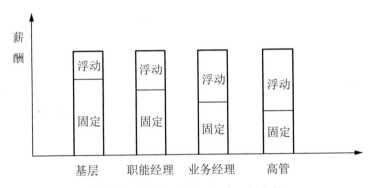

图 9.8　固定薪酬与浮动薪酬的比率

2. 短期薪酬与长期薪酬之间的比例

在现代战略性人力资源管理的过程中,员工不再被认为是带来产出的劳动力要素,薪酬也不再是企业的成本与费用。员工与企业之间的关系已经演化为合作伙伴之间的关系,员工是企业发展的参与者和决定力量。为了保持企业的可持续发展,必须给予员工长期的激励,特别是给予高级管理人员和核心技术人员以长期的激励。短期薪酬主要包括员工的基本工资和短期奖金,职能是在年度经营中激励员工为实现经营目标而努力。为了长期地激励员工,就必须建立长期薪酬的激励机制。长期薪酬主要是员工所获得的长期激励,主要包括员工持股、模拟股票期权和延期支付计划等。短期薪酬和长期薪酬之间的比例通常跟员工在组织架构中所处的等级层次相关,在基层员工的薪酬总额中,短期薪酬往往占了绝大部分的比重;在中层管理人员的薪酬总额中,短期薪酬的比重下降,但仍旧是薪酬的主要组成部分;而在高层管理人员的薪酬总额中,短期薪酬的比重进一步下降,甚至会低于长期薪酬所占的比重。比如,国外有调查报告称,近年来美国公司总裁的年度收入由两部分组成:一是基本工资和短期奖金等短期收入;二是股票期权等长期收入。其中,基本工资占总收入的21%,短期奖金占总收入的27%,两者合计即短期收入占总收入的48%;股票期权收入占总收入的36%,其他长期激励占总收入的16%,两者合计即长期收入占总收入的52%。从行业因素的影响来看,一般在新兴行业、高科技行业中长期激励实施较普遍,长期激励占员工总收入百分比也较高,如IT行业就是实施较多长期激励力度也较大的一个行业。这是因为 IT 企业的经营业绩波动较大，企业的成功与人的关系很大，所以 IT 企业一般都很重视对员工的激励。

3. 三种不同薪酬要素比例的结构类型

薪酬要素比例的设计应结合企业的不同发展阶段、薪酬政策和岗位特征设置。一般情况下，薪酬结构的构成要素中包括刚性和弹性部分，刚性和弹性部分不同比例的组合可组成三种不同类型的薪酬结构。

1) 高弹性结构

在某些公司中薪酬主要根据个人当时绩效决定，不同时期个人收入起伏较大，在这些企业中集体福利一般比重较小，奖金占的比重较大，或实行所谓浮动工资、绩效工资，如计件工资、销售提成制、"除本分成制"等。这种模式激励性强、员工安全感差、适合于员工流动率高，工作热情低的情形。

2) 高稳定结构

在某些公司中，薪酬与员工当时绩效关系不太大，而主要取决于年资及公司经营状况，因此个人收入相对稳定，给人一种安全感。在这些企业中基础工资占主要成分，集体福利一般比较好，奖金即便可观，也主要根据整个公司经营状况按照个人工资一定比例发放，如日本许多大公司就采取这种模式。这种模式有较强的安全感，但缺乏激励功能，人工成本高。

3) 平衡结构

这种结构具有弹性，能够不断激励员工提高绩效，而且还具有稳定性，为员工提供一种安全感，使他们关注长远目标。这是一种比较理想的结构，它需要根据企业的生产经营目标、工作特点以及收益状况合理搭配。

9.3.4 岗位工资设计

薪酬设计的核心是薪酬的内部公平性。合理的等级设计体现了薪酬的内部公平性。等级设计是薪酬设计的骨架，而等级设计又依赖于岗位评估。下面对以岗位为基础的薪酬模式为例进行设计。

阅读小材料 9—1

五指争大

有一天，五根指头聚在一起，讨论谁是真正的老大。

大拇指骄傲地率先发言，说："五根指头中，我排在第一而且最粗大，人们在称赞最好或表现杰出的时候，总是竖起我，所以老大非我莫属！"

食指不以为然，急着辩解："我才是老大，人们在吃饭时，如果没有我支持着，根本就夹不了菜；另外，人们在指示方向的时候，总是依靠我。"

中指不屑地说："要说我们中间谁是老大，那一定就是我，在五根指头中，我最修长，犹如鹤立鸡群，而且我居最中间的位置，大家众星捧月，这不就是老大的证明吗？"

> 无名指也不甘示弱，理直气壮地讲："三位也未免太自大了，世上最珍贵的珠宝，只有套在我身上，才能相得益彰，因此我才配做老大。"
>
> 小指在一旁，只是静默不语，四指惊讶地问道："喂，你怎么不谈谈你的看法，难道你不想做老大？"
>
> "各位都有显赫的地位，我人微言轻，只是人们在合十礼拜或打躬作揖的时候，我是最靠近真理与对方的。"
>
> 就这样五根指头谁也没有说服其他几位，大家还是总觉得自己才是老大。
>
> 点睛：
>
> 在现实社会中，每个人、每个岗位都有其存在的价值，人们总是争论所谓的谁大谁小、谁轻谁重的问题，如果不将他们放在一个特定的环境中，提供一个共同的参照点，大家都说自己重要，也许每个人说的都有道理，但谁也不可能说服谁。
>
> 在企业管理中，谁更重要的问题往往涉及薪酬体系设定，是影响企业发展动力的重要因素。在现实中企业总由多个岗位组成，不同岗位的员工对企业有着不同贡献，而每一个岗位对企业来说都是不可或缺的重要部分，因此需要采取一定的方法，进行企业内部的岗位价值评估，并将之纳入绩效管理工作之内，保持企业正常有效的发展。

1. 岗位评估

岗位评估 (Position Appraisal) 也被称为职位评价、岗位评价，是指在工作分析的基础上充分收集工作岗位各方面的信息，以工作岗位的工作内容和对组织的价值贡献为依据，对岗位的责任大小、工作强度、所需任职条件等特性进行评价，以确定岗位间相对价值的过程。其结果是形成企业内部岗位的相对价值体系，最终确定岗位的薪酬等级。

1) 岗位评估的作用

岗位评估能在较大程度上解决薪酬的内部公平性问题，通过岗位评估可以比较企业内部各个岗位的相对重要性，得出岗位价值序列，使不同岗位之间具有纵向和横向的可比性，为确保薪酬的公平性奠定基础。同时，还可以为进行薪酬调查建立统一的岗位评估标准，消除不同企业之间由于岗位名称不同，或即使岗位名称相同但实际工作要求和工作内容不同所导致的岗位差异，使薪酬调查结果具有实际参照价值。岗位评估还能引导员工的职业发展方向，吸引、保留和激励员工。

2) 岗位评估的特点

(1) "对岗位不对人"，即岗位评估的对象是企业中客观存在的岗位，而不是任职者；岗位评估衡量的是岗位的相对价值，而不是绝对价值。

(2) 岗位评估过程是根据预先规定的衡量标准对岗位的主要影响指标逐一进行测定、评比、估价，由此得出各个岗位的量值，使岗位之间有对比的基础。

(3) 岗位评估先对性质相同的岗位进行分类，然后根据评定结果再划分出不同的等级。

3) 岗位评估的方法

岗位评估有多种方法，常用的主要方法有：岗位排列法、岗位分类法、要素比较法、要素计点法、海氏评价系统等。企业在岗位评估实践中可结合企业特点进行选择，通常需要结合使用。我们对几种岗位评估方法作一比较，具体见表9-4。下面将对要素计点法和海氏评价系统做具体介绍。

表 9-4 岗位评估方法比较表

岗位评估方法	概述	实施步骤	优点	缺点	适用企业
岗位排列法	根据各种岗位的相对价值或它们对组织的相对贡献进行排列	选择评价岗位；取得工作说明书；进行评价排序	简单方便，易理解、操作，节约成本	评价标准宽泛，很难避免主观因素；要求评价人员对每个岗位的细节都非常熟悉；只能排列各岗位价值的相对次序，无法回答岗位之间的价值差距	岗位设置比较稳定；规模小
岗位分类法	将各岗位与事先确定的一个标准进行比较来确定岗位的相对价值	岗位分析并分类；确定岗位类别的数目；对各岗位类别的各个级别进行定义；将被评价岗位与标准进行比较，将它们定位在合适的岗位类别中合适的级别上	简单明了，易理解、接受，避免出现明显的判断失误	划分类别是关键；成本相对过高	各岗位的差别比较明显；公共部门和大企业的管理岗位
要素比较法	确定标准岗位在劳动力市场的薪酬标准，将非标准岗位与之相比较来确定非标准岗位的薪酬标准	选择普遍存在、工作内容稳定的标准岗位；确定报酬要素；确定各标准岗位在各报酬要素上应得到的基本工资；将非标准岗位在每个薪酬要素上分别同标准岗位进行比较，确定其在各报酬要素上应得到的报酬，并加总	能够直接得到各岗位的薪酬水平	应用最不普遍；要经常做薪酬调查，成本相对较高	能够随时掌握较为详尽的市场薪酬标准
要素计点法	选择关键评价要素和权重，对各要素划分等级，并分别赋予分值，然后对每个岗位进行估值	选择评价标准和权重；各要素划分等级并给予分值；打分	能够量化；可以避免主观因素对评价工作的影响；可以经常调整	设计比较复杂；对管理水平要求较高；成本相对较高	岗位不雷同；岗位设置不稳定；对精确度要求较高
海氏评价系统	实质上是一种计点法，根据3类主体评价要素，对岗位进行评估	按照评价指导图表对岗位进行评估打分；按照岗位对能力和责任要求的重要程度确定权重；计算得出岗位分值	有效解决了不同层级和不同类别岗位相对而对价值的相互比较难题	评价过程非常复杂，并且需请专家帮助进行	各岗位差别较大；在企业的管理岗位

(1) 要素计点法，是一种被广泛应用的岗位评估方法，它提供了一种定量分析岗位价值的方法。通过对每个岗位确定不同的点值，并对这些点值的大小进行比较的方式来确定不同岗位的价值。其主要内容包括确定若干个薪酬要素；对每个要素分等，根据每一个要素的不同等级或水平来分配权重和点值；对每个要素的等级或水平来评价单个工作，以确定其点值；把每个工作每个要素的点数相加，得到每个工作的总点数值，然后将总点数值转化为相应的工资等级。其具体操作程序如下。

① 确定岗位系列。由于不同部门的岗位差别较大，通常使用多种点值评估方案来对所有岗位进行评估。

② 确定岗位的评价要素，比如知识、经验、职责、技能要求、监督管理、工作环境等。

③ 界定评价要素和划分要素等级。用通俗、清楚的文字，为每一个评定要素下定义，以确保评价者在应用这些要素时能保持一致。在界定清要素后，根据各要素的复杂程度决定合适的等级。每个要素等级不超过六个，等级数主要取决于评价者的评价需要，只要可以清楚地区分岗位的水平就可以了。

④ 确定评价要素的权重。这是非常重要的一步，不同的岗位，同样的要素一般来说其权重是不同的。各要素所占的权重，应根据企业的需要和工作的性质灵活来确定。

⑤ 确定各要素计分的点数以及各要素等级的点值。要素计点法中各个要素点数之和，以及各要素权重与点数分配应以易于转化为货币工资为准。将总点数与各个要素的权重相乘，则得出各个要素的点数。再将各个要素的点数，平均分配到各个要素的等级上去。

⑥ 实施评价。根据岗位说明书，按照各薪酬要素分别对该岗位进行评价，再将各岗位中各要素对应的点值进行加总，就得出了该岗位的总点值。表9-5是要素计点法评估表示例。

(2) 海氏评价系统。海氏评价系统又称为"指导图表——形状构成法"，它是由美国薪酬专家艾德华·海于1951年研究开发出来的。海氏评价系统将岗位的付酬要素分为3种，每一个付酬要素又分别由几个子因素构成，具体内容见表9-6。

表9-5 岗位薪酬要素等级划分及分数表

要素指标	因素指标	级别					小计
		1	2	3	4	5	
劳动技能	文化理论知识	2	4	6	8	10	30
	操作技能	12	14	16	18	20	80
	作业复杂程度	3	6	9	12	15	45
	预防、处理事故复杂程度	1	2	3	4	5	15
劳动责任	责任质量	3	5	7	9	11	35
	原材料消耗责任	3	5	7	9	11	35

（续）

要素指标	因素指标	级别 1	级别 2	级别 3	级别 4	级别 5	小计
劳动责任	经济责任	3	5	7	9	11	35
	安全责任	3	5	7	9	11	35
劳动强度	体力劳动强度	12	14	16	18	20	80
	脑力消耗疲劳程度	3	6	9	12	15	45
	作业姿势	2	4	6	8	10	30
	工时利用率和工作班制	1	2	3	4	5	15
劳动环境	微气候条件影响	12	14	16	18	20	80
	作业条件危险性	3	6	9	12	15	45
	有毒有害物危害	2	4	6	8	10	30
	噪声危害	1	2	3	4	5	15
合　计							650

表 9-6　海氏工作评价系统付酬因素描述

付酬因素	付酬因素释义	子因素	子因素释义
技能水平	要使工作绩效达到可接受的水平所必需的专门知识及相应的实际运作技能总和	专业理论知识	对该职务要求从事的职业领域的理论、实际方法与专门知识的理解。该子系统分八个等级，从基本的（第一级）到权威专门技术的（第八级）
		管理诀窍	为达到要求绩效水平而具备的计划、组织、执行、控制、评价的能力与技巧。该子系统分五个等级，从起码的（第一级）到全面的（第五级）
		人际技能	该职务所需要的沟通、协调、激励、培训、关系处理等方面主动而活跃的活动技巧。该子系统分"基本的""重要的""关键的"三个等级
解决问题的能力	在工作中发现问题，分析诊断问题，提出、权衡与评价对策，做出决策等的能力	思维环境	指环境对职务行使者的思维的限制程度。该子因素分八个等级，从几乎一切按既定规则办的第一级（高度常规的）到只做了含混规定的第八级（抽象规定的）
解决问题的能力	在工作中发现问题，分析诊断问题，提出、权衡与评价对策，做出决策等的能力	思维难度	指解决问题时对当事者创造性思维的要求，该子因素分五个等级，从几乎一切按既定规则办的第一级（重复性的），到完全无先例可供借鉴的第五级（无先例的）

(续)

付酬因素	付酬因素释义	子因素	子因素释义
承担的职务责任	指职务行使者的行动对工作最终结构可能造成的影响及承担责任的大小	行动自由度	职务能在多大程度对其工作进行个人性指导与控制,该子因素包含九个等级从自由度最小的第一级(有规定的)到自由度最大的第九级(一般性无指导的)
		职务对后果形成的作用	该子因素包括四个等级:第一级是后勤性作用,即只在提供信息或偶然性服务上出力;第二级是咨询性作用,即出主意与提供建议;第三级是分摊性作用,即与本企业内外其他部门和个人合作,共同行为,责任分摊;第四级是主要作用,即由本人承担主要责任
承担的职务责任	指职务行使者的行动对工作最终结构可能造成的影响及承担责任的大小	职务责任	可能造成的经济性正负后果。该子因素包括四个等级,即微小的、少量的、中级的和大量的,每一级都有相应的金额下限,具体数额要视企业的具体情况而定

① 海氏评价系统的 3 种岗位类型。利用海氏评价系统在评估 3 种主要付酬因素方面不同的分数时,还必须考虑各岗位的"形状构成",以确定该因素的权重,进而据此计算出各岗位相对价值的总分,完成岗位评价活动。海氏认为职务具有一定的"形状",这个形状主要取决于技能和解决问题的能力两个因素相对于职务责任的对比和分配,如图 9.9 所示。

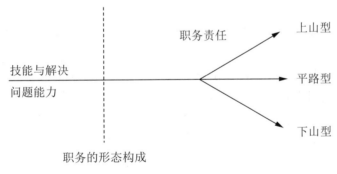

图 9.9 职务形态图

从这个角度出发,企业中的岗位可分为 3 种类型。

(a) 上山型。此岗位中的责任比技能与解决问题的能力重要。如公司总裁、销售经理、负责生产的岗位等。

(b) 平路型。技能和解决问题能力在此类职务中与责任并重、平分秋色,如会计、人事等职能岗位。

(c) 下山型。此类岗位的责任不及技能与解决问题能力重要,如科研开发、市场分析等岗位。

根据 3 种职务的职务形态构成,赋予 3 种职务 3 个不同因素以不同的权重,即分别给三种职务的技能和解决问题的能力两个因素与责任因素赋予代表其重要性的一个百分数权重，这两个百分数之和恰为100%。综合加总时，可以根据企业不同工作职位的具体情况赋予二者以不同的权重。在实际应用时认为海氏法更加适合于管理、技术岗位的评估。

② 海氏评价系统操作步骤。

(a) 确定岗位分数。首先选择需评价的岗位；仔细阅读付酬要素描述表，对各付酬要素子因素的释义加以理解；对照岗位说明书，分别按技能水平、解决问题的能力和承担的岗位责任评价指导表对各岗位进行评分。

(b) 确定岗位能力和责任付酬要素的权重，即岗位状态的构成。

根据岗位所需技能水平、解决问题的能力与承担的岗位责任对岗位价值的影响程度确定各自的权重。如岗位属于"上山型""下山型""平路型"，则将其权重分别确定为(40%/60%)、(60%/40%)、(50%/50%)。

(c) 计算岗位分数。将岗位在三个付酬要素上的评价得分及相应的权重计算岗位总分。计算公式如下：

岗位总分 $=A\times(1+B)\times K_1+C\times K_2$

式中：A——技能要素得分；

B——解决问题的能力得分；

C——承担的岗位责任得分；

K_1——技能水平、解决问题的能力权重；

K_2——承担的岗位责任。

4) 岗位评估的注意事项

(1) 在评估前需对评估者强调岗位评估的对象是岗位的职责，而不是从事某项工作的具体员工。

(2) 评估因素应是符合企业经营战略、体现岗位特征的主要因素。

(3) 评估人员需对企业各项工作有深刻的认识和了解，评估组织者需对评估者进行培训，使评估者对评估因素的理解尽可能一致。

(4) 为了减少内部人员感情因素的影响，可聘请外部专家参与评估或委托外部专家评估。

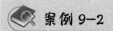
案例 9—2

IBM 薪酬体系的转变

IBM 公司开始从占据本行业的主导地位逐渐转入危机时期。它的衰落是由于多种因素造成的。然而，这几年，它却再度以一个成功公司的面目出现，其中薪酬制度的创新活动对企业文化及员工个人行为所产生的影响是导致公司重新崛起的一个主要因素。

IBM 公司原来的薪酬体系有四个方面的特点。第一，与薪酬的外部竞争性相比，它更为强调薪酬的内部公平性。第二，原有薪酬系统严重官僚化，系统中有 5 000 多种职位和 24 个薪资等级。第三，管理人员在给手下员工增加薪酬方面的分配自主权非常小。第四，单个员工的薪酬收入大部分都来自于基本薪酬，只有很少部分是与利润和股票绩效等风险性因素联系在一起。

现在，IBM 公司薪酬制度在上述所有四个方面都发生了根本性的改变。新薪酬制度是受市场驱动的非常注重外部竞争性，现在的薪酬制度中仅剩下 1 200 种职位和 10 个变动范围更大的薪资等级，这符合公司削弱官僚主义、减少等级层次以及把决策权利分散到管理人员身上的原则，赋予他们按员工的工作绩效支付不同薪酬的权力。奖励性薪酬的增长预算被削减，节省下来的这部分钱被转移到风险薪酬项目上，这样一来，员工的薪酬与企业的绩效目标进一步联系起来。

(资料来源：孙健，纪建悦，等. 人力资源开发与管理[M]. 北京：企业管理出版社，2004.)

2. 薪酬结构参数设计

在薪酬结构设计中，有几个重要参数需要加以仔细考虑，包括薪酬等级、各个薪酬等级之间的级差和每个薪酬等级的宽度等。

1) 等级数量设计

(1) 工资等级要以岗位评估的结果为依据，根据岗位评估得到的每个岗位的最终点数划分等级。为了减少工资等级，往往将评价结果接近的岗位(在同一点数区间的岗位)定为一个等级，如每隔 100 点的区间划为一个等级，从而划分出若干个岗位等级。

(2) 根据企业的规模大小、行业特点、组织结构及岗位的数量，确定工资等级的数量，传统的工资结构一般采用 10～20 个等级。在宽带薪酬结构中一般采用 6 个等级或更少。

2) 级差设计

(1) 划分了工资等级后，还要确定级差。级差又称中点差异，是指相邻薪酬等级中位值之间的差距。在实践中，可以对不同的等级将级差统一处理，即不同的薪资等级中级差相同。也可以根据不同的薪酬等级将级差差别化，根据经验数据来确定级差的数值。传统结构中的级差一般为 15%～25%，现在的工资结构设计中有增大的趋势。其中，最高等级与最低等级的工资比例关系，决定了企业内员工工资拉开差距的大小，差距太小，不能体现薪酬分配的激励性原则，会影响员工积极性；差距太大可能会造成员工的不团结，也可能会使薪酬成本超过企业支付能力。

(2) 工资等级差反映了岗位之间的差别。由于岗位级别越高，岗位之间的劳动差别越大，工作价值差别越大，所以高级别岗位之间的工资差距要大一些，在低级别岗位之间的工资级差要小一些。

3) 等级幅度设计

(1) 为体现员工在能力上的个体差异以及为员工提供工资晋升的通道，往往在同一等级中工资设定一定的浮动范围，称为等级幅度。等级幅度可用此等级最低工资来衡量，也可用此等级的中点来衡量，此外以最小值来衡量。在薪酬设计中常采用在岗位薪酬上设置多个工资档的方法来实现，一般设置 5～7 个档次为宜。

(2) 在传统的结构中等级幅度一般在 30%～60% 之间，现在的薪酬体系设计中有增大的趋势。同薪等级中各工资档之间的工资差距由档次数量和等级幅度确定。

(3) 等级幅度与工资等级的划分方式、等级数量有直接关系。如果是传统型工资结构，由于等级较多，所以等级宽度一般要取小一些；如果是宽带工资结构，由于等级少，所以等级幅度要取大一些。

4) 重叠幅度

由于企业的岗位等级一般都是金字塔型，岗位级别越高，可提供的岗位越少，员工的岗位升迁机会就越少。为了弥补由于岗位数量少而给员工薪酬晋升带来的障碍，工资等级之间的工资标准可以重叠，重叠量一般为 25%～50%。

5) 综合调整

工资等级数量、级差、等级幅度和重叠幅度是工资结构设计中的四个变量。它们相互依赖、相互作用，因为在最低工资等级的最小工资与最高工资等级的最高工资的界限之间，任何一个变量的变化都将影响其他的三个变量。例如，若要求大的级差，则等级数量将减少，若要求有较多的等级数量，则必须接受更小的级差；在级差确定后，若增加等级幅度，则必然增大重叠幅度，若要求重叠幅度较小，则必须接受等级宽幅减小，否则就需增加级差。因此，在结构参数设计时，须综合考虑，选择满足企业目标和薪酬政策的合适的工资结构。工资结构示例图，如图 9.10 所示。

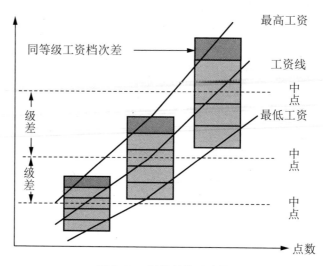

图 9.10 工资结构示意图

工资结构参数示例，如表 9-7 所示。

表 9-7 工资结构参数设计表

点数范围	等级	级差 (%)	幅度 (%)	最小值	中点值	最大值
≤99	1	—	30	870	1000	1130
100~199	2	15	40	958	1150	1342
200~299	3	20	40	1150	1380	1610
300~399	4	20	40	1380	1656	1932
400~499	5	20	40	1656	1987	2318
500~599	6	20	40	1987	2385	2782
≥600	7	25	50	2385	2980	3577

注：表中最小值、最大值的计算公式为：最小值 = 中点值 ×(1+ 幅度 ×2)；最大值 = 中点值 × 幅度。

3. 标准设计

岗位工资标准的设计可以采用两种方法。

(1) 根据市场薪酬水平与企业薪酬水平定位确定，具体方法如下。

①选择基准岗位，根据市场工资水平及企业薪酬水平定位确定基准岗位的薪酬水平。

②根据薪酬结构中岗位工资所占比例确定基准岗位的岗位工资中点值，从而确定基准岗位所在岗位工资等级的中点值。

③根据工资级差、幅度确定各工资等级的岗位工资中点值和等级幅度。

④结合同一工资等级中工资档次数、等级幅度和中点值确定各工资等级中的各档工资标准。

(2) 根据企业岗位工资总额确定，具体方法如下。

①选择基准岗位，将基准岗位所在的工资等级系数定为1。

②根据级差确定各工资等级的工资等级系数。

③将各工资等级系数乘以对应岗位的数量，再进行求和得到所有岗位的总系数。

④将岗位工资总额除以岗位总系数，得到单位系数的工资额。

⑤将各工资等级系数乘以单位系数工资额，即为各工资等级的中点值。

⑥结合同一工资等级中工资档次数、等级幅度和中点值确定各工资等级中的各档工资标准。

9.4 可变薪酬设计

可变薪酬有时又称为浮动薪酬或奖金，是薪酬系统中与绩效直接挂钩的部分。由于各种主客观原因的存在，员工之间的业绩往往存在较大的差异，而可变薪酬就可以在绩效和薪酬之间建立起一种直接的联系，这种业绩既可以是员工个人的业绩，也可以是企业中某团队甚至整个公司的业绩。因此，可变薪酬对于员工具有很强的激励性，对于企业绩效目标的达成起着非常积极的作用。企业常用的可变薪酬有销售提成、计件工资、年薪制等。

阅读案例

薪酬为什么不能拉开差距

9.4.1 销售提成

营销人员薪酬体系大多采用以业绩为基础的薪酬制度，具体体现在销售提成和奖励。提成一般按销售额、销售回款等为基数的一定比率，并结合销售计划完成率、销售回款计划完成率等指标确定提成额。在实际操作中大多数按销售回款为基数，以便控制应收账款数额，加速资金回笼，但也有按销售额为基数的方式，这种方式主要适应于个体基本不承担回款责任或销售回款没有风险的情况。

为了扩大市场份额、推广新产品，在确定提成额时还需考虑市场增长、新产品销售额或销售增长率。其结构有以下几种。

1. 纯提成

此种方式形式简单，激励作用大，有利于打开销售局面，增加市场份额和销售量。但销售人员收入没有保障，承担的风险大，降低企业对销售人员的凝聚力，企业难以对销售人员提出销售过程的要求，不利于销售人员的管理和企业客户资源的管理。这种方式适用于处于创业期和成长初期企业、资金压力和风险大的中小型企业。

2. 基本工资 + 提成

此种方式营销人员的收入能得到基本保障，降低了营销人员的风险，有利于营销人员的稳定。营销人员在得到基本生活保障的基础上，其收入主要来自于销售提成，仍然保持较强的激励作用。

3. 基本工资 + 团队奖励 (提成)

由于某些企业销售业务的特殊性，不便于采用个体的销售提成，比如由于市场的不均衡性，营销人员的销售量的大小很大程度上不取决于个人努力。在此情况下，采用以个人销售量为基数的提成方法不具有可行性，但不采用与销售业绩挂钩的薪酬分配又难以调动营销人员的积极性。为了解决上述矛盾，一般可采用营销团队的奖励 (提成) 方式，结合各个区域的营销团队的人员数量和市场状况，可保持销售量的相对均衡性。营销团队的绩效收入与团队销售业绩直接挂钩，在团队内部分配时，再根据个体的销售计划完成情况和市场开拓情况进行二次分配。

4. 工资 + 个人奖励

有些企业的营销集中于大客户营销，且大客户的开发主要在于企业的中高层营销管理人员，营销人员的主要职责是客户维护和业务事务办理。因而，营销人员不便于采用提成方式获取收入。但毕竟客户的维护对销量有一定的影响，且业务量的大小影响营销人员的工作量，为了有效激励营销人员，所以根据其工作业绩采用奖金的方式进行激励。

9.4.2 计件工资

工作产出能量化的生产岗位一般采用计件工资制。计件工资制是以员工完成的合格产品或工作量以及事先规定的计件单位计算出的薪酬。员工计件工资的多少不仅取决于员工完成的合格产品数量或工作量，还取决于计件单价的高低。

$$员工计件工资 = 产品量 \times 计件单价$$

1. 计件单价

计件单价是员工每完成一个合格产品或工作量能得到的薪酬，计件单价的制定可以有两种方法。

(1) 计件单价 = 单位时间岗位工资标准 / 该岗位单位时间的产量定额。

(2) 计件单价 = 单位时间工资标准 × 单位产品的工时定额。

2．计件工资的形式

(1) 直接无限计件制：上不封顶，同一单价计酬。

(2) 直接有限计件制：在劳动定额内按计件单价支付，对超额部分进行限制，采用封顶的方式。

(3) 累进计件工资制：在劳动定额内按计件单价支付，超额部分在原单价基础上累进单价计发工资，超额越多，单价越高。

(4) 超额计件工资制：在劳动定额内按计时发给基本工资，超额部分发给计件工资。

计件工资的优点是简单易行，分配方法透明。由于计件工资将员工的劳动成果与薪酬直接挂钩，而且每个员工都可以对自己付出的劳动和能够获得的薪酬心中有数，所以有很强的激励作用，有利于提高劳动生产率。但计件工资容易导致员工忽视产品质量。

计件工资的适用范围和对象：适用于生产目的是提高产量，而且生产有连续性和稳定性，员工或部门/班组的产量或工作量可以计量，有科学的定额等制度的企业。

9.4.3 年薪制

1. 年薪制的概念

年薪制是对企业的中高层管理人员、核心技术人员及核心营销人员等经常采用的一种薪酬制度，年薪制以年度为考核周期，根据经营者的经营业绩、难度与风险合理确定其年度收入的一种工资分配制度。年薪制不是高薪制，不是负盈不负亏的坐享其成，而是高激励与高风险的并存。年薪制应是一种动力和压力同在、风险和收益共生、付出和获取并存的回报机制。

2. 年薪制的常见结构

不同的企业由于其企业文化、行业背景、员工观念、管理模式、组织结构等都不尽相同，所以其所适合的年薪制结构模式必然也不尽相同。企业要根据自身的实际情况进行设计。

1) 年薪制结构设计的原则

(1) 报酬与绩效挂钩，股东利益与员工利益二者兼顾。年薪制员工的收入与其经营管理工作的业绩挂钩，报酬的高低随其工作业绩的好坏浮动。工作业绩好，为股东创造的价值多，年薪制员工自身所得的报酬也高。

(2) 固定收入和风险收入相结合，以风险收入为主。企业的经营是有风险的，企业中骨干员工从事的事业是风险事业。同时，员工也要维持家人和自己的生存，还要考虑到企业经营环境中的不确定因素。因此，可以考虑把年薪制员工的报酬分成两部分：一部分作为固定收入，足够维持其个人与家庭生活；另一部分作为风险收入，完全与工作绩效挂钩，使其承担收入风险，从而起到激励的作用。

(3) 长期与短期业绩奖励相结合。年薪制员工的经营管理决策与决策后果的体现是有一定时间距离的。很多时候，年薪制员工的一项重大决策往往需要经过几年以后才能看到利益。为了鼓励年薪制员工做出有利于企业长期生存、发展的决策，既需要对年薪制员工的短期业绩提供奖励，也需要对年薪制员工的长期业绩提供奖励。

(4) 体现收入层级的原则。这里的收入层级包括两层含义：一方面是指拉开年薪制员工收入与一般员工收入的差距，这种差距不应仅仅是2倍、3倍，可以是8倍、10倍或几十倍；另一方面，要看到年薪制员工的收入报酬是一个由一系列层级组成的"报酬包"：最低层级，基本工资——维持因素；第二层级，各种福利——保障因素；第三层级，奖金性薪金——中短期激励因素；第四层级，股票、期权——中长期激励因素。激励制度要善于体现出各个层级的特性与差别，发挥每一个层级应有的作用，使年薪制能充分调动员工的积极性。

(5) 直接确定与间接确定相结合，以间接确定为主。对于年薪制员工的固定收入部分，可以由企业与员工通过协商直接确定。而对于风险收入部分，则应由企业运营的情况、工作的业绩来间接确定。

2) 年薪制结构设计

基于以上原则，把年薪制员工收入设计为多结构模式，从而多角度、多层次引导他们维护所有者利益、企业利益，这样的设计是目前普遍实行的一种年薪制设计的常见模式。

典型的年薪制结构为：薪酬＝月工资＋各种福利＋年终奖金＋长期报酬。

(1) 月工资，有时候也称为月基本工资，属于固定收入，是保证员工及其家人日常生活的基本费用。但是，这一部分也并非绝对不变，随着员工的工作年限、工作能力以及物价等的变化，月工资也可以做适当的调整。月工资在收入结构中的比例一般不会太大。

(2) 各种福利主要包括各种津贴、养老计划、住房公积金和在职消费等待遇。这部分收入与员工的工作业绩关系不大，属于保健性因素，所以这部分收入的比重不宜太大。

福利和津贴可为年薪制员工提供良好的工作条件，解除年薪制员工的某些后顾之忧，有时会让年薪制员工感到身份和地位的与众不同，有利于提高年薪制员工的工作效率，但就总体而言，其激励效果并不大。

(3) 年终奖金，有时也称为绩效奖金，是对年薪制员工工作业绩的阶段性奖励，是不固定的风险收入，是年薪制员工的中短期报酬。年终奖金与公司年度经营管理状况、本人的年度工作业绩挂钩，有较强的激励作用。

年终奖金占年薪制薪酬的相当比例，是年薪制薪酬的重要组成部分。年终奖金有时候会助长员工的短期化行为，在企业同时存在长期利益和短期利益的时候，由于年终奖金的刺激，有时候员工就会过多关注短期的利益、一年内的利益，而忽略了企业的长期利益。为了让企业的发展与员工利益更好地结合，年薪制应该设计一些长期报酬来引导员工关注企业的长期利益。

(4) 长期报酬，也称为股权激励。股票、期权是长期报酬的主要形式。因其一般具有持续期或等待期的约束条件，故对年薪制员工具有良好的长期激励作用，是西方发达国家普遍采用的激励方法。股票、期权也是一种风险收入，通过让年薪制员工参与企业长期发展后的价值分配，激励他们关心企业的长远利益，因为这种股票、期权计划通常是要在至少一年以上的时间内方可有效实行，而且公司的股价是公司长期赢利能力的反映，因此股票、期权计划具有长期激励的特点。它能引导年薪制员工将企业经营管理的目标和本人的工作目标定位于中长期，这是股票、期权和其他的报酬激励形式相比较为优越的地方。

但是，由于奖励的滞后性弱化了激励的效果，而且年薪制员工的股票、期权的收益一般与股价相连，而股价除受企业业绩、企业长期赢利能力的影响以外，还受其他很多因素的影响，例如当股市整体持续走熊，会导致年薪制员工股权收益大幅缩水，这些都会影响年薪制员工的工作积极性。

上述年薪制结构模式，只是一种根据年薪制总结出来的一般性的框架结构，至于年薪制方案具体的形式和具体要素的组合，要结合企业的实际情况，制定最合适的形式、组合和计算方法。

若从吸引人才、留住人才和激励人才3个方面来分析的话，四种激励方法的效果也各不相同，如表9-8所示。

表9-8 四大激励方法对经营者的影响

激励方法	对经营者的影响		
	吸引	留住	激励工作
月工资	中	中	中偏低
各种福利	低	中	低
年终奖金	高	较高	较高
长期报酬（股权激励）	高	高	高

如果单纯从吸引人才的角度来讲，月工资因其使年薪制员工有稳定的收入而对年薪制员工具有一定的吸引力，年终奖金因其挑战性而对年薪制员工存在较大的诱惑力，股权激励的吸引力则需要结合当时的股市行情而定，若股市持续走牛，则股权激励的吸引力就会变得很大。

在留住人才方面，股权激励方法因有持有和等待期限的限制而增加了年薪制员工的退出成本，从而具有良好的作用。年终奖金一般需要在年底绩效考核之后才能兑现，这也增加了年薪制员工的退出成本，所以年奖金对留住人才同样会发挥较大的作用。月工资和各种福利对留住员工发挥的作用是有限的。

在激励年薪制员工工作方面，基本工资、福利和津贴因其相对稳定而失去作用。但直接与企业、个人业绩挂钩的年终奖金和股权激励则显示了良好的激励作用，一般情况下，因为股权激励的金额更大，所以股票和期权的激励性会更高。

当然，这只是一般性的分析，如果考虑到具体年薪制员工的需求、能力、偏好、个人收入水平、人才市场状况及具体企业情况等因素，各种激励方法的作用可能会与上面的分析有很大差别。因此，在制定具体企业年薪制方案时，要实事求是、具体情况具体分析。

9.5 福利

阅读小材料 9-2

员工福利不能再称之为"小额优惠"

通用公司一辆价值 20 000 美元的轿车从生产线上组装完毕后,成本会计师将会告诉你在成本中将有 1 200 美元用于员工的健康保险。与同一辆轿车的钢材成本——500 美元相比,健康保险成本核算对成本的影响是很大的。与在美国的一些外国汽车制造商(有更加年轻、更加健康的员工并且几乎没有退休员工)低达 100 美元的福利相比,通用公司的福利成本高得惊人。

在 20 年中(1955—1975 年),员工福利几乎以 4 倍于员工工资或消费价格指数的速度增长。相比较来说,1963—1987 年,福利成本的增长速度有所下降(福利成本的增长速度是工资增长速度的两倍)。事实上,在 1993—1995 年,福利成本稳定在平均每个全日制员工 14 500 美元左右。

(资料来源:文跃然.薪酬管理原理[M].上海:复旦大学出版社,2013.)

从上面的例子我们可以看出,员工福利在企业产品的生产成本中所占的比重相当大,它在企业人工成本中的分量更是不可忽视。目前,主流的薪酬管理思想已经把福利与基本工资和奖金并称为薪酬体系的三大支柱,并且开始从战略的高度对福利进行研究,把福利作为企业人力资源战略落地的工具,福利已不再是过去的"小额优惠"了。研究企业的福利管理,首先要理解员工福利的概念和组成要素,即要理解什么是员工福利。

9.5.1 福利的定义

福利(Benefits)是薪酬体系的一个重要部分,它是指企业向员工提供的除工资、奖金之外的各种保障计划、补贴、服务及实物报酬。福利属于间接报酬,它不是按照工作时间给付的,只要是企业员工都有权力享有福利。与基本薪酬相比,福利具有以下两个方面的重要特征:一是不同于基本薪酬的货币支付和现期支付,福利通常采取实物支付或者延期支付的方式;二是基本薪酬在企业的成本项目中属于可变成本,而福利,无论是实物支付还是延期支付,都可以减少企业的税收支付。

9.5.2 福利的特点

员工福利有以下几个主要特点。

1. 均等性

员工福利的均等性特征是指履行了劳动义务的本企业员工,均有享受企业各种福利的平等权利,都能共同享受本单位分配的福利补贴和举办的各种福利事业。由于劳动能力、个人贡献及家庭人口等因素的不同,造成了员工之间在工资收入上的差距,差距过大会对员工的积极性和企业的凝聚力产生不利的影响。员工福利的均等性特征,在一定程度上起着平衡劳动者收入差距的作用。不过，均等性是就企业一般性福利而言，对于一些高层次福利，许多企业也采取了差别对待的方式。例如，对企业高层管理人员和有突出贡献的员工，企业提供住宅、旅游、度假等高档福利待遇，作为激励的手段。

2. 集体性

即员工福利的主要形式是兴办集体福利事业，员工主要是通过集体消费或共同使用公共物品等方式分享职工福利。因此，集体性也是员工福利的一个重要特征。

3. 补偿性

员工福利是对劳动者为企业提供劳动的一种物质补偿，也是员工工资收入的一种补充形式。因为实行按劳分配，难以避免各个劳动者由于劳动能力、供养人口等因素的差别所导致的个人消费品满足程度不平等和部分员工生活困难，员工福利可以在一定程度上缓解按劳分配带来的生活富裕程度的差别。所以，员工福利不是个人消费品分配的主要形式，而仅仅是工资的必要补充。另外，由于员工的需求多种多样，货币化薪酬只能满足一部分需要，各类福利项目有助于满足员工的多样化需要，因此就成为货币化薪酬的有力补充。

4. 全面性

现代企业里福利制度的最大特点，在于对员工生活的"全面照顾"，即不但对员工本人，而且对员工工作范围以外的私生活，对员工家属、子女，都给予福利待遇。事实上，企业越是能对员工生活的所有方面施加实质性的影响，就越能获得员工对企业的归属感，并形成员工对企业的依附性。所以企业在福利项目设置上，在兼顾企业目标的情况下，应充分考虑员工生活方面的需求，提高员工的工作、生活质量。

9.5.3 福利的功能

1. 吸引和保留人才

随着劳动力市场上对于人才的竞争日渐激烈，企业为了吸引优秀的人才就必须在报酬上具有一定的竞争优势。许多企业选择为员工提供有很大吸引力的福利项目，在其他条件相同的情况下，企业提供的福利会对求职者产生很大的吸引力。同时，对于企业内的员工也一样，优越的福利项目是保留、激励员工的有效手段。

2. 税收优惠

福利相对于工资和奖金，还有一个十分重要的功能就是税收减免。无论对于企业还是对于员工，福利都可以起到税收减免的作用。对于员工而言，以福利形式所获得的收入往往也是无需缴纳个人收入所得税的，即使需要缴税，往往也不是在现期，而是等到员工退休以后，到那个时候，员工的总体收入水平就会比他们在工作的时候低，从而所面临的税收水平也就会更低，这样，他们还是能够享受到一定的税收优惠。对企业而言，员工福利计划所受到的税收待遇往往要比货币薪酬所受到的税收待遇优惠。用来购买或举办大多数员工福利的成本是可以享受免税待遇的，这样，企业将一定的收入以福利的形式而不是以现金的形式提供给员工更具有成本方面的优势。

3. 传递企业文化，培养员工忠诚感

现代企业越来越重视员工对企业的文化和价值观的认同。积极的、得到员工普遍认同的企业文化，将对企业的运营效率产生十分重要的影响。而福利是体现企业的管理特色，传递企业对员工的关怀，创造一个大家庭式的工作氛围和组织环境的重要手段。因而，福利对于员工忠诚感的培养具有重要作用。

9.5.4 福利的主要形式

1. 法定福利

法定福利又叫社会福利，是为了保障员工的合法权利，政府通过立法要求企业提供的，主要包括基本养老保险、基本医疗保险、失业保险、工伤保险和各类休假制度等。

1) 养老保险

养老保险是指国家通过立法，使劳动者在因年老而丧失劳动能力时，可以获得物质帮助以保障晚年基本生活需要的保险制。养老保险是社会保险体系的核心，它影响面大、社会性强，直接关系到社会的稳定和经济的发展。

我国于1997年发布的《国务院关于建立统一的企业职工基本养老保险制度的决定》和2005年12月3日发布的《国务院关于完善企业职工基本养老保险制度的决定》规定：在我国的大部分地区实施社会统筹和个人账户相结合的养老保险制度。企业缴纳基本养老保险费的比例一般不得超过企业工资总额的20%(包括划入个人账户部分)，具体比例由省、自治区、直辖市人民政府确定。少数省、自治区、直辖市因离退休人数较多、养老保险负担过重，确需超过企业工资总额20%的，应报劳动部、财政部审批。个人缴纳基本养老保险费(以下简称个人缴费)的比例，从2006年1月1日起，个人账户的规模统一由本人缴费工资的11%调整为8%，全部由个人缴费形成，单位缴费不再划入个人账户。

《国务院关于建立统一的企业职工基本养老保险制度的决定》(国发〔1997〕26号)实施后参加工作、缴费年限(含视同缴费年限，下同)累计满15年的人员，退休后按月发给基本养老金。基本养老金由基础养老金和个人账户养老金组成。退休时的基础养老金月标准以当地上年度在岗职工月平均工资和本人指数化月平均缴费工资的平均值为基数，缴费每满1年发给1%。个人账户养老金月标准为个人账户储存额除以计发月数，计发月数根据职工退休时城镇人口平均预期寿命、本人退休年龄、利息等因素确定。

国发〔1997〕26号文件实施前参加工作，国发〔2005〕38号决定实施后退休且缴费年限累计满15年的人员，在发给基础养老金和个人账户养老金的基础上，再发给过渡性养老金。各省、自治区、直辖市人民政府要按照待遇水平合理衔接、新老政策平稳过渡的原则，在认真测算的基础上，制定具体的过渡办法，并报劳动保障部、财政部备案。

国发〔2005〕38号决定实施后到达退休年龄但缴费年限累计不满15年的人员，不

发给基础养老金；个人账户储存额一次性支付给本人，终止基本养老保险关系。

2) 医疗保险

医疗保险也称疾病保险，是国家、企业对员工在因病或因公负伤而暂时丧失劳动能力时，给予假期、收入补偿和提供医疗服务的一种社会保险制度。此处的疾病是指一般疾病，其发病原因与劳动无直接关系，因此它属于福利性质和救济性质的社会保险。

我国1998年颁布的《国务院关于建立城镇职工基本养老保险制度的决定》中规定：城镇所有用人单位，包括企业(国有企业、集体企业、外商投资企业、私营企业等)、机关、事业单位、社会团体、民办非企业单位及其职工，都要参加基本医疗保险。乡镇企业及其职工、城镇个体经济组织业主及其从业人员是否参加基本医疗保险，由各省、自治区、直辖市人民政府决定。基本医疗保险费由用人单位和职工共同缴纳。用人单位缴费率应控制在职工工资总额的6%左右，其中的30%进入个人账户；员工的缴费率一般为本人工资收入的2%。

3) 失业保险

失业保险是指国家和企业对因非主观意愿、暂时丧失有报酬或有收益的工作的员工，付给一定经济补偿，以保障其失业期间的基本生活，维持企业劳动力来源的社会保障的总称。失业保险的根本目的在于保障非自愿失业者的基本生活，促使其重新就业。

2015年2月25日，国务院总理李克强主持召开国务院常务会议，确定将失业保险费率由现行条例规定的3%统一降至2%，企事业单位按本单位工资总额的1.5%缴纳失业保险费，员工按本人工资的0.5%缴纳失业保险费，政府提供财政补贴。

失业保险的开支范围是：失业保险金、领取医疗保险金期间的医疗补助金、丧葬补助金、抚恤金。领取失业保险金期间接受的职业培训是职业介绍补贴，国务院规定或批准的与失业保险有关的其他费用。享受失业保险待遇的条件为：所在单位和本人按规定履行缴费义务满1年，非本人意愿中断就业，已办理失业登记并有求职要求，同时具备以上三个条件者才有申请资格。

关于失业保险金的给付期限，具体的规定是最长为24个月，最短为12个月，其中累计缴费时间满1年不足5年的，给付期最长为12个月；满5年不满10年的，给付期最长为18个月；10年以上的，给付期最长为24个月。对连续工作满1年的农民合同工，根据其工作时间长短支付一次性生活补助。

4) 法定休假

法定休假包括公休假日、法定休假日和带薪年休假。通过休假，使劳动者可以有一段时间离开繁重的工作，获得身体和心理上的调整，以便更好地投入到工作当中去。

(1) 公休假日。公休假日是劳动者工作满一个工作周之后的休息时间。我国实行的是每周40小时工作制，劳动者的公休假日为每周两天。我国《劳动法》第38条规定，用人单位应当保证劳动者每周至少休息一天。

(2) 法定休假日。我国法定的节假日包括元旦、春节、国际劳动节、国庆节和法律法规规定的其他休假节日。《劳动法》规定，法定休假日安排劳动者工作的，支付不低于300%的劳动报酬。除《劳动法》规定的节假日以外，企业可以根据实际情况，在和员工协商的基础上，决定放假与否以及加班工资的数额。

(3) 带薪年休假。企业在员工非工作时间里按工作时间发放工资称为带薪休假。由于现代生活的节奏加快，生活压力较大，因此员工希望能够得到更多的休闲时间以放松身心。带薪年休假就成为非常受员工欢迎的一项福利。同时，带薪休假为员工提供了从容休息的机会，使员工能够恢复旺盛的精力投入到工作中来，因此越来越多的企业主动为员工提供这种福利项目。一些智力型企业甚至放宽了带薪年休假期限，最长的已达25天。

我国《劳动法》第45条规定，国家实行带薪年休假制度。劳动者连续工作一年以上的，享受带薪年休假。中华人民共和国国务院令第514号，《职工带薪年休假条例》自2008年1月1日起施行。职工累计工作已满1年不满10年的，年休假5天；已满10年不满20年的，年休假10天；已满20年的，年休假15天。国家法定休假日、休息日不计入年休假的假期。

2. 企业福利

企业福利是指企业自主建立的，为满足员工的生活和工作需要，在工资收入之外，向雇员本人及其家属提供的一系列福利项目，包括货币津贴、实物和服务等形式。企业福利计划比法定福利计划种类更多，也更加灵活，主要有以下形式。

1) 收入保障计划

旨在提高员工的现期收入（利润分享和员工持股计划）或未来收入（企业年金、团体人寿保险）水平的福利计划。

(1) 企业年金。企业年金也叫补充养老保险、私人养老金、职业年金计划等。对企业来说，它已经成为人力资源管理战略的福利体系的一个重要组成部分，是延期支付的工资收入。一般来讲，法定养老保险水平不会很高，很难保证劳动者在退休以后过上宽裕的生活。但是，员工希望退休后能过上舒适的生活，这种偏好在年纪较大的员工中尤其突出，因此，许多企业设立年金计划，作为员工的福利。

(2) 人寿保险。人寿保险是由雇主为雇员提供的保险福利项目，是市场经济国家比较常见的一种企业福利形式。团体人寿保险的好处是，由于参加的人多，相对于个人来讲，可以以较低的价格购买到相同的保险产品。通常，团体方案适用于一个企业的所有员工（包括新进员工），而不论他们的健康或身体状况如何。在多数情况下，雇主会支付全部的基本保险费。

(3) 住房援助计划。住房援助计划包括住房贷款利息给付计划和住房补贴。前者是针对购房员工而言的，指企业根据其内部薪酬级别、职务级别来确定每个人的贷款额度，在向银行贷款的规定额度和规定年限内，贷款部分的利息由企业逐月支付，也就是说，员工的服务时间越长，所获利息给付越多；后者是指无论员工购房与否，每月企业均按照一定的标准向员工支付一定额度的现金，作为员工住房费用的补贴。

2) 健康保健计划

由于社会医疗保险保障的范围和程度的有限性，客观上为企业建立补充医疗保险留下了空间。在发达国家，企业健康保健计划已经成为企业的一项常见的福利措施。如在美国，企业通过至少 3 种方式为员工提供健康福利计划，即参加商业保险，参加健康保险组织或参加某个项目的保险。

3) 员工服务计划

除了货币形式提供的福利以外，企业还为员工或员工家庭提供旨在帮助员工克服生活困难和支持员工事业发展的直接服务的福利形式。

(1) 员工援助计划。员工援助计划是一种治疗性的福利措施，针对诸如酗酒、吸毒、赌博或压力问题等向员工提供咨询和帮助的服务计划。在计划的组织和操作方式上，有 3 种形式，即由内部工作人员在本企业进行的援助活动；公司通过与其他专业机构签订合同来提供服务；多个公司集中资源，共同制订一个援助计划。

(2) 员工咨询计划。企业可以向员工提供广泛的咨询计划。咨询服务包括财务咨询、家庭咨询、职业生涯咨询、重新谋职咨询及退休咨询等。在条件允许的情况下，企业还可以向员工提供法律咨询。这些咨询之所以作为福利来提供，目的是让员工在出现个人或家庭等方面的问题时，可以将工作表现保持在一个可以接受的水平上。

(3) 教育援助计划。教育援助计划是以提高员工素质和能力为主旨的一种很普遍的福利计划，分为内部援助计划和外部援助计划。内部援助计划主要是在企业内部进行培训，外部援助计划主要指的是学费报销计划。

(4) 家庭援助计划。家庭援助计划是指企业向员工提供的照顾家庭成员的福利，主要是照顾老人和儿童。在美国，越来越多的公司向员工提供儿童看护帮助。一些调查显示，提供儿童看护帮助的企业，员工的缺勤率降低，生产率有一定程度的提高。

随着老龄化的到来，老年人的护理问题得到越来越多的关注。与儿童照顾有些类似，老年服务护理计划的目的是帮助员工照顾生活不能自理的父母。从企业的角度来说，帮助员工照顾他们年迈的家人，可能会增加员工的满意感，提高员工的工作绩效。企业提供的老年照顾福利主要包括：弹性工作时间和请假制度、向雇员提供老年照顾方面的信息、公司资助老年人照顾中心等。

4) 其他补充福利

(1) 交通费。企业出于缓解员工上下班交通不便的考虑，为员工的交通费提供补助，弥补员工在交通方面的支出，主要形式有：企业派专车到员工家接送其上下班；企业派专车按一定的路线行驶，上下班员工到一些集中点等车；企业按规定为员工报销上下班交通费；企业每月发放一定数额的交通补助费。

(2) 节日津贴。在各种节假日发给员工的过节费等。目前，大多数企业借节假日为员工提供一些实物、货币的补助，提高员工的整体福利水平。

(3) 子女教育辅助计划。目前中小学甚至幼儿园日益高涨的赞助费已成为工薪阶层十分头疼的一项支出。企业适时推出"投资小人才，留住大人才"的计划，正好迎合了他们的需求。一些企业为员工年幼的子女提供看护的场所和服务，办托儿所、幼儿园等，使员工能将精力更好地投入工作中来。还有企业提供子女入托津贴和子女教育补助，以缓解员工的经济压力。

除了上面介绍的福利项目之外，不同的企业还有很多特色的福利项目。如有的企业提供旅游补助、服装津贴、免费工作餐、健康检查、团体保险、俱乐部会费。有的企业组织员工参加各种集体活动，以充实和丰富员工的业余生活，提高员工的生活质量。还有的企业为员工提供其他的生活性服务，如餐厅及各种文化、体育、卫生、娱乐等设施，以免费或减费等优惠待遇供员工使用。也有的企业提供生日礼金、节日贺礼、结婚礼金、生育补助及取暖津贴等。这些都体现了"人本主义"管理的特点。

9.5.5 福利设计的原则

(1) 严格控制福利开支，提高福利服务效率，减少浪费。
(2) 根据员工的需要和企业特点提供多样化的福利项目。
(3) 由于福利有平均主义的倾向，所以，可以选择一些福利项目，将它们与员工的业绩紧密联系，以提高福利分配的激励作用。
(4) 选择的福利项目应对员工的行为有一定的影响，如在职培训等项目，促进员工人力资本投资。

9.5.6 企业福利制度弹性化

福利是一种补助性的给予。传统上企业所提供的福利都是固定的，而强调福利由员工自由选择的弹性做法则是20世纪90年代福利制度改革的趋势。

1. 弹性福利制的含义

弹性福利制又称为"自助餐式的福利"，即员工可以从企业所提供的一份列有各种福利项目的菜单中自由选择所需的福利。弹性福利在美国还有几种不同名称，如弹性报酬计划、自助餐式计划等。

弹性福利制是一种有别于传统固定式福利的新员工福利制度。弹性福利强调让员工依照自己的需求从企业所提供的福利项目来选择组合自己的一套福利"套餐"。每一位员工都有自己的"专属的"福利组合。另外，弹性福利制非常强调员工参与的过程。

实施弹性福利制的企业，并不会让员工毫无限制地挑选福利措施，通常企业都会根据员工的薪水、年资或家眷等因素来设定每一个员工所拥有的福利限额。而在福利清单上所列出的福利项目都会付一个金额，员工只能在自己的限额内认购喜欢的福利。

2. 弹性福利制的类型

1) 附加型

附加型弹性福利计划是最普遍的弹性福利制。所谓附加，是指在现有的福利计划之外，再提供其他不同的福利措施或扩大原有福利项目的水准，让员工自己去选择。

根据薪资水准、服务年资、职务高低或眷属数等因素，给每个员工发给数目不等的福利限额，员工再以分配到的限额去认购所需要的额外福利。有些企业甚至还规定，员工如未用完自己的限额，余额可折发现金。不过，现金的部分于年终必须合并其他所得课税，此外员工购买的额外福利，可以从自己的税前薪资中扣除。

2) 核心加选择型

这类型的弹性福利计划是由一个核心福利的弹性选择福利所组成。核心福利式每个员工都可以享有的基本福利，不能自由选择，可以随意选择的福利项目全部放在弹性选择福利之中，这部分福利项目都附有价格，可以让员工选购。员工所获得的福利限额，通常是未实施弹性福利制前所享有的福利，总值超过了其所拥有的限额，差额可以折发现金。

3) 弹性支用账户

弹性支用账户是一种比较特殊的弹性福利制。员工每一年可以从税前收入中拨出一定数额的款项作为自己的"支用账户"，并以此账户去选择购买雇主所提供的各种福利措施。支出账户的金额不需扣缴所得税，不过账户的金额如未能于年度内用完，余额就归企业所有，既不可在下一年度中并用，也不能够以现金的方式发放。各种福利项目的认购款项如经确定，就不能挪用。

此种福利制度可以使福利账户款项免于纳税，相当于增加净收入，所以对员工具有吸引力，但行政手续过于烦琐。

4) 套餐

这种类型是由企业同时推出不同的福利组合，每一个组合所包含的福利项目或优惠水准都不一样，员工只能选择其中的一种。就好像西餐厅所推出来的A餐、B餐一样，食客只能选其中一个，而不能要求更换套餐里面的内容。在规划此种弹性福利制时，企业可依据员工的背景(如婚姻状况、年龄、有无眷属、有无住宅需求等)来设计。

5) 选高择低型

这种福利计划提供几种项目不等、程度不一的福利组合供员工选择，以组织现有的固定福利计划为基础，再据此规划数种不同的福利组合。这种组合的价值和原有的固定福利相比，有的高，有的低。如果员工看中了一个价值较原有福利措施还高的福利组合，那么就需要从薪水中扣除一定的金额来支付其间的差价；如选择较低的组合，则可以要求企业发给其间差额。

3. 弹性福利制的优、缺点

1) 优点

对于员工而言，员工可根据自己的情况，选择对自己最有利的福利。这种由企业所提供的自我控制，对员工具有激励作用。同时，这也可以改善员工与企业的关系。对企业而言，弹性福利制通常会在每个福利项目之后标示其金额，这样可以使员工了解每项福利和成本之间的关系，方便企业管理和控制成本；可减轻福利规划人员的负担。规划福利制度的人员绞尽脑汁设计各种福利，但却吃力不讨好。由员工自选，员工不易产生抱怨。研究还发现，应征者喜欢实施弹性福利制的组织，因此使该组织较易网罗优秀人才。

2) 缺点

部分员工在选择福利项目时，未仔细考虑或只看近利，以至于选择了不实用的福利项目；在美国有一些工会反对弹性福利制，因为企业实施了弹性福利制之后，工会丧失了和资方讨价还价的机会；实现弹性福利制，通常会伴随

 阅读材料

菜单式福利在上海移动的实施

着繁杂的行政作业。尤其在登录员工的福利资料或重新选择福利项目时，会造成承办人员的极大负担；实施弹性福利制初期，行政费用会增加，成本往往不减反增。

本章小结

本章对薪酬及薪酬管理的概念进行了界定，指出薪酬分为内在薪酬和外在薪酬，其中外在薪酬的三个基本构成要素是基本薪酬、可变薪酬（激励薪酬）和福利薪酬，并从员工、企业和社会的角度阐述了薪酬的功能。阐述了常见的四种薪酬模式的概念、优缺点及适用范围。阐述了战略性薪酬管理的概念，概述了战略薪酬管理的模型及构建战略导向的薪酬管理体系。分析了岗位评估的作用及方法，在岗位评估的基础上，通过市场薪酬调查确定企业的整体薪酬水平，确定总薪酬中不变薪酬和可变薪酬的比例关系，以及长期薪酬和短期薪酬之间的比例关系，并对薪酬结构参数和标准设计进行了分析。阐述了可变薪酬的类型，并分析了常见的年薪制模式。阐述了福利的特点、功能、主要形式和企业福利制度弹性化，并对我国建立的养老、医疗和失业等社会保险体系进行了分析。

关键术语

薪酬	Compensation
经济性薪酬	Extrinsic Compensation
非经济性薪酬	Intrinsic Compensation
基本薪酬	Basic Pay
可变薪酬	Variable Pay
薪酬管理	Compensation Management
薪酬战略	Compensation Strategy
薪酬水平	Compensation Level
薪酬结构	Compensation Structure
岗位评估	Position Appraisal
内部公平	Internal Equity
福利	Benefits

习　题

1. 薪酬的概念及薪酬由哪些要素构成？
2. 影响薪酬水平的因素有哪些？如何确定企业的薪酬水平和员工个人的薪酬水平？
3. 什么是薪酬战略？制定战略薪酬的步骤是怎样的？
4. 你认为，从传统薪酬体系向战略性薪酬体系转变的难点是什么？如何解决？
5. 简述要素计点法的操作方法。在进行岗位评估时应注意哪些事项？

6. 常见的薪酬模式有哪几种？各有何特点，分别适用何种对象？
7. 如何设计岗位工资结构？
8. 福利有哪些功能？它有哪些主要形式？如何设计弹性福利计划？
9. 请阅读胡昌全 2006 年出版的《薪酬福利管理》一书，写出心得体会并尝试为你所在或者熟悉的公司设计适合的薪酬体系。

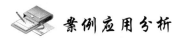

案例一　猎狗的成功之路

一只猎狗将兔子赶出了窝，并一直追赶它，追了很久猎狗仍没有捉到兔子。牧羊看到这种情景，讥笑猎狗说："你们两个中小的反而跑得快。"猎狗回答说："你不知道，我们两个完全不同！我仅仅为了一顿饭而跑，兔子却是为了性命而跑呀！"这话被猎人听到了，猎人想：猎狗说得对啊，那我要想得到更多的猎物，得想个好法子。于是，猎人又买来几只猎狗，并决定凡是能够在打猎中捉到兔子的猎狗，可以得到几根骨头，捉不到的就没有饭吃。这一招果然有用，猎狗们纷纷去努力追兔子。

就这样过了一段时间，问题又出现了。大兔子非常难捉到，小兔子好捉，但捉到大兔子得到的骨头和捉到小兔子得到的骨头差不多，于是猎狗们便都专门去捉小兔子。猎人经过思考后，决定不再将分得骨头的数量与是否捉到兔子挂钩，而是采用每隔一段时间就统计一次猎狗捉到兔子的总重量，并按照重量来评价猎狗及决定其一段时间内的待遇。于是猎狗们捉到兔子的数量和重量都增加了，猎人很开心。

又过了一段时间，猎人发现，猎狗们捉的兔子的数量又少了，而且越有经验的猎狗，捉兔子的数量下降得就越厉害，于是猎人又去问猎狗。猎狗说："主人，我们把最好的时间都奉献给了您，但是我们随着时间的推移会变老，当我们捉不到兔子的时候，您还会给我们骨头吃吗？"猎人有了论功行赏的想法：分析与汇总所有猎狗捉到兔子的数量与重量，规定如果捉到的兔子超过了一定的数量后，即使捉不到兔子，每顿饭也可以得到一定数量的骨头。猎狗们很高兴，便都努力去达到猎人规定的标准。

一段时间之后，终于有一些猎狗达到了猎人规定的标准。这时，其中有一只猎狗说："我们这么努力，只得到几根骨头，而我们捉的猎物远远超过了这几根骨头。我们为什么不能给自己捉兔子呢？"于是，有些猎狗离开了猎人，自己捉兔子去了，骨头与肉兼而有之。猎人意识到猎狗正在流失，并且那些流失的猎狗像野狗一般和自己的猎狗抢兔子。情况变得越来越糟，于是猎人进行了改革，使得每条猎狗除基本的骨头外，可获得其所猎兔肉总量的 $n\%$，而且随着时间加长，贡献变大，该比例还可递增，并有权分享猎人总兔肉的 $m\%$。就这样，猎狗们与猎人一起努力，将野狗们逼得叫苦连天，纷纷强烈要求重归猎狗队伍。

日子一天一天过去，冬天到了，兔子越来越少，猎人的所得也一天不如一天。而那些服务时间长的老猎狗们老得不能捉到兔子，但仍然无忧无虑地享受着那些它们自以为是应得的大份食物。终于有一天，猎人再也不能忍受，把它们扫地出门，因为猎人需要的是身强力壮的猎狗。

被扫地出门的老猎狗们得了一笔丰厚的赔偿金,于是它们成立了骨头公司。它们采用连锁加盟的方式招募野狗,向野狗们传授猎兔的技巧,它们从猎得的兔子中抽取一部分作为管理费。当赔偿金几乎全部用于广告后,它们终于有了足够多的野狗加盟,公司开始赢利。骨头公司许诺给加盟的野狗能得到公司 n% 的股份,这实在是太有诱惑力了。这些自认为是怀才不遇的野狗们都以为找到了好时机:终于做公司主人了,不用再忍受猎人呼来唤去的,不用再为捉到足够多的兔子而累死累活,也不用眼巴巴地乞求猎人多给两根骨头而扮得楚楚可怜。这一切对野狗来说,比多吃两根骨头更加受用。于是野狗们拖家带口地加入了骨头公司,一些在猎人门下的年轻猎狗也开始蠢蠢欲动,甚至很多自以为聪明、实际愚蠢的猎人也想加入。

好多同类型的公司像雨后春笋般地成立了,骨易、骨网、华骨……一时间,森林里热闹起来。有个猎人与骨头公司进行合作谈判的时候,老猎狗出人意料地把骨头公司卖给了猎人。老猎狗们从此不再经营公司,转而开始写自传《老猎狗的一生》,后来又写了《如何成为出色的猎狗》《如何从一只普通猎狗成为一只管理层的猎狗》《猎狗成功秘诀》《成功猎狗 500 条》《穷猎狗,富猎狗》,还将老猎狗的故事搬上了荧屏,取名《猎狗花园》,四只老猎狗成为家喻户晓的明星,收版权费而没有风险,利润更高。

(资料来源:胡昌全. 薪酬福利管理 [M]. 北京:中国发展出版社,2006.)

思考题:
(1) 猎人为什么不断调整分配方式?
(2) 为了留住核心猎狗,假若你是人力资源管理咨询专家,你会给猎人提供什么样的建议?

案例二 三一集团"千亿特别奖"承诺员工未来

为应对经济危机,国内机械工程行业的领军企业之一三一集团在薪酬设计上采取了向基层员工倾斜的策略。

高管大幅降薪

三一集团旗下上市公司三一重工 2 月初发布的公告称,为表明与公司共度危机的信心,增强全体员工危机意识,公司董事、监事、高管主动向公司董事会提出 2009 年自愿降薪申请。

根据公告,三一重工董事长梁稳根自愿领取 1 元年薪;董事向文波、易小刚、唐修国自愿降薪 90%,黄建龙自愿降薪 50%;监事翟宪自愿降薪 50%。公司高管周福贵自愿降薪 90%,郭春明自愿降薪 30%,其他高管均自愿降薪 50%。

根据三一重工 2007 年年报,2007 年梁稳根年薪为 63 万元,向文波年薪为 55 万元,易小刚年薪为 47 万元,黄建龙年薪为 56 万元,翟宪年薪为 29 万元,周福贵年薪为 46 万元,郭春明年薪为 81 万元。2007 年,三一重工为高管总共支付薪酬 681.89 万元。结合上述高管的降薪幅度,2009 年三一重工将在高管薪酬支出上节约近 530 万元的成本。

"千亿特别奖"补偿员工

对于公司中层以下的员工,三一重工总裁向文波特别强调,不会进行裁员,也不接受他们的降薪申请。

然而，公司员工2008年的年终奖按照2005年标准上调20%发放，这比2007年的年终奖有不同程度的下调。向文波表示，减少的年终奖被当作员工借给公司的发展资金，到公司实现销售额1 000亿元时，三一将设立"千亿特别奖"，对员工进行奖励和补偿。奖励额度按2008年年终奖的5~10倍发放，其中高管5倍员工10倍。

三一集团人力资源总监张科举例介绍说，如果2008年某普通员工的年终奖为2 000元，其可享受的"千亿特别奖"为2万元。如果员工愿意放弃领取500元年终奖资助公司发展，则可享受的"千亿特别奖"为2.5万元。据初步估算，通过减少和放弃年终奖，三一至少可以节约五六千万元的资金，但等实现千亿元销售额的时候，要支付5亿元以上的年终奖金。

2008年，三一集团的销售额为200多亿元，根据公司董事长梁稳根的规划，三一将在2012年实现销售额达到1 000亿元的目标。

三一集团方面表示："从员工年终奖中抽调部分资金，支持企业的发展，更多的是想让员工认清目前的经济形势，增强危机感与使命感。"

继续储备高端人才

在宣布不裁员的同时，三一仍然在逆势招聘人才，只不过招聘数量跟往年相比有所下降。2008年三一集团招聘了2 000~3 000人，而2009年的招聘岗位缩减为1 000多个，分36个类型。三一重工副总经理王务超表示，这是出于公司稳健发展的考虑，今年招聘的重点是成熟型人才，主要针对有工作经验的研发工程师和具备相关资格的高级技工。此外，为迎接下一轮的高速发展，扩大公司研发能力，从事研发的应届硕士研究生也在公司储备人才的需求之列。

(案例来源：中国人力资源开发网，2009.)

思考题：
(1) 你如何评价三一重工的"千亿特别奖"激励方案？它给了员工哪些方面的激励？
(2) 你觉得三一重工的薪酬管理还有哪些方面可以进行改进？

知识链接

[1] http://v.163.com/special/cuvocw/zhongguorenliziyuan.html 颜爱民国家精品视频课程《中国情境下的人力资源管理实务》第四讲。
[2] [美] 乔治·T. 米尔科维奇，杰里·M·纽曼. 薪酬管理[M]. 9版. 成得礼，译. 北京：中国人民大学出版社，2008.
[3] http://www.21hr.net 西三角人力资源网。
[4] http://www.xinchou.com.cn 中华薪酬网。
[5] http://www.xinchou114.com 中国薪酬调查网。

第 10 章

人力资源开发与培训

教学目标

- 了解人力资源开发与培训的基本内容
- 掌握人力资源开发与培训的基本模式与方法
- 理解与掌握职业生涯规划

教学要求

- 了解开发与培训之间的联系与区别
- 识记职业性向、职业锚等基本概念及类型
- 掌握人力资源开发与培训的基本内容
- 掌握职业生涯规划的基本内容
- 熟悉培训需求分析的有关内容
- 熟练掌握培训的基本模式与方法
- 掌握培训评估的方法与步骤

皮格马利翁效应

传说古希腊塞浦路斯岛有一位年轻的王子,名叫皮格马利翁,他酷爱艺术,通过自己的不懈努力,终于雕塑了一尊女神像。对于自己的得意之作,他爱不释手,整天含情脉脉地注视着她。天长日久,女神终于神奇般地复活了,并乐意做他的妻子。这个故事蕴含了一个非常深刻的哲理:期待是一种力量,这种期待的力量被心理学家称为"皮革马利翁效应"。

20世纪20年代,美国心理学家罗森塔尔做过一个著名的实验。他在一所学校用随机抽样的方式随意抽取样本,组成一个实验班和一个对比班。他对实验班的学生各方面的条件进行充分肯定,对他们寄予殷切的期望,而对对比班的学生不做任何鼓励。在实验终结测试中,实验班的学生的测试结果远远高于对比班,这就是所谓的"罗森塔尔效应",亦称"皮格马利翁效应"。罗森塔尔在研究后得出这样一个结论:由于研究者暗示教师,实验班的学生将是成功者,因此教师在平时的教育活动中也常给学生这些暗示,给予这些学生更多的关注和鼓励,这会满足学生们期待的需要,从而也更利于他们的发展。可见,动力来自期待。

(资料来源:刘毅. 现代企业人力资源开发与管理 [M]. 哈尔滨:哈尔滨工程大学出版社,2010.)

由于人的问题在企业生存和发展过程显得越来越重要,因此,不少企业特别是知名企业非常注重人力资源的开发与培训。西门子公司作为一个全球性跨国公司,其成功的人事策略就是通过各种努力使自己成为全球最具吸引力的雇主,并在周密的人才培养和选拔措施下,使每个工作岗位得到最合适的人选。在美国通用电气公司成为世界盈利最多的四大企业之一的背后,其秘诀竟是一项长达若干年之久的人才发现、甄选、培养和任用计划。正如松下公司的创始人松下幸之助所认识到的:在制造产品之前要先制造人才。

10.1 人力资源开发

人力资源开发被视为人力资源管理过程中基础的、首要的和前提的工作和环节,没有人力资源开发,人力资源管理就缺乏生机和活力。因此,一直以来,人力资源开发受到组织特别是企业管理的高度关注与重视。

10.1.1 人力资源开发的含义及特征

1. 人力资源开发的含义

所谓人力资源开发,是指贯穿于个人、家庭、组织及社会系统的,围绕社会成员的劳动技能、生理素质、心智水平、道德修养等素质,为实现个人理想、组织目标和社会进步所采取的,包括学习、教育、规划和配置等手段在内的所有措施。

2.人力资源开发的特征

首先,是开发的主体由单一向多元化发展。早期的人力资源开发把组织(主要是企业,本章所指的组织是指以一定的形式结成的相对独立的单元)作为开发的单一主体,认为人力资源开发的主要功能就是为了实现组织目标,随着管理实践的深入和认识水平的提高,人们进一步认识到,除组织外,国家、社会等系统以及家庭、劳动者本人都是人力资源开发的主体,从而使人力资源开发呈现立体化发展趋势。

其次,是开发的客体由单一领域或阶段向社会化、终身化发展。早期人力资源开发的对象主要集中在劳动领域的劳动者中,即年龄为16~55岁的在岗从业人员。随着人力资源管理理念的发展,人们逐步认识到,不仅劳动领域的劳动者的开发对组织的发展有着至关重要的作用,而且非劳动者和劳动者的终生开发同样对组织乃至系统和个人都有着积极的作用。

再次,是开发的内容由单纯的技能观向素质观和全面发展观完善。早期人力资源开发主要是围绕组织员工的技能进行,其目的主要是增强组织的竞争力和组织利益最大化。随着人本管理思想的发展,无论个人、组织和系统,都把提高开发对象的素质和促使其全面自由发展作为开发战略和目标,使人力资源的整体水平得到极大的提升。

最后,是开发的手段由单纯的培训向学习、教育、规划和配置等纵深发展。

 阅读小材料10-1

欧洲人力资源开发的新理念

在人力资源开发研究中,欧洲人力资源开发的一些新的理念很值得我们借鉴。其内容主要体现在四个方面:一是四个融入的理念。即,①人力资源开发与全球化融入。它包括人力资源开发的国界淡化和国际接轨;②经济目标化的融入。它是指人力资源开发的目标同经济发展目标环环相扣,紧密相连;③团队精神发展的融入,即通过人力资源开发使团队精神不断的凝聚升华;④员工个人职业生涯发展的融入,即通过个人职业生涯的开发与发展,增强企业发展的内在动力。二是人力资源开发过程中的职业技能让位理念。通常来说,技能开发是人力资源开发的重要内容。但从欧洲人力资源开发来看,职业技能开发并不是人力资源开发的第一内容。目前,欧洲许多企业将员工的学习能力、工作态度、自信心、领导风格和团队文化建设培育作为人力资源开发的首要目标加以重视。如英国汇丰银行,一直把员工的服务态度列为员工培育的第一内容。他们认为,员工有了让顾客满意的服务意识和态度,就会产生自我开发服务技能的热情和动机。三是动态管理理念,即在变与不变中适应和服务于经济与企业发展的需求。四是人力资源开发个性发展的理念,即通过人力资源的个性开发,发现人才、育其所专、避免人力资源开发中的"大锅饭"。

(资料来源:Http://news.wenzhouglasses.com.)

10.1.2 人力资源开发的内容

对于人力资源开发的内容,不同的主体站在不同的角度有不同的理解。联合国教科文组织认为，人力资源开发主要集中在 4 个方面：①生存，即防御和保护自己；②健康，即身体健康和心理健康；③自主，即自身具有选择的能力，没有依赖性，不受压抑；④个性，即与他人进行沟通的能力，适应社会环境变化的能力。联合国经社理事会从有利于整个经济社会发展的角度，将人力资源开发的内容确定为科学与技术开发、就业与劳动力开发、生活素质开发 3 个方面。而国际劳工组织站在劳工立场上，从避免劳工结构性失业的角度出发，认为人力资源开发的主要内容是职业技术教育和就业培训。我们从社会需求、企业的客观实际及未来发展的趋势考虑，认为人力资源开发的内容主要应以以下 4 个方面的内容为主。

1. 劳动技能开发

所谓劳动技能，即指劳动者的劳动技术和能力。既包括劳动者从事体力劳动的技巧，也包括劳动者从事脑力劳动的能力。其中，体力劳动技巧的开发又包括新技术、新工艺、新方法、新设备等的学习与掌握；脑力劳动能力的开发则包括专业知识、学术动态等的学习、交流与讨论。

2. 生理素质开发

所谓生理素质，它包括生理解剖素质和身体运动素质。良好的生理解剖素质主要表现为健康的体形、体质、体格、本能、潜能、体能、智能及神经系统、脑、感觉器官、运动器官等；它是生存及参与社会活动的基础和前提。而良好的身体运动素质主要表现为开展一定的肌体运动的能力，既包括生活自理的能力或从事自食其力的生产劳动的能力，也包括以充沛的精力、敏捷开阔的思维、周密细致的思虑进行开创性活动的能力。生理素质开发即是依据个体的生理机能充分地发掘其潜能和发挥其能力。

3. 心智水平开发

所谓心智水平，是指人所具有的包括记忆力、理解力、反应力、创造力等知识和能力的集成状况，是人类生存和发展的基础。心智水平的开发即是运用科学的手段和方法，强化人的知识和能力。

4. 道德修养开发

所谓道德修养，是指人们依据一定的道德规范和原则而进行的自我锻炼、自我改造、自我陶冶、自我教育的道德实践活动，以及在这一过程中所形成的道德素养和达到的道德境界。而道德修养的开发则是指依据这一道德规范，提升人的道德素养和道德境界，并有针对性地加强职业道德意识和社会道德观念的培养。

10.1.3　人力资源开发系统

人力资源的开发从总体上说，分为内部和外部两个系统。

1. 人力资源内部开发系统

1) 人力资源内部开发的含义

所谓人力资源的内部开发，是指组织从内部对人力资源进行挖掘、整合的一系列工作。

2) 内部开发的必要性与重要性

(1) 人力资源的内部开发是组织生存和发展的前提与基础。任何一个组织要生存和发展，首先都必须依靠的是组织自身，如果组织自身存在严重问题而寄希望于从组织外部寻求发展的话，就如同生理上的治标不治本与建筑中的偷梁换柱。

(2) 人力资源的内部开发是适应外部环境的必然选择。现代社会不仅科学技术日新月异，而且管理理念、管理模式和管理方法等都在不断创新，如果一个组织不具有发展的意识，那它很可能就会被其他组织所取代。

(3) 人力资源的内部开发便于培养和提升组织的核心竞争力。组织尤其是企业的核心竞争力，是根于组织内部、以组织本体为依托，通过文化、精神及创造力等形式体现出来的综合势力。因此，组织要形成或者提升自己的核心竞争力，就必须要提高员工素质、营造组织环境、培养核心能力。

(4) 人力资源的内部开发有助于节约成本和利用资源。尽管外部开发也是人力资源开发的重要途径，但相对于外部开发而言，人力资源的内部开发具有明显的优势：其一是能够做到有针对性的开发；其二是能够将当前、未来与过去的开发有机地结合起来，使开发更具有连续性和系统性；其三是能够最大限度地激发内部员工的积极性和向心力，加强组织的战斗力。

3) 人力资源内部开发体系

人力资源内部开发呈现多个维度，呈如下体系。

(1) 从开发的全过程来看，有短期开发和长期开发。短期开发主要是组织尤其是企业开展的有针对性的职业培训，长期开发则包括员工道德修养的培养、企业文化建设、未来人才储备等。

(2) 从开发的时间段来看，有岗前开发、岗中开发和离岗开发。所谓岗前开发，是指组织对即将上岗的人员进行组织信息、岗位职责、岗位目标、操作技能等方面的培训；岗中开发是指组织对在岗员工进行的岗位技能强化、新技术新工艺学习、换岗培训等；而离岗开发则是指组织为了优化组织系统和环境，对即将或已经离岗的员工进行的包括心理适应、身体健康、身心愉悦等方面的工作。

(3) 从开发的对象及层次来看，有员工开发、管理开发和决策开发。组织中的成员根据分工，通常可以划分为被管理者、管理者和决策者。被管理者主要是指一线员工，他们主要以从事指令性工作为主，对他们的开发主要是组织忠诚感、爱岗敬业精神及岗位技能水平的提高。其中又包括新员工的开发和老员工的开发。新员工的开发主要是指组织意识、岗位职责意识及岗位工作基本操作技能的培训，而老员工的开发则主要指岗位技能的强化提高、新技术新工艺或换岗的培训等；管理者通常是指以履行日常管理工作为主的人员，对他们的开发主要是管理素质、管理水平等的培训；而决策者则是指对组织目标、发展方案、发展指标等未来因素加以选择的人员，对他们的开发主要是创新思维和创新能力的开发。

(4) 从开发的功能来看，有职业开发、管理开发和组织开发。所谓职业开发，主要是指岗位职能的开发，既包括本岗位工作技能的培训和提高，也包括相应岗位技能的学习和掌握；既包括已有技术的培训和提高，也包括新技术新工艺的学习和掌握。职业开发的好处在于可以使新员工尽快地进入工作状态，使老员工能够在相应的岗位中自由流动，使管理人员的业务能力进一步提高，同时为新产品的开发、新技术新工艺的运用提供了极大的可能性，从而拓展出新的工作岗位。管理开发主要是指管理系统的完善（包括机构的健全、制度的完善、队伍的建设等），管理水平的提高和管理职能的扩充等。而组织开发则主要指内部文化建设和外部环境建设。内部文化建设包括组织定位、以员工为载体的组织行为道德准则、员工精神风貌及爱岗敬业精神等；外部环境建设包括组织在公众中的形象（包括公众对组织的认知度和美誉度等）、组织与公众相互之间的关系、组织在社会中的地位与作用等。

(5) 从开发的用途来看，有应用型开发和储备型开发。所谓应用型人力资源开发，是指组织对人力资源的开发主要是基于当前工作的运用，具有很强的现实性；而储备型人力资源的开发是指针对组织的发展预测和发展远景，有计划、有步骤地对有发展前景的专业进行人才储备，它包括对内部有关人员的新技术新工艺培训，让有发展潜力的技术人员进行创新性研究以及向外部系统招聘部分新技术或新工艺人才进行技术或产品的酝酿，以便在时机成熟时能够产生新的技术能力和新的技术成果。

2. 人力资源的外部开发系统

人力资源的外部开发也即人力资源的宏观开发，是指以组织为视角的各社会主体的人力资源投资行为的总称。人力资源的外部开发是当前尤其是今后人力资源开发的主导力量和方向。

1) 人力资源外部开发的意义

(1) 人力资源的外部开发为人力资源的发展提供了广阔的前景。由于人力资源内部开发的主体是组织，不同的组织在履行一定社会职责的条件下，其主要的动机和目的是为组织的需要进行人力资源开发。因此，其开发的深度、广度、数量、质量等都会存在局限性，而人力资源发展的需求是整体的、全面的和深入的。所以，单纯依靠组织进行人力资源开发是不切实际的。而人力资源的外部开发恰好可以弥补这一重大缺陷，它不仅可以根据社会需要进行整体、全面的开发，还可以根据个体需要进行深入、个性开发，从而为人力资源的开发提供了广阔的前景。

(2) 人力资源的外部开发为人力资源的应用提供了基础和前提。尽管人力资源的开发具有很强的社会公益性，包含着提高人类整体素质和水平的积极意义，然而从根本上说，社会的发展尤其是物质文化水平的提高还得依靠具体的组织行为，因而人力资源开发的主体动机和目的还在于为组织输送适应其需要的应用性专门人才。根据以往的经验，组织所需的专门人才如果完全依靠组织自身去开发，则一方面加重了组织的生产成本，另一方面也延缓了组织的生产进程，从根本上影响社会进步和文明。而人力资源的外部开发则比较好地解决了这一问题，为组织提供了越来越丰富、越来越全面和越来越成熟的人力资源供给。

(3) 人力资源的外部开发是人力资源整体水平的保障。人力资源的整体水平是社会进步和文明的标志，由于组织人力资源开发的差异性、功利性、局限性等，使得组织不可能担当起人力资源整体水平提升的重任,因此,这一任务只能由包括全体社会主体,能够从不同角度、不同层面着手的外部人力资源开发来完成。

2) 人力资源外部开发体系

人力资源外部开发体系是通过如下途径来构建的。

(1) 从开发主体上,有自我开发、家庭开发、组织开发和社会系统开发。所谓自我开发,是指人力资源管理对象依据自身条件和需求,进行自我学习、自我磨练和自发追求的过程。自我开发是人力资源开发中的重要因素,根据内因与外因关系的原理,除个人理想需要自身自觉努力的学习外,家庭的培养、组织的提升等都与个人因素密不可分,个人在其中的投入程度不同,其结果会截然不同;所谓家庭开发,是指以家庭为主体的人力资源培养模式。这一模式是目前全球人才培养的主要模式,几乎所有的家庭对其家庭成员都会有关于生存意识、生存能力、生活意义、道德修养等方面的思想灌输或投资;所谓组织开发,是指组织出于一定的功能、目的或认识,对人力资源进行的教育、培训或引导等。这些组织中,既包括政府机关,也包括事业单位,还包括社会团体。所谓社会系统,是指由若干组织集合而成的组织联盟,如国家、部门、行业等,它具有组织的一般特征,但又远比具体的组织要复杂。社会系统的人力资源开发则是指组织联盟出于自身需要或社会公益或长远目标等,而开展的加强人力资源综合素质或特别技能训练等工作以及制度、文化、环境建设等。

(2) 从开发的阶段上,有早期开发、中期开发和晚期开发。早期开发通常是指成年以前的开发,包括孕育期、哺乳期、儿童期、少年期等,这一时期的开发主要是对胎儿、婴幼儿及少年儿童的智力发育、知识启蒙、基本常识等的关注和帮助。中期开发通常指法定的在岗时期的开发,从年龄阶段看,大体在 18～60 岁,这一时期的开发主要是基本素质、基本技能的学习和培养;晚期开发通常指正常离岗以后的开发,年龄阶段大体在 60 岁以上,其开发内容以心理适应、身心健康和愉悦等为主。

(3) 从开发的手段上,有自觉教育、家庭教育、学校教育、组织培训、社会宣传引导等。其中家庭教育可以采用示范引导、严格要求和言传身教等方式;学校教育可以采用课堂教学、课外辅导、音像影视宣传等;组织培训可以采用老师授课、学员交流、现场观摩、户外训练等;社会宣传引导既可以采用文字、图片、音像等资料形式,也可以采用集会、文艺演出等活动形式;既可以由政府或部门或行业统一布署,也可以由媒体进行宣传报道,还可以由社团组织进行倡导。

10.1.4 员工职业生涯规划

1. 职业生涯规划的含义

所谓职业生涯,即是指职业经历。而职业生涯规划则是指组织或个人把自身发展与组织发展相结合,在对决定个人职业生涯的个人因素、组织因素和社会因素等进行分析的基础上,对其职业经历所做的设计与选择。可见,员工职业生涯规划不仅仅是员工自身依据其所具有的特点和条件对其职业经历所做的设计与选择外,更加侧重于组织或系统对其员工职业经历所做的有组织、有计划、有步骤的预先安排与选择，它包括组织引导与培养，员工及其家庭成员的配合与努力等。

2. 员工职业生涯规划的作用与意义

1) 可以极大地避免员工从业的盲目性，提高人力资源的利用率

人的生命是有限的，而其职业经历更是短暂的，一般来说，一个人终其一生的从业时间大体上在 35 年左右。如果能够对这些有限的时间加以充分合理的利用，就能够取得进步与成就；相反，如果在这一过程中有迷惑、徘徊甚至曲折，很可能就会一事无成。员工职业生涯规划就是组织与员工本人对其有限的从业时间进行科学、合理的设计与选择，从而减少盲目性，增强可行性与现实性，提高人力资源的利用率。

2) 可以密切组织与员工之间的关系，营造良好的组织文化

组织文化是指根于组织的内在本质，通过组织的日常运行所表现出来的行为模式、认识水平、价值取向等整体形象。它是决定组织一切活动的基础，因此，组织与员工关系的好坏就决定了组织文化的优劣。而员工职业生涯规划是建立在员工与组织高度信任、高度关怀与密切配合基础上的发展计划，一份好的员工职业生涯规划，能够极大地促进员工与组织的关系，增强员工的归宿感、忠诚感和主人翁意识，营建积极的组织文化，从而增强组织的竞争力；反之，如果组织与员工之间的关系松懈、平淡甚至敌对，其组织文化肯定会具有消极性，从而影响其竞争力。

3) 可以促进员工能力和综合素质的提高

职业生涯规划通常又称为职业设计，是组织及个体对员工未来职业经历的期待，它与现实存在着很大的差距，为了实现这一目标，必定会促使员工自身不断地努力和提高，因而，可以使员工的工作技能、业务水平及综合素质得到极大提高。

阅读材料

员工职业生涯发展理论简介

施恩 (Schein) 教授根据人生不同年龄段所面临的职业问题和工作任务，将职业生涯划分为九个阶段，即成长、幻想、探索阶段 (0～21 岁)、进入组织 (16～25 岁)、基础培训 (16～25 岁)、早期职业的正式成员资格 (17～30 岁)、职业中期 (年龄一般在 25 岁以上)、职业中期危险阶段 (35～45 岁)、职业后期 (40 岁～退休)、衰退和离职阶段 (40 岁～退休)、离开组织或职业 (从退休开始)9 个阶段。

3. 员工职业发展的影响因素

影响员工职业发展的因素主要来自如下两方面。

1) 个人因素

尽管员工职业发展具有组织开发的意义，然而，员工职业发展的轨迹及其结果，终究要由员工的个人努力程度来决定，正如同内因与外因的关系一样，内因是起决定作用的因素，而外因只是对内因起推动作用。所以，个人因素在员工职业生涯规划的实现过程中具有非常重要的作用。它主要表现在如下几个方面。

(1) 职业性向。所谓职业性向是由英文 Occupational Orientation 翻译而来，也有人译

为职业倾向或职业取向，是由美国著名的职业咨询指导专家约翰.霍兰德(John Holland)提出，是指雇员的职业意愿和职业渴望。他认为从个人职业定位的角度看，人的性格和天赋决定了其职业性向；同一类型的劳动者与同一类型的职业互相结合，便达到适应状态，这样劳动者找到了适宜的职业，其才能与积极性才能得以发挥。劳动者职业性向类型与职业类型相关系数越大，两者适应程度越高；二者相关系数越小，相互适应程度越低。霍兰德基于自己对职业性向测试(Vocational Preference Test，VPT)的研究，把人的职业性向归为6种类型。

① 技能性向。认为具有这种性向的人适合从事那些包含体力活动并且需要一定的技巧、力量和协调性才能承担的职业，例如机械维修、木匠、烹饪、电气技术等。

② 研究性向。具有这种性向的人喜欢从事那些包含较多认知活动，如思考、组织、理解等活动的职业，而不是那些以感知活动，如感觉、反应、人际沟通、情感等为主要内容的职业。这类职业包括生物化学、化学家、医师、大学教授等。

③ 社交性向。具有这种性向的人乐于从事那些包含着大量人际交往内容的职业，他们通常喜欢周围有别人存在、对别人的事很感兴趣、乐于帮助别人解决问题。这种职业包括诊所的心理医生、外交工作者以及社会工作者等。

④ 事务性向。具有这种性向的人一般从事那些包含着大量结构性的且规则较为固定的职业，在这些职业中，雇员个人的需要往往要服从于组织的需要。这类职业包括会计、银行职员等。

⑤ 经营性向。具有这种性向的人喜欢从事那些通过言语活动影响他人的职业，如管理人员、律师、推销员以及公关人员等。

⑥ 艺术性向。具有这种性向的人常常从事那些包含着大量自我表现、艺术创造、情感表达以及个性化活动的职业。它包括艺术家、广告制作者以及音乐家等。

然而，大多数人实际上同时具有多种性向。霍兰德认为，这些性向越相似或相容性越强，则一个人在选择职业时所面临的内在冲突和犹豫就会越少。为了帮助描述这种情形，霍兰德建议将这六种性向分别放在如图10.1所示的正六角形的六个角上。根据霍兰德的研究，图中的某两种性向越接近，则它们的相容性就越强。如果一个人的两种性向是紧挨着的，那么他(她)将会很容易选定一种职业；如果其性向是相互对立的，如同时具有实际性向与社会性向的话，那么他(她)在进行职业选择时就会面临较多的犹豫不决的情况。

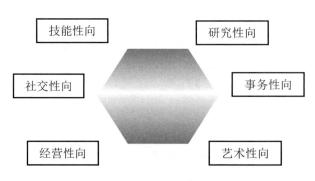

图 10.1　霍兰德职业性向示意图

(2) 职业能力。职业能力即指劳动者从事一定体力劳动或脑力劳动的能力。具体地说，即是指运用各种资源从事生产、研究、经营活动的能力。它包括体能、心理素质、智能三个方面。体能即生理素质，主要就是人的健康程度和强壮程度，表现为对劳动负荷的承受能力和劳动后消除疲劳的能力。心理素质指人的心理成熟程度，表现为对压力、挫折、困难等的承受力。智能包括3个方面：①智力，即员工认识事物，运用知识解决问题的能力。包括观察力、理解力、思维判断力、记忆力、想象力、创造力等；②知识，即员工通过学习、实践等活动所获得的理论与经验；③技能，即员工在智力、知识的支配和指导下操作、运用、推动各种物质与信息资源的能力。体能、心理素质、智力、知识和技能构成了一个人的全面综合能力，它是员工职业发展的基础，与员工个体发展水平成正比。它从两方面对员工个体发展发生重要影响。其一，能力越强者，对自我价值实现、声望和尊重的需求越高，发展的欲望越强烈，对个体发展的促进也越大；同时，能力强者接受新事物、新知识快，其自我完善和提高快，能力与发展呈良性循环，不断上升。其二，在其他条件一定的情况下，能力越强，贡献越大，收入相对越高。高收入一方面为个人发展提出了物质保证，另一方面能替代出更多自我发展的时间。所以，能力既对员工个体发展提出了强烈要求，又为个体发展的实现提供了可能条件，它是员工职业发展的重要基础和影响因素。

(3) 职业锚。所谓职业锚(Career Anchor)，又被称为职业动机，这一概念是美国麻省理工学院斯隆商学院的埃德加·施恩(Edgar Schein)教授最早提出来的。是指当一个人做出职业选择时，无论如何都不会放弃的那种职业中至关重要的选择因素，也就是一个人选择和发展一生的职业时所围绕的中心。每一个人都有自己的职业锚，影响一个人职业锚的因素有：天资和能力、工作动机和需要、人生态度和价值观等。天资是遗传基因在起作用，而其他各项因素虽然受先天因素的影响，但更加受后天努力和环境的影响。所以，职业锚是会变化的。职业锚与职业性向有相似之处，但又有别于职业性向。如某个人的职业性向是做教师，但在条件不允许的情况下不得不改做了销售，而且一做就是20年，也取得了一定成就，当他有条件再选择职业时，他很可能不会再选择做教师，这是因为他的职业锚在起作用。

施恩教授在1978年时提出了5种类型的职业锚，随后大量的学者对职业锚进行了广泛的研究，并在20世纪90年代将职业锚确定为8种类型，即：

①技术/职能型。即职业发展围绕着自己所擅长的特别的技术能力或特定的职能工作能力而进行，具有这种职业锚的人总是倾向于选择保证自己在既定的技术或职能领域中不断发展的职业。

②管理型。具有这种职业锚的人追求并致力于工作晋升，倾心于全面管理，独立负责一个部分，可以跨部门整合其他人的努力成果。他们想去承担整体的责任，并将公司的成功与否看成自己的工作。具体的技术/职能工作仅仅被看作是通向更高、更全面管理层的必经之路。

③创业型。这种人希望用自己的能力去创建属于自己的公司或完全属于自己的产品(或服务)，而且愿意去冒风险，并克服面临的困难。他们可能正在别人的公司工作，但同时也在学习并寻找机会。一旦时机成熟，他们便会走出去创立自己的事业。

④自主/独立型。这种人总是希望自己决定自己的命运，追求能施展个人能力的工作环境，最大限度地摆脱组织的限制和制约。他们宁愿放弃提升或工作发展机会，也不愿意放弃自由与独立，他们往往喜欢教书、咨询、写作或经营一家独立的店铺。

⑤安全/稳定型。这种人极为重视职业稳定和工作的保障性，稳定感包括诚实、忠诚以及完成老板交代的工作。尽管有时他们可以达到一个高的职位，但他们并不关心具体的职位和具体的工作内容，相反，他们更加关心自己的财务安全，如退休金、养老金等，为了这他们甚至愿意让雇主决定他们去从事何种职业。

⑥服务型。这种人一直追求他们认可的核心价值，如帮助他人、改善人们的安全、通过新的产品消除疾病等。只要一有机会，他们宁愿放弃自己的事业，也不会接受不允许他们实现这种价值的忠告或异议。

⑦挑战型。这种人喜欢解决看上去无法解决的问题，战胜强硬的对手，克服无法克服的困难障碍等。对他们而言，参加工作或职业的原因是工作允许他们去战胜各种不可能。他们需要新奇、变化和困难，如果事情非常容易，马上会产生厌烦情绪。

⑧生活型。这种人希望将生活的各个主要方面整合为一个整体，喜欢平衡个人、家庭和职业的需要。因此，生活型的人需要一个能够提供"足够弹性"的工作环境来实现这一目标。他们将成功定义得比职业成功更广泛。相对于具体的工作环境、工作内容，生活型的人更关注自己如何生活、在哪里居住、如何处理家庭事业等。

职业锚实际上是内心中个人能力、动机、需要、价值观和态度等相互作用和逐步整合的结果。在实际工作中，通过不断审视自我，逐步明确个人的需要与价值观，明确自己擅长所在及今后发展的重点，最终在潜意识里找到自己长期稳定的职业定位即职业锚。对于有工作经验的人而言，明确自己的职业锚是职业选择的最佳参考。而对于没有工作经验的人而言，因为不了解各个职位的内涵，所以其职业锚还没有清晰形成。

2) 环境因素

(1) 社会环境因素。

①经济发展水平。在经济发展水平较高的地区，企业相对集中，优秀企业也比较多，个人职业选择的机会就比较多，因而有利于个人职业的发展；反之，在经济落后的地区，个人职业发展也会受到限制。

②社会文化环境。包括教育条件和水平、社会文化设施等。在良好的社会文化环境中，个人能受到良好的教育和熏陶，从而为职业发展打下良好的基础。

③政治制度和氛围。政治和经济是相互影响和相互作用的，但政治体制始终是处于主导地位的，政治体制决定着经济体制、企业模式和经营方式等，从而也直接影响到个人的职业发展。政治制度和氛围还会潜移默化地影响个人的理想和追求，从而对职业生涯产生影响。

④价值观念。一个人生活在社会环境中，必然会受到社会价值观念的影响。大多数人的价值取向，甚至都是为社会主体价值取向所左右。一个人的思想发展、成熟过程，实际上就是认可、接受社会主体价值观念的过程。而社会价值观念正是通过影响个人价值观而影响个人的职业选择。

(2) 企业环境因素。

①企业文化。企业文化决定了企业的用工方式、态度和偏好，因此，员工职业生涯总体上是为企业文化所左右，好的企业文化对于员工职业发展显然是有利的，反之，则会存在一定障碍。

②管理制度。员工职业的发展，归根结底要靠管理制度来保障，包括合理的培训制度、晋升制度、考核制度、奖惩制度等。企业价值观、企业经营哲学也只有渗透到制度中，才能得到切实的贯彻执行。没有制度或者制度定得不合理、不到位，员工的职业发展就难以实现，甚至可能归于空谈。

③领导者素质和价值观。一个企业的文化和管理风格与其领导者的素质和价值观有直接的关系，企业经营哲学往往就是企业家的经营哲学。如果企业领导者不重视员工的职业发展，那么，这个企业的员工就很难实现自己的职业理想。

4. 员工职业生涯规划的设计模型

员工职业生涯规划的设计模型可由三个三角形和一个圆形所组成（图10.2），圆形是此模型的核心部分，指员工想要达成的职业目标。但此职业目标受到所环绕的三个小三角形影响和限制，每个三角形均是职业生涯规划设计的重点，而圆形和三角形之间则由职业决策将他们连接起来。

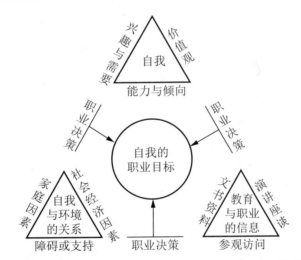

图 10.2　斯万（Swain，1989）的职业生涯规划设计模型

10.2　人力资源培训

10.2.1　人力资源培训概述

1. 人力资源培训概念的界定

所谓培训，是指组织或员工本人为达到既定目标、围

阅读案例

摩托罗拉公司成功的绝招

绕提高学习和工作能力而开展的有组织、有计划、有目的的培养和训练活动。

人们通常将培训与开发两个术语通用，两者在广泛的意义上确实可以通用，但具体来说，两者是存在差异的。首先，从概属上看，开发的范畴要大于培训，培训只是开发中的一部分具体内容；其次，从功用方面看，培训主要是着眼于当前的、实用的知识和能力的培养与提高，而开发则兼具有长远、潜在和公益的素质训练与提高；再次，从主体方面看，培训的主体比较单一，通常是以组织为主体，员工仅仅作为培训的参与对象而存在，而开发中的主体具有多元性，除组织外，员工本人、家庭及社会系统都是开发的主体；最后，从手段上看，培训基本上都有固定的模式和方法，而开发的手段具有多样性和灵活性。

2. 人力资源培训的作用与意义

培训在今天被作为一项广为全球所接受和采纳的管理原则，已经产生了深刻的影响和重大的作用。

1) 培训可以增加员工的收入与职业发展机会

根据美国经济学家古雷的研究表明，收入与个人技能成正比。无论是通过公共教育系统获得知识，还是通过雇主提供的培训来获得技能，那些拥有高新技能的员工通常都能获得相对高的收入，职位的晋升也相对容易。而培训无论从功能还是目的来衡量，都是直接增强员工的学习和工作技能的专业途径。因此，培训对员工收入和职业发展无疑提供了更好的机会。

2) 培训可以激发员工的积极性、主动性与创造力

通过培训，员工的能力和素质会有普遍的提高，其自信心和成就感也会得到相应提高，从而会产生更加高级的需求，工作中也会更加积极和主动，其创造性思维和能力也能得到极大的调动。

3) 培训可以增加员工对组织的归宿感和忠诚感

培训不仅是组织的利益需要，更是对员工的一种感情关注和投入，事实表明，一个更加重视培训的组织，其吸引人才、留住人才和调动人才积极性的作用要明显强于其他组织。

4) 培训可以更好地营造优秀的组织文化

组织文化的主体是通过员工日常的工作、学习和生活行为体现出来的，因此，经过培训后的员工无论其工作能力、工作态度、精神状貌、上进心、责任感等都会有极大改观，因而，组织文化也会得到全面提升。

5) 培训可以缓解甚至解决组织对人才的需求压力

组织尤其是企业会经常处于外部环境的竞争压力之中，而人才是解决这一压力的主要途径。由于培训能够使员工的能力得到整体或局部的提升，因而，培训具有人力资源替代作用，这也是培训广为组织尤其是企业重视的原因之一。

6) 培训可以提高组织的绩效

员工的工作能力最终都会以劳动成果(包括精神与物质成果)的形式体现出来，显然，能力强的员工其劳动成果通常情况下会比弱者多，因而，培训的直接后果便是使组

织的绩效得到不同程度的提高。这也是多数组织追求培训的原始动因。

3. 人力资源培训的原则

由于培训对于员工与组织都有着直接和切身的利害关系,而培训主体又千差万别,因此,为了保证培训工作的充分落实和培训质量的持续稳定,在培训中应当坚持如下原则。

1) 学用一致原则

学用一致的原则即是要求培训的内容与岗位工作有较好的关联性。由于每个员工在组织中都担当有一定的角色和责任,都需要知识和技能,如果培训能够使他们获得相应的知识和技能,那么,他们会对培训充满期待和信心。反之,如果组织的培训在实际工作中没有什么作用,那么,他们对于以后的培训会抱无所谓的态度,从而使培训流于形式。

2) 长期系统原则

所谓长期系统即是指要求培训具有时间方面的长期性和知识、技能方面的系统性,现代社会已经进入知识经济时代,知识的更新换代越来越快,这就要求组织对于培训要进行长期规划,要根据相应知识更新换代的周期规律制订培训计划,按照计划组织培训,这样就能起到对员工的知识和技能逐步提高的作用,也会激发员工接受培训的积极性,从而增加组织绩效。否则,如果时有时无、丢三落四地开展培训,不仅起不到培训的效果,反而会增加组织的成本。

3) 全员培训与重点提高相结合原则

所谓全员培训是指使组织的全体员工都得到培训,而重点提高则是指针对不同岗位的实际需要开展有针对性的培训。组织的员工中由于层级和岗位职责的不同,其工作要求和难度也会有所不同,因此,在对所有员工进行广泛培训的同时,还要求对重点岗位的员工进行重点培训,只有这样才能保证工作的整体性,也才能使培训的效用最大化。

4) 技能培训与素质培训兼顾原则

表面上看,素质培训似乎是与学用一致原则相矛盾的,但实际上二者是统一的。组织尤其是企业在生产物质产品的同时还生产精神产品,在精神产品中就包含了企业信誉、企业形象等内容,如果企业的每个员工都能以饱满的热情、严格的责任和职业道德精神投入工作,那么,产品的数量、质量和信誉就能达到充分的统一,企业也就会有良好的绩效。

5) 考核与测评统一原则

考核是指对培训过程实施的监测,而测评则是指对培训结果进行的评价。为了使培训落到实处和讲求实效,考核和测评的工作不可缺少。如果没有考核则培训中出现的偷工减料、流于形式等现象就无法发现,如果没有测评则培训中质量不高、效果不佳等现象也无法更正。

4. 人力资源培训的形式

不同类别的组织根据其不同的需要,存在许多不同的培训形式。但归纳起来,主要有如下主要形式。

1) 从培训与工作的关系来看，有在职培训和脱产培训

所谓在职培训具有广义和狭义之分，广义的在职培训是指对不影响岗位工作量的员工进行的培训；而狭义的在职培训则仅指在实际的岗位工作中得到的培训，即边工作边培训。脱产培训是指对免除了岗位工作量而专门接受培训的员工进行的培训。由于二者的实质差异，各自存在明显的优、缺点。在职培训的优点是不影响正常的工作，且培训的针对性更强，但缺点在于员工的劳动强度增大，很难系统和长时间开展，且受工作时间、工作任务、培训地点和设施设备等因素的影响，培训的效果难以保证；脱产培训的优点是培训具有连续性和系统性，能够最大限度地保证培训效果，但缺点在于影响正常工作，培训成本较大。

2) 从培训在职位中所处的阶段来看，有岗前培训和岗中培训

所谓岗前培训是指新员工应聘到岗后或组织内部老员工换到新的工作岗位上岗之前进行的培训。而岗中培训则是指组织为提高员工的岗位工作能力或技巧而开展的培训。

3) 从培训目的来看，有技能培训和素质培训

技能培训是指以增强员工操作技巧和能力为主要目的的培训。而素质培训则是指以提高员工思想、道德素养为主要目的的培训。两者具有互补性，前者具有应用性，而后者具有潜在性；前者具有及时性，而后者具有长远性。

4) 从培训的层次来看，有高级、中级和初级培训

一般来说，高、中、初级培训既指对不同层级的员工进行的不同知识或技能水平的培训，也可指对同一层级的员工进行的不同阶段的培训。总体来说，初级培训侧重于一般性的基础知识和技术方法的传授；中级培训可适当增加有关理论课程；而高级培训则应侧重于学习新理论、新观念、新方法。在实际工作中，这种不同层次的培训是非常必要的，一方面可以使员工普遍得到培训，落实全员培训的原则；另一方面，又使不同层级以及同一层级不同阶段的员工都能得到相应的培训，从而落实重点提高及学用一致的原则。

 阅读小材料 10-2

ISO 10015 国际培训标准与实施指南

ISO 10015 是由国际标准化组织 (International Organization for Standardization) 于 1999 年发布的，专门用于规范具有培训人力资源职能的组织的国际标准。它是 ISO 9000 家族质量管理体系标准中一个专业化标准，是 ISO 9000 家族标准中唯一针对提高组织的灵魂"人"的培训质量的国际标准。现已被我国等同采用，转化为国家标准：GB/T 19025-2001 质量管理培训指南。

ISO 10015 标准具有：强调培训过程的规范性、强调培训过程的有效性、强调培训过程的持续改进以及具有广泛的适用性等特点。

它的作用主要体现在：完善人力资源管理体系、提高培训回报率、对培训结果给予客观科学的评价、提升组织竞争力四个方面。

ISO 10015 国际培训体系标准的实施阶段与步骤分为：确定培训需求、设计与策划培训、支持或实施培训、评价培训效果、培训过程的监视与改进。

10.2.2　人力资源培训需求分析

1. 培训需求分析概述

1) 培训需求的概念

所谓培训需求，是指组织和员工为了满足自身发展而衍生出的对培训的需求。根据需求产生的动机可以分为主动培训需求和被动培训需求。所谓主动培训需求，是指组织根据发展战略而提出的具有前瞻性的培训需求；而被动培训需求则是指针对需要解决的问题而产生的培训需求。同样，根据需求产生的来源可以分为静态培训需求与动态培训需求。所谓静态培训需求，是指因岗位设置而产生的培训需求，它是与岗位相伴而生的；而动态培训需求则是指因员工知识、技能与岗位工作要求之间的差距而产生的培训需求。

2) 培训需求分析的概念

所谓的培训需求分析是指在规划与设计每项培训活动之前，由培训部门、主管人员及相关工作人员等采取各种方法和技术，对组织及其成员的目标、知识、技能等方面进行系统的鉴别与分析，从而确定培训的必要性及培训内容的活动及过程。

2. 培训需求分析的内容

培训需求分析是确定培训目标、设计培训规划的前提，也是进行培训评估的基础，因而它是搞好培训工作的关键。主要包括如下方面的内容。

1) 组织层需求分析

组织层需求分析主要是通过对组织目标、资源、特质、环境等因素的分析，准确地找出组织存在的问题与问题产生的根源，以确定组织进行培训是不是解决问题的最佳办法。它主要通过如下步骤来完成。

(1) 组织目标分析。组织目标分析是组织分析的关键。明确、清晰的组织目标既对组织的发展起决定性作用，也对培训规划的设计与执行起决定性作用，组织目标决定培训目标。如一个组织是以提高劳动生产率为主要目标，那么培训活动就必须围绕这一目标展开。如果组织目标模糊不清，那么，培训规划的设计与执行就存在困难。

(2) 组织资源分析。组织所有的分析都必须建立在资源分析的基础上，如果一个组织对自己所拥有和能够利用的资源家底不清，就难以确立培训目标。组织资源分析对象主要包括对组织的人力、时间、财力等资源的描述。

对组织人力状况的了解非常重要，它是决定是否培训的关键因素。组织的人力状况包括：工作人员的数量、质量、年龄、对工作与组织的态度、技能水平和知识水平、工作绩效等。

对组织而言，培训时间的确定也是一个非常重要的因素。通常来说，时间对于组织就是绩效或者效益，如果时间安排不当，对培训的结果会有很大的影响。

经费是培训最直接和最关键的支撑，对组织财力的分析是要了解组织所能提供的培训经费的规模，培训经费规模的大小将直接影响培训的深度和广度。

(3) 组织特质与环境分析。组织特质与环境对培训的成功与否也起重要的影响作用。因为，当培训规划和组织的价值不一致时，培训的效果则很难保证。组织特质与环境分析主要是对组织的系统结构、文化、资讯传播情况的了解。主要包括如下内容。

①文化特质。文化特质是指组织的软硬件设施、规章制度、组织经营运作的方式、组织成员待人处事的风格等。对组织文化特质的分析，可以使管理者能够了解组织的本质，而非仅仅停留在表面和现象上。

②系统特质。所谓系统特质，是指组织的输入、输出、次级系统互动以及与外界环境之间的交流特质。通过对系统特质的分析，可以使管理者能够客观地、全面地了解组织，避免组织分析中的缺失。

③资讯传播特质。所谓资讯传播特质，是指组织部门和成员收集、分析和传递信息的分工与运作。通过对资讯传播特质的分析，可以促使管理者了解组织信息传递和沟通的特性。

2) 工作层分析

工作层分析的目的在于了解与绩效问题有关的部门的工作的详细内容、标准和达成工作所应具备的基本知识和基本技能。工作分析的结果是将来设计和编制相关培训课程的重要资料来源。一般来说，工作分析需要组织的管理层与富有经验的员工共同参与。工作分析根据分析目的的不同可分为两种。

(1) 一般工作分析。一般工作分析的主要目的是使任何人都能很快地了解一项工作的性质、范围与内容，并作为进一步分析的基础和前提。一般工作分析的内容包括：工作简介和工作清单。

所谓工作简介，主要是用来说明一项工作的性质与范围，使阅读者能很快形成一个较为正确、深刻的印象。其主要内容有工作名称、地点、工作单位和具体时间等。

所谓工作清单，是将工作内容以工作单元为主体，并以条列方式组合而成，使阅读者能对其一目了然。而每项工作单元又可加注各工作的性质、工作频率、工作的重要性等补充资料。这对员工执行工作、管理层进行工作考核和进行特殊工作分析皆有很大的益处。

(2) 特殊工作分析。特殊工作分析是以工作清单中的每一工作单元为基础，针对各单元详细探讨并记录其工作细节、标准和所需的知识技能。由于每个工作单元的不同特性，特殊工作分析又可分为：程序性工作分析、程式性工作分析和知识性工作分析3个子项。

所谓程序性工作就是具有固定的工作起点、一定顺序的工作步骤和固定的工作终点等特性的工作。程序性工作分析就是通过详细记录工作单元的名称、特点、标准、应具的知识技能、安全及注意事项、完整操作程序等，为员工的培训和培训评估提供依据。它主要强调工作者和器物之间的互动关系。

所谓程式性工作分析多无固定的工作程序，对工作原理的了解和应用程度要求较高，其工作内容主要强调工作者和系统间的互动。完整的程式性工作分析依序可分为4个部分：

①系统流程分析。系统流程分析主要是应用电脑流程的概念和符号，描绘系统间重要元件的关系，并配合简单的文字，说明系统背后的基本原理。

②系统元件分析。系统元件分析主要是针对系统中每一元件列出其正确名称和功

能,以建立工作者的共同认知,减少沟通障碍,并作为检修的基础。

③程式分析。程式分析主要是探讨系统中的作业流程,其重点是了解系统如何正常运作。分析内容包括系统状况、特殊标准、指标、操作、影响等。

④检修分析。检修分析主要是探讨如何检修并排除系统不正常运作所需的诊断流程与知识。检修分析集中于探讨诊断分析所需的知识和诊断过程中所必须使用仪器的知识技能。检修分析的内容包括应具备的知识、可能的故障、原因、修正措施等。

所谓知识性工作属于内在思维的工作行为,可以说是人与人,或人与知识间的交流互动,而且是以不具形体的知识为桥梁,进行理性的思考、沟通与协调,以达成工作需求。知识性工作分析是一种研究程序,它能够帮助管理者确认影响工作绩效的有关重要知识。

工作分析是培训需求分析中最烦琐的一部分,但是,只有对工作进行精确的分析并以此为依据,才能编制出真正符合企业绩效和特殊工作环境的培训课程来。

3) 对象层分析

对象层分析主要是通过分析任职对象个体现有状况与应有状况之间的差距,来确定谁需要和应该接受培训以及培训的内容。对象层分析的重点是评价工作人员实际工作绩效以及工作能力。

(1) 个人考核绩效记录。主要包括员工的工作能力、平时表现(请假、怠工、抱怨)、意外事件、参加培训的记录、离(调)职访谈记录等。

(2) 员工的自我评量。自我评量是以员工的工作清单为基础,由员工针对每一单元的工作成就、相关知识和相关技能真实地进行自我评量。

(3) 知识技能测验。用实际操作或笔试的方式测验工作人员真实的工作表现。

(4) 员工态度评量。员工对工作的态度不仅影响其知识技能的学习和发挥,还影响与同事之间的人际关系,以及与客户的关系,这些又直接影响其工作表现。因此,运用定向测验或态度量表,就可以帮助了解员工的工作态度。

3. 人力资源发展与培训需求分析的意义

随着现代科学技术的飞速发展,人力资源培训与开发的重要性也日趋突出。作为培训活动首要环节的培训需求分析也引起了人们的普遍关注,它在现代培训活动中具有极其重要的意义。

1) 帮助组织确认差异

培训需求分析的基本目的就是确认差异,即确认绩效的应有状况同现有状况之间的差异,也就是实际的绩效与理想的、标准的或预期的绩效间的差距。绩效差异的确认,有助于找出影响绩效问题的真正根源,有助于寻找出解决绩效问题的有效方法。

2) 及时地提示组织改变分析

需求分析的一个副产品就是改变分析。由于组织中发生的持续的、动态的变革代表了一种潮流,因此改变分析对培训需求就显得尤为重要。当组织发生变革时(不管这种变革涉及技术、程序、人员,还是涉及产品或服务的提供问题),组织都有一种特殊的、直接的需求,这就迫使培训部门在制定合适的培训规划以前迅速地把握住这种变革与需求，对培训进行多角度的分析和透视，以适应组织变革。

3) 提供可供选择的问题解决方法

进行培训需求分析的一个重要原因，还在于它能为问题的解决提供一些可供选择的方法。如人事部门预测组织需要一批营销专家，便会出现这样几种选择：一是对已经工作的营销人员进行再培训，提高其销售能力；二是雇用已经获得高薪的、非常有资格的营销专家，强化营销队伍；三是提高营销奖励，激发营销人员加班加点的工作；四是雇用一些低薪的、缺乏资格的人员，然后对他们进行大规模的培训等。对这些问题的分析和解决方案的提供，就为培训部门提供了多种解决问题的方法和途径。

4) 提高组织培训的价值和成本意识

好的培训需求分析还可使管理人员把成本因素引入到培训需求分析中去，即考虑"不进行培训的损失与进行培训的成本之差是多少"，如果不进行培训的损失大于进行培训的成本，那么培训就是必需的、可行的；反之，如果不培训的损失小于培训的成本，则说明目前还不需要培训或不具备培训的条件。

5) 帮助组织形成一个研究基地

培训需求分析的另一个作用就是它能够帮助组织形成一个培训规划开发与评估的研究基地。一个好的需求分析能够确定培训的需要，确立培训的内容，指出有效培训的战略等。同时，在培训之前，通过研究这些资料，还能够建立起一个标准，并依此标准评估培训项目及其培训结果的有效性。

6) 能够获得内部与外部的支持

工作人员对必要的工作程序和工作要求的忽视，组织应对此承担责任。如果一个组织能够证明信息和技能能被工作人员系统地接受和掌握，它就可以避免或减少许多不必要的麻烦。一般来说，工作人员通常会支持建立在坚实的需求分析基础之上的培训规划，特别是当他们参与了培训需求分析过程时。让工作人员参与培训需求的分析和培训规划的制定，这就为培训活动获得各方面的支持提供了条件。

10.2.3 人力资源培训组织

1. 培训方案的设计

培训需求分析做完后，得到了有关培训需求的指标和任务，紧接着便是培训方案的设计。培训方案的设计主要涉及如下内容。

1) 培训目标的确立

所谓培训目标，是指培训活动所要达到的目的和预期成果。培训目标既包括组织的，也应包括部门的和个人的；既包括整体的，也包括阶段性的。一般来说，组织的培训目标可以分为若干层次，不同层次有不同的要求。但总体来说，培训目标应该与组织战略相一致。

2) 培训内容的确定

培训目标确立以后，培训工作的基础要从培训内容入手。针对不同的岗位以及同一岗位的不同阶段，培训内容应有不同。但主要应该包括如下 3 个方面。

(1) 技能。技能是岗位工作的基本手段，技能的提高与培训短、平、快及针对性强、时效快的特点是一致的。通过培训往往能够很快解决岗位工作中的具体问题。

(2) 知识。如果说技能是硬件的话，知识即是岗位工作中的软件。有硬件为手段而没有软件作为支撑，再好的硬件也难以发挥应有的作用。尽管知识的灌输和提升不是短时期所能解决的问题，但对于岗位工作任务重的员工或时效性较强的知识，采用短期、及时的培训依然能够收到很好的效果。

(3) 态度。态度是员工素质的一部分，也是最基础和最前提的一部分，一名员工没有正确的工作、学习和生活态度，是谈不上有较好的个人素质的。鉴于态度的直观性、具体性等特点，采用培训的方式来纠正和解决具有较好的效果。

3) 培训方式的选择

经过长期以来的培训实践，形成了一整套比较完整的培训方法，这些不同的培训方法具有各自不同的特点和效果。因此，针对不同的情形，应选择不同的培训方式。

(1) 案例法。所谓案例法，是指围绕一定的培训目的，把实际工作中真实的情景加以典型化处理，形成能够供学员学习思考和分析解决的案例，从而通过这些案例加深学员的学习印象及提高处理能力的培训方法。案例法的运用要求注意以下几个方面问题。

①案例的内容除个别需要保密的信息可以加以适当处理外，应该是真实可信的，切忌虚构和夸大。

②案例要有明确的教学目的，切忌生拉硬扯、牵强附会，否则，不仅起不到培训的效果，相反会引起学员反感。

③案例中应包括一定的管理问题，通过这些比较重要，但又通常容易被忽视的问题的学习、思考及讨论，提高学员的认识能力及处理水平。

案例法的优点在于它能为学员提供一个很好的思考、学习和解决问题的范式，能够做到学用一致，且具有深化和强化的作用。但案例法明显的缺点在于，一是收集到典型的、有针对性的案例比较困难；二是案例对工作流程不具有广泛和普遍的指导作用，使学员难以得到较为系统的和完整的技能或知识。

(2) 演示法。演示法是指运用一定的实物和教具，通过演示，使学员对工作流程有一个完整的熟悉过程的培训方法。通常又分为视听法和讲授法。

①所谓视听法 (Audio Visual Approach)，也叫"圣克卢法"，来源于直接法和听说法，它是在听说法的基础上，利用视听结合手段 (如广播、电影、幻灯、录像、录音等) 而形成的一种教学法，强调在一定情境中听觉感知 (录音) 与视觉 (图片影视) 感知相结合。

视听法的优点在于：一是培训者可以反复播放以及灵活的调整培训内容，做到全面与重点相结合，直到使学员弄懂为止；二是在视听资料特别是录像资料中学员可以了解到难以接触到的信息和技术，弥补现实工作的不足；三是由于视听资料的影、视、听等功能，使视听教学具有生动、形象的特点。视听法的缺点在于：不易制作或采集到与培训完全一致的视听资料，特别是录像资料，一旦制作完成后就已经固定，很容易陈旧和老化。

②所谓讲授法则是培训者以语言表达的方式向学员传授知识或技能的培训方法。讲授法通常包括讲解、讲述、讲演等形式，三者既可以独立使用，也可以综合运用。现代通行的讲授法多以课堂讲授为主。讲授法的优点在于：一是信息传播量大；二是培训者易于控制培训过程，实施培训教学内容；三是培训者在制定培训方案时更有针对性，能够较好地达到培训目标。但其缺点在于：一是信息是单向流动，难以引起共鸣，培训效果难于把握；二是对于培训者的要求较高。

(3) 角色扮演法。角色扮演法是设定一个最接近真实情景的培训环境，指定学员扮演的角色，借助角色的演练来理解角色的内容，从而提高主动地面对现实和解决问题的能力。其优点在于：能给学员提供模拟的试验机会，学员有亲身体验他人工作岗位的机会，从而增加相互之间的理解与沟通。缺点在于：信息量少，需要的培训时间较长。

(4) 学徒制。学徒制是最古老的教学方法，但至今仍然为许多组织所采用。原因在于它的实效性、安全性和可行性。其一是培训人员易于落实。它通常由经验丰富的员工担任，每一名员工只要具有足够的敬业精神和工作责任感，在一个岗位工作一定的时间后，都会有所收获，从而也会具备传授技能或知识的能力；其二是培训成本较低。学徒在师傅身边学习的过程也是工作的过程，是边学边干，一名师傅往往能够带多名学徒，因而，在培养熟悉员工的同时能够担当较大的工作量；其三是传统的这种学徒制具有很强的因袭作用，师徒以及学徒之间在有严格身份意识的前提下，更会有家庭氛围，因而易于培养团队精神。

(5) 自我指导学习。自我指导学习是由员工自己学习提高的培养训练方法，组织考虑到某些知识或技能通过员工自己揣摩能够理解和掌握时，可以用布置任务或发布倡导的方式，要求员工利用一切可以利用的时间和条件，学习和掌握相应的知识和技能，如果该知识或技能属必备知识或技能的，可以在规定的期限组织考试或考核，有关学习资料难于获取的，组织提供有关资料即可。该法的优点是成本低，能够充分调动员工的主动性、积极性和创造性，但缺点在于只适用于浅显易懂的内容。

(6) 讨论法。讨论法是通过学员之间的讨论来解决疑难问题、拓宽知识面的培养训练方法。其优点在于能够使学员主动提出问题，表达个人感受，有利于开发其学习积极性和主动性，同时也能够起到鼓励学员积极思考、勇于探索的作用。缺点在于培训效果受培训组织者及学员主动性、积极性和认识能力和水平的限制。

(7) 现场观摩法。现场观摩法是指通过组织学员到有教学示范作用的工作现场进行观摩、听取示范讲解、解答疑难问题和发表观感的培训方法。该种方法的使用通常是在具有较好的示范现场，学员的层面较高的情况下使用。否则，很容易把观摩变成旅游休闲，难以达到培训效果。

培训的方法还有很多，培训者可以在经过充分评估或论证的基础上，选择适合自己的具体方法。

2. 培训模式的选择

培训模式的选择对于有意识效果也存在着较大的影响，尤其是选用了一个不适合自身的培训模式开展培训活动时，培训不仅不是对组织的一种优化，相反，是组织的一种沉重负担，并对组织产生不良影响。

1) 从宏观看，培训模式有内部培训与外部培训之分

所谓内部培训即是指组织自身开展培训的模式。采用这种模式的组织通常在自己的组织内设立培训机构、安置培训人员等，如麦当劳、摩托罗拉等都采用设立属于自己的培训学校的方式，开展培训活动。所谓外部培训即是指委托专业的培训机构或专业的培训人员对组织员工进行培训的方式。

2) 从微观看，培训的模式有如下几类

(1) 学习型组织的培训模式。所谓学习型组织的培训模式，是指借用"学习型组织"的基本理念用于开展培训活动。在培训中倡导组织中的每一个成员都是学习者，组织中的每一个成员都应该彼此互相学习，通过学习促进组织的提升，同时强调学习的持续性和学习是一种投资而非消费行为。

学习型组织的培训模式非常适用于组织的全员培训和基础培训，它利于培养组织的学习风气和氛围、塑造团队精神和夯实组织文化。

(2) 高级主管培训模式。所谓高级主管培训模式，即是指根据组织的发展战略和需要，采用有针对性的、适当超前的、以管理、创新甚至决策为主体内容的培训方式。该方式的采用主要适用于组织主要成员，因而，对培训师资和培训内容都有较高要求，通常来说，为了使组织更具有活力和竞争力，这种培训往往选用外来的专业培训师或外面的专业培训机构进行。

(3) 系统性培训模式。所谓系统性培训模式，是指通过一系列符合逻辑的、科学的和规范的步骤，有计划地实施各项培训任务的方法。其基本特点是：以组织战略管理的模式为基础，反映一般性战略管理的全部过程；培训是一系列连续性的循环步骤；以对组织的整体理解和对个人培训需求的理解为基础；注重结构，强调计划性，能够突出评价对培训工作的重要作用。其基本步骤为：制定培训政策→确定培训需求→确定培训目标与计划→实施培训计划→对计划需要进行全面的审核和评估。

(4) 高级杠杆培训模式。高级杠杆培训模式是适合于学习型组织的培训方式，非常注重企业文化的建设。其特点是：与组织的营销战略紧密联系；运用指导性设计过程，确保培训的真实性和有效性；擅长比较和参照其他组织的培训情况，拟定自己的培训标准；利于营造鼓励持续学习的工作环境。

(5) 过渡型培训模式。过渡型培训模式是系统型培训模式与企业战略和学习的结合体。其指导思想是：培训是组织的一种投资；通过战略性计划机制对组织之间的竞争性投资机会进行资源配置，组织利益与待培训者利益完全一致。过渡型组织的主要特点是保留了系统培训模式的长处，把培训工作放到了企业环境之中，但缺乏操作性指导。

(6) 持续发展型培训模式。持续发展型培训模式是由英国人事管理学会在《持续性发展序言》中提出的，也叫 IPM 模式。该模式的特点是：重点强调培训职能的长期强化和提高；有利于组织资源的开发和利用；把培训放到了广泛的组织背景之中，以探索与其他发展活动的联系；提出了有利于实现可持续发展的一系列相关活动。

其主要内容包括：制定内容充实的政策；对管理高层人员有明确的责任与要求；通

过计划、任务说明书等确定培训机会与要求，并进行专项评审；通过激励与协商实现学习活动的参与；制定培训规划；分项管理培训收益；确定可以满足组织持续发展需要的培训目标。

海尔的个人生涯培训
——个性化的培训是对人才最大的激励

1."海豚式升迁"，是海尔培训的一大特色

海豚是海洋中最聪明、最有智慧的动物，它下潜得越深，则跳得越高。"海豚式升迁"就来源于此。如一个员工进厂以后，都是从班组长到分厂厂长（主要是生产和系统）干起来的；如果从一开始就让他担任一个事业部的部长，那么他对市场系统的经验可能比较缺乏，需要到市场上去。到市场去之后，他必须从事最基层的工作，然后从这个最基层岗位再一步步干上来。如果能干上来，就上岗，如果干不上来，则就地免职。

有的经理已经到达很高的职位，但如果缺乏某方面的经验，也要派他下去；有的各方面经验都有了，但如果综合协调的能力较低，也要派他到相关的部门去锻炼。这样对一个干部来说压力可能比较大，但也培养和锻炼了干部。

2."届满要轮流"，是海尔培训技能人才的一大措施

一个人长久地干一件工作，久而久之会形成固化的思维方式及知识结构，这对海尔这样以"创新"为核心的企业来说是难以想象的。目前海尔已制定明确的制度，规定了每个岗位最长的工作年限。

3."实战方式"，也是海尔培训的一大特点

技能培训是海尔培训工作的重点。海尔在进行技能培训时重点是通过案例以及到现场进行的"即时培训"模式来进行。具体说，是抓住实际工作中随时出现的案例（最优事迹是最劣事迹），当日利用班后的时间立即在现场进行案例剖析，针对案例中反映出的问题或模式，来统一人员的动作、观念、技能，然后利用现场看板的形式在区域内进行培训学习，并通过提炼在集团内部的报纸《海尔人》上进行公开发表、讨论，形成共识。员工能从案例中学到分析问题、解决问题的思路及观念，提高员工的技能，这种培训方式已在集团内全面实施。

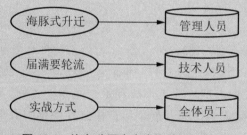

图10.3 海尔公司个人生涯培训体系图

海尔建立了内部培训教师师资网络、内部培训管理员网络、外部培训网络等。为了培养出具备国际水平的管理人才，海尔还专门筹资建立了用于内部员工培训的基地——海尔大学。

10.2.4 人力资源培训评估

所谓培训评估,是指对培训项目、培训过程和培训效果进行的评价与估量。根据培训的时间顺序,可分为培训前评估、培训中评估和培训后评估。培训前评估是在培训前对学员的知识、能力和工作态度进行考察,作为培训者编排培训计划的根据。培训前评估能够保证培训项目组织合理、运行顺利,保证学员对培训项目的满意度;培训中评估是指在培训实施过程中进行的评估。培训中评估能够控制培训实施的有效程度;培训后评估,是对培训的最终效果进行评价,是培训评估中最为重要的部分。目的在于使组织管理者能够明确培训项目选择的优劣、了解培训预期目标的实现程度,为后期培训计划、培训项目的制定与实施等提供有益的帮助。

1. 培训评估的有关理论

1) 柯克帕屈克(Donald L.Kirkpatrick)评估模型

柯克帕屈克评估模型是由国际著名学者、威斯康星大学(Wisconsin University)教授唐·柯克帕屈克于1959年提出的4层次模型理论。这4层次模型的具体内容如下。

(1) 反应层次,即一级评估。是培训评估中最低的层次。可以通过对受训者的情绪、注意力、兴趣等研究,得出受训者对培训的看法和态度,这一层次的评估通常采用调查问卷的形式。

(2) 学习层次,即二级评估。该层次的评估主要是用来了解受训者通过培训学到了什么。主要采用书面测试、操作测试、等级情景模拟测试等评估方法。

(3) 行为层次,即三级评估。行为层次的评估是用来测定受训者在日常工作中是否自觉运用了培训所学到的知识和技能。主要依靠上下级、同事、客户等相关人员对受训者的业绩进行评估来测定。

(4) 效益层次,即四级评估。用来判断培训后员工工作业绩提高的程度。具体可以通过事故率、产品合格率、产量、销售量等指标来进行测定。该层次的评估需要采集大量的数据,对企业来说有一定的困难。

唐·柯克帕屈克四层次评估模型中前两个层次主要是对培训的过程进行评估,而后两个层次主要是对培训的结果进行评估。但是唐·柯克帕屈克没有给出具体的评估方法,该模型的缺点是不能对培训效益进行定量的评估。

2) 舍贝克(Sheppeck)和科恩(Cohen)的效用公式

尽管评估者依据唐·柯克帕屈克四层次模型进行前三个层次的评估对培训评价有一定的效用,但随着对培训重要性的认识,人们已无法满足于前三个层次的评估,确定培训的投资回报率成为人们普遍考虑的问题。但由于对培训进行定量分析时变量很多,很难区分工作改进到底是由什么因素带来的,因此具体的运用存在很大的困难。就连唐·柯克帕屈克也曾经说过:"由于许多复杂的因素在同时起着作用,从效率的角度来衡量某一项培训的效果,如果说不是不可能的话,那也是极其困难的。"鉴于这种情况,1985年由舍贝克和科恩提出了一个效用公式,该公式的表达式如下:

$$效用 = YD \times NT \times PD \times V - NT \times C$$

YD= 培训对工作产生影响的年数
NT= 接受培训的人数
PD= 接受培训者和未接受培训者在工作上的差异
V= 价值,对工作成绩的货币计算
C= 为每一位成员提供培训所支出的费用

但是,由于舍贝克和库恩的效用公式中 YD、PD、V 都是一些模糊的变量,很难在操作中准确地把握,因此这个公式还不能得到人们的普遍认同。

3) 收益分析与唐·柯克帕屈克的四层次模型相结合的评估框架

鉴于上述原因和理由,在 2001 年发行的《The Journal of Personal Selling & Sales Management》中 Earl D Honeycutt Jr,Kiran Karande,Ashraf Attia,Steven D Maurer 四位研究者把效用理论与唐·柯克帕屈克的四层次模型结合在一起,并据此提出了销售培训评估的框架,研究结果在埃及一家美国跨国公司所进行的一个销售培训中得到了进一步的验证,他们提出的公式如下:

$$U=(T \times N')(dt \times SDy)(1+V)(1-Tax) - (N \times C)(1-Tax)$$

T 是培训产生收益的时间长度。

N' 是在考虑的时间范围内,最终留在企业的受训人员数目。

dt 是受训人员和未受训人员工作成绩的差异。

$dt=(Xt-Xc)/SD$ Xt,Xc 分别是受训人员和非受训人员的工作成绩。

SD 是所有销售人员工作成绩的标准偏差。

SDy 是未受培训人员工作成绩的标准偏差,是由以前的工作记录或者由熟悉工作的管理者凭主观估计而得来的,但是这并不是随意估计而得来的,要依据 Schmidt、Hunter 和 Pearlman 所估计的 SDy 估计。

$(1+V)$ 和 $(1-Tax)$ 分别是用来调整易变的培训花费和企业税率的影响,这可以用会计的方法计算而来,Boudreau 也为此提供了一个可以查找数值的表格。

C 是每一位受训人员培训中所有花费,包括所有直接成本和间接成本。

N 是所有参加培训的人数,因为 N 是用来计算培训的花费,所以即使最终的培训成绩不符合标准的或者中间退出的人员都应该包括在内。

与舍贝克和科恩效用公式相比,这种模型优越性在于它为一些依靠主观而得来的数据例如 T'、dt 及 SDy 提供了可依据的标准,从而也为更准确地进行培训评估奠定了基础。但是这种方法的缺陷是它仅仅适用于销售类的培训评估,如何对其他类培训评估需要做进一步的研究。

2. 培训评估的步骤

一般来说,进行培训效果评估要完成如下几个步骤。

(1) 进行需求分析,确定评估目标。
(2) 建立评估数据库。
(3) 选择评估方法。
(4) 确定评估策略。

(5) 估算开发和实施培训项目的成本及收益，其计算公式为：投资回报率 = 项目净利润 / 项目成本 ×100%。

(6) 设计评估手段和工具。

(7) 对涉及有关培训的数据进行分析。

(8) 根据评估分析结果调整培训项目。

(9) 对培训项目的成果进行沟通。

3. 培训评估的层次

目前为止，培训评估通常在如下 4 个层次进行。

(1) 反应层次。这是培训效果测定的最低层次。主要利用问卷来进行测定，评估的内容主要包括培训的时间、地点、人物、方法、手段、设施设备等培训项目的有关内容。

(2) 学习层次。这是培训效果测定的第二层次，可以运用书面测试、操作测试、等级情景模拟等方法来测定。主要测定受训者与受训前相比，受训后是否掌握了较多的知识，较多的技能，是否改变了态度。

(3) 行为层次。这是培训效果测定的第三层次，可以通过上级、同事、下级、客户等相关人员对受训者的业绩进行评估来测定，主要测定受训者在受训后行为是否改善，是否运用培训中的知识、技能，是否在交往中态度更正确等。

(4) 结果层次。这是培训效果测定的最高层次，可以通过事故率、产品合格率、产量、销售量、成本、技术、利润、离职率、迟到率等指标来测定，主要测定内容是个体、群体，组织在受训后是否改善，这是最重要的一种测定层次。

本章小结

本章围绕开发与培训，比较系统地介绍了开发与培训的概念、作用、特点、模式及方式方法等，意在使学生通过学习能够对开发和培训有一个比较完整、系统和深入的了解。其内容要点为：

(1) 开发与培训在广义上是可以通用的，都是指主体为实现一定的目标，围绕知识、技能和思想素质的提高而采取的包括学习、教育、规划和配置等手段在内的所有措施。但在狭义上，两者是存在差异的，为了使学生能够更加全面、深入和系统地了解和掌握人力资源管理过程中的人力资本投资、转化环节，本书特别将开发与培训分开介绍。认为人力资源开发是指贯穿于个人、家庭、组织及社会系统的，围绕社会成员的劳动技能、生理素质、心智水平、道德修养等素质，为实现个人理想、组织目标和社会进步所采取的，包括学习、教育、规划和配置等手段在内的所有措施，而培训只是开发中的一部分。培训主要是着眼于当前的、实用的知识和能力的培养与提高，而开发则兼具有长远、潜在和公益的素质训练与提高；培训通常是组织对员工的培养与训练，而开发则除组织外，还包括员工本人、家庭及社会系统对员工的培养与训练。

(2) 开发的内容主要包括劳动技能、生理素质、心智水平和道德修养等；人力资源的开发可以通过内部与外部两个系统完成；而人力资源的培训则主要由内部系统来完成，即使有外部系统的参与，也主要是受内部系统的支持与主使。

(3) 在人力资源开发理论中先后引入了员工职业生涯规划、职业性向、职业锚等概念，一方面是为了使学生在理论上更加完备和更加专业,另一方面也是为了提高学生在实践中的操作能力,学生可以通过这些知识对自己、组织和他人进行一些有针对性的分析和研讨,从而加强对人力资源开发的理解与认识;而在人力资源培训理论中则介绍了 ISO 10015 国际培训标准与实施指南,其主要的目的也在于一方面使学生的知识与信息能够与国际接轨,另一方面是为了提高学生对于培训的认识。

关键术语

人力资源开发	Human Resource Development
人力资源培训	Human Resource Training
员工职业生涯规划	Employee Careers Life Planning
职业性向	Occupational Orientation
职业锚	Career Anchor

习 题

1. 人力资源开发的内容有哪些?
2. 人力资源开发体系是如何构建的?
3. 什么是员工职业生涯规划?
4. 员工职业生涯规划的作用与意义有哪些?
5. 什么是职业性向?有哪些主要职业性向?
6. 什么是职业锚?职业锚的类型主要有哪些?
7. 职业性向与职业锚是如何在职业选择中发挥作用的?
8. 人力资源培训的作用与意义有哪些?
9. 人力资源培训中要坚持哪些原则?
10. 培训需求分析的主要内容有哪些?
11. 应如何进行培训方案的设计?
12. 培训模式有哪些?
13. 培训评估的主要理论有哪些?
14. 培训评估通常采取哪些步骤?

案例应用分析

案例一 如何解决红筷子快餐公司的新问题

红筷子快餐公司开业不足 3 年,生意发展得很快,从开业时的两家店面,到现在已有多家连锁分店。

不过，公司分管人员培训工作的副总经理张慕廷却发现，直接寄到公司和由"消费者协会"转来的顾客投诉越来越多，上个季度竟达80多封。这不能不引起他的不安和关注。

这些投诉并没有大问题，有些是抱怨菜及主食的品种、味道、卫生不好，价格太贵等；但是更多是有关服务员的服务质量的，比如态度冷淡、语言不文明、上菜慢、卫生打扫不彻底，而且业务知识差，顾客有关食品的问题，如菜的原料规格、烹制程序等常一问三不知，当有的顾客抱怨店规不合理时，服务员不但不予接受，反而粗暴反驳，拒绝退换不熟的饭菜，一味强调已经动过了等。张副总分析，服务员态度不好，也难怪他们，因为生意扩展快，大量招入新职工，业务素质差，知识不足，草草做半天或一天岗前集训，有的甚至未培训就上岗干活了，当然影响服务质量。但是，如何改变这一状况呢？

(案例来源：陈维政，余凯成，程文文. 人力资源管理 [M] .3 版 . 北京：高等教育出版社，2011.)

思考题：

(1) 你认为案例中反映出来的问题主要是一些什么问题？依据是什么？
(2) 假如你是张副总，你将采取什么方法来解决眼前的问题？为什么？
(3) 红筷子快餐公司的问题对你有什么启发？

案例二　美国军方如何运用 E-learning

凭借精良先进的高科技武器装备，美军一直是全球最具战斗力的武装力量之一。在高科技武器装备的背后，一定有训练有素的士兵。借助飞速发展的信息技术，美军在培养士兵的方面投入巨资研发和实施了 E-learning 系统和知识管理系统。

一、完善的在线学习体系

在 E-learning 应用上，美军构建了在线学习门户 Go ArmyEd，主要包括 eArmyU 网络大学以及 ACES(The Army Continuing Education System) 终身学习计划两大项目，分别专注于高等人才 E-learning 培训和士兵终身学习的普及教育训练。

eArmyU 项目于 2001 年 1 月成立，耗资 4.53 亿美元。eArmyU 被喻为美军的网络大学，旨在通过在线的方式向分布在全世界的美国士兵提供学习课程。eArmyU 由 27 所美国大学组成联盟，为军士们提供 145 种学位教育以及 900 多门在线课程。目前已有数万名士兵报名学习，通过网络在服役期间完成了他们的学业。美军通过 eArmyU 不仅提升了士兵利用电脑与网络的技能，提升了部队的整体素质，更推动了整个社会的数字化学习，营造出社会化学习氛围。

ACES 终身学习计划则汇集了美军大量的相关学习资源，其目标是在军队中形成终身学习的文化。该计划除 E-learning 以外还包括各种各样的线下课程以及分布在全美的 111 个军队教育中心和 128 个学习中心所有的相关学习信息。ACES 的服务对象还包括已退役的官兵。

此外，Go ArmyEd 还推出诸如 troops to teachers 的培训计划，鼓励军队人员成长为教师从而更好地进行知识传播和分享，以推动社会化学习。

二、学习内容的 SCORM 标准

为了解决优质的学习内容供给，避免学习内容大量雷同和重复，1997 年，美国国防部和白宫科技会联合推动了先进分布式学习计划 (Advance Distributed Learning, ADL)，ADL 并不自己制定规范，而是整合了既有的规范和内容结构，推出了 SCORM(Sharable Content Object Reference Model) 标准，目的是确保学习者无论何时何地，都能及时获取高品质的训练和学习资源，促成学习教材的及时性、再用性、互操作性与耐久性。SCORM 标准的推出解决了各大厂商的课件内容和学习系统的不互通问题，得到了广泛应用和推广，已成为在线教育的行业标准。

SCORM 标准包含了 CAM(内容聚集模型，Content Aggregation Model) 与 RTE(Runtime Environment) 两个标准。CAM 用于统一课件制作，RTE 则用于规范所有的学习平台。此外，SCORM 还包含了一个 SN(排序和导航，Sequence And Navigation) 标准，用于学习内容间的呈现次序。ADL 还组建了三大实验室，分别从 SCORM 标准的制定与升级、SCORM 在军队中的应用以及 SCORM 与学术教育界的协调上推进开发和推广应用。

三、庞大又高效的知识管理

美军在知识管理方面已远远走在前列，其中尤以 CALL 计划和 AKO 计划为代表。

CALL(Center for Army Lessons Learned) 系统 1985 年推出，是美军的超大型知识库系统，其目的是用以从战场上、训练中心快速捕捉经验教训，吸收存储并快速扩散。它包括了计划、收集、分析、整合、传播并归档等基本组成，其使命是在第一时间内保证士兵能够获取所需的信息、经验或教训，以帮助其完成任务。CALL 系统积累了大量的信息资料，包括武器系统介绍、不同战场作战方法、各大作战训练中心刊物、战场后勤等，甚至包括领导力、风险管理等，是名副其实的美军知识中心。

AKO(美国军队情报在线 Army Knowledge Online, AKO) 是一个门户站点，它连接着数百个美军内部的网站、服务器好信息库，是目前世界上最大的内部互联网。他连接着全世界超过 100 万的士兵、后期人员和退伍老兵，储存着超过 70T(1T=1 000G) 字节的信息，其信息量是世界最大的图书馆美国国会图书馆信息量的 3 倍以上。

AKO 是美军所有信息的总集成，所有的文献、档案和手册都在其中，它向美军士兵提供个性化的信息服务。士兵可以搜索学习武器使用、战地经验，也可查阅邮件、网络聊天、查看气象信息，还提供了许多专业知识社群，让各级军方人员可以在此分享心得和经验。

可见，美军在 E-learning 与 KM 上具有非常明确的发展战略，从学习平台（搭起了"骨架"）、学习内容整合（丰满的"血肉"）以及知识管理（注入了"灵魂"）推行上均投入了巨大力量，大大提升了美军的整体实力。

（资料来源：王成，王玥，陈澄. 从培训到学习 [M]. 北京：机械工业出版社，2010.）

思考题：

(1) 你认为美军在将信息技术成功运用到军队培训中的成功经验对政府、军队和企业有哪些启示和借鉴意义？

(2) 如果你是企业的人力资源部经理，你准备如何利用信息技术和互联网技术组织和实施公司的培训工作？

知识链接

[1] http://v.163.com/special/cuvocw/zhongguorenliziyuan.html 颜爱民国家精品视频课程《中国情境下的人力资源管理实务》第十讲、第十一讲。
[2] http://www.study365.cn 学习网。
[3] http://free.21cn.com 21CN 社区。
[4] http://www.hrebank.com 慧谷咨询公司首页。
[5] http://www.globrand.com 全球品牌网。
[6] http://lierenzhanshi.anyp.cn ISO10015 培训标准的背景简介。
[7] http://www.chinahrd.net 中国人力资源开发网。
[8] http://www.liepin.com 猎聘网。

第11章

激 励

教学目标

- 了解激励的基本原理
- 了解激励体系和激励压力动力机制设计方法
- 掌握股权激励及其设计方法

教学要求

- 了解激励的作用及过程
- 掌握内容型激励、过程型激励等基本的激励理论
- 了解激励体系的构成要素
- 理解针对不同层次的员工应该采取不同的激励方式
- 掌握激励体系的设计方案
- 掌握股权激励机制的产生、类型和设计流程

生存压力是行为动力之本源

在《动物世界》，经常看到这样一组镜头：一群骏马在狂奔、尘土飞扬、遮天蔽日，蔚为壮观；镜头慢慢地后移，原来后面几只凶猛的狮子在追逐马群。这是一场为生存而进行的角逐，结果常常是一匹落在后面的马被猛扑上来的狮子撕咬分食……

Y教授在面对国有企业激励机制设计难题时，在脑海里总是不停地闪过这样一组景象，陷入沉思。

为什么国有企业的员工工作不卖力？为什么同样的企业、同样的员工，通过资本运作转为民营企业后，劳动热情"高涨"，"要求""意见"大大减少，心理承受能力大大增强？为什么西方市场经济体制下的人，一百多年来，能精益求精、不断努力提升效率，创造了人类有史以来最快的发展速度、最丰富的物质财富？人努力工作的根本动力是什么？

Y教授在比照各种人性理论对人的行为动力机制分析的基础上，得出如下结论：

一般而言，也许只有极少数圣贤具有Y理论所述的人性特征，他们能高度自主地抑制内在的欲望，以造福天下为己任。但绝大多数的普通人，更接近X理论人性观，即追求安逸、逃避压力和辛劳，趋利避害是其本能。而努力工作，一则源自内在的需求压力，再则源自外在的环境压力，即压力产生动力。生存压力是一切生物体行为最原始的动力源，决定人类行为的最根本压力也是生存压力，只是生存压力通过舒缓的形式释放、以文明的形式表现。如同镜头中的马群一般，生存的竞争，使落后者面临被吞噬的风险，对落后的恐惧是求生本能的一种折射。在现代社会，追求超越同类、取得相对优势的"竞争"成为人类生存压力表现的主要形式，也是现代人类"工作行为"的根本动力。"身后有余忘收手、眼前无路才回头"揭示的就是竞争对人的行为影响的深度性和非理性。突破这种规律，"恬淡平和"面对他人的超越和成功，只有少数人能真正做到，更多的时候它是竞争失败者的自慰之辞。在这种行为动力机制下，依靠竞争推动人们持续努力工作是现代市场经济成功和繁荣的根本所在。在我国计划经济模式下，客观上高估了人性水平，消除了竞争压力，实质上使人们失去了持续努力工作的动力源泉，只能靠一场场运动"脉冲式"地激发人们努力工作。这是国有企业激励动力机制的症结所在。利益差距的设置、地位等级链的构架以及淘汰和失业压力是企业激励动力机制的活力所在，被吃掉的马是马群生存压力形成的必要成本，对落后者的淘汰和利益处罚是企业动力机制的有效保障。

（资料来源：颜爱民，方勤敏.人力资源管理[M].2版.北京：北京大学出版社，2011.）

激励是企业管理永恒的主题，更是人力资源管理的核心内容，在某种程度上甚至可以将人力资源管理过程视为有效激励的过程。我们认为激励是一种理念，它需要依托各种管理工具为载体达成其目标，激励对管理绩效和组织目标产生重要影响，任何一项管理活动都直接或间接地蕴含着激励内容。

11.1 激励概述

11.1.1 激励的内涵

所谓激励 (Motivating)，就是为了特定目的而去影响人们的内在需要或动机，从而强化、引导或改变人们行为的反复过程。激励是人力资源管理的重要内容与手段，了解激励的有关内容对于人力资源管理具有非常重要的现实意义。这一定义包含以下 4 方面的内容。

(1) 激励是有目的性的。任何激励行为都具有其目的性，这个目的可能是一个结果，也可能是一个过程，但必须是一个现实的、明确的目的。

(2) 激励通过影响人们的需要或动机来强化、引导或改变人们的行为。人们的行为来自动机，而动机源于需要，激励活动正是对人的需要或动机施加影响，从而强化、引导或改变人们的行为。因此，从本质上说，激励所带来的人们的行为是其主动、自觉的行为，而不是被动的、强迫的行为。

(3) 激励是一个持续反复的过程。激励是一个由多种复杂的内在、外在因素交织起来的持续作用和影响的复杂过程，而不是一个互动式的即时过程。

(4) 激励方式的多样性。由于人性观的不同，导致人的动机和需求也不同，因而对其进行有效的激励必然会采取不同的方式。

 阅读小材料 11-1

不懂激励的主管

有一个员工出色地完成任务，兴高采烈地对主管说："我有一个好消息，我跟了两个月的那个客户今天终于同意签约了，而且订单金额会比我们预期的多 20%，这将是我们这个季度价值最大的订单。"但是这位主管对那名员工的优秀业绩的反应却很冷淡，"是吗？你今天上班怎么迟到了？"员工说："二环路上堵车了。"此时主管严厉地说："迟到还找理由，都像你这样，公司的业务还怎么做！"员工垂头丧气地回答："那我今后注意。"一脸沮丧的员工有气无力地离开了主管的办公室。

通过上面的例子，可以看出，该员工寻求主管激励时，不仅没有得到主管的任何表扬，反而只因该员工偶尔迟到之事，就主观、武断地严加训斥这名本该受到表扬的员工。结果致使这名员工的积极情绪受到了很大的挫伤，没有获得肯定和认可的心理需求满足。实际上，管理人员进行激励并非是一件难事。对员工进行话语的认可，或通过表情的传递都可以满足员工的被重视、被认可的需求，从而收到激励的效果。

11.1.2 激励的类型

不同的激励类型对行为过程会产生不同程度的影响，因此激励类型的选择是做好激励工作的一个前提条件。激励有多种类型，可以从不同角度进行划分。

1. 从内容上分为物质激励和精神激励

物质激励，是指对员工的物质需要予以满足，如奖金、加薪等。精神激励是指对员工的精神需要予以满足，如表扬、授予称号等。物质需要是人类的第一需要，它是人们从事一切社会活动的基本动因，物质利益关系是人类社会中最根本的关系。所以，物质激励是激励的主要方式。然而，人毕竟是社会动物，不仅有物质需要，还有精神上的追求。在物质需要得到一定程度的满足后，精神需求就成了主要需求。每个人都有自尊心、荣誉感，满足这些需求，能更为持久、有效地激发人们动机。

物质激励与精神激励是两种不同内容的激励形式。它们相辅相成，缺一不可。随着人们生活水平的提高，低层次的需求逐渐得到满足，高层次的需求日渐强烈，因而，精神激励将是员工激励的重要方面。

2. 从性质上分为正激励与负激励

正激励从鼓励的角度出发，当一个人的行为表现符合期望的方向时，通过奖赏的方式来表示支持，强化这种行为，以达到调动工作积极性的目的。负激励是从抑制的角度出发，当一个人的行为与组织期望方向不一致时，组织将对其采取惩罚措施，以杜绝类似行为的发生。正激励是对行为的肯定，负激励是对行为的否定。

正激励与负激励是两种性质相反的激励手段，不仅直接作用于被激励的人，而且还会产生示范效应，影响周围的人，形成正面或反面的异向效果。一般来说，正激励对实现企业的组织目标效果要好于负激励，长期经受负激励将导致员工情绪低落，工作积极性减退，自信心消磨，能力受到抑制，工作绩效下降。

3. 从对象上分为内部激励与外部激励

内部激励，是指通过启发诱导的方式，培养人的自觉意识，形成某种观念，在这种观念的支配下，人们产生动机，发生组织所期望的行为。当人们的自觉性提高之后，行为变得积极主动，无须外界干涉、督促。内部激励多是通过思想教育，让员工在传统中学习，逐渐将组织所欣赏的道德意识变为自律的标准。例如，对员工进行精神熏陶，培养员工的集体荣誉感、责任感、成就感，使员工在上述观念的引导下勤奋工作。内部激励需要对人的思想意识发生影响，因而比较缓慢，但内部激励一旦发生作用，则持续长久，并且激励质量较高。

外部激励，是指采取外部措施奖励组织所欢迎的行为，惩罚组织所反对的行为。以鼓励员工按组织所期望的方向做出努力，外部激励多以规章制度、奖惩措施的形式出现，表现出某种强迫性。外部激励通过外界诱导或约束来影响人的行为，外部激励也可以对人的思想意识产生影响。长期的外部激励可以帮助人们树立某种观念，产生内部激励效应。例如，坚持奖励按时出勤的员工会使人们产生守纪光荣、违纪可耻的观念，从而提高守纪的自觉性。

11.1.3 激励的作用

1. 激励是实现组织目标的重要工具

激励是对员工行为有目的的引导。企业应根据实际情况针对企业所制定的目标，设置激励措施，使员工自觉地发挥潜能，为完成企业目标而努力工作。激励的目的在于调动员工积极性，更快、更好地完成工作任务，创造优良绩效。良好的激励措施应能恰到好处地实现了这一目的，使员工的努力方向与组织的目标趋于一致。

2. 激励是企业提升人才市场竞争能力的重要手段

各国的成功企业都很重视人才，为了吸引人才，他们不惜成本，采用许多激励方法，如蓝色巨人 IBM 公司向员工提供养老金、集体人寿保险和优厚的医疗保险待遇，给优秀员工丰厚的奖励，兴办各种学校与训练网，组织员工学习，提高技能。IBM 公司采取这些激励措施吸引并留住了大批优秀人才，创造了一个保障充分，奖惩分明的工作环境，几十年来一直业绩骄人。

3. 激励可提高组织绩效与员工工作效率

美国哈佛大学的管理学家 Wiliam James 研究发现，在缺乏激励的一般岗位上，员工仅能发挥其实际工作能力的 20%～30%，而受到充分激励的员工，其潜能可以发挥出 80% 左右。所以，通过激励，可以激发员工的创造性与革新精神，提高员工工作效率，最终提高组织绩效。

4. 激励有利于员工素质的提高

提高员工素质，不仅可以通过培训的方法来实现，激励也是一种很好的途径。企业可以采取措施，对坚持学习科学文化知识与业务知识的员工，给予大张旗鼓的表扬，对不思进取的员工给予适当的批评，并在物质待遇上加以区别，在福利、晋升方面分别考虑。这些措施将有助于形成良好的学习风气，促使员工提高自身的知识素养。员工在激励措施的鼓舞下，为了能取得更好的工作绩效，必定会主动熟悉业务，钻研技巧，从而提高自身的业务能力和整体素质。

11.1.4 激励的机理

激励就是通过影响人的需要或动机达到引导人的行为的目的，它实质上是一种对人的行为的强化过程。因此研究激励，先要分析人的行为过程，图 11.1 揭示了人的行为的一般过程。

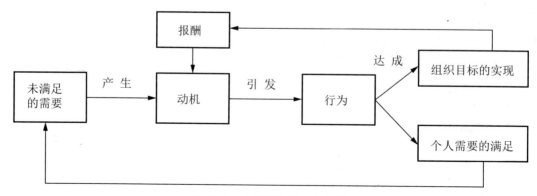

图 11.1 人的行为的一般过程

1) 需要

人行为的起点是需要。需要是指人由于某种生理或心理的因素的缺乏而产生的某种不平衡状态。需要是人类心理活动的动力,需要越强烈,所引起的心理活动也就越积极、主动。需要作为客观需求的反映,不是一个被动、消极的过程,而是在人与客观环境相互作用中、在积极自觉的活动中产生的。

人的需要分为两大类:自然属性的需要和社会属性的需要。自然属性的需要又称为生理需要,它是指人们为了延续和发展自己的生命对客观条件的需求,是通过一定的对象或获取一定的生活状态而实现的,例如人对衣、食、住、行的需要。社会属性的需要是指在特定的社会历史条件下人们对社会生活的需要。例如人们对劳动、学习、社交、自尊、理想、信念和成就等方面的需要。如果人们的这些需要不能获得正当的满足,就会使人们在心理和情感上遭受挫折。不同的历史阶段、不同的社会制度、不同的阶级和民族、不同的文化水平和不同的风俗传统等,所形成的社会属性的需要有很大的差别。

2) 动机

当人的需要未得到满足时,心理上会产生一种不安和紧张状态,这种状态会促成一种导致某种行为的内在驱动力,这就是动机。动机是引发和维持个体行为并将此行为带向某一目标的愿望和意念。动机是人们行为的推动者,它体现着所需要的客观事物对人的行为活动的激励作用。

动机是在需要的基础上产生的,需要是动机产生的基础和根源。动机具有唤起行动的始动机能作用,即人的行为总是由一定的动机引起的,它驱使一个人产生某种行为,从而引发一系列的行动;动机有指向性机能,即动机具有维持行为趋向一定目标的指向性作用,能使行为具有稳固和完善的内容,使人向着一定的目标行动,使行动沿着一定的方向发展;动机还具有保持和强化行为的作用。

动机可以分为内在动机和外在动机。内在动机是指由个体内在需要引起的动机叫做内在动机,在外部环境影响下产生的动机叫做外在动机,如通过给予表扬、奖品、奖金、荣誉等,依然可能影响那些成功欲望不高、高度害怕失败的人投身于工作之中,通常将这种外在因素激发的行为倾向称为外在动机。外在动机往往与内在动机相对立而存在,任何一个人的行为都不仅仅是内在动机或者外在动机单纯起作用,而是通过二者之间相互作用,在某些问题和时刻,外在动机的激励表现的作用效果更加强烈,而在另外一些情形下内在自主的动机占优势。

3) 行为

当人有了动机之后,就会导致一系列寻找、选择、接近和达到目标的行为。行为是指人在环境影响下所引起的内在生理和心理变化的外在反应。人的行为是人的内在因素与外在因素相互作用的函数。也就是说,人的行为受其内在因素和外在因素的共同影响。内在因素是根本,是决定因素,外在因素是条件,起着导火线的作用。

如果人的行为达到了目标,就会产生心理和生理上的满足,已满足的需要将不再具有激励性,但原有的需要满足了,新的需要又会产生,从而又引发人的新的行为,如此周而复始。要实现有效激励,就要了解被激励者的需要,并且要掌握可以满足其需要的资源。

11.2 激励理论

11.2.1 内容型激励理论

内容型激励理论(Content Theories)着重研究激发人们行为动机的各种因素。由于需要是人类行为的原动力，因此这一理论实际上是围绕人们的各种需要来进行研究的，故又把这种理论称之为需要理论。内容型激励理论主要包括：马斯洛的需要层次理论、阿尔德弗的ERG理论、赫茨伯格的双因素理论、麦克莱兰的成就需求理论等。

1. 需要层次理论

美国心理学家马斯洛在1943年出版的《人类激励的一种理论》一书中，首次提出需要层次理论(Hierarchy of Needs Theory)。他认为人类有5个层次的需要(图11.2)，即生理需要、安全需要、爱与归属感的需要、被尊重的需要和自我实现的需要，其中生理需要和安全需要属于低级需要，爱与归属感的需要、被尊重的需要和自我实现的需要属于高级需要。

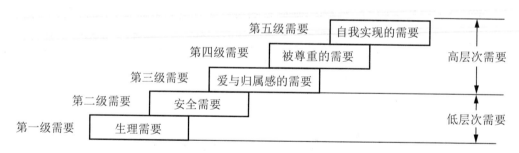

图11.2 马斯洛的需求层次模型

人的5种需要像阶梯一样从低到高，按层次逐级递升，但这样次序不是完全固定的，可以变化，也有种种例外情况。一般来说，某一层次的需要相对满足了，就会向高一层次发展，追求更高一层次的需要就成为驱使行为的动力。相应地，获得基本满足的需要就不再是一股激励力量；五种需要可以分为高层次和低层次两种，低层次需求刚性大，激励保健性强，持续性差；高层次需求弹性大，激励空间大，持续性强。同一时期，一个人可能有几种需要，但每一时期总有一种需要占支配地位，对行为起决定作用。任何一种需要都不会因为更高层次需要的发展而消失。各层次的需要相互依赖和重叠，高层次的需要发展后，低层次的需要仍然存在，只是对行为影响的程度大大减小。只有那些没有满足的需要，才具有激励作用。

马斯洛的需要层次理论将人们的需要进行了内容上的划分，有其科学的一面，他对人的需要的分类比较细致，符合需要多样性的特点。他指出人的需要是一个发展的过程，需要具有递进式发展的性质。但是他的理论没有得到实证研究的证明，并且没有考虑到人们的主观能动性。他认为满足的需求将不再成为人们的动机,但是对于满足需求的意义的解释却不是很明确。在现实中,当一种需要得到满足后,很难预测到哪一个层次的需要会成为下一个必须满足的需要。

2. ERG 理论

ERG 理论 (Existence-Relatedness-Growth Theory) 是阿尔德弗 (Clayton Alderfer) 于 1969 年提出的,他在大量实证研究的基础上,对马斯洛层次需要理论进行了修正,它认为低层次的需要是 E 层面的生存需要;第二层次需要是 R 层面的关系需要;高层次的需要是 G 层面的成长需要。三者层次如图 11.3 所示。

ERG 理论的基本观点:①某种需要在一定时间内对行为起作用,而当这种需要得到满足后,可能去追求更高层次的需要,也可能没有这种上升趋势;②当较高级需要受到挫折时,可能会降而求其次;③某种需要在得到基本满足后,其强烈程度不仅不会减弱,还可能会增强,如图 11.4 所示。

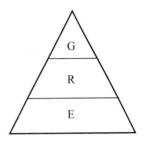

图 11.3　ERG 需求层次

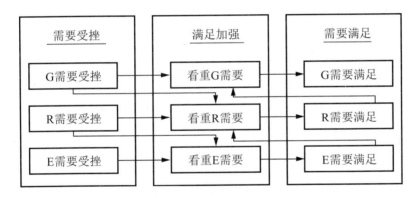

图 11.4　ERG 需要变化图

阿尔德弗的 ERG 理论比马斯洛的需要层次理论少了很多限定,而且 ERG 理论有良好的实证研究作为支撑。然而该理论在需要的分类上并不比马斯洛的理论完善,对需要的解释也并未超出马斯洛需要理论的范围。

3. 双因素激励理论

双因素理论 (Two-Factor Theory) 是美国的行为科学家弗雷德里克·赫茨伯格 (Fredrick Herzberg) 提出的,又称激励因素 - 保健因素理论 (Motivation-Hygiene)。激励因素 (Motivation Factors) 和保健因素 (Hygiene Factors) 的内容如图 11.5 所示。

在双因素理论中,主要有以下观点。

(1) 使员工对工作感到满意的因素和使员工感到不满意的因素是不同的。当员工对工作觉得满意时,则往往归于激励因素;而当他们感到不满意时,则常常抱怨保健因素。

(2) 与传统观念不同的是,满意的对立面不是不满意,而是没有满意;不满意的对立面也不是满意,而是没有不满意。

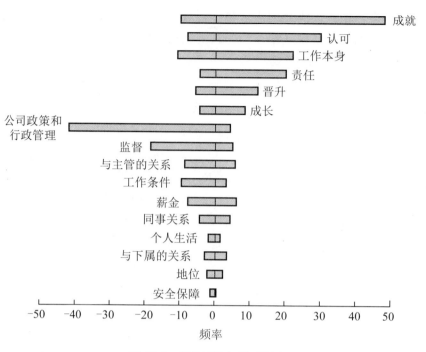

图 11.5 保健因素与激励因素

(3) 改善保健因素只能起到安抚员工的作用,带来的是"没有不满意",而不一定能起到激励作用。因此,要想真正激励员工努力工作,就必须要去改善那些与工作本身紧密联系在一起的"激励因素",这样才会增加员工的工作满意感。

赫茨伯格及其同事后来又对各种专业性和非专业性的工业组织进行了多次调查,他们发现激励因素基本上都是属于工作本身或工作内容的,保健因素基本都是属于工作环境和工作关系的。激励因素和保健因素都有若干重叠现象,如赏识属于激励因素,基本上起积极作用;但当没有受到赏识时,又可能起消极作用,这时又表现为保健因素。工资是保健因素,但有时也能产生使员工满意的结果。

赫茨伯格的双因素理论对于人力资源管理的指导意义在于管理者在激励员工时必须区分激励因素和保健因素。对于保健因素不能无限制地满足,这样做并不能调动员工的积极性,而应当更多从激励因素入手,满足员工在这方面的需要,才能使员工更加积极主动地工作。此外,在人力资源管理过程中要采取有效措施,将保健因素尽可能转化为激励因素,从而扩大激励的范围。

4. 成就需要理论

美国心理学家麦克莱兰提出了成就需要理论(Achievement Theory),他阐明了3类基本的激励需要,即权力的需要、归属的需要和成就的需要。他认为不同的人对这3种需要的排列层次和所占比重是不同的,成就需要强烈的人往往具有内在的工作动机。然而成就需要不是天生就有的,可以通过教育和培训造就具有高成就需要的人。如果说需要层次理论和ERG理论普遍适用于大多数人的话,那么,成就需求理论则更适合于对企业家的研究。

成就需求理论告诉管理者，在进行人力资源管理时，应当充分发掘和培养员工的成就需要，给员工安排具有一定挑战的工作和任务，从而使员工具有内在的工作动力。

11.2.2 过程型激励理论

当个人感到有某种需要时，他往往倾向于采取某些行动，以满足他的这种需要。但未满足的需要激发出来的行为未必就是企业所期望的行为。内容型激励理论无法解决这一问题，该问题是由过程型激励理论来解决的。

过程型激励理论 (Process Theories) 着重研究人从动机产生到采取行动的心理过程。这类理论表明，要使员工出现企业期望的行为，必须在员工的行为与员工需要的满足之间建立起必要的联系。这方面的研究理论主要有弗罗姆的期望理论、亚当斯的公平理论、洛克与拉色曼的目标设置理论和斯金纳的强化理论。

1. 期望理论

期望理论 (Expectancy Theory) 是美国耶鲁大学教授、心理学家维克托·弗鲁姆 (Victor H.Vroom) 首先提出的。期望理论又称为"效价-手段-期望理论"，该理论认为，一种行为倾向的强度取决于个体对于这种行为可能带来的结果的期望强度以及这种结果对行为者的吸引力。这个理论用公式表示为：激励力 = 期望值 × 效价。在这个公式中，激励力是指调动个人积极性、激发人内部潜力的程度；期望值是根据个人的经验判断达到目标的把握程度；效价则是所能达到的目标对满足个人需要的价值。这个理论的公式说明，人的积极性被调动的大小取决于期望值与效价的乘积。也就是说，一个人对目标的把握越大，估计达到目标的概率越高，激发起的动力越强烈，积极性也就越高。

具体而言，当员工认为努力会带来良好的绩效评价，良好的绩效评价会带来组织的奖励，如奖金、加薪或晋升等，当组织奖励会满足员工的个人目标时，他就会因受到激励而付出更大的努力。这个理论着眼于 3 种关系，如图 11.6 所示。

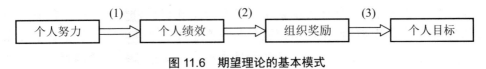

图 11.6 期望理论的基本模式

(1) 个人努力—个人绩效关系：个人认为通过努力会带来一定绩效的可能性。

(2) 个人绩效—组织奖励关系：个人相信一定水平的绩效会带来所希望的奖励结果的程度。

(3) 组织奖励—个人目标关系：组织奖励满足个人目标或需要的程度及这些潜在的奖励对个人的吸引力。

按照期望理论的观点，人力资源管理为了达到激励员工的目的，必须对绩效管理系统和薪酬系统进行改善。在绩效管理系统中，一方面要给员工制定的绩效目标要切实可行；另一方面要及时对员工进行绩效反馈，帮助其更好地实现目标。对薪酬管理而言，一方面是要根据绩效考核的结果及时给予各种报酬和奖励，另一方面就是要根据员工不同的需要设计个性化的报酬体系，以满足员工不同的需要。

2. 公平理论

公平理论(Equity Theory)是美国心理学家亚当斯(J.S.Adams)于20世纪60年代首先提出的，主要讨论报酬的公平性对人们工作积极性的影响。亚当斯认为，当一个人获得了成绩并取得了报酬的结果之后，他不仅关心报酬的绝对量，而且还关心报酬的相对量。奖励与满足的关系，不仅在于奖励本身，还在于奖励的分配上。个人会自觉或不自觉地将自己付出与所得的报酬和心目中的参照系比较。这种比较可用以下的公式说明：

$$Q_p/I_p = Q_x/I_x$$

其中：

Q_p——是自己所获得的报酬；

I_p——是自己的投入；

Q_x——是参照系所获得的报酬；

I_x——是参照系的投入。

个人会思考自己所得报酬与所付出的投入是否相当，然后将自己的所得与付出比同相关他人的所得与付出比进行比较，如果觉得自己的比率与他人的比率相同，则可能产生公平感，个人会觉得自己的报酬是合理的、公平的，其心态就比较平衡，其行为才会得到比较有效的激励；如果个人觉得自己的报酬低了，不公平了，就会要设法消除这种不公平，通常会要求增加报酬，如果不能做到，则会产生抱怨情绪，降低工作的积极性，用减少付出的办法来求得心理平衡；如果个人的报酬水平大于别人，个人可能会一时感到满足或因愧疚而努力工作，但在一段时间后，他会满足于侥幸的所得或在心理上进行自我平衡调节，致使工作又恢复常态。

在许多情况下，个人往往会过高地估计自己的投入与他人的报酬，而过低地估价自己的报酬与他人的投入。

公平理论对人力资源管理的意义更多的是集中在薪酬关联方面，即要实施具有公平性的报酬体系，这种公平体现在内部公平、外部公平和自我公平三个方面，要使员工感到自己的付出得到了相应的回报，从而避免员工产生不满情绪。为了保证薪酬体系的公平合理，要从两个方面入手，一方面是薪酬体系的设计，如采用薪酬调查、职位评价等技术来保证公平，另一方面是薪酬支付，要与绩效考核挂钩，这就从另一个方面对绩效考核体系的公平提出了要求。

3. 目标设置理论

洛克与拉色曼的目标设置理论(Goal-setting Theory)提出，指向一个目标的工作意向是工作激励的主要源泉。也就是说，目标告诉员工需要做什么，以及需要做出多大的努力。明确的目标能提高绩效，一旦我们接受了困难的目标，会比容易的目标带来更高的绩效。具体的、困难的目标比"尽最大努力"的笼统目标效果更好，如图11.7所示。

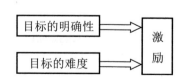

图11.7 目标设置理论的基本模式

如果能力和目标可接受性因素保持不变，实现目标的难度越大，绩效水平越高。但是，合乎逻辑的假设是目标越容易越可能被接受。不过一旦接受了一项艰巨的任务，他就会投入更多的努力，直到目标实现、目标降低或放弃目标。

如果员工有机会参与设置自己的目标，他们会更努力地工作吗？参与设置目标是否比指定目标更有效？答案并不确定，在某些情况下，参与式的目标设置能带来更高的绩效；在另一些情况下，上司指定目标时绩效更高。参与的一个主要优势在于提高了目标本身作为工作努力方向的可接受程度。正如我们提到的，目标越困难，阻力就越大，如果人们参与目标设置，即使是一个困难的目标，相对来说也更容易被员工接受。原因在于，人们对于自己亲自参与做出的选择投入程度更高。因此，尽管在可接受度既定的情况下，参与式的目标不比制定的目标更有优势，但参与确实可以使困难的目标更容易被接受，并提高采取行动的可能性。

除了反馈带来更高的绩效，还有其他三个因素影响目标和绩效的关系：目标承诺、适当的自我效能感和民族文化。目标设置理论的前提是每个人都忠于目标。自我效能感是一个人对他能胜任一项工作的信心。目标设置理论是受文化限制的，它适用于部分国家，如美国和加拿大，因为这个理论的关键部分与北美文化相当一致，但对于其他的国家和地区也有借鉴意义。

目标设置理论对人力资源管理的意义体现在绩效管理方面。按照目标设置理论的要求，在制定员工的绩效目标时要注意以下几个问题：一是目标必须具体、明确；二是目标要有一定难度；三是制定目标时要让员工共同参与，使员工能够认同和接受这一目标。

11.2.3 行为改造型理论

行为改造型理论 (Behavior Modification Theory) 着重研究如何改造和转化人们的行为，变消极为积极，以期达到预定的目标。行为改造型理论以强化理论最为典型。

强化理论 (Reinforcement Theory) 是由美国心理学家斯金纳 (B F Skinner) 首先提出的。斯金纳最初把它应用于训练动物上，后来又将它进一步发展并用于人的学习上。现在，强化理论又被广泛地应用于激励人和改造人的行为。斯金纳的强化理论几乎不涉及主观判断等内部心理过程，而只讨论刺激和行为的关系。强化理论反映在循环学习的过程中，即过去的行为结果如何影响未来行为。这个过程可以用图 11.8 表示。

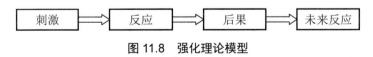

图 11.8　强化理论模型

强化理论认为，人的行为是对其所获刺激的一种反应。当行动的结果对他有利时，他就会趋向于重复这种行为；当行动的结果对他不利时，这种行为就会趋向于减弱或者消失。因此，管理者就可以通过强化的手段，营造一种有利于组织目标实现的环境和氛围，以使组织成员的行为符合组织的目标。根据强化的性质和目的，强化可被分为以下 4 种基本类型。

1. 正强化

对个人的行为提供奖励,从而使这些行为得到进一步加强就是所谓的正强化。正强化的刺激物不仅仅是金钱和物质,表扬、改善工作条件、提升、安排承担挑战性工作、给予学习提高的机会等,都能给个人提供某种满足,因而都可能成为正强化的刺激物。间断的、时间和数量都不确定的正强化,具有更大的激励效果。

2. 负强化

负强化是一种事前的规避,它通过对什么样的行为会不符合组织目标的要求以及如果员工发生不符合要求的行为将予以何种惩罚的规定,使员工从力图避免得到不合意、不愉快结果的考虑中,对自己的行为形成一种约束力。这是一种非正面的对所希望行为的强化。

3. 惩罚

对那些不符合组织目标实现的行为进行惩罚,以使这些行为削弱直至消失。惩罚的手段可以是扣发奖金、批评、开除等。与正强化相反,惩罚应主要采用连续方式。

4. 忽视

对已出现的不符合要求的行为进行冷处理,达到无为而治的效果。与惩罚一样,忽视也可能使组织所不希望的行为弱化下来,从而自然消退。

管理者的影响和改变员工的行为应将重点放在积极的强化,而不是简单的惩罚上,惩罚虽然在表面上会产生较快的效果,但其作用通常是暂时的,而且对员工的心理易产生不良的副作用。负强化和忽视对员工行为的影响作用也不应该轻视。因此,这四种行为应该配合起来使用。

 阅读小材料 11-2

替代强化和自我强化论

替代强化和自我强化是美国心理学家班杜拉(Albert Bandura,1925—)的社会学习理论(亦称观察学习理论)中的概念。替代强化(Vicarious Reinforcement)是指人们不直接参与某一活动,也不需亲自体验直接的强化,而是通过观察别人的行为受到奖励或惩罚,使自己在以后类似情况下也做出这种行为或抑制这种行为。替代强化论为榜样作用、从众、模仿行为提供了理论基础。要控制人的行为,就可以通过树立榜样、同伴示范(如老兵给新兵示范)等,使人们受到替代强化,激起相应的行为动机,产生预期的行为。

所谓自我强化(Self-managed Reinforcement)是指个人依据强化原理安排自己的活动或生活,每达到一个目标即给予自己一点物质的或精神的酬报,直到最终目标完成。自我强化是较高水平的激励方式。不可能要求人人都达到这种水平。但通过教育、指导,也可以帮助人们逐步具备这种能力。在进行教育、指导时,主要应帮助人们确定长远目标和近期目标,让人们自己确定评价标准,使之自我检查、自我评价。只要某人不受外部因素影响能够独立地安排自己的活动并不断取得进步,就说明他具备了自我强化能力。

11.2.4 综合激励理论

上述各种类型的激励理论都是从不同角度出发来研究激励的，因此都不可避免地存在问题，而综合型激励理论则试图综合考虑各种因素，从系统的角度来理解和解释激励问题，这种理论主要有勒温的早期综合激励理论、波特和劳勒的综合激励理论。

1. 勒温的早期综合激励理论

最早期的综合激励理论是由心理学家勒温提出来的，称为场动力理论，用函数关系可以表示为：

$$B = f(P \times E)$$

式中：B——个人行为的方向和向量；
f——某一个函数关系；
P——个人的内部动力；
E——环境的刺激。

这一公式表明，个人的行为向量是由个人内部动力和环境刺激的乘积决定的。

根据勒温的理论，外部刺激是否能够成为激励因素，还要看内部动力的大小，两者的乘积才决定了个人的行为方向，如果个人的内部动力为零，那么外部环境的刺激就不会发生作用；如果个人的内部动力为负数，外部环境的刺激就有可能产生相反的作用。

2. 波特和劳勒的综合激励理论

美国学者波特和劳勒于 1968 年提出了一种综合型激励理论，它包括努力、绩效、能力、环境、认知、奖酬和满足等变量，它们之间的关系如图 11.9 所示。

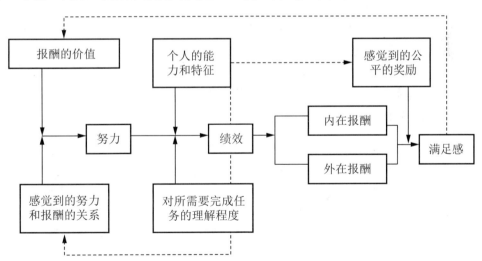

图 11.9 波特和劳勒的综合激励模型

这一模型表明，先有激励，激励导致努力，努力产生绩效，绩效导致满足。它包括以下几个主要变量。

(1) 努力程度。它是指员工所受到激励程度和所发挥出来的力量，取决于员工对某项报酬价值的主观看法，以及经过努力得到报酬的可能性的主观估计。报酬的价值大小与对员工的激励程度是成正比的，报酬的价值越大，对员工的激励程度就越大，反之就越小；员工每次行为最终得到的满足会反过来影响他对这种报酬的价值估计。同时，努力程度与经过努力得到报酬的可能性大小也成正比，经过努力取得绩效进而获得报酬的可能性越大，努力程度就越高；员工每一次行为所形成的绩效也会反过来影响他对这种可能性的估计。

(2) 工作绩效。工作绩效不仅取决于员工的努力程度，还取决于员工自身的能力和特征，以及他对所需完成任务的理解程度。如果员工自身不具备相应的能力，即使他再努力也可能无法完成工作任务；如果员工对自己所要完成的任务了解得不是很清楚，也会影响工作绩效。

(3) 工作报酬。报酬包括内在报酬和外在报酬，它们和员工主观上感觉到的公平的奖励一起影响着员工的满足感。

(4) 满足感。这是个人实现某项预期目标或完成某项预定任务时所体验到的满足感，它依赖于所得到的报酬同所期望得到的结果之间的一致性，当实际的结果大于或等于预期时，员工会比较满足；当实际的结果小于预期时，员工会产生不满。

波特和劳勒认为，员工的工作行为是多种因素激励的结果。要想使员工做出好的工作业绩，首先要激发他们的工作动机，使他们努力工作；然后，要根据员工的工作绩效实施奖励，在奖励过程中要注意公平，否则就会影响员工的满足感；而员工的满足感反过来又会变成新的激励因素，促使员工努力工作获得新的绩效，如此循环反复。

内容型激励理论、过程型激励理论和行为改造型理论是相互联系和相互补充的，它们分别强调了激励的不同方面。内容型激励理论告诉我们人有哪些需要，并认为激励就是满足需要的过程。过程型激励理论告诉我们，把实现企业目标与满足个人需要统一起来有助于使员工出现企业所希望的行为。而行为改造型激励理论则告诉我们，如何通过强化物的刺激使员工的良好行为持续下去。波特和劳勒等人在总结前人理论的基础上，把已有的激励理论有机地整合起来，建立了综合型激励模型，对管理者综合运用激励理论有所帮助。管理者如果想有效激励员工，要根据实际情况的需要综合使用以上的激励理论才可能收到良好的效果。

11.3 激励体系

组织为实现其目标，会根据其成员的个人需要，制定适当的行为规范和分配制度形成激励体系，以实现人力资源的最优配置，达到组织利益和个人利益的一致。激励体系的设计要求我们用系统的眼光来看待激励问题。

11.3.1 激励体系的构成要素

激励本身是一种管理思想。激励的实施是依托各种管理制度、管理工具来实现的，它渗透在管理的全过程之中，依赖于全体管理者的共同实施。激励是一个体系或系统。在激励体系的设计中，应综合运用各种激励理论，以达成强势激励效果。激励体系设计是对各种激励要素进行选择、组合及优化的过程。而激励的过程则需要管理者在实践中摸索与把握。可供选用的短期激励因素主要包括工资、奖金、福利、津贴、晋升、培训及精神鼓励等，长期激励因素则包括红利、股票期权等。

11.3.2 分层次的员工激励体系

现在很多企业对待员工，要么是一味地用金钱和物质激励，要么是对员工大谈理想抱负。实际上激励效果并不如意，原因在于管理者没有针对处于不同层次的员工设计不同的激励方案，效果当然不会很好。

一般来说，低层次需求刚性大，激励保健性强、持续性差；高层次需求的弹性大，激励空间大，持续性强。企业的高层管理者，其需求层次较高(如地位、荣誉、成就感等)，就要针对其需求层次采取适合的激励措施，如给予其很大的自主权与发展空间、提供股权激励等。普通员工的需求层次相对较低，也要针对需求特点采取适合的激励措施，如经济报酬、良好的工作环境、严格的制度规范等。

1. 董事会、经理层成员的激励

董事会、经理层是企业的高管人员，是企业命脉的控制者，肩负着企业的生存和发展的重任，也面临不少的风险和压力。高管人员对企业的影响至关重大，对他们的激励是企业激励体系中需重点关注的问题。高管的需要层次一般较高，激励的方式应当相对多样，力度也要相对更大。另外，为了企业的可持续发展，对他们的激励不能忽视长期激励与短期激励的结合。图 11.10 是针对高管人员的激励模型。

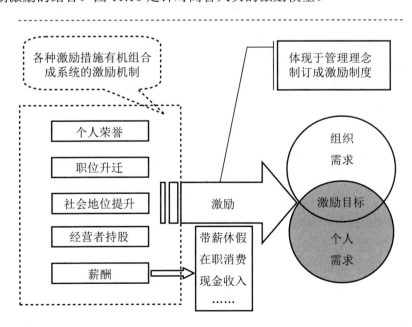

图 11.10　高管人员激励模型

1) 现金收入

现金激励的作用适用于绝大部分人，但对高管的现金支付应该与其所管理的企业的资产运营、投资决策、管理业绩、资产保值增值情况紧密结合，还可让高管参与利润分享计划，激励高管把企业收益蛋糕做大。

2) 经营者持股

经营者持股，即管理层持有一定数量的本公司股票并进行一定期限的锁定。这些股票的来源有公司无偿赠送给受益人；由公司补贴、受益人购买；公司强行要求受益人自行出资购买。激励对象在拥有公司股票后，成为自身经营企业的股东，与企业共担风险，共享收益。国内公司实行经营者持股，通常是公司以低价方式补贴受益人购买本公司的股票，或者直接规定经营层自行出资购买。

3) 延迟报酬计划

延迟报酬计划是将企业高层管理者的年薪中的部分收入、养老金、股份红利等当前或短期内应当支付的一部分报酬延迟到其退休或若干年后支付，以鼓励高层管理者长期为企业服务。

4) 在职消费

在职消费不同于以前的福利，以前的企业福利是一个广泛的概念，涉及企业全体人员。而在职消费是主要针对企业一定管理层，特别是针对高层管理者。包括旅游费用报销、通信工具及费用、专用汽车、俱乐部会员费、宴请招待费、以折扣或免费购买消费公司产品等，这种激励方式虽然不如现金和股票作用大，但这在一定程度上增加了高层管理者对职位的依赖性。

5) 带薪休假

带薪休假可以改变高层管理者的工作生活环境，提高其生活质量，可以带来身心双重的愉悦，可以使人们从高压的工作环境中暂时脱离出来，经过一段时间的休息恢复后更加精力充沛地投入工作。

6) 培训进修

企业的任何培训进修学习的机会都是企业以另一种方式支付的报酬，也就是说培训进修是企业激励体系中的一种常用的方式。

2. 中层管理者的激励

中层管理人员是企业的中流砥柱，他们既是一个部门的带头人，又是企业的连接枢纽。高层领导的思想、决策需要他们去贯彻分解并带头实施，下层员工的问题、意见、建议需要他们去解决、甄别、整理并向高层领导反馈。中层管理人员工作业绩的好坏直接关系到企业的效益，他们承受着双重的压力，对他们的激励方式也必须针对他们的工作特点进行设计。

1) 充分授权

身为中层管理人员最重视的是他们所担负的工作范围内有无足够的自我发挥的空间，能否独立地开展工作，如果不能充分授权，上层的规划指示太详尽，则中层管理者在工作中只能按图索骥，成了工作的执行者而不是管理者，就无法发挥主观能动性，创造性更无从谈起，同时，频繁的请示汇报程序会严重影响部门工作效率。

2) 业绩工资

中层管理者可以有部分固定工资，但不宜在收入中占太大的比例，可以根据企业年初的生产经营目标分解各部门工作，中层管理者业绩突出的，按季兑现业绩工资，业绩工资的数额可根据部门业绩的大小确定，以企业员工平均收入的 5～10 倍为宜，同时拉开中管人员之间的业绩工资差距，进一步激发其工作积极性。

3) 年终奖励

实行中层管理者年终奖励的目的，一方面可以让中层管理者们在关注月度、季度指标的同时更关注企业年度指标，有全盘考虑问题的思想；另一方面，可以对中层管理者们形成再次激励，不会中途离职。此外还可以使他们与高层管理者的利益相一致，便于两者之间的沟通和团结协作。

4) 在职培训和工作轮调

在职培训和工作轮调是培养中层管理者最好的方法。这样做，一方面可以不断强化中层管理者的工作能力、管理技巧，也可以通过训练解决工作实践中的具体问题。工作轮调不但可以拓宽他们的工作范围，锻炼新的工作能力，更可以增加其工作的兴趣。新的工作岗位还可以激发中层管理者们学习新知识、完成新任务的斗志。自身的快速全面成长正是中层管理人员所需要的。

3. 科技员工的激励

科技员工具有很强的专业性特点，长于科技研究，多不愿被日常琐事所扰，亦不善于人际交往，他们注重的是所在企业对其成果的认可与否和报酬是否合理，企业激励机制合理，他们会拼命工作，长期为企业做贡献。激励不合理时，他们较多选择跳槽。所以对科技员工的激励比较特殊，主要如下所述。

1) 环境激励

一个企业的科研工作环境对科技人员影响极大。宽松的政策、先进的设备仪器、浓厚的科研气氛、充裕的科研经费、和谐的人际关系以及优秀的管理者都会对科技人员产生巨大的吸引力，并促其多出成果。

2) 技术入股

具备条件的企业可以实行科技成果和科技专利作价折股，由科技发明者和贡献者持有。这种方式主要用于企业创建时期，科技成果和技术专利由科技人员从外部带来。

3) 科技成果奖

科技人员在实行按岗位、按任务、按业绩确定报酬的前提下，对科研项目成果、科技产品按其所创造的效益进行奖励，对做出突出贡献的科技人员给予重奖。

4) 科技攻关奖

科技攻关奖是指企业在生产经营过程中遇到了难题，迟迟不能解决，可采取攻关揭榜的方式，事先提出问题，并规定解决日期、奖励办法。这种方式可以激励科技人员勇于攻关，不断战胜困难，解决问题，为企业创造更多的效益。

5) 技术革新奖

技术革新奖是指科技人员在工作实践中对企业现有的技术、工艺、管理方式进行改进、创新，以进一步提高产品质量、降低产品成本，提升工作效率的一种激励方式。奖励的方式可以按成本降低的比例计算，也可以由企业领导人直接奖励。

6) 研究基金

为科技人员提供科研基金，帮助他们大胆假设，小心求证，完成科研成果。

4. 一般员工的激励方式

一般员工是企业中占比例最大的群体，是企业各岗位的具体执行者、操作者，也是比较容易被激励的工作群体，要让他们有企业主人的认同感，在激励中要体现出公开、公平、公正的特点。

1) 参与战略决策

对于企业战略决策，企业的普遍做法是：关键决策通常由高层制定，然后不管员工能否参与进来，或融入其中，就在企业内部推行，这无疑是企业成功的障碍。要集思广益，收集和听取员工的宝贵意见，增加决策的科学性和民主性。

2) 岗位工资

根据不同工作岗位的性质、技术要求、劳动强度进行科学合理的划分，确定不同的岗位工资，岗变薪变，同时岗位工资标准随企业经济效益浮动，彻底打破"论资排辈""一薪终老"的不合理现象。

3) 技能等级补贴

实行岗位工资后，同岗同酬，但不同的工作经验、工作能力会带来不同的工作结果，为了奖励工作质量高的员工，同时激励大家学习钻研技术，提高技能，企业可以通过技术评级、技能鉴定的方法，在员工中评等评级，实行技能等级补贴制度，拉开距离，提高高级员工的收入。

4) 员工持股

根据建立现代企业制度的要求，在实行股份制改造或产权管理清晰的竞争性企业，可以采取员工持股的激励方式。员工持股后，企业员工不仅是企业的工作者，也是企业的股东，具有了双重身份，其工作成绩和企业效益、自身的收入直接挂钩，员工的工作责任心和工作的努力程度都会得以提高。

5) 在职教育

企业员工的在职教育工作一般由企业人力资源部门统一进行，主要是短期的技能培训。企业应该鼓励员工利用业余时间学习、进修，参加职称资格考试，并提供时间上的方便，有条件的可以根据员工所学专业情况进行岗位调整，报销部分学费、考试费等。

6) 提供便利设施和服务

为了方便员工的工作和生活，企业可以办一些福利性的机构和设施，比如洗衣店、幼儿园、便利店、班车、饮水间、休息室、心理咨询等，可以提高员工的工作满意度和对企业的归属感。便利设施需要一定的投入，并且需要运营和维护费用，企业可以与外部机构合作，尽量不要分散自己在主营业务上的资源和精力，原则上是量力而行，不以赚钱为目的，并确保服务的质量，否则就会适得其反。

除激励对象的全方位之外，还可以从其他角度来看待全方位激励体系的建立。激励并不局限于企业的某一个部门,或者某一个工作环节,而是贯穿到企业每一项管理工作当中,存在于企业的各个部门,其实,"人人需激励、事事要激励、处处有激励"。只有这样,才能有效解决企业运作的动力源问题。

11.3.3 激励体系设计原则和流程

1. 激励体系设计的原则

1) 以企业发展战略为核心

激励体系将围绕公司的战略目标进行设计,鼓励员工和各级组织中符合公司战略发展需要的行为和观念,抑制阻碍公司战略目标实现的行为和观念,逐步将员工的行为和观念导向至与公司战略目标一致的轨道上,将公司的战略目标转变为对员工的直接压力和动力,使员工及各级组织的目标始终与公司的战略目标保持一致,帮助公司获得能在市场竞争中永远立于不败之地的强大合力。

2) 以提升企业效益为根本目标

利润最大化是市场经济条件下每一个企业所追求的目标,激励体系将鼓励真正为公司创造效益的行为和员工,制止和惩戒降低或损害公司效益的行为和员工,以增强员工的责任感和使命感。

3) 符合社会的整体价值观和员工个人发展的需要

如果激励体系不能与社会的整体价值观和员工个人长远展的需要相吻合,就得不到社会与员工的真正的支持,从而导致激励目标不能实现。

4) 以分配制度为主体

分配制度将诱导因素集合与目标体系连接起来,即达到特定的组织目标将会得到相应的奖酬。

5) 激励体系设计的标准是使激励机制的运行富有效率

效率准则要求在费用相同的两个备选方案当中,选择目标实现程度较好的一个方案;在目标实现程度相同的两个方案中,选用费用较低的方案。

2. 激励体系设计的流程

激励体系设计的流程包括:企业现有各项制度的审视和分类;现有制度激励效用的分析;分析之后找出激励制度的缺损;再进行制度的优化和完善设计;新的激励体系开始运行一段时间之后,还应该反馈检查,看其效果,看其是否与企业所倡导的相一致。

阅读案例

湖南华润电力鲤鱼江有限公司激励体系设计

11.4 股权激励

传统的薪酬激励体系主要由两部分构成,即基本工资和年度奖金,其评定标准通常是公司上一财政年度的业绩，激励的长期效果不甚理想。尤其是针对企业核心管理团队成员和拥有特殊知识和技能的业务人才，即期薪酬激励模式会增加产权所有者的控制成本，加大控制难度；为了降低职业经理人道德风险、激励核心技术人才最大限度地为公司贡献其聪明才智，股权激励模式应运而生。

11.4.1 股权激励的渊源

股权激励的历史，最早可以追溯到1952年美国辉瑞(Pfizer)制药公司的激励计划，当时，辉瑞制药公司的股东希望通过股票价格的变动来激励经理层实现公司的跳跃式发展，几十年过去了，辉瑞制药公司的发展已经是有目共睹，经过不断完善，股票期权制度也已发展成一套非常成熟的制度安排，越来越多的公司开始实施股票期权激励。

股票期权，指的是授予高管人员和技术骨干的一种权利，高管人员和技术骨干有权在将来的某一时刻或某一段时间内以事先确定的价格购买本公司的股票，股票期权持有者获自股票期权的收益，将完全取决于本公司股票在二级市场的升值。

如果要激励管理层为股东财富最大化(或公司价值最大化)而努力，最好的办法是直接以公司价值为考核目标。股票期权制度正是这样一种直接与公司价值相联系的激励制度安排，在股票价格能够反映公司价值的情况下，高级管理人员获自股票期权的收益，将完全取决于公司价值的增长，也就是说，在股票期权制度下，高级管理人员的获益是以公司价值增长或者说股东获益为前提的，这也正是股票期权作为一种管理层激励制度的明显优越之处。尤其是与以短期财务指标为基础的激励手段相比，股票期权能够真正激励经理层从股东利益的角度考虑问题，企业的短期财务指标不一定理想，但从长期来看必须有一套跟股东价值挂钩的激励制度安排，而这正是股票期权作为一种激励制度的独特优势。

企业是一系列合约的集合，对管理层而言，在缺乏长期合约的情况下，仅仅由于担心其专用性的人力资本投资被套牢，其准租金被剥夺，就可能导致委托－代理合同无法达成，股票期权可以较好地解决这个问题，由于有效期一般为十年，股票期权制度实际上是一个长期合约，股票期权的长期合约性质显然有助于减少股东机会主义；另外，由于股票期权的实际价值在相当大程度上将取决于企业业绩，股票期权也有助于抑制道德风险的发生。由于股票期权激励制度的引入，企业作为一个合约集合得到了优化，这也是股票期权从理论上能产生良好激励效果的原因。

11.4.2 股票期权的类型

股票期权的类型种类繁多，除了基本的股票期权以外，还有很多股票期权的衍生产品。

1. 基本类型

1) 激励性股票期权

激励性股票期权由限制性股票期权(Restricted Stock Options，RSO)发展演化而来。这种股票期权的收益人可享受以下优惠：一是推迟税收，从执行期权之日直到出售相应的股票之前，都可以不纳税；二是按照资本利得税率纳税，而不是按照一般个人所得税率纳税。对公司来说，这种股票期权不能按照股票市场价格与期权执行价格之间的价差获得税收折扣。这种股票期权之所以受欢迎，是因为美国个人收入所得税税率远远高于资本利得税税率。

2) 员工股票购买计划

员工股票购买计划是一种授予员工在未来某一时间以低于授予日公布市场价格购买本公司股票激励方式。公司允许员工以一定的折扣购买公司股票，而且可通过扣除员工工资一定的比例来支付购买者股票的价款。与激励性股票期权不同的是，员工购买计划更多地被公司用于普通员工的股权激励。

3) 非法定股票期权

非法定股票期权，是目前在美国企业中运用最为广泛的形式，是指那些不符合税务法则优惠的股票期权。公司采用这种股票期权激励计划，可以灵活地设计股票期权方案，不受国内税务法则有关规定的约束，但同时也失去了激励性股票期权在税收上的优惠，对于收益人来说要支付个人所得税，如果收益人行权后继续持有期权股票，在未来卖出股票时，随后的收益将按照资本利得纳税。

2. 衍生类型

1) 虚拟股票期权

虚拟股票期权，公司授予经营者一定数量的虚拟股票的期权，对于这些虚拟股票，经营者没有所有权，但享有股票价格升值带来的收益并与公司普通股一样享有股票分红权。

2) 股票增值权

股票增值权是指公司给予经营者这样一种权利，经营者可以获得规定时间内一定数额的股票的价格上升带来的收益，但不拥有这些股票的所有权，与虚拟股票期权相比，它的不同之处在于不可以享受分红。

3) 业绩股票

业绩股票是指确定一个合理的年度业绩目标，如果激励对象经过卓有成效的努力后实现了股东预定的年度业绩目标，则赠予激励对象一定数量的股票。业绩股票在一定年限以后才可以获准兑现。由于业绩股票的赠予数量事先确定的，因此激励收入与年末的股价有较大联系，其激励效果受资本市场有效性的影响。

4) 股票奖励

在特殊情况下，如公司创建或公司改变主要业务时，公司常常会授予经营者无偿的股票。股票奖励通常分为两种：限制性股票奖励和延迟性股票奖励。所谓限制性股票奖励是指经营者出售这种股票的权利是受到限制的，只有符合一定条件才能出售。而延迟性股票奖励是限制性股票奖励的变通形式。即经营者只有在限制期后在公司工作一段时间才可以免费获得一定数量的股票。

5) 绩效单位

绩效单位实际上是一种承诺，通常事先设定一个或数个绩效指标，并规定在较长时期内，如果经理人员能使这些绩效指标成一定比例增长，那么绩效期满，他将获得一定数额的现金，业绩单位根据净资产的一定比例确定数量，与股份的这些形式多样的股票期权都是企业在实际中根据自身情况加以创新并发展起来的，各种股票期权都有其适用空间，在我国股票期权还只是刚刚起步，许多企业在条件尚不成熟的情况下，了解国外这些衍生的股票期权形式作为借鉴，可以适当规避相应的法律问题，逐渐过渡到值得相对完善的时期。

11.4.3　股权激励机制设计

在具体的股权激励设计中，可以通过各个设计因素的调节，来组合出不同效果的激励方案。这些因素可以归纳为6个方面。

1. 激励对象

传统的股权激励对象一般以企业经营者为主，但是由于股权激励的良好效果，在国外股权激励的范围正在扩大，其中包括普通雇员的持股计划、以股票支付董事报酬、以股票支付基金管理人的报酬等。国内企业的主要激励对象是董事长、总经理等，一些企业的员工持股更多地带有福利色彩。

2. 购股规定

购股规定即对经理人购买股权的相关规定，包括购买价格、期限、数量及是否允许放弃购股等。上市公司的购股价格一般参照签约当时的股票市场价格确定，其他公司的购股价格则参照当时股权价值确定。购股期限包括即期和远期。购股数量的大小影响股权激励的力度，一般根据具体情况而定。

3. 售股规定

售股规定即对经理人出售股权的相关规定，包括出售价格、数量、期限的规定。出售价格按出售日的股权市场价值确定，其中上市公司参照股票的市场价格，其他公司则一般根据预先确定的方法计算出售价格。为了使经理人更多地关心股东的长期利益，一般规定经理人在一定的期限后方可出售其持有股票，并对出售数量做出限制。大部分公司允许经理人在离任后继续持有公司的股权。国内企业一般要求经理人在任期结束一定时间后，方可出售股权，一些企业则要求经理人分期出售。

4. 权利义务

股权激励中，需要对经理人是否享有分红收益权、股票表决权和如何承担股权贬值风险等权利义务予以规定。不同的规定对应的激励效果是不同的。

5. 股权管理

股权管理包括管理方式、股权获得原因和股权激励占总收入的比例等。比如在期权激励中，国外一般规定期权一旦发出，即为持有人完全所有，公司或股东不会因为持有人的重大错误、违法违规行为而做出任何扣罚；国内的一些地方规定中，则认为企业经营者经营不力或弄虚作假时，公司的股东大会或主管部门可以对其所持期权进行扣减处罚。股权获得来源包括经理人购买、奖励获得、技术入股、管理入股、岗位持股等方式，公司给予经理人的股权激励一般是从经理人的薪金收入的一部分转化而来的。股权激励在经理人的总收入中所占的比例不同，其激励的效果也不同。

6. 操作方式

操作方式包括是否发生股权的实际转让关系、股票来源等。一些情况下为了回避法律障碍或其他操作上的原因，在股权激励中，实际上不发生股权的实际转让关系，一般称之为虚拟股权激励。在激励股权的来源方面，有股票回购、增发新股、库存股票等，具体运用与证券法规和税法有关。

11.5 激励压力—动力机制

11.5.1 激励压力机制

自然界的淘汰无情，其中却蕴藏着自然法则。一个企业内部不实行淘汰制，企业的发展就会渐趋缓慢，直至停滞不前。企业之间也是如此，如果没有竞争淘汰机制，社会经济就会停滞不前，甚至负增长。虽然长期淘汰的结果可能是部分优秀人员、优秀企业被无情地淘汰，但更多优秀的个人和企业会应运而生，优胜劣汰的自然法则实质上激励着个体与整个人类社会向前进步。

压力势效应是一种独特的理论，该理论认为行为的产生是主体蕴含能量散发的结果，在企业管理场的能量聚积形态都来自一种或几种压力，这些压力可以是外在压力，也可以是内在压力。由压力而产生的心理不平衡，主要是对主体目标和现状之间差距的权衡，由心理不平衡产生的内在压力，即奋进、对抗、消极、破坏的动因；由内在压力而产生能量的聚积之后，再权衡行为的利弊得失，然后导致采取行为。这就是形成从压力到行为的关系链，如图 11.11 所示。

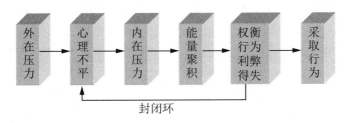

图 11.11　压力—行为关系链

当一个人面临压力时，会产生一定的动力。然而如果压力过大，那么压力就成为绊脚石，甚至会把一个人压垮。适度的压力来自于一定的竞争机制与考评机制。竞争促使每个人鼓足干劲，力争上游。有关研究表明，适度的竞争能促使员工精神焕发、情绪饱满，并能考验和锻炼人的意志。竞争能增强人的智力效能，促使人的注意力集中、感知觉敏锐准确、记忆力状态良好、想象力丰富、思维敏捷灵活、操作能力提高、创造力增加。实验结果表明，在竞争条件下进行滑雪、游泳等训练，有 82.2% 的人提高了自己的原有水平。因此竞争机制有助于充分发挥与调动人的积极性与创造性，有利于人力资源的有效开发。然而引入竞争机制后，要使其发挥效果与作用，必须辅之以严格科学的绩效考核。绩效考核是竞争机制动力的加油站。因此在人力资源管理中建立竞争机制与考核机制是必不可少的。

11.5.2 激励动力机制

无论是激励者的积极刺激还是被激励者的主动行为，都必须借助于一定的内外动力。当我们分析并把握了被激励者的内在外在发展动力时，我们对员工的激励就能够取得事半功倍的效果。所谓动力，是指所有引起、推动和激励被开发者向着既定目标发展的因素，包括心理学中的动机与欲望在内。

1. 欲望动力原理

德国作家托马斯·曼在小说《布勃洛克一家》中，描述了布登勃洛克祖孙三代人的发展的动力：第一代人追求金钱，拼命积聚钱财，成为当地的首富；第二代出身富豪，对追求金钱不感兴趣，转向追求社会地位，当上了议员；第三代人出生于在既有钱财又有社会地位的家庭，他们一味追求精神生活；第四代人因为追求物质与精神的双方面满足，又开始经商，并与官僚合作。

上述有关布登勃洛克祖孙几代人的发展动力，简称为布登勃洛克式发展动力模式。这种发展模式说明，下一代人总是不会满足前代人追求的目标，而总是正是在原有的欲望得到满足、新的欲望又产生的运动中，才会不断产生新的行为动力，推动人力资源的不断发展。同时布登勃洛克式动力模式也告诉我们，如果欲望缺乏正确的引导，任凭其自由发展，那么很可能出现富不出三代、士不出三代的现象，这就要求我们在激励过程中要主动积极地去引导人们的欲望向正确方向发展。

2. 情欲动力原理

法国大思想家傅里叶认为，情欲引力是先于思想能力的一种原动力，虽然这种推动力受到理性、义务、偏见等阻碍，但仍然是一种持续而顽强的力量。他认为，可以通过12种根本情欲(刺激)来推动人们追求并达到3个目的。这12种根本情欲是：5种感觉情欲(味觉、触觉、视觉、听觉与嗅觉)，4种依恋情欲(友爱，即对朋友的依恋；雄心，即对自我的依恋；爱情，即对爱人的依恋；父子情，即对亲情的依恋)，3种起杠杆作用的情欲(计谋情欲、轻浮情欲与组合情欲)。3个目的分别是：追求奢侈、满足5种感觉与追求情欲。"奢侈"是指一切感性的愉快，包括"内部的奢侈"与"外部的奢侈"。"内部的奢侈"指身体强健以及感觉精细灵敏，"外部的奢侈"指货币财富。追求情欲是指追求情欲、性格、本能结构的平衡。情欲是人的本性，它包括物质情欲、依恋情欲和高尚情欲。物质情欲要求劳动成果必须按资本、劳动与才能的比例进行分配；依恋情欲要求劳动者的组合要进行自由组合、双向选择；高尚情欲要求对劳动过程要进行精神鼓励与理想引导。

情欲动力论告诉我们，进行激励时，要注意人的自然性与社会性，贯彻按劳分配原则，开展优化组合、自由选择，实行有序与合理的劳动力流动，改善流动条件，丰富与扩大流动内容与形式。

3. 生存动力原理

L·罗恩·哈伯德认为，人作为一种生命形态，在其所有行为和目的实现背后的动力，都是由"生存"两字支配着。生存动力包括为自身利益的文化扩展以及姓氏的不朽的追求，为子女利益的文化扩展以及未来生活保障的追求，为周围群体最佳生存的强烈追求，为整个人类最佳生存的强烈追求。这种动力由追求自我生存至家庭集体的生存与发展而产生，对工作责任感的开发具有激励作用。因此，当被开发者面临各种困难的时候，我们可以运用生存动力原理唤起工作责任感，以达到激励的作用。

4. 自主动力原理

当一个人在自主意识的状态下工作时，将会释放出最大的潜能。在奴隶社会，奴隶被当做"会说话的牲口"，不得不在皮鞭下出卖苦力，连人身自由都没有。资本主义社会，劳动者虽然有了人身自由，但却是一无所有，没有生产资料，不得不把自己的劳动力出卖给占有生产资料的资本家，在"饥饿纪律"的约束下从事劳动。因此，这是一种被迫的异化劳动，没有内在的自主动力。只有当劳动者成了生产资料的主人，对生产资料有支配权，成了自身劳动力的主人，可以自由支配自己的劳动力时，自主地进行劳动才有可能；只有当劳动者成了劳动成果支配的主人，可以自由自主支配应有的劳动成果时，劳动者才会产生一种发自内心的劳动力。

由此不难理解，为什么进行联产承包责任制的中国农村改革能够取得成功。因此，人力资源开发必须让员工自主、自动、自由，责权利一体化。先让他们具有主人翁地位，形成主人翁意识，承担主人翁责任，享有主人翁权利，最后他们必然会产生主人翁的行为，最大限度地发挥出自己的潜力。

5. 目标动力原理

人在进行任何活动之前，早已在头脑中形成了活动所要产生的结果，并且会努力使自己的行为服从这样的目标。因此人与动物最本质的区别是人具有意识性与目标性。伟大的毅力只为伟大的目的而产生，强大的发展动力源于明确的奋斗目标。当代许多管理学研究者都对目标动力原理做过精辟论述。美国心理学家伏隆 (V.H.Vroom) 在 1964 年出版的《工作和激励》一书中指出，动力，即推动人进行活动的力量，是由活动结果所能取得的效果价值大小及其可能性共同决定的，即 $F=V \cdot E$。其中 F 表示动力大小，V 表示效果价值的大小，E 表示取得所期望的效果可能性的大小。洛克认为，个人的行为动力首先来自于目标难度的适当性与明确性，当个人明确目标要求及其效果价值，并认为经过自己的努力目标能够达到之后，就会产生接受目标的意愿，树立实现目标的责任心并形成指向目标的努力行为；其次，个人的行为动力形成后，受制于组织支持、个人的能力及其品性的维护。当个人的行为受到组织与领导的大力支持，得到自己能力与品性的有力帮助，那么，开始形成的行为动力就会得到保持与发挥，否则就会受阻减弱；最后，个人的行为动力受制于行为结束后所取得的绩效及其对报酬的满足感，当行为活动结束后绩效明显并对所受到的报酬满意，那么个人的行为动力就会进一步增强，否则就会减弱。

研究表明，人们的生活态度 10% 取决于外部力量，90% 取决于人们自己的理想。目标动力原理告诉我们，当我们把时间与精力集中于一个特定方向时，就能成功地达到目标。为了取得最大可能的成功，我们应该科学地设定组织的目标，使组织的效益目标与员工的利益目标结合在一起，并表述为集中的、明确的与便于员工理解与记忆的总目标。然后把总目标逐步分解，形成一系列由整体目标 (Over-Allobjective)、部门目标 (Departmental Objective)、小组目标 (Group Obective)、基层单位目标 (Unit Objective) 与个人工作目标 (Individual Objective) 组成的目标网络体系。目标网络体系建立后，也就形成了相应的责任网络体系与工作动力体系。

6. 群体动力原理

德国心理学家柯特·卢因 (K. Lewin) 提出了群体动力理论。卢因的"群体动力论"，是援引场论与数学中的向量概念来说明群体中各成员之间的各种动力作用相互依存、相互影响的关系，说明群体中的个人行为现象。他认为，一个人的行为动力是个体与群体环境中各种有关影响相互作用的结果，即 $B=f(P, E)$，其中，B 表示个人行为的方向与强度，P 是个人的内部特征与动力，而 E 表示个体所处的群体的环境影响与强度。当群体内各个体的动力方向与强度既非完全一致又非完全相反，而是遵循平行四边形的法则时，其效果较佳，即 1+1>2，因部分之间的最佳组合结果超越了总和。人们在美国芝加哥进行驴子结队拉重竞赛时发现，第一队驴子能拉 9 000 磅，第二队能拉 8 000 磅，当把两队驴子适当组合在一起，却能拉 30 000 磅，而不是 9 000 磅加 8 000 磅的总和 17 000 磅。群体动力原理告诉我们，两个以上的员工协同活动时，其合动力会超越各人单独活动时动力的总和，而且在某些条件下，还能起质的变化。因此我们要注意团队开发，注意把个人置于团队中进行开发。当我们把单个员工的行为动力置于合适的团队中时，其动力强度会得到大幅度提高，人力资源开发的效果将会更好。

11.5.3 激励压力—动力机制设计

压力是动力之源，管理者可以创造各种压力诱因，形成足够的压力势，进而成为员工行为的动力，并保证员工行为指向管理场的运转方向，这就是压力-动力机制。压力-动力机制的设计可以从以下 3 个方面考虑。

1. 工作压力势

使员工不间断、不停顿地进行实践活动，造成竞争的态势，让其在实践中不断形成新的临界行为梯度，感受到一种工作和事业的紧迫感和成就欲望。

内部晋升与淘汰制度设计是工作压力势设计的基础。广义的晋升，包括员工职位的升迁、下调、平级轮岗、撤职等。晋升是员工个人职业生涯目标得以实现的有力保障，也是每个公司留人留心的有效措施。晋升通道设计包含横向通道和纵向通道，横向通道指员工在同一个管理层次或同一个技术、技能等级上不同岗位或不同工种之间的变动通道，旨在帮助员工准确确定生涯锚，扩大视野，培养综合能力；纵向通道是对员工在管理等级、技术等级或薪酬等级上下变动升降次序的设计。当前专业技术深度发展、行政管理纵向发展的双重职业晋升通道体系为多数企业所采用。晋升作为一种重要的弹性激励因素，必须保证其通道的双向畅通，才能发挥其持久的激励作用。

有晋升就有淘汰，在激励压力-动力机制设计中，要求将晋升与淘汰制度联系起来考虑。通过建立淘汰制度，使员工不敢松懈，有一种紧迫感，同时有利于促进内部合理竞争氛围的形成。晋升与淘汰规划的以下几个主要指标。

(1) 通道容量：每一可晋升层级的职务规模。

(2) 竞争压力系数：竞争压力系数是相邻层级中下一级职位数与上一级职位数之比，用公式表示为：竞争压力系数=下一级职位数/上一级职位数。竞争压力系数反映了相邻层级的职位竞争压力程度，系数越大，竞争压力越强，但系数不宜太大，否则竞争压力过大，也不宜太小，否则压力不足。

(3) 流动率：流动率包括横向流动率和纵向流动率，横向流动率指同一层级之间职位发生变动时，职位的变动数量与该层级职位数之比，纵向流动率指相邻层级职位发生变动时，职位的变动数量与上一层级或下一层级职位数之比。流动率反映了职位晋升通道的晋升状况。

(4) 职位递减率：职位递减率即相邻层级职位数的绝对差与下一级职位数之比，用公式表示为：职位递减率=(下一级职位数-上一级职位数)/下一级职位数。职位递减率反映了企业组织结构不同层级职务规模的收缩程度，根据职位递减率可以估算不同层级职位的递减力度。

2. 荣誉压力势

把荣誉视为一种压力诱因，促使员工产生更大、更稳定的荣誉感，进而产生内部压力，主动提出高目标，出现向上行为。荣誉作为压力诱因，必须有实实在在的基础，获得荣誉的个人和群体必须有众所周知的贡献和相当的知名度。在此基础上产生的员工荣誉感才真正会产生积极的心理不平衡直至向上的行为。

3. 批评压力势

以批评、惩罚成为外在的压力诱因，通过管理者明确指出员工现实表现的负向行为(即实际行为低于期望水平)，使员工心理产生不平衡，从而产生积极的上进求胜的内在压力，形成能量聚积，使负向行为消失，产生正向行为。

案例

表 11-1 某公司管理线晋升淘汰压力设定表

管理线刚性晋升压力设定表				
层次	通道容量	刚性压力(职位空缺名额/年)	纵向流动率	职位空缺形成方式
部门经理	13	3	24%	升迁、降职、撤职、解聘、辞职、脱岗学习、停职及其他方式
部门主管及部门经理助理层	35	9	26%	
部门主管直接下级				

(续)

说明：
① 纵向流动率＝刚性压力所导致的本层级职位空缺数/该层级职位通道容量；
② 部门主管直接下级层级的通道容量根据公司部门主管及部门经理助理层竞争压力系数计算而来，我们确定的合理的竞争压力系数为 5；
③ 部门经理层级每年应保证 24% 的纵向流动率即 3 个职位的空缺，职位空缺的形成方式包括该层级部门经理的升迁、降职、撤职、解聘、辞职、退休、脱岗学习及其他方式（如因部门经理意外变故而留下的空缺等）；
④ 部门主管层级每年应保证 26% 的纵向流动率即 9 个职位的空缺，职位空缺的形成方式包括该层级部门主管的升迁、降职、撤职、解聘、辞职、退休、脱岗学习及其他方式（如因部门主管意外变故而留下的空缺等）。

表 11-2 某公司行政管理职位晋升淘汰分析表

公司行政管理职位晋升淘汰分析表

行政管理职位晋升淘汰层级	通道容量（职位数）	竞争压力系数	职位递减率	流动率	
				横向	纵向
总经理	1	4	75%		
副总经理	4	5	80%		
部门经理	20	2	50%		
部门主管及部门经理助理层	40	4.5	77.78%		
部门主管直接下级	180				

从上表中看出，公司目前中层以上管理人员约 245 人，约占员工总数 19%。管理职务结构呈金字塔型。各层级职位数快速递减，且不同层级管理人员面临不同的竞争压力，其中副总经理面临的竞争压力最大，其他依次为部门主管、总经理、部门经理。但这种竞争压力未能真正转化为其工作动力，据调研，公司横向流动率和纵向流动率均偏小，由此也导致职务晋升激励机制带给员工的压力和动力不足，从而没有产生良好的激励效果。

（资料来源：根据颜爱民主持的项目研究报告整理所得）

本章小结

激励的过程由三个环节构成：其起点是以需要为基础的激励动力，它驱使人付出相应的努力；中间的环节是这种努力所产生的一定绩效；作为过程终点的最后环节便是奖酬，是激励所指向的目标，也是可以满足其需要的资源。本章介绍了激励的几种基本理论：内容型激励、过程型激励、行为改造型激励、综合激励等基本的激励理论，并提供了激励体系的框架和设计方法。股权激励是一种重要的长效激励机制，本章介绍了股权激励的基本内容和设计方法，并提供了操作性案例。

关键术语

激励	Motivating
内容型激励理论	Content Theories
需要层次理论	Hierarchy of Needs Theory
ERG 理论	Existence-relatedness-growth Theory
双因素理论	Two-factor Theory
成就需要理论	Achievement Theory
过程型激励理论	Process Theories
期望理论	Expectancy Theory
公平理论	Equity Theory
目标设置理论	Goal-setting Theory
行为改造型理论	Behavior Modification Theory
强化理论	Reinforcement Theory

习 题

1. 描述激励的过程和机制。
2. 分析企业高层管理者的激励特征，讨论股权激励的利弊。
3. 为什么薪酬收入对民工的行为影响极大？它是否违背了双因素理论？
4. 评述几种激励动力原理，结合实际谈谈自己的认识。
5. 综合运用激励理论的相关原理分析如何对现代员工进行激励。

 案例应用分析

案例一　湘银集团核心团队股权激励和员工风险防范基金方案设计

背景介绍：

湖南湘银投资集团下辖株洲湘银房地产开发有限公司、湘银物业管理有限公司、湘银园林绿化工程有限公司、湘银投资置业有限公司、株洲博翰商业经营管理有限公司等五家子公司，现有总资产 3.71 亿元，职工 600 余人。

为了保留、激励和吸引核心人才，通过认购投资公司股权这一途径，使核心团队成员个人目标与公司的长远发展目标融合一体，化解内部目标冲突和矛盾，提高团队整体协作竞争能力，通过组织与个人共同发展、共同成长，实现公司发展战略目标。并且为了解决核心团队成员及优秀员工的风险防范机制问题，降低职业风险，提高安全感；为核心团队成员及优秀员工及直属亲属发生重大疾病、意外伤害等天灾人祸事件提供资助。湘银集团特委托 Y 教授及其工作团队为其设计了核心团队股权激励和员工风险防范基金方案。以下是 Y 教授提交给企业的咨询报

告的主体内容(已经编者改动):

第一部分 核心团队股权激励方案设计

1. 激励模式

投资公司在一定的时期内、有条件的授予受权人享有购买投资公司股权的权利,并赠送受权人一定的股权购买资金。

2. 组织管理

(1) 由集团公司董事会领导股权激励方案的制定与实施。

(2) 股权激励方案的设计与实施的具体工作由集团公司人力资源部、经营管理部、财务管理部及审计部等部门负责。

3. 股权激励方案内容

1) 受权人的资格

(1) 受权人范围。

与集团公司及所属公司签订劳动合同之日起,至投资公司年度授予个人购股权日止,在集团公司及所属公司工作一年以上(含一年)和年度个人考核在C等以上(含C等),并经集团公司董事会讨论通过的以下人员:① 集团公司总裁(8级);② 集团公司副总裁、财务总监、总裁助理(7级);③ 集团公司分(子)公司总经理(6级);④ 集团公司职能部门经理级管理人员(6级);⑤ 集团公司及分(子)公司其他6级以上(含6级)管理人员;⑥ 核心专业人才。

(2) 有关资格界定说明:① 受权人个人年度考核在C等以下者取消本年度的股权购买资格;② 受权人出现违反公司规章制度,损害公司利益情况的取消受权人资格;③ 具备受权人资格由总裁办公会认定,报集团公司董事会批准;④ 核心专业人才资格由总裁办公会认定,报集团公司董事会批准。

2) 股权购买权的授予

(1) 股权购买权实施授予日为投资公司成立之日,自第一次股权购买权授予之日起满六个年度后为股权授予权终止日,至此,已授予的股权购买权仍然有效,直至行权完毕或受权人放弃行权。

(2) 股权授予采取逐步实施的办法,全体受权人购买股权总额度不得超过投资公司股权的60%。

(3) 个人购买的股权总额分三年等额授予,其股权总额度最高不得超过投资公司股权的6%。因个人购买力原因或按本制度有关条款取消当年股权购买权资格,在三年之中未完成购买份额者,可给顺延一年的一次机会。

(4) 集团公司董事会根据不同岗位确定个人股权购买总额度标准,董事长对受权人实际购买总额度具有一定的调控权。

(5) 股权购买总额中需留存部分份额,由董事长根据具体情况授予引进的特殊人才或公司中有重大贡献者。

(6) 受权人所购买的股权不得自行转让与赠送。

3) 本方案所需的股权来源

(1) 投资公司成立时的股权。

(2) 经投资公司回购的股权。

(3) 投资公司增资扩股时增加的股权。

(4) 集团公司所持有的投资公司股权。

4) 购买股权激励基金

(1) 由股东或集团公司筹集资金200万作为启动资金。

(2) 每年按集团公司净利润的5%计提激励基金。

(3) 集团公司净利润目标完成率低于60%时，不计提激励基金。

(4) 激励基金建立专用账户，专款专用，由董事会负责管理，经批准可进行稳健的投资理财（如购买债券等）。

5) 股权购买

(1) 受权人须首先用现金出资（含所分红资金）购买。

(2) 根据受权人出资数额，公司按1：2的比率从激励基金中赠送股权购买资金。

(3) 投资公司应尽可能分配利润以满足受权人行权所需资金。

6) 行权

(1) 董事会制定每个受权人的《行权计划表》，该表包括行权数额、行权时间等具体内容。

(2) 行权时间约定为自行权起始之日起30个工作日以内（含30个工作日），受权人可以选择在行权时间内的某一时刻全部或部分行权，超过行权时间，视为自动放弃行权权利。

(3) 当激励基金少于需赠送的股权购买资金导致受权人不能按时完全行权时，由集团公司负责筹措资金予以解决。如属上述第五项第三款的原因，导致激励基金不够行权所需时，受权人未行权部分可保留至下一年度行权，该部分行权权利不受下一年度考核等级的限制。

(4) 受权人在行权时，需首先向本公司发出书面《行权通知书》，明示其将行权的股权数目。

(5) 受权人行权时，以上一年度投资公司每份股权的账面价值作为行权价格。该账面价值由公司过半数股东表决选定的独立审计机构评估确定。

7) 受权人职位变动时的股权处理

受权人职位变动时，已行权的股权仍然有效，未行权的股权购买份额按新岗位（以行权时岗位为准）做相应调整或取消其资格。

8) 服务期限限制

(1) 受权人自首次受权之日起，工作不满五年离开公司，赠送资金所购股权及其分红由集团公司收回。

(2) 受权人自首次受权之日起，工作满五年以上（含五年）八年以下，离开公司，赠送资金所购股权由集团公司收回，分红及分红所购股权不再收回。

(3) 受权人自首次受权之日起，工作满八年以上（含八年），离开公司，赠送资金所购股权及分红均归受权人所有。

(4) 受权人自首次受权之日起八年内，在受权人不违反公司禁止性条款的前提下，除受权人个人意愿外，集团公司及所属公司不得与受权人解除劳动关系，但可根据需要调整其工作岗位。

9) 劳动关系终止时的股权处理

当受权人与集团公司及所属公司的劳动关系终止时：

(1) 尚未行权的股权购买权利将全部失效。

(2) 集团公司或投资公司有权回购劳动关系终止人持有的投资公司股权，回购价格按上一年度投资公司股权的账面价值计算。

(3) 受权人自首次行权之日起连续在集团公司及所属公司工作八年以上者（含八年），集团公司或投资公司不得强制性回购其所持股权，但受权人需自解除劳动合同满二年后才可自行处置其股权。在持股人有意愿的情况下，公司有义务按上一年度投资公司股权的账面价值回购其所持股权。

10) 资本结构调整时的股权处理

当投资公司发生吸收兼并、资产重组等行为导致资本结构调整时，集团公司董事会应该根据客观情况相应修改本方案内容，保障受权人权益不受损失。

11) 违规时的股权处理

当受权人违反集团公司禁止性条款时，受权人购买的股权及未行权的股权购买权，按以下方式处理：

(1) 取消受权人未行权的股权购买权。

(2) 受权人自己用现金（包括现金购买股权的相应分红）行权的股权按账面价值由集团公司或投资公司回购。

(3) 受权人获得赠送股权购买资金（包括赠送资金购买股权的相应分红）行权的股权，集团公司有权采取法律措施无偿收回。

12) 股权购买协议书

(1) 投资公司应与受权人签订股权购买协议书。

(2) 协议书中必须包括以下内容：① 术语界定；② 股权购买授予额度及时间；③ 行权价格规定；④ 行权时间；⑤ 行权时的激励资金赠送比率；⑥ 员工劳动合同终止及岗位异动的处理；⑦ 由于法定原因导致股权所有权转移时的处理；⑧ 违反公司规章制度，损害公司利益情况的处理。

13) 其他

(1) 集团公司董事会有权根据本方案确定受权人名单、授予时间、授予额度等。

(2) 集团公司董事会对本方案及相关协议书拥有推断权和解释权，并有权根据本方案对相关协议书进行修改、更正和补充。

(3) 本方案的所有内容、条款被视为符合公司法及税法的规定。如有抵触部分，应视作按相关法律规定已做出修正。

(4) 本方案由集团公司股东大会投票通过。

4. 计划实施的保障措施

(1) 集团公司 2007 年 3 月成立投资公司，注册资本为人民币 3 000 万元。

(2) 经投资公司股东会或董事会同意，投资公司有权参与集团公司及所属子公司的投资，但不得单独对外投资。

(3) 投资公司参与集团公司及所属子公司的投资，每次或每个项目不得超过投资公司净资产的 30%。

(4) 投资公司注册后，即可对项目公司投资。

第二部分　湘银集团员工风险防范基金方案

第一条　风险防范基金是指集团公司从年度净利润中提取一部分资金，有条件的授予有关员工在规避风险或遇到意外事件享受集团公司资金资助的权利。

第二条　风险防范基金激励对象

在集团公司及所属公司工作三年以上(含三年)的所有正式员工。

第三条　风险防范基金筹集

(一) 由股东或集团公司筹集资金 100 万元作为启动资金。

(二) 每年按集团公司净利润的 5% 计提激励基金。

(三) 集团公司净利润目标完成率低于 60% 时，不计提风险防范基金。

第四条　风险基金授予额度

(一) 集团公司总裁 (8 级)：在十个年度内，每年按 10 万元的标准存入企业内部个人账户。

(二) 集团公司副总裁级 (7 级)：在十个年度内，每年按 8 万元的标准存入企业内部个人账户。

(三) 集团公司分(子)公司总经理、集团职能部门经理级 (6 级)：在十个年度内，每年按 6 万元的标准存入企业内部个人账户。

(四) 集团公司分(子)公司副总经理级、集团职能部门副经理级 (5 级) 及其他 5 级管理人员：在十个年度内，每年按 3 万的标准累计可使用额度。

(五) 集团公司及所属公司其他员工：在十个年度内，每年按 1 万元的标准累计可使用额度。

(六) 获得特别荣誉奖(董事会批准)的员工：自嘉奖颁布后按下列方式处理：

(1) 5 级员工：在三个年度内，分别按 12 万元、12 万元和 16 万元的标准存入企业内部个人账户。

(2) 3～4 级员工：在三个年度内，分别按 8 万元、8 万元和 8 万元的标准存入企业内部个人账户。

(3) 1～2 级员工：在三个年度内，分别按 5 万元、5 万元和 5 万元的标准存入企业内部个人账户。

(4) 自嘉奖颁布之日起，根据岗位所在级别按上述条款执行。

(七) 集团公司高层管理人员 (6、7、8 级)，获特别荣誉奖后，只享受荣誉，风险防范基金标准仍按原标准执行。

(八) 若员工同时符合上述二项标准，则由本人选择其中一项。

第五条　风险防范基金的使用范围

(一) 本人及直系亲属重大疾病及意外事件。

(二) 本人家庭重大财产损失。

(三) 本人养老。

第六条　风险防范基金支付

（一）集团公司高层管理人员(6、7、8级)，以及获特别荣誉奖的员工：

(1) 自授予之日起，在集团及所属公司工作满十年后，可一次性提取个人账户中的风险基金。

(2) 若本人及直系亲属出现重大疾病、意外事件及家庭重大财产损失，可按意外事件支付标准从个人风险基金账户中支付，但不得超过个人风险基金账户中的额度。

（二）其他员工

若本人及直系亲属出现意外事件，可按意外事件支付标准支付救助资金但支付总额不得超过第八条规定的最高额度。

第七条 资格认定及实施细则

符合本方案要求的员工资格认定、具体风险事件及相应支付标准等由董事会制定实施细则后颁布实行。

第八条 限制性条件

（一）员工违反集团公司禁止性条款，损害公司利益者，取消享受风险基金的资格。

（二）符合第八条第一款至第六款情况者，若当年个人年度考核在C等以下时，取消本年度资格。

（三）符合第八条第一款、第二款、第三款和第六款的情况者，需与集团公司签订协议书。

第九条 岗位调整及劳动合同解除时基金处置

（一）获得特别荣誉奖者按获奖时的职级条件享受基金标准，不受岗位变迁影响。其他员工享受基金待遇因岗位调整而从下年度起按新岗位标准执行；

（二）员工与集团公司及所属公司的劳动合同解除时，已从个人风险防范基金中提取的资金和已支付的意外事件救助资金，公司不再收回。

第十条 风险防范基金的管理

（一）建立专用账户，专款专用，由董事会负责掌管，经批准可进行稳健的投资理财。

（二）风险防范基金的支付由集团行政人事部门提出方案，总裁办公会讨论决定，报董事长批准。

（三）每年度将风险防范基金的使用情况向董事会报告。

第十一条 其他

(1) 本方案由集团公司董事会负责制订，报集团公司股东大会批准。

(2) 本方案自2007年1月1日起有步骤地实施。

(3) 集团公司董事长有权超出本制度规定对有关员工享受基金的资格及待遇水平进行特别奖励性处理。

(4) 集团公司董事会对本方案及相关制度、协议拥有推断权和解释权，并有权根据本方案对相关协议书进行修改、更正和补充。

（资料来源：根据颜爱民教授主持的《湘银集团长效激励方案设计》项目报告整理.）

思考题：

(1) 研讨模拟：请同学们分成两A、B、C组，A组作为产权所有者代表，B组作为核心团队成员代表，C组作为中介机构，分头讨论上述两方案存在的问题并提出修改意见，说明缘由。

(2) 请你判断核心员工将对股权激励方案和风险防范基金方案的热烈程度和不同反应。

(3) 请你预测两方案实施效果和可能出现的问题，并针对问题提出对策。

案例二　沃尔玛在激励员工方面遇到问题

世界上最大的零售商沃尔玛公司，目前正面临着如何激励员工的问题。多年来，这家公司都使用一种相对宽松和直接的方式来激励员工，以保持他们的忠诚度。公司主要是通过给员工股权来激励他们，而员工的正常薪水并不高。为了说明沃尔玛公司历史上股权激励制度曾经起过的作用，我们来举个例子。比如，一名员工在1970年公司股票上市时，用1650美元买了100股，到1993年时，他拥有股票的价值就是350万美元。

20世纪70年代后期到80年代这段时间里，沃尔玛的股票每年都上涨不少。公司通过利润分享计划建立了养老基金，基金中大部分的钱投资于购买公司的股票。这样，养老基金也会随着公司股票价格上涨而很大的激励，此时员工对公司非常忠诚。山姆·沃尔顿是公司的创立者，他本人也促使了这种忠诚度和工作动机的形成。他平易近人的处事方式和公司的良好运作，使公司拥有了零售业界最忠诚、最积极献身的员工。公司一直被员工和业界认为具有非常优越的工作环境。

然而到了20世纪90年代，情况开始发生变化。首先，虽然公司仍然利润相当高，但公司的发展减缓，收入和利润已经没有太大的增长，从而导致了沃尔玛股票价格的下跌。1993年，公司股票每股的价格是30多美元，到1995年年底，就只有20美元左右了。股票的下跌大大削减了养老基金和员工的个人股票价值。结果，公司长期拥有的员工忠诚度开始下降，工作动机开始减弱。

1992年山姆·沃尔顿去世以后，公司文化也开始发生一些微妙的变化，这使问题更加严重。公司新的管理层试图保持原有的经营方式以及与员工之间的关系，但不少主管人员缺乏领导魅力，也不能坚持山姆·沃尔顿过去倡导的与员工个人接触的管理方式。另外，新来的员工当然不可能有机会见到公司的创立者山姆·沃尔顿本人，因而也无法从老一辈公司领导那里受到教育和感染。

除了忠诚度和工作动机方面的问题以外，沃尔玛还面临因经济危机引发的其他问题。比如说，在避免工会组织不利于公司的集会方面，以前沃尔玛做得很好。但现在由于对养老金和其他激励越来越不满，工会组织各种集会并取得胜利的机会越来越多。自1991年至1993年，整个公司只出现过三次工人集会，而1994年一年就出现过四次。

等待着沃尔玛的将是什么呢？每个人都在猜测。虽然沃尔玛作为一个雇主的形象受到了负面的影响，但大多数专家从一个雇员的角度来看，仍然认为它是该行业最好的公司之一。而且，公司现在还是在赢利，管理层也坚信股票价格会再次上升。因此，他们相信员工还是会对公司满意的，也会为公司继续做贡献。但也有人认为，出现的问题对公司已经造成损害，沃尔玛将不会再度拥有它曾代表过的优越工作环境的形象。

思考题:

(1) 用什么激励理论能最恰当地解释沃尔玛发生的问题?

(2) 如果在当前的困难情况下,由你来管理沃尔玛,你将如何来激励员工?

(3) 对一个组织来说,提供太多的奖励和正强化可能吗?如果可能的话,它会对组织产生什么样的影响?

知识链接

[1] http://v.163.com/special/cuvocw/zhongguorenliziyuan.html 颜爱民国家精品视频课程《中国情境下的人力资源管理实务》第七讲、第十讲、第十一讲。

[2] [英] 马克斯·兰茨伯格. 麦肯锡管理必读 [M]. 曾献,译. 北京:新世界出版社,2009.

[3] 余世维. 卓越管理者的辅导与激励技巧 [M]. 北京:北京大学出版社,2009.

[4] 周鸿. 激励能力培训全案 [M]. 北京:人民邮电出版社,2008.

[5] 颜爱民. 中国企业人力资源管理诊断与优化——全真案例解析 [M]. 长沙:湖南科技出版社,2010.

第 12 章

劳动关系

教学目标

- 了解企业劳动关系
- 了解基本的劳动关系调整和劳资纠纷问题

教学要求

- 了解企业劳动关系的概念
- 了解劳动关系的基本理论
- 了解劳动关系调整
- 了解劳动关系争议处理的相关方法

辞职后对公司的商业秘密该不该负责?

2001年9月,吴某与甲公司双方签订了《聘用合同书》约定甲方聘用吴某的期限为8年,还约定在聘用期内和聘用期结束后三年内,吴某不得向任何个人行号或公司泄露甲方商业秘密和知识产权,不得从事甲公司经营的产品和项目,甲公司按有关政策规定给予吴某一定的经济补偿;若有违反,经查证属实,甲公司有权追回给予吴某全部报酬和待遇,并给予吴某处以50万元的罚款。同日,甲公司与吴某还签订了《知识产权保护协议书》。同年10月份起,吴某即到甲公司从事技术工作。2008年3月17日,吴某以个人原因申请辞职,甲公司同意了吴某的辞职申请,于4月份双方劳动关系解除。吴某即离开公司。随后吴某以约定的经济补偿金低于现行法律规定标准,据此认为双方约定的竞业限制条款对其无拘束力为由,于同年4月诉至法院要求确认双方签订的《聘用合同书》和《知识产权保护协议书》中的竞业限制条款对其不具有拘束力。

请问法院会如何判决呢?

(资料来源:中国劳动争议网,http://www.btophr.com/s_case/case1494.shtml,2009。)

劳动关系是社会生产和生活中人们相互之间最重要的联系之一。全世界大多数劳动人口正在用主要精力从事"工作",并将"工作"作为主要收入来源。劳动关系对劳动者、企业(雇主)和整个社会有着深刻的影响。对劳动者来说,工作条件、工作性质、薪酬福利待遇,将决定他们的生活水平、个人发展的机会、个人的尊严、自我认同感和身心健康。对于企业来说,员工的工作绩效、忠诚度、工资福利水平都是影响生产效率、劳动力成本、生产质量的重要因素,甚至还会最终影响企业的生存和发展。对整个社会而言,劳动关系还会影响经济增长、通货膨胀和失业状况、社会财富和社会收入的总量和分配,并进一步影响全体社会成员的生活质量。因而研究劳动关系具有重要的理论和现实意义。

12.1 劳动关系概述

12.1.1 劳动关系的含义

劳动关系这一概念最早出现在1935年7月美国制定的《国家劳动关系法》中,经过了几十年的发展,人们对劳动关系的认识不断的丰富。当前对劳动关系主要有3种理解。

(1) 人与人之间在劳动中发生的所有关系。在劳动过程中,劳动者既发生人与物的关系,也发生人与人的关系。这种相对于人与物关系的人与人之间的关系,就是劳动关系。这种关系就是广义上的劳动关系,它包括就业关系或从业关系、组合关系(由一般分工所形成的国民经济各部门或产业劳动力分配的比例与结构,由特殊分工所形成的劳动过程中的分工协作关系)、分配关系(劳动产品如何分配)等。

(2) 雇主或者雇主组织与劳动者个人及团队之间产生的合作、冲突、力量和权变等关系的总和。

(3) 劳资关系。这是在就业组织中由雇佣行为而产生的劳资关系或雇佣关系。在综合劳动关系的各种理解的基础上,本书认为,劳动关系主要是指企业所有者、经营管理者、普通职工及其工会组织之间在企业的生产经营活动中形成的各种权、责、利关系,主要包括:所有者与全体职工(包括经营管理人员)的关系;经营管理者与普通职工的关系;经营管理者与个人组织的关系;工会与职工的关系。

12.1.2 劳动关系的构成要素

依据劳动法律法规形成和调整的劳动关系是劳动法律关系,由 3 个要素构成:主体、内容、客体。

1. 劳动关系的参与者为劳动关系的主体

从狭义上来讲,劳动关系的主体包括双方,一方是员工及以工会为主要形式的员工团体,另一方面是管理方以及雇主协会组织。二者构成了劳动关系的主体,也就是我们的主要研究对象。由劳动关系主体双方所组成的组织,就是所谓的就业组织。从广义上讲,劳动关系的主体还包括政府。在劳动关系的发展过程中,政府通过立法介入和影响劳动关系,调整、监督和干预作用不断增强,因而政府也是广义的劳动关系的主体。

1) 员工

员工是指在就业组织中,本身不具备有基本经营决策权力并从属于这种决策权力的工作者。员工的范围相当广泛,包括蓝领工人、医务人员、办公人员、教师、警察、社会工作者,以及其他在西方被认为是中产阶级的从业者和低层管理者。因为低层管理者只负责监督和分配,而无权命令或奖惩下属,所以也属于员工的范畴。员工不包括自由职业者、自由雇佣者。

从产业部门上看,员工的范围包括第二产业和第三产业,即包括工业各部门和服务业各部门在内的所有行业的不具有基本经营决策权的劳动者。在第一产业中的农业劳动力,尤其是从事种植业和畜牧业的农民一般不属于员工的范畴。这是因为土地所有者和农民之间的关系,与本书研究的管理方与员工之间的关系在总体上存在着很大的区别,需要单独研究。

2) 员工团队

员工团队是指因共同的利益、兴趣或共同目标而组成的员工组织,包括工会组织和类似于工会组织的专门的职业协会。工会是员工团队最主要的形式,其主要目标是代表并为一个成员争取利益或价值。非工会组织有独立于工会之外的员工协会,往往是在一个就业组织内部形成的。职业协会是由跨企业、行业从事某种特定职业的员工组成的组织,其目标是为其成员争取更多的、在其特定职业方面的利益。

3) 管理方

管理方一般是指由于法律所赋予的对组织的所有权,而在就业组织中具有主要的经营决策权力的人或者团体。

在就业组织中,只有一个或者少数几个人具有比较完全的决策权力,而其他各管理等级的决策权力也是逐级递减的,每一级都要在服从上级的权力的情况下行使其权力。所以,管理方是等级制的,权力在管理方的分布是不均衡的,它多集中于管理方的上层。这也就是说,除了最高层的管理者之外,其他管理者都会同时处于服从上级和指挥下级这两种关系之中。

4) 雇主协会

管理方团体的主要形式是雇主协会,它们以行业或者贸易组织为纽带,一般不直接介入员工与管理方的关系之中。主要任务是同工会代表进行集体谈判,在劳动争议处理程序中同其成员提供支持,通过参与同劳动关系有关的政治活动、选举和立法程序(如修改劳动法)来间接地影响劳动关系。

5) 政府

政府在劳动关系中的角色主要是:劳动关系立法的制定者,通过立法介入和影响劳动关系;公共利益的维护者,通过监督、干预等手段促进劳动关系的协调发展;公共部门的雇主,以雇主的身份直接参与和影响劳动关系。

企业劳动关系的构成如图12.1所示。

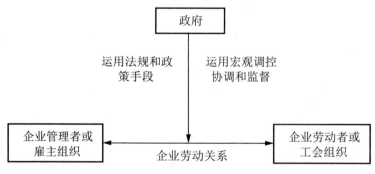

图 12.1　企业劳动关系的构成

2. 劳动关系的内容是指主体双方依法享有的权利和承担的义务

我国《劳动法》第3条规定,劳动者依法享有的主要权利有:劳动权;民主管理权;休息权;劳动报酬权;劳动保护权;职业培训权;社会保险;劳动争议提请处理权等。

劳动者承担的主要义务有:按质按量完成生产任务和工作任务;学习政治、文化、科学、技术和业务知识;遵守劳动纪律和规章制度;保守国家和企业的机密。

用人单位的主要权利有:依法录用、调动和辞退职工;决定企业的机构设置;任免企业的行政干部;制定工资、报酬和福利方案;依法奖惩职工。

用人单位承担的主要义务有：依法录用、分配、安排职工的工作；保障工会和职工代表大会行使其职权；按职工的劳动质量、数量支付劳动报酬；加强对职工思想、文化和业务的教育、培训；改善劳动关系，搞好劳动保护和环境保护。

3. 劳动关系的客体

劳动关系的客体指主体的劳动权和劳动义务共同指向的事物，如劳动时间、劳动报酬、安全卫生、劳动纪律、福利保险、教育培训、劳动环境等。在我国社会主义制度下，劳动者的人格和人身不能作为劳动法律关系的客体。

12.1.3 劳动关系的表现形式

劳动关系既是经济关系，又是社会关系。劳动者以其符合管理方需要的工作能力从事劳动，以获得报酬。同时，劳动力作为一种特殊商品，具有人身和社会属性，在获取经济利益的同时，还要从工作中获得作为人所拥有的体面、尊严和满足。双方由于经济目标而结合，是由处于一定社会环境下的心态、期望、人际关系、行为特征等各异的个体和人群组成的社会体系。因此，我们需要从经济学和社会学多个层面研究劳动关系的表现形式。

1. 合作

合作是指在就业组织中，双方共同生产产品和服务，并在很大程度上遵守既定制度和规则的行为。这些制度和规则是经过双方协商一致，以正式的集体协议或劳动合同形式，甚至是以一种非正式的心理契约的形式，规定双方的权利和义务。协议内容非常广泛，涵盖双方的行为规范、员工的薪酬福利体系、对员工的努力程度的预期、对各种违反规定行为的惩罚，以及有关争议的解决、违纪处理和晋升提拔等程度性规定。

1) 合作的根源

劳动关系理论一般认为，合作的根源主要是由两方面组成，即"被迫"和"获得满足"。

(1) 被迫。被迫是指迫于压力而不得不合作，即劳动者如果要谋生就得与雇主形成雇佣关系，除此之外别无选择，并且如果他们与雇主的利益和期望不符或作对，就会受到各种惩罚，甚至失去工作。即使工人能够联合起来采取集体行动，但长期的罢工及其他形式的冲突，也会使工人损失收入来源，还会引起雇主撤资不再经营，或关闭工厂，或重新择地开张，使工人最终失去工作。事实上，员工比雇主更加依赖这种雇佣关系的延续。工人要谋生，就要保住其工作岗位，而且从长期而言，他们非常愿意加强工作的稳定性，获得提薪和增加福利的机会。

(2) 获得满足。员工获得满足主要有以下几方面内容。

① 获得满足主要建立在工人对雇主的信任基础上，这种信任来自对现有经济体系下对立法公正的理解和对当前管理权力的限制措施。

② 除了对制度的信任这一原因之外，工人从工作中获得满足的更重要原因是大多数工作都有积极的一面，比如，员工即使有时会受到工作压力，或者工作超负荷，或者对工作缺乏指挥权，但他们仍然乐于工作。员工认识到工作的价值，因而产生某种自我价

值的满足感。具有工作责任感的员工还认为，只要雇主没有破坏心理契约，他们自己就有必要遵守这些心理契约。

③ 管理方也努力使员工获得满足。雇主出于自身利益考虑向员工做出让步，都在一定程度上提升了员工的满意度。这些措施减弱了冲突的根源影响，增强了合作的根源影响。那些"好"雇主往往能够赢得更多的信任和认同。

2) 合作的方式

地区性劳资委员会。这是劳资双方在某一特定地理区域内联合组成的组织，既不参与集体谈判，也不组织多雇主谈判或多工会谈判。它的职责是针对如何有效地处理劳资双方共同面临的劳动力就业问题向成员提供建议。其宗旨是发现并确认劳资双方共同面临的共同难题。然后用合作方式解决问题，减少或避免冲突。地区性劳资委员会主要参与四种活动：发起社会活动，增进劳资双方的沟通；在企业建立劳资委员会；在集体谈判时提供必要的帮助；促进地区的经济发展。

(1) 劳资联合委员会。它由某一行业中的工人联合会与企业联合会共同组成，主要是处理劳动关系中的具体细节性问题。

(2) 企业内部合作（工厂内干预）。这是雇主与工会内的合作，主要包括集体收益分享计划、质量劳资联合委员会、工作生活质量计划、自我管理的工作团队等。

2. 冲突

冲突是指由于某种差异而引起的抵触、争执或争斗的对立状态。

1) 冲突的根源

冲突的根源可以分为根本根源和背景根源。

(1) 冲突的根本根源是指由于劳动关系的本质属性造成的冲突，冲突的根本根源包括：

① 异化的合法化。市场经济劳动者与生产资料的分离决定了市场经济的主要特征是大多数劳动力都在为他人（资本家）工作，他们缺乏工作的全面激励。

② 客观的利益差异。厂商追求利润最大化无疑是提高效率，而效率的提高意味着工人不得不付出更加辛苦的劳动才能得到劳动的报酬。

③ 雇佣关系的权力等级制度。管理方的权力在就业组织中是以一种等级分层的形式逐级递减的。管理方的决定最终倾向于企业所有者的利益，而不是员工的利益。

④ 劳动合同的订立和执行情况。如果雇主和劳动者个人之间在执行中也会由于双方对合同条款内涵的理解和解释的不同产生冲突。

(2) 冲突的背景根源。这是指由那些更加可变的，取决于组织、产业、地域、国家等因素的属性所造成的冲突。这种背景根源主要体现在广泛的社会不平等、人力资源市场的状况、工作本身的经验等。

2) 冲突的形式

冲突按其表现方式，可以分为明显的冲突（如对工人或工会来说主要有罢工、旷工、辞职等；对用人单位来说主要有关闭企业、解雇等）和潜在的冲突（如对工人来说主要有怠工、抵制等，对用人单位来说主要有黑名单、雇佣罢工替代者、复工运动等）。劳动关系的冲突在产业运动中表现最为明显,所谓产业运动是指在劳资产生矛盾时,雇员或雇主以向对方施加压力为目的,单方面引起的正常工作安排暂时停止的一种活动。它分为雇员所采取的冲突形式和雇主采用的冲突形式。

(1) 雇员或工会采取的冲突形式。

① 罢工是雇员为了提高劳动报酬,改善工作条件而集体拒绝工作。它是冲突最为明显的表现形式。

② 怠工(工人懈怠工作)是指工人并不离开工作岗位也不进行罢工,只是降低工作效率或破坏性地工作(浪费原材料、制造残次产品等)对管理方或雇主进行对抗的一种方式。

③ 联合抵制,即阻止雇主出售最终产品。

④ 纠察,指罢工工人对靠近企业入口处或有关区域设立警戒,阻止雇主利用罢工替代人员。

⑤ "恶名单""好名单"。"恶名单"是指工会将那些与工会作对的雇主或企业列入一个名单,并将其名单在工会会员中传播,以促使广大会员不再维护这些企业的利益。由于许多国家将"恶名单"视为非法,于是工会转向"好名单",即在这种名单上列入工会认为对工会公正的雇主,工会会员对公正的雇主企业持维护态度,而对那些榜上无名的企业持怀疑或不信任态度。

(2) 雇主采用的冲突形式。

① 关闭企业。这是雇主习惯采用的方式,雇主通常把关闭企业安排在工会准备罢工时,其主要目的是以少量的损失避免产生罢工的重大损失,同时通过解雇或停止来断绝劳动者的收入来源,迫使劳动者服从雇主的管理。

② 雇用罢工的替代者。在罢工期间,雇主通过雇用其他工人代替罢工工人进行生产活动,以抵制或破坏罢工活动。雇用罢工的替代者有两个目的:一是使罢工失去效力;二是削弱工会力量并阻止其抵制运动。

③ 雇主充当罢工的破坏者。这是指在罢工期间,雇主借助其他雇主的帮助完成生产任务。这实际上是借助其他企业的生产能力,代替罢工替代者角色。这种行为通常由雇主协会组织,当协会中某个雇主受到某个工会打击时,其他雇主组织成员可以帮助完成生产任务,以弥补罢工受到的损失。

④ 复工运动。这是指雇主派人到罢工工人家中说服罢工者或者家属,使他们复工,同时雇主还会在媒介上发出复工运动的通告。

⑤ 黑名单。这是指雇主通过秘密调查,将一些不安分或者有可能在劳资冲突中起领导或带头人作用的劳动者,秘密登记在一个表上,并暗中通知本行业其他雇主不要雇用他们,致使被列在表上的劳动者丧失被雇用的机会。

⑥ 排工。这是指雇主在雇用劳动者时,对某些劳动者采取排斥态度。通常雇主一方面在雇用劳动者时,以不加入工会为雇用条件;另一方面,倘若劳动者加入工会,就立即给予解雇。

12.1.4 劳动关系的类型

劳动关系的划分有许多标准，按劳动关系各方力量对比可划分为均衡型、倾斜型、政府主导型三种类型；按劳动关系中的冲突与合作划分可分为：对抗型、休战型、和睦相处型、合作型劳动关系；按劳动关系中的利益关系划分可分为利益冲突型、利益共同型、利益一体化型、利益协调型四种类型。

1. 按劳动关系各方力量对比划分的类型

(1) 均衡型。所谓利益均衡型劳动关系，是指劳动关系的双方的力量相差不大，能够相互制衡。该类型的劳动关系主要表现为：在相关法律和政策的保障下，劳动者和工会的代表有权了解就业组织的内部信息，就业组织的基本生产经营决策由管理者及其代表或工会双方参与，协商制定。

(2) 倾斜型。这是一种劳资双方的力量相差悬殊，一方在组织运行中起主要作用并支配另一方的行为的劳动关系。在完全市场作用下，雇主或管理方往往具有相对较大的力量和权力，资本支配劳动，雇主处于优势地位，而雇员处于不利地位。

(3) 政府主导型。所谓政府主导型劳动关系，是指政府是控制劳动关系的主要力量，并且决定劳动关系的具体事务，就业组织和劳动者个人处于被支配地位的一种劳动关系。新加坡是较为典型的政府主导型国家。一些社会主义国家所实行的计划经济体制下的企业和职工的关系也属于这一种类型。

2. 按劳动关系中的冲突与合作划分的类型

美国学者费雷德里克·H. 哈比森与约翰·R. 科尔曼将劳动关系划分为四种连续的类型。

(1) 对抗型劳动关系。这种劳动关系存在于资本主义早期或在产业运动时期。劳资矛盾尖锐，冲突不断发生。

(2) 休战型劳动关系。在休战型劳动关系中，管理方把工会看做工业社会的毒瘤，工会的目标是挑战与抗议管理方行为，因而双方在集体谈判中经常发生冲突。虽然休战型劳动关系没有激烈的产业运动，但劳动关系仍然依靠在集体谈判中的工会与管理方的力量对比来维系。

(3) 和睦相处型劳动关系。在此劳动关系中，管理方不把工会视为企业负担，而是认为它也是一种资产，因而善意地与工会进行谈判。工会也逐渐意识到自身发展在很大程度上取决于企业的经营业绩。双方找到共同的利益，于是相互做出让步。但是，由于生产经营权仍然由管理方控制，工会只能在事后监督管理方的行为，而不能事先干预管理方的决策，因此也存在着一定的矛盾。

(4) 合作型劳动关系。劳资合作的基础是工会与管理方之间建立相互信任、彼此尊重对方。管理方相信工会愿意与雇主合作，降低生产成本；管理方也愿意让工会代表参与经营管理活动。工会鼓励雇员提高劳动生产率，争取更多的福利。总之，双方能够共同解决生产过程中出现的问题，不断提高企业的经营效率。

3. 按劳动关系中的利益关系划分的类型

(1) 利益冲突型。这是一种传统的劳动关系，劳动关系双方存在着根本的利益冲突。一方是资本所有者，依靠对雇佣劳动者的剥削来获取利润。另一方是劳动者仅有劳动力而不具有实现劳动的物质条件，不得不出卖劳动力以获得生存。由于两者在经济能力上的差异，导致了双方存在着利益上的矛盾和冲突，阶级斗争是指导劳动者斗争的理论。工会是雇佣劳动者与雇主相抗衡的力量，是为维护雇员利益而与雇主进行斗争，从而形成的一个具有共同利益的社会团体。

(2) 利益共同型。其理论基础是生产资料公有制下的劳动关系双方的利益一体论。由于公有制的建立，劳动者个人利益、企业利益包含在国家利益之中，劳动者的利益由国家来代表。在劳动关系的构成、运行和相互利益的处理中，劳动者和用人单位都没有成为独立的物质利益主体，劳动主体与用人单位主体统一于国家，劳动者和用人单位并没有真正地参与决定和处理有关劳动关系的事务。在某种意义上说，劳动关系是劳动者与国家之间的劳动行政管理关系，是全体劳动者受雇于国家。劳动者和用人单位的使命在于完成国家计划，从而实现全体劳动者的利益。在这种劳动关系中，同样存在着工会组织，由于体制设计与运行中劳动关系双方不存在独立的物质利益，因此工会也就不是劳动者群体利益的代表，工会是企业和政府管理的助手，是为完成国家计划的一种群众组织。劳动关系的调整和处理依靠国家各项劳动行政管理制度的实施来保障。利益共同型劳动关系是在计划经济体制下存在的劳动关系的主要类型。

(3) 利益一体化型。其划分的基础在于生产要素的合作理论。劳动关系存在于企业组织内部，企业虽然是由不同的人组成，存在雇主与雇员之分，但他们都是生产要素的供给者，企业是一个整体。提供资本、从事管理的人与提供劳动的人之间没有利益冲突，他们有着共同的价值观、共同的利益和共同的目标，因此，企业是属于企业内部所有人的。由于企业是一个合伙组织，所以在生产、利润、工资等方面有共同的目标。雇主对企业管理和决策的权力是可以接受的。任何反对这种权力的活动都是不合情理的。既然企业组织的基础是和谐一致的，因此，没有必要制造劳动关系双方的矛盾。

(4) 利益协调型。利益协调型的劳动关系强调劳动关系双方在利益差别基础上的合并，主张通过规范双方的权利义务和双方的平等协商谈判机制来保障各自的合法权益并实现共同利益。利益协调型劳动关系是基于多元化观点对劳动关系运行和利益调整的理论概括。多元化的观点认为，在企业组织内部，存在着相对离散的权力和权威，存在着所有权和经营权的分离，从而在企业内部存在着种种矛盾。企业由不同的群体组成，每个群体都有自己的利益、目标和有影响人物，因而企业组织并不是单一结构而是多元结构，其中占主导地位的是雇主与雇员的矛盾。两者之间的矛盾根源在于双方在企业组织中的不同价值追求。

雇主群体的目标是利润、效率、企业与外部环境之间的关系。雇员的目标是工资、工时、劳动条件以及职业的稳定性。因此，在同一问题上存在相互对立的认识。多元化的观点认为，上述矛盾是合理的，同时也是可以协调的，

阅读材料

工业革命

协调的途径是集体协商或集体交涉，从而达成双方共同遵守的规则。集体协商的前提有两个：一是为不同群体在力量上维持平衡；二是为各群体都应将各自的利益追求限定在双方继续合作的程度之内。与此相联系，雇员有理由结成正式的团体以表达自己的意愿，寻求对雇主的影响。工会的存在根本不会造成企业内部的矛盾，工会只是有组织地、持续地并且负责地反映雇员的利益，即使没有工会组织，这些利益矛盾也会在企业中存在。

12.2　西方劳动关系相关理论

如何调整劳动关系并使其与经济社会发展目标相一致？发达国家为解决这个问题已经经历了几个世纪的探索和改进，并在此基础上产生和发展了现代的劳动关系理论。这些理论对各国的产业政策、立法和制度产生了持续影响，劳动关系实践又进一步完善和丰富了各国劳动关系理论，并为我国劳动关系调整带来了启示。

12.2.1　当代劳动关系管理理论：各学派的观点

1. 新保守派

新保守派也称新自由派或新古典学派，这一学派主要关注经济效率的最大化，研究分析市场力量的作用，认为市场力量不仅能使企业追求效率最大化，而且也能确保雇员得到公平合理的待遇。

新保守派一般认为，劳动关系是具有经济理性的劳资双方之间的自由、平等的交换关系，双方具有不同的目标和利益。从长期来看，供求双方是趋于均衡的，供给和需求的力量保证了任何一方都不会相对处于劣势。雇员根据其技术、能力、努力程度，获得与其最终劳动成果相适应的工作条件和待遇，而且在某些企业，雇员也可能获得超过其他雇主所能提供的工资福利水平。雇主之所以提供高于市场水平的工资，是因为较高的工资能促使雇员更加努力地工作，提高效率。雇主也可以采取诸如激励性的奖金分配等方法，达到同样结果。因此，假如市场运行和管理方的策略不受任何其他因素的干扰，那么劳资双方都会各自履行自己的权利和义务，从而实现管理效率和生产效率的最大化。资方获得高利润，雇员获得高工资、福利和工作保障，形成"双赢"格局。

由于劳动力市场机制可以保证雇员和管理方利益的实现，所以双方的冲突就显得微不足道。新保守派认为，工会的作用是负面的，因为工会形成的垄断制度，阻碍了管理方对雇员个人的处置权。工会的存在实际上破坏了本来可以自由流动的人力资源市场关系，使人力资源市场力量失衡，管理方处于劣势。工会人为抬高工资，进而抬高了产品价格，干涉了管理方的权力，最终伤害了雇主在产品市场上的竞争地位，也削弱了雇主对雇员工作保障的能力。

2. 管理主义学派

该学派主要是从人力资源管理的角度来研究劳动关系管理的问题。这一学派的基本理论假设是，雇员和雇主劳动关系双方都希望自己的企业赢利和兴旺发达，因此，双方尽管有时有利益上的局部冲突，但在本质上不存在固有的矛盾。他们强调要以企业人力资源开发和管理的加强以及企业人事管理制度的健全来替代工会的作用，以排斥和阻止劳工运动，从而在企业中建立一种"新型的劳资关系"。

管理主义学派认为，企业管理者要以合作式的技术革新与劳动组织的重新组合、个人收入发展计划、职工培训与职业发展计划以及企业合作信息系统等手段和方式向员工展示：员工的发展和员工利益的获得或维护有多种方式，员工没有必要再让工会作为自己的代表。该学派还强调，企业管理者要特别重视和理解员工的需求，提高员工的满足感。他们所做的著名的"霍桑实验"表明，企业管理者提高生产力的最重要的因素是重视员工的需求。

正是重视员工需求的倾向，管理主义学派从20世纪50年代开始，通过研究和实践，不断提出旨在促进企业目标和员工需求相一致的制度建议。主要包括员工建议制度、员工业绩考评制度、员工利润分成制度、一致的企业文化制度、企业内部信息交流制度等。

3. 正统多元学派

正统多元学派由传统上采用制度主义方法的经济学家和劳动关系学者组成，该学派的观点是第二次世界大战以来发达市场经济国家一直奉行的传统理念的延续。该学派主要关注经济体系中对效率的需求与雇佣关系中对公平的需求之间的平衡。该学派认为，工人个人几乎没有什么力量能与雇主抗衡。因此，工人需要联合起来，形成某种机制，以抵制雇主的专横和某些不合理行为。他们认为，工人联合起来的基本形式是组建工会，开展劳工运动，抵制雇主的基本手段是与雇主进行集体谈判。这就是说，新制度学派经济学家与新古典派经济学家在劳资关系管理理论的基本观点上有很大的区别，他们十分重视工会和集体谈判在维护工人基本权利方面的重要作用，支持工人组建工会和进行集体谈判，注意研究雇主方与工人工会的制度，注重研究工会、雇主和政府等各种组织的行为和特征。

20世纪60年代以来，正统多元学派经济学家劳动关系管理的理论研究进一步拓宽和不断深入，他们的理论不但拓宽到公共政策的发展与影响等领域，而且还深入到集体谈判和劳资争议处理程序以及雇主有关劳动关系的政策与策略等一些具体问题。

4. 自由改革主义学派

该学派出现于20世纪70年代，立足于组织行为学的有关概念和研究方法，主要从心理学、社会学和经济学等多学科角度来研究劳动关系管理问题。该学派在劳动关系管理的研究中，考察的是劳动关系管理的整个运行过程，并试图了解这一过程的发生原因以及其后果。他们研究的目的是如何使劳动关系管理现行的运行机制在现有的社会经济体制中更好地运行，而不是改变现有的体制，以实现社会资源和社会成果的公平分配。

随着社会经济条件的不断发展，自由改革主义学派劳动关系理论在20世纪80年代初期又有了新的发展。他们又提出了劳动关系管理的战略选择理论。他们认为，在劳动关系管理领域中，只有了解劳动关系三方即企业管理者、工会或员工和政府的战略决策，才能了解劳动关系管理的实际状况。

5. 激进派的劳动关系管理理论

激进派，也称新马克思学派，它是在20世纪60年代以后发展起来的，主要由西方马克思主义者组成。激进派所关注的问题同自由改革主义学派有许多是相同的，但它更关注劳动关系中双方的冲突以及对冲突过程的控制。该学派认为自由改革主义学派所指出的问题，是资本主义经济体系本身所固有的问题，因而其提出的政策主张的作用十分有限。激进派认为，在经济中代表工人的"劳动"的利益，与代表企业所有者和管理者的"资本"的利益，是完全对立的。"资本"希望用尽可能少的成本获得尽可能多的收益，而工人由于机会有限而处于一种内在的劣势地位，由此，这种对立关系在劳动关系中比在其他地方都表现得更明显。冲突不仅表现为双方在工作场所的工资收入、工作保障等具体问题的分歧，而且还扩展到"劳动"和"资本"之间在宏观经济中的冲突。

阅读材料
梅奥
"霍桑试验"

12.2.2　西方劳动关系调整机制

西方各国在寻求企业劳动关系合作的实践中，进行了诸多有益的探索，形成了各有特色的合作形式。第二次世界大战结束以来，西方国家社会经济发展稳定，没有发生过较大的社会政治动荡，这与各种有效调节劳资关系、缓解劳资冲突机制所起的积极作用是分不开的。本节将介绍有关西方劳动关系调解机制与西方劳动关系调整经验对我国的启示。

1. 西方劳动关系调整机制

西方国家劳动关系调整的主要机制是：三方协商机制、集体协商制度和工人参与制度。

1) 三方协商机制

三方协商机制产生于西方市场经济国家，是一种从宏观上调控劳动关系的制度。它以市场经济为基础，以民主制度为依托，以合作、共赢为基本出发点，构建了政府与劳方、资方共同管理和处理劳动关系问题的活动平台。通过三方协商机制来调整劳动关系，是国际工人运动促动的结果，是资本主义国家民主制度发展的结果，是劳动关系国际化的结果，从本质上说，是市场经济充分发展的结果。

西方市场经济国家实行三方协商机制的基本状况如下：20世纪90年代以来，三方协商机制的实施已经成为一个世界性的趋势。西欧北美国家作为三方协商机制的策源地，在实行的普遍性、法律保障、社会基础支持等方面一直保持优势。比如，德国是有三方合作传统的国家，近年来，德国逐步废除了一批劳动法规，而提倡由劳资双方自由约定，政府不予干预。在欧洲国家中，西班牙的三方协商机制颇具代表性，20世纪70

年代以来,西班牙的劳动关系步入"社会协商时期",三方协商机制在确定集体谈判和工资标准以及塑造劳动关系体制方面都发挥了重要作用。而在瑞士和英国等国,三方协商长期以来在国家社会政策制定中占有重要地位,但近10年来三方协商的机构和作用有所弱化。

2) 集体协商制度

它是西方市场经济国家工会运动的一种基本形式和国际惯例,是西方市场经济国家处理劳资关系的主要手段和方式,也是其对日常劳动关系问题、特别是利益划分问题进行经常性调整的一项重要制度,其目的是调解劳资冲突、促使劳资关系趋important缓和与稳定。

世界上最早的集体谈判出现在18世纪末、19世纪初的英国,不过,当时的集体谈判并没有很好地发挥作用,因为国家法律总是削弱工会参与集体谈判的力量。到了19世纪末、20世纪初,随着工人运动的高涨,欧洲各国在立法上逐渐放宽了对集体谈判的限制,集体谈判有了一定的发展。1904—1919年,奥地利、荷兰、德国、法国等国家先后颁布了集体谈判的相关法律。集体谈判的大规模发展还是在第二次世界大战后,随着现代企业制度的建立和完善,以及长期以来工会不断追求与资方的平等地位和社会公正,集体谈判逐步成为工人参与企业民主和社会决策过程的主要形式,也作为西方国家劳资双方解决冲突的最主要手段。20世纪60年代以来,西方各国普遍实行了集体谈判制度,立法上对其也有了比较完善的规定。

3) 工人参与制度

工人参与制度最早出现于19世纪末期,一些工业化比较发达国家的公会组织开始把参与管理作为改善工人劳动和生活条件的一个途径,并要求在立法中予以确认。如1919年,德国的《魏玛宪法》规定,"依公共经济原则规定雇主及劳工参加管理经济财务",这是工人参与权第一次被写入宪法。此后,挪威、瑞典、丹麦等北欧国家也在立法中承认了工人的参与权。而工人民主参与最具影响的是德国的"共决制",这一制度成为西方国家工人参与发展历史上的一个里程碑。

西方国家工人参与管理从产生到现在,尽管各个国家在不同时期的活动内容和组织形式都有不同,参与的深度和广度也不一样,但仍有以下共同特征:以一定的思想理论为指导;具有明确的合法性基础;形式多样化;实现程度取决于多种因素相互作用的结果,如工会的组织工作参与技巧的运用,对工人参与的效果也有一定的影响;工人参与并不能完全解决所有劳动关系中的问题。

2. 西方国家劳动关系调整经验对我国的启示

我国目前还处于市场经济转型时期,在不同的领域和不同类型的企业中,劳动关系的表现形态不同,甚至有很大差异。但是,劳动者作为资本时代的弱势群体,其社会地位下降,被动接受,缺乏有效组织保护等特征日益凸显。由于劳资关系紧张,劳动者权益难以保障等引发的社会矛盾事件也日益增多,这既有悖于我国社会主义市场经济的根本原则,也不利于和谐社会的建设和发展。从西方国家劳动关系调整演变的历史中,我们可以得到如下的启示。

(1) 劳动关系的和谐是和谐社会的基础,也是实现人与人、人与社会、人与自然和谐的基础。从西方国家劳资关系的激烈对抗到缓和的发展历程我们可以看到,在劳资关系问题解决得比较好的时期,都会是社会和谐、政局稳定、国力强盛的时期。在市场经济条件下,大多数人都处于劳动关系体系之中,如果劳动关系主体之间缺乏相应的权力制衡机制,作为资本的强势一方几乎不可能主动承担对劳动者以及社会的责任,在非均衡的状态中,利润的空间是最大的,也是资本所追逐的。而对劳动者来说,如果最基本的就业权利、工作环境、工资标准都没有保障,劳动者缺乏足够的安全感,这样的社会就不是一个和谐的社会。当一个人的利益侵害扩展到一个群体时,社会矛盾就可能扩大甚至激化,社会秩序的稳定就可能遭到挑战。在这种情形下,既难以实现社会经济的可持续发展,更难以实现社会的公平正义和长治久安。

(2) 现代民主法制建设是实现劳动关系和谐发展的制度基础和法律保证。西方市场经济国家在劳动关系领域的社会治理是以人为本的现代民主法治,经历了从自由放任到国家干预,从冲突对抗到谈判对话,从个人交涉到组织交涉,从势不两立到共生共赢,从资方管理到共同管理,从相关国内法律单独规制到相关国内、国际法律共同规制的历史演变进程。同西方国家相比,我国正经历从社会主义计划经济体制向市场经济体制转型过程,劳动者作为国家主人翁的立国原则始终没有改变,这使得我们避免了资本主义发展初期由于劳动关系的深刻对立而产生的一系列社会问题。但是,当资本日益强势,并且与政府的政绩挂钩、与权利挂钩时,劳动关系发生倾斜也是不可避免的。解决这一问题的根本是建立与市场经济体制相适应的,以法律为基础的现代民主秩序。通过《劳动法》《劳动合同法》《社会保障法》等相关法律制度的建设和完善,将劳动关系的利益主体纳入现代民主法制的轨道,从而使劳资关系的和谐稳定具有民主法治机制保障。

(3) 政府的积极干预和政策引导是建立和谐劳动关系的体制保证。在市场经济条件下,政府的主要职能不是参与经济运行,而是要独立于市场之外,以公平公正为原则,以法律和行政规制等手段,建立一套调节经济运行、协调各方利益关系、弥补市场缺陷的宏观调控体系。对于转型期的发展中国家来说,政府在制定游戏规则时,更应将保护劳工利益作为政策的出发点,应从整个社会长远发展的角度认识劳动关系的重要性,认识保护劳动者合法权益的重要性,在此基础上引导建立劳动关系领域的社会治理制度、机制和手段,如建立集体谈判制度、劳资政三方协商制度、劳动争议纠纷仲裁诉讼制度,进一步强化实施社会保险制度,完善社会福利制度等。

(4) 将企业社会责任理念的推广作为激励企业自主改善劳动关系,建立劳动关系和谐机制的一个契机。在经济全球化的背景下,劳动关系已突破国家界限成为国际竞争中的一个重要砝码,一些发达国家提出在国际贸易规则中设立"社会条款",把贸易和劳工标准联系起来,近年来,企业社会责任运动在西方国家的迅速发展,更是将劳动关系问题摆到我们面前,对此我们应有客观清醒的认识。从微观上说强化企业社会责任能实现劳资关系的双赢,促进劳动关系的和谐发展;从宏观上看,企业社会责任的实现与我国社会主义市场经济的最终目标相一致,有利于宏观经济的稳定持续发展和和谐社会的构建。

12.3 劳动关系调整

劳动法是调整特定劳动关系及其与劳动关系密切相关的社会关系法律规范的总称，现代劳动关系立法起源于1802年英国议会通过的一项以限制工作时间为主要内容的法律——《学徒与道德法》。它是经过工人阶级的长期斗争、国际干预的结果。第二次世界大战以后，劳动立法的效率范围进一步扩大，内容更趋于全面，形成了一个完整的体系。各国劳动立法普通采用了劳动保护，三方(劳动者或工会、雇主或雇主关系、政府)协调，国际劳动标准三项原则。

12.3.1 法律调整

1996年开始实行的《劳动法》就对包括私营企业在内的各种企事业职工的劳动权利、社会保险、工资福利、劳动条件、劳动争议仲裁、劳动合同制等在法律上做出了明确的规定。我国《劳动法》规定，劳动者享有平等就业和选择职业的权利，接受职业技能培训的权利，享受社会保险和福利的权利，提请劳动争议处理的权利以及法律规定的其他劳动权利。同时，劳动者应当完成劳动任务，提高职业技能，执行劳动安全卫生规程，遵守劳动纪律和职业道德。权利与义务是一致的，相对应的。

2008年开始实行的《劳动合同法》相比1995年所实行的《劳动合同法》更加完善，对劳动者、对用人单位、工会以及劳动行政部门职能在法律上做出了明确的规定，这部法律不但能解决劳动维权成本高的现状，也提高了用人单位的违法成本。

劳动法内容所反映并决定和影响了劳动法存在和发展的内在联系，这种联系主要体现在两个方面：一是劳动法的主旨是保护雇员即劳动者的利益；二是劳动法所确定的劳动条件和劳动标准，是劳动关系双方所遵循的最低条件和标准。

12.3.2 劳动合同管理

1. 劳动合同的概念

劳动合同又称劳动契约或者劳动协议，是劳动者与用人单位确立劳动关系，明确双方权利和义务的协议。

如何理解劳动合同概念呢？关键在于对"劳动关系"的理解，劳动关系是指劳动者与劳动力使用者为实现生产过程所结成的社会经济关系。人力资源与生产资料要进行动态的结合，客观上要求两个不同的社会阶层之间会产生不同于一般民事关系的社会关系，即劳动关系是人力资源的所有者与人力资源的使用者，也就是生产资料的所有者，在实现劳动过程中而发生的具有人身依附性质的社会关系。

劳动关系经法律具体规范调整，便会产生劳动法律关系。那么，劳动法律关系如何产生、如何订立和变更以及解除，便成为劳动合同法的重要任务。

2. 劳动合同的内容

劳动合同的内容区别于其他民事合同的内容，这也是劳动合同法的立法的价值所在，通过具体制定劳动合同内容的有关规范，来实现劳动者利益保护这样的立法目的。劳动合同的内容是劳动法有关劳动者和用人单位的权利和义务的具体体现，通过具体规定劳动合同内容，体现国家的意志，在劳动者和用人单位的合法利益之间找到一个平衡点。否则，没有必要专门制定劳动合同法，直接适用民法或者合同法就可以了。所以，本节对组织中经常出现纠纷的劳动合同内容进行重点讨论。

1）试用期条款

劳动合同中试用期的含义是指包括在劳动合同期限以内的，劳动关系处于非正式状态，用人单位对劳动者是否合格进行考核，劳动者对用人单位是否适合自己要求进行了解的期限。《劳动法》规定，劳动合同可以预定试用期，但最长不得超过 6 个月。试用期条款是有利于劳动合同双方当事人对彼此进行了解，对真正确立劳动合同关系有很重要意义。

很多企业管理者认为，对试用期员工的工作一旦不满意可以随意开除，这种管理思想是不正确的，在实践中会导致潜在的管理风险。根据《劳动合同法》的规定，试用期员工和正式员工在薪酬待遇上和劳动补偿两个方面有一定的差异。按照《劳动合同法》规定，试用期员工的工资不得低于相同岗位最低档或劳动合同约定工资的 80%，并不得低于当地最低工资标准；当试用期员工在试用期被证明不符合录用条件，企业可以解除劳动关系并且无须支付任何经济补偿。而正式员工通过了试用期，企业如果单方面提出解除劳动关系必须给予补偿。除了上述两个特殊性之外，试用期内的劳动关系没有其他明显的特点，试用期的员工应该与其他员工一样享有同样的劳动保护和劳动条件等。

新员工试用期工资案

小张是本科应届的大学毕业生，毕业后应聘到广州某工厂工作，双方签订了为期 3 年的固定期限劳动合同，并约定了 6 个月的试用期。劳动合同中约定小张试用期满，其转正工资为 5 000 元，但在试用期的工资为 2 200 元。就此，小张多次与工厂人力资源管理部沟通，得到的答复是，我们厂以前都是这么做的，并且对小张说，只要你努力工作，三个月后工资自然就会上升 5 000 元。小张不服，向当地劳动仲裁部门提出申诉，要求工厂给自己试用期的待遇至少 4 000 元。当地仲裁部门支持这个申诉，要求工厂补足差额。

评析：

该案例非常典型，特别是中小企业中并不少见，很多用人单位考虑大学应届毕业生新入职员工工作能力有限并且流动率比较高，不太愿意在试用期内付出较高的工作待遇。事实上，企业这种降低试用期员工工资的这个做法存在一定的法律风险，用人单位可能不仅仅需要补足差额，如果劳动行政部门责令支付差额而逾期未支付的，还要支付赔偿金。

(1)《劳动合同法》第 20 条规定，劳动者在试用期的工资不得低于本单位相同岗位最低档案工资和劳动合同约定工资的 80%，并不得低于用人单位所在地的最低工资标准。

(2)《劳动合同法》第 85 条第 1 项规定，未按照劳动合同的约定或者国家规定及时足额支付劳动者劳动报酬的，由劳动行政部门责令限期支持，逾期不支付的，责令用人单位按照应付金额 50% 以上和 100% 以下的标准向劳动者加付赔偿金。该规定也适用于用人单位降低使用期工资的情形。

(3)《劳动合同法实施条例》第 15 条进一步明确规定，劳动者在试用期的工资不得低于本单位相同岗位最低档工资的 80% 或者不得低于劳动合同约定工资的 80%，并不得低于用人单位所在地的最低工资标准。

（资料来源：根据相关资料整理）

2) 竞业禁止条款

竞业禁止是指按照劳动合同约定或者用人单位规定，掌握商业秘密的劳动者在终止或者解除劳动合同后的一定时期内，不得从事与用人单位相同或类似业务的竞争性行为。分为在职员工的竞业禁止和离职员工的竞业禁止。我国劳动法主要是指离职员工的竞业禁止。

劳动关系具有特定的人身属性，由劳动者对用人单位忠诚义务 (在英国法上被法院视作劳动合同的默示义务) 演化出劳动合同的保密义务，并进而扩展为竞业限制或竞业禁止。竞业禁止条款蕴含了用人单位的财产权益和劳动者的劳动权利两者的矛盾，成为一个必须依据法律来调整的问题。

劳动合同竞业禁止制度的确立，其主要目标或者价值是在劳动者与用人单位的利益之间找到一个平衡点，但是，劳动合同法不同于一般的民事合同，不能完全按照合同意思自治的原则来约定此条款。因为竞业禁止涉及劳动者生存权，为了保护劳动者的利益，应当对竞业禁止条款在法律上要进行有效的限制。

《劳动合同法》第 23 条规定，用人单位与劳动者可以在劳动合同中约定保守用人单位的商业秘密和与知识产权相关的事项。对负有保密义务的劳动者，用人单位可以在劳动合同或者保密协议中与劳动者约定竞业限制条款，并约定在解除或者终止劳动合同后，在竞业限制期限内按月给予劳动者经济补偿。劳动者违反竞业限制约定的，应当按照约定向用人单位支付违约金。

此规定只是在一个方面对竞业禁止做了限制，在以上论及的其他方面也应当做出规定，以更好地保护劳动者的利益。

同时，《劳动合同法》第 24 条规定，竞业限制的人员限于用人单位的高级管理人员、高级技术人员和其他知悉用人单位商业秘密的人员。竞业限制的范围、地域、期限由用人单位与劳动者约定，竞业限制的约定不得违反法律、法规的规定。竞业限制的实施客观上限制了劳动者的就业权，进而影响了劳动者的生存权，故其存在仅能以协议的方式确立。比如，竞业限制的范围、地域、期限由用人单位与劳动者约定。尽管用人单位因此支付一定的代价，但一般而言，该代价不能完全弥补劳动者因就业限制而遭受的损失。

3) 违约金条款

违约金，亦称违约罚款，是指合同当事人约定在一方不履行合同时向另一方支付一定数额的货币。这种民事责任形式只有在合同当事人有约定或法律有直接规定时才能适用，当事人一方不能自行规定所谓违约金。违约金可分为赔偿性违约金和惩罚性违约金。

在现实生活中，很多用人单位滥设违约金，导致劳动者的劳动所得还不足以支付违约金,严重侵犯了劳动者的权益。用人单位动辄在劳动合同中对劳动者约定高额违约金,以此"圈"住劳动者,而不是通过适当的待遇和和谐的劳动关系留住劳动者。作为劳动合同内容的违约金条款,应当有别于一般的民事合同的违约金条款,即要针对劳动者因违约而承担的支付违约金的责任进行限制。最常见的是,就劳动合同期限的履行约定违约金。因此,《劳动合同法》第25条规定:"除本法第22条和第23条规定的情形外,用人单位不得与劳动者约定由劳动者承担的违约金。"

4) 劳动合同期限

劳动合同期限是指合同的有效时间,它一般始于合同的生效之日,终于合同的终止之时。任何劳动过程,都是在一定的时间和空间中进行的。在现代化社会中,劳动时间被认为是衡量劳动效率和成果的一把尺子。劳动合同期限由用人单位和劳动者协商确定,是劳动合同的一项重要内容,有着十分重要的作用。

劳动合同期限是劳动合同存在的前提条件,是实现劳动合同内容的保证。劳动合同是以实现劳动过程为目的,而劳动过程又是一个相当复杂的过程,如果劳动合同没有期限,这个过程就难以确定,生产或工作任务的完成就无法保证,合同也就失去了存在的真正意义。

根据《劳动合同法》第12条的规定:"劳动合同分为固定期限劳动合同、无固定期限劳动合同和以完成一定工作任务为期限的劳动合同。"固定期限劳动合同,是指用人单位与劳动者约定合同终止时间的劳动合同,用人单位与劳动者协商一致,可以订立固定期限劳动合同;无固定期限劳动合同,是指用人单位与劳动者约定无确定终止时间的劳动合同,用人单位与劳动者协商一致,可以订立无固定期限劳动合同。有下列情形之一,劳动者提出或者同意续订、订立劳动合同的,除劳动者提出订立固定期限劳动合同外,应当订立无固定期限劳动合同;以完成一定工作任务为期限的劳动合同,是指用人单位与劳动者约定以某项工作的完成为合同期限的劳动合同,用人单位与劳动者协商一致,可以订立以完成一定工作任务为期限的劳动合同。

3. 劳动合同的订立

我国《劳动合同法》第16条规定用人单位与劳动者应采用的劳动合同订立的形式是:"劳动合同由用人单位与劳动者协商一致,并经用人单位与劳动者在劳动合同文本上签字或者盖章生效。劳动合同文本应当由用人单位和劳动者各执一份。"因为采用书面形式订立具有严肃、慎重、明确、有据的特点,虽然当事人采用口头形式订立劳动合同具有灵活、简便的特点,但不便于履行和监督、检查,发生劳动争议后,由于没有书面凭据,易使争议难于处理。因此,我国在立法上采用了强制性法律规范的手段,要求劳动合同必须是书面形式。

根据《劳动法》的规定,订立劳动合同应遵循平等、自愿、协商一致以及合法原则。

1) 当事人的主体资格

(1) 用人单位的主体资格。用人单位劳动合同主体,可以有多种分类,如根据其职能可分为企业、事业、机关、团体等;根据不同所有制形式分,可以分为全民所有制企事业单位、集体所有制企事业单位、私营企业和三资企业等。我们这里主要是对企业单位的劳动合同主体进行说明。

用人单位作为劳动合同的一方当事人,应该是享有招工权的用人单位,即具有法人资格或能够独立承担民事责任的单位和个人。否则,就不能成为与劳动者订立劳动合同的主体。

(2) 劳动者的主体资格。自然人要成为适合的劳动者,具备签订劳动合同的主体资格,应当满足以下条件:第一,年龄条件。我国《劳动法》规定,公民的最低就业年龄是16周岁。第二,文化条件。公民应当完成国家义务教育,方能就业。第三,有劳动能力。因为劳动能力是存在于劳动者的肌体内的,释放劳动能力也只能由劳动者亲自进行,因此要求劳动者必须具有劳动能力。第四,行为自由。有劳动能力的公民,还需要具有行为自由,才能以自己的行为去参加劳动。

2) 劳动合同的生效

劳动合同的生效,是指具备有效要件的劳动合同按其意思表示的内容产生了法律效力,此时这份劳动合同的内容才对签约双方具有法律约束力。劳动合同的成立,是指用人单位与劳动者达成协议而建立劳动合同关系。双方在劳动合同上签字或者盖章即代表劳动合同成立,但是劳动合同的成立并不代表着合同生效。如果双方当事人根据特定的需要,在劳动合同中对生效的期限或者条件作出特别约定的,那么当事人约定的期限或条件一旦成立,劳动合同即生效。

由于相当一部分劳动者和用人单位对于如何签订劳动合同,劳动合同中应具有哪些内容缺少必要的知识和经验,随意签订劳动合同,而合同的内容不规范、不完善,从而带来一系列的问题,影响劳动关系的和谐稳定,因此,《劳动合同法》第17条规定了劳动合同的必备条款和可备条款,使劳动合同能够明确、全面、具体,更好地规范双方的权利义务。

4. 劳动合同的解除

劳动合同的解除是指劳动合同的当事人依法提前终止劳动合同的法律效力的约定或者法定行为。劳动合同的解除是双方当事人的解除合同的意思表示或者单方当事人解除合同的意思表示的结果。双方当事人意思表示一致解除劳动合同,法律一般不予干预,但是解除要符合民事法律行为的生效条件,即内容、形式和程序要合法。否则,解除本身无效。按照合同法基本理论,合同解除是合同终止的情形之一。

对劳动者来说,劳动合同的单方解除权是劳动者与用人单位进行对抗的、有效的但又是比较无奈的手段,对劳动合同的内容或者劳动条件待遇的谈判,劳动者一般总是处于弱势。从某种意义上说,劳动者的劳动合同单方解除权是比较有效的自我救济手段。对用人单位来说,单方合同解除权不能任意行使,劳动法律法规要对其进行限制,要规定一定的限制性条件,对用人单位劳动合同单方解除权的限制体现了劳动法保护劳动者利益的宗旨。实务中,大量的劳动纠纷和劳动争议也是由于用人单位滥用单方合同解除权而产生。所以,对用人单位单方解除权的限制是劳动合同与一般民事合同在合同解除权方面最大的区别。

劳动合同的解除权不同于劳动合同的无效或者撤销,劳动合同解除权属于法律对劳动合同双方当事人的授权，依照法定的条件提前终止劳动合同的授权，只要双方当事人的意思表示真实，不违反法律法规的强制性规定，解除受到保护。劳动合同的撤销是法律把决定合同是否有效的权利交给当事人，由当事人自己决定意思表示出现瑕疵，而且只对当事人自己的利益产生影响的劳动合同是否有效。无效的劳动合同则由于严重地违反了法律法规或者社会公序良俗，自始不产生效力。

5. 劳动合同的变更

劳动合同的变更是指劳动合同依法订立后，在合同尚未履行或者尚未履行完毕之前，经用人单位和劳动者双方当事人协商同意，对劳动合同内容作部分修改、补充或者删减的法律行为。劳动合同的变更是原劳动合同的派生，是双方已存在的劳动权利义务关系的发展。根据《劳动合同法》16条和第3项的规定，劳动合同由用人单位与劳动者协调一致，并经用人单位与劳动者在劳动合同文本上签字或者盖章生效。因此，劳动合同一经依法订立，即具有法律约束力，受法律保护，双方当事人应当严格履行，任何一方不得随意变更劳动合同约定的内容。但是，当事人在订立合同时，有时不可能对涉及合同的所有问题都做出明确的规定；合同订立后，在履行劳动合同的过程中，由于社会生活和市场条件的不断变化，订立劳动合同所依据的客观情况发生变化，使得劳动合同难于履行或者难于全面履行，或者使合同的履行可能造成当事人之间权利义务的不平衡，这就需要用人单位和劳动者双方对劳动合同的部分内容进行适当的调整。否则，在劳动合同与实际情况相脱节的情况下，若继续履行，由可能会对当事人的正当利益造成损害。因此《劳动合同法》中规定：允许当事人在一定条件下可以变更劳动合同。双方当事人可以依据有关法律法规的规定，经协商一致，就劳动合同的部分条款进行修改、补充或者删减，通过对双方权利义务关系重新进行调整和规定，使劳动合同适应变化发展了的新情况，从而保证劳动合同的继续履行。劳动合同的变更是在原合同的基础上对原劳动合同内容作部分修改、补充或者删减，而不是签订新的劳动合同。原劳动合同未变更的部分仍然有效，变更后的内容就取代了原合同的相关内容，新达成的变更协议条款与原合同中其他条款具有同等法律效力，对双方当事人都有约束力。

变更劳动合同，应注意以下问题。

(1) 必须在劳动合同依法订立之后，在合同没有履行或者尚未履行完毕之前的有效时间内进行。

(2) 必须坚持平等自愿、协商一致的原则，即劳动合同的变更必须经用人单位和劳动者双方当事人的同意。劳动合同允许变更，但不允许单方变更，任何单方变更劳动合同的行为都是无效的。

(3) 必须合法，不得违反法律、法规的强制性规定。劳动合同变更也并非是任意的，用人单位和劳动者约定的变更内容必须符合国家法律、法规的相关规定。

(4) 变更劳动必须采用书面形式。劳动合同双方当事人经协商后对劳动合同中的约定内容的变更达成一致意见时，必须达成变更劳动合同的书面协议，任何口头形式达成的变更协议都是无效的。

(5) 劳动合同的变更也要及时进行。提出变更劳动合同的主体可以是用人单位，也可以是劳动者。无论是哪一方要求变更劳动合同的，都应当及时向对方提出变更劳动合同的要求，说明变更劳动合同的理由、内容和条件等。如果应该变更的劳动合同内容没有及时变更，由于原订条款继续有效，往往使劳动合同不适应变化的新情况，从而引起不必要的争议。当事人一方得知对方变更劳动合同的要求后，应在对方规定的合理期限内及时作出答复，不得对对方的提出的变更劳动合同的要求置之不理。

阅读案例

解除聘用合同是否应支付违约金和培训费案

12.3.3 三方协商

协调劳动关系三方机制是在18世纪末，资本主义发展高潮时期提出来的，在国际性文件中，有的叫三方性，有的叫三方原则或者三方协商。三方协商是政府与雇主组织和劳动组织(工会)三方就劳资关系领域中的有关问题进行协商对话，消除误解，弱化有争议的问题，增加达成协议的机会，取得共同协调社会经济发展的成果。

1. 三方协商的内容

三方协商的内容非常广泛，几乎所有为三方关注的问题都包括其中。但三方协商的重点应当是与劳动关系有关的问题。一般来说，三方协商的主要内容包括：①劳动就业；②劳动报酬；③劳动安全卫生；④工作时间和休息时间；⑤社会保险；⑥职业培训；⑦集体合同和劳动合同问题；⑧职工民主管理；⑨劳动争议处理。

2. 三方协商的类型

(1) 从协调问题的内容来看可分为两类：①普通的社会经济问题协调，如重要的劳动立法和社会经济政策等；②特殊劳动关系问题协商，如职工安全与卫生、职业培训等。

(2) 从协调的形式看也是可以分为两类：①政府在制定劳动法规和政策时，把雇主组织和工人组织吸收过来，征求他们的意见；②适当时候听取雇主组织和工人组织对于社会政策和经济政策的意见。

(3) 从协调范围看，包括两类：①企业内部的协调，即当事人双方之间协调，也就是企业内部的职工代表工会和企业的领导者或者雇主代表进行协调，共同协调企业发展的大事。协调的内容主要包括：建立平等协调和集体合同制度；深化民主管理和民主参与的制度；建立和完善劳动争议协调的机制。就本质来说这种协调是雇主方和雇员进行协调。②政府、工会、协会三方的协调。这类协调较为宏观，包括搞好劳动立法、建制立制和相关政策的制定工作，以及有关协调的认定工作；做好劳动争议的仲裁工作；做好劳动法的执行和监督工作。

3. 三方协商的职能和原则

1) 三方协商的主要职能

三方协商的主要职能概括起来就是：磋商咨询、谈判和协调仲裁。

(1) 磋商咨询。三方约坐在一起就政治生活、经济生活和劳动关系的大事进行磋商和咨询，雇主组织和工人组织要了解和掌握国家的方针、政策。

(2) 谈判。三方平等地在一起协调谈判。谈判过程中各方要有所让步，形成协议，从而达到三方同心协力建设国家的目的。

(3) 协调的仲裁。对客观存在着的劳动关系矛盾进行协调，对劳动争议进行仲裁。

2) 三方协商的原则

(1) 合法原则。即三方协商的内容、程序和达成的协议不得违反国际法律规定。

(2) 三方参与的原则。三方都要自愿参与，都要成为各自独立的主体参加进来。

(3) 平等协调的原则。三方是平等的主体，不得有任何歧视和将自己的意愿强加于另一方或另外二方的行为。

(4) 合作的原则。通过协商，使三方在社会经济和劳动政策上形成共识和一致立场，实现共赢。

(5) 三方利益兼顾原则。在三方协商过程中，要兼顾国家、企业和劳动者利益，正确处理劳动者眼前利益和长远利益。

(6) 维护稳定的原则。在协调过程中，任何一方都不得采取过激行为。

4. 三方协商机构和运作机制

1) 三方协商机构

国外许多国家设有三方协商机构，如法国设立了有三方代表参加的经济和社会理事会、计划经济委员会；印度有政府定期召开的三方协商劳动大会；新加坡有三方组成的国家工资委员会等。西方国家的三方协商机构有三种类型。

(1) 常设机构。如法国的经济和社会理事协会、荷兰的社会和经济理事会、挪威的协调委员会等。

(2) 临时机构。有些西方国家没有设立永久性的三方协商机构，但通过举行三方会议来实现三方的协商。例如在对某一项立法或政策进行修改时或制定一项新的立法与政策时，或对某一具体的谈判问题需要三方的共同意见时，就会组成诸如生产委员会、工资委员会等三方机构召开定期会议，使劳资各方充分发表意见，并形成一致的意见，向集体谈判的劳资双方提供参考。

(3) 专门机构。如协调委员会、劳工法院或劳动关系委员会等。

2) 三方协商机制的运行条件

三方协商机制的运行除了建立机构外还需要以下的条件。

(1) 雇主组织和工人组织有较强的相互合作的意愿。

(2) 雇主组织和工人组织有代表各自团体自由发表意见的权力。

(3) 政府有与其他两方分享决策权的意愿。

(4) 各方对于三方的原则能准确理解并达成共识。

12.3.4 劳动争议处理制度

1. 劳动争议的含义

劳动争议同其他社会现象一样，是历史范畴和现实范畴的统一，它是伴随着大工业的兴起和产业革命后劳资冲突日益加剧后逐步形成的。近几年来,随着工业化、城镇化和经济结构调整进程的加快,企业制度改革不断深化,企业形式和劳动关系日趋多样化,劳动用工制度发生深刻变革。

劳动争议,也称"劳动纠纷""劳资争议",是指用人单位和劳动者在执行劳动方面的法律、法规和劳动合同、集体合同的过程中,就劳动的权利义务发生分歧而引起的争议。劳动争议不同于民事争议,用人单位和劳动者双方存在管理和被管理关系,双方并不是处于平等主体的地位。

劳动争议的特点包括:①劳动争议的主体是劳动关系双方,即发生在用人单位和劳动者之间,二者之间形成了劳动关系,因而所发生的争议称为劳动争议;②劳动争议必须是因为执行劳动法律、法规或者订立、履行、变更、解除和终止劳动合同而引起的争议。有的争议虽然发生在用人单位和劳动者之间,但争议的内容不涉及劳动合同和其他执行劳动方面的法律、法规问题,如劳动者一方因为与用人单位发生买卖合同方面的纠纷,属于民事争议,不是劳动争议。

2. 劳动争议处理机制的含义

劳动争议处理机制是指根据劳动法律法规构建起来的,由劳动争议处理机构和调解、仲裁、诉讼等劳动争议处理方式按照各自地位和相互关系组成的各种劳动争议处理程序制度组成的有机整体。我国目前的劳动争议处理制度主要有劳动争议调解制度、劳动争议仲裁制度和劳动争议诉讼制度。

3. 我国劳动争议处理机制现状及存在的问题

1) 我国劳动争议的处理机制现状

我国现行审理劳动争议案件的程序为"一调一裁两审"制,处理劳动争议的机构有劳动争议调节委员会、劳动争议仲裁委员会和人民法院三种。依《劳动法》第十九条和《企业劳动争议处理条例》第六条以及最高人民法院的有关司法解释和劳动和社会保障部的相关解释,劳动争议发生后,当事人可以向本单位劳动争议调解委员会申请调解,调解不成的可以向劳动争议仲裁委员会申请仲裁;也可直接申请仲裁;对仲裁裁决不服的可以向人民法院提起诉讼;未经劳动仲裁的案件,人民法院不予受理。

2) 我国劳动争议的处理机制存在的问题

(1) 劳动争议协商不对等。《劳动争议调解仲裁法》第四条规定:发生劳动争议,劳动者可以与用人单位协商,也可以请工会或者第三方共同与用人单位协商,达成和解协议。但是,至于如何协商以及如何推动用人单位内部劳动争议预防,缺少法律规制和操作规范。由于用人单位内部缺少疏导、化解劳动者不满情绪的制度,信息不对称,内部协商形同虚设,劳动者诉求渠道不畅通,一旦发生劳动争议即造成双方的紧张对立,和谐稳定的劳动关系受到威胁。在协商中,企业工会组织往往更多地从企业利益出发,没有发挥代表和维护劳动者利益的作用,劳动者常常是单兵作战,由于力量过分悬殊,劳动者一般承受了不对等的协商结果。

(2) 劳动争议调解局限性大,缺乏与约束力。《劳动争议调解仲裁法》第十条规定了当事人可以选择申请调解的三类调解组织。但是,由于其设立与否没有强制性的规定、层级低、缺乏独立性、受地域所限等原因，在化解劳动争议中的作用有限。《劳动争议调解仲裁法》规定的各种调解组织中，各省市县总工会组织集体缺位，不能发挥工会在劳动争议调解职能中的应有作用。同时，忽视了行政调解的重要性，没有将劳动行政部门纳入劳动争议调解组织的范畴。劳动行政部门除依法处理劳动者的投诉外，缺乏其他角色的扮演。另外，调解协议缺乏应有的约束力。《劳动争议调解仲裁法》第十四条规定履行相应程序后的调解协议书对双方当事人具有约束力，当事人应当履行。而该法第十五条规定，达成调解协议后，一方当事人在协议约定期限内不履行调解协议的，另一方当事人可以依法申请仲裁。显然，只要一方申请仲裁，调解协议书就成为一纸空文，缺乏对当事人的约束。用人单位申请劳动仲裁，第十六条规定劳动者向人民法院申请支付令的规定则仅具象征意义。

(3) 劳动争议仲裁限制过多，难以发挥其优势。劳动仲裁是劳动争议处理的核心程序，《劳动争议调解仲裁法》的规定在许多方面有所创新和突破，但是劳动争议仲裁有三个问题仍然值得关注：一裁终局案件的范围过窄；一裁终局案件两种司法救济途径之间存在冲突；法院审理劳动争议案件不以仲裁裁决为基础，仲裁程序和诉讼程序脱节。

12.3.5 集体谈判

1. 集体谈判的含义、特征及功能

1) 集体谈判的含义

集体谈判是指雇主方和雇员代表借助谈判，旨在达成覆盖某一雇员群体的协议，以决定就业条件与待遇，协调劳动关系的一种方法。在集体谈判过程中，通过劳资双方的积极协商，立足于双方所存在的共同利益和矛盾，以达到劳资双方和谐相处，共同发展的目标。

我国《集体合同规定》将集体谈判称为"集体协商"，并将其定义为企业工会或职工代表与相应的企业代表为签订集体合同进行商谈的行为。

在劳动力市场上，由于资方天然的掌握着社会中的生产资料，同劳动者相比处于优势的地位。在此情形下，劳动者常常是以单个个体的身份出现，尤其是在于雇主谈判的过程中更是处于劣势。为此，建立更多劳动者共同的谈判组织来与强大的资方相抗衡，则是实现劳资双方关系稳定的一种新路径。劳动者通过联合建立起劳动者的团体组织，在劳动用工之前的劳动协议签订之时以及劳动过程中劳动者权益的保护都发挥了积极的作用，以此有效克服劳资双方过分悬殊的优势地位关系。

2) 集体谈判的特征

集体谈判制度作为法律谈判体系中的一种，除具备法律谈判的特征之外，还具有处理具体劳资关系的功能性特征。在集体谈判的形成过程中，逐步形成了以下特征。

(1) 集体谈判是法律地位平等的双方所进行的谈判对抗机制。集体谈判首先作为法律谈判机制中的一种，具有法律谈判的对抗性特征，而具体到集体谈判过程中，又具备协调劳资双方关系的功能性特征。虽然在集体谈判中,劳资双方因占有资源不同而形成不同的优势位置,但其法律地位仍然是平等的,唯有双方在平等的法律环境中才能形成平衡的利益机制。

(2) 集体谈判是既有共同利益但又有利益冲突的双方所进行的利益协商与沟通。在集体谈判的过程中,双方的谈判是建立在共同利益的基础之上的,即增加效益,提高生产,以使双方获得更大的利益,但同时谈判的双方博弈的焦点也在于自身的利益。寻求双方的利益共同点,获得彼此利益最大化是集体谈判的核心目的。

(3) 集体谈判涉及不同的谈判级别和谈判结构。集体谈判中,谈判双方既可以是一对一的谈判,又可以是劳动者团体组织与雇主的谈判。在签订集体合同的过程中,因谈判的方式和组织形式不同而在产生劳动协议的过程和持续的时间不同。

3) 集体谈判的功能

集体谈判有着多种不同的功能(作用)。

(1) 经济决策功能。集体谈判可以决定在何种具体待遇与条件之下,现有的雇员将继续向一家企业、工厂供给劳动力,而新的工人也将按照这种条件与待遇向这家企业提供他们的劳动力。集体谈判的中心内容与其说是与程序问题和权力的分配问题有关,倒不如说是与实体问题和资金的分配问题有关。

(2) 管理功能。集体谈判可以被看成是谈判双方的相互依赖以及对对方行为的否决的一种政治过程。以政治眼光看来,可以把集体谈判机制看成是一种延续的"政治制度",集体协议则是由劳资谈判双方作为立法者所制定出来的一部实体法律,该法律的执行权属于宪法必须执行该法的资方。

(3) 决策功能。集体谈判体现出了公平与民主,在这一机制中,工人阶级可以通过他们的工会代表,参与到指导和规范他们工作生活的政策的制定过程中。集体协议是一套已经达成的正式的决定备忘录,限制了资方单独行动的自由。同时,集体谈判还暗示权利的行使需要得到双方的同意,另一方面又明确了在哪些领域的问题应当由劳资双方共同决定。集体谈判的上述三大功能并不是相互排斥的,它们统一在集体谈判以及集体协议之中。

2. 集体谈判的程序

所谓集体谈判的程序,一般是指集体谈判所要经过的过程和步骤,实际上是谈判双方当事人在各自阶段包括从准备阶段到正面交锋直到集体合同签订阶段所进行的各项工作和努力的总称。

1) 谈判前的准备阶段

谈判准备是指谈判当事人为举行集体谈判各自进行的各项具体准备工作。一般来说,包括以下几个方面。

(1) 拟定谈判方案。就是要根据近期的经济形势和企业经营状况,双方当事人各自拟定内容包括谈判的基本原则、最低目标和主要谈判策略等在内的谈判方案,以便自己一方在谈判中做到有的放矢。这里需要说明的是:企业管理者还有义务向工会方面提供企业准确的有关信息和数据,以作为双方谈判方案和进行具体谈判的客观依据和共同基础。

(2) 组建谈判组织。即在没有谈判常设机构的情况下，双方当事人都要临时成立自己的谈判机构，具体确定自己一方的谈判人员及其首席代表。

(3) 约定谈判日期和地点。这是由双方当事人协商而定的。

(4) 上报政府有关部门或主管机构。即要将预定的谈判主体、谈判日期和谈判地点以及谈判的双方当事人代表等上报政府或劳动部门。

2) 谈判过程阶段

谈判过程就是指具体的谈判实施和进展。一般来说，在谈判过程中会出现下面几种情形。

(1) 谈判双方相互谅解和妥协，谈判很快达成协议。

(2) 就有关问题互不相让，谈判陷入僵局，但经调解后可以达成协议。

(3) 谈判陷入僵局后，经调解无效，导致谈判破裂甚至引起工人罢工或雇主关闭工厂事件，这时就需要采取仲裁或法律诉讼的方法加以解决，或由政府出面促成谈判继续举行，直到最终达成协议。

3) 签订集体协议阶段

劳资双方经过谈判之后，会达成集体协议，进入了签订集体协议阶段。在签订协议阶段，劳资双方的工作分为两步进行。

(1) 谈判的协议在各自的组织内批准。雇主方对协议的批准有两种类型：①是由企业雇主代表或雇主本人订立的企业一级的集体协议，通常需要得到企业雇主或企业上级公司最高领导人的批准。②是雇主组织出面订立的产业一级或行业一级的集体协议。

工会内对协议的批准大致有三种类型：①在实行集中的工会体制国家，如瑞典、比利时、奥地利等只需由全国性工会联合会或产业与行业性联合会批准协议，协议很少由工会会员表决投票批准。②在实行分散的工会体制的国家，如加拿大、日本和美国，集体协议大多要经过会员投票表决批准。③处于上述两种情况之间的国家，如英国、法国、德国和意大利，同时使用两种不同的方法，有些协议交由全体会员投票表决批准，有些协议不必经过全体会员投票表决批准。

(2) 当协议得到批准后，双方代表在集体协议上签字后，集体协议便正式生效。

3. 政府在谈判中的作用

1) 制定劳动法律和基本国策

制定劳动法律和一些基本国策，以规范和影响集体谈判。政府这样做的目的是保持社会稳定，为工会行使集体谈判提供法律保护，为集体协议的实施提供法律依据。从总体上看，西方国家均有相关集体谈判和集体协议的劳动立法及相关的政策，使集体谈判乃至整个劳动关系均在政府的监控之下，不至于使劳资双方脱离监管而造成失控的行为。在集体谈判做得比较成功的国家，政府有关集体谈判的立法和政策的制定就少一些，或只做一些原则性的规定，例如瑞典就是其中的代表。而在企业谈判为主的国家，如美国、加拿大和日本，政府对集体谈判的立法和政策就规定得具体一些。

2) 对集体谈判内容的干预

政府对集体谈判内容的干预表现为间接干预和直接干预。间接干预是指政府对某些劳动问题作出规定，劳资双方在谈判过程中不得对此进行修改。例如法国的工时、休假雇佣、解雇、职业分类、社会福利、最低工资等均由政府以政策或法律形式作出规定。直接干预的典型是美国，政府在指导和规范集体谈判方面发挥着重要作用。美国劳工关系局和法院将谈判的内容分为三类：一是强制性内容；二是非强制性内容；三是不合法的内容。

3) 对集体协议实施的干预

政府在集体协议的实施中也起着重要的保障作用。政府在这方面的干预主要体现在劳资双方对协议的履行或解释中出现的分歧时，政府会采取如下的措施。

(1) 向劳资双方提供一个中立的调解方案。

(2) 通过劳动争议机构或国家法院加以解决，但一般来讲，法院不得对集体协议中的具体条款的争议做出裁决，其解释权仍在劳资双方，政府鼓励他们坐下来对某个有争议的条款的解释重新谈判。

4) 对集体谈判进行客观指导

通过对国家经济形势的预测，对集体谈判进行客观指导。西方各国的集体谈判与本国经济发展有着必然联系。当经济形势好转时，工会提高工资的要求一般会得到满足，但不断的提高工资可能会导致通货膨胀，因而有些国家就对某个时期的工资指数加以限制，或制定工资增长指导线来影响工资谈判。虽然政府对劳资双方并不强求执行它制定的工资增长指导线，但对劳资双方在进行集体谈判时多会加以考虑。此外，政府还会在经济发展不稳定的形势下，采取冻结工资或限制福利津贴的政策来约束集体谈判。

5) 建立三方性协调机构

建立三方性协调机构，协调劳资双方在集体谈判中所出现的问题。

阅读小材料

中华人民共和国劳动合同法

《中华人民共和国劳动合同法》是在2007年6月29日第十届全国人民代表大会常务委员会第二十八次会议通过并由中华人民共和国主席令发布的关于劳动合同的法律条文。《中华人民共和国劳动合同法》(后文称《劳动合同法》) 自2008年1月1日起施行。新劳动法共分8章98条，包括：总则、劳动合同的订立、劳动合同的履行和变更、劳动合同的解除和终止、特别规定、监督检查、法律责任和附则。

《劳动合同法》是规范劳动关系的一部重要法律，在中国特色社会主义法律体系中属于社会法。劳动合同在明确劳动合同双方当事人的权利和义务的前提下，重在对劳动者合法权益的保护，被誉为劳动者的"保护伞"，为构建与发展和谐稳定的劳动关系提供法律保障。作为我国劳动保障法制建设进程中的一个重要里程碑，《劳动合同法》的颁布实施有着深远的意义。这部重要法律在制定过程中经过广泛听取、认真吸收社会各方面的意见，合理地规范了劳动关系，是民主立法、科学立法的又一典范，为构建与发展和谐稳定的劳动关系提供了法律保障，必将对我国经济社会生活产生深远影响。

12.4　中国劳动关系发展趋势

中国劳动关系的发展趋势是以劳动法律法规为依据，以劳动关系双方自主协调为基础，以实行劳动合同制度和集体合同制度为基本形式，以政府劳动保障行政部门、工会组织、企业组织三方协商为方向，以建立劳动关系宏观预警系统和完善劳动争议处理制度为保障，实现劳动关系调整机制的规范、法制化。特别是在金融危机的冲击下，中国劳动关系的发展趋势表现为以下几个方面。

12.4.1　新法背景下构建和谐的劳动关系

(1) 建立"以人为本"的企业文化，实现企业内部和谐。为使劳资双方的关系能够为使劳资双方的关系能更加和谐，用人单位除了自觉遵守法律、按规定履行劳动合同。在用人单位条件允许的情况下，应充分考虑并照顾劳动者的各种合理需求。有利于加强劳动者对用人单位的归属感，依赖感和信任感。只有树立"以人为本"的企业文化。保持和谐的劳动关系，才能真正激发劳动者的积极性，寻找到为企业创造利益的原动力。

(2) 工会组织建设和集体协商谈判制度的加强，劳动关系主体的自我约束、自我调整机制的逐步强化。中国劳动关系中出现的问题，不仅发生在市场交换过程中，而且大量发生在企业内部。解决这些问题，除依靠法律调整和仲裁以外，还必须在微观上建立起科学、合理的劳动关系协调机制。建立和推行工会代表职工与企业经营者进行协商谈判的制度，充分发挥工会在协调企业内部关系、处理劳动争议、维护职工合法权益方面的重要作用。在外商投资企业、私营企业和股份制企业积极推行集体协商制度，在建立现代企业制度的国有企业健全集体合同制度，重点完善内部民主协商的形式和程序，加大职工参与民主决策和民主管理的力度，进一步发挥工会、职代会的作用。

(3) 完善企业规章制度，提高劳动者个人素质。企业应完善规章制度，减少规章制度不完善或者不明确而产生的劳动争议。确保工资按时足额发放，规范企业用工管理，有利于促进劳动关系双方依法履行约定的权利和义务。劳动者应不断提高自身素质，并正确处理与企业的关系。

12.4.2　金融危机下劳动关系的调整

1. 政府在劳动关系中的作用充分发挥

根据中国人民大学人口与发展研究中心的测算，从供给和需求两方面的分析可以判断，我国劳动力市场供大于需的矛盾在短期内还无法改变。为缓解劳动力市场的供求矛盾，需要充分发挥政府在协调劳动关系中的积极作用。在当前严峻的就业形势下，仍然需要强调政府责任的重要性。比如可以通过政府引导的"产业西移"，起到推动沿海经济升级、促进西部经济崛起和缓解就业压力的三重效果；可以通过政府采取财政、税收和补贴等经济手段以保持大多数中小企业的生存和发展，来达到保护就业岗位的目的。

2. 灵活就业方式在就业中的地位提升

《劳动合同法》的实施在促进劳动者就业稳定方面的确发挥了重要作用。但不可否认，在金融危机的特殊时期，《劳动合同法》对能够大量促进就业的灵活就业方式形成了一定程度的制约。目前，我国就业的压力仍然存在，为缓解严峻就业压力，是否可以在坚持《劳动合同法》的同时考虑扩大《劳动合同法》的豁免范围。比如，可以考虑对微型企业适用《劳动合同法》进行豁免，这样既可以保持劳动者就业的稳定性，又可以增强劳动力市场整体就业的灵活性，缓解就业压力，也与国家大力鼓励中小企业发展的政策取向相适应。因此，如何在保持就业稳定性和安全性的同时保持劳动力市场就业的灵活性，争取在二者之间寻求一个合适的平衡点，是世界各国面临的一大难题，急需在理论和实践两方面取得突破性进展。

3. 从个别劳动关系到集体劳动关系转化

从个别劳动关系到集体劳动关系，是劳动关系结构和调整的一种历史进程。所谓个别劳动关系是指个别劳动者与雇主所结成的关系。劳动者和雇主是个别劳动关系的主体，个别劳动关系一般通过书面或口头的劳动合同来确定和规范双方的权利与义务。通过劳动合同确立的劳动关系，在形式上似乎平等，实际却是一种从属关系。所谓集体劳动关系又称团体劳动关系，通常指劳动者集体或团体一方（通常以工会为代表）与雇主或雇主组织，就劳动条件、劳动标准以及有关劳资事务进行协商交涉而形成的社会关系。现实中的集体谈判关系、集体争议关系、职工参与管理关系等即属于此类关系。集体劳动关系包括企业、行业、产业等不同层面的关系。

从个别劳动关系向集体劳动关系转变，是市场经济条件下劳动关系调整的客观要求。《劳动合同法》在中国劳动法治史上发挥着承前启后的作用。它的颁布和实施标志着中国劳动关系的个别调整在法律建构上已经初步完成，同时，又开启了劳动关系集体调整的新起点并为劳动关系的集体调整提供了法律基础。

本章小结

劳动关系是指企业所有者、经营管理者、普通职工及其工会组织之间在企业的生产经营活动中形成的各种权、责、利关系。由于对劳动关系双方利益关系的性质和利益关系处理的原则不同，劳动关系可以划分为不同的类型。劳动关系双方利益调整的方式主要有法律调整、合同调整、三方协商、争议处理、集体谈判等方式。

关键术语

劳动关系	Labor Relations
劳动合同管理	Labor Contract Management
三方协商	Tripartite Coordination

劳动争议　　　　　　　　　　Labor Disputes
集体谈判　　　　　　　　　　Collective Bargaining

习　　题

1. 什么是劳动关系？其构成要素是什么？
2. 劳动关系的表现形式有哪些？
3. 以劳动关系各方力量对比分类，劳动关系可分为哪几个类型？
4. 西方国家劳动关系的理论观点是什么？
5. 劳动关系调整有哪些方法？
6. 劳动合同订立、解除及变更的含义？
7. 简述三方协商的重要性。
8. 请同学们阅读 2015 年第六期《经济理论与经济管理》董青的文章《百年中国劳动关系演化的基本路径及走势》，讨论在互联网时代对我国劳动关系的影响。

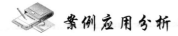
案例应用分析

服务期内辞职该如何支付违约金？

1999 年 10 月，李先生应聘到上海某有限公司，担任工程师，月工资为 9 000 元，合同期限至 2009 年 12 月 31 日。工作期间，李先生对公司指派的工作完成得非常出色，屡屡得到主管领导的赏识和嘉奖。

2005 年 5 月，公司和李先生签订了《出国培训协议书》，约定由公司派送李先生至德国培训，培训结束后继续为公司服务 3 年，若李先生在服务期内提出辞职，或擅自离职，或因李先生的过错导致双方劳动合同解除的，需向公司支付 3 万元的违约金，同时还应赔偿公司支付的培训费用，培训费用的赔偿按照服务期作相应的递减。同年 7 月至 8 月份，公司派送李先生至德国某公司接受培训，公司为李先生报销各项出国费用 30 000 多元。

2008 年 4 月，公司和李先生又签订了《出国培训协议书》，并做出上述相同内容的约定。同时约定，前次约定的服务期履行完毕后，开始计算后一次的 3 年服务期。同年 6 月至 7 月份，公司派送李先生前往德国某公司进行培训。公司为李先生报销各项出国费用 40 000 多元。

此次培训回国后，李先生慢慢开始觉得自己的才华不能发挥得淋漓尽致，为了寻求更广的发展空间，2009 年 6 月，李先生向公司提交了书面辞职申请书。同年 7 月份，双方签订了工作交接协议，约定李先生完成四项工作交接任务后，公司同意减免李先生部分离职违约金和赔偿金，实际赔偿 30 000 元。当日，李先生和公司签订了有关赔偿协议，约定李先生应向公司赔偿 30 000 元，款项应在 2009 年 7 月底之前交清。李先生随后离职。

离职后，李先生听说新的《劳动合同法》规定他认为公司向其收取 30 000 元的违约金做法不符合法律规定，于是向公司所在地的仲裁委员会申请了劳动仲裁，要求公司返还其已经支付的30 000元赔偿金，对于李先生的申诉请求，仲裁庭没有支持。李先生又向法院提起诉，经过审理，法院最终判决对李先生的诉请不予支持。

（资料来源：广西普法网，http://www.gxpf.gov.cn/news_show.asp?id=16950，2014.）

思考题：
(1) 服务期内辞职该如何支付赔偿金？
(2) 李先生违反了劳动合同中的哪些责任？
(3) 结合本案例解释有关违约金赔偿的问题。

知识链接

[1] 陈兰通. 中国企业劳动关系状况报告(2009)[M]. 北京：企业管理出版社，2010.
[2] 孙立如，刘兰. 劳动关系实务操作[M]. 北京：中国人民大学出版社，2009.
[3] 海曼. 劳资关系：一种马克思主义的分析框架[M]. 北京：中国劳动社会保障出版社，2008.
[4] 赵瑞红. 劳动关系[M]. 北京：科学出版社，2007.
[5] 冯同庆. 劳动关系理论[M]. 北京：中国劳动社会保障出版社，2009.
[6] 左祥琦. 劳动关系管理[M]. 北京：中国发展出版社，2007.
[7] 王小波. 经济全球化条件下的中国劳动关系与工会改革[D]. 上海：复旦大学，2007.
[8] 黑启明. 政府规制的劳动关系理论与策略研究[D]. 天津：天津师范大学，2005.
[9] 郭东杰. 共同治理模式下的劳动关系研究[D]. 杭州：浙江大学，2004.
[10] 赵小仕. 转轨期中国劳动关系调节机制研究[M]. 北京：经济科学出版社，2009.
[11] 程延园. 劳动关系[M]. 2版. 北京：中国人民大学出版社，2007.
[12] 葛玉辉. 新《劳动合同法》实用解析[M]. 北京：经济管理出版社，2007.
[13] 常凯. 中国劳动关系报告——当代中国劳动关系的特点和趋向[M]. 北京：中国劳动社会保障出版社，2009.

第 3 篇

人力资源管理动态篇

第13章

战略人力资源管理

教学目标

- 了解战略人力资源管理的概念及其相关理论
- 了解人力资源战略的概念及其相关理论
- 理解企业战略在战略人力资源管理理论发展中的作用
- 熟悉战略人力资源管理思想在实践中的应用

教学要求

- 了解战略人力资源管理的含义、发展历程及现状
- 了解企业战略及人力资源战略的相关概念
- 领会以环境为基础的战略人力资源管理和以资源为基础的战略人力资源管理的区别和联系
- 理解人力资源战略的五种模式及其演进过程
- 掌握人力资源战略的选择方法

泰格林纸集团的人力资源管理

泰格林纸集团是我国的一家大型企业集团,坐落在长江和洞庭湖交汇的三江口畔,便利的水陆交通、湖区丰富的淡水与芦苇、杨木资源,使这里被国内外造纸专家誉为发展造纸业的黄金宝地。从公司的发展历程来看,20世纪60年代以来,公司通过引进和消化国外先进技术,生产能力和产品市场占有率都得到了较大的提升,其"岳阳楼"牌纸产品也一度成为用户普遍赞誉的金字品牌。

然而,到了20世纪90年代,企业竞争环境的快速变化却使公司遇到了巨大的发展障碍。1997年公司出现严重亏损,一度到了濒临破产的边缘。由此产生的问题是:为什么一个拥有原材料、地理位置、生产设备和品牌等优势资源的公司也会陷入困境?企业应当如何培育持续的竞争能力,并获得持续的竞争优势和实现企业的战略目标?

经过分析,公司的经营管理者认识到,公司的战略与人力资源不能适应环境变化是两个重要原因。由此,公司开始着手调整战略思路,从主要依靠"外部"优势转向从"内部"培育新的优势。1998年,公司在建立现代企业制度、完善公司治理机制的同时,着手加强对人力资源这一企业关键资源的管理与开发。把人力资源视为企业最重要的战略性资源,着重抓管理观念的转变,倡导全体员工"超越自我、追求卓越";把人力资源管理视为企业具有战略意义的管理工作,人力资源部的工作重心迅速转向与公司发展战略密切相关的方面,注重人力资源战略规划和开发。同时,赋予从高管到工班长的各级管理人员行使对下属的岗位配置、考核分配、人工成本控制、岗位培训、职位晋升和末位淘汰等人力资源管理职责与权力,并对全公司各级管理人员进行不同程度的人力资源管理培训,使他们都成为名副其实的人力资源经理。

在人力资源管理的具体职能的建设方面,则从适应企业总体战略方面重新定位与实施:把绩效考核变为绩效管理,使单纯的打分和总结转变为注重绩效的持续改进;由于人才市场缺乏高水平的专业人才,公司投巨资建立自己的卓越学院来培养人才,并且不断提高对员工培训的针对性和科学性;实施"宽带薪酬"制度,对各级骨干实施谈判工资制、年薪制,配合多种奖励措施来促进创新;进行员工职业生涯管理,提供多样性的晋升通道,使不同岗位的人员都有各自的发展空间。

通过发挥人力资源的战略作用,公司造就了一大批优秀的管理、技术人才和一支具有较高素质的员工队伍;通过激发各级人员的工作热情和创造力,公司的战略管理与适应环境变化的能力都得到了很大的提升,公司经营状态大幅改善。2007年至2010年间公司分别实现主营业务收入26.51亿元、31.19亿元、31.55亿元、39.03亿元,2011年公司营业收入达69.65亿元,利润近1.62亿元,主营业务毛利润率为18.92%。战略人力资源管理促进了泰格林纸的高速发展,使公司进入国有造纸企业的第一梯队。

[资料来源：本案例根据王祥的《转变观念、自我超越》(经济导刊，1999.4)、黄亦虎的《一切从员工出发》(经贸导刊，2002.7)、叶蒙的《人力资源管理之蝶变》(人才资源开发，2005.12)、方勤敏的《我国林纸企业的可持续利用》(世界林业研究，2012.12)等资料整合而成。]

随着以信息技术为主导的科学技术的迅猛发展，人类已经步入知识经济时代，人力资源作为创造知识的主体，成为造就组织竞争优势的决定性因素。在这一趋势下，越来越多的企业开始将人力资源管理实践活动和企业战略与优势相联系，通过对员工进行更有效的开发与管理来实现组织目标。这种变化促进了战略人力资源管理的发展。

13.1 战略人力资源管理概述

随着人力资源在企业中发挥的作用日益突出，人力资源管理逐渐成为企业战略关注的重点。尤其是近二十年来，学者们把人力资源及其管理提升到战略地位，对战略人力资源管理思想和人力资源战略的研究与讨论日趋深入。此外，欧、美、日企业的管理实践也证明了战略人力资源管理是企业获得持续竞争优势的重要途径。

13.1.1 战略人力资源管理理论的产生与发展

由于人力资源管理的综合性很强，在人力资源管理基础上发展起来的战略人力资源管理(Strategic Human Resource Management，SHRM)也相应地需要综合不同专业方向的研究成果，因而也就具有不同的视角。

20世纪80年代初期，许多学者试图提出一种人力资源管理的一般理论来解释、预测和指导研究人员和实际工作者的人力资源管理活动。为了建立这一理论，他们提出把人力资源管理和组织战略计划作为一个整体来考虑，其目的是提高组织绩效，人力资源管理则成为这一计划中的一个重要组成部分。1982年，逊凯(Tichy)和弗布鲁姆(Fombrum)等人首先提出了一些设想。随后，其他一些学者如贝尔德(Baird)、戴尔(Dell)也相继从不同角度充实与发展了这一理论。他们认为，战略人力资源管理与人事管理和传统人力资源管理的主要区别，在于前者的计划制订必须和组织的总体战略计划相联系。另一个具有影响力的战略人力资源管理理论是比尔(Beer)等人于1984年提出的，他们认为人力资源管理综合了组织行为学、劳动关系以及人事行政管理等学科的特点，人力资源管理的研究领域已经扩展为对影响组织和员工之间所有管理决策和利益相关者利益的研究。不过，比尔等人当时并没有明确提到战略的概念，也没有考虑战略与环境的关系。

战略人力资源管理的另一个分支是在基于环境的竞争战略基础上发展起来的。20世纪80年代，以波特(Porter)的竞争战略与竞争优势理论为代表的企业战略理论逐渐形成，并很快得到了广泛的认可。为了适应这种企业战略理论的发展，人力资源管理领域也开始注重研究外部环境对人力资源管理的影响、人力资源管理与企业战略的关系以及不同企业战略下的人力资源战略问题。在这种分析框架下的战略人力资源管理系统作为与财务、生产和销售等职能并列的子系统，主要是为支持企业总体战略而设的。由于这时的人力资源主要体现为一种成本，人力资源战略对企业战略的支撑更多地体现在如何降低生产成本方面，或者说，这时的人力资源系统还只是企业战略的支持系统。

20世纪90年代前后，战略管理理论的研究开始转向对企业内部资源等要素的研究。沃纳菲尔特(Wernerfelt)、巴尼(Barney)等人在前人研究的基础上，开始将以资源为基础的战略观点用于企业战略管理。资源基础观点强调组织持续竞争优势的获取主要依赖组织内部的关键性资源以及战略与企业资源的关系。20世纪90年代中期，资源基础观点开始与战略人力资源管理研究相联系，其中，怀特(Wright)和麦克马洪(McMahan)等人是把资源基础观点用于人力资源管理研究的典型代表。他们的研究表明，人力资源可以成为企业获取竞争优势的主要源泉。这些研究为人力资源管理与战略管理理论的结合提供了重要基础。不过，对于究竟是人力资源的哪方面是企业竞争优势的来源等问题，学术界一直还存在不同的看法。

作为资源基础观点的发展，普拉哈拉德(Prahalad)和哈默尔(Hamel)提出了核心能力的概念，他们把核心能力定义为"组织中的集体学识，尤其是如何协调不同的生产技能和集成多种技术的学识"。这种集体学识是在确定企业使命、核心价值观及客户价值的基础上界定的，它使竞争对手在短时间内无法模仿。为了证明企业的核心能力与企业人力资源的相关性，斯奈尔(Snell)等学者也进行了大量的研究。按照他们的观点，核心能力不仅包括传统人力资源管理中重点关注的与工作有关的个人知识、技能或能力，而且还包括通过分享的心智模式对各种能力进行的整合，因为只有这样，一个企业才有可能比竞争对手做得更好。

阅读材料
C. K. 普拉哈拉德

随着组织外部环境的不断变化与竞争的日益激烈，许多学者与企业又开始关注如何在动态环境下培育与发展能力的问题，这种能力被提丝(Teece)等人称为"动态能力"。它主要指企业随环境变化获取、集成和利用资源以适应或主动创造新市场的能力。由于动态能力的培养需要有新技能与新行为能力的员工为基础，这就对企业的人员管理系统提出了更高的要求。提丝指出，如果控制有价值的稀缺资源(如人力资源)是经济利润的源泉，那么，技能的获得、学识和知识管理就会成为重要的战略话题。从目前的进展情况来看，战略理论比较关心知识的价值性与知识管理的必要性，而人力资源研究领域则更强调企业中的个人如何获得、创造、传播、使用与保护知识以及如何对知识型员工进行管理。

组织学习是知识管理的一个重要方面。学习型组织理念下的战略人力资源管理是建立在以彼得·圣吉(Peter M. Senge)等学者提出的"第五项修炼"的基础上的，它一方面强调通过创新组织文化和组织结构来创造一个和谐而又能使人不断提升自身能力的环境；

另一方面则强调组织内的系统思考、自我超越与创新的思维特质，引导组织成员实现自身素质的提高与能力的飞跃。由此而产生的柔性战略人力资源管理既是一种不依赖于固定的组织结构和稳定的规章制度而进行的管理，也是一种反映迅捷，灵活多变的新型人力资源管理模式。

13.1.2 战略人力资源管理的含义与特征

战略人力资源管理是人力资源管理实践与战略管理理论相结合的产物。虽然对战略人力资源管理研究都冠以"战略"的标牌，但是由于学者和实践工作者们对"战略"理解的差异，导致在战略人力资源管理领域里存在着多种不同的观点，同时也预示着研究者需要对新兴的战略人力资源管理给予更多的关注。

1. 战略人力资源管理的含义

尽管目前对于战略人力资源管理的含义还没有形成统一的看法，但是通过比较几种主要战略人力资源管理思想，本书归纳出了以下5点共同之处，它们是构成进一步理解战略人力资源管理思想的重要基础。

(1) 战略人力资源管理是将人力资源管理方法与企业战略理论相结合的一种管理思想，它强调人力资源管理的战略性与整体性。

(2) 战略人力资源管理强调人力资源及其管理在企业获取竞争优势方面日益重要的地位。

(3) 战略人力资源管理强调人力资源管理与企业高绩效目标的直接关系。

(4) 战略人力资源管理强调通过恰当的人力资源战略与规划，有效整合企业内外部人力资源并充分发挥其作用。

(5) 战略人力资源管理强调通过学习等方式提高人力资源对内外部环境的适应性。

2. 战略人力资源管理的特征

与早期的人力资源管理相比，战略人力资源管理具有以下主要特征。

(1) 人作为资源的重要性得到进一步加强。人力资源的作用得到了更好的发挥，并逐渐成为组织中最重要的资源。

(2) 人力资源管理直接参与组织决策的制定。早期的人力资源管理只是执行直线业务部门的战略，现在的战略人力资源管理则强调组织的战略越是早让人力资源管理人员参与，实现企业战略目标的可能性就越大。

(3) 人力资源管理的直线功能得到了强化。一方面，人力资源部门与其他业务部门的联系进一步加强，除了监督、评价各部门的业绩外，还为其提供反馈信息，力求组织资源的整合；另一方面，相应的业务部门对人力资源的依赖性提高，需要人力资源部门在工作设计，员工满意度调查，组织文化建设等方面提供建设性意见。

(4) 主动的工作方式，把握组织的全局工作，人力资源管理从过去那种战略的"被动响应型"转变为战略的"积极制定者与执行人"。

13.2 企业战略与战略人力资源管理

战略人力资源管理从战略的观点出发,把人力资源视为组织的战略性资源和实现企业战略目标的关键力量,使人力资源管理与企业战略产生了紧密的联系。

13.2.1 企业战略相关概念

企业战略涉及愿景、使命、目标、内外部环境条件和竞争优势等一系列概念。

1. 愿景

愿景(Vision)是对组织未来可能并希望达到状态的一种设想。由于可以通过促进组织成员对未来的憧憬来激励他们努力工作,愿景成为许多企业确定未来目标的一个重要前提。建立愿景的一个关键,是要清楚地描述一个比目前状态更好的、可信和有吸引力的未来蓝图。

2. 使命

使命(Mission)是企业存在的价值与基本目的。一个企业成功竞争的理论和竞争优势的获得常常是以其使命为基础的。如果企业的使命能被员工广泛理解并为员工指明工作目的和方向,使命就可以帮助企业实现战略目标。

3. 目标

目标(Subjective)是对企业使命在某一时期的任务的具体化。根据时期的长短不同,目标可以分为长期目标、中期目标与短期目标。由于目标的制定涉及许多因素,在确定企业目标时,需要处理好目标与企业内部条件以及目标与外部环境变化之间的关系。

4. 环境因素

环境因素是影响企业战略制定的一个重要因素。企业所处的环境可以分解为两个相互关联的部分,即一般环境与产业环境。

一般环境是指对企业及其产业环境因素具有较大影响力的客观因素的总体。它包括政治环境、经济环境、社会文化环境和技术环境等。

产业环境包括那些直接影响企业的生产经营的客观因素,如产业所处生命周期阶段、市场需求、竞争对手、战略集群等。企业战略的制定,往往与企业所处的产业环境有直接的关系,并成为企业战略分析的一项重要内容。

5. 内部条件

企业内部条件主要指企业能够控制的资源或能力,包括物质、资金、技术、人员、地理位置、组织与流程、产品与服务以及企业价值链等内容。通过分析内部条件,可以了解企业的优势与劣势。

6. 企业战略

1) 企业总体战略

企业总体战略又称公司战略(Corporate Strategy),是企业根据宗旨、战略目标以及企业在行业内所处的地位和水平等，确定其在战略规划期内的业务发展领域与资源分配方式的战略。企业处在不同的发展阶段，会采取不同的战略。根据企业所处环境与地位的不同，可以将公司战略进行细分为增长战略、稳定战略和收缩战略等。

2) 企业经营战略

企业的经营战略可以分为外延经营战略与内涵经营战略两种。其中，外延经营战略常以大量增加资源(生产要素)的投入、迅速扩大生产规模为手段，通过引进先进技术与设备等方式，追求产值和利润最大化。内涵经营战略是通过企业内部结构的合理化来获取收益，在取得经济效益最大化的同时减少不必要的资源浪费。竞争战略也可以看成是一种经营战略。

3) 企业职能战略

职能战略描述了在执行企业总体战略和经营战略的过程中，企业的每一个职能部门所采用的方法和手段。企业规模和所处的行业不同，其职能战略也不尽相同。基本职能战略包括人力资源战略、技术战略、生产战略、营销战略、财务战略等。

7. 竞争优势

战略竞争理论认为企业竞争的核心是要形成竞争优势，因而竞争优势在企业战略理论中占有重要地位。竞争优势可以理解为一个企业能够采取而同行业(或市场)中其他企业一时难以采取的创造经济价值的行为。企业战略管理研究领域关注的一个重点，是竞争优势的来源问题。关于这个方面尽管目前还存在不同的认识，但大致可以归纳为两大类：①基于环境的竞争优势外生论，该理论强调竞争优势主要来源于企业通过抵抗各种外力和抓住外部机遇而形成的优势地位；②基于企业内部条件的竞争优势内生论，它认为企业的竞争优势主要产生于企业自身拥有的战略性资源或能力。

13.2.2 以环境为基础的战略人力资源管理

1. 环境基础的企业战略理论

企业战略理论的一个主要目的，是通过分析企业成功与失败的原因，探讨企业维持良好业绩的战略选择，其中的一个典型代表，就是波特的竞争战略与竞争优势理论。波特将基于产业组织分析的 S—C—P(结构—行为—绩效) 范式引入战略管理理论，认为市场结构(市场上卖者的数量、产品差异程度、成本结构等)决定企业行为(包括价格、研发、广告等)，行为产生绩效(效率、价格与边际成本的比率、利润和分配等)。

波特进行企业战略分析的一个基本思路是"向外看"。他认为企业竞争优势的获得主要取决于它在抗衡五种力量的过程中形成的产业位置，其中，波特提出的五力模型(竞争对手的入侵、替代品的威胁、现有竞争对手之间的竞争以及客户和供应商的讨价还价能力)通过识别产业结构的各个方面，提供了分析产业吸引力和竞争对手的有效工具。根据在市场中占据的竞争地位，企业就可以制定相应的竞争战略。以这一观点为代表的战略管理理论可以称之为环境基础的战略理论。

当然，另外，由于环境基础的战略理论同时也是建立在 SWOT(优势、劣势、机会、威胁)分析框架的基础上的,波特并非不关心企业的内部,只是相对更侧重于企业外在环境的分析而已。

2. 基于环境的战略人力资源管理

根据环境基础的战略理论建立起来的战略性人力资源管理思想注重对企业战略的支撑,其核心是战略匹配或契合。所谓匹配,是指组织中某一部分的需要、目标甚至于结构与组织中其他部分的相关内容相互配合的程度。战略匹配包括纵向匹配和横向匹配。

1) 纵向匹配

纵向匹配也称为"垂直一致"或"纵向契合",主要是指人力资源战略和企业战略的一致性,它考虑企业的动态性,并与企业的发展阶段和特点相符合。纵向匹配可以分为三个层次。

(1) 人力资源战略与企业战略的匹配。
(2) 组织结构、组织文化等与企业战略的匹配。
(3) 人力资源职能活动与人力资源战略的匹配。

2) 横向匹配

横向匹配也称为"水平一致"或"横向契合",它强调人力资源管理的各种政策和实践之间的内在一致性,如通过共同开发与实施几项互补的人力资源活动,使它们保持内部一致性,达到互相加强的目的。横向匹配也可分为三个层次。

(1) 人力资源战略与组织结构及组织文化的匹配。
(2) 人力资源管理各职能活动间的匹配。
(3) 企业人员之间的匹配。

环境与组织各部分之间的契合程度越高,组织行为的效率也越高。因此,环境基础的战略人力资源管理注重的是外部环境对人力资源战略的影响、人力资源战略与企业战略的关系以及不同企业战略下的人力资源战略,其核心是寻求企业外部环境、总体战略与人力资源战略各环节间的恰当匹配。

13.2.3 基于资源基础论的战略人力资源管理

波特的竞争战略理论在解释公司绩效与环境的关系上获得了相当的认同。不过,由于该理论对于为什么同一行业中不同企业的业绩会有很大差异以及为什么有些企业会领先竞争对手并保持其竞争优势等问题难以给出满意的解答,这使得资源基础论得以迅速发展。

1. 资源基础论

资源基础理论是在彭罗斯(Penrose)、沃纳菲尔特和巴尼等人研究的基础上发展起来的。资源基础论认为,企业是各种资源的集合体,企业拥有的资源因为具有异质性而各不相同,企业资源的异质性导致了企业之间的异质性。同时,由于资源不是自由流动的,使得企业之间的异质性可能会长期存在。绩效优良的企业与绩效一般的企业的差距,正是由于其所控制的资源具有独特优势而形成。资源基础理论在资源异质性和非完全流动性假设的基础上,提出了分析企业持续竞争优势的理论模型:竞争地位归根到底取决于企业控制的资源状况，要想创造出持续竞争优势，一个企业的资源需要具备四种性质，即价值性、稀缺性、难以模仿性和难以替代性。

1) 价值性

所谓价值是指能够降低企业的成本或者增加企业的利润。显然，企业拥有的资源是多种多样的，但并不是都能提供价值，即使能提供价值，其大小也是不一样的。只有那些有助于制定和实施企业战略，提高企业绩效的资源才具有价值。因此，企业必须不断审视自己的资源是否能带来价值以及价值大小的变化，以决定对这些资源的态度。同时，企业必须不断开发对自己具有更大价值的新资源。

2) 稀缺性

被大多数企业拥有的资源即使是有价值的，也不一定会产生竞争优势。这是因为如果实施战略所要求的资源不是稀缺的，那就说明拥有相似资源的其他企业也可以实施该战略，从而不再有优势可言。一般来讲，提供价值的资源在不同企业中的分布是不一样的，有些是所有企业或多数企业都拥有的，比如政府的优惠政策。有些却只被少数企业或某个企业所拥有，比如专利权。其中，能够提供价值却不被其他企业所拥有的资源才是稀缺资源，只有这样的资源才能给企业带来竞争优势。因此，企业必须珍惜和利用好自己的稀缺资源。

3) 难以模仿性

如果企业拥有的有价值的稀缺资源很容易被模仿或替代，那么它们只能给企业带来暂时的竞争优势。只有当其他企业难以模仿和替代这些资源时，它们才能给企业带来持久的竞争优势。事实上，难以模仿性是相对于价值而言的，企业在模仿时考虑的是成本和收益，如果成本大于收益，也就是不具有价值，企业就会放弃模仿。

4) 难以替代性

若要产生持续竞争优势，企业资源在满足上述 3 个条件之外，还必须具备另外一个条件，即不能存在战略上对等的替代资源。所谓战略对等是指两种资源可分别被利用来实施一项相同的战略。替代的形式有两种，一种是相似替代，如不同的管理团队有可能在战略上是对等的；另一种是差异替代，战略的形成既可能来自于经营管理者的领导能力，也可能来自于系统的规划体系。如果这两个战略是对等的，那么就可以认为领导能力资源与规划体系资源是可替代的。

当企业资源具有价值、稀缺、难以模仿和难以完全替代 4 个特征时，拥有这些资源的企业就能够产生持续竞争优势。企业资源创造持续竞争优势的过程，如图 13.1 所示。该过程反映了资源异质性和非流动性、企业资源、持续竞争优势之间的关系。

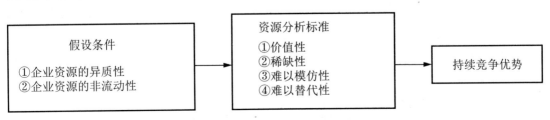

图 13.1 企业资源创造持续竞争优势的过程

相对于基于环境分析的"向外看"的思维模式，资源基础论注重"向内看"，将企业内部资源看作是竞争优势的来源。

2. 基于资源基础论的战略人力资源管理

资源基础理论强调组织的竞争优势是由企业内部资源所产生，企业所拥有的资产、内部程序、技能等能被企业所控制，从而既有助于企业战略的形成与实施，也有助于提升企业人力资源及其管理的水平。

人力资源由于能够满足资源基础论中关于战略性资源的4个条件，因而可以看成是一种战略性资源。

1) 人力资源是有价值的资源

在这方面，人力资本理论、人力资源会计理论、效用分析等学说都进行过研究，证明人力资源能给企业带来高附加价值。从微软公司对人力资源价值的判断，可以比较清楚地了解到，人力资源能够成为一个公司最具价值的资源，如图13.2所示。

```
微软公司2001年某时刻的"会计恒等式"
公司市值：3 560亿美元
    － 300亿美元（固定资本）
    － 300亿美元（品牌资本）
    ＝ 2 960亿美元（人力资源价值）
```

图13.2 微软公司的人力资源价值

（资料来源：文跃然．薪酬管理原理[M]．上海：复旦大学出版社，2006：407．）

2) 人力资源具有稀缺性

人力资源对企业的价值往往由人力资源的素质和能力决定，由于这些素质和能力一般被认为是符合正态分布的，能通过这些素质与能力为企业创造核心价值的人力资源永远都是稀缺资源。另外，由于人力资源是一种报酬递增的资源，其稀缺性更加突出，使战略性关键人才成为企业竞相争夺的对象。

3) 人力资源具有难以模仿性

这可以从人力资源成长的路径依赖性、企业绩效和人力资源活动之间因果关系的模糊性方面解释。所谓路径依赖性是指企业人力资源的成长和积累是和企业成长过程或路径相关的，这种过程对于每一个企业来说都是独特的，一个企业不太可能重复其他企业的这个过程。另外，人力资源及管理活动对企业绩效的影响过程可以理解为一个黑箱，其内在机理具有模糊性。因此，哪怕企业"挖"到了竞争对手的人力资源，也不能轻易地模仿这种人力资源的价值创造过程。

4) 人力资源具有难以替代性

人力资源不会像其他资源那样容易丧失价值，人力资源的价值可以转移到技术、市场、商品等领域。例如，新技术经常被看作人力资源的替代物，但是它并不能真正替代人力资源，因为即使通过技术革新使原有的技术失效，由于人力资源具有学习和创新能力，特有的知识、技能也能够很快地转移到新技术上。

13.2.4 战略人力资源管理整合分析模型

1. 资源基础与环境基础战略人力资源管理观点的比较

在了解环境基础和资源基础的战略人力资源管理观点的基础上，可以对两种观点作一些比较，见表13-1。

表13-1 资源基础与环境基础的战略人力资源管理观点比较

	环境基础的战略人力资源管理	资源基础的战略人力资源管理
企业战略理论	基于对企业环境的分析，建立在以S—C—P为核心的战略观之上	基于对企业内部资源和能力的分析，建立在以资源为基础的企业观之上
对人力资源的假设	人力资源主要体现为一种成本	人力资源是企业持续竞争优势的来源
企业战略与人力资源战略的关系	单向关系 影响企业战略实施	双向关系 影响企业战略的形成
侧重点	人力资源管理是实现企业总体战略的支持系统	人力资源是企业持续竞争优势的源泉

(资料来源：程德俊，赵曙明. 资源基础理论视角下的战略人力资源管理[J]. 科研管理，2004(5)：54-59.)

1) 对人力资源的假设不同

基于环境的战略人力资源管理观点假设人力资源是一种同质资源，人力资源战略对企业战略的支撑主要体现在如何降低生产成本方面，因而其人力资源难以成为企业战略的核心。以资源为基础的战略人力资源管理观点强调人力资源与其他资源以及不同类型人力资源之间的差异，并将人力资源放在企业战略形成与实施的核心地位。

2) 企业战略和人力资源战略的关系不同

一些早期的战略人力资源管理观点认为人力资源战略只是企业战略的支持子系统，人力资源战略是由企业战略决定的。以资源为基础的战略人力资源观点则认为，人力资源本身就具有战略性，人力资源不但会直接影响企业战略的制定与实施，而且可以成为企业持续竞争优势的源泉。

2. 整合分析模型

虽然可以将战略人力资源管理分为环境基础和资源基础两类观点，然而，不论哪种观点，都只是从一个侧面去解释企业竞争优势的来源。现实中，由于每个企业都需要同时根据外部环境与内部资源等条件做出战略选择，企业战略与人力资源战略的关系也应同时包括这两个方面的内容。整合的战略人力资源管理分析模型如图13.3所示。

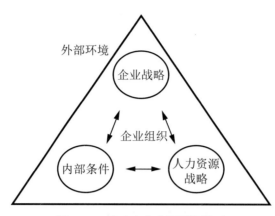

图 13.3　战略人力资源管理模型

13.3　人力资源战略

人力资源战略是企业一项重要的职能战略，为实现企业总体战略提供有力的人力资源支撑平台。

13.3.1　人力资源战略概念

人力资源战略是指为成功实施企业的整体经营战略，在战略人力资源管理思想与方法指导下，以保证企业当前及未来人力资源配置的均衡、有效为标准，以维持和提高企业竞争优势为目的而制定的企业人力资源管理的战略性方针、原则和计划。人力资源战略管理就是要使企业在人力资源战略的指导下，围绕着企业的战略目标进行人力资源管理。

1. 人力资源战略是企业人力资源管理具备战略性的标志

在战略人力资源管理阶段，企业应将人力资源管理的职能提高到战略的高度来考虑。如果缺乏一个明确的人力资源战略，战略性人力资源管理将永远只是一种战略思想而无法落到实处。

2. 人力资源战略是企业职能战略的核心

在日益激烈的市场竞争中，随着人力资源的战略地位的不断增强，人力资源战略不但可以提高企业总体战略与经营战略的规划水平与实施效果，而且作为企业战略中不可或缺的职能战略，在技术开发、生产制造、市场营销等职能战略的制定和实施方面都在发挥越来越重要的作用，因而成为企业职能战略的核心。

3. 人力资源战略既是结果也是手段

人力资源战略既是战略人力资源管理思想的产物，也是实现战略人力资源管理目标的手段与途径，是人力资源管理各项职能的总指导。在人力资源战略的指导下，人力资源管理各项职能不再各自孤立存在,而是相互协同配合成为一个有机的整体,体现出战略性并共同发挥战略作用。比如,具有战略性的人力资源规划也被称为人力资源战略规划,而不仅限于人员供需计划。

图 13.4 描述了战略人力资源管理、人力资源战略与人力资源管理职能三者的基本关系。

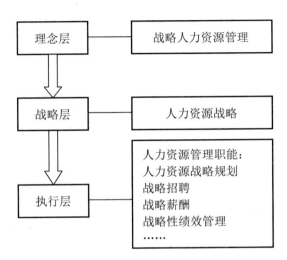

图 13.4　战略人力资源管理的层次

13.3.2　人力资源战略方法

1. 选择人力资源战略的基本思路

人力资源战略的选择,存在 3 种基本思路或分析方法。

1) 最佳实践法

最佳实践法 (Best Practice Approach) 认为,在一系列人力资源管理实践活动中,一旦采用这种方法,将导致极佳的企业绩效。斯坦福大学的杰夫瑞 (Jeffery) 教授在其所著的《经营人员获得的竞争优势》中,指出了能够形成一个公司的竞争优势的 16 种人力资源管理实践活动:就业安全感;招聘时的挑选;高工资;诱因薪金;雇员所有权;信息分享;参与和授权;团队和工作再设计;培训和技能开发;交叉使用和交叉培训;象征性的平等主义;工资浓缩;内部晋升;长期观点;对实践的测量;贯穿性的哲学。另一些学者总结的类似的实践活动还包括甄选、训练与发展、参与、绩效评估、薪酬与分红、工作设计及工作团队等。这一类研究采用最佳实践的方法,其中隐含的一个假设是这些人力资源实践具有相加性,只要找出各个实践的最佳做法并加以实施,就可以提高组织绩效。

然而,最佳实践法却存在"机械地把战略同人力资源政策和实践相匹配"的危险(莱格,1995)。

2) 最佳适配法

最佳适配法 (Best Fit Approach) 认为不可能存在一种固定的一致性的人力资源战略。企业的环境是不同的,而且是变化的,一个公司的"最佳实践",对另外一个公司而言就不一定是最佳的；对公司的现在来说是"最佳实践"，对公司的未来也不一定最佳。最佳适配法强调的是人力资源战略的选择要满足一个重要条件：对企业经营战略的适配。如果这种适配性不能得到保证，人力资源管理将无法发挥应有的战略作用。

为了达到适配，企业需要在分析企业文化、结构、技术与过程的基础上，选择并融合各种"最佳实践"要素，使它们在一定程度上做到最佳适配，以适应企业战略的要求。然而，面对日益变化的竞争环境，企业还应该关注外部环境与内部条件变化的过程，以免陷入误区(珀塞尔，1999)。

3) 最佳结构法

最佳结构法(Best Configuration)认为各种人力资源实践并不是一种简单的相加关系，因此，应该把若干人力资源实践活动组合在一起，以便产生内在联系并相互补充、相互支持。阿瑟(1992)等人发现，一个公司如果有人力资源活动的构建，就能够与竞争战略取得高度匹配，并会有高水平的业绩。从这个意义上来说，人力资源战略应该是一个整体，人力资源活动存在内部一致性(戴尔·里夫斯，1995)。当然，如何才能把不同的实践活动连接在一起，以形成更好的组合，却是需要进一步关注的问题(德兰尼，1996)。

2. 企业竞争战略与人力资源战略

1) 企业竞争战略

企业竞争战略与竞争优势理论最重要的代表人物是波特。波特认为，战略的目标是使企业在产业竞争中获胜。在一些产业中，这意味着企业可获得较高的收益；而在另一些产业中，一种战略的成功可能只是企业在绝对意义上能获取微薄收益的必要条件。为获得竞争优势，企业可以根据自身的情况采取3大基本战略：低成本战略、差异化战略和集中化战略。

2) 人力资源战略与企业竞争战略的匹配

采用不同竞争战略时，企业人力资源战略应与特定的企业战略匹配，从而有利于实现企业战略目标。

采用低成本战略的企业的生产技术一般都比较稳定，市场也较为成熟，此时的企业人力资源管理往往比较重视短期目标和员工的稳定性。为了保证企业战略的准确实施，企业在人员管理上倾向于实行较高程度的分工与严格的控制，并期望员工能够独立、自主地完成工作范围内的职责。针对这些特点的人力资源战略重点包括：强调员工技能的高度专业化，采用从外部吸引与内部培训相结合的方式建立起一支高素质的专业化员工队伍；采用内部晋升制度激励与留住人才；建立以员工业绩为中心的绩效管理系统和内部一致性的薪酬系统。

实行差异化战略的企业往往处在成长和创新的过程中，主要以独特的新产品去开拓市场和赢得竞争。此时的人力资源管理一方面着重培养具有高度创造性和协作精神的员工，一方面关注员工的长远发展，鼓励员工承担风险。针对这些特点，企业的人力资源战略也需做出相应的调整：制定较为灵活的工作说明书，使员工尤其是从事创造性工作的员工具有较大的自主权和创新的积极性；重视从外部招聘员工，并为员工提供较宽广的职业通道；培训和开发主要集中在强化员工的协作能力上；薪酬系统更多地关注外部公平性；以结果导向的绩效管理系统为基础，同时设立团队绩效指标以鼓励管理者与员工共同承担风险。

实行集中化战略的企业，其人力资源战略应该结合前面两种战略的特点见表13-2。

表13-2 企业竞争战略与人力资源战略

企业战略	一般组织特征	人力资源战略
低成本战略	持续的资本投资 严密监督员工 经常、详细的成本控制 低成本的配置系统 结构化的组织和责任 方便制造的产品设计	有效率的生产 明确的工作说明书 详尽的工作规则 强调具有技术上的资格证明和技能 强调与工作有关的培训 强调以工作为基础的薪酬 用绩效评估作为控制机制
差异化战略	营销能力强 重视产品的开发与设计 基本研究能力强 公司以品质或科技的领导著称 公司的环境可吸引高科技的员工、专家或具有创造力的人	强调创新和弹性 工作类别广 松散的工作规划 团队为基础的训练 强调以个人为基础的薪酬 用绩效评估作为员工发展的工具
集中化战略	结合了成本领先战略和差异化战略 具有特定的战略目标	结合了上述两种人力资源战略的特点

(资料来源：[英]阿姆斯特朗. 战略化人力资源基础[M]. 张晓萍，何冒邑，译. 北京：华夏出版社，2004.)

3. 企业人力资源类型与人力资源战略

1) 企业人力资源类型

每个企业对于人力资源的需求各不一样，同一个企业的人力资源也各有差异，不同的人力资源给企业创造的价值也不同。因此，企业的人力资源战略不仅要匹配企业的竞争战略，还要针对内部资源的状况做出适当调整。根据资源基础论中对战略性资源的特性要求，可以按人力资源的价值性和独特性两个纬度，将人力资源分成战略型人力资源、通用型人力资源、独特性人力资源与辅助性人力资源四种类型(图13.5)。

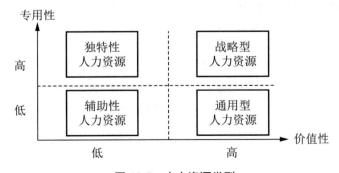

图13.5 人力资源类型

其中，战略型人力资源对应高价值、高专用性；通用型人力资源对应高价值、低专用性；独特性人力资源对应低价值、高专用性；辅助性人力资源对应低价值、低专用性。

2) 人力资源战略与企业人力资源类型的匹配

对应不同类型的人力资源，企业可以采取不同的人力资源战略。

(1) 与战略型人力资源的匹配。高价值和高专用性的战略型人力资源主要指企业核心部门的关键员工或经营管理者，如关键技术研发人员、关键市场开发人员等。由于这类人才对企业实现战略目标具有重要的价值并且难以在市场上直接获得，企业对他们应该采用以长期聘用、内部培养和内部提升以及参与管理等为特征的人力资源战略。通过对员工进行长期投资以及鼓励员工积极参与企业决策活动等方式，可以改善他们与企业的关系，提高他们对组织的信任度与忠诚度。

(2) 与通用型人力资源的匹配。高价值和低专用性的通用型人力资源一般指对职业忠诚度高的人员，如拥有财会、法律、人力资源管理、信息系统等专业技能的职能部门人员。这类人员具有较大的战略价值，但由于往往能够从人力资源市场上获得，企业可以采用从外部获取(如外部招聘)为主的人力资源战略。另外，由于这类员工掌握的技能属于通用技能，企业可能不会为此进行大量投资，但企业与员工之间还是可以建立起长期的雇佣关系。

(3) 与独特性人力资源的匹配。独特性人力资源通常指那些从事基础研究，不直接参与产品的生产和服务活动的程序员和研究人员。此类人员拥有企业需要的专门知识与技能，但他们雇佣成本高，往往也不直接创造客户价值。企业在选用这类人员时，需要考虑他们所创造的价值与成本之间的平衡关系。当需要专用性强的人力资源时，企业可以根据实际需要选择人力资源外包、信息共享、人员合作或建立战略联盟等方式与合作伙伴共同努力创造新的价值。

(4) 与辅助性人力资源的匹配。辅助性人力资源主要指一般支持人员，如普通文秘、勤杂人员等。由于这类员工拥有的技能通常表现为低价值性和低独特性，企业很容易在市场上获得，对这类员工，企业可以采取长短期合同结合的人力资源战略思路，包括临时雇用、外包等。例如，企业可以向一些提供外部服务的员工租赁公司租用这类人力资源，这样既可以降低成本，又可根据需要灵活增减人员。

13.3.3 人力资源战略模式的演进

现代企业面对的环境与条件的变化越来越快，企业的竞争战略需要针对环境与条件的变化迅速做出调整。而人力资源战略的变化是否能够跟上这个步伐，就成为人力资源管理是否能发挥战略作用的一个关键。人力资源战略既要匹配和支持企业竞争战略，又要考虑企业内部的人力资源状况，针对不同类型人力资源做出不同的选择。如果企业所选择的人力资源战略模式超出了人力资源的现状与适应范围，人力资源的战略作用将得不到有效的发挥，人力资源战略就可能难以满足企业战略的要求。下面从人力资源管理和企业战略管理关系变化的角度做进一步分析。

1. 分离模式

分离模式 (Separation Model) 是企业管理战略与人员关系的一种早期模式，同时也是目前不少中小企业正在使用的一种管理方式。根据伦格尼克·霍尔 (Lengnick-Hall) 和戴维·乌里奇 (Dave Ulrich) 等人的研究，这种模式主要指的是在战略与人员管理相对分离的状况下，企业采用的一种涉及人事工作的行政管理模式，因此也可以称之为"人事-行政"管理模式。

在分离模式下，企业战略的制定与调整主要是基于企业的外部环境变化和组织各个部分的契合程度。按照资源基础观点，分离模式下的企业人员是一种随时都可以从市场上获得的生产要素，而不是一种战略性资源，而从财务的角度看则是一种成本费用。有关人员管理的各项工作主要是由决策者或不同职能部门自己完成的，人员管理部门一般只负责一些与类似行政和人事的例行工作（如考勤、档案及合同管理等）。

从本质上讲，分离模式是一种战略与人员缺乏互动的状况下对战略与人员关系的管理模式。此时人员主要从提高个体效率与降低成本的角度来提供价值，他们对战略与环境的敏感度很低，对员工的管理也主要是针对这一特点进行。

2. 单向适配模式

早在1981年，Alpander 和 Botter 就意识到人力资源管理与企业战略计划存在一定的联系。后来的学者们则借助于波特的竞争战略理论，提出了一系列比较典型的人力资源与企业战略单向适配的模式 (One-way Fit Model)，其特点是人力资源部门配合战略的实施。

单向适配模式下，尽管企业战略的制定还是以外部环境条件的变化为主要依据，但随着竞争的加剧和企业人员整体水平的提高，企业不再把员工看成是纯粹的成本费用，而开始视为一种可以帮助企业实现战略的资源。由于认识到人力资源对企业的潜在价值，其在企业中的重要性得到增强。

此时，人力资源部门的活动主要有两个方面：①进一步强化各项职能，通过人员培训与开发，提高企业人力资源的整体水平；②促使人力资源管理各功能模块的整合，使选人、育人、用人与留人管理形成有机联系，使人力资源管理更加适应企业战略的要求。但此模式下的人力资源部门仍只是扮演实施战略的职能角色，其对企业战略的制定还未产生直接影响（戴维·乌里奇，1997）。

3. 双向适配模式

双向适配模式 (Two-way Fit Model) 是单向适配模式的进一步演进，它强调企业战略与人力资源管理之间的相互依赖关系。由于注重双向交流与相互适应，该模式也叫对话模式。与单向适配模式不同的一点是，此时的人力资源部门将会影响企业战略的制定和实施。

企业战略并不完全是事先设定或不可改变的。随着人力资源能力的进一步的提升，人力资源作为企业的一种重要资源，开始满足资源基础论中关于战略性资源的条件，并发挥了战略性作用（怀特，2001）。此时，企业战略的制定不但要考虑环境的变化，而且还必须重视人的因素，某些人力资源问题可能会直接影响企业战略的形成。例如，对于产品进入衰退期而不得不进入技术创新程序的企业来说，关键技术人员的能力以及研发团队的建设与管理，就都会成为企业制定战略时需要重点考虑的因素。

在双向适配模式阶段，人力资源部被视为企业的商业伙伴，其不但要协助企业战略的实施，还要主动参与战略制定。因而，人力资源部门及其专业管理者不仅要认识到自己与企业之间的伙伴关系，而且要使企业其他部门及其管理者也持同样的观点，并共同参与人力资源管理，从而促进人力资源战略与业务战略的协调。但从另一个角度看，人力资源部门此时能否发挥应有的作用，在相当程度上还取决于企业高层及其他职能部门的支持力度。

4. 一体化模式

不断变化的外部环境使企业在制定战略时需要考虑战略在未来的可调整性，而"人"特有的灵活性有助于企业战略的调整。此时，如果能够对人力资源进行有效管理，就能成为企业战略制定的重要内部力量和形成竞争优势的关键因素。

一体化模式 (Holistic Model) 是一种将企业战略与人力资源战略融为一体的管理模式，将两者联系在一起的是公司的共同愿景，以及为愿景而努力的高素质人力资源。该模式的主要特点是，企业战略与人力资源管理之间不是按照先后顺序发生作用，而是一种多方位、动态且持续的一体化联系。战略、人力资源及其管理部门间的关系，既可在共同愿景下各自独立发挥作用，又相互协调和促进。

与双向适配模式相比，该模式下的人力资源部门在企业战略制定中的作用被进一步加强。人力资源部门的一项主要工作是为企业选育能完成企业认为并能与企业战略目标长期保持一致的各级人员（哈默尔、普拉哈拉德，1998)。由于战略人力资源本身具有的高价值性，人力资源部就成了企业战略的参与者和价值创造的直接主体。一体化模式是企业发展到一定阶段而形成的，并常以一种非正式的状态出现在组织中，强行推进一体化模式将可能导致资源浪费。

5. 驱动模式

随着企业战略不稳定性的加剧，许多战略的制定正在成为一个不断学习和尝试的过程，事先对战略进行准确的描述变得越发困难了。在这种情况下，企业能否对外部环境的变化迅速作出反应，并在必要时将市场机会转化为企业形成与保持竞争优势的有利条件，将更多地取决于人力资源的能力与灵活性，而人力资源灵活性的提高又有赖于企业人力资源管理方式的进一步演化。

人力资源管理的驱动模式 (HR-driven Model) 可以被看成是企业促使人力资源灵活适应企业战略的一种管理模式。从资源基础论与人力资源管理相结合的视角看，驱动模式下的人力资源成为企业最关键的战略资源。

驱动模式同时也使企业人力资源管理跳出了"工具"这一概念的束缚。人力资源部门一方面作为一种战略工具，继续扮演战略实施者的角色；另一方面作为一种战略决策力量，成为战略柔性和自主行动的驱动者。两者角色间的平衡，不仅可以促进企业迅速调整战略，而且能够在相当程度上保证初始制定战略的连续性。

13.3.4 人力资源战略驱动模式的相关问题

随着企业所处环境与条件的变化，平衡各种资源关系的重要性和难度也在不断加大，驱动模式将成为企业战略人力资源管理发展的一个方向。

1. 人力资源部门的角色与驱动人力资源战略

可以从人力资源部门在企业中所扮演角色的变化来加深对驱动模式的理解。人力资源部门在企业中扮演的角色可以分为五种：战略驱动者、战略参赛者、商业伙伴、战略实施者、例行管理者。人力资源部门所扮演角色的不同，对应了人力资源管理与企业战略管理关系的不同模式（表13-3）。当人力资源战略成为驱动企业战略的力量时，人力资源部门的角色将会得到进一步的丰富和发展。

表13-3 不同人力资源战略模式下人力资源部门的角色变化

承担角色 \ 模式	分离模式	单向适配模式	双向适配模式	一体化模式	驱动模式
战略驱动者					√
战略参赛者				√	√
商业伙伴			√	√	√
战略实施者		√	√	√	√
例行管理者	√	√	√	√	√

2. 人力资源战略驱动模式对企业的新要求

对于现实中的企业来说，驱动模式的实现并非易事。企业应该避免跨越现实阶段的盲目跳跃式发展，因为驱动模式对企业管理能力提出了更高的要求，需要企业在提升管理能力的基础上实行。

1) 建立人力资源管理信息系统

在当今这个信息爆炸的时代，企业为了实现人力资源战略与企业战略的动态匹配，应该加强信息管理建设。利用先进的IT技术，建立和完善人力资源管理信息系统，使人力资源信息能够迅速收集和传达。

2) 加强组织学习

要建立和保持企业的竞争优势，企业应该加强组织学习。一方面提高企业对外部环境的反应能力、适应能力、预测能力，从而提高企业正确制定战略、迅速调整战略的能力；另一方面，不断提高企业人力资源的素质，加强人力资源的能力建设，使企业的人力资源真正成为高价值、稀缺、难以模仿、难以替代的战略性资源。一个真正的学习型组织不仅善于向自身过去的经历学习，向组织内部不同部门学习，而且还要善于向其他组织学习。

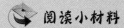

HL 公司的人力资源管理

HL 公司是一家民营企业，在成立后短短的 10 年间，该企业不断地发展壮大，在全国范围内已经拥有该行业的"三个第一"。但是随着企业的发展，该企业渐渐发现有的人力资源管理存在很大的问题，企业的人力资源赶不上企业发展的速度。于是聘请了管理咨询公司为企业做诊断。据了解，企业在成立之初，设立的是人事部门，主要管理企业的日常行政工作，部门的扮演的主要是行政管理角色，这与分离模式下的人力资源管理相符合。随着企业的发展，企业的老总认识到了人力资源在企业中的地位，企业的人事部更名为人力资源部，试图使企业的人力资源管理能更好地与企业的战略相匹配，并希望人力资源管理部门能参与企业的战略的制定，成为企业的战略伙伴。但是，由于受到现有人力资源素质的限制，企业目前的人力资源管理部门充其量只能充当执行企业战略的角色，因此，企业迫切需要改革重组。该企业的老总已经认识到了人力资源对于企业发展的重要性，并且把人力资源作为了企业发展壮大最重要的资源。目前，该企业把获取优秀的人力资源作为最重要的工作，希望企业的人力资源管理部门能真正充当战略参赛者的角色。在管理咨询公司与老总的交流过程中，他对于驱动模式下的 SHRM 也表示认同，相信在不久的将来，该企业的人力资源管理部门也能担当起战略实施者 (Facilitator) 与鼓励者 (Encourager) 的角色。

（资料来源：根据方勤敏 2010 年《HL 公司成长分享方案》研究报告整理而成）

13.4 战略人力资源管理思想的应用

战略人力资源管理思想在推动企业发展和变革中扮演着重要的角色，人力资源管理与企业战略的一致性将为企业带来巨大的竞争优势。在现代企业中，人力资源管理外包、企业并购和人力资源能力建设等都是战略人力资源管理思想在企业实践中的应用。

13.4.1 人力资源管理外包与战略人力资源管理

外包主要指企业根据总体战略的需要，整合利用其外部高价值的专业化资源，达到降低成本、提高效率、充分发挥自身资源的战略作用和增强企业对环境的应变能力的一种管理模式。外包的理论基础是资源基础论。由于任何企业的内部资源都是有限的，为了取得更大的竞争优势，企业有必要仅保留其最具竞争优势的功能，并将其他功能分散或整合外包。企业内部最具竞争力的资源和外部资源的结合，能产生极大的协同效应，使企业最大限度地发挥自有资源的效率，获得竞争优势。

人力资源管理外包 (Outsourcing of Human Resource Management) 是外包业务中的一种。它由于具有能提高现有人力资源竞争力、迅速应对外部环境变化和降低成本等特点而成为企业战略人力资源管理实践的一种新模式，并开始迅速渗透到企业各项人力资源管理事务中。

下面以 X 公司为例做进一步的讨论：

X 公司是一家成功实施人力资源管理外包的专业汽车租赁品牌公司，短短几年时间，公司的业务范围迅速扩大，员工数量也由创立之初的 100 多人发展到将近 2 000 人，拥有 1 000 多辆租赁营运车。可是公司的人力资源部却只有 4 个人，公司的人力资源部经理说，能够有这么高的运作效率主要归功于外包。目前公司的外包范围主要是人事代理、员工的招聘、公司日常培训等职能型活动，而把人力资源管理信息系统、绩效管理和人力资源战略规划和薪酬，新员工的培训都留在公司里，没有外包出去。

1. 决定外包与内部化的两个维度

基于资源基础论的人力资源管理观点强调企业应该集中关注对企业竞争力具有核心作用的资源，同时外包非关键性的职能。其中，价值性和稀缺性是决定外包或内部化的两个主要维度。人力资源管理的价值性主要体现在能够帮助企业获得竞争优势或发展核心竞争力的人力资源及其管理职能方面。该价值有高、低两个水平，如果一项人力资源管理职能有助于企业获得竞争优势或增强核心竞争力，就具有较高的价值，因此适宜保留在组织内部，且由人力资源管理部门施行；反之，则适宜将这部分职能外包。人力资源管理的稀缺性主要指外部市场稀缺或企业专业化程度两个方面，它也有高、低两个水平。如果一项人力资源管理职能是该企业所特有的或在外部市场上难以获得，需要高水平的人际技能和敏感性才能完成，它就具有较高的稀缺性，因此适宜由企业内部的人力资源管理部门施行。反之，就应将这部分职能外包。

2. 人力资源管理外包的 4 个判断标准

根据价值性和稀缺这两个维度以及它们的高低水平，通常可以将把人力资源管理活动分成以下四种类型，以此作为人力资源管理外包的判断标准。

1) 传统型人力资源管理活动

主要指具有高价值、低专用性的人力资源管理职能活动。这一类型的人力资源管理活动虽然有助于组织获得竞争优势，但它会随着信息技术的发展以及人力资源软件和数据库功能的升级而日益标准化，企业往往可以从组织外部很方便地得到，因此应该归入外包之列，例如人事代理业务、部分员工的招聘工作等。上述案例中，X 公司作为一家汽车租赁公司，驾驶员是公司获得竞争优势的最直接资源，具有高价值性，为了满足不同客户的不同要求，公司储备了各种技能的驾驶员。但是就目前市场情况来看，驾驶员并不是稀缺资源。因此，公司对驾驶员实行人事代理，不仅节约了管理成本，还为公司提供了更专业的服务，是一种双赢的策略。X 公司对于中层管理人员的招聘则委托专业的外包服务公司，因为外服公司拥有庞大的高级人才资料库，可以通过游说等方式为公司提供合适的人员以供选择。

2) 外围型人力资源管理活动

主要指具有低价值，低专用性的人力资源管理职能活动。由于这些职能活动为组织贡献价值的能力有限，并且外部市场的标准化服务足以满足组织的要求，因此多选择外包。以日常培训工作为例，现在市场上有许多专门进行培训的咨询公司，这类公司通常拥有人力资源管理各方面的专家，可以提供普遍适用于多家组织的员工培训服务。案例中 X 公司目前的培训中除了新员工培训，其他的培训项目一般都是外包出去的，培训公司会定期将一些培训课程通过网络或者信件的形式传给人力资源部负责培训的员工那里，这样培训负责人就可以根据每年的培训计划或者是公司业务的当前需求选择培训项目，让员工参加。通过这种方式，有助于公司提高人力资源开发与管理的效率。

3) 独特型人力资源管理活动

主要指具有低价值，高专用性的人力资源管理职能活动。这类活动虽然往往不直接创造经济价值，但能满足组织的特殊需要。同时，由于独特性人力资源管理活动具有高专业性的特征，通常不能选择外包。例如新员工培训和企业文化建设活动，由于涉及公司各个部门的具体要求、为新员工树立企业文化理念、设计个人职业发展方案以及指导他们达到既定的目标等方面的内容，外包供应商很难了解到每个部门的详细情况，因此，必须由公司内部的人力资源部门和管理层人员共同担当。

4) 核心人力资源管理活动

主要指具有高价值、高专用性的人力资源管理职能活动。它是企业保持市场竞争力的关键，多由人力资源管理部门自己实施。例如信息系统的管理、战略规划等，由于这部分内容常常涉及企业的机密，外包会得不偿失。如对核心员工的管理，由于核心员工是公司竞争力的源泉，企业在核心竞争力的培育与发展过程中，要对人、物等要素进行整合，缺乏人这一要素，特别是核心员工是无法想象的，一旦把它们外包出去，不仅使公司失去竞争力，而且技术机密也容易泄露出去。

13.4.2 企业并购与战略人力资源管理

并购 (Mergers & Acquisitions) 是组织为获取竞争优势所采取的一种变革模式。它可以使公司直接获得在某一产业确立竞争优势所必需的一整套资源，当这些关键性资源很难被模仿或积累时，并购就显得尤为重要。然而，无论是国外还是国内的企业都不得不接受的一个事实是，长期以来企业的并购成功率并不是很高，对其进行研究的学者普遍认为企业中的人是并购中的重要制约因素，而且往往是导致并购成败的关键。

企业并购中有效的人力资源整合主要有两方面的意义，一是控制并购成本，二是为并购后的企业创造价值。如果企业选择并购，在并购过程中就不可避免地会产生许多成本。据分析，产生的成本中有很多是与"人"相关的，主要有人力资源流失所产生的成本和组织变化产生的人力资源破坏成本。有效的人力资源整合是减少上述成本的关键。从并购的目的来看，通过获取人才来创造现实价值是企业并购的主要目的，并购后有效的人力资源整合能赋予人力资源更强的专用性和不可模仿性，因而使得并购后的企业能够产生新的竞争优势，并且使企业能够保持价值的不断增加。

并购的全过程可以分为并购前的规划与筹备阶段、并购的谈判阶段及并购后的整合阶段。在整个企业并购的过程中，都需要关注人力资源的整合问题。

并购前的规划与筹备阶段，企业的高层管理者通常只是了解对方企业的战略和生产线,对于企业的核心竞争力、人力资源等问题没有深入研究。而这些都是需要系统评估,以确定为达到合并后的预期竞争优势所要改变的进程。因此,人力资源部门需要关注从战略上进行人员方面的评估,预期并购双方尤其是被兼并企业员工可能的反应,研究被兼并企业的人力资源适应性,评价组织和人员的匹配程度,尽早做好被兼并企业的人力资源的详细调查,找出对新企业的未来发展有重要影响的关键人才与他们进行沟通和交流,尽最大努力来挽留这些重要的员工。

在并购的谈判阶段,并购管理的核心问题就变成了人力资源管理。这个阶段,被并购方企业员工由于对未来的不确定感日益加剧,使得焦虑感增加。因此并购方必须做好管理文化冲突的准备,研究建立新的组织架构的可能性,同时还面临选拔整合经理,制订人员选拔与调整方案,制订员工裁减与扶助计划等问题。

并购后的整合是决定企业并购成败的关键阶段。刚刚经历并购的企业,员工一般都会出现较大的心理压力,因此要随时关注公司员工的情绪变化,并拟订一些安抚计划。同时,新并购的企业必然会对企业文化价值和企业的用人理念进行整合、创新。因此,必然面临建立新的组织架构的问题。人力资源管理部门也必然面临人事选拔和调整计划,这是人力资源整合计划的关键。为了防止流言蜚语造成人心不稳,人力资源部门在选拔和调整计划中最重要的是要体现公平、公正、竞争的原则,并要挑选适当的时机公布新的人力资源调整政策。

 案例

联想跨国并购中的人力资源管理

联想是国内著名的一家电脑生产商,20 世纪 90 年代后期,随着国际市场的开放和国内市场迅速发展,国内的市场的竞争越来越激烈,联想不得不寻求新的发展道路,于是联想开始把目光转向海外市场。2004 年,联想正式收购了美国某知名电脑厂商的 PC 机业务。迈向了走向国际化的关键一步。并购的实施,一方面迅速为联想打开了海外市场,拓展了发展空间;另一方面也为联想跻身国际品牌打下了良好基础。

对联想来说,人力资源也是并购战略目标之一。因为目标公司优秀的人力资源,包括优秀的国际化经营人才,高层管理人员和专门技术人才都是联想想要走向国际化所缺乏的重要资源,如果目标公司的这些关键人员流失掉,联想的战略目标就难以实现,因此人力资源整合也就成了决定联想能否并购成功的关键。

作为两家优秀企业,联想与目标公司在许多方面都存在着差异。为了避免冲突,联想确定了整合原则:"坦诚、尊重和妥协"。对目标公司更多是抱着观察、研究、学习的态度。针对两个企业人力资源管理政策的差别,联想采取的最显著的整合措施是薪酬福利和人力资源发展计划的调整。在薪酬方面,考虑到两国的经济差距、文化的差别和员工的接受性不同,联想特别制订了三年整合规划,宣布目标公司的员工薪酬三年不变,同时对每一年需要完成的工作进行了细致的计划。而为了盘点现有人力资源,尤其是目前的业绩表现和未来的发展潜力,为下一步人才储备和开发做准备,联想制订了详细的人力资源发展计划。

> 在人员整合方面，为了实现向国际化的平稳过渡，联想留用了目标公司 PC 的高层管理人员，同时采取一系列留住海外管理、技术专业人才的措施，这些措施使目标公司 PC 国际化经营人才人员的流失降低到最低程度，促进了联想国际业务的顺利发展。
>
> 联想的并购涉及不同国家，不同文化之间的整合，并且对方是享誉全球的大型跨国公司，这就为并购后的整合增加了不小的难度。被联想并购后，由于被并购企业的员工对新公司的认同感、归属感不强，难免会在工作中产生失落、角色模糊感，对未来不确定感等负面情绪，这些都直接影响了士气和工作效率。在文化方面，目标公司的文化属于比较传统的注重个人的美国文化，员工在工作中的授权比较大。而联想在国内向来以严格和强调执行力而著称，下级对于上级的命令要严格执行，这导致目标公司的员工与中国管理者和同事容易产生冲突。因此，对于联想来说要很好地整合这两种文化下的人力资源，单靠目前采取的措施是远远不够的。当然，从目前公布的业绩来看，并购以后的联想保持着良好的发展势头。但是，并购后的磨合是一个长期的过程，联想当下还面临着很多的挑战与不确定性，要想这次并购获得最终的成功，联想还有很多工作要做。
>
> （资料来源：彭长桂. 当联想走向世界——新联想的国际化人力资源管理 [J]. 人力资源，2006，(14):12-21.）

13.4.3　人力资源能力与战略人力资源管理

竞争优势取决于组织是否具有比竞争对手更快地适应环境变化和更有效地利用资源的能力，这种能力反映了组织的总体能力，也即组织能力。进一步看，组织能力的提升归根到底又取决于企业的人力资源是否满足企业对从业人员的特殊要求，或者说，取决于企业人力资源对工作的胜任能力，简称为人力资源能力（Human Resource Competence）。

企业人力资源能力是指驱动员工产生高工作绩效的各种个性特征的集合，它既是判断一个人能否胜任某项工作和取得工作绩效的起点，也是企业竞争力的基础和竞争优势的源泉。中国许多企业面对机会，有了战略却常常难以达到预定目标，究其原因，往往不是资金与自然资源等条件，而是由于制定的战略与相应的人力资源能力不匹配。

从人员的任职资格与职业行为特点出发，可以将人力资源能力分为任职能力与职业化行为能力两方面。

任职能力指的是担任某一任职角色的从业人员必须具备的知识、技能、经验、素质与行为的总和。当企业员工整体任职能力增强时，员工的适岗率将会提高。与此同时，企业组织结构和业务流程相应简化，所需员工人数则相对减少，这都有利于企业组织能力的提升和竞争优势的形成。

职业化行为能力是指从业人员所具备的与本行业特定的行为规范或行为标准相吻合的职业素质和职业技能。它大致包括 3 层含义：①从业人员应该体现的一种职业素质（如适合从事某一具体工作要求的动机、个性、兴趣与偏好、价值观、人生观等）；②从业人员应该掌握的专业知识

阅读案例　江苏电力公司基于能力模型的人力资源管理

与技能;③从业人员应该遵守的行业特定行为规范或行为标准。

战略人力资源管理关注的一个重要方面,是员工任职能力与职业化行为能力的均衡发展(如企业管理类人员、技术类人员和销售类人员的能力的协调发展),以使它们适应企业战略的要求;战略人力资源管理的另一个重点,是如何提高人力资源能力的价值性、稀缺性、难模仿性和难替代性,如员工应当具备什么样的核心专长与技能才能为顾客创造独特的价值,并且使竞争对手在短期内难以模仿与复制。战略人力资源管理理念在人力资源能力方面的应用,可以为企业形成与保持竞争优势提供指南。

本章小结

本章首先介绍了战略人力资源管理的发展进程,探讨了战略人力资源管理的定义和所具备的特征。由此得出战略人力资源管理是将人力资源管理与企业战略相结合的一种管理思想,在企业中通过与组织战略目标一致的人力资源管理来获得竞争优势,且这种竞争优势是不易被竞争对手模仿的、相对持久的,有助于达到企业目标。由于战略人力资源管理是一个新生事物,自身还处于一个完善和发展的过程中,目前关于战略人力资源管理有许多理论基础,本章重点介绍了目前两大主要理论阵营的人力资源管理:基于环境的战略人力资源管理和基于资源的战略人力资源管理,两大看似矛盾的阵营实际上是一种相互补充。人力资源战略是实现战略人力资源管理思想的手段,因此,本章还介绍了人力资源战略的选择思路,以及人力资源战略模式的演进过程。本章最后介绍了战略人力资源管理思想在企业中的应用,目的是启发人们在实际中摸索战略人力资源管理的规律及其如何与企业战略相结合,以获得更大的竞争优势。

关键术语

战略人力资源管理	Strategic Human Resource Management,SHRM
企业战略	Corporate Strategy
人力资源战略	Human Resource Strategy
竞争优势	Competitive Advantage
分离模式	Separation Model
单向适配模式	One-way Fit Model
双向适配模式	Two-way Fit Model
一体化模式	Holistic Model
驱动模式	HR-driven Model

习 题

1. 什么叫战略人力资源管理?
2. 概括说明战略人力资源管理的主要理论基础。

3. 如何区分以环境为基础的战略人力资源管理和以资源为基础的战略人力资源管理？

4. 试分析不同的企业战略下人力资源战略的特征。

5. 比较不同的战略人力资源管理模式的演进。

6. 阅读2008年第10期《中国人力资源开发》方勤敏所著《战略思维导向的人力资源管理模式比较》一文，讨论不同人力资源管理模式的适用性。

7. 阅读2012年第5期《管理评论》高素英、赵曙明所著《战略人力资本与企业竞争优势关系研究》一文，讨论战略人力资本影响企业竞争优势的内在机理。

8. 调查你身边的企业并分析战略人力资源管理思想在这些企业中的运用情况。

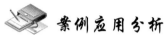

案例应用分析

中美集团的战略性人力资源管理

中美集团是中国最大的民营医疗企业之一，是一家集医疗、科研、制药、生物工程技术和中医中药研究开发为一体的大型医疗企业。在经历了初创期的高速增长后，中美集团出现了企业成长期常见的人力资源约束，突出表现为集团内部中高层管理人才的短缺问题。与此同时，与集团的飞速发展相比，内部的管理水平却相对滞后。初创期人力资源投入相对不足，使得人力资源管理机制尚未健全，出现了一系列与集团的发展阶段和经营战略要求不相匹配的状况，在一定程度上制约了集团的可持续发展。针对这一问题，中美集团高层决定进行人力资源管理变革，以突破中高层人才瓶颈为切入点，构建基于战略的人力资源管理体系，探索出适应企业成长期发展要求的战略性人力资源管理模式。

一、制定人力资源战略

根据中美集团成长阶段的经营发展战略，在集团人力资源整体工作定位的指导下，制定了成长期人力资源战略的三阶段规划：

1. 第一阶段：搭建体系性架构，夯实管理基础

重点构建战略性人力资源管理体系，夯实人力资源基础工作，初步将各项制度、机制融入人力资源管理体系中来，引进现代人力资源管理制度和机制，有针对性地开展当前紧迫的工作，着重突破企业成长期人才瓶颈。

2. 第二阶段：系统规划，综合提升

全面推进人力资源管理体系的构建，真正实现对全集团公司的人力资源工作进行综合统筹、分级管理，在整个集团公司内充分形成互动，提升人力资源管理体系的整体运作效果，培养和开发大批核心员工。

3. 第三阶段：完善升级，实施前瞻性管理

根据内外环境变化对人力资源管理体系进行升级、维护，在此基础上，前瞻性地开展人力资源战略管理，形成一批能够管理好集团内部医疗企业的人才团队，使人力资源成为中美集团的核心竞争力之一，充分发挥人力资源对集团公司整体工作的牵引作用。

二、开展人力资源规划

根据集团经营发展战略，集团人力资源部重点进行了以下几个方面的规划。

(1) 根据集团的经营发展战略，确定核心岗位的职责及其要求，并确定公司未来的人才需求趋势。

(2) 通过研究现有人力资源的配置和利用状况以及工作岗位对人力资源的知识、技能需求的预期变化，制订未来人力资源配置计划。

(3) 根据盘点现状以及市场调查情况进行人力资源配备情况分析，在集团内部进行人力资源的优化配置。

(4) 经过内外分析，中美集团将成长期人力资源管理的重点管理对象确定为经营管理班子成员、高级管理人才、高级技术人才以及其他掌握企业关键资源的核心员工。

(5) 根据以上内容，配合经营战略规划和人力资源战略，制订人力资源获取、开发、保留、激励等具体计划。

三、完善人力资源基础管理平台

1. 搭建招聘体系

集团公司搭建了基于校园、猎头、网络和报纸杂志等多渠道的招聘平台，初步建立了以集团公司人力资源统一调配和储备为主，支持、指导各企业自主招聘为辅的人员招聘制度，完善了高级专业技术人才和高级管理人才的引进机制。

2. 长期培养开发

为了结合中美集团实际情况培养具备医学背景的管理人才，集团着力开展了员工的长期培养开发计划，逐步建立了包括新员工入职培训、专业知识、管理技能、企业文化等在内的综合培训体系。另外，为了满足医疗业长远发展的人力资源需求，中美集团还开始探索与国内MBA教育联手培养医疗业高级职业经理人的人才培养模式。

四、建立战略性激励机制

中美集团认为，提高员工的工作效率和工作积极性是提高医疗企业竞争力的核心，因此，基于战略的激励机制必须有效评估人力资源价值，并建立价值分配机制，以最大限度地激发人的内在潜能，依靠发挥人的潜能来支撑企业的使命追求与战略实现。中美集团的战略性激励机制主要通过以下几个方面进行：

1. 建立分层、分类、分步骤的绩效评价体系

中美集团采取了分层、分类、分步骤的管理措施，首先在核心员工范围内建立了以KPI评估为核心的绩效评估体系，将集团的战略分解至核心员工层面。其次，建立基于岗位层级的绩效评估机制，将全员的业绩评估纳入集团的整体人力资源战略，将集团的战略目标进一步分解到每一个岗位和每一名员工。通过建立这种绩效评估体系将企业承受的巨大市场压力充分的分解到每一名员工身上并使之转化成动力，将绩效评估从约束机制转变为激励机制，从而进一步激发员工的工作潜力。

2. 建立价值分享的薪酬激励体系

中美集团将薪资结构转变为"基本工资＋岗位工资＋绩效工资＋社会保险＋年终奖金＋股

票期权"的形式，不仅承认员工的个人利益，还努力寻找企业和员工利益的共同点，主动与员工分享企业发展的成果，通过建立价值分享体系来支撑企业战略目标的实现。

3. 重视建立非物质激励体系

非物质激励属于内在激励，往往更能激发起员工的工作热情和职业自豪感。中美集团的非物质激励体系主要包括职业晋升机制、精神激励机制和员工参与管理的分权管理机制等几部分，并注重将非物质激励与企业文化结合起来。

（资料来源：http://www.hroot.com/contents/79/228518.html，2010.）

思考题：
(1) 中美集团的战略性人力资源管理模式的特点是什么？
(2) 中美集团应该如何保障战略性人力资源管理模式的有效实施？

知识链接

[1] http://www.newjobs.com.cn 中国国家人才网人事代理。
[2] http://www.managershare.com/wiki 经理人分享。
[3] http://www.efesco.com 上海外服。

第14章

国际人力资源管理

教学目标

- 分析国际人力资源管理的特点
- 描述欧、美、日、韩企业人力资源管理的特点
- 理解国际人力资源管理模式选择的依据
- 比较中国人力资源管理与国际人力资源管理

教学要求

- 掌握国际人力资源管理的含义与特征
- 比较欧美、日、韩、中企业人力资源管理的特点
- 了解国际人力资源招聘、培训、绩效、薪酬管理等方面的特点与发展趋势

阿里请来个牛人

2014年，即将在美国上市的阿里巴巴开始管理层的国际化，他们招入了美国前财长幕僚长吉姆·威尔金森。这位纵横美国政商两界的公关老手能给阿里带来什么？

阿里今天任命吉姆·威尔金森为资深副总裁，他将直接向董事局执行副主席蔡崇信汇报。威尔金森的办公地点位于旧金山湾区，负责组建和领导国际企业事务部。

外界有人将威尔金森解读为阿里的国际公关事务新主管，遭到阿里否认。阿里方面表示威尔金森会发挥更大的作用。

威尔金森是谁，阿里为什么选择他？不妨先来了解一下此人。

吉姆·威尔金森是德克萨斯州人，来自小镇Tenaha，学习成绩出色且爱好金融，本科就读于德州阿灵顿分校金融系，硕士在约翰·霍普金斯大学完成，毕业之后进入政界，为共和党众议院全国委员会发言人工作。

在小布什竞选总统期间，吉姆·威尔金森加入竞选公关团队。布什政府期间，威尔金森担任过时任美国财政部部长保尔森的办公厅主任。他担任该职位的时间持续到2009年。2004年至2006年间威尔金森还担任过时任美国国务卿赖斯的高级顾问。

尽管一直混迹政坛，但吉姆·威尔金森很低调，不喜欢在前台晃悠，有媒体采访他时，他总是拒绝。他曾对《纽约观察者报》说："我的工作是要看成效，而不是通过宣传让大家知道。"

吉姆·威尔金森在美国政界、华尔街都有很好的人脉基础。他善于整合资源、公关宣传、统票拉票，说白了也就是拉帮结伙。

离开美国政府之后，由于经验丰富、人脉广泛，威尔金森担任过公关公司Brunswick Group的执行合伙人，2012年加入百事公司，担任公关部的高级管理人士。

说完威尔金森，再来看看他将领导的部门：国际企业事务部。曾在美国上市公司中担任财务官的张泽锋透露，很多赴美上市的中国公司都会在美国设立一个类似的部门，主要是和华尔街的承销商们以及监管层沟通，以便帮助上市后的股价有好表现。

根据中国现代国际关系研究院世界经济所助理研究员魏亮的说法：在美国，如果要把一个事情作为法律条文规定下来，有很多程序，门外汉是搞不清楚这些手续的，需要一个专家来指导你办这件事情。离职退休的官员正好是专家，他们的帮助能够帮你顺利走完程序。另外能够起到企业和政府的顺滑作用。

（资料来源：http://www.xker.com/page/e2014/0514/132397.html，2014.）

20世纪80年代以来，国际经济环境发生了巨大的变化，经济发展的全球化已经成为不可抗拒的潮流，跨国企业如雨后春笋般出现，企业的经营范围扩展到全球。经营国际化的结果导致企业必须越来越多地实行全球化管理，国际人力资源管理将对21世纪经济发展起到重要的作用。与阿里巴巴类似，越来越多的中国企业在实现全球化经营的同时将面临人力资源管理国际化的多方面挑战。本章将探讨国际人力资源管理的内涵与特点、国际人力资源管理模式选择及跨国企业人力资源的选聘、培训、绩效与薪酬管理等问题。

14.1 国际人力资源管理概述

经济全球化与人力资源的发展变化是分不开的。没有人才流动的全球化以及人力资源管理与开发的国际化，实质上是没有真正意义的全球化。国际人力资源管理对21世纪经济全球化发展的作用是不可低估的。

14.1.1 国际人力资源管理的含义与特点

1. 国际人力资源管理含义

国际人力资源管理是指随着企业经营的国际化而导致的企业人力资源管理的国际化。虽然，国际人力资源管理与常规的人力资源管理在基本功能、常规程序上相同。但是，由于企业经营的国际化，国际人力资源管理的所有活动都会变得更加复杂。

摩尔根(Morgan)提出了国际人力资源管理的模型，他将国际人力资源管理定义为人力资源活动中国家类型、企业经营和雇员类型三个方面的相互作用，其中每个方面都与人力资源的招募、配置和使用有关。在这个模型中有三个重要概念：①人力资源管理活动。包括人力资源的获取、分配与使用。②国家类型。国家类型分为东道国、母国和第三国。东道国是指跨国公司经营国外业务的所在国；母国是指公司总部所在的国家；第三国是指除东道国和母国之外的与跨国公司有劳动力供给关系的国家。③员工类型。员工类型分为东道国员工、母国员工、第三国员工。如微软在中国的分公司，招聘的中国籍员工为东道国员工；在中国分公司工作的美籍员工为母国员工；而新加坡籍员工则为第三国员工。

2. 国际人力资源管理的特征

国际人力资源管理与传统国内人力资源管理的差别主要表现在两方面。
1) 管理的复杂性
管理的复杂性包括以下几个方面。
(1) 组织界限越来越模糊，管理制度越来越有弹性，需要有更强的管理灵活性。
(2) 招聘员工时需要从全球的视角来考虑其来源，培训过程中还要注意培训文化的适应性与融合性，如何在更大的地理范围内更有效地配置培训资源。
(3) 企业员工来自不同的国家、不同的文化环境，在工作过程中不可避免的会产生文化冲突。
(4) 在国际化企业中，沟通与协调成为企业有效管理的必要条件。管理层内部、管理层与员工之间、员工与员工之间常常会出现由于文化和语言不同而产生的沟通障碍甚至是误会，从而阻碍了企业的正常运行。例如，在合资企业中，不同投资者任命的管理人员在共同进行管理和决策时，管理层内部难以沟通和协调；而独资企业的沟通问题主要产生在母公司所任命的管理者与其下属员工之间。

(5) 更多地关心员工个人生活成为有效管理的必要内容。为了对母国员工和第三国员工进行有效的管理，国际人力资源管理需要对员工的个人生活给予更大程度的关注。人力资源部门需要确保驻外人员的国外住房安排、医疗保险及各种薪酬福利等。许多跨国企业还设有"国际人力资源服务"部门负责协调上述工作。

(6) 各国劳动关系的历史背景、政治背景和法律背景等都不同，如果不了解东道国的劳动关系现状，则较容易出现冲突与摩擦，因此劳动关系的问题成为国际人力资源管理的一个重要而敏感的问题。

2) 人才本土化的客观必要性

由于企业经营的国际化和跨国企业之间竞争的需求，与传统国内人力资源管理相比，国际人力资源管理具有实现人才本土化的客观必要性。这主要表现在以下几方面。

(1) 增强东道国对子公司的信任感。大量的东道国人员进入跨国公司的当地子公司担任管理工作，一方面提高了东道国员工的就业率，另一方面提高了与东道国市场的融合程度，增强了东道国对子公司的信任感。

(2) 降低子公司的经营管理成本。在通常情况下，公司对于派往国外子公司的母国管理人员（即外派人员），不但要在人员选聘、培训上投入大量经费，同时，这些外派人员还要享受比在本国工作更高额的津贴和补贴、母国与东道国之间的往返差旅费用等。而直接聘用子公司东道国人员，则会避免上述支出。

(3) 有利于公司熟悉东道国市场。由于东道国员工更熟悉本国的风俗习惯、消费者需求、市场动态以及政府方面的各项法规，因此使用东道国员工有利于跨国公司更快地熟悉东道国市场的情况，拓展市场。

14.1.2 人力资源管理模式的国际比较与选择

1. 美、日、韩人力资源管理模式比较

第二次世界大战结束以来，特别是 1990 年以来，随着世界经济全球化进程的加快，随着跨国公司的逐渐增多，由企业员工的多元化带来的文化和价值观的多元化对各种管理模式提出了挑战。各个国家的人力资源管理都在相互碰撞与整合。美国引入日本的人本管理增加员工的忠诚度，日本则引进美国的能力工资制度以弥补年功序列制的缺陷。尽管由于历史基础差异和文化价值差异等方面的原因，导致各国人力资源管理模式具有许多的差异，而且这些模式间的差异有许多的表现。然而，从现实的角度出发，各种人力资源管理模式在面临未来发展的挑战时，要想在竞争中取胜，必须互相借鉴互相融合，这是必然的选择。

中外许多学者对各国的人力资源管理模式进行了比较研究，提出了许多见解与看法。比如南京大学赵曙明教授等通过对美、日、德、韩四国的人力资源管理模式的多维度比较研究（表 14-1），认为这几个国家的人力资源管理模式各有本国鲜明的特点，他们在形成本国人力资源管理模式的过程中存在较大的基础差异，并遵循了不同的发展路径。

他们的差异基础主要表现为历史和文化价值约束。美国和日本的人力资源管理模式由于风格上的巨大差异和各自在本国取得的卓越成功而备受瞩目。韩国则充分接受与消化美国与日本的人力资源管理模式,结合本国高丽民族的特点和历史发展进程,创造了一种混合性的韩国人力资源管理模式。这几个国家人力资源管理的模式差异,体现在人力资源管理的各个层面上,如表 14-1 所示。特别是美、日两国截然不同风格和特色的人力资源管理模式都在本国取得了良好的效果,有效地降低了企业的成本,提高了企业效益,增强了本国企业的核心竞争力。

表 14-1 美、日、韩人力资源管理模式比较

国家差异	美国	日本	韩国
	松散的集体	有较强内聚力	大家庭
等级差别	以职能联系的管理等级	非常强调普遍的等级	强调森严的等级制度
雇用关系	劳资买卖关系,忠诚度低,流动频繁	终身雇用制	准长期雇用
人际关系	对立,人情关系淡薄,人际理性、制度化管理,顺序是法、理、情	和谐,人际微妙,和为贵,顺序为情、理、法	企业强调员工忠于企业主
培训	工会为具体工作进行在职培训、职业培训、工作表现培训、人才管理培训	为多种工作进行在职培训,经营即教育	普遍的在职培训和同工种有关的培训
管理手段	集中在特定范围的特定工作,突出专业化	工作轮换、范围灵活	大量工作轮换、范围机动灵活
绩效评估与升迁	能力主义、强力表现、快速评价、迅捷晋升、现实回报、无情淘汰的考绩制	年功序列制和日本式的福利型管理,重视能力、资历和适应性三者平衡,晋升机会平等	竞争的择优机制,重视员工责任感、忠诚感
劳资关系	劳资对立、零和思维	劳资和谐、缓和劳资矛盾	稳定协调,工会力量弱,力量对比悬殊
市场化	市场调节,竞争——淘汰机制	市场化程度低	发达的市场化、转职生成机制
员工参与管理	有限度参与管理,强调各司其职	强化员工主人翁意识,职工建议制	—
招聘与引进	全球范围内的发达市场制	重视教育、崇尚名牌大学,强调基本素质,注重与学校的合作	—
法律规范	法律条文众多,重视保护雇员利益	有一定的约束性法律条文	政府与企业主同属一条线
薪资水准	市场化运作,能力、绩效贴现	基于教育学历和服务	最初学历、能力、绩效

[资料来源:赵曙明,武博. 美、日、德、韩人力资源管理发展与模式比较研究 [J]. 外国经济与管理,2002,(11).]

2. 日、美、中人力资源管理模式比较

如果比较日、美、中管理模式或管理文化的特点，我们可以发现它们分别可以被概括为主妇型管理、丈夫型管理与家长制管理。其模式如图14.1所示。

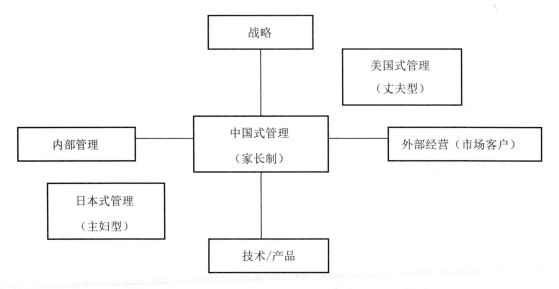

图 14.1　HHP(Housewife, Husband, Paternalism) 模式

日本式人力资源管理 (主妇型管理) 的主要特征是：管理精细 (对内)，经营周到 (对外，市场与客户)，不断改善追求完美 (技术，产品)，短见 (战略)。总体倾向是：重内部管理与产品，技术和客户管理，轻战略与市场开拓，比较细腻、温情、认真、忠实等。一般认为，日本企业在品质管理、作业现场管理，以及对员工的教育培训等方面做得十分出色。但是比较缺乏长期战略，也不擅长组织，过于追求完美，开拓精神与勇气不够等，这些都是主妇型管理的表现。至于日本企业文化中"内协外争，亲和一致"的"家"的意识和氛围，也体现了"主妇型管理"的特征。

美国式人力资源管理，可以概括为"丈夫型"或"男性型"管理。其特征是：理性 (对内分权与变革)，开拓 (对外市场的扩展性经营)，创新 (技术，产品)，远见 (战略)。总体倾向是：重战略、市场开拓与技术创新，内部管理与产品及客户管理的精细化稍微不足，比较豪放、进取、果敢、理性等。美国企业管理崇尚努力和勇气，比较能够允许和宽容失败，主张说了就做，强调速度，重视从上到下的果断决策，以及全球化战略与引领知识经济的能力，处处显示了美国企业"丈夫型管理"的特征。

中国式人力资源管理，主要是家长制管理。其特征是：粗放性 (内部管理)，感性型 (对外市场与客户经营)，适用满足性 (技术，产品)，机会主义 (战略)。总体倾向是：偏重产品生产与市场占有，处于一种不稳定的变动状态，比较保守、实际、权威、感性等。中国企业很难做大、做强、做长久，本身就是家长制管理的一种表现和结果。

根据某管理顾问公司于2001年进行的一项对中国10家代表性企业的问卷调查表明，在中国，无论传统工业企业、先进工业企业、初期知识企业和成熟知识企业，所有

企业的共同特点是：对战略、文化、工作等维度的评价都相对较高，而对组织、沟通、制度等维度的评价普遍相对较低。这说明了中国企业缺乏规范化、制度化的内部管理，或者对其重视不够。日本学者对跨国公司在中国的合资企业的调查研究也表明，日本企业与中国企业或美国企业存在着在战略、技术与产品、内部管理、外部经营等各个方面的显著差异。比如日本企业特别强调5S内部管理(整理、整顿、整洁、整齐、整肃)，注重全面质量管理，注重内部的平衡与协调，注重工作与雇佣的稳定性，不喜跳槽与流动，注重客户关系，合作谨慎，严守合同等，并把这一套做法和制度全盘照搬到中国，要求中国的企业员工也一丝不苟地照学照做。日本企业的做法和制度有许多优点，但与中、美企业管理风格不同，因而也引起了很多麻烦和困扰。越是知识性高、竞争性强的员工或企业，其困扰越大。

3. 人力资源管理模式选择

通过上述不同人力资源管理模式的比较，从他们的理论意义和应用价值来看，我们可以认为，在以产品大生产和制造业为主要竞争力的时代或地区，日本式管理即主妇型管理应该占有较大的优势。日本曾经以其同时做到了降低成本与提高质量从而实现有效经营而称雄全世界，并以精细的内部管理特别是温情主义的人力资源管理体制和周到有效的内部沟通机制而赢得世界性的赞誉。然而进入20世纪80年代，特别90年代以后，随着全球化竞争的加剧和知识经济时代的到来，日本的主妇型管理越来越不适应，终于导致了日本经济的长期衰退和国际竞争力的大幅下降。在需要开拓与竞争的年代，单靠内部管理与技术及产品的改善是远远不够的，还必须要有战略的眼光和创新的勇气，即大丈夫精神。

美国式管理恰恰符合这种大丈夫精神的要求。它以领导世界潮流为己任，勇于开拓和创新，具有长远的战略眼光和理性的操作计划，并且能够包容各种不同的文化与人才，所以特别适应全球化与知识经济的挑战。美国经济从20世纪80年代开始复苏并且从总体上看越来越具有活力，美国跨国公司建立了世界性的产品与技术标准，国际化经营程度越来越高，竞争力越来越强大，这些都与其"丈夫型管理"具有密切的关系。

中国是一个崇尚权威的国家，并且具有几千年的"中庸"主义传统。这种文化反映在管理上，就是所谓的"家长制管理"。家长制管理的优点是灵活，实用，决策快速。但同时其缺点也是明显的，这就是不确定性和非规范化。中国企业一直做不大、做不强或做不久远，与此密切相关。好的"家长"能使一个濒临倒闭的企业兴旺发达，不好的"家长"则可以使一个好企业倒闭破产。人存企兴，人亡企灭，这是中国企业的规律。所以，中国式管理即家长制管理也许会适应于一时，适应于中小企业经营管理，但肯定不适应于全球化大企业之间的竞争和知识经济时代的管理。

然而，日、美、中管理模式虽然显示出很大的差异和不同的结果，但也各有千秋，很难断定其就一定具有特别的优劣之分，主要看其适应的对象与时期。也许正因如此，才出现了在不同时期及不同地区或行业，对日、美管理模式评价的极大反差。而中国式管理并不完全定型，也许这与其感性、适用、机会主义等特征不无关系，因而也不存在特别的褒贬意见。所以，如果要实现管理国际化，并不一定就要照搬某一种特定的管理，比如美国管理，而是应该根据当时当地的实际情况进行综合的整合与提升，也就是进行管理创新。

14.2 国际人力资源选聘

人力资源素质的高低是决定跨国企业竞争优势的重要因素之一。国际人力资源选聘是跨国企业人力资源的重要来源，明确国际人力资源的选聘标准，选择恰当的选聘方法可以确保跨国企业获得高素质人力资源。

14.2.1 国际人力资源选聘的标准

由于跨国企业的员工涉及东道国员工、母国员工、第三国员工三个方面，因此国际人力资源选聘的标准也会因此而有所不同。

1. 母国外派人员或第三国人员的选聘标准

当代跨国企业在选聘海外高层经理时，越来越重视海外工作经验和跨国经营管理的才能。对于母国外派人员或第三国人员的筛选，要考虑以下几个方面的要求。

1) 专业技术能力和管理能力

主要包括技术技能、行政技能和领导技能。对于母国外派人员的选聘，专业技术能力和管理能力是非常重要的标准。近来有关对英国、美国、德国的跨国企业的研究表明，这些企业在甄选外派人员或第三国人员时非常倚重相关的专业技术能力和管理能力。

2) 文化适应能力

除了专业技能和管理能力，外派人员或第三国人员还需具备一定的跨文化适应能力，能够适应在东道国的生活、工作和商业环境，以便确保其在新的环境中正常开展工作。跨国公司的外派人员或第三国人员应该具有很强的文化移情能力（即能够用东道国的文化思维来看待问题）；实践证明，跨国公司外派人员或第三国人员失败的原因常常是由于文化适应能力比较低，而不是技术和职业技能方面有什么困难。在对外派人员进行面试的时候，应该特别注意应聘者接受不同的风俗习惯、宗教观念、生活环境和人情世故的能力，以及很快适应东道国的政治体制、法律法规和管理方式的能力。

3) 外语能力

熟练地使用东道国的语言，是筛选外派人员或第三国人员的一个重要的标准。因为，语言方面的差异是进行跨文化沟通最大的障碍。但是，一些发达国家的跨国企业对语言能力的重视程度，相对要小于前两个方面。这也可能与英语的普遍使用有关。对中国的跨国企业来说，筛选母公司外派人员或第三国人员时，候选人是否能熟练掌握英语这一世界性通用的语言无疑是一个重要标准。

4) 家庭因素

母国外派人员或第三国人员在国外工作时间可能比较长，在这种情况下，企业还要考虑其配偶及家庭因素的影响。配偶是否支持跨国外派,该家庭是否为双职工,他们自身的适应性如何,到其他国家后子女的教育问题等都会影响到外派人员成功与否。

5) 应聘者的国外工作经历

跨国企业在挑选外派人员或第三国人员的时候,最好的一条规则通常是:候选人过去的工作经历是对他在将来的工作岗位上能否取得成功的一种最好预测。公司主要注重选择其个人工作经历和非工作经历、教育背景和语言技能等方面的特点可以证明其能够在不同的文化环境中生活和工作的那些人,甚至候选人有几次利用暑假到海外旅行的经历,或者是有参与跟外国学生交往活动的经历,似乎也能使公司相信,他们在到达海外以后能够更为顺利地完成必要的适应过程。

2. 东道国人员的选聘标准

跨国公司以何种方式进入东道国市场是确定东道国人员选聘标准时必须考虑的重要因素之一。如果跨国公司独立在国外设立子公司,这样的公司一般会试图恢复母公司的主要特征,雇用员工时会更为谨慎。如果是通过兼并或收购当地公司建立子公司,则会在很大程度上保持原有的人力资源管理方式,通常会更主动地利用当地现有的劳动力。

一般地,跨国企业对于东道国人员的选聘,除了要注重他们的能力、经验之外,还特别注意各个国家的不同文化背景因素。如美国很注重雇员的技术能力,而在印度、韩国、拉丁美洲等国家和地区则常常出现重裙带关系、轻技术的现象。按照西方人的观点,积极主动、毛遂自荐的申请人可能得到比较高的评价,但在一个高集体主义的文化中,这种"卓尔不群"的行为则使其很难与其他员工融洽相处。

另外,由于跨国公司的员工需要适应不同文化环境的合作伙伴,因此,东道国人员的选聘还要求具备较强的心理素质和自我调节能力。因为,具备高心理素质员工可以给跨国公司带来许多好处:如提高工作效率、节省培训开支、改善组织气氛、提高员工士气、提高组织的公众形象、增加留职率、改进生产管理、减少错误解聘、减少赔偿费用、降低缺勤(病假)率、降低管理人员的负担等。

14.2.2 国际人力资源选聘的实施

由于不同的国家有不同的文化,因此,国际人力资源选聘在不同的企业有不同的做法,且各个跨国企业的选聘标准和方式也不尽相同,但招聘到最优秀的人才是他们一致的目标。所以,我们可以从不同之中找到许多相同或相似之处。

1. 高级管理人员选聘

跨国企业选聘高级管理人员,一般注重以下3个主要环节。

1) 初步面试

初步面试通常由公司的人力资源部主管主持进行,通过双向沟通,使公司方面获得有关应聘者学业成绩、相关培训、相关工作经历、兴趣偏好、对有关职责的期望等直观信息。同时,也使应聘人员对公司的目前情况及公司对应聘者的未来期望有初步的了解。面试结束后,人力资源部要对每位应聘人员进行评价,以确定下一轮应试人员的名单。

2) 标准化测试

标准化测试通常由公司外聘的心理学者主持进行。通过测试进一步了解应聘人员的基本能力素质和个性特征，包括其基本智力、认识思维方式、内在驱动力等，也包括管理意识、管理技能技巧。目前，这类标准化测试主要有《16种人格因素问卷》《明尼苏达多项人格测验》《适应能力测验》《欧蒂斯心智能力自我管理测验》《温得立人事测验》等。标准化测试的评价结果，只是为最后确定人选提供参考依据。

3) 仿真测验

仿真测验是决定应聘人员是否入选的关键。其具体做法是，应聘者以小组为单位，根据工作中常碰到的问题，由小组成员轮流担任不同角色以测试候选人处理实际问题的能力。整个过程由专家和公司内部的高级主管组成专家小组来监督进行，一般历时两天左右，最后对每一个应试者作出综合评价，提出录用意见。"仿真测验"的最大特点是应聘者的"智商"和"情商"都能集中表现出来，它能客观反映应聘者的综合能力，使企业避免在选择管理人才时"感情用事"。

2. 一般人力资源选聘

跨国企业一般人力资源选聘大体可以归纳为以下3个环节。

1) 多渠道发布人才需求信息，建立人才储备库

要保证选聘活动的成功，企业应首先建立自己的人才库。建立人才库的目的在于任何时候公司出现职位空缺，都能在最短的时间内找着合适的候选人来填补。如果总是等到需要的时候再去寻找候选人，就可能花很长时间也找不着合适的人员。或者不得不降低对人才的要求，以便尽快填补职位的空缺。为了做到这一点，公司必须经常性地对人员的需求情况进行分析，提前发布公司的招聘信息以吸引人才，而不应等职位上出现空缺之后再去考虑吸引人才。尤其对于那些关键的职位或者劳动力市场供不应求的职位，更应该早做准备。网景公司(Netscape)为了获取人才不遗余力。网景公司产品销售量(6 000万套网上浏览器)和收入超过以往任何软件新秀。这意味着网景公司必须马不停蹄地增加人员。1994年2月网景公司成立时仅有2名员工，一年后增加到350人。现在，该公司的员工总数超过2 000人。负责职员招聘和安排的 MargieMader 讲得很明白："在这里，招聘员工是战略举措。人人都要参与进来。"

现在，发布招聘信息的渠道多种多样，包括公司的主页、各种招聘网站、人才招聘会、校园招聘会、猎头公司、员工推荐和其他的广告媒体。可以在公司的主页上开辟一个专栏来发布公司的招聘信息，最好能把公司所有职位的招聘信息都放上去并注明全年招聘，而对那些近期需要招聘的职位可以单独注明。不管选择何种媒介，一旦获得有关应聘者的相关材料后，公司应认真对待，详细了解应聘者各方面的信息，并确定进一步评价的人选。然后，根据评价的结果来决定是否录用。如果应聘者表现特别优秀，而公司又确实没有相应的职位空缺，就应该把应聘者加入公司的人才储备库，以便公司将来有职位空缺时能及时与应聘者联系上。

阅读小材料 14-1

微软大举建设"中国人才库"

2007年8月微软建立的微软亚太区全球技术支持中心聚集了亚洲各地区的IT技术支持精英,这也对人才储备提出了更高的要求。因此,微软决定大幅扩大招聘规模,建设"中国人才库"。据微软亚太区全球技术支持中心企业支持部资深总监孙家 介绍,2009年度将会在中国招聘大学生和成熟人才超过100人,比去年整整扩容一倍,其中在上海招聘50人,相当于去年微软在全国招聘人数的总和。这也是微软最近几年来在中国的最大规模人才招聘计划,希望让更多的有志之士进入微软"中国人才库"。

据悉,微软亚太区全球技术支持中心2008夏季实习生招募计划是微软选拔应届大学生员工的主要途径,实习生计划旨在通过导师辅导、培训和实践等多种形式帮助学生提高IT和职业技能,为微软及中国的IT行业培养出更贴近国际化企业需求的复合型人才。该计划竞争激烈,每年报名参加人数好几千人,但真正能选拔录取为实习生的不足百人,以2008年为例,有2 000多名大学生报名,但只录取了45位实习生,参加实习生计划中的一部分学生因其杰出表现最终会被直接录取成为微软正式员工。

(资料来源:东方早报,2008.)

2) 优化人才评价指标

人才评价指标是人才选聘的依据和标准。一般而言,招聘人员总喜欢将应聘者的学历和工作经历等作为人才选聘标准。然而,这常常有失偏颇。因此,在进行选聘之前,进行科学的分析,确定应聘者的哪些特征作为评价指标是十分重要的。

其基本程序是:首先,明确公司希望任职者所承担的任务角色,即公司需要任职者从事哪些方面的工作。一方面要考虑任职者近期需要从事的工作,另一方面也要根据公司业务发展的需要,考虑一段时间之后任职者需要从事的工作。其次,通过对该职位的上级、前任、同事和客户进行访谈,来找出任职者要完成工作任务所必须应付和处理的关键事件。比如,市场经理可能必须应付和处理的关键事件包括:对竞争对手意外的产品降价做出反应;做出产品的市场定位;招聘、培养和留住有潜能的产品经理等。最后,根据关键事件确定对应聘者的评价指标,即胜任特征(Competency)。比如,需要某方面的技术知识;知道如何去激励员工;具备较强的分析能力等。同时,还需要考虑这些评价指标能支持公司文化。另外,还应根据应聘者即将进入的工作团队的综合指标,适当调整对应聘者的要求。考虑到迅速变化的竞争环境和团队工作模式,一般还应考虑加入学习能力、团队合作和创新能力等评价指标。雅虎公司是美国加州主攻国际互联网搜索产品的企业,其成功的秘诀在于,先决定聘用哪类人员,迅速筛除不合条件者,然后制订一套技术手段,对剩下的求职者进行测评,看他们是否具备公司所需要的特质。杰出雅虎员工的核心特性有以下4个方面的要求:①人际技能;②影响力范围;③既能收紧,又能放开。即雅虎需要的人应能干实事,能调动各种手段完成项目,这叫"收紧";但同时他们又能放得开,看到全局,即能够看到该项目对公司的竞争力有何影响;④热爱生活。

值得注意的是，在所有的选聘评价指标中，应该特别注重那些难以通过培训来改变的评价指标。比如，美国西南航空公司就曾经拒绝过另外一家公司跳槽来的飞行技术特别优秀的飞行员，因为这名飞行员的工作态度不是很好，而团队合作和服务意识等却很难通过培训来改变。同样，PeopleSoft 公司在选拔 MBA 时，与候选人学业上的成就相比，更关注候选人是不是一个团队成就导向的人，关注他们在业余时间的主要活动，以及生活哲学等。而非常不同的是，国内很多公司往往过分注重与工作任务相关的技能。

3) 选择有效的评价方法

从实践来看，跨国企业在选聘人力资源时广泛使用了面谈、标准化测试、评价中心、简历、工作试用测试、雇员推荐等选拔和甄别方法，其中面谈被认为是最广泛使用且最有效的方法，评价中心次之。

择其常用的介绍如下：首先，简历筛选。像通常的雇员选拔一样，在挑选外派人员时，考虑候选人过去的工作经历是有益的。因为工作经历是对候选人在将来的岗位上能否取得成功的一种最好预测。在选派驻外人员时，候选人跨文化工作的经历就格外重要。像高露洁——帕尔莫利夫这样的公司在甄选外派人员时，就注重选择其个人工作经历和非工作经历、教育背景和语言技能方面的特点等，尽量挑选那些能够证明自己可以在不同的文化环境中生活和工作的员工。其次，实况预演。实况预演也是跨国企业常用的一种重要的外派人员甄选方法。无论是潜在的外派者还是他们的家庭，都需要向他们提供与未来新工作中可能存在的困难有关的所有信息，以及与所要派驻国家的文化优点、文化缺点和风俗习惯等方面有关的所有可获得的信息。采用这种方法能够使外派的新雇员避免"文化震荡"。最后，书面测试。书面测试仍然是有效选拔驻外人员的重要方法。一般而言，这种书面测试的设计和使用必须紧扣企业的特点。许多公司还同时设计和使用一些用于一般目的的测试，这些测试的主要目的是考察候选人的态度和个性特点等是否有利于他们成功地完成海外工作。

此外，跨国企业在东道国选聘员工时除了应用上述所提供的方法进行评价外，还需要了解和适应当地习惯。譬如，在西欧的一些国家里，由政府负责公民的职业介绍事务，不允许私人机构插手。在瑞士，无论是雇主、工会、同事还是下级人员，都参与人员招聘的全过程。但跨国企业要适应当地的招聘和选拔方式并非轻而易举。在日本，要吸引最优秀的潜在管理人才需要同日本大学的教授保持密切的私人关系，而大多数外国公司并不具备这种联系。对美国公司而言，这种招聘方法可能违背了公平竞争的道德原则。因此，跨国企业在选择招聘方法时需要经常权衡遵循母国习惯，获得他们认为"合适"的职位人选机会与遵循当地传统的成本与收益。当然在东道国仅仅挑选员工常常是不够的，通常在招募新员工以后，需要对其进行培训才能真正成为公司所需要的雇员。

不管采用什么评价方法，都应该考察评价方法的信度(评价方法的一致性程度)和效度(评价结果的准确性程度)，并确保信度和效度达到一定的标准。公司把人员招聘进来以后，整个选聘过程还有重要一环没有完成——对选拔效果的评估。应该对所选聘的人进行一段时间的跟踪，来看看他们在测评过程的结果与实际的业绩是否具有较高的一致性。通过这种评估，可以发现我们所定的评价指标是不是合适，现存的评价方法是不是可靠和准确,进而改进评价指标,完善评价方法。

14.3 国际人力资源培训与开发

国际人力资源培训与开发是跨国企业提升人力资源竞争优势的重要手段。因此,必须针对不同来源的员工进行不同内容与方式的培训,才能满足跨国企业国际业务发展中不断变化的人力资源需求。

14.3.1 国际人力资源培训与开发的特点

1. 美国企业员工培训与开发的特点

美国企业人力资源培训与开发的管理工作分为联邦政府,州政府和社区学院、专科学校、研究单位、企业及高级中学等3个层次,具体职能分工见表14-2。

表14-2 美国人力资源培训与开发的组织构成

层次	责任主体	主要职责
第一层次	联邦政府,主要是通过教育部、劳工部以及技能委员会、职业信息协调委员会等进行	研究拟定有关职业培训的基本规划、政策、法令,搜集交流有关信息,拨付职业培训经费,不干预各州的职业培训工作
第二层次	州政府	主要是结合本州实际情况拟定本州劳动力供求信息,拟定本州职业培训的有关法则,并通过州职业培训委员会对职教院校进行指导,提供本州劳动力供求信息,拟定本州培训的具体规划,同时视各社区学院、专科学院执行州拟定法则、规划等情况,区别拨给经费,引导和支持职业培训工作,不直接干预培训工作
第三层次	社区学院、专科学校、研究单位、企业及高级中学。这是美国职业培训工作运行管理的实体	除高中外,其他单位均根据本地有关法规要求和本地区、本单位的实际情况,自行研究决定开设何种职业培训课程或研究课题,自行决定培训内容和方式方法,自行聘任职教师资,自行拟订考核标准并根据有关情况变化相应调整培训计划

美国人力资源培训与开发具有以下显著特点。

(1) 美国人力资源培训与开发,从发生、运转到发展,完全由劳动力市场需求来决定。人力资源培训内容的确定以及培训方式的选择,均取决于企业需要何种类型、何种程度的劳动力,并随着市场需求的变化而相应调整。因此,美国企业人力资源培训教育与生产力发展紧密联系,直接为其服务,并以能否增强与市场竞争能力相适应的市场需求为检验企业人力资源培训教育工作是否成功的唯一标准。

(2) 美国企业人力资源培训与开发的内容、形式、资金渠道等多样化,没有统一的模式和标准，完全由各州因地制宜，由各社区学院、专科学校和企业等培训主体自行决定，因材施教，形成灵活多样、分权管理和运行的机制。

(3) 美国企业非常重视职工的培训与教育，把教育培训看作是获取与保持企业竞争力的一项具有战略意义的人力资源活动。美国工商企业界每年用于培训在职职工的经费已达2 100亿美元。尽管教育培训的实际成功率不尽如人意，但90%的公司有正式的教育培训预算，培训预算约占雇员平均工资收入的5%。在美国企业，每个雇员平均每年接受15个小时的教育培训，总计达150亿小时。小公司教育培训费用每年平均21.8万美元，而大公司则平均高达52.7万美元。全国每年分别花费300亿美元和1 800亿美元用于正式与非正式教育培训，相当于全国四年制大学的教育经费。大约有800万人在公司学习，相当于每年高等院校录取的大学生人数。目前，已有1 200多家美国跨国公司包括麦当劳、肯德基在内，都开办了管理学院，摩托罗拉则建有自己的大学，每年在培训上的投资高达1.2亿美元，GE公司每年投入培训、教育的经费高达9亿美元，前董事长韦尔奇曾经不惜花费大量时间投入人力资源管理，包括亲自授课等。英国大东电报公司1993年投资1 600万英镑，在伯明翰附近兴建了一所非常现代化的管理学院，平均每月培训各级主管和技术人员150人，讲课人90%以上来自公司高层，或是有关方面的权威专家。有资料显示，美国许多高科技公司的物力资本投入只占总成本比例的20%~30%，管理、技术支持、最终用户维护系统等非生产性成本则占到70%~80%。对员工的培训是一种智力投资，可以带来长期稳定的巨大收益。对这一点，几乎所有的美国企业都有共识。

(4) 美国政府把提高工人技能作为保持美国公司竞争力和创造更好职业的基本点。政府相信高质量的劳动力所提高的生产率将抵消美国企业到海外寻找廉价劳动力的任何优势。因此，美国已经成为世界上教育经费开支最多的国家。

(5) 职业培训教育不仅得到政府与企业的高度重视，而且美国的一些行业协会也起到了积极作用。美国商会是在美国影响很大的协会，这个协会为改进教育体系、促进企业职工培训起了很大作用。这一企业联合组织1990年就建立了一个有关职业培训的分支机构，并完成了学校经费模型的设计，它能使协会了解学校每一美元的去向。1992年建立了质量学习服务机构，各州和地方商会是连接华盛顿学习计划和各业人员的纽带，其内容十分广泛。美国商会会长莱希尔说，商会相信，如果美国工业要保持世界领先地位，长期学习和培训是必要的。该组织还推出一项计划，旨在用技术工具、多媒体和电脑软件来装备教育机构和地方各州所在商会，帮助改善教育和培训条件。

2. 日本及欧洲跨国企业员工培训与开发的特点

日本企业在人力资源管理上具有终身雇佣、年功序列、团队合作及家族化等特点，因此特别重视对员工的在职培训。日本企业普遍采取"上下一致、一专多能"的在职培训。所谓"上下一致"，就是凡企业员工，不分年龄、性别和职务高低及工种不同，都要接受相应层次的教育培训。培训目标就是"一专多能"，各级员工既要精通一门专业技术，又能参与经营管理，具有较强的适应性。培训内容有层次性的纵向教育培训，即针对一般员工、技术人员、监督人员、一般管理人员及经营领导人员设立不同的教育培训内容，也有职能性的横向教育培训，如图14.2所示。

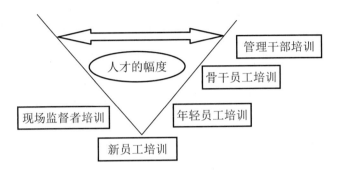

图14.2 日本企业内部分级培训体系

法国的职业继续教育模式是企业员工在职培训的一个范例。法国企业员工有法定带薪培训假期，雇主要缴纳本企业当年职工纯工资总额一定比例的职业继续教育税，以用于本企业职工的在职培训。大部分企业特别是大型企业，都有自己的培训机构，面向生产经营实际进行在职培训，取得了很好的经济效益。

德国的"双元制"职业培训，也是举世公认的企业在职培训的成功模式。这种培训层次模式是20世纪60年代在德国出现的，是一种初级职业培训制度。它按照分工合作原则，把企业在职培训与学校教育有机地结合起来。在培训期间，学员具有双重身份，既是职业学校的学生又是企业的学徒工人。按照分工合作协议，学校负责理论教育，企业负责实际操作训练。在时间分配和教学管理上，以企业培训为主，侧重员工技能训练，最后由企业负责结业考试。这种"双元制"培训模式对于德国经济的恢复与成长、提高企业的国际竞争力发挥了重要作用。

14.3.2 外派人员培训

确定外派人员后，企业应该给予他们足够的信息和培训方面的支持。之所以要对外派人员进行培训，是因为外派人员可能会失败。外派人员的失败指的是外派人员不能在国外有效地工作，导致任期提前终结。根据国外的调查，外派人员的失败率通常为25%～50%，而在发展中国家失败率更高，一般为70%左右。造成如此高的失败率，外派人员外派前缺乏培训是重要的原因。一项针对欧美和日本公司的调查表明，美国约有32%的公司有外派人员的培训计划，而欧洲和日本则高达57%和69%，外派失败率在欧洲企业和日本企业也就比美国公司低得多。

外派人员的培训内容包括3大类，即对东道国的介绍培训、持续性开发培训、回返性调整培训和工作安置准备培训等。

1. 对东道国的介绍培训

对东道国的介绍培训包括语言培训、文化背景培训、历史地理培训、生活条件介绍，其中又以文化意识培训和语言培训为主。文化意识培训是确保外派人员在海外分公司工作时能够适应新的工作环境，并且在新环境中不感到孤单。文化意识培训的内容包括东道国的情况介绍，如政治制度、政府机构、经济体制、历史背景和文化传统等，跨文化的技能训练、工作任务和职责等。语言培训是启程前培训方案中的重要组成部分。语言培训通常包括两方面的内容：一是英语培训。英语是一种国际性的通用语言。对于一些母语非英语国家的跨国企业来说，外派人员启程前的培训中很重要的一部分是英语培训。二是东道国语言培训。外派人员如果能够熟练掌握东道国语言，无疑可以提高他们的工作效率。有时，这一培训还要包括外派人员的家庭成员。有研究表明，外派人员家属对环境的不适应是造成外派人员不成功的一个重要影响因素。

2. 对外派人员的持续性开发培训

对外派人员的持续性开发培训包括技能扩展培训、职业生涯开发计划和企业培养使用计划。对外派人员的持续性开发培训，可以让外派人员安心外派工作。许多雇员不愿意接受外派任务，主要原因在于担心外派工作不利于其职业生涯开发的持续性。这种计划将保证外派人员和其他雇员一样被纳入职业生涯开发，而且使他们在国外的经历有助于其将来的发展。

3. 回返性调整培训和工作安置准备培训

回返性调整培训和工作安置准备培训包括消除文化休克的培训、接纳和安置培训。出国前的培训主要从工作、人际关系和综合性几方面培训外派人员的调整能力，通过培训可以有助于外派人员顺利完成任务。回返性调整则是使外派人员尽快地从长期的外国生活的经历中摆脱出来，消除他们接受本国生活时可能产生的障碍，并给予外派人员建立新的人际关系网络所需要的一定的适应期。

14.3.3 东道国员工培训

由于文化的差异，跨国企业应将对东道国员工的培训委托给当地的子公司。培训项目基本上是本土化的。其内容通常是一些操作技能和工作方法的培训。

此外，东道国人员有时也可以调到母国，进入总部工作，对这部分员工来说，同样面临着跨文化适应的问题。从这点考虑，对这些所在国员工进行跨文化方面的适应性训练也是必不可少的。语言培训极为重要，所在国员工必须具备一定的语言能力，才能胜任外调的工作安排，否则，他们与总公司同事交流时可能会产生障碍，影响他们的工作绩效。

14.4 国际人力资源绩效考核

国际人力资源绩效考核是跨国公司人力资源管理的重要环节。做好绩效考核有助于制定更有效的人员选拔和招聘标准，并为人员培训方案和战略性发展计划的制订提供依据。同时，科学的绩效考核也能使雇员明确他们的行为标准和要求，从而实现组织的战略发展方向和员工业绩的统一。

14.4.1 国际人力资源绩效考核的特点

与一般的绩效管理相比，国际人力资源管理中的绩效管理具有一定的特殊性。

1. 考核目的中更重视个人、团队业务和公司目标的密切结合

绩效考核的目的通常是为薪酬、晋升等提供依据，但是国际人力资源管理中的绩效考核不仅仅是为员工薪酬调整和晋升提供依据，而且加入了许多新的因素。更重视个人、团队业务和公司目标的密切结合，将绩效考核作为把相关各方的目的相结合的一个契合点。同时在工作要求和个人能力、兴趣和工作重点之间发展最佳的契合点。例如，摩托罗拉公司绩效考核的目的是：使个人、团队业务和公司的目标密切结合；提前明确要达到的结果和需要的具体行为；提高对话质量；增强管理人员、团队和个人在实现持续进步方面的共同责任；在工作要求和个人能力、兴趣和工作重点之间发展最佳的契合点。

2. 考核指标的设计突出战略方向与业绩的统一

国际人力资源管理中绩效考核的主要指标包括战略方向和业绩。这与一般企业通常关注业绩有很大的差别，国际人力资源绩效考核的过程中，特别突出了战略方向，这样有利于实现企业的长远发展。

业绩固然重要，但是战略不能因此而受到忽视。在业绩考核指标设计中要全面地反映战略方向和业绩的统一，较为全面、合理、综合地反映一个员工的各方面的业绩。而所有这些方面对一家企业来说都是不可少的。例如，摩托罗拉员工每年制定的工作目标包括两个方面：一是战略方向，包括长远的战略和优先考虑的目标；二是业绩，包括员工在财政、客户关系、员工关系和合作伙伴之间的一些作为和员工的领导能力、战略计划、客户关注程度、信息和分析能力、人力资源开发、过程管理法等。

3. 持续不断的绩效沟通贯穿于整个绩效管理过程

国际人力资源管理中流行将员工看成是企业伙伴的管理理念。反映在绩效管理中便是通过持续不断的绩效沟通来达成企业与员工之间的绩效共识。例如，欧美企业就将业绩计划看成是动态的，同时把工作业绩也看成是动态的，这样就能在出现问题之前或出现问题时，消除影响业绩的障碍。持续业绩沟通是一个双方追踪进展情况，找到影响业绩的障碍以及得到双方成功所需信息的过程。这被跨国企业的外派人员看成是影响其职业生涯发展的重要因素，也是促进员工不断改进和提高工作绩效，激励他们努力工作的有效手段。

4. 重视绩效诊断与辅导

由于国际人力资源管理不仅要面对不同文化背景的挑战，还特别强调员工个人目标与企业经营目标的完美结合，从而实现企业和员工的"双赢"。因此，跨国企业的绩效考核特别重视对绩效的诊断与辅导。使用绩效诊断可以识别引起个人、部门甚至整个组织绩效问题或亏空的真实原因。而辅导是一个在某一特定工作问题中懂得更多知识的人帮助其员工开发自身知识和技能以提高业绩的过程。他们不是做一次或几次就能做完的事，必须渗透到绩效管理的各个环节中去。做完年度业绩回顾和系统中的其他步骤以后，又开始重新计划，根据上年度工作业绩讨论结果的好坏，就会清楚下年度的计划应考虑的问题。

更为重要的是，科学地进行员工业绩考核，根据员工能力、市场价格和业绩考核等及时地调整薪酬，这是国际人力资源管理的基本要求，也更有利于企业和员工的发展。

虽然主要国家企业在绩效管理上存在差别，但上述特征应该是国际人力资源绩效考核共同的追求。

14.4.2　外派人员的绩效考核

跨国公司对于外派人员的绩效考核非常重视如下 3 个环节。

1. 选择科学的绩效评估指标

跨国企业为外派人员制定的绩效评估指标一般可分为硬指标、软指标和情境指标三类。其中硬指标是指客观的、定量的可直接衡量的指标，比如投资回报率、利润率等。软指标是指以关系或品质为基础的指标，比如领导风格、处理人际关系技巧等。情景指标是指那些与周围环境密切相关的绩效指标。

选择评估指标时要注意以下几个方面。

(1) 选择评估指标要考虑国外因素。在战略层次上评估子公司经理人员的关键在于确定评估指标，即以什么为依据评估经理人员的管理成绩及对公司的贡献。传统上，企业通常以子公司的利润、投资收益率(投资报酬率)等指标作为评估其经理人员的依据。但对跨国公司而言，这种传统的评估方法并不总是有效的。对国外子公司而言，有许多因素，比如东道国对外国企业的政策和方针的变化，公司的战略调整等，都在经理人员的控制能力之外，子公司的投资报酬率并不完全取决于子公司经理人员管理的成功与否。

(2) 行为也可以作为评价标准之一。如果以子公司的经营成果作为考核子公司经理人员的依据，那么也不能只看子公司的短期财务指标，应参考他们在维护公司信誉，搞好同东道国政府的关系及培养人才等方面的有利于公司长远发展的行为。

(3) 慎重对待财务指标。通常，财务指标可以反映企业的经营状况，但即使使用了转让价格等管理手段，计算出的子公司的账面利润也不能真实地反映子公司的经营成果。此外，在评估子公司的经营成果时，货币标准的选择也影响对子公司经营成果的考察，以母国货币表示的结果却常因汇率的波动而扭曲。

2. 确定评估执行者

对外派人员的评估一般由分公司的总经理、该员工的直接东道国主管或母公司的管理人员进行，这要视该员工的职位性质以及层次高低而定。

如果评估执行者是东道国的管理人员，那么他们对外派人员的绩效状况比较了解，能够综合考虑影响绩效的各种因素。但同时他们与这些外派人员之间存在文化上的隔阂，很难抛开文化、价值观的影响从整个跨国企业的角度对其进行有效的评估。

如果评估实施者是母公司管理人员，那么对于外派人员来说，这还具有其他的重要意义，即母公司对其绩效的评估可能会对其未来的职业生涯发展有一定的影响。但是母公司管理人员对国外子公司的情况了解不多，对外派人员的日常工作情况和特点不甚了解，则评估结果的精确性会受到影响。

3. 了解绩效评估的制约因素

对国际经理人员的战略评估是一项十分复杂的工作。要比较客观地评估子公司的经理人员，必须充分考虑各种制约因素的影响，尤其是以下几个方面。

(1) 区分子公司经理人员的评估与子公司的评估。子公司的经营状况在一定程度上能够反映跨国企业的高层决策管理人员的表现，但要用来评价中层及基层经理人员的工作则是十分困难的。比如，子公司的投资报酬率并不完全取决于子公司经理人员管理的成功与否。同时还要充分考虑那些子公司管理人员难以控制的因素的影响。也就是说，子公司经理人员的评价与子公司本身的评价不是一回事。

(2) 注重局部收益，更注重整体收益。在评估子公司的经营状况时，除利润、市场份额、生产成本等数量上的状况外，还应考察子公司的其他战略行为。一个竞争性的全球战略强调的是全球的成就，而不是一个国家或地区市场上的局部收益。

(3) 建立新的财务管理制度。考虑设立一套经过会计调整，从而受汇率波动、现金流动、资产管理和转让价格等管理手段影响较小的，能比较真实地反映子公司经营成果的账户，并以此作为评估子公司的财务依据。由于不同公司的战略地位及经营目标不同，加上货币转换过程中可能出现的扭曲，因此不能以跨国企业财务指标的对比作为评估子公司经营成果的依据，而应根据跨国企业的战略计划对不同子公司制定不同的经营目标，然后根据计划目标的完成情况评估子公司中高级经理人员，而基层经理人员的表现应由他们的上级负责评估。

14.4.3 东道国员工的绩效考核

东道国员工的绩效考核通常是分公司在符合总公司绩效管理系统的要求下，为东道国员工建立一套员工绩效评估系统，并尽量使这套绩效评估系统符合当地有关工作行为的评价规范。

14.5 国际人力资源薪酬与激励

跨国企业合理的薪酬方案是吸引全球各地的优秀人才，引导企业现有雇员行为，提高工作质量和工作效率、降低经营成本的重要手段。

14.5.1 国际人力资源薪酬与激励的特点

由于国际人力资源管理需要面对不同国家的社会文化与法律制度背景，薪酬激励不能照搬本国企业的做法。即使在本公司内部，也要面临文化多样性的矛盾，跨国公司需要开发特别的薪酬激励计划，以弥补工作人员及其家人为了国外工作所做的个人牺牲。因此，国际人力资源薪酬与激励管理面临着相当的复杂性，表现出突出的特点。

1. 国际薪酬的多样性

国际薪酬的多样性包括由于员工类型的多样性而引起的不同的薪酬待遇问题，国家差异引起的薪酬货币购买力问题，以及文化差异引起的薪酬福利或激励问题等。薪酬专业人员需要知道东道国员工、第三国员工和驻外人员之间的区别，这些区别需要在薪酬上有所体现。同时，对于各国的生活水平或生活方式以及通货膨胀与货币稳定性甚至于法律以及人际关系水平而体现的货币的购买力，也需要在薪酬体系中有所顾忌。例如，货币稳定性的因素使得在用母国货币支付工资时，要时常随着两国汇率的变化而变化。此外，由于国家文化的差异，子公司可能采用与母公司不同的薪酬制度，而不同国家企业的福利开支或者激励制度也会有很大不同，这些都增加了跨国公司在海外进行薪酬管理的复杂性。

2. 薪酬成本与公平问题兼顾

如果单纯从驻外人员而言，由于需要吸引总公司员工愿意前往海外工作，给予其一定的补偿，其总工资往往需要较高，这对于薪酬管理人员是一种挑战。但是这种高成本需要与跨国企业的全球竞争战略结合起来衡量，并且可以由雇员所做的贡献而获得弥补。此外，由于受外派人员到国外的薪酬与在国内得到的薪酬(包括内在性薪酬)的比较，驻外人员与公司当地员工的工资的比较，甚至所有驻外人员群体工资的比较等诸多因素的影响，兼顾公平就成了跨国企业薪酬管理的一个重要课题。

总之，合理的国际薪酬方案，不但可以吸引全球各地的优秀人才，而且能对企业现有雇员发挥行为导向的功能，还能对提高工作质量和工作效率、降低经营成本起到重要作用。

在理想的情况下，一个有效的国际薪酬政策应该具有以下特点：①对外派人员来说，能使海外服务工作对人们具有吸引力，并能保留合格的雇员；②对东道国和第三国员工来说，能增强企业对外部优秀人才的吸引力；③使雇员在各个子公司间的调动和子公司与母公司之间的调动能顺利进行；④使各子公司的薪酬制度之间有稳定的关系；⑤使公司的薪酬制度与主要竞争者的薪酬制度相当。

美国学者马尔托尼奥在其《战略薪酬》中指出了跨国企业薪酬管理的一些策略方向。他指出：①成功的国际薪酬计划应增加公司在国外的利益，应当鼓励员工到国外工作；②设计完善的薪酬计划应最大限度降低员工的经济风险，尽量改善雇员及其家人的境遇；③国际薪酬计划在雇员完成国外的任务时应为其提供回到国内生活的平稳过渡；④完善的国际薪酬计划可以促进美国企业在国外市场的最低成本和差别化战略的实现。

阅读小材料 14-2

固定工资加利润分享计划：沃尔玛制胜的法宝之一

1962年，沃尔玛公司创立于美国西部的一个小镇，1991成为美国第一大零售企业，2001年以后连续名列世界500强第一的位置，2002年销售额达到2 465亿美元。沃尔玛公司有折扣商店、仓储商店、购物广场和邻里商店四种零售业态，店铺4 694个，员工人数约100万人，分布在全球十余个国家。如此庞大的企业实现低成本高效率地运行，与其实施的员工薪酬制度有着重要的关系。沃尔玛公司不把员工视为雇员，而是合伙人(Associate)。公司的一切人力资源制度都体现这一理念，除了让员工参与决策之外，还推行一套独特的薪酬制度：固定工资+利润分享计划+员工购股计划+损耗奖励计划+其他福利。沃尔玛的固定工资基本上是行业较低的水平，但是其利润分享计划、员工购股计划、损耗奖励计划在整个报酬制度中起着举足轻重的作用。

利润分享计划：凡是加入公司一年以上，每年工作时数不低于一定小时的所有员工，都有权分享公司的一部分利润。公司根据利润情况按员工工薪的一定百分比提留，一般为6%。提留后用于购买公司股票，由于公司股票价值随着业绩的成长而提升，当员工离开公司或是退休时就可以得到一笔数目可观的现金或是公司股票。一位1972年加入沃尔玛的货车司机，20年后的1992年离开公司时得到了70.7万元的利润分享金。

员工购股计划：本着自愿的原则，员工可以购买公司的股票，并享有比市价低15%的折扣，可以交现金，也可以用工资抵扣。目前，沃尔玛80%的员工都享有公司的股票，真正成为公司的股东，其中有些成为百万和千万富翁。

损耗奖励计划：店铺因减少损耗而获得的盈利，公司与员工一同分享。

其他福利计划：建立员工疾病信托基金，设立员工子女奖学金。从1988年开始，每年资助100名沃尔玛员工的孩子上大学，每人每年6000美元，连续资助4年。

（资料来源：www.chinahrd.net，2009.）

14.5.2 外派人员的薪酬与激励

外派人员的薪酬激励管理可能是国际人力资源薪酬管理的主要问题。

1. 外派人员薪酬的特点

一般情况下，外派人员的薪酬有如下几个特点。

1) 薪酬水平较高

高水平的薪酬中很大的一部分主要在各种各样的福利和总部提供的各类服务上。由于各国的福利计划通常会不一样，驻外人员除了享受国内的福利以外，还可能要求继续享有母国的福利，以便为以后的回国做准备。驻外人员在两国之间的活动需要很大数额的额外补贴。通常，很多跨国公司在制定这些福利措施的时候会非常的具体，以使雇员认识到组织的关心。例如在一项搬家补助当中详细地列出了很多条目：驻外人员房屋出售或出租后，其离国前的临时住所；雇员及其家属到国外的交通费；驻外家庭在旅途中的合理费用；寻找合适的住房或等候家庭用品托运的临时住所；把家庭用品运到国外；在本国储存家庭用品。这些细致的项目是薪酬人员需要完成的工作。

2) 标准较复杂

驻外人员薪酬有许许多多的制定标准，包括以本国为基础、以所在国为基础、以总部为基础和以全球为基础4种确定方式。

3) 对于驻外员工的绩效薪酬尚无足够的研究

目前管理的出发点基本停留在"维持员工基本生活需要"上，目前在许多公司用到的工具"资产负债表平衡法"就是在降低成本的角度对待薪酬的，对于薪酬在激励出国工作方面的作用缺乏讨论。但是一个明显的事实是，外在薪酬在驻外人员身上所起的作用越来越小,而内在薪酬的作用越来越大。也就是说,驻外人员更需要组织对于自己工作、家庭和职业生涯的关注与支持。所以事实上对于驻外人员而言,福利比高薪有效,所在国的支持又比福利与高薪有效。如今能够想得到的对驻外人员的激励仅仅包括驻外津贴、困难补助和流动津贴,显然这又是一些"保健薪酬",与公司业绩的完成并无多大关系。

驻外人员薪酬的解决办法除了常用的资产负债表法,还有一些补充,如谈判工资。谈判工资在一些小公司里或者特殊雇员身上也会有应用。在跨国公司里,谈判意味着雇员和雇主之间达成一个工资与业绩之间的协议。这种协议相对来说,成本会比较高,对于雇主来说,雇员可能完不成任务;对于雇员来说,国外多变的环境会使他们有许多顾虑,这些顾虑要用很高的协议工资来抵消。

对于本地雇员的工资,通常会高于这些国家企业里相同工作的员工。另外,第三国员工的工资问题,在很大程度上应该和驻外人员的薪酬一致。因为第三国员工可能已经熟悉了如何与不同国籍同事交往的一些技巧或者是总公司的战略和文化,所以他们可能有更好的表现。对于他们的薪酬,应当按照驻外期限、职务以及本职工作的完成情况来决定,并给予与母国人员相同的报酬来对待,无论以前的生活水平如何,并有合适的东道国员工作为生活顾问,还要赋予其充分的与职务相对应的一套权力。

此外,跨国公司支付员工工资也要讲究艺术。对所在国员工应该入乡随俗,例如在基本工资和福利之间的分配比要跟所在国员工的要求一致;应该时刻关注驻外员工的困难,提供适当的补助;应该给驻外员工家庭以支持,等等。

2. 外派人员的薪酬构成

外派人员的薪酬一般由基本薪酬、津贴、奖金和福利构成。

1) 基本薪酬

外派人员的基本薪酬是与其所任职务相联系的,通常是确定奖励薪金、津贴及其他报酬的基础。基本薪酬可以用母国货币或所在国货币支付。

确定基本薪酬有以下两种方法。

(1) 按母国标准付酬。这样是为了保持外派人员与国内同事的薪酬的一致性,使得外派人员去海外工作时不会造成物质上的损失,同时对一些额外费用进行补偿,若东道国的平均水平高于母国,那么母公司会给外派人员相应的补贴。外派人员的薪酬一般在以下情况采用母国标准:外派人员到海外的任职时间较短,或者所在国的工资低于母国。一般确定薪酬的原则是就高不就低。这种方法的优点是:消除了外派人员因薪酬不同而产生的不公平感,同时外派人员回国时也不会感到薪酬水平的巨大差距。这种方法的不足之处主要在于具体的管理非常困难。如对外派人员在所在国的生活费用及税收等的管理;另外容易导致外派人员与东道国员工薪酬方面的不一致,使得东道国员工产生不公平感,影响这部分员工的积极性。

(2) 按东道国标准付酬。外派人员的基本薪酬参照所在国员工的工资标准确定,这种方法可以避免母公司员工薪酬明显高于外派经理的现象发生,适用于母国的薪酬水平低于东道国的薪酬水平的情况。若母国的工资水平高于东道国,则企业通常用额外的福利弥补外派人员经济上的损失。采用这种薪酬制度的前提条件是：一方面企业要了解东道国从事相应工作的人员的收入；另一方面要对工作进行评价，从而确定相应的报酬水平。这种方法的优点是：体现了与东道国国民薪酬的平等性，有助于外派人员与东道国员工之间的融合。缺点是：员工都愿意到东道国收入较高的分公司工作；在发达国家任职的员工回母公司后，难以接受较低的工资水平，影响他们在母公司的生活积极性。

2) 津贴

津贴是跨国公司对员工在海外工作支付的补助，通常包括以下项目。

(1) 住房津贴。移居国外的雇员在国外租到与母国条件相同的住房，可能需要支付较高的房租，跨国公司一般也给予补贴。津贴经常是根据估计的或实际的情况来支付。

(2) 生活费用津贴。用于弥补东道国与本国在食品、用具、交通、娱乐、服务和个人服务、医疗等项费用上的差额(称为"商品与服务从价差")。此项津贴的必要性还在于：由于在国外任职的雇员及其家属初到一个国家，语言不精通，环境不熟，不知何处购物，也不懂如何杀价，支付的费用要更多。另外，即使他们具有足够的市场信息(以便购买同样的商品不必比当地人支付更高的价格)，要保持正常的生活，也必须支付比在母国高得多的生活成本，原因是他们原来的生活习惯、生活方式及消费偏好一时难以改变，而要在不同的国家维持偏好和习惯可能就要更高的开支。

(3) 子女教育津贴。为外派人员的孩子提供的教育津贴也是国际薪酬政策的一个组成部分。这些津贴主要用来支付孩子学习的费用、往返的交通费用、入学费用等。

(4) 安家补贴。这主要用来弥补外派人员因到海外工作后发生的重新布置家庭的费用，包括搬家费用、运输费用、购买汽车的费用，甚至包括加入当地俱乐部的费用等。

3) 奖金

跨国公司外派任职人员获得的奖金通常以津贴的形式发放。

(1) 海外任职津贴 这是最普遍的一种奖励项目，用于奖励派出人员到海外工作，津贴数量取决于外派人员的职务、前往国家的类别、时间等因素，一般取底薪的 10%～25%。

(2) 工作期满津贴。此项津贴在职工按合同工作期满时发放，以鼓励他们在整个合同期间都在海外工作。

(3) 探亲津贴。跨国企业支付派出人员及其家属每年一次或多次回母国休假探亲费用。

(4) 艰苦条件津贴。"艰苦条件"是指气候、卫生、政局动荡、内战和文化设施匮乏等。

4) 福利

与薪酬相比，外派人员福利的管理更加复杂。通常，大部分美国企业的外派人员均享受母国的福利计划，而有些国家的驻外人员只能选择当地的社会保险计划。在这种情况下，企业一般要支付额外的费用。欧洲的母国人员和第三国人员在欧盟内享受可转移的社会保险福利。一般情况下，跨国企业为母国员工退休而制订的计划都很好，对第三国人员则做得差一些。

14.5.3 东道国员工和第三国员工的薪酬待遇

过去,东道国员工和第三国员工的工资通常是参照当地的工资水平制定。如今,越来越多的公司采用"全球薪酬体系",即为东道主国家的员工和第三国员工提供类似于本国员工但又适合东道主国家的培训计划、福利待遇以及薪酬方案。

要想使新设计的"全球薪酬体系"既保持全球薪酬的一致性,又同时能考虑到各地的差异,在实践中应经过较长时间做好5个关键步骤。

(1) 确定全球薪酬哲学框架。公司高层需要集体反思,系统考虑薪酬的每个组成部分如何促进公司战略目标的达成。

(2) 找差距。审查公司的全球薪酬体系,反思公司的全球薪酬计划在何种程度上支持公司的战略目标。

(3) 将薪酬体系系统化。这既要综合考虑薪酬体系各部分的内容及其关系,又要在全球各区域范围进行协调。此后,还需将全球的岗位说明书和绩效目标系统化,以便更好地促进薪酬体系作用的发挥。

(4) 调整薪酬政策。通过全球薪酬调查和分析,评估当地的薪酬管理实践的适应性,再对全球薪酬政策进行微调,增强薪酬政策的地区适用性。

(5) 持续评估薪酬系统。定期评估反馈,保证公司的全球薪酬政策与时俱进。

本章小结

本章主要探讨了国际人力资源管理的内涵与特点、国际人力资源管理模式选择及跨国企业人力资源的选聘、培训、绩效与薪酬管理等问题。

国际人力资源管理的复杂性和人才本土化的客观必要性是我们不可忽略的两大特征。最值得研究的是日、美、韩国的人力资源管理,这将有利于我们充分认识中国人力资源管理模式变革的重点和难点。

国际人力资源选聘是跨国企业人力资源的重要来源。不同来源的员工需要进行不同内容的培训、特殊的绩效管理机制和多样性的薪酬与激励管理。

关键术语

国际人力资源管理	International Human Resources Management
母公司	Parent Company
东道国	Host Country

习 题

1. 联系实际说明如何进行企业人力资源管理模式的选择?

2. 试述母国外派人员或第三国人员的选聘标准。
3. 试述外派人员培训的主要内容。
4. 与一般的绩效管理相比,跨国企业的绩效管理具有哪些特殊性?
5. 外派人员的绩效考核要点有哪些?
6. 联系实际分析跨国企业薪酬的重要意义?
7. 阅读本章参考文献 [1] ~ [6],谈谈你对中国企业在国际化运营过程中所面临的国际人力资源管理挑战与对策方面的认识。

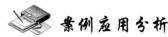
案例应用分析

案例一 TCL 国际化进程中的人力资源管理

作为国内家电行业的知名企业,TCL 率先扛起了振兴民族工业的大旗。2003 年年底,TCL 集团与汤姆逊合并重组,并制订了《TCL 集团战略发展规划和 2010 年远景规划》,明确了创建世界级的中国电子企业的发展愿景,提出了企业今后的发展方向是迈向国际化,参与世界经济大循环,在全球化竞争的大气候中打造世界级的中国品牌!企业进入国际市场随之带来了大量的人力资源管理问题,而且只要企业想赢得竞争优势,他们就必须重视这些问题。一旦企业做出了到全球舞台上去进行竞争的选择,他就必须想办法去管理那些被派往国外的雇员,以及建立一种行之有效的体系,使得具有不同文化背景的员工认同企业文化,并在这一文化框架下有效地开展工作。因此,企业人力资源的国际化便成为 TCL 集团推进国际化战略的关键环节和重要途径。如何吸引更多的国际型人才加入?如何应对实行人力资源国际化战略所带来的一系列问题与挑战?

一、明确人才选拔与培训要求

对于大举开拓海外市场的 TCL 集团来说,企业所需要员工的综合素质、对海外市场的适应能力都将有所提升。并且,随着集团海外业务的增长,各分支机构对本地化人才的需求必将随之增加。目前,TCL 集团外籍员工占集团总人数比例为 17%,未来 3 ~ 5 年,这一比例将进一步提高。这为 TCL 集团人才的选拔、培训提出了不同于以往的挑战。

TCL 集团的发展愿景决定了其对员工素质的高要求:不仅应具备出色的专业技能和管理能力,还要具备良好的自我激励、自我学习能力、适应能力、沟通能力和团队合作精神。据 TCL 集团人力资源总监虞跃明先生介绍,为提高集团管理人员的素质,适应人才国际化战略的要求,TCL 采用内部提升和外部引进并重的人才战略。一方面,对现有的各级管理人员进行国际化企业经营运作能力的系统提升,有计划地选派部分人员到海外企业交流任职或到国际一流的商学院学习等。另一方面,以全球化视野,搜寻、吸纳具有国际化经营背景的高级管理人才和研发人才,迅速补充到关键岗位。并在国内引入具有潜质和一定经验,尤其是有外资企业工作经历的各类专才,作为国际化人才的后备队伍,加以培养锻炼。

2004 年 6 月 2 日,TCL 集团于广州召开了题为"成就梦想——创建具国际竞争力的世界级企业"的新闻发布会,宣布集团 2004 年"国际化"人才引入计划,计划招聘 2200 人,专业涉及电子、信息、通讯、机械、营销、财会和人力资源等,招聘对象为有海内外知名企业工作背景和丰富经验的中高级人才，其中不乏事业部研发中心总经理、海外区域销售总经理等高级职位。目前，招聘已陆续在美国纽约、硅谷和中国珠江三角洲、环渤海湾、长江三角洲等地举行。据悉，中高级职位占本次招聘的近40%，研发型人才近70%，TCL汤姆逊项目和TCL移动通信的人才需求占到了60%。

二、实施个性化的雇员管理

面向国际化的企业集团所要面临的雇员问题较之国内企业，要远远复杂得多。一方面，作为多元化企业集团，如何才能在既不丧失各个事业群的灵活性，又能掌控整体发展方向的情况下整合集团雇员管理体系？另一方面，进入海外市场的企业中必须有一些熟悉该国政治、文化、法律等方面的专家，而这通常要求企业必须雇用一名或多名东道国的本土雇员；企业还必须雇用许多"内派雇员"——在公司总部中工作的来自不同国家的管理者，以促使集团决策的国际化；此外，企业很可能还要从非母国的其他国家选派管理人员到另外的国家从事工作。如何有效地选拔到优秀的东道国本土雇员，集团总部与分支机构人力资源部门职能如何界定？

据虞跃明先生介绍，目前TCL的人力资源管理体系分为集团总部、各事业本部、各下属企业三个层次，其中多个事业本部的人力资源管理模式各不相同，有的采取"矩阵式"的管理，即一个事业本部设一个人力资源中心，横向联系各个事业部，纵向联系下属企业，实行人力资源派出制，被派出的专员接受直线经理和人力中心的双重领导，目前看来这种运作相对来说有一定难度。TCL更多的还是采用直线职能制，即本部有一个人力资源部，各下属企业设有相应部门，目前仅这一级的人力资源经理就将近百人，大家各有一套工作方法，这样一来虽然人员比较庞大，但是运作起来却相对比较简单。他强调，"人力资源体系的搭建一定要因人、因时、因地，当三者都能协调一致的时候，这个体系就是有效的。"

目前，TCL集团海外市场已覆盖东南亚、南美、中东、非洲、大洋洲、俄罗斯等多个国家。在海外员工的选用上，为增加各地分支机构的主动性和灵活性，应付市场环境变化，TCL采用了"因地制宜"的管理方法。集团总部首先做出一套人力资源管理方案框架，由分支机构细化并实施。在人才的选用上，由当地负责人，视东道国人力资源素质决定，并根据具体情况对东道国本土雇员进行相应培训，以使其尽快融入公司的工作。同时，依据东道国法律、风俗习惯与生活方式等要求，确定符合当地情况的薪资福利结构与工作时间；依该国的工作习惯，制定评估标准，依据实际业绩加以考核。集团总部人力资源部门经常派出工作人员到各分支机构工作、指导，以确保各分支机构与集团总部人力资源部门的协调统一，保持较高的运作效率。

三、兼收并蓄，克服文化差异

面向全球化市场的企业还必须认识到，它们所面临的这些市场并不是它们母国市场的一种简单对应。企业必须对当地的文化保持高度的敏感性，并且努力去在这种文化框架之间开展工作而不是与之相对抗。比如：麦当劳公司就非常重视通过雇用已经接受公司价值观的人来强化文化之间的相似性。因此，一方面，企业需要带着它们自己的总体哲学进来，然后再把它们融入当地的文化或市场之中去；另一方面，企业需要通过有计划的招募、培训等手段让来自不同文化的雇员认同自己的企业文化及价值观，尽快地融入企业的日常工作中。

多元化移民文化的价值观一直是TCL的骄傲，TCL倡导"尊重学识、注重才能；鼓励创新、允许失败；敬业诚信、团队协作；包容文化、兼收并蓄"的人才成长环境，在进入全球市场时，这一文化将有利于来自不同文化背景的员工尽快地融合为一体，有效地开展工作，进而转化为强大的企业竞争力。

TTE是TCL与汤姆逊合并整合后的跨国公司，目前在全球拥有研发人员1 200名，无论是哪个国籍的员工，都是TTE的一分子，将在各自的岗位上发挥才能并承担相应的责任。在制定TTE的薪酬标准时，企业综合了多方面因素，包括国际市场、国内市场，以及TCL集团和汤姆逊的自身情况，以使来自不同国家、在全球不同地点工作的员工产生薪酬公正感。同时，对于那些在海外市场工作的中国员工，企业还须提供一定的奖金及激励，从而鼓励他们努力克服到一个陌生的环境中去工作和生活所必然面对的各种困难。

（资料来源：www.teamdo.com.cn.，2006.）

思考题：
(1) 国际人力资源管理的特点是什么？
(2) TCL是如何应对国际化进程中的人力资源管理挑战的？你得到了哪些启示？

案例二 怎样才能管理好秘鲁人？

当X公司决定在秘鲁开设一家分公司时，高层领导认为有两条基本途径可行：一条是向该国出售机器，并在那里找家代理商负责销售工作；另一条是设立当地机构直接负责销售工作。经过慎重的考虑，公司决定委派一名员工到这个海外市场去。菲利浦被选中去做这个工作，他对这项工作很感兴趣，但对于处理南美洲地区的事务没有任何经验。之所以选中菲利浦是因为其出色的销售技能，公司给了他一个星期的时间清理手头的工作，到那边上任。

当菲利浦到达秘鲁时，受到了罗拉其的热烈欢迎。罗拉其是公司雇用的当地人，负责筹建该处的办公室并帮助菲利浦熟悉当地。罗拉其替菲利浦租借了一套公寓和一辆车子，并且处理好其他相关的一切事宜。这让菲利浦深受感动，多亏了罗拉其的帮助，菲利浦才得以全身心地工作。

大约半年后，营销部副总裁接到了菲利浦的电话，他的声音极其疲惫，他说即使生意还行，他也不能再在那里干了，他想回来。而且他明确表示，如果三个月内不解决这个问题就辞职。当老板要求他加以解释时，他的报告是这样写的：

在这里做生意简直就是一场噩梦。每个人上班都是迟到早退，他们甚至在下午有两个小时的休息时间。下午休息之后，所有的办公室都关门下班了，因此即使我在这个时间想做点事情，根本没有客户。而且没有人努力工作，人们对工作没有责任感。看起来，这里的人没有什么职业道德，即使是看起来很出色的罗拉其，其实也和其他人一样懒惰。销售额超过预计的5%，但是如果每个人稍加努力的话，至少还能超过30%，如果我再在这里待长了时间的话，恐怕我也会变得与他们一样了。在我尚且能够把握自己时，我要求离开。

思考题：

(1) 查相关资料，了解秘鲁文化有哪些特征？

(2) 秘鲁人的工作价值观如何？

(3) 菲利浦应该怎样做才能管理好秘鲁人？

知识链接

[1] [美] 唐纳德·基奥. 管理十诫 [M]. 北京：中信出版社，2009.

[2] http://www.mohrss.gov.cn 中华人民共和国人力资源和社会保障部。

[3] http://www.dol.gov 美国劳工部官网。

[4] http://www.molab.go.kr 韩国劳动部。

[5] http://www.icxo.com 世界经理人网。

参考文献

[1] 颜爱民，方勤敏. 人力资源管理 [M]. 2 版. 北京：北京大学出版社，2011.
[2] 颜爱民. 长寿·夭折·涅槃——文化视角下的中国企业管理研究 [M]. 上海，复旦大学出版社，2010.
[3] 张德. 人力资源开发与管理 [M]. 4 版. 北京：清华大学出版社，2012.
[4] 张一弛. 人力资源管理教程 [M]. 2 版. 北京：北京大学出版社，2010.
[5] 廖泉文. 人力资源管理 [M]. 2 版. 北京：高等教育出版社，2011.
[6] 赵曙明. 人力资源管理理论研究现状分析 [J]. 外国经济与管理，2005，(1).
[7] 王震，冯英浚，孟岩. 基于工作和能力的动态人力资源管理模式 [J]. 中国软科学，2003，(9).
[8] 刘昕，人力资源管理 [M]. 2 版. 北京：中国人民大学出版社，2015.
[9] 赖德胜. 分割的劳动力市场理论评述 [J]. 经济学动态，1996，(11).
[10] 何显富，唐春勇，潘妍. 具有社会责任的人力资源管理新思维 [J]. 经济体制改革，2011，(4)：100-105.
[11] 陈笃升. 高绩效工作系统研究述评与展望：整合内容和过程范式 [J]. 外国经济与管理，2014，(5)：50-60.
[12] 刘善仕，周巧笑. 高绩效工作系统与绩效关系研究 [J]. 外国经济与管理，2004，(7)：19-23.
[13] 颜爱民. 人力资源管理经济分析 [M]. 北京：北京大学出版社，2010.
[14] Baird，et al. *Managing Two Fits of Strategic Human Resource Management* [J]. *Academy of Management Review*，1988，(13)，C.1.
[15] Maria de Ia Cruz Deniz-Deniz，et al. *A Resource-based View of Corporate Responsiveness toward Employees*[J]. *Organization Studies*，2003，24 (2).
[16] Patrick M. Wright，et al. *Desegrating HRM：A Review and Synthesis of Micro Human Resource Management Research*[J]. *Juornal of Management*.2002，28 (3).
[17] [美] 大卫·约里克，等. 未来人力资源管理——48 位世界思想领袖谈人力资源管理变革 [M]. 北京：机械工业出版社，2003.
[18] Drucker P.F. 管理的实践(中英文双语典藏版)[M]. 北京：机械工业出版社，2006.
[19] Drucker P.F. 公司的概念 [M]. 上海：上海人民出版社，2002.
[20] Sackett D.L，Rosenberg W.M，Gray J.A，et al. *Evidence-based Medicine: What it is and what it is not*[J]. *BMJ*，1996，312(7023):164-171.
[21] Rousseau，Denise M. *Is there such a thing as evidence-based management*[J]. *Academy of Management Review*，2006，31(2)：77-82.
[22] Gary Dessler. *Human Resource Management*[M]. New Jersey：Pearson Education，Inc，2009.
[23] [美] 雷蒙德·A. 诺伊. 人力资源管理基础 [M].3 版. 刘昕，译. 北京：中国人民大学出版社，2011.
[24] Denise M.Rousseau，Eric G.R.Barends. *Becoming an evidence-based HR Practitioner*[J]. *Human Resource Management Journal*，2010，2(3)：14-17.
[25] 刘春燕. 西方公共福利循证策略及其对我国的启示 [J]. 北京理工大学学报 (社会科学版)，2011，11(2)：95-97.
[26] 刘昕，江文. 循证人力资源管理：研究及启示 [J]. 华东经济管理，2013(04).
[27] Sherman L.W. *Evidence-based policing：Social organization of information for social control*[M].

Cambridge：Pearson Education，Inc，2008：156-160.

[28] 谢朝阳．"互联网+"时代人力资源管理研究 [J]．中国商论，2015，(13)：40-41.

[29] 彭剑锋．互联网时代的人力资源管理新思维 [J]．中国人力资源开发，2014，(16)：6-9.

[30] 黄炜，郭梦菲．互联网背景下我国企业人力资源管理研究现状 [A]．Proceedings of Conference on Web Based Business Management(WBM 2012)[C].2012:5.

[31] 赵德志，刘丽．移动互联网转型期运营商人力资源管理模式创新策略研究——以 LLT 公司为案例 [J]．中国人力资源开发，2014，(16)：76-84.

[32] 颜爱民．中国本土企业人力资源管理典型案例解析 [M]．上海：复旦大学出版社，2011.

[33] 李建民．人力资本通论 [M]．上海：上海三联书店，1999.

[34] [美] 加里·德斯勒．人力资源管理 [M].12 版．刘昕，译．北京：中国人民大学出版社，2012.

[35] 李建民．人力资本通论 [M]．上海：上海三联书店，1999.

[36] 杨河清．劳动经济学 [M].4 版．北京：中国人民大学出版社，2014.

[37] 陈国富．委托—代理与机制设计 [M]．天津：南开大学出版社，2003.

[38] [美] 拉奉特．激励理论—委托代理模型 (影印版)[M]．上海：世界图书出版公司，2013.

[39] 颜爱民．人力资源管理理论与实务 [M]．长沙：中南大学出版社，2004.

[40] 夏业良．劳动经济学理论前沿 [J]．经济学动态，2001.

[41] 赖德胜．分割的劳动力市场理论评述 [J]．经济学动态，1996，(11).

[42] 周其仁．市场里的企业：一个人力资本与非人力资本的特别合约 [J]．经济研究，1996，(6).

[43] 张凤林，等．西方内部劳动力市场理论述评 [J]．经济学动态，2003，(7).

[44] 梁媛，冯昊．委托代理理论综述 [J]．中国经济评论，2005，(7).

[45] 张德远．关于现代西方效率工资理论的评述 [J]．财经研究，2002，(5).

[46] 段文斌．企业的性质、治理机制和国有企业改革——企业理论前沿专题 [M]．天津：南开大学出版社，2003.

[47] 何芸．二元分割与行业收入不平等——基于二元劳动力市场理论的分析 [J]．经济问题探索，2015，(1).

[48] 林毅夫．中国的奇迹：发展战略与经济改革 (增订版)[M]．上海：上海人民出版社，上海三联出版社，1999.

[49] 关培兰．组织行为学 [M]．北京：中国人民大学出版社，2011.

[50] 李小娟．知识转移视角下的企业人力资源安全研究 [M]．长沙：湖南人民出版社，2013.

[51] 杨斌，陈坤．面向中国管理实践的组织与人力资源管理：反思与探索 [J]．管理学报，2012，(9).

[52] 颜爱民，高莹．辱虐管理对员工职场偏差行为的影响：组织认同的中介作用 [J]．首都经济贸易大学学报，2010，(6).

[53] 颜爱民，胡斌，齐兰．企业核心员工生态位构建行为的探索性研究 [J]．管理评论，2012，(3).

[54] 马可一．工作情景中的压力管理 [J]．外国经济与管理，2001，(10).

[55] 颜爱民，魏佳，黄浩睿．企业人力资源管理伦理困境机构维度的本土化探索 [J]．管理学报，2012，(7).

[56] 马超，凌文铨，时堪．组织政治认知对员工行为的影响 [J]．心理科学，2006，(6).

[57] 颜爱民，裴聪．辱虐管理对工作绩效的影响及自我效能感的中介作用 [J]．管理学报，2013，(2).

[58] 张四龙，李明生，颜爱民．组织道德气氛、主管信任和组织公民行为的关系 [J]．管理学报，2014，(1).

[59] 廖化化，颜爱民．情绪劳动的效应、影响因素及作用机制 [J]．心理科学进展，2014，(9).

[60] 彭长桂，张剑．国内胜任力特征研究进展及评价 [J]．科研管理，2006，(6).

[61] 颜爱民，胡仁泽．中小企业业主领导行为对企业绩效的影响：基于人力资源系统的中介视角 [J]．第九届 (2014) 中国管理学年会——组织行为与人力资源管理分会场论文集，2014，(11).

[62] 廖化化、颜爱民. 情绪劳动的内涵 [J]. 管理学报，2015，(2).
[63] 熊勇清. 组织行为学 [M]. 长沙：湖南人民出版社，2006.
[64] 陈云川，雷轶. 胜任力研究与应用综述及发展趋向 [J]. 科研管理，2004，(6).
[65] 李志坚，颜爱民，魏佳. 装备制造业高层管理者生态位的结构与测量 [J]. 系统工程，2012，(12).
[66] 颜爱民，张夏然，宣娜娜. 生态位视角下企业核心员工与组织匹配研究 [J]. 湖湘论坛，2011，(2).
[67] 颜爱民，徐晓飞. 核心员工生态因子识别实证研究 [J]. 科技管理研究，2010，(3)
[68] 商华，惠善成，郑祥成. 基于生态位模型的辽宁省城市人力资源生态系统评价研究 [J]. 科研管理，2014，(11).
[69] 谢海美，陈进. 人力资源生态系统研究述评 [J]. 科技与管理. 2014，(7).
[70] 余国瑞. 中国文化历程 [M]. 南京：东南大学出版社，2004.
[71] 泰勒. 原始文化 [M]. 上海：上海文艺出版社，1992.
[72] [美] 墨菲. 文化与人类学引论 [M]. 王卓君，译. 北京：商务印书馆，1991.
[73] [德] 米夏埃尔·兰德曼. 哲学人类学 [M]. 上海：上海译文出版社，1988.
[74] [英] 李约瑟. 中国科学技术史第二卷 科学思想史 [M]. 北京：科学出版社，1990.
[75] 厉以宁. 超越市场与超越政府——论道德力量在经济中的作用 [M]. 北京：经济科学出版社，1999.
[76] 朱贻庭. 中国传统伦理思想史 [M]. 上海：华东师范大学出版社，1989.
[77] 齐豫. 夏于全. 四库全书·子部 [M]. 延吉：延边人民出版社，1999.
[78] 齐豫. 夏于全. 四库全书·经部 [M]. 延吉：延边人民出版社，1999.
[79] 唐凯麟，曹刚. 重释传统——儒家思想的现代价值评估 [M]. 上海：华东师范大学出版社，2000.
[80] 颜爱民. "义""利"元规则分析及其在人力资源管理中的应用 [J]. 管理学家(学术版)，2010.
[81] Min-Huei Chien. *A Study of Cross Culture Human Resource Management in China*[J].Cambridge：*The Business Review*，June 2006：231.
[82] Lung-Tan Lu.*The Influence of Cultural Factors on International Human Resource Issues and International Joint Venture Performance*[J].Cambridge：*Journal of American of Business*，Sep 2006：192.
[83] H.W.Lee.*International Human Resource Management Can Be Achieved Through Cultural Studies and Relevant Training*[J].Cambridge：*The Business Review*，Summer 2006：95.
[84] 卿文辉，张润. 农业文明、工业文明与民族主义——盖尔纳民族理论解读 [J]. 欧洲研究，2004，(1).
[85] 余建年. 跨文化人力资源管理 [M]. 武汉：武汉大学出版社，2007.
[86] 韩承敏. 跨文化人力资源开发与管理 [M]. 南京：东南大学出版社，2003.
[87] 汪溢，谷卓越. 人力资源管理与企业文化 [M]. 北京：北京大学出版社，2010.
[88] 陶铁胜，张桂宾. 中国传统文化与人力资源管理 [M]. 上海：上海三联书店，2000.
[89] 赵曙明，黄昊宇. 企业伦理文化与人力资源管理研究 [J]. 经济管理，2006，(8).
[90] 颜爱民，张夏然. 道家"无为而治"思想及其在现代企业人力资源管理中的应用研究 [J]. 管理学报，2011，8(07)：8.
[91] 颜爱民，高超. 中国企业文化演化机制——来自制造业的跨案例研究 [J]. 软科学，2010.
[92] 陈京民，韩松. 人力资源规划 [M]. 上海：上海交通大学出版社，2006.
[93] 王挺，等. 人力资源规划 [M]. 北京：中国电力出版社，2014.
[94] 彭剑锋. 人力资源管理概论 [M]. 上海：复旦大学出版社，2011.
[95] 宋联可，杨东涛. 高效人力资源管理案例——MBA 提升捷径 [M]. 北京：中国经济出版社，2009.
[96] 王鲁峰，孟宪宪. 基于战略的人力资源规划及其在中小企业的应用 [J]. 中国人力资源开发，2006，(7)：58-61.

[97] 王汉斌，霍一笑. 企业人力资源规划模型库构建原则的确定及流程设计 [J]. 哈尔滨商业大学学报（社会科学版），2012，(1):99-104.

[98] 徐尉. 基于多目标蚁群算法的知识型企业人力资源规划模型 [J]. 统计与决策，2014，(15):37-40.

[99] 张建宁，高敏芳. 国有企业集团加强人力资源规划管理的探讨 [J]. 湖南社会科学，2014，(1):151-154.

[100] 陈梦迁，李杰玲. 国外高校战略性人力资源规划的探析与启示——以玛格丽特皇后大学、华盛顿大学、西澳大利亚大学为例 [J]. 高教探索，2011，(3): 68-72.

[101] 周伟. 我国公共部门人力资源规划存在的问题及对策 [J]. 理论导刊，2011，(10):43-45.

[102] Gomez-Mejia，Luis R. *Managing Human Resource*[M].London：Prentice Hall，2002.

[103] Mathis J. Human *Resource Management*[M]. 北京：电子工业出版社，2003.

[104] Torrington D. *Human Resource Management*[M].London：Prentice Hall，2002.

[105] Walke W. J. *Human Resource Strategy*[M]. 北京：中国人民大学出版社，2004.

[106] [美] 斯蒂芬·P. 罗宾斯，玛丽·库尔特. 管理学 [M].9版. 北京：中国人民大学出版社，2008.

[107] [美] 雷蒙德·A. 诺伊. 人力资源管理：赢得竞争优势（英文版）[M].7版. 北京：中国人民大学出版社，2013.

[108] 高世葵. 项目人力资源管理 [M]. 北京：机械工业出版社，2011.

[109] 李文东. 工作分析研究的新趋势 [J]. 心理科学进展，2006(14).

[110] 卿涛，罗键. 人力资源管理概论 [M]. 北京：清华大学出版社，2015.

[111] 萧鸣政. 工作分析与评价 [M]. 北京：北京大学出版社，2011.

[112] 张小兵，孔凡柱. 人力资源管理 [M]. 北京：机械工业出版社，2013.

[113] 何筠，陈洪玮. 人力资源管理理论、方法与案例分析 [M]. 北京：科学出版社，2014.

[114] 萧鸣政，金志峰. 人力资源政策与法规 [M]. 北京：北京大学出版社，2013.

[115] 时勘，王继承，李超平. 企业高层管理者胜任特征模型的评价研究 [J]. 心理学报，2002，34(3)306-311.

[116] 张剑，张建兵，等. 促进工作动机的有效路径——自我决定理论的观点 [J]. 心理科学进展，2010(18).

[117] 刘国新. 国外主要技术创新方法述评 [J]. 科学管理研究，2009(27).

[118] [美] 加里·德斯勒. 人力资源管理 [M].12版. 北京：中国人民大学出版社，2012.

[119] 朱晔. 心理品质特征在工作分析中的应用 [J]. 科学管理研究，2000(18).

[120] 杨明海，薛靖，李贞. 工作分析与岗位评价 [M]. 北京：电子工业出版社，2014.

[121] 萧鸣政. 工作分析的方法与技术 [M]. 北京：中国人民大学出版社，2014.

[122] 刘璐. 浅谈工作分析在企业人力资源管理中的实践思路构架 [J] . 品牌（下半月），2015，(8):275.

[123] 杜天明. 企业人力资源管理存在的问题和对策 [J]. 中国商论，2015，(21)：33-35.

[124] Roni Reiter-Palmon. *Development of an O*NET web-based job analysis and its implementation in the U. S. Navy: Lessons learned*[J]. *Human Resource Management Review*，2006，(16).

[125] Lauren E. McEntire. *Innovations in job analysis: Development and application of metrics to analyze job data*[J]. *Human Resource Management Review*，2006，(16).

[126] Sanchez J.I. *Adapting work analysis to a fast-paced and electronic business world*[J]. *International Journal of Selection and Assessment*，2000，(8): 207-215.

[127] Parbudyal Singh. *Job analysis for a changing workplace*[J]. *Human Resource Management Review*，2008，(18).

[128] Frederick P. Morgeson. *Social and Cognitive Sources of Potential Inaccuracy in Job Analysis*[J]. *Journal of Applied Psychology*，1997，(82).

[129] Elton Mayo. *The Human Problems of an Industrial Civilization* [M]. London: Routledge & Kegan Paul，2003.

[130] 萧鸣政. 人员测评与选拔 [M]. 上海：复旦大学出版社.2010.

[131] 陈光锋. 互联网思维：商业颠覆与重构 [M]. 北京：机械工业出版社，2014.

[132] 许玉林，等. 人力资源吸引与招聘——基于战略思考与管理流程 [M]. 北京：清华大学出版社，2013.

[133] 廖泉文. 招聘与录用 [M].2 版. 北京：中国人民大学出版社，2010.

[134] 冯颖.HR 招聘实务 [M]. 北京：化学工业出版社，2012.

[135] 余凯成，陈维政. 人力资源管理 [M]. 大连：大连理工大学出版社，2014.

[136] 喻国明，姚飞. 强化互联网思维推进媒介融合发展 [J]. 前线，2014，(10).

[137] 滕永昌. 互联网思维成就现代企业 [J]. 北京石油管理干部学院学报，2014，(3):26-28.

[138] 安哲锋. 国内外网络招聘研究进展综述 [J]. 上海商学院学报，2010, (1):75-78.

[139] 张义德，丁道师. 互联网思维下的人员招聘选拔——以北京速途网络科技有限公司为例 [J]. 中国人力资源开发，2015，(6)：6-11.

[140] 章燕如. 外部招聘渠道的优化对人力资源管理活动的影响——如何从网络招聘信息优化角度提高网络招聘效率 [J]. 中国管理信息化，2015，(15)：121-122.

[141] [美] 大卫·沃尔德曼.360°反馈：方法与案例 [M]. 魏娟，等译. 北京：人民邮电出版社，2004.

[142] 公司绩效测评——哈佛商业评论精粹译丛 [M]. 北京：中国人民大学出版社，2004.

[143] 方振邦. 战略性绩效管理 [M]. 北京：中国人民大学出版社，2014.

[144] 赵曙明，高素英，耿春杰. 战略国际人力资源管理与企业绩效关系研究——基于在华跨国企业的经验证据 [J]. 南开管理评论，2011，(1).

[145] 杜娟，赵曙明. 心理资本与个人绩效的关系研究——基于管理者心理契约的调解效应分析 [J]. 经济与管理研究，2012，(10).

[146] 王国猛，赵曙明，郑全全，文亮. 团队心理授权、组织公民行为与团队绩效的关系 [J]. 管理工程学报，2011，(2).

[147] 高素英，赵曙明，彭春英. 人力资本存量与企业绩效关系的实证研究 [J]. 天津大学学报 (社会科学版)，2011，(1).

[148] 宁南，陈国权，付悦. 感知的学习导向与个体绩效：个体从经验中学习的中介作用 [J]. 软科学，2014，(1).

[149] 刘祯. 组织绩效和员工绩效的测量综述 [J]. 南大商学评论，2012，(5).

[150] 颜爱民，李令红. 难度系数在绩效考核领域应用的探索性研究 [J]. 科技管理研究，2014，(7).

[151] 闫永梅. 平衡计分卡：一种新型的业绩评价工具 [J]. 技术经济，2005，(10).

[152] 顾琴轩. 绩效管理 [M]. 上海：上海交通大学出版社，2006.

[153] Robert S. Kaplan，David P. Norton. *Translating the Balanced Scorecard from Performance Measurement to Strategy Management*[J]. *Accounting Horizons*，2001，15(1).

[154] Libby，R. *Availability and the generation of hypotheses in analytical review*[J]. *Journal of Accounting Research*，1985，23(2).

[155] J. R. Hackman，G. R.Oldham. *Development of Job Diagnostic Survey*[J].*Journal of Applied Psychology*，1975.

[156] G. T. Milkovich. *A Strategic Perspective on Compensation Management*，In Ferris G. R. & K. M. Rowlan，(eds.). *Research in Personnel and Human Resource Management*，Greenwich. CT：JAI Press.1988.

[157] 张正堂，刘宁. 薪酬管理 [M]. 北京：北京大学出版社，2007.

[158] 文跃然. 薪酬管理原理 [M]. 上海：复旦大学出版社，2013.

[159] 胡昌全. 薪酬福利管理 [M]. 北京：中国发展出版社，2006.

[160] 余凯成，程文文，陈维政. 人力资源管理 [M]. 北京：高等教育出版社，2010.

[161] 赵曙明，刘洪，李乾文. 人力资源管理与开发 [M]. 北京：北京大学出版社，2011.

[162] 奚玉芹，金永红. 企业薪酬与绩效管理体系设计 [M]. 北京：机械工业出版社，2004.

[163] 仇雨临. 员工福利管理 [M]. 2版. 上海：复旦大学出版社，2010.

[164] Hampton M，Oyster C，Pena L，Rodgers P Tillman J. *Gender inequality in faculty pay* [J]. *Compensation and Benefits Review*，2000，32 (6)，54-59.

[165] Werner，Ward，S，G. *Recent compensation research：an eclectic review* [J]. *Human Resource Management Review*，2004，(14). 201-207.

[166] Heneman R，L. *Job and work evaluation：a literature review* [J]. *Public Personnel Management*，2003，32(1).47-71.

[167] Heneman R.L，LeBlanc P.V，Risher H. *Work valuation addresses shortcoming of both job evaluation and market pricing response* [J]. *Compensation and Benefits Review*，2003. 35(1).7-11.

[168] David Balkin and Michele Swift. *Top management team compensation in high-growth technology ventures* [J]. *Human Resource Management Review*，2006，16 (1).1-11.

[169] [美] 巴里·格哈特，萨拉·L. 瑞纳什. 薪酬管理——理论、证据和战略意义 [M]. 朱舟，译. 上海：上海财经大学出版社，2005.

[170] 顾增旺，王慧，葛玉辉. 人力资源管理师操作实务：员工培训与开发实务 [M]. 北京：清华大学出版社，2011.

[171] 张浩. 新编人力资源规范管理制度范本大全 [M]. 北京：北京工业大学出版社，2010.

[172] 司马中原. 人力资源管理实用手册 [M]. 北京：当代世界出版社，2011.

[173] 吴联生，林景艺，王亚平. 薪酬外部公平性、股权性质与公司业绩 [J]. 管理世界，2010，(3):117-126-188.

[174] 李绍龙，龙立荣，贺伟. 高管团队薪酬差异与企业绩效关系研究：行业特征的跨层调节作用 [J]. 南开管理评论，2012，(4):55-65.

[175] 何燕珍. 企业薪酬管理发展脉络考察 [J]. 外国经济与管理，2002，(11):25-30.

[176] 江伟. 市场化程度、行业竞争与管理者薪酬增长 [J]. 南开管理评论，2011，(5):58-67.

[177] 孙海法. 现代企业人力资源管理 [M]. 2版. 广州：中山大学出版社，2010.

[178] 苏东水. 东方管理学 [M]. 上海：复旦大学出版社，2005.

[179] 王成，王玥，陈澄波. 从培训到学习 [M]. 北京：机械工业出版社，2010.

[180] 颜世富. 培训与开发 [M]. 北京：北京师范大学出版社，2010.

[181] 石金涛. 培训与开发 [M]. 北京：中国人民大学出版社，2013.

[182] 颜爱民，胡斌，齐兰. 企业核心员工生态位构建行为的探索性研究 [J]. 管理评论，2012，(3)

[183] 赵曙明. 人员培训与开发——理论、方法、工具、实务 [M]. 北京：人民邮电出版社，2014.

[184] 金延平. 培训与开发 [M]. 第3版. 大连：东北财经大学出版社，2013.

[185] 萧鸣政. 人力资源开发——方法与技术 [M]. 北京：中国人民大学出版社，2015.

[186] 颜爱民，张夏然. 道家"无为而治"思想及其在现代企业人力资源管理中的应用研究 [J]. 管理学报，2011，8(07): 25

[187] 董克用. 人力资源管理概论 [M]. 3版. 北京：中国人民大学出版社，2013.

[188] 赵曙明. 人力资源管理 [M]. 13版. 北京：电子工业出版社，2012.

[189] 周惠云，黎红雯. 移动互联网时代企业员工培训分析与设计 [J]. 电信科学，2013，(07)：9

[190] 颜爱民. 中国企业人力资源管理诊断与优化——全真案例解析 [M]. 长沙：湖南科学技术出社，2010.

[191] 颜士梅，颜士之，张曼. 企业人力资源开发中性别歧视的表现形式——基于内容分析的访谈研究 [J]. 管理世界，2008，(11)：18

[192] 颜爱民，马箭. 股权集中度、股权制衡对企业绩效影响的实证研究——基于企业生命周期的视角 [J]. 系统管理学报，2013，(5).

[193] 刘云，石金涛. 组织创新气氛与激励偏好对员工创新行为的交互效应研究 [J]. 管理世界，2009，(10).

[194] 王鑫. 论人力资源管理中的"战略性激励" [J]. 企业经济，2012(5).

[195] 申喜连. 试论行政组织激励机制向企业组织激励机制的借鉴 [J]. 中国行政管理，2011，(11).

[196] 张思强，朱学义. 薪金激励与民间非营利组织公益绩效提升：逻辑与现实 [J]. 社会科学家，2014，(9).

[197] 林首淑. 以目标管理为导向的公共组织激励机制的构建 [J]. 科技管理研究，2013，(4).

[198] 孔得议，张向前. 组织承诺与知识型人才激励研究 [J]. 商业研究，2013，(1).

[199] 张四龙，颜爱民. 企业科技人才激励机制构建——基于对长株潭实验区 344 名企业科技人才的调查分析 [J]. 中国劳动，2013，(8).

[200] 黄再胜，西方企业激励理论的最新发展 [J]. 外国经济与管理，2004，(1).

[201] 杜莹，刘立国. 股权结构与公司治理效率：中国上市公司的实证分析 [J]，管理世界，2002，(12).

[202] 颜爱民，朱红波. 基于消费行为变化的员工福利激励模式研究 [J]. 消费经济，2006，(2).

[203] 魏江，郑小勇. 关系嵌入强度对企业技术创新绩效的影响机制研究 [J]. 浙江大学学报（人文社会科学版），2010，(9).

[204] Baker, George P. *The Use of Performance Measures in Incentive Contracting*[R].*A.M.R. Papers*，2000，90(5).

[205] Barton H. Hamilton, Jack A. *Nickerson and Hideo Owan. Team Incentives and Work Heterogeneity: An Empirical Analysis of the Impact of Teams on Productivity and Participation*[J].J.P.E，2003，111(3):465-97

[206] J.E.Core，R.W. Holthausen，D.F. Larcker. Corporate governance, chief executive officer compensation, and firm performance[J]. Journal of Financial Economics，1999，(51):371-406.

[207] C. J. Campbell, C.E. Wasley. *Stock based Incentive contracts and managerial performance: the case of Ralston Purina Company*[J].*Journal of Financial Economics*，1999，(51):195-217.

[208] 赵曙明. 中国企业的人力资源管理 [M]. 北京：北京师范大学出版社，2011.

[209] 萧鸣政. 人力资源开发的理论与方法 [M].2 版. 北京：高等教育出版社，2012.

[210] 姚裕群. 人力资源开发与管理概论 [M].3 版. 北京：高等教育出版社，2011.

[211] 葛玉辉，荣鹏飞. 人力资源管理 [M]. 北京：清华大学出版社，2014.

[212] 郭庆松. 企业劳动关系管理 [M]. 天津：南开大学出版社，2001.

[213] 颜爱民，袁玲. 国有企业员工激励制度的几点思路 [J]. 改革与战略，2003，(8)：15-17.

[214] 李宝元，董青，仇勇，张静. 百年中国劳动关系演化的基本路径及走势 [J]. 经济理论与经济管理，2015，(06)：69-79.

[215] 李新挪. 目前我国企业劳动关系的新变化及调整 [J]. 中国青年政治学院学报，2003，(1)：87-91.

[216] 吴丽萍. 完善我国劳动争议处理制度的一点建议 [J]. 中国人力资源开发，2000，(6)：19-20.

[217] 常凯. 劳动关系的集体化转型与政府劳工政策的完善 [J]. 中国社会科学，2013，(6)：91-108.

[218] 朱芝洲. 失衡的天秤：直面企业劳资矛盾 [J]. 特区经济，2007，(1)：153-155.

[219] 杨海涛. 德国工会发展的历史考察 [J]. 中国劳动关系学院学报，2007，(3)：80-84.

[220] 夏顺忠，杨贵珍. 西方发达国家劳资关系变化的新动向 [J]. 社会主义研究，2003，(1):102-104.
[221] 肖胜芳. 劳动合同法下的人力资源管理流程再造 [M]. 北京：中国法制出版社，2013.
[222] 黄开耿. 读不透劳动合同法，绝不能做 HR[M]. 北京：中华工商联合出版社，2012.
[223] [美] 戴夫·乌尔里克，韦恩·布罗克班克. 人力资源管理价值新主张 [M]. 吴雯芳，译. 北京：商务印书馆，2012.
[224] [美] 道格拉斯·麦格雷戈. 企业的人事 (中英双语经典版)[M]. 北京：北京理工大学出版社，2015.
[225] [美] 詹姆斯·W. 沃克. 人力资源战略 [M]. 北京：中国人民大学出版社，2001.
[226] [美] 迈克尔·波特. 竞争战略 [M]. 北京：中信出版社，2014.
[227] 彭剑锋. 战略人力资源管理：理论、实践与前沿 [M]. 北京：中国人民大学出版社，2014.
[228] 赵曙明. 人力资源战略与规划 [M].3 版. 北京：中国人民大学出版社，2012.
[229] 唐任伍. 全球跨国并购的特点、动因及影响因素 [J]. 经济管理，2002，(15).
[230] 王颖，李树茁. 以资源为基础的观点在战略人力资源管理领域的应用 [J]. 南开管理评论，2002，(3).
[231] 彭剑峰. 战略性人力资源管理 [J]. 企业管理，2003，(10).
[232] 程德俊. 专有知识视角下的人力资源内部化战略 [J]. 经济管理，2003，(16).
[233] 方勤敏，饶蓝，侯锋. 战略思维导向的人力资源管理模式比较 [J]. 中国人力资源开发，2008(10).
[234] 刘钢，何丹薇. 创业企业组织变革过程中的人力资源管理策略——基丁动态竞争视角的案例研究 [J]. 中国人力资源开发，2012，(3)：58-62.
[235] 吴晓波，周浩军. 国际化战略、多元化战略与企业绩效 [J]. 科学学研究，2011，29(9)：1332-1341
[236] 高素英，赵曙明，张艳丽. 战略人力资本与企业竞争优势关系研究 [J]. 管理评论，2012，(5).
[237] 宋典，汪晓媛，张伟炜. 战略人力资源管理的新发展——基于 HRM 氛围的过程范式 [J]. 科学学与科学技术管理，2013，(03).
[238] 寇跃，贾志永，白云，王义华. 整合视角的战略人力资源管理研究述评 [J]. 管理评论，2014，(12).
[239] 魏亚欣，杨斌. 人力资源管理对战略"之字形"演进的促进机制研究 [J]. 管理学报，2015，(6).
[240] Siah Hwee Ang，Timothy Bartram.*Analysing the "Black Box" of HRM: Uncovering HR Goals，Mediators，and Outcomes in a Standardized Service Environment* [J]. *Journal of Management*，2011，48(7)：1504-1532.
[241] Prahalad，C.K. and Hamel，G. *The Core Competence of the Corporation*[J]. *Harvard Business Review*，1990，(5/6)：79-91.
[242] Wright，P.M. *Desegrating HRM：A Review and Synthesis of Micro Human Resource Management Research*[J]. *Journal of Management*，2002，28(3).
[243] Teece，D.J，Pisano，G. Shuen，*A. Dynamic Capabilities and Strategic Management*[J].*Strategic Management Journal*，1997，18.(7)：509-533.
[244] Osibanjo O A，Adeniji A A，Abiodun J A. *Organizational change and human resource Management interventions: an investigation of the Nigerian banking industry* [J]. *Serbian Journal of Management*，2013，8(2): 139-154.
[245] Grant，R.M. *Toward a Knowledge-Based Theory of the Firm*[J].*Strategic Management Journal* (Winter Special Issue)，1996，(17)：108-122.
[246] Baird L.*Managing Two Fits of Strategic Human Resource Management*[J]. *Academy of Management Review*，1988，13(1).
[247] Savaneviciene A，Stankeviciute Z. *The Models Exploring the "Black Box"between HRM and Organizational Performance* [J].*Engineering Economic*，2010，21 (4)：426-4334.

[248] 范徵，杜娟，王凤华，苏宗伟，王皓. 国际跨文化管理研究学术影响力分析——基于 Web of Science 十年的数据分析 [J]. 管理世界，2014，(07)：182-183.

[249] 陶向南，赵曙明. 国际企业人力资源管理研究述评 [J]. 外国经济与管理，2005，(02)：10-17.

[250] 林肇宏，薛夏斌，李世杰. 企业跨国经营中的人力资源管理模式选择及原因分析 [J]. 管理学报，2015，(05).

[251] 杨浩，刘佳伟. 中国企业国际化进程中人力资源管理的影响因素研究 [J]. 中国管理科学，2012，(S2)：664-669.

[252] 林肇宏，张锐. 中国跨国企业人力资源管理模式及实践研究——基于深圳 5 家高科技企业的案例分析 [J]. 宏观经济研究，2013，(02)：97-104.

[253] 韩维春. 经济全球化视角下的国际人力资源管理问题研究——基于来华留学生教育管理的思考 [J]. 管理世界，2014，(08)：182-183.

[254] Mustafa O. *"International" human resource management: Academic parochialism in editorial boards of the "top" 22 journals on international human resource management* [J]. *Personnel Review*，2004，33(2): 205-221.

[255] Wesley A.S，Philip G.B. *International human resource management: diversity，issues and challenges* [J]. *Personnel Review*，2010，39(4): 409-413.

[256] Aloysius N. K. *Managing sustainable development through people:Implications for multinational enterprises in developing countries* [J]. *Personnel Review*，2015，44(3): 388-407.

[257] Mary K，Karen T. *International human resource management: overcoming disciplinary sectarianism* [J]. *Employee Relations*，2004，26(6): 595-612.

[258] Aviv K，Shay S，Ilan M. et al. *Internal integration within human resource management subsystems* [J]. *Journal of Managerial Psychology*，2013，28(6): 699-719.

[259] Victoria M. *Culture and international management*：*a review* [J]. *Journal of Management Development*，2002，21(7): 521-544.

[260] [美] 迈克尔·波特，等. 日本还有竞争力吗 [M]. 北京：中信出版社，2002.

[261] [美] 罗伯特·马希斯，约翰·杰克逊. 人力资源管理 [M]. 13 版. 赵曙明，周路路，译. 北京：电子工业出版社，2013.